우정사업본부 9급

계리직 공무원

금융상식

2023년 1월 17일에 발표된 '우편상식 / 금융상식' 학습자료가 워낙 방대한 분량이라 시험에 나올만한 핵심내용을 뽑아 수록하였으므로, 학습자료를 바탕으로 좀 더 자세히 공부하시길 권합니다.

※ 학습자료는 www.정훈에듀.com 또는 우정사업본부에서 다운 받으세요~

미디어정훈
www.정훈에듀.com

딱! 4과목으로 9급 공무원이 되어 보자.

계리직 공무원시험은 다른 공무원 시험과 달리, 단 4과목만으로 9급 공무원이 될 수 있고, 다른 공무원과 똑같은 혜택을 받을 수 있어 수험생들에게 인기가 날로 높아지는 직렬입니다.

이에 따라 합격선 또한 차츰 높아지면서 좀 더 정확한 학습을 필요로 하고 있습니다.
계리직 우편 및 금융상식은 2022년부터 우편상식과 금융상식의 2과목으로 분리되어 20문제로 출제되고 문항수가 늘어남으로써 그 중요성이 더 커진 과목이라고 할 수 있습니다.
문제 수가 늘어나는 만큼 기존에 출제되지 않은 부분도 세세하게 챙겨야 할 필요성이 늘어났습니다.

2024년에는 다시 과목명이 바뀌어 금융상식(20문항)이 예금일반(20문항)과 보험일반(20문항)으로 세분화됨에 따라 난이도도 더 높아질 것으로 보이며 공무원에 걸맞는 수준 높은 학습능력을 요구할 것으로 보입니다.
따라서 이번 시험에서 반드시 합격해야 하는 이유이기도 합니다.

미디어정훈은 2008년 제1회 시험부터 계리직 교재를 출간해오면서 다년간의 기출문제에 대한 분석이 되어 있어 그 출제의도에 맞는 수험서를 출간하고 있습니다.

아무쪼록 본 교재가 금융상식의 기초를 잡고 싶은 수험생, 남들보다 앞선 경쟁력을 갖고자 하는 수험생 여러분에게 올바른 학습의 길잡이가 되기를 기원하며, 2023년에는 여러분 모두가 합격의 주인공이 되길 응원합니다.

— JH공무원시험연구소

차 례

차 례

차 례

차 례

차 례

PART 01

예금편

금융경제 일반

출제경향분석
- 금융시장의 기능 (2022)
- 우체국예금일반(2016)
- 금리에 관한 이해(2018, 2016, 2010, 2008)
- 우체국예금상품(2016)
- 금융시장에 대한 이해(2008)

01 국민경제의 순환과 금융의 역할

1 국민경제의 순환과 금융의 연결

(1) 경제주체(Economic Subjects)

① **가계부문** : 생산요소의 공급주체로서 생산요소인 노동, 자본, 토지를 제공하며, 그 결과로 얻은 소득을 소비하거나 저축한다.

② **기업부문** : 생산의 주체로서 노동, 자본, 토지라는 생산요소를 투입하여 재화와 용역(서비스)을 생산하며, 그 결과로 창출한 생산량이 투입량을 초과하면 이윤(profit)을 얻는다.

③ **정부부문** : 규율(regulation)과 정책(policy)의 주체로서 가계와 기업이 경제행위를 하는 방식을 규율하고 정책을 수립·집행하며 그에 필요한 자금을 세금 등으로 징수하거나 지출한다.

④ **해외부문** : 국외자로서 국내부문의 과부족을 수출입을 통하여 해결해 준다.

[경제활동의 주체 가계, 기업, 정부]

(2) 생산(Production)

① 기업은 생산을 위해 생산요소를 투입한다. 생산과정에 투입되는 생산요소(factors of production)는 인적 요소와 물적 요소로 나눌 수 있다.

> **더 알아보기**   생산요소
>
> 1. 인적 요소 : 노동
> 2. 물적 요소 : 토지와 자본

② 생산요소의 특징은 어느 생산과정에 투입된 후에도 소멸되지 않고 다음 회차의 생산과정에 다시 재투입될 수 있다는 점에서(비소멸성), 원재료(raw material)나 중간재 (intermediate goods)와는 다르다.

③ 생산요소 중에 노동(labor)이나 토지(land)는 원래 존재하던 생산요소이며, 재생산된 것이 아니라는 측면에서 본원적 생산요소(primary sector)이다.

④ 생산요소 중에 자본(capital)은 생산과정에서 생산된 산출물 중에서 소비되지 않고 다시 생산과정에 투입되어 부가가치를 생산하는 생산요소로서의 기능을 하는 것을 말한다는 점에서 생산된 생산요소로서의 특징을 갖고 있다.

⑤ 생산물 중에서 재화는 의복, 식료품, 주택 등 생존에 필수적인 물질이며, 용역(서비스)은 교육, 문화, 관광 등 정신적 욕망을 채워주는 행위이다. 또 용역(서비스)에는 도소매, 운수, 통신, 공무 등 비물질 생산에 기여하는 행위도 포함된다.

⑥ 생산요소가 투입되면 생산과정에서 투입된 양을 초과하는 생산량이 산출되며, 그 초과된 생산량은 투입량에 대한 부가가치(added value)가 되어 소득으로 분배된다.

⑦ 기업가의 경영행위(entrepreneurship)도 생산 활동에 투입되어 부가가치를 생산한다는 점에서 생산요소의 하나이며, 기업가는 그 대가로 이윤(profit)을 획득하게 된다.

(3) 지출(Consumption, Expenditure)

생산요소를 투입하여 생산된 결과물이 한 경제에서 모두 소비되는 것으로 가정하면 그 소비를 위한 지출은 가계는 소비지출로, 기업은 투자지출로, 정부는 재정지출로, 해외는 수출의 모습으로 각각 이행된다.

(4) 분배(Distribution)

① 생산에 의해 얻은 소득이 누구에게 나누어지느냐의 문제로, 생산자가 소득을 경제주체에 나눠주기 위해서는 생산물이 판매(소비)되어야 생산자에게 소득이 발생하고 그 발생된 소득을 각 경제주체에게 분배할 수 있는 것이므로 사실상 분배와 소비는 동전의 양면과 같다. 생산자가 생산물을 판매하여 얻은 금액은 생산과정에 투입된 생산요소들에게 분배하며 그래도 남는 금액은 생산자(기업가)의 몫(이윤)이 된다.

② 국민소득 3면 등가의 원칙이란 국민소득을 생산·분배·지출의 측면에서 파악했을 때 그 값이 동일하다는 원칙이다. 즉 생산국민소득, 분배국민소득, 지출국민소득이 동일하다는 의미이다.

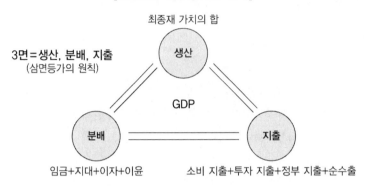

[국민소득 3면 등가의 원칙]

(5) 순환과정(Circulation)

① 경제행위는 결국 각 경제주체들이 각자 맡은 역할을 하는 것으로, 그 역할을 종합해 보면 생산요소의 투입과 산출(생산단계), 생산물의 소비(소비단계), 소득의 분배측면(분배단계)이 시간의 흐름에 따라 경제주체들 간에 유동적으로 흘러가는 순환과정으로 볼 수 있다.

☑ Check Point

순환과정
생산요소의 투입 → 산출(생산단계) → 생산물의 소비(소비단계) → 소득의 분배측면(분배단계)

② 국민경제의 순환은 일정한 시간의 흐름상에서 나타나는 유동적인 경제활동을 의미하므로 플로우(flow)의 개념이지(회계 상의 개념으로 보면 1년간의 손익계산서) 대차대조표와 같이 축적된 양을 나타내는 스톡(stock)의 개념은 아니다.

더 알아보기 ▶ **국민경제**

가계, 기업, 정부의 생산·지출·분배 등 경제활동이 상호 작용하는 국가경제의 총체

(6) 국민경제와 금융의 연결

① 금융의 개념

    ㉠ 금융이란 자금이 부족하거나 여유가 있는 사람과 금융회사 간에 돈을 융통하는 행위

        ⓐ 일시적 자금부족기관에 자금을 공급하여 소비나 기업의 경영 안정화를 도모한다.

        ⓑ 개인에게는 소득증대의 기회, 기업에게는 생산성 향상의 기회를 제공한다.

        ⓒ 실물거래에 비해 역선택이나 도덕적 해이 등 비대칭의 문제가 대두된다.

    ㉡ 금융의 주체

        ⓐ 금융의 주체 : 가계, 기업, 정부, 금융기관의 4가지로 구분한다.

        ⓑ 4가지 주체 중 금융기관은 나머지 주체에 대한 중개기능을 수행한다.

② 금융의 종류

    ㉠ 기업금융 중요 ✪

        ⓐ 의의 : 기업금융은 기업의 자금조달, 공급에 관한 행동·결정으로 인한 자금의 귀속에 의해 내부금융·외부금융으로 분류되고, 자금의 용도에 따라 설비자금금융·운전 자금금융으로 분류된다.

        ⓑ 역할

          • 필요로 하는 단기·장기의 자금을 결정하는 일

          • 내부금융과 외부금융의 비율을 결정하는 일

          • 내부금융 및 외부금융 안에서의 자본구성을 결정하는 일 등

        ⓒ ⓑ의 결정은 조달하는 자금의 용도, 자금코스트, 변제기한, 경영의 자주성에 대한 영향, 금융시장의 동향 등을 고려해서 이루어진다.

        ⓓ 형태

          • 금융기관이 중개하지 않는 금융형태 : 외상매출 및 외상매입 등의 기업 간 신용, 주식의 발행

          • 금융기관이 중개하는 형태 : 단기·장기의 은행차입, 상업어음의 할인 등

    ㉡ 소비자금융 중요 ✪

        ⓐ 의의 : 소비자(가계부문)가 소비재(내구소비재)를 구입할 경우 필요로 하는 자금융통으로 금융기관의 가계부문에 대한 주택금융까지 포함한다. 기업의 생산활동에 필요한 자금을 융통하는 기업금융에 대비된다.

        ⓑ 종류

          • 간접적 소비자금융 : 금융기관에서 보아 금융기관이 제휴처인 제조업자나 판매업자를 통하여 소비자에게 신용 공여하는 제휴방식을 말한다. 즉, 금융기관과 제조업자·판매업자 등의 제휴처 기업 사이에 포괄보증계약이 이루어져 제휴처 기업이 판매하는 상품의 구입자금이 소비자에게 공급되는 방법이다.

          • 직접적 소비자금융 : 금융기관이 직접 소비자에게 신용공여를 하는 비제휴방식이다. 금융기관이 특정한 소비재 구입을 하는 소비자를 위하여 신용공여를 하는 경우이며, 상환은 일괄상환이나 할부상환의 방법으로 이루어진다.

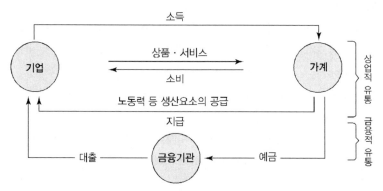

[자금의 상업적 유통과 금융적 유통]

※ 출처 : 한국은행, 알기 쉬운 경제지표 해설

2 금융의 역할

(1) 개인 간 자금거래 중개

① 금융은 여윳돈이 있는 사람들의 돈을 모아서 돈이 필요한 사람들에게 이전해주는 자금의 중개기능을 수행한다.

② 물론 사람들이 자금거래를 직접 하기보다는 먼저 돈을 금융회사에 맡기고 금융회사는 이 돈을 가계나 기업, 정부 등에 빌려주고 여기서 발생한 이자수익을 다시 저축자들에게 돌려주는 방식이 전형적인 자금중개의 모습이다.

③ 금융시장의 발달로 채권이나 주식을 직접 매매하는 행위를 통해서도 가능한데, 정부나 기업이 국채나 회사채를 발행하면 금융회사가 이를 인수한 후 투자자들에게 판매하는 형태이다.

(2) 거래비용의 절감

① 개인들이 돈을 맡기거나 빌리는 금융거래를 금융회사에 요청하면 금융회사가 필요한 금융서비스를 제공해 주므로 비용과 시간 등 거래비용을 획기적으로 줄여준다.

② 신용카드로 물품을 구입하거나 인터넷뱅킹이나 모바일 뱅킹을 통해 송금하는 것 등도 모두 금융을 통한 거래이다.

③ 정보통신기술의 발달로 오히려 현금 대신 신용카드, 체크카드, 전자상거래, 가상화폐 등 다양한 대체 결제수단들이 더 많이 활용되고 있다.

④ 금융은 안전하고 편리한 지급·결제 시스템을 구축하여 이용자들의 원활한 거래를 지원하고 있다.

(3) 가계에 대한 자산관리수단 제공

금융은 지출에 비해 소득이 많을 때에는 돈을 운용할 기회를 마련해 주고, 지출이 많을 때에는 돈을 빌려주는 등 개인들의 자금사정에 따른 자산관리 수단을 제공해 준다.

(4) 자금의 효율적인 배분

① 금융은 여유자금을 가진 사람에게는 투자의 수단을 제공하고 자금이 필요한 사람에게는 자금을 공급해 준다.

② 각 경제주체들이 자금을 조달 또는 운용하는 과정에서 원하는 금리수준이 다르기도 하여 금융회사들은 원활한 자금중개를 위해 돈을 빌리는 사람의 신용도를 평가하기도 하고 돈을 저축(투자)하는 사람들과 돈을 빌리는 사람 사이에서 가격(이자율)을 조정하기도 한다.

③ 자금의 만기나 크기를 재조정하여 자금이 적절하게 제 자리를 찾아가도록 돕고 있다.

④ 금융은 자금의 효율적인 배분을 주도함으로써 거시적인 차원에서 경제발전에도 기여하고 있다.

(5) 금융위험 관리수단 제공

① 금융경제 분야에서 위험(risk)은 경제현상이나 투자결과 등이 기대와 달라지는 정도를 말하며 불확실성 또는 변동성이라고도 한다.

② 금융은 그런 불확실성이나 위험을 적절히 분산시키거나 해소할 수 있는 수단을 제공한다.

> 예 개인이 여윳돈을 금융회사에 예금하고 그 돈을 빌린 사람이 부도가 나더라도 그 부담을 금융회사가 지게 되므로 예금을 떼일 위험이 줄어든다. 또 금융시장에 판매되는 다양한 금융상품에 분산투자하거나 옵션이나 선물 등 파생금융상품을 위험관리수단으로 활용함으로써 투자 위험을 줄일 수 있다.

③ 금융은 비슷한 위험(danger)에 처한 사람들로 하여금 보험에 가입할 수 있게 함으로써 불의의 사고 등으로 인한 손해가 발생하더라도 보험금 지급을 통해 그 충격을 완화해 사람들을 보호하는 기능을 한다.

02 주요 금융경제지표

1 금리(이자율)의 개념

(1) 금리란 금융시장에서 자금수요자가 자금공급자에게 돈을 빌린 대가로서 지급하는 이자율을 의미한다.

(2) 금리는 자금에 대한 수요가 늘어나면 상승하고, 공급이 늘어나면 하락하므로 끊임없이 변동한다.

(3) 금리가 오르면 많은 이자를 받을 수 있기 때문에 가계의 저축이 늘어난다.

(4) 금리는 기업이 투자에 필요한 자금을 조달하는 데 드는 비용이라고 할 수 있기 때문에 금리가 오르면 투자는 오히려 줄어들게 된다.

(5) 금리의 변동은 자금의 수요·공급 규모를 결정하는 한편 자금을 필요한 부문에 적절히 배분해 주는 역할을 수행한다.

> **➡ 알아보기** 금리(이자율)
>
> 1년간 1백만 원을 연 5%의 이자율로 대출받는다면 채무자는 채권자에게 5만 원의 이자를 지급하게 되는 것이다. 이자율은 현재의 소비를 희생한 대가라고도 볼 수 있다. 즉, 1백만 원을 빌려주지 않았다면 누릴 수 있는 영화관람, 외식, 옷 구입 등 현재소비의 만족을 포기한 대가라고 할 수 있다. 또한 이자는 금융거래를 하고 일정기간이 지나야 발생하므로 이자를 돈의 시간가치라고도 한다.

2 금리의 결정

(1) 물건 가격이 시장에서 수요와 공급에 의해 결정되는 것처럼 돈의 값(가격)인 금리도 금융시장에서 자금의 수요와 공급에 의해 결정된다.

(2) 자금수요는 주로 가계소비, 기업투자 등에 영향을 받고, 자금공급은 가계의 저축, 한국은행의 통화정책 등에 영향을 받는다.

(3) 통상 자금에 대한 수요가 늘어나면 금리는 상승하고 반대로 자금공급이 늘어나면 금리는 하락한다.

> **➡ 알아보기**
>
> 예를 들어 경기 전망이 좋아지면 이익 증가를 예상한 기업의 투자가 늘어나 돈에 대한 수요가 증가하고 금리는 올라가게 된다. 한편, 돈의 공급은 주로 가계에 의해 이루어지는데 가계의 소득이 적어지거나 소비가 늘면 돈의 공급이 줄어들어 금리가 오르게 된다. 또한 물가가 오를 것으로 예상되면 돈을 빌려주는 사람은 같은 금액의 이자를 받는다 하더라도 그 실질가치가 떨어지므로 더 높은 금리를 요구하게 되어 금리는 상승하게 된다.

(4) 금리는 차입자의 신용과 돈을 빌리는 기간 등에 따라 그 수준이 달라지는데 빌려준 돈을 못 받을 위험이 클수록, 그리고 차입 기간이 길수록 금리가 높은 것이 일반적이다.

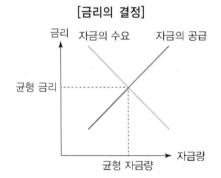

[금리의 결정]

3 금리변동의 영향

(1) 금리가 오르면 저축으로 얻을 수 있는 이자 소득이 증가하므로 현재의 소비를 줄이는 대신 미래의 소비를 위해 저축을 증가시킨다(→ 금리가 하락하면, 미래 소비를 줄이고 현재 소비는 늘리기 위해 저축을 줄이게 된다).

(2) 금리는 물가에도 영향을 미치는데 금리상승으로 기업의 자금조달비용이 올라가면 상품가격이 상승할 수도 있지만 가계소비와 기업투자 위축을 가져와 경제 전체적으로 보면 물품수요 감소로 인해 물가가 하락할 가능성이 크다.

(3) 금리변동은 국가 간의 자금흐름에도 영향을 주는데 국내금리보다 해외금리가 더 높아지면 더 높은 수익을 좇아 국내자금이 외국으로 유출되거나 외국으로부터의 자금유입이 줄어든다(→ 국내금리가 더 높아지면 국내자금의 해외유출이 줄어들거나 외국자금의 국내유입이 증가하게 된다).

4 금리의 종류

(1) 단리와 복리(계산하는 방법에 따른 분류)

단 리	단순히 원금에 대한 이자를 계산하는 방법	예를 들어 100만원을 연 10%의 금리로 은행에 2년 간 예금할 경우 만기에 받게 되는 원금과 이자의 합계액
복 리	이자에 대한 이자도 함께 감안하여 계산하는 방법	단리방식 : 120만원[100만원×(1+0.1×2)] 복리방식 : 121만원[100만원×(1+0.1)×2]

(2) 명목금리와 실질금리 (돈의 가치 변동, 즉 물가 변동을 고려하느냐 여부에 따른 분류)

① 명목금리 : 물가상승에 따른 구매력의 변화를 감안하지 않은 금리

② 실질금리 : 명목금리에서 물가상승률을 뺀 금리이다.

$$실질금리 = 명목금리 - 물가상승률$$

③ 1년 만기 정기예금의 금리가 연 5%이고 물가상승률이 연 5%라고 하면 실질금리는 0인 결과가초래된다. 심지어 연 1.5%인 1년 만기 정기예금을 가입했으나 물가상승률이 연 2%라면 실질금리는 -0.5%가 된다. 명목금리는 1.5%이지만 실질금리는 -0.5%이기 때문에 실질 이자소득은 오히려 손해를 본 것이다.

(3) 표면금리와 실효금리

① 표면금리 : 표면금리는 겉으로 나타난 금리.

② 실효금리 : 실효금리는 실제로 지급받거나 부담하게 되는 금리

③ 표면금리가 동일한 예금이자라도 단리·복리 등의 이자계산 방법이나 과세 여부 등에 따라 실효금리는 달라지고, 대출의 경우에도 이자계산 방법 등에 따라 실효금리는 달라진다.

(4) 수익률과 할인율

① 수익률

   ⊙ 투자수익(채권투자 시에는 이자금액)을 투자원금(채권가격)으로 나눈 비율을 말한다.

   ⓛ 100만원짜리 채권을 지금 산 뒤 1년 후 원금 100만원과 이자금액 10만원을 받는다면 이 경우 수익률은 10%이다

   ⓒ 현재 90만 원짜리 채권에 투자하고 1년 후에 원금 90만원과 이자금액 10만원을 받는 것 경우 수익률은 11.1 %

> 수익률＝이자금액/채권가격＝100,000/1,000,000＝0.1 즉 10%

② 할인율

   ⊙ 할인금액을 투자원금(채권가격)으로 나눈 비율을 말한다.

   ⓛ 100만원짜리 채권을 지금 10만원 할인된 90만원에 사고 1년 후 100만원을 받는 경우에 할인율이 10%이다.

> 할인율＝할인금액/채권가격＝100,000/1,000,000＝0.100 혹은 10.0%
> 이를 수익률 개념으로 전환하면 :
> 수익률＝이자금액/채권가격＝100,000/900,000＝0.111 혹은 11.1%

③ 금융시장에서 일반적으로 사용하는 이자율 또는 금리는 수익률 개념이다. 따라서 할인율로 표기된 경우에는 정확한 금리 비교를 위하여 수익률로 전환하여 사용할 필요가 있다.

(5) 기준금리

중앙은행인 한국은행이 경기상황이나 물가수준, 금융·외환시장 상황, 세계경제의 흐름 등을 종합적으로 고려하여 시중에 풀린 돈의 양을 조절하기 위해 금융통화위원회(금통위)의 의결을 거쳐 인위적으로 결정하는 정책금리이다.

(6) 시장금리 (기간에 따른 분류)

	내 용	종 류
단기 금리	중앙은행(한국은행)이경기상황이나 물가수준, 금융·외환시장 상황, 세계경제의 흐름 등을 종합적으로 고려하여 시중에 풀린 돈의 양을 조절하기 위해 금융통화위원회의 의결을 거쳐 인위적으로 결정하는 정책금리	• 금융회사들 간에 자금을 빌릴 때 적용되는 콜금리 • 판매자가 되사는 것을 전제로 한 채권 매매거래인 환매조건부채권(RP)금리, • 기업어음(CP; Commercial Paper) 금리, • 무기명인 양도성예금증서(CD)의 금리
장기 금리	만기가 1년을 초과하는 금리	국공채, 회사채, 금융채 등의 수익률이 포함

(6) 콜금리와 채권수익률

① 콜금리 : 금융기관 사이에 단기 자금거래가 주로 이루어지는 콜시장에서 형성되는 금리를 말한다.

② 채권수익률 : 채권시장에서 형성되는 금리를 말한다.

    ㉠ 채권의 종류나 만기에 따라 국고채, 회사채 수익률 등 매우 다양하게 존재한다.

    ㉡ 채권가격의 변동과 반대방향으로 움직인다. 즉, 채권가격이 오르면 채권수익률은 떨어지고, 반대로 채권가격이 떨어지면 채권수익률은 올라가게 된다.

5 금리의 기능

(1) 자금의 공급을 조절하는 기능

금리가 오르면 자금에 대한 수요는 점차 줄어드는 반면, 자금의 공급은 늘어나게 된다.

(2) 자금의 배분기능

금리가 오를 경우에는 이익을 많이 낼 수 있는 산업으로 더욱 많은 자금이 흘러가게 된다.

(3) 소득 분배기능

이자는 소득의 한 형태로서 재산소득을 형성하므로 금리변동은 소득분배에 영향을 미친다.

6 금리의 계산

금리계산이란 원금에 대한 이자의 계산이다. 대출기간에 비례하여 이자를 계산하는 방법을 단리법이라 하고, 일정기간마다 이자를 계산하고 그것을 원금에 가산하는 방법을 복리법이라 한다.

① 단리법 : $S=A(1+ni)$

② 복리법 : $S=A(1+i)^n$ (A : 원금, i : 이율, S=n기 말의 원리금합계)

7 환 율

(1) 외화와 원화의 교환비율

① 환율은 하나의 통화가 다른 통화와 교환될 수 있는 비율이다.

② 환율은 ₩1,000/$, ₩1,300/€ 등 외국 돈 1단위당 원화의 금액으로 표시한다.

8 환율의 결정과 변동

(1) 환율의 결정 요인

환율은 외환시장에서의 외환의 수요(D)와 공급(S)에 의해 결정된다.

① 외화의 수요 : 외화가 해외로 나가는 것

외국 물건을 수입하거나 외국의 서비스를 이용하고 대금을 지불할 때, 외국의 주식이나 부동산을 구입할 때 외화의 수요 증가

② 외화의 공급 : 외화가 국내로 들어오는 것

외국인이 우리나라의 재화와 서비스를 구입하거나, 우리나라의 주식이나 채권에 투자할 때 외화의 공급 증가

(2) 환율의 변동 원인

① 환율의 상승 : 외화 수요 증가(해외 송금·해외 관광·외채상환·해외 투자 증가 등), 외화 공급 감소(외국인 국내 투자·외국인 관광객의 감소 등) → 원화 가치 하락, 원화의 평가 절하

② 환율의 하락 원인 : 외화 수요 감소(해외 송금·해외 관광·해외 투자 감소 등), 외화 공급 증가(외국인 국내 투자·외국인 관광객·차관 도입 증가 등) → 원화 가치 상승, 원화의 평가 절상

9 환율정책과 환율의 영향

(1) 환율의 정책

① 변동환율제도

ⓐ 우리나라에서 채택하고 있으며, 환율이 외환시장에서의 수요와 공급에 따라 결정된다.

ⓑ 국제수지에 불균형이 발생했을 때 고정환율제도보다 빠르게 조정된다.

ⓒ 시장에 의한 환율 결정을 원칙으로 하고 있으나 대부분의 국가에서 환율의 급격한 변동으로 경제에 충격이 발생할 경우에는 정부가 외환시장에 참가(개입)하여 환율의 변동 속도를 조정하기도 한다.

② 고정환율제도 : 정부나 중앙은행이 외환시장에 개입하여 환율을 일정한 수준으로 유지시키는 제도로, 우리나라도 과거에는 이 제도를 사용했으나 1997년 IMF 외환위기 이후에 자유변동환율제도로 변경·적용하고 있다.

(2) 환율의 영향

① 환율 상승 : 수출 증가, 수입 감소

② 환율 하락 : 수출 감소, 수입 증가

10 주 가

(1) 주식과 주식시장

① 주식 : 기업이 필요한 자본을 조달하기 위해 발행하는 증권이다.

② 주식시장 : 기업들은 주식시장을 통해서 대규모 자금을 조달할 수 있고 개인들은 여유자
  금을 투자할 기회를 가질 수 있다.

  ㉠ 발행시장 : 기업공개(IPO; InitialPublic Offering)나 유상증자를 통해 주식이 발행
    되는 시장

  ㉡ 유통시장 : 발행된 주식이 거래되는 시장

    ⓐ 장내유통시장 : 유가증권시장, 코스닥시장, 코넥스시장

    ⓑ 장외유통시장 : K-OTC시장

(2) 주가지수와 경기변동

① 주식시장에는 여러 종류·종목의 주식이 거래되기 때문에 주식시장 전체적인 성과를 파
  악하기 위해서는 평균적으로 주식가격이 올랐는지 떨어졌는지를 판단할 수 있는 지표
  (index)를 살펴보는 것이 중요하다.

② 주가지수를 작성하는 원리는 물가지수를 작성하는 것과 같은데, 지수를 작성하는 목적
  에 맞게 특정 종목의 주식을 대상으로 평균적으로 가격이 상승한 것인지 하락한 것인지
  를 본다.

$$주가지수 \ = \ 비교시점 \ 시가총액/기준시점 \ 시가총액 \times 100$$

(3) 우리나라의 주가지수

① 코스피지수(KOSPI; Korea Composite Stock Price Index) : 유가증권시장에 상장되
  어 있는 종목을 대상으로 산출되는 대표적인 종합주가지수로, 1980년 1월 4일을 기준
  시점으로 이 날의 주가지수를 100으로 하고 개별종목 주가에 상장주식수를 가중한 기
  준시점의 시가총액과 비교시점의 시가총액을 비교하여 산출하는 시가총액방식 주가지
  수이다.

② 코스닥지수(KOSDAQ Index) : 코스닥 시장에 상장되어 있는 종목을 대상으로 산출되
  는 종합지수로 코스닥시장의 대표지수이며, 코스피지수와 동일한 시가총액방식으로 산
  출된다.

③ 코스피200지수(KOSPI 200; Korea Stock Price Index 200) : 유가증권시장에 상장
  된 주식 중 시장대표성, 업종대표성, 유동성 등을 감안하여 선정되는 200개 종목을 대
  상으로 최대주주지분, 자기주식, 정부지분 등을 제외한 유동주식만의 시가총액을 합산
  하여 계산한다. 1990년 1월 3일을 기준시점으로 하여 작성되고 있다.

④ KRX100지수(Korea Exchange 100) : 유가증권시장과 코스닥시장의 우량종목을 고루
  편입한 통합주가지수로서 유가증권시장 90개, 코스닥시장 10개 등 총 100개 종목으로

구성된다. 동 지수 역시 최대주주지분, 자기주식, 정부지분 등을 제외한 유동주식만의 시가총액을 합산하여 계산하며, 상장지수펀드(FTF), 인덱스펀드 등 다양한 상품에 이용된다.

⑤ **코스닥스타지수(KOSTAR Indes)** : 코스닥시장에 상장된 주식들 중 유동성, 경영투명성, 재무안전성 등을 감안하여 선정되는 30개 우량종목을 대상으로 산출되는 지수로, 주가지수선물, 상장지수펀드(FTF), 인덱스펀드 등의 거래대상으로 활용되고 있다. 1996년 7월 1일의 지수를 100으로 하였다가 2004년부터 1,000으로 변경하여 작성하고 있다.

(4) 글로벌 주요 주가지수

① **MSCI(Morgan Stanley Capital International)지수** : 모건스탠리의 자회사인 Barra가 제공하며, 전 세계 투자기관의 해외투자 시 기준이 되는 대표적인 지수로 특히 미국계 펀드가 많이 사용하고 있다. 대표적으로 MSCI EAFE(유럽·아태·극동), MSCI World(선진국시장), MSCI EM(신흥시장) 등의 지수가 있다.

② **FTSE(Financial Times Stock Exchange)지수** : 파이낸셜타임즈와 런던증권거래소가 공동으로 설립한 FTSE그룹이 발표하는 지수로 주식, 채권, 부동산 등 다양한 부문의 지수가 제공되고 있으며 주로 유럽에서 사용되고 있다. FTSE100은 영국의 100개 상장기업을 대상으로 하는 대표적인 영국의 주식시장지수이다.

(5) 주요 국가의 주가지수

① 미국의 뉴욕증권거래소(NYSE; New York Stock Exchange)는 거래량이나 거래금액 면에서 세계에서 가장 큰 주식시장이며, 처음과 달리 지금은 다수의 외국 기업들도 상장되어 있다.

② 다우존스 산업평균지수(DJIA; Dow Jones Industrial Average)는 경제 전반에 걸쳐 대표적인 30개 대형 제조업 기업들의 주식들로 구성되어 있다.

③ 단순가격평균 방식을 사용하여 지수를 산출하고 있으며 미국의 대표적 경제신문인 월스트리트저널에서 작성·발표하고 있다.

> **더 알아보기** **Bull Market과 Bear Market**
>
> 실업률이 낮고 물가가 안정되어 경제상황이 좋을 때 주식시장이 장기적으로 호황을 보이는 시장을 Bull Market 또는 강세장이라고도 한다. 반면에 주식시장이 침체되어 주가가 하락 추세를 보이는 경우에는 Bear Market 또는 약세장이라고 한다. 황소는 싸울 때 뿔을 위로 치받고 곰은 앞발을 위에서 아래로 내려찍는 모습에 빗대어 이런 용어가 나왔다고 한다.

(6) 거래량과 거래금액

① 주식시장에서는 주가의 변동 상황을 보여주는 주가지수가 가장 중요한 지표이지만 주식시장에서 거래되는 주식의 수량인 거래량과 거래금액도 중요한 지표들이다. 사람들이 기업의 실적이나 경제 전망을 낙관적으로 예상하면 주식을 사려는 사람이 늘어나서 거래량이 증가하고 주가가 상승한다.

② 반대로 기업의 실적이 좋지 않고 경제 상황이 나쁠 것으로 예상되면 주식을 팔려는 사람들이 늘어나고 주식을 사려는 사람은 줄어들어 거래량이 감소하고 주가는 하락할 수 있다.

③ 주식시장에서는 주가가 변동하기 전에 거래량이 먼저 변하는 것이 일반적인데 거래량이 증가하면 주가가 상승하는 경향이 있고 거래량이 감소하면 주가가 하락하는 경향이 있다.

④ 즉 주가가 상승하는 강세장에서는 주가가 지속적으로 상승할 것으로 예상하는 매수 세력이 크게 늘어나 거래량이 증가하는 반면에 주가가 하락하는 약세장에서는 거래량이 감소하는 경향을 보이기 쉽다.

03 금융시장

1 금융시장의 개념 중요★

(1) 화폐시장이라고도 불리는 금융시장은 자금의 수요자와 공급자 간의 거래와 자금의 유통이 이루어지는 장소를 뜻한다.

(2) 금융이란 경제주체 간에 이루어지는 자금의 유통, 즉 일반적으로 자금잉여부문에서 자금부족부문으로의 자금이동을 말한다.

(3) 이는 반드시 상품 등이 거래되는 특정 지역·건물 등의 공간적 위치를 의미하는 것은 아니며 일상적인 질서 속에서 자금거래가 이루어지는 체계 또는 기구를 가리키는 추상적인 시장을 말한다.

(4) 금융시장에서의 거래대상은 화폐증권 또는 자본증권이라고 하는 특수한 상품이므로 다른 시장과 차이가 있다.

2 기간에 의한 금융시장의 분류

(1) **단기금융시장** : 일반적으로 만기가 1년 미만인 금융자산이 거래되는 시장이다.

예 콜시장, 어음할인시장, CP시장, CD시장, RP시장 등

(2) **자본시장** : 기업의 시설자금이나 장기자금의 조달을 목적으로 형성된 시장이다.

예 장기대부시장과 주식시장, 채권시장 등

3 참여방식에 의한 금융시장의 분류

(1) **직접금융시장** : 자금의 수요자와 공급자가 자금을 직접거래하는 시장이다.

예 주식시장, 채권시장 등

(2) **간접금융시장** : 금융중개기관이 개입하여 자금의 수요자와 공급자를 연결시켜 주는 시장이다. 예 예금시장

4 금융시장의 기능

(1) 자금의 중개기능

금융시장의 가장 중요한 기능은 자금 잉여부문의 여유자금을 흡수하여 자금부족부문, 특히 투자수익이 높은 기업에 투자자금을 저렴하게 공급함으로써 거시적인 측면에서 국민경제의 후생을 증대시키는 것이다. 또한 금융시장은 미래소비를 위해 저축한 여유자금을 금융자산에 투자하거나 현재소비를 위해 필요한 자금을 빌릴 수 있는 기회를 가계에 제공하므로 소비자인 가계의 효용을 높이는 데도 기여한다.

(2) 금융자산가격의 결정기능

금융시장은 수요자와 공급자 간에 끊임 없이 적정가격을 찾아가는 과정을 거쳐 금융자산의 가격을 결정하는 기능을 수행한다. 새로운 정보가 신속하게 반영된 금융자산의 가격을 참조하여 개별 경제주체들은 소비나 투자 등을 결정한다.

(3) 유동성 제공기능

금융시장이 발달하면 투자자들이 필요할 경우 언제든지 시장에 보유자산을 매각하여 자금을 회수할 수 있기 때문에 유동성이 확보되는데, 이때 투자자가 금융자산을 비싸게 구입하게 함으로써 기업의 자금조달비용을 낮추는 효과가 발생한다.

(4) 정보비용절감기능

금융시장은 탐색비용이나 정보비용 등 금융거래에 따라 발생하는 비용과 시간을 줄여준다. 탐색비용이란 금융거래의사를 밝히고 거래상대방을 찾는 데 드는 비용이고 정보비용은 금융자산의 투자가치를 평가하기 위하여 필요한 정보를 얻는 데 소요되는 비용이다. 금융시장이 조직화되고 효율적으로 발달하면 이와 관련된 모든 정보가 금융자산가격을 통해 전파되므로 이들 비용이 크게 줄어든다.

(5) 금융관리기능

금융시장은 시장참가자들에게 다양한 금융상품과 금융거래기회를 제공함으로써 위험관리를 도와준다. 위험선호도가 낮은 금융거래자는 금융시장을 통해 제공되는 기초자산과 상품 등 다양한 금융상품에 분산투자하여 위험을 줄일 수 있다. 반면에 위험선호도가 높은 시장참가자는 금융거래에 따른 위험을 부담하는 대가로 높은 프리미엄을 받을 수 있다. 이와 같이 금융시장은 자금 공급자로 하여금 각자 위험선호도에 맞는 자금운용전략을 취할 수 있는 기회를 제공하며, 그 결과 자금중개규모도 늘어나게 된다.

위험선호도
동물의 섭이전략에서 먹이를 균일하게 얻을 수 있는 환경과 먹이량이 변동할 위험이 있는 환경에 대한 반응이 다른 것이다. 위험을 피하여 확실한 먹이장소를 선호하는 것을 위험회피라 하고, 위험을 무릅쓰더라도 먹이를 많이 얻을 기회를 겨냥하는 것을 위험선호라고 한다.

(6) 시장의 규율기능

금융시장은 시장에 참가하는 기업과 정부를 감시하고 평가하는 규율기능을 제공하는데 이는 최근 금융시장의 중요한 역할로서 부각되고 있다. 기업의 주식이나 회사채 또는 정부채권은 금융시장에서 거래되고, 시장에서의 평가가 해당 주식이나 채권의 가격 변동에 반영되므로 이를 발행할 때 기업 및 정부의 가격이나 발행규모 결정에 압력요인으로 작용한다. 예를 들어서 다른 기업을 인수·합병하거나 사업을 급속하게 확장하려는 어떤 기업의 계획이 있는데, 금융시장에서 이를 불건전한 사업악화요인으로 여긴다면 그 기업의 자금조달비용은 높아지고 주가는 하락할 것이다.

[금융시장과 자금흐름]

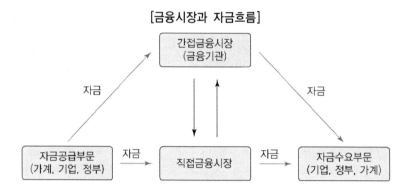

5 금융시장의 유형 중요 ★

(1) 만기에 따른 분류

① 단기금융시장 : 만기 1년 이내의 금융자산이 거래되는 시장이다.
② 자본시장 : 만기 1년 이상의 채권이나 만기가 없는 주식이 거래되는 시장이다.

(2) 금융수단의 성격에 따른 분류

① 채무증서 시장 : 차입자가 만기까지 일정한 이자를 정기적으로 지급할 것을 약속하고 발행한 채무증서가 거래되는 시장으로 채권, CD 등이 거래된다.
② 주식시장 : 주식은 채무증서와는 달리 원리금 상환의무가 없으나, 주주는 기업의 순이익에 대한 배당청구권을 갖는다. 주식시장에는 유가증권시장, 코스닥시장, 코넥스시장, K-OTC시장 등이 있다.

(3) 금융거래의 단계에 따른 분류

① 발행시장 : 단기금융상품이나 채권, 주식 등 장기금융상품이 신규로 발행되는 시장이다.
② 유통시장 : 이미 발행된 장단기 금융상품이 거래되는 시장이다.

(4) 금융거래의 장소에 따른 분류

① 거래소시장(장내시장) : 시장참가자의 특정 금융상품에 대한 매수매도 주문이 거래소에 집중되도록 한 다음 이를 표준화된 거래규칙에 따라 처리하는 조직화된 시장을 말한다.
② 장외시장 : 거래소 이외에 금융상품의 거래가 이루어지는 시장을 말하며, 이는 직접거래시장과 딜러나 브로커 등이 거래를 중개하는 점두시장으로 구분된다.

코스닥시장
1996년 첨단 기술주 중심인 미국의 나스닥(NASDAQ) 시장을 본떠 만든 대한민국의 주식시장이다. 유가증권시장과는 별개의 시장이며 상장 조건을 완화하여 중소기업이나 벤처기업의 자금 조달을 용이하게 하고 투자자들의 안전한 투자를 보장하기 위해 거래소 시장과 별도로 개설된 증권거래시장을 말한다.

프리보드시장
유가증권시장 및 코스닥시장에 상장되지 않은 비상장 주권의 매매거래를 위해 한국금융투자협회가 개설·운영하는 증권시장이다.

(5) 단기금융시장

① 만기 1년 이내의 금융자산이 거래되는 시장이다.

② 일시적인 자금수급의 불균형을 조정한다.

③ 콜시장, 기업어음시장, CD시장, RP매매시장, 표지어음시장, 통화안정증권시장이 있다.

④ 만기가 짧아 금리변동에 따른 자본손실이 작다.

⑤ 중앙은행의 통화정책이 1차적으로 단기 금융시장에 영향을 미치고 그 이후 가계소비에 영향을 미친다.

(6) 자본시장

① 만기 1년 이상의 채권이나 만기가 없는 주식시장과 국채, 지방채, 금융채, 회사채 등의 채권시장 그리고 증권시장과 자산유동화시장으로 이루어져 있다.

② 기업, 금융기관, 정부 등의 자금조달을 위한 장기금융시장이다.

③ 만기가 긴 채권의 경우 금리변동에 따른 자본손실의 위험이 크다.

④ 주식은 채권에 비해 후순위 청구권을 보유한다.

⑤ 주식투자에 따른 위험을 회피하기 위해서는 선물, 옵션, 스왑 등 파생상품에 대한 투자를 병행할 필요가 있다.

⑥ 자본시장은 통화정책에 따른 영향이 단기금융시장보다는 늦게 반영하지만 최종적으로는 기업투자에 영향을 주어 실물경제 및 물가의 변동을 초래한다.

⑦ 자본시장은 단기금융시장에 비해 간접적이고 복잡하여 인플레이션, 재정수지 등의 요인에 영향을 많이 받는다.

[우리나라 금융시장의 구조]

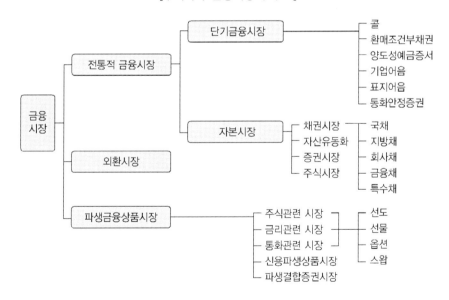

02 금융회사와 금융상품

01 금융회사

금융회사는 금융시장에서 자금수요자와 공급자 사이에서 자금을 중개해주는 역할을 하는 회사로, 이러한 금융회사와의 금융거래를 통해 경제주체들은 시점간 자원배분이 가능해진다.

[우리나라 금융회사 현황]

은행	일반 은행	• 은행법에 의해 설립 • 종류 : 시중은행, 지방은행, 인터넷전문은행, 외국은행 국내지점
	특수 은행	• 특수은행법에 의해 설립 • 종류 : 한국산업은행, 한국수출입은행, 중소기업은행, 농협은행, 수협은행
비은행 금융회사		• 은행법에 적용을 받지 않으면서도 은행과 유사한 예금업무를 취급하고 있는 금융기관 • 종류 : 상호저축은행, 신용카드사, 리스사, 할부금융사, 신기술사업금융사, 대부업자, 신용협동조합, 농업협동조합, 수산업협동조합, 산림조합, 새마을금고
보험회사		종류 : 생명보험회사, 손해보험회사
금융투자회사		종류 : 증권사, 선물사, 자산운용사, 투자자문사, 부동산신탁사, 종합금융회사
기타 금융회사		금융지주회사, 전자금융업자, 우체국예금/보험 등

1 은 행

(1) 은행의 업무

① 예금과 적금의 수신업무, 자금대출과 어음할인과 같은 여신업무, 환업무를 주로 담당

② 이 밖에도 보증업무, 유가증권투자, 간접투자증권판매 신탁업과 카드업, 결제대행 업무를 수행

(2) 구 분

① 영업지역에 따른 구분

　　㉠ 시중은행 : 전국을 영업대상으로 함

　　㉡ 지방은행 : 주로 특정지역을 영업 기반으로 함

② 설립목적에 따른 구분

일반은행	은행법에 의해 설립됨	
	종류	시중은행, 지방은행, 인터넷전문은행, 외국은행 지점으로 구성
특수은행	은행법이 아닌 개별적인 특별법에 의해 설립되어 은행업무를 핵심업무로 취급하고 있는 금융기관	
	종류	한국산업은행, 한국수출입은행, 중소기업은행, 농협은행, 수협은행

2 비은행 금융회사

(1) 특 징

① 은행과 유사한 여수신업무를 주요 업무로 취급하고 있지만 보다 제한적인 목적으로 설립되어 자금조달 및 운용 등에서 은행과는 상이한 규제를 받는 금융기관

② 지급결제기능을 전혀 제공하지 못하거나 제한적으로만 제공할 수 있는 등 취급업무의 범위가 은행에 비해 좁으며 영업대상이 개별 금융기관의 특성에 맞추어 사전적으로 제한되기도 함

(2) 종 류

비은행 예금취급기관으로는 상호저축은행, 신용협동기구(신용협동조합, 새마을금고, 상호금융) 등이 있음

새마을금고	지역 주민 및 소기업을 대상으로 예금·대출 업무를 수행
상호저축은행	지역의 서민, 소규모 기업을 대상으로 예금과 대출업무를 수행
신용협동조합	조합원에게 예금과 대출을 함으로써 조합원 간 상부상조를 도모함

3 보험회사

(1) 사망·질병·노후 또는 화재나 각종 사고를 대비하는 보험을 인수·운영하는 기관

(2) 업무 특성과 기관 특성을 함께 고려하여 생명보험회사, 손해보험회사, 우체국, 공제기관, 수출보험공사 등으로 구분

4 금융투자회사

금융투자업무 전부 또는 일부를 담당하는 회사

(1) 금융 투자업

자본시장법은 금융투자업을 투자매매업, 투자중개업, 집합투자업, 투자일임업, 투자자문업, 신탁업의 6가지 업무로 구분

(2) 종 류

① 증권회사 : 자본시장에서 주식, 채권 등 유가증권의 발행을 주선하고 발행된 유가증권의 매매를 중개하는 것을 주요 업무로 하고 있음

② 자산운용사 : 투자자로부터 자금을 모아 주식, 채권 또는 실물자산 등에 투자하여 그 수익(손실)을 투자자에게 배분하는 집합투자기구를 운용하는 회사

③ 투자 자문사 : 투자일임업 또는 투자자문업을 영위하는 회사

   ㉠ 투자일임업 : 투자자로부터 투자판단의 전부 또는 일부를 일임받아 운용하는 것

   ㉡ 투자자문업 : 투자자에게 유가증권에 대한 투자판단을 자문해 주는 회사

[자본시장법상 금융투자업의 종류]

종류	내용	예
투자매매업	금융회사가 자기자금으로 금융투자상품을 매도·매수하거나 증권을 발행·인수 또는 권유·청약·승낙하는 것	증권회사, 선물회사
투자중개업	금융회사가 고객으로 하여금 금융투자상품을 매도·매수하거나 증권을 발행·인수 또는 권유·청약·승낙하는 것	증권회사, 선물회사
집합투자업	2인 이상에게 투자를 권유하여 모은 금전 등을 투자자 등으로부터 일상적인 운영지시를 받지 않으면서 운용하고 그 결과를 투자자에게 배분하여 귀속시키는 것을 영업으로 하는 것	자산운용회사
투자자문업	금융투자상품의 가치 또는 투자판단에 관하여 자문을 하는 것을 영업으로 하는 것	투자자문회사, 증권회사, 자산운용회사
투자일임업	투자자로부터 금융상품에 대한 투자판단의 전부 또는 일부를 일임 받아 투자자별로 구분하여 자산을 취득·처분 그 밖의 방법으로 운용하는 것을 영업으로 하는 것	투자일임회사, 증권회사, 자산운용회사
신탁업	자본시장법에 따라 신탁을 영업으로 수행하는 것	신탁회사, 증권회사 보험회사

5 기타 금융회사

(1) 금융지주회사

주식(지분)보유를 통해 은행이나 증권사, 보험사 등과 같은 금융기관을 자회사로 소유하고 경영하는 회사를 말한다.

(2) 우체국예금/보험

전국 시·구 단위 도시지역과 군 단위 읍면지역에 고루 분포되어 있는 우체국을 금융창구로 활용하여 농어촌 및 도시지역 주민들에게 각종 예금서비스 제공

> **⊕ 알아보기** 금융유관기관
>
> **1. 한국은행**
> ① 우리나라 중앙은행인 한국은행은 화폐를 독점적으로 발행하는 발권은행이다.
> ② 화폐발행 외에 한국은행의 가장 중요한 역할은 물가안정을 위해 통화신용정책을 수립하고 집행하는 것이다. 한국은행이 채택하고 있는 통화정책 운영체제는 물가안정목표제이다.
> ※ 물가안정목표제는 통화량 등의 중간목표를 두지 않고 정책의 최종 목표인 '물가상승률' 자체를 목표로 설정하고 중기적 시계에서 이를 달성하려는 통화정책 운영방식이다.
>
> **2. 금융감독원**
> ① 금융산업을 선진화하고 금융시장의 안정성을 도모하며, 건전한 신용질서, 공정한 금융거래관행 확립과 예금자 및 투자자 등 금융수요자를 보호함으로써 국민경제에 기여하는 데 그 목적이 있다.
> ② 정부조직과는 독립된 특수법인으로 되어 있는데 이는 금융감독업무와 관련하여 금융감독기구가 정치적 압력 또는 행정부의 영향력에 의해 자율성을 잃지 않고 중립적이고 전문적인 금융감독 기능을 구현하기 위함이다.
>
> **3. 예금보험공사**
> ① 1996년 예금자보호법에 의거하여 금융회사가 파산 등으로 예금을 지급할 수 없는 경우 예금지급을 보장함으로써 예금자를 보호하고 금융제도의 안정성을 유지할 목적으로 설립된 기관이다.
> ② 예금보험제도를 통해 금융회사의 보험료, 정부와 금융회사의 출연금, 예금보험기금채권 등으로 예금보험기금을 조성해두었다가 금융회사가 고객들에게 예금을 지급하지 못하는 경우에 대신 지급해주는 것이 주요 업무이다.

02 금융상품

1. 저축상품

1 금융상품의 특성에 따른 분류

(1) 수익률은 낮지만 입출금이 자유롭고 유동성 확보를 위한 상품

(2) 적은 돈을 매월(매분기) 저축하여 목돈을 마련하는 상품

(3) 목돈을 투자해 재테크할 수 있는 상품

(4) 주택자금, 노후자금, 교육자금 등 특정 저축목적 달성을 지원하기 위한 상품

(5) 확정이자를 지급하는 상품 및 실적에 따라 수익을 배당하는 상품과 이자소득 등에 대해 비과세하거나 우대세율을 적용하는 상품

2 입출금이 자유로운 상품

(1) 보통예금과 저축예금

① 의의

보통예금	㉠ 가입대상, 예치금액, 예치기간 등에 아무런 제한이 없고 자유롭게 입·출금할 수 있는 반면 이자율이 매우 낮은 예금이다. ㉡ 입·출금이 자유로운 예금의 기본형태라 할 수 있으며, 개인의 경우에는 보통예금보다 더 높은 이자를 지급하는 저축예금에 제한 없이 가입할 수 있어 저축수단으로서의 활용도는 높지 않다. ㉢ 예금자 입장에서는 생활자금과 수시로 사용해야 하는 일시적인 유휴자금을 예치하는 수단이 되고, 예금기관의 입장에서는 저리로 자금을 조달할 수 있는 재원이 된다.
저축예금	㉠ 보통예금처럼 예치금액, 예치기간 등에 아무런 제한이 없고 입출금이 자유로우면서도 보통예금보다 높은 이자를 받을 수 있는 예금이다. ㉡ 가계우대성 금융상품 : 가계의 여유자금을 초단기로 예치하거나 입출금이 빈번한 자금을 운용하기에 적합하다.

② 상품특징

   ㉠ 취급기관 : 우체국, 은행(농·수협중앙회 포함), 상호저축은행

   ㉡ 상호금융, 신용협동조합,새마을금고 등 신용협동기구들은 은행의 저축예금과 유사한 상품인 '자립예탁금'을 취급하고 있으며, 이 상품은 대월약정을 맺으면 약정한도까지 대출을 자동으로 받을 수 있다.

(2) 가계당좌예금

① 의의

㉠ 가계수표를 발행할 수 있는 개인용 당좌예금이며 무이자인 일반 당좌예금과는 달리 이자가 지급되는 가계우대성 요구불예금이다.

㉡ 가입대상 : 신용상태가 양호한 개인, 자영업자(신용평가 결과 평점이 일정점수 이상인 자)로 제한

② 상품특징

㉠ 취급기관 : 은행

㉡ 모든 은행에 걸쳐 1인 1계좌만 거래할 수 있다.

㉢ 예금 잔액이 부족할 경우에는 대월한도 범위 내에서 자동대월이 가능하다.

㉣ 거래실적이 양호한 경우에는 소액가계자금도 대출받을 수 있다. 가계수표는 예금잔액 및 대월한도 범위 내에서 발행하여야 하며 대월한도를 초과하여 발행하게 되면 거래 정지처분을 받을 수 있다.

(3) 시장금리부 수시입출금식예금(MMDA; Money Market Deposit Account)

① 의의

고객이 우체국이나 은행에 맡긴 자금을 단기금융상품에 투자해 얻은 이익을 이자로 지급 하는 구조로 되어 있어 시장실세금리에 의한 고금리가 적용되고 입출금이 자유로우며 각종 이체 및 결제기능이 가능한 단기상품이다.

② 상품특징

㉠ 언제 필요할지 모르는 자금이나 통상 500만 원 이상의 목돈을 1개월 이내의 초단기 로 운용할 때 유리하며 각종 공과금, 신용카드대금 등의 자동이체용 결제통장으로도 활용할 수 있는 예금이다.

㉡ 예금거래 실적에 따라 마이너스대출, 수수료 면제, 대출·예금금리 우대, 각종 공과 금 및 신용카드대금 결제, 타행환 송금 등 부대서비스를 제공하고 있는데 일부은행의 경우 이를 불허하거나 자동이체 설정 건수를 제한하고 있다.

㉢ 주로 증권사, 종합금융회사의 어음관리계좌(CMA), 자산운용회사의 단기금융상품펀 드(MMF) 등과 경쟁하는 상품이다.

(4) 단기금융상품펀드(MMF; Money Market Fund)

① 의의

㉠ 고객의 돈을 모아 주로 CP(기업어음), CD(양도성예금증서), RP(환매조건부채권), 콜(call) 자금이나 잔존만기 1년 이하의 안정적인 국공채로 운용하는 실적배당상품이다.

㉡ 일시 자금예치 수단으로서의 본래 기능을 수행할 수 있도록 운용가능한 채권의 신용등급을 AA등급이상(기업어음 A2이상)으로 제한하여 운용자산의 위험을 최소화 하도록 하고 있다.

② 상품특징

㉠ 취급기관 : 자산운용회사가 운용하며 은행, 증권사, 보험사 등에서 판매한다.

㉡ 유동성 위험을 최소화하기 위하여 운용자산 전체 가중평균 잔존 만기를 75일 이내로 제한하고 있다.

㉢ 최대 장점은 가입 및 환매가 청구 당일에 즉시 이루어지므로 입출금이 자유로우면서 실적에 따라 수익이 발생하여 소액 투자는 물론 언제 쓸지 모르는 단기자금을 운용하는데 유리하다는 점이다.

㉣ 다만, 계좌의 이체 및 결제 기능이 없고, 예금자보호의 대상이 되지 않는다.

(5) 어음관리계좌(CMA; Cash Management Account)

① 의의

종합금융회사나 증권회사가 고객의 예탁금을 어음 및 국·공채 등 단기금융상품에 직접 투자하여 운용한 후 그 수익을 고객에게 돌려주는 단기 금융상품이다.

② 상품특징

㉠ 자금을 단기금융상품에 투자하고 실적배당을 한다는 점에서는 MMF와 유사하지만 MMDA처럼 이체와 결제, 자동화기기(ATM)를 통한 입출금기능을 갖고 있다는 점에서 차이가 있다.

㉡ 종합금융회사의 CMA는 예금자보호 대상이 되지만 증권회사의CMA는 그렇지 않다.

㉢ 예탁금에 제한이 없고 수시 입출금이 허용되면서도 실세금리 수준의 수익을 올릴 수 있는 장점을 가지고 있다.

㉣ 개인이나 기업이 1개월에서 6개월 정도의 여유자금을 운용하기에 적합한 저축수단이며, 실물이 아닌 "어음관리계좌" 통장으로만 거래된다.

[MMDA, MMF, CMA 비교]

상품명	취급금융회사	예금자보호	이율	이체 및 결제
MMDA	은행	보호	확정금리(차등)	가능
MMF	은행, 증권사	비보호	실적배당	불가능
CMA	종금사, 증권사	종금사만 보호	실적배당	가능

3 목돈마련을 위한 상품(적립식 예금)

(1) 정기적금

① 의의 :

  ㉠ 계약금액과 계약기간을 정하고 예금주가 일정 금액을 정기적으로 납입하면 만기에 계약금액을 지급하는 적립식 예금으로 푼돈을 모아 목돈을 마련하는데 적합한 가장 보편적인 장기 금융상품이다

  ㉡ 필요시 적금을 담보로 납입한 적금잔액의 일정범위(통상 95%) 이내에서 대출을 받을 수 있다.

② 상품특징

  ㉠ 취급기관 : 우체국, 은행, 상호저축은행, 상호금융, 신용협동조합, 새마을금고 등

  ㉡ 정기적금이나 정기예금은 예치기간이 정해져 있어서 보통예금보다 이자가 많지만 유동성은 낮다. 만기이전에 해약을 하게 되면 약정한 이자보다 훨씬 낮은 이자를 지급받거나 경우에 따라서는 이자가 없을 수도 있다

  ㉢ 만기 후에는 적용금리가 가입당시 또는 만기일 당시 약정이율의 1/2 이하로 크게 낮아지는데 유의하여야 한다.

  ㉣ 계약액 선정

  - 계약액 : 원금＋이자 = 월저축금×계약기간(월)＋세전이자
  - 세전이자 : 월저축금×이율× $\dfrac{계약기간×(계약기간+1)}{2}$ × $\dfrac{1}{12}$

(2) 자유적금

① 의의

  ㉠ 정기적금과 달리 가입자가 자금여유가 있을 때 금액이나 입금 횟수에 제한 없이 입금할 수 있는 적립식 상품이다.

  ㉡ 그러나 자금 및 금리 리스크 때문에 입금 금액을 제한하여 운용하는 것이 일반적이다.

② 상품특징

  ㉠ 취급기관 : 우체국, 은행, 상호저축은행, 상호금융, 신용협동조합, 새마을금고

  ㉡ 가입대상 : 제한 없음

  ㉢ 예치기간 : 6개월 이상 5년 이내(월·일단위)

  ㉣ 저축한도 : 원칙적으로 제한이 없으나 일반적으로 다음과 같은 제한을 둔다.

   ⓐ 월별 1천만원 정도로 입금한도를 두어 운용한다.

   ⓑ 계약기간 2/3 경과 시 기적립액의 1/2 이내의 금액만 입금 가능

③ 참고사항 : 자유적금에 입금의 제한을 두는 이유는 금리 하락에 따른 손실을 예방하기 위하여 일반적으로 위와 같은 입금제한을 두고 있다.

정기적금

필요시 적금을 담보로 납입한 적금잔액의 일정범위(통상 95%) 이내에서 대출을 받을 수 있다.

당초 서민의 저축의식을 고취하고 계(契)와 같은 私금융 저축을 흡수하여 건전한 재산형성을 목적으로 도입되었다.

정기예금
예금주가 일정기간 동안 환급을 요구하지 않을 것을 약정하고 일정금액을 은행에 예치하고 은행은 이에 대하여 일정이율의 이자를 지급할 것을 약속하고 증서 또는 통장을 발행·교부하는 예금이다.

4 목돈운용을 위한 상품(거치식 예금)

(1) 정기예금

① 의의

　㉠ 예금자가 이자수취를 목적으로 예치기간을 사전에 약정하여 일정금액을 예입하는 장기 저축성 기한부 예금이다.

　㉡ 약정기간이 길수록 높은 확정이자가 보장되므로 여유자금을 장기간 안정적으로 운용하기에 좋은 금융상품이다.

② 상품특징

　㉠ 만기이전에 중도해지하면 약정금리보다 낮은 중도해지이율이 적용되므로 만기까지 예치하는 것이 바람직하다.

　㉡ 통상 예금잔액의 95% 범위 내에서 담보대출을 받을 수 있다.

(2) 정기예탁금

① 의의

　㉠ 은행의 정기예금과 유사한 상품으로 하고 있는 상품이다.

　㉡ 은행권보다 상대적으로 높은 금리를 지급하므로 일반 서민들의 목돈 운용에 적합한 저축수단이다.

② 상품특징

　㉠ 취급기관 : 상호금융, 새마을금고, 신용협동조합 등 신용협동기구들이 취급

　㉡ 가입대상 : 조합원·준조합원 또는 회원

(3) 실세금리연동형 정기예금

① 의의

　㉠ 가입 후 일정 기간마다 시장실세금리를 반영하여 적용금리를 변경하는 정기예금이다.

　㉡ 금리 변동기에 실세금리에 따라 목돈을 운용하는 데에도 적합한 금융상품이다.

② 상품특징

　㉠ 취급기관 : 은행

ELD
동일유형의 상품으로 증권회사의 ELS(주가지수연동증권)과
자산운용회사의 ELF(주가지수연계펀드)가 있다.

(4) 주가지수연동 정기예금(ELD; Equity Linked Deposit)

① 의의 : 원금을 안전한 자산에 운용하여 만기 시 원금은 보장되고 장래에 지급할 이자의 일부 또는 전부를 주가지수(KOSPI 200지수, 일본 닛케이 225지수 등)의 움직임에 연동한 파생상품에 투자하여 고수익을 추구하는 상품이다.

② 상품특징

　㉠ 취급기관 : 은행

　㉡ 주가지수 전망에 따라서 주가지수 상승형, 하락형 또는 횡보형 등 다양한 구조의 상품 구성이 가능하며, 예금자보호대상이다.

(5) 양도성예금증서(CD; Certificate of Deposit)

① 의의

  ㉠ 금융기관에서 정기예금에 양도성을 부여하여 무기명 할인식(선이자 지급식)으로 발행하는 저축상품이다. 무기명식으로 발행하여 점유 이전에 의한 양도가 자유롭게 허용된 반면, 발행은행 앞으로의 중도해지는 불가하다.

  ㉡ 실세금리를 반영하여 수익률이 비교적 높은 편이며, 통상 1,000만 원 이상의 목돈을 3개월 내지 6개월 정도 운용하는데 적합한 단기상품이다.

② 상품특징

  ㉠ 취급기관 : 은행(발행기관), 종합금융회사, 증권회사 (유통시장)

  ㉡ 발행대상 : 제한 없음

  ㉢ 이자계산 : 할인식 (예치기간 동안의 이자를 액면금액에서 차감(할인)하여 발행한 후 만기지급 시 증서 소지인에게 액면금액을 지급한다.)

  ㉣ 예금보호 여부 : 비보호

(6) 환매조건부채권(RP; Re-purchase Paper)

① 의의

  ㉠ 금융회사가 보유하고 있는 국채 등 채권을 고객이 매입하면 일정기간이 지난 뒤 이자를 가산하여 고객으로부터 다시 매입하겠다는 조건으로 운용되는 단기금융상품이다.

  ㉡ 투자금액과 기간을 자유롭게 선택할 수 있는 시장금리연동형 확정금리상품으로서 비교적 수익률이 높은 편이며 단기여유자금을 운용할 때 유리한 저축수단이다.

② 상품특징

  ㉠ 가입대상 : 제한 없음

  ㉡ 취급기관 : 우체국, 은행, 종합금융회사, 증권회사, 증권금융회사

  ㉢ 대상증권 : 국채, 지방채, 특수채, 상장법인 및 등록법인이 발행하는 채권

  ㉣ 약정기간 : 제한 없음

  ㉤ 최소거래금액 : 금융기관별 상이

  ㉥ 예금자보호 대상은 아니지만 국채, 지방채 등 우량 채권을 대상으로 투자되므로 안정성이 높은 편이다.

  ㉦ 대부분 만기가 지난 후에는 별도의 이자를 가산해 주지 않는다.

  ㉧ 주로 통장거래로 이루어지며 30일 이내 중도 환매 시에는 당초 약정금리보다 훨씬 낮은 금리를 적용받게 된다.

CD

양도성 정기예금증서는 은행의 정기예금에 양도성을 부여한 것으로, 은행이 발행하고 증권회사와 종합금융회사의 중개를 통해 매매된다. 예금통장과는 달리 통장에 이름을 쓰지 않은 무기명이며, 중도해지는 불가능하나 양도가 자유로워 현금화가 용이한 유동성이 높은 상품이다. 그러므로 예금자는 이를 만기일 이전이라도 금융시장에서 자유로이 매매할 수 있다.

RP

환매조건부 채권 '환매채'라고도 한다. 일정 기간이 지난 후에 다시 매입하는 조건으로 채권을 매도함으로써 수요자가 단기자금을 조달하는 금융거래방식의 하나이다. 콜 자금과 같이 단기적인 자금수요를 충족시키기 위해 생긴 것이다. 일반적으로 채권을 만기일까지 보유하고 있으면 최초 매입 시에 약속된 확정이자를 계속 받고 만기 시에 원금을 상환받게 된다. 그러나 만기 이전에 현금화할 필요가 있을 때에는 만기 전 매매에 따른 불이익이 있을 수 있다. 이러한 불이익을 방지하고 채권의 유동성을 높이기 위한 제도가 바로 RP이다.

5 특수목적부 상품

(1) 주택청약종합저축

① 의의 :
　　㉠ 신규분양 아파트 청약에 필요한 저축으로서 기존의 청약저축, 청약부금, 청약예금의
　　　기능을 묶어 놓은 저축이다.
　　㉡ 전체 은행을 통해 1인 1계좌만 개설 가능하다.

② 상품특징

구 분		내 용
가 입		주택소유 · 세대주 여부, 연령 등에 관계없이 누구나 가능
청약자격		만 19세 이상이어야 하고 19세 미만인 경우는 세대주만 가능
1순위자격	수도권	가입 후 1년이 지나면 1순위
	수도권외	6~12개월 범위에서 시 · 도지사가 정하는 기간이 지나면 1순위
납입방식		일정액 적립식과 예치식을 병행하여 매월 2만 원 이상 50만원 이내에서 5,000원 단위로 자유롭게 불입할 수 있다. 잔액이 1,500만원 미만인 경우 월 50만원을 초과하여 잔액 1,500만원까지 일시 예치가 가능하다. 잔액이 1,500만 원 이상인 경우는 월 50만원 이내에서 자유롭게 적립할 수 있다.
청약대상	국민주택	해당 지역에 거주하는 무주택 세대의 구성원으로서 1세대당 1주택청약이 가능하다.
	민영주택	지역별 청약가능 예치금을 기준으로 1인당 1주택 청약이 가능하다
소득공제		총 급여 7천만원 이하 근로소득자로서 무주택 세대주인 경우는 최대 연 240만원의 40%인 96만원까지 소득공제 혜택이 주어진다

〈표〉 지역별 청약가능 예치금

희망주택(전용면적 기준)	서울 · 부산	기타 광역시	기타 시 · 군
85m2 이하	300만원	250만원	200만원
102m2 이하	600만원	400만원	300만원
102m2 초과 135m2 이하	1,000만원	700만원	400만원
135m2 초과	1,500만원	1,000만원	500만원

2. 투자상품

1 펀 드

펀드(집합투자증권)는 2명 이상의 불특정 다수의 투자자로부터 자금을 모아서 자산운용회사가 주식, 채권, 인프라(도로, 항만, 공항 등) 및 실물자산(금, 구리, 선박 등) 등 다양한 자산에 분산투자하여 그 결과를 각 투자자의 투자금액에 비례하여 돌려주는 간접투자상품이며, 운용 결과 원금손실이 발생하는 경우 투자자 자신의 책임으로 귀속되는 실적배당상품이다.

> **🔁 알아보기**　직접투자와 간접투자
>
> • 직접투자 : 투자자가 주식, 채권, 부동산, 파생상품 등에 대한 투자정보를 스스로 수집·판단하여 투자를 하는 것으로, 본인의 한정된 자금만으로 투자하기 때문에 분산투자가 어려워 투자위험이 높다.
> • 간접투자 : 자산운용 전문가인 제3자에게 자금을 위탁하여 운용할 뿐만 아니라 여러 사람으로부터 모은 대규모 자금으로 분산투자하여 투자위험을 줄일 수 있다.

☑ Check Point

집합투자증권(펀드)
집합투자증권은 예금자보호법에 따라 예금보험공사가 보호하지 않는다.

(1) 펀드의 구조

① 펀드는 자산운용회사의 상품으로, 어느 주식이나 채권에 얼마만큼 투자할지 투자전문가가 운용전략을 세워 체계적으로 관리한다.
② 투자자 입장에서 보면 펀드투자는 해당 펀드의 수익증권을 구입하는 것과 같으며 투자한 펀드에서 발생한 수익이나 손실을 투자한 비율대로 분배받는다.
③ 은행, 보험사, 증권회사 등은 투자자에게 펀드 투자를 권유하고 투자계약을 체결하는 펀드판매회사로서의 역할을 수행하고 있다.
④ 투자자금, 즉 수익증권을 판매한 대금은 펀드를 설정하고 운용하는 자산운용회사로 들어가는 것이 아니라 자산보관회사가 별도로 관리하기 때문에 혹시 자산운용회사가 파산하더라도 펀드에 투자한 자금은 보호받을 수 있다.
⑤ 자산의 투자과정에서 발생하는 수익증권의 발행 및 명의개서업무, 계산업무, 준법감시업무 등은 별도의 일반사무수탁회사에서 담당하게 된다. 이렇게 4개의 회사가 서로 다른 역할을 하면서 유기적으로 연결되어 펀드가 운용된다.

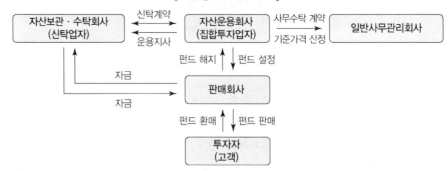

[계약형 펀드의 구조]

(2) 펀드투자 비용

① 펀드와 관련된 금융회사들은 펀드투자자로부터 각종 수수료와 보수를 받는다.
② 펀드 자금을 운용하는 대가로 자산운용회사가 받는 돈을 운용보수라고 하며 매년 펀드 자산의 일정 비율을 보수로 수취한다.
③ 펀드판매회사가 판매서비스에 대해 받는 대가에는 판매수수료와 판매보수가 있는데, 전자는 펀드를 추천하고 설명해주는 대가로 볼 수 있으며 선취 또는 후취로 수취한다.

④ 보수는 투자자의 펀드계좌를 지속적으로 관리해주는 비용이며 운용보수처럼 펀드 자산의 일정 비율로 지급하게 된다.
⑤ 자산보관회사가 받는 신탁보수와 일반사무수탁회사가 받는 사무수탁보수가 있으나 운용보수, 판매수수료, 판매보수 등에 비하면 비용이 적은 편이다.
⑥ 펀드가입 후 1~6개월이 지나지 않아 펀드를 해지하면 일종의 페널티로 환매수수료가 발생하는데, 펀드투자기간이 불확실하거나 너무 빨리 환매하면 자산운용회사가 투자 운용전략을 수립하는 데에 애로가 생길 수 있기 때문이다.

(3) 펀드투자의 장점

① 소액으로 분산투자가 가능하다.
② 펀드는 투자전문가에 의해 투자되고 관리·운영된다.
③ 규모의 경제로 인해 비용을 절감할 수 있다.

(4) 펀드의 유형 중요 ✪

① 기본적 유형 : 펀드는 여러 가지 기준으로 나눌 수 있지만 대표적으로 중도 환매가능 여부, 투자자금의 추가 불입 가능 여부, 투자자금의 모집 대상 등으로 구분해 볼 수 있다.

[펀드의 종류와 유형]

기준		펀드의 종류와 유형
환매여부	개방형펀드	환매가 가능한 펀드로, 운용 후에도 추가로 투자자금을 모집하는 것이 가능하다.
	폐쇄형펀드	• 환매가 원칙적으로 불가능한 펀드로, 첫 모집 당시에만 자금을 모집한다. • 기간이 끝나면 전 자산을 정산해서 상환이 이루어진다.
추가불입여부	단위형펀드	추가입금이 불가능하고 기간이 정해져 있다.
	추가형펀드	수시로 추가입금이 가능하다.
자금모집방법	공모형펀드	불특정 다수의 투자자로부터 자금을 모집한다.
	사모형펀드	100인 이하의 투자자들로부터 자금을 모집한다. (일반투자자는 49인 이하, 전문투자자만으로는 100인까지 구성 가능)
투자방식	거치식펀드	일시에 거금을 투자한다.
	적립식펀드	정기적(매월, 매분기 등)으로 일정금액을 투자한다.
	임의식펀드	투자금이 있을 때마다 투자한다.

② 투자대상에 따른 유형

　㉠ 증권펀드 : 주식, 채권에 투자

　㉡ 부동산펀드 : 부동산에 투자

　㉢ 실물펀드 : 금・구리 같은 상품에 투자

　㉣ 재간접펀드 : 다른 펀드에 투자

　㉤ 특별자산펀드 : 선박이나 도로 등 특수자원에 투자

　㉥ 증권펀드라 하더라도 투자대상인 주식, 채권에 어떤 비율로 투자하느냐에 따라 주식형, 채권형, 혼합형으로 구분할 수 있다.

[투자대상에 따른 펀드의 유형]

종류		내용
주식형 (주식에 60% 이상 투자)	성장형펀드	상승유망종목을 찾아서 높은 수익을 추구하는 펀드
	가치주형펀드	시장에서 저평가되는 주식을 발굴하여 투자하는 펀드
	배당주형펀드	배당금을 많이 주는 기업에 투자하는 펀드
	섹터형펀드	업종의 대표기업에 집중투자하여 운용하는 펀드
	인덱스펀드	KOSPI 200지수와 같은 지표를 따라가도록 설계한 펀드
채권형 (채권에 60% 이상 투자)	하이일드펀드	BBB 이하인 투자기등급채권과 B+ 이하인 기업어음에 투자하는 펀드
	회사채펀드	BBB+ 이상인 우량기업의 회사채에 투자하는 펀드
	국공채펀드	국공채에 투자하는 펀드
	MMF펀드	단기금융상품 예를 들면, 양도성예금증서, 기업어음, 국공채, 환매조건부채권 등에 투자하여 시장이율 변동이 반영되도록 한 펀드
혼합형		주식과 채권에 각각 60% 미만으로 투자한 펀드
기타	대체투자펀드	부동산펀드, 특별자산(도로, 항만, 항공기, 선박 등)펀드

③ 종류형펀드

종류	내용
A클래스	가입시 선취판매수수료가 부과되며 환매가능성이 있지만 장기투자에 적합
B클래스	일정기간 내에 환매시 후취수수료가 부과, 판매가능성이 낮은 장기투자에 적합
C클래스	선취, 후취 판매 수수료가 없으나 연간 보수가 높은 펀드, 단기투자에 적합
D클래스	선취, 후취 판매 수수료가 모두 부과되는 펀드
E클래스	인터넷 전용펀드
F클래스	금융기관 등 전문투자자 펀드
H클래스	장기주택마련저축 펀드
I클래스	법인 또는 거액개인고객 전용 펀드
W클래스	WRAP전용 펀드
S클래스	펀드슈퍼마켓에서 투자가능한 클래스로 후취수수료가 있는 펀드
P클래스	연금저축펀드(5년 이상 유지시 55세 이후 연금을 받을 수 있는 펀드)
T클래스	소득공제장기펀드(5년 이상 유지시 납입금액의 40%를 소득공제해주는 펀드)

④ 상장지수펀드(ETF; Exchange Traded Funds)
   ㉠ 특정한 지수의 움직임에 연동해 운용되는 인덱스 펀드의 일종으로 거래소에 상장되어 실시간으로 매매된다.
   ㉡ 지수에 연동되어 수익률이 결정된다는 점에서 인덱스 펀드와 유사하지만 증권시장에 상장되어 주식처럼 실시간으로 매매가 가능하다는 점에서 차이가 있다.

[ETF와 인덱스펀드의 비교]

구분	ETF	인덱스펀드
특징	주식시장 인덱스를 추종하여 주식처럼 유가증권시장에 상장되어 거래	• 특정 인덱스를 추종하는 펀드임 • ETF처럼 상장되어 거래되지 않고 일반펀드와 가입과정이 동일
투자비용	액티브펀드보다 낮은 비용이 발생하며 ETF거래를 위해 거래세 및 수수료 지불	대부분 ETF보다 높은 보수를 책정하고 있으나 액티브펀드보다는 낮은 수준
거래	• 일반 주식처럼 장중 거래 가능하며 환금성이 뛰어남 • 주식과 같은 거래비용 발생	일반펀드와 마찬가지로 순자산에 의해 수익률이 하루에 한번 결정되며 일반펀드와 같은 가입·환매체계를 거침
운용	운용자는 환매 등에 신경을 쓰지 않으며 인덱스와의 추적오차를 줄이기 위해 최선을 다함	• 환매요청시 포트폴리오 매각과정에서 추적오차가 발생할 수 있음 • 펀드규모가 너무 작을 경우 포트폴리오 구성에 문제 발생 가능

⑤ **주가지수연계펀드**(ELF; Equity Linked Funds)

   ㉠ ELF는 펀드형 상품으로 증권사에서 판매하는 ELS와 유사한 부분이 많다.

   ㉡ 국내에서 판매되는 ELF는 대체로 펀드재산의 대부분을 국공채나 우량 회사채에 투자하여 만기시 원금을 확보하고 나머지 잔여재산을 증권회사에서 발행하는 권리증서(warrant)를 편입해 펀드수익률이 주가에 연동되도록 한 구조화된 상품이다.

[ELD, ELS, ELF의 비교]

구분	ELD	ELS	ELF
운용회사	은행	투자매매업자	집합투자업자 (자산운용사)
판매회사	은행(운용사=판매사)	투자매매업자 또는 투자중개업자 (운용사=판매사)	투자매매업자, 투자중개업자
상품성격	예금	유가증권	펀드
투자형태	정기예금 가입	유가증권 매입	펀드 가입
만기수익	지수에 따라 사전에 정한 수익금 지급	지수에 따라 사전에 정한 수익지급	운용성과에 따라 실적배당
중도해지 및 환매여부	중도해지 가능 (해지시 원금손실 발생 가능)	제한적 (거래소 상장이나 판매사를 통한 현금화가 제한적)	중도환매 가능 (환매시 수수료 지불)
상품 다양성	100% 원금보존의 보수적인 상품만 존재	위험별로 다양한 상품개발 가능	ELS와 유사

⑥ **부동산투자신탁(REITs; Real Estate Investment Trusts)**

  ㉠ 부동산펀드와 유사한 부동산투자신탁은 투자자금을 모아 부동산 개발, 매매, 임대 및 주택저당채권(MBS; Mortgage Backed Securities) 등에 투자한 후 이익을 배당하는 금융상품이다.

  ㉡ 리츠는 설립형태에 따라 회사형과 신탁형으로 구분된다.

⑦ **재간접펀드(fund of fund)**

  ㉠ 펀드의 재산을 다른 펀드가 발행한 간접투자증권에 투자하는 펀드를 말한다.

  ㉡ 한 개의 펀드에서 다른 여러 가지 펀드들에 분산투자하는 것이다.

  ㉢ 기존에 실적이 뛰어난 펀드를 골라 투자할 수 있으며, 특히 해외의 특정 지역이나 섹터 펀드, 헤지펀드 등 일반투자자가 접근하기 어려운 펀드에 대해서도 분산투자가 가능하다는 점이 장점이다.

(5) 장내파생상품

  ㉠ 파생상품(derivatives)은 기초자산의 가치 변동에 따라 가격이 결정되는 금융 상품을 말하며, 그 상품의 가치가 기초자산의 가치 변동으로부터 파생되어 결정되기 때문에 '파생상품'이라고 부른다.

  ㉡ 파생상품은 다양한 형태로 존재하며 그중에서도 대부분 주식, 채권, 외환 등의 금융 상품 및 금, 은 등의 물품 · 원자재 등을 기초자산으로 하는 선물 또는 옵션의 형태로 거래된다.

  ㉢ 파생상품은 가격 외의 거래조건을 표준화하여 거래소에서 거래되는 장내파생상품(선물, 옵션)과 거래소 밖에서 非표준화되어 거래되는 장외파생상품(선도, 스왑)으로 구분할 수 있다.

  ㉣ 선물과 옵션 등 파생상품은 불확실한 미래의 가격변동에서 오는 리스크를 줄이려는 헤징(hedging)이 원래의 목적이지만 기초자산의 미래 가격변동을 예상하고 레버리지를 이용한 투기적 목적으로도 많이 활용된다.

  ㉤ 특히 기존의 금융상품과 파생상품이 결합하면서 종래의 일방향적인 투자패턴에서 벗어나 다양한 형태의 금융상품을 개발하는 금융공학이 가능해졌다. 다만, 금융공학이 어려운 재무와 수학적 능력을 가진 일부 전문가의 전유물이 되면서 일반인은 파악하기 어려운 복잡한 구조의 금융신상품을 양산하게 되었고 결국 2008년 글로벌 금융위기를 초래하는 원인 중 하나가 되었다.

① **선물계약(Futures)**

  ㉠ 선물계약의 개념

   • 선물계약(futures contracts)은 장래의 일정 시점을 인수 · 인도일로 하여 일정한 품질과 수량의 어떤 물품 또는 금융상품을 사전에 정한 가격에 사고팔기로 약속하는 계약이다.

- 선물계약은 현재시점에서 계약은 하되 물품은 장래에 인수·인도한다는 점에서 계약과 동시에 정해진 가격으로 물품을 인수·인도하는 현물계약과 대비된다.

  예 밀을 생산하는 농부와 제빵업자의 사례

- 사례처럼 불확실한 미래를 확실한 것으로 대체하고자 하는 거래당사자 간의 반대방향 욕구가 선물계약을 맺게 하는 원동력이 되는 것이다.

ⓛ 선도계약과의 차이

- 선물계약은 선도계약(forward contracts)과 혼용되어 사용되지만 이들은 서로 다른 개념이다.
- 선물계약과 선도계약은 장래의 일정 시점에 일정 품질의 물품 또는 금융상품을 일정 가격에 인수·인도하기로 계약한다는 점에서는 동일하다.
- 선도계약은 거래당사자들이 자유롭게 계약내용을 정하고 장소에 구애 받지 않고 거래할 수 있는 데 반해, 선물계약은 계약내용이 표준화되어 있고 공식적인 거래소를 통해 거래가 이루어진다는 점에 차이가 있다.
- 다시 말해 선물계약은 선도계약 중 거래가 표준화되고 거래소를 통해 이루어지는 보다 좁은 범위의 계약을 지칭한다.

ⓒ 선물거래의 기능

- 선물거래의 가장 기본적이고 중요한 역할은 가격변동 리스크를 줄이는 헤징(hedging) 기능이다.
- 가격변동 리스크를 회피하고 싶은 투자자(hedger)는 선물시장에서 포지션을 취함으로써 미래에 가격이 어떤 방향으로 변하더라도 수익을 일정수준에서 확정시킬 수 있다.

  예를 들어 3개월 후 수출대금으로 1,000만 달러를 수취할 예정인 수출업자는 3개월 후 환율이 얼마가 되느냐에 따라 원화로 받게 될 금액이 변동하는 환리스크에 노출된다. 이 때 3개월 후 달러당 1,120원에 1,000만 달러를 매도할 수 있는 선물환 계약이 가능하다면 선물환 매도계약을 통해 3개월 환율 변동에 상관없이 112억 원의 원화자금을 확보할 수 있게 된다.

- 선물거래는 현물시장의 유동성 확대에도 기여한다.
- 선물거래는 현물의 가격변동위험을 헤지할 수 있으므로 그만큼 현물의 투자 위험이 감소되는 결과를 가져와 투자자들은 현물시장에서 보다 적극적으로 포지션을 취할 수 있게 된다.
- 이에 따라 신규투자자들이 증가하고 특히 기관투자가의 적극적인 참여로 현물 시장의 유동성이 확대될 수 있다.
- 선물거래는 장래의 가격정보를 제공하는 기능을 한다.
- 선물시장에서 경쟁적으로 형성되는 선물가격은 미래의 현물가격에 대한 기대값을 의미한다. 물론 선물가격이 미래의 현물가격과 꼭 일치함을 의미하지는 않으나 미래의 현물가격을 예상할 수 있는 가격예시 기능을 갖고 있다.

- 선물거래는 새로운 투자수단을 제공한다. 선물거래는 비교적 적은 비용으로 큰 금액의 거래를 할 수 있어 레버리지가 높은 새로운 투자수단을 제공한다.
- 선물과 현물 간 또는 선물 간의 가격 차이를 이용한 차익(arbitrage)거래나 스프레드(spread)거래와 같은 새로운 투자기회도 제공한다.

ⓔ 선물계약의 종류

- 선물계약은 거래대상이 되는 기초자산의 종류에 따라 크게 상품선물과 금융선물로 구분된다.
- 상품선물(commodity futures)은 기초자산이 실물상품인 선물로서 초기에는 농산물, 축산물 등에 한정되었으나 점차 확대되어 현재는 임산물, 비철금속, 귀금속, 에너지 등에 이르기까지 다양하다.
- 금융선물(financial futures)은 기초자산이 되는 금융상품에 따라 3가지 즉, 금리에 의해 가격이 결정되는 장단기 채권을 기초자산으로 하는 금리선물, 개별 주식 및 주가지수를 거래대상으로 하는 주식관련선물, 그리고 주요국의 통화를 대상으로 하는 통화선물이 있다.
- 한국거래소에 상장되어 거래되는 선물계약으로는 가장 활발하게 거래되는 KOSPI200지수선물을 비롯하여 KOSPI200선물 대비 거래단위를 1/5로 축소한 코스피200미니선물, 기술주 중심의 코스닥시장 특성을 반영한 코스닥150지수 선물, 특정 산업군의 주가흐름을 반영하는 대표종목을 지수화하여 거래되는 10개 섹터지수선물 등이 다양하게 존재한다.
- 금리선물로는 각각 3년, 5년, 10년 만기 국채선물이 있고, 통화선물은 각각 미국 달러화, 일본 엔화, 중국 위안화, 유로화에 대한 원화 환율을 거래하는 선물계약이 있으며, 상품선물로는 금선물, 돈육선물 등이 있다.

② 옵션계약(Option)

㉠ 옵션의 개념

- 선물계약이 장래의 일정시점을 인수·인도일로 하여 일정한 품질과 수량의 어떤 물품 또는 금융상품을 정한 가격에 사고팔기로 약속하는 계약이라면 옵션계약은 장래의 일정시점 또는 일정기간 내에 특정 기초자산을 정한 가격에 팔거나 살 수 있는 권리를 말한다.
- 두 계약 간에 유사한 부분도 있으나 선물계약이 매입 측과 매도 측 쌍방이 모두 계약이행의 의무를 지게 되는 반면, 옵션계약은 계약당사자 중 일방이 자기에게 유리하면 계약을 이행하고 그렇지 않으면 계약을 이행하지 않을 수 있는 권리를 갖고 상대방은 이러한 권리행사에 대해 계약이행의 의무만을 지게 된다는 점에서 차이가 있다.
- 옵션계약에서는 계약이행의 선택권을 갖는 계약자가 의무만을 지는 상대방에게 자신이 유리한 조건을 갖는데 대한 대가를 지불하고 계약을 체결하게 된다.

ⓛ 옵션관련 주요 용어들

- 기초자산(underlying asset) : 옵션거래의 대상이 되는 자산으로 우리나라 주가지수옵션의 경우 기초자산은 코스피200
- 옵션보유자 or 옵션매입자(option holder) : 옵션계약에서 선택권을 갖는 측
- 옵션발행자 또는 옵션매도자(option writer) : 옵션보유자의 계약상대방이 되어 계약을 이행해야 할 의무를 지는 측
- 행사가격(exercise price 또는 strike price) : 기초자산에 대해 사전에 정한 매수가격(콜옵션의 경우) 또는 매도가격(풋옵션의 경우)으로서 옵션보유자가 선택권을 행사하는데 있어서 기준이 되는 가격. 콜옵션매수자는 기초자산의 가격이 행사가격 이상으로 상승할 때 권리를 행사하고, 풋옵션매수자는 기초자산의 가격이 행사가격 아래로 하락할 때 권리를 행사
- 만기일(expiration date) : 옵션보유자가 선택권을 행사할 수 있도록 정해진 특정시점 또는 정해진 기간. 만기일이 지나면 해당 옵션은 그 가치를 상실하고 더 이상 권리 행사 불가
- 옵션프리미엄(option premium) or 옵션가격 : 옵션매입자가 선택권을 갖는 대가로 옵션매도자에 게 지급하는 금액으로 옵션의 가격은 바로 이 옵션의 프리미엄을 지칭

ⓒ 옵션의 기능

- 옵션은 다양한 투자수단을 제공하는 데 널리 활용되고 있다. 전통적인 금융상품인 주식, 채권 등과 결합하거나 옵션간의 결합을 통해 다양한 형태의 수익구조를 갖는 투자수단을 만드는 데 활용되고 있다.
- 따라서 투자자들은 각자의 위험에 대한 선호나 향후 가격변화에 대한 예상, 자신의 자금사정, 투자목적 등에 따라 적합한 투자전략을 다양하게 구사할 수 있다.
- 또 선물계약의 가장 큰 기능이 헤징인 것처럼 옵션도 불확실한 미래 가격변동에 따른 위험을 헤지하는 수단으로 활용된다.
- 헤징을 위해 선물과 옵션을 이용하더라도 그 방식에는 근본적인 차이가 있다.
- 선물계약은 거래할 기초자산의 가격을 고정시킴으로써 위험을 제거하는 반면, 옵션계약은 미래에 가격이 불리한 방향으로 움직이는 것에 대비한 보호수단을 제공하고 가격이 유리한 방향으로 움직일 때는 이익을 취할 수 있도록 해준다.
- 선물시장과 마찬가지로 옵션시장에서도 투기거래가 존재하며, 옵션의 거래비용은 옵션매입자의 경우 옵션프리미엄에 한정되기 때문에 옵션투자는 적은 투자비용으로 레버리지가 매우 높은 투자손익이 발생하게 된다.

ⓒ 옵션의 분류

옵션계약은 선택권의 보유자, 권리행사시기, 기초자산 등에 따라 다양하게 구분될 수 있다.

- 선택권 보유자에 따라
  - 콜옵션(call option) : 기초자산을 매입하기로 한 측이 옵션보유자가 되는 경우로, 콜옵션의 매입자는 장래의 일정시점 또는 일정기간 내에 특정 기초자산을 정해진 가격으로 매입할 수 있는 선택권을 가진다.
  - 풋옵션(put option) : 기초자산을 매도하기로 한 측이 옵션보유자가 되는 경우로, 풋옵션의 매입자는 장래의 일정시점 또는 일정기간 내에 특정 기초자산을 정해진 가격으로 매도할 수 있는 권리를 가진다.
- 권리행사시기에 따라
  - 유럽식 옵션 : 옵션의 만기일에만 권리를 행사할 수 있는 형태의 옵션이다.
  - 미국식 옵션 : 옵션의 만기일이 될 때까지 언제라도 권리를 행사할 수 있는 형태의 옵션이다.
- 기초자산에 따라
  - 주식옵션 : 옵션 중 가장 흔한 형태로 개별 주식이 기초자산이 되는 옵션이다.
  - 주가지수옵션 : 주가지수 자체가 기초자산이 되는 옵션을 말한다. 옵션의 대상이 되는 주가지수로는 시장 전체의 움직임을 대표하는 경우도 있고 특정부문을 대상으로 하는 것도 있다.
  - 통화옵션 : 외국통화가 기초자산이 되는 옵션으로 특정 외환을 미리 정한 환율로 사고 팔 수 있는 권리를 매매한다. 우리나라에서는 미국달러옵션이 상장되어 거래되고 있다.
  - 금리옵션 : 국채, 회사채, CD 등 금리변동과 연계되는 금융상품이 기초자산이 되는 옵션으로 기간에 따라 단기, 중기, 장기로 구분된다.
  - 선물옵션 : 지금까지 살펴본 옵션계약의 기초자산은 모두 현물이었던 데 반해 선물옵션은 이들 현물을 기초자산으로 하는 선물계약 자체를 기초자산으로 하는 옵션이다. 선물콜옵션을 행사하면 선물매수포지션이 생기고 선물풋옵션을 행사하면 선물매도포지션을 받게 된다.

[선물과 옵션의 비교]

구분	주가지수선물	주가지수옵션
정의	미래 일정 시점(만기일)에 특정 주가지수를 매매하는 계약	미래 일정 시점(만기일)에 특정 주가지수를 매매할 수 있는 권리를 매매
가격	현물지수의 움직임에 연동	일정 범위에서는 현물지수의 움직임에 연동하나 그 범위 밖에서는 연동하지 않음
증거금	매수, 매도자 모두 필요	매도자만 필요
권리 및 의무	매수, 매도자 모두 계약이행의 권리와 의무를 지님	매수자는 권리만 가지고 매도자는 계약이행의 의무를 지님
결제 방법	반대매매, 최종결제, 현금결제	반대매매, 권리행사 또는 권리 포기, 현금결제
이익과 손실	매도자, 매수자의 이익과 손실이 무한정임	매수자 : 손실은 프리미엄에 한정, 이익은 무한정 매도자 : 이익은 프리미엄에 한정되나 손실은 무한정

(6) 구조화상품

① 예금, 주식, 채권, 대출채권, 통화, 옵션 등 금융상품을 혼합하여 얼마든지 새로운 상품을 만들 수 있는데, 이와 같이 당초의 자산을 가공하거나 혼합하여 만들어진 새로운 상품을 말한다.

② 주식이나 채권, 파생상품 등을 혼합하여 만든 ELS(Equity Linked Securities), DLS(Derivative Linked Securities), 예금과 주식을 혼합하여 만든 주가연계예금(ELD) 등이 구조화금융상품에 해당한다.

③ 그 밖에도 일부 부동산펀드, ETF, ABCP 등과 같은 금융상품도 구조화증권의 범주에 포함된다.

> **알아보기** 주가연계증권(ELS; Equity Linked Securities)
>
> 흔히 ELS라고 불리는 주가연계증권은 파생결합증권의 일종으로 개별 주식의 가격이나 주가지수, 섹터지수 등의 기초자산과 연계되어 미리 정해진 방법으로 투자수익이 결정되는 증권이다.

파생결합증권
기초자산의 가격·이자율·지표·단위 또는 이를 기초로 하는 지수 등의 변동과 연계하여 미리 정하여진 방법에 따라 지급금액 또는 회수금액이 결정되는 권리가 표시된 증권을 말한다.

2 기타상품

(1) 신탁상품

① 금전신탁
  ㉠ 금전으로 신탁을 설정하고 신탁 종료시 금전 또는 운용재산을 수익자에게 그대로 교부하는 신탁으로, 위탁자가 신탁재산의 운용방법을 직접 지시하는지 여부에 따라 특정금전신탁과 불특정금전신탁으로 나뉜다.
  ㉡ 신탁계약 또는 위탁자의 지시에 따라 신탁재산 운용방법이 특정되면 특정금전신탁, 수탁자에게 재산의 운용방법을 일임하면 불특정금전신탁이 된다.

② 재산신탁 : 금전 외의 재산인 금전채권, 유가증권, 부동산 등으로 신탁을 설정하고 위탁자의 지시 또는 신탁계약에서 정한 바에 따라 관리·운용·처분한 후 신탁 종료 시 운용재산을 그대로 수익자에게 교부하는 신탁이다.

③ 종합재산신탁
  ㉠ 금전 및 금전 외 재산을 하나의 계약으로 포괄적으로 설정하는 신탁이다.
  ㉡ 하나의 신탁계약에 의해 금전, 유가증권, 부동산, 동산 등의 모든 재산권을 종합적으로 관리·운용·처분하여 주는 신탁이다.

(2) 랩어카운트(wrap account)

① 주식, 채권, 금융상품 등 증권회사(투자매매업자)에 예탁한 개인투자자의 자금을 한꺼번에 싸서(wrap) 투자자문업자(통상 자산운용회사나 증권회사가 겸업)로부터 운용서비스 및 그에 따른 부대서비스를 포괄적으로 받는 계약을 의미한다.

② 주식, 채권, 투자신탁 등을 거래할 때마다 수수료를 지불하지 않고 일괄해서 연간 보수로 지급한다.

(3) 외화예금 관련 금융상품

① 외화보통예금

    ⊙ 보통예금처럼 예치금액, 예치기간 등에 제한이 없고 입출금이 자유로운 외화예금이다.

    ⓒ 외화 여유자금을 초단기로 예치하거나 입출금이 빈번한 자금을 운용하기에 적합하며 주로 해외송금을 자주 하는 기업이나 개인들이 이용하고 원화로 외화를 매입하여 예치할 수도 있다.

    ⓒ 향후 예치통화의 환율이 오르내릴 경우 환차익이나 환차손이 발생할 수도 있다.

② 외화정기예금 : 외화로 예금하고 인출하는 정기예금으로, 약정기간이 길수록 확정이자가 보장되므로 여유자금을 장기간 안정적으로 운용하기에 좋다.

③ 외화적립식예금

    ⊙ 외화를 매월 일정액 또는 자유롭게 적립하여 예치기간별로 금리를 적용받는 상품이다.

    ⓒ 은행별로 차이는 있으나 계약기간을 1개월에서 24개월까지 자유롭게 선정할 수 있다.

    ⓒ 정기적금과 비슷하나 정기적금보다는 적립일, 적립 횟수에 제한이 없는 등 자유롭게 운영된다.

3 저축과 금융투자에 대한 이해

출제경향분석
- 주식투자와 채권투자(2021)
- 투자의 기초
- 증권의 투자가치 분석

- 저축과 이자
- 주식투자의 특성

01 저축의 기초

1 저축과 이자

(1) 단 리

① 일정한 기간에 오직 원금에 대해서만 미리 정한 이자율을 적용하여 이자를 계산하는 방법이다.

② 여기서 발생하는 이자는 원금에 합산하지 않으며 따라서 이자에 대한 이자가 발생하지 않는다. 원금에만 이자가 발생한다는 점에서 단리로 계산하는 방식은 다음과 같다.

$$FV = PV \times \{1 + (r \times n)\}$$

[FV=미래가치, PV=현재가치, r=수익률(연이율), n=투자기간(연단위)]

 연 4%의 이자율로 100만 원을 3년 동안 단리로 저축하면 얼마가 될까?

1,000,000원×{1+(0.04×3)}=1,120,000원

즉, 100만 원에 대한 3년 후의 미래가치는 1,120,000원이 된다.

(2) 복 리

이자에도 이자가 붙는다는 뜻으로, 원금뿐 아니라 발생한 이자도 재투자된다고 가정하는 복리계산(compounding)은 다음과 같다.

$$FV = PV \times (1+r)^n$$

[FV=미래가치, PV=현재가치, r=수익률(연이율), n=투자기간(연단위)]

예시문제 연 4%의 이자율로 100만 원을 3년 동안 복리로 저축하면 얼마가 될까?

$$1,000,000원 \times (1+0.04)^3 = 1,124,864원$$

즉, 100만 원에 대한 3년 후의 미래가치는 1,124,864원이 된다.

(3) 72의 법칙

① 복리로 계산하여 원금이 두 배가 되는 시기를 쉽게 알아볼 수 있는데 다음과 같은 간단한 공식으로 계산할 수 있다.

(72의 법칙) 72÷금리＝원금이 두 배가 되는 시기(년)

예시문제 100만 원을 연 5%의 복리상품에 예치할 경우 원금이 2배인 200만 원으로 불어나려면 얼마나 걸릴까? 약 14.4년이 소요된다(72÷5=14.4). (세금 공제 전)

② 목표수익률을 정할 때에도 활용할 수 있다.

예시문제 만일 10년 안에 원금이 두 배가 되기 위한 금리는 어느 수준일까?

72÷10=7.2%(년)

2 저축과 인플레이션(Inflation)

(1) 인플레이션은 지속적으로 물가가 상승하는 것을 말한다.

(2) 똑같은 돈으로 구입할 수 있는 물건이 줄어들기 때문에 화폐 가치가 하락한다.

(3) 현재의 소비를 미래로 이연하는 것이 저축이라고 했는데, 인플레이션율이 높을수록 저축한 돈의 가치를 유지하면서 소비를 미래로 늦추기는 어렵게 된다.

3 저축과 세금

(1) 우리나라에서는 이자소득을 포함한 금융소득에 대해서 분리과세를 통해 금융회사가 일률적으로 14%(지방소득세를 포함하면, 15.4%)를 원천징수하고 나머지를 지급한다.

(2) 이자 또는 배당에 대해 과세되지 않는 비과세상품이나 낮은 세율이 적용되는 세금우대 상품도 있지만 한시적으로 일부 계층에게만 제한적으로 허용되는 경우가 대부분이다.

02 투자의 기초

1 투자 vs. 투기

(1) 투 자

① 미래에 긍정적인 이익이 발생하기를 바라면서 불확실성을 무릅쓰고 경제적 가치가 있는 자산을 운용하는 것을 의미한다.
② 개인은 자신의 상황에 맞게 적절한 상품을 합리적으로 활용하는 것이 바람직하다.
③ 개인의 합리적인 투자 선택은 자금이 필요한 곳에 적절히 자금을 공급하는 역할을 하므로 경제 및 사회의 발전에도 큰 도움이 된다.

(2) 투 기

① 요행을 바라고 과도한 위험을 떠안으면서 비교적 단기간에 부당한 이득을 취하려는 경우를 말한다.
② 개인 및 가계의 재정을 큰 위험에 빠뜨릴 수 있을 뿐만 아니라 우리 경제와 사회에도 큰 해를 끼칠 수 있다.
③ 경제활동을 위한 정상적인 자금흐름을 방해하고 많은 경제 분야에 걸쳐 가격 거품을 형성함으로써 사회의 경제적 안정성을 해칠 수 있다.

2 수익 vs. 투자수익률

(1) 수익(profit)

① 투자한 양과 회수되거나 회수될 양과의 차이를 말한다.
② 투자량에 비해 회수량이 많으면 양(+)의 수익이 발생하고 투자량에 비해 회수량이 적으면 음(−)의 수익이 발생한다.

(2) 투자수익률(rate of return on investment)

① 투자량과 회수량과의 비율을 말한다.
② 투자원금은 투자량을 금액으로 나타낸 것이며, 일정기간 경과 후 회수되거나 회수될 가치를 기말의 투자가치로 볼 때 투자를 통해 발생하는 수익률은 아래의 식을 이용해 구할 수 있다.

$$투자수익률 = (기말의\ 투자가치 - 투자원금) \div 투자원금 \times 100$$

기말의 투자가치
투자기간 중 발생하는 이자금액이나 배당금, 재투자 등이 포함된 개념

3 투자의 위험(risk)

위험(risk)이 금융 분야에서 사용될 경우에는 불확실한 미래 상황에 노출된 상태로서 경우에 따라 많은 수익을 얻을 수도 있지만 어떤 경우에는 손실을 볼 수도 있는 것을 의미한다.

> **☑ Check Point**
>
> **환리스크(risk)**
> 수출 주력 기업의 경우, 환율이 상승하면 유리해지고 하락하면 불리해질 수 있는데, 이러한 상황을 말한다.

(1) 투자수익률과 리스크의 관계

① 위험이 많은 투자일수록 평균적으로 높은 수익이 난다.

> **⊕ 알아보기** **고위험 고수익(high risk high return)**
>
> 사람들은 본능적으로 가능한 한 위험을 회피하는 경향이 있기 때문에 위험이 있는 자산은 위험이 없는 자산에 비해 할인되어 거래된다.

② 기대수익률(expected return)
   ㉠ 어떤 자산을 현재가격으로 매입할 때 평균적으로 예상되는 수익률을 의미하므로 실제 투자 결과로 발생하는 사후적인 실현수익률을 의미하지는 않는다.
   ㉡ 리스크가 큰 투자라고 해서 높은 수익률을 보장하는 것은 아니며, 기대수익률이 높아야만 투자자들이 리스크를 감당하여 투자를 하게 된다는 의미로 이해해야 한다.
③ 무위험수익률(risk-free rate of return) : 흔히 리스크가 전혀 없는 상태에서의 수익률을 말한다.
④ 리스크 프리미엄(risk premium) : 리스크에 대한 보상으로 증가하는 기대수익률을 말한다.

> 기대수익률=무위험수익률+리스크 프리미엄

(2) 투자위험 관리와 분산투자

① 투자위험을 관리하는 방법들 중 가장 대표적인 것은 자산배분을 통한 분산투자이다.
② 분산투자 : '모든 달걀을 한 바구니에 담지 말라'는 표현을 쓰는데, 이것은 투자를 할 때에는 여러 가지 자산, 즉 포트폴리오(portfolio)를 구성하여 투자할 것을 권하는 말이다.

> **⊕ 알아보기** **포트폴리오 효과**
>
> 1. 의미 : 다수의 주식에 분산투자하여 포트폴리오를 구성하면 기대수익률을 감소시키지 않으면서 투자위험을 줄이는 효과
> 2. 발생 원인 : 포트폴리오를 구성하는 주식들의 수익률의 변동방향이 완전히 일치하지 않기 때문

③ 투자 가치에 영향을 미치는 원인에 따라 위험의 종류를 크게 두 가지로 나눈다.

　㉠ 체계적 위험(분산불가능위험) : 시장에 공통적으로 영향을 주는 요인에 의하여 발생하는 위험

　　◎ 세계 경제위기나 천재지변, 전쟁 등과 같이 모든 자산이나 투자 대상의 가치에 영향을 미치는 위험

　㉡ 비체계적 위험(분산가능 위험) : 전체 시장의 변동과 무관하게 기업의 고유한 원인에 의하여 발생하는 위험

　　◎ 경영자의 횡령, 산업재해, 근로자의 파업 등 특정 기업이나 산업의 가치에만 고유하게 미치는 위험

(3) 레버리지(leverage) 효과와 투자위험

① 레버리지 효과

　㉠ 지렛대를 이용하면 실제 힘보다 몇 배 무거운 물건을 움직일 수 있듯이 금융에서는 실제의 가격변동률보다 몇 배 많은 투자수익률이 발생하는 현상이다.

　㉡ 레버리지 효과를 유발하여 가격변동률보다 몇 배 많은 투자수익률이 발생하려면 투자액의 일부를 자신의 자본이 아닌 부채로 조달하여야 한다.

$$투자\ 레버리지 = 총\ 투자액/자기자본$$

② 레버리지 투자위험

　㉠ 레버리지는 손익의 규모를 확대시켜 레버리지가 커질수록 그 방향이 양이든 음이든 투자수익률은 가격변동률의 몇 배로 증가함으로써 리스크가 커지게 된다.

　㉡ 일반적으로 정상적인 기업이 레버리지 효과를 일으키는 부채 없이 자기자본만으로 사업을 하는 것은 불가능하고 또 재무적으로도 적절하지 못한 전략이다.

　㉢ 감내할 만한 범위 내에서 기업이 적절한 부채를 사용하는 것은 바람직하지만, 개인이 부채를 사용하여 레버리지가 높은 투자를 하는 것은 결코 바람직하지 못하다.

③ 자본시장과 금융투자업에 관한 법률

(1) 금융투자상품

① 원본의 손실 가능성(투자성)이 있는 금융상품을 의미한다.
② 투자금액 원본까지를 한도로 손실이 발생할 가능성이 있는 것은 증권, 원본을 초과한 손실이 발생할 가능성이 있는 것은 파생상품으로 분류된다.

(2) 표준투자권유준칙

금융투자상품의 판매자인 금융회사와 소속 직원들의 입장에서 꼭 지켜야 할 기준과 절차이다.

(3) 투자자보호제도

자본시장법은 금융규제 완화로 인한 원금손실 가능 금융투자상품의 대거 등장에 따라 투자권유제도를 도입하고 투자상품의 판매 및 영업에 관한 절차를 통일하는 등 다음과 같은 투자자보호장치를 강화하고 있다.

[금융투자업자의 투자자 보호장치]

규제 명칭	주요 내용
신의성실의무	신의성실 원칙에 따라 공정하게 금융업을 수행해야 함
투자자의 구분	투자자를 일반투자자와 전문투자자로 구분
고객알기제도	투자자의 특성(투자목적·재산상태 등)을 면담·질문 등을 통하여 파악한 후 서면 등으로 확인 받아야 함
적합성원칙*	투자권유는 투자자의 투자목적·재산상태·투자경험 등에 적합해야 함
적정성원칙*	파생상품 등이 일반투자자에게 적정한지 여부 판단
설명의무*	• 투자권유 시 금융상품의 내용·위험에 대하여 설명하고 이해했음을 서면 등으로 확인받도록 함 • 설명의무 미이행으로 손해발생시 금융투자회사에게 배상책임을 부과하고 원본손실액을 배상액으로 추정
부당권유 규제*	• 손실부담의 약속 금지 및 이익보장 약속 금지 • 투자자가 원하는 경우를 제외하고 방문·전화 등에 의한 투자권유 금지(unsolicited call 규제)
약관 규제	약관의 제정·변경 시 금융위원회 보고 및 공시 의무화
광고 규제*	• 금융투자회사가 아닌 자의 투자광고 금지 • 금융상품의 위험 등 투자광고 필수 포함내용 규정

* 금소법 시행에 따라 해당 투자자보호장치는 금소법상 6대 판매원칙으로 통합

03 주식투자

1 주식의 개념

(1) 주식회사

법률상 반드시 의사결정기관인 주주총회, 업무집행의 대표기관인 이사회 및 대표이사, 감독기관인 감사를 두어야 하며 사원인 주주들의 출자로 설립된다.

(2) 주 식

주식회사가 발행한 출자증권으로서 주식회사는 주주들에게 자본금 명목으로 돈을 받고 그 대가로 주식을 발행한다.

(3) 자익권 vs. 공익권

① 자익권 : 주주가 출자한 회사에 대한 권리는 크게 자신의 재산적 이익을 위해 인정되는 권리

> 예 이익배당청구권, 잔여재산 분배청구권, 신주인수권, 주식매수청구권, 주식명의개서청구권 및 무기명주권의 기명주권으로의 전환청구권 등

② 공익권 : 회사 전체의 이익과 관련된 권리

> 예 주주총회에서 이사 선임 등 주요 안건에 대한 의결에 지분 수에 비례하여 참여할 수 있는 의결권, 회계장부와 관련된 주요 정보의 열람을 청구할 수 있는 회계장부 열람청구권, 이미 선임된 이사를 임기 전이라도 일정 수 이상의 주주의 동의를 얻어 해임을 요구할 수 있는 이사해임청구권, 일정 수 이상의 주주 동의로 임시 주주총회 소집을 요구할 수 있는 주주총회 소집요구권 등

(4) 주식투자의 특성

① 높은 기대 수익 : 투자 방법에 따라 소액으로도 충분히 높은 수익을 얻을 수 있다.

② 뛰어난 환금성 : 증권시장을 통해 매일 거래가 이루어지므로 자유롭게 사고팔아 현금화할 수 있다.

③ 투자 수익에 대한 비과세 : 주식투자 시 발생하는 소정의 거래세만 부담하면 투자 수익에 대해서는 과세되지 않는다.

④ 인플레이션 헤지 기능 : 주식은 부동산 및 실물자산을 보유한 기업에 대한 소유권을 나타내므로 물가가 오르면 그만큼 소유자산 가치가 올라 주식의 가격도 오르는 경향이 있다.

2 주식의 발행

(1) 기업공개

① 주식회사가 신규발행 주식을 다수의 투자자로부터 모집하거나 이미 발행되어 있는 대주주 등의 소유 주식을 매출하여 주식을 분산시키는 것을 말한다.

② 상장 : 한국증권선물거래소와 같은 공인된 거래소에서 거래(기업발행 유가증권 종목별로 거래)하는 것이다.

③ 기업공개와 상장을 분리함에 따라 상장요건을 갖추지 못한 기업들도 기업공개를 통해 자금을 조달할 수 있다.

(2) 유 · 무상증자

① 유상증자는 기업이 신주를 발행하여 자본금을 증가시키는 것으로 재무구조를 개선하고 타인자본에 대한 의존도를 낮추는 대표적인 방법이다. 자금조달을 위해 기업이 유상증자를 할 경우 원활한 신주매각을 위해 일반적으로 20~30% 할인하여 발행한다.

   ㉠ 주주배정방식 : 기존주주와 우리사주조합에게 신주를 배정하고 실권주 발생 시 이사회 결의에 따라 처리방법 결정

   ㉡ 주주우선공모방식 : 주주배정방식과 거의 동일하나 실권주 발생 시 일반투자자를 대상으로 청약을 받은 다음 청약 미달 시 이사회 결의로 그 처리방법 결정

   ㉢ 제3자 배정방식 : 기존주주 대신 관계회사나 채권은행 등 제3자가 신주인수를 하도록 하는 방식

   ㉣ 일반공모방식 : 기존주주에게 신주인수권리를 주지 않고 일반투자자를 대상으로 청약을 받는 방식

② 무상증자는 주금 납입 없이 이사회 결의로 준비금이나 자산재평가적립금 등을 자본에 전입하고 전입액 만큼 발행한 신주를 기존주주에게 보유 주식수에 비례하여 무상으로 교부하는 것으로, 회사와주주의 실질재산에는 변동이 없다.

③ 유 · 무상증자를 위해서는 주주가 확정되어야 하며 이를 위해 유 · 무상증자 기준일을 정하고 기준일 현재 주주인 사람을 증자 참여 대상자로 확정하게 된다. 이때 유 · 무상증자 기준일 전일은 유 · 무상증자 권리락일(자산분배가 공표된 기업의 주식이 그 자산의 분배권이 소멸된 이후 거래되는 첫날)이 되어 그 날 이후 주식을 매수한 사람은 증자에 참여할 권리가 없어 신주인수권 가치만큼 기준주가가 하락하여 시작하게 된다.

(3) 주식배당

① 현금 대신 주식으로 배당을 실시하여 이익을 자본으로 전입하는 것을 의미한다.

② 주주들에게 배당을 하고 싶으나 기업이 재무적으로 어려움에 처해 있거나 투자계획 등으로 현금을 아껴야 할 필요가 있을 때 많이 이루어진다.

(4) 주식분할과 주식병합

주식배당처럼 주식분할도 분할 이전에 비해 더 많은 주식을 소유하지만 현금배당 대신에 지급되는 것이 아니며 보다 많은 투자자들에게 그 기업의 주식을 매수할 수 있게 하기 위해 주식의 시장가격을 낮추고자 할 때 발생한다.

3 주식의 종류

(1) 보통주(Common stocks)

① 일반적으로 주식이라 하면 보통주를 의미하며, 각 주식은 평등한 권리내용을 가진다.
② 보통주에 대한 투자는 미래의 배당금 수령이나 주가의 불확실성으로 투자위험이 높으며, 그 만큼 높은 수익이 기대되는 투자대상이기도 하다.

(2) 우선주(Preferred stocks)

① 배당이나 잔여재산분배에 있어서 사채권자보다는 우선순위가 낮으나 보통주 주주보다는 우선권이 있는 주식을 말한다.
② 흔히 고정적인 확정 배당률이 있지만 무배당도 가능하며 의결권이 제한되어 있어 사채와 보통주의 성격이 복합된 증권이라 할 수 있다.

(3) 성장주(Growth stocks)와 가치주(Value stocks)

① 성장주 : 기업의 영업실적이나 수익 증가율이 시장평균보다 높을 것으로 기대되는 주식으로, 주로 수익을 기업내부에 유보(재투자)하여 높은 성장률과 기업가치 증대에 주력하고 배당금으로 분배하는 부분은 많지 않다.
② 배당주 : 기업에 이익이 발생할 때 이를 재투자하기 보다는 주주에게 배당금의 형태로 배분하는 비율이 높은 주식으로, 주식의 매매차익을 노리기보다는 주식을 보유하면서 정기적으로 수익을 얻으려는 투자자들이 관심을 갖는다.
③ 가치주 : 주식의 내재가치보다 현재의 주가수준이 낮게 형성되어 있으나 기업의 이익이나 자산의 구조를 볼 때 앞으로 가격이 오를 것으로 생각되는 주식이다.

(4) 경기순환주(Cyclical stocks)와 경기방어주(Defensive stocks)

① 경기순환주
  ㉠ 경제의 활동수준에 따라 기업의 영업실적이나 수익의 변화가 심한 주식을 말한다.
  ㉡ 경기가 호황이면 높은 성장률을 나타내고 높은 투자수익률이 기대되지만 경기가 침체기에 들어서면 실적이 급속히 악화하고 투자손실이 예상되는 기업의 주식이 해당된다.
  ㉢ 주로 경기에 따라 수요변화가 심한 건설, 자동차, 도매, 철강, 조선, 반도체산업 등에 해당하는 주식들로 경기민감주라고도 한다.

② 경기방어주
  ㉠ 경기 변화에 덜 민감하며 경기침체기에도 안정적인 주가흐름을 나타낸다.
  ㉡ 경기가 호전되어도 다른 주식에 비해 상대적으로 낮은 상승률을 보일 가능성이 높다.
  ㉢ 일반적으로 경기침체기에도 수요가 꾸준한 음식료, 제약, 가스, 전력업종 등의 주식들이 해당된다.

시가총액
현재의 주식의 가격과 주식의 수를 곱한 값으로 현재 기업의 가치가 얼마인지를 나타낸다고 볼 수 있다.

(5) 대형 · 중형 · 소형주

한국거래소는 상장법인의 시가총액에 따라 다음과 같이 구분하고 있다.

① 보통 유가증권시장에서 시가총액 순서로 1~100위의 기업의 주식을 대형주라고 하며, 대형주는 대기업의 주식일 확률이 높고 거래규모가 크므로 안정적으로 주식에 투자하고 자 하는 사람들이 선호하는 주식이다.

② 시가총액이 101~300위를 중형주, 301위 이하를 소형주로 나누기도 하는데, 기업규모 가 작고 경제나 경기변동에 따라 가격의 등락 폭이 큰 경우가 많으므로 투자의 위험이 상대적으로 크지만 수익의 기회도 큰 경향이 있다. 매년 3월 선물 · 옵션 동시만기일에 해당 종목을 변경한다.

(6) 주식예탁증서(DR; Depositary Receipts)

자국의 주식을 외국에서 거래하는 경우 주식의 수송 · 법률 · 제도 · 거래관행 · 언어 · 통화 · 양식 등 여러 가지 문제로 원활한 유통이 어렵게 된다.

이런 문제를 해소하고자 외국의 예탁기관으로 하여금 해외 현지에서 증권을 발행 · 유통하 게 함으로써 원래 주식과의 상호 전환이 가능하도록 한 주식대체증서를 주식예탁증서(DR) 라고 한다.

4 주식 유통시장

(1) 유가증권시장

한국거래소(KRX)가 개설 · 운영하는 시장으로 엄격한 상장 요건을 충족하는 주식이 상장 (listing)되어 거래되는 시장이다.

(2) 코스닥시장

나스닥(NASDAQ)과 유사하게 장외거래 대상 종목으로 등록된 주식을 전자거래시스템인 코스닥을 통해 매매하는 시장으로 출발하였으나, 기존의 증권거래소와 코스닥시장, 선물거 래소가 통합거래소 체제로 일원화되면서 지금은 또 다른 장내시장의 하나가 되었다.

(3) 코넥스

코스닥 전 단계의 주식시장으로, 기존 주식시장인 유가증권시장이나 코스닥에 비해 상장 문턱을 낮추고 공시의무를 완화하여 창업 초기 중소기업의 자금조달을 위해 설립되었다.

(4) K-OTC시장

한국장외시장(Korea Over-The-Counter)의 약칭으로, 유가증권시장 · 코스닥 · 코넥스에 서 거래되지 못하는 비상장주식 가운데 일정 요건을 갖추어 지정된 주식의 매매를 위해 한 국금융투자협회가 개설 · 운영하는 제도화 · 조직화된 장외시장이다.

☑ Check Point

주식 유통시장(secondary market) : 발행된 주식의 거래가 이루어지는 시장

5 주식거래방법

주식 거래를 위해서는 먼저 증권회사를 방문하여 계좌를 개설한 후 영업점 방문 또는 전화, 인터넷 등의 전자주문매체를 이용하여 주문하면 된다.

최근에는 온라인 발달로 인해 집이나 사무실에서 컴퓨터를 이용하여 주식을 거래하는 HTS(home trading system)가 보편화되었고 모바일 스마트기기를 이용하여 어디서나 주식을 거래할 수 있는 MTS(mobile trading system)의 보급도 확대되고 있다.

(1) 매매체결방법

① 한국거래소의 주식 매매시간 : 09:00~15:30
② 매매체결방식 : 가격우선원칙과 시간우선원칙을 적용하여 개별경쟁으로 매매거래가 체결
③ 매수주문의 경우 가장 높은 가격을, 매도주문의 경우 가장 낮은 가격을 우선적으로 체결하고 동일한 가격의 주문 간에는 시간상 먼저 접수된 주문을 체결
④ 시초가와 종가의 경우는 시간의 선후에 상관없이 일정 시간 동안 주문을 받아 제시된 가격을 모아 단일가격으로 가격이 결정되는 동시호가제도를 채택
⑤ 시초가의 결정 : 08:30부터 동시호가에 주문을 내는 것이 가능하고 여기에서 제시된 가격과 수량을 통해 09:00에 단일가로 매매가 체결되면서 시초가 결정
⑥ 종가의 결정 : 폐장 10분 전인 15:20부터는 매매 없이 동시호가 주문만 받다가 15:30에 단일가로 매매가 체결되면서 종가가 결정
⑦ 시간외거래 : 장이 끝난 15:30부터 18:00까지와 개장 전인 08:30부터 08:40까지의 거래

주가수준	최소호가단위	주가수준	최소호가단위
1,000원 미만	1원	100,000원 미만	100원
5,000원 미만	5원	500,000원 미만	500원
10,000원 미만	10원	500,000원 이상	1,000원
50,000원 미만	50원		

(2) 주문방법

① **지정가주문(limit order)** : 원하는 매수나 매도 가격을 지정하여 주문
② **시장가주문(market order)** : 가격을 지정하지 않고 주문시점에서 가장 유리한 가격에 우선적으로 거래될 수 있도록 주문
③ 대부분의 주식거래는 지정가 주문에 의해 이루어지고 시장가 주문은 거래량이 갑자기 증가하면서 주가가 급등하는 종목을 매수하고자 할 때 종종 이용된다.
④ **최소 호가 단위** : 최소 가격 변동폭(minimum tick)이라고도 하며 주가 수준에 따라 차이가 있다.

주가수준	최소호가단위	주가수준	최소호가단위
1,000원 미만	1원	100,000원 미만	100원
5,000원 미만	5원	500,000원 미만	500원
10,000원 미만	10원	500,000원 이상	1,000원
50,000원 미만	50원		

⑤ **가격제한제도(price limit)** : 우리나라 주식시장에서 단기간 주가 급등락으로 인한 주식시장의 불안정을 예방하고 개인투자자 보호를 위해 일일 최대가격변동폭을 제한하는 제도로 전일 종가 대비 ±30% 이내에서 가격이 변동하여 상·하한가를 결정
⑥ **매매가 체결된 주식의 결제시점** : 체결일로부터 3영업일로 되어 있다.

> 💡 목요일에 매매가 체결된 주식은 토요일과 일요일 외에 다른 휴장일이 없다면 다음 주 월요일이 결제일이 되어 개장 시점에 매입의 경우는 증권계좌에서 매입대금이 출금되면서 주식이 입고되고, 매도의 경우는 증권계좌에 매도 대금이 입금되면서 주식이 출고된다.

(3) 거래비용

주식을 거래할 때에도 과세와 비용이 발생한다.

① 개인투자자의 경우 보유주식으로부터의 배당금을 금융소득으로 간주, 소득세가 과세됨
② 일반적으로 개인별로 모든 소득은 합산하여 과세하는 종합소득세가 원칙이나 이자나 배당 등 금융소득은 연간 총액이 2천만 원 초과일 때에만 종합과세하고 2천만 원 이하인 경우에는 분리과세 되어 다른 소득의 규모에 관계없이 일률적으로 14%의 소득세와 1.4%의 지방소득세를 합한 15.4%의 세금이 원천징수된다.

04 채권투자

1 채권의 개념

채권은 정부, 지방자치단체, 공공기관, 특수법인 또는 주식회사가 불특정 다수의 투자자를 대상으로 비교적 장기에 걸쳐 대규모 자금을 조달할 목적으로 발행하는 일종의 차용증서인 유가증권이다.

(1) 채권의 특성

① 확정이자부증권

　㉠ 채권은 발행 시에 발행자가 지급하여야 할 약정이자와 만기 시 상환해야 할 금액이 사전에 확정되며, 발행자의 영업실적과 무관하게 이자와 원금을 상환해야 한다.

　㉡ 발행자의 원리금 지급능력이 중요하며 지급이자는 발행자의 금융비용인 동시에 투자자에게는 안정적인 수입원이 된다.

② 기한부증권 : 주식과 달리 채권은 원금과 이자의 상환기간이 발행할 때 정해지는 기한부증권이다.

③ 장기증권

　㉠ 채권은 발행자로 하여금 장기적으로 안정적인 자금을 조달할 수 있게 한다.

　㉡ 회사채의 경우 대부분 기업의 설비투자 용도로 발행되는데, 투자자의 환금성 보장을 위해 반드시 유통시장이 있어야 한다.

(2) 채권의 기본용어

① 액면 : 채권 1장마다 권면 위에 표시되어 있는 1만 원, 10만 원, 100만 원 등의 금액을 말한다.

② 매매단가 : 유통시장에서 매매할 때 적용되는 가격으로 액면 10,000원 당 적용 수익률로 계산한다.

③ 표면이자율(coupon rate)

　㉠ 액면금액에 대하여 1년 동안 지급하는 이자금액의 비율을 나타내며 채권을 발행할 때 결정된다.

　㉡ 이표채의 경우 1회마다 이자를 받을 수 있는 이표(coupon)가 붙어 있으며, 할인채는 할인율로 표시한다.

④ 만기와 잔존기간 : 채권 발행일로부터 원금상환일까지의 기간을 만기 또는 원금상환기간이라고 하며, 이미 발행된 채권이 일정기간 지났을 때 그 때부터 원금상환일까지 남은 기간을 잔존기간이라고 한다.

　⑩ 만기가 3년인 채권이 발행일로부터 2년이 지났다면 만기까지의 잔존기간은 1년이 된다.

⑤ 수익률

　㉠ 투자 원본금액에 대한 수익의 비율로 보통 1년을 단위로 계산된다.

　㉡ 표면이율, 발행수익률, 만기수익률, 실효수익률, 연평균수익률 등 다양한 개념이 있다.

(3) 채권투자의 특징

① 수익성 : 투자자가 채권을 보유함으로써 얻을 수 있는 수익

    ㉠ 이자소득 : 발행 시에 정해진 이율에 따라 이자를 지급받는 것을 말한다.

    ㉡ 자본소득 : 채권의 유통가격이 변동되면서 발생될 수 있는 시세차익 또는 차손을 의미한다.

    ㉢ 채권의 이자소득에 대해서는 이자소득세가 과세되지만 매매에 따른 자본이득에 대해서는 주식과 마찬가지로 과세되지 않는다.

② 안전성 : 정부, 지방자치단체, 금융회사 또는 신용도가 높은 주식회사 등이 발행하므로 채무 불이행 위험이 상대적으로 낮다.

③ 환금성(유동성) : 주식처럼 유통(증권)시장을 통해 비교적 쉽게 현금화할 수 있다.

(4) 채권의 분류

① 발행주체별

    ㉠ 국채 : 국회의 의결을 거쳐 국가가 재정정책의 일환으로 발행하는 채권으로 정부가 원리금의 지급을 보증하기 때문에 국가 신용도와 동일한 신용도를 가진다. 정부의 재정 적자가 클수록 발행잔액과 유통시장이 커진다. 예 국고채권, 국민주택채권((1종 · 2종), 외국환평형기금채권, 재정증권 등

    ㉡ 지방채 : 지방정부 및 지방공공기관 등이 지방자치법과 지방재정법에 의거하여 특수 목적 달성에 필요한 자금을 조달하기 위해 발행하는 채권이다. 예 서울도시철도공채, 지방도시철도공채, 지역개발채권 등

    ㉢ 특수채 : 특별한 법률에 의해서 설립된 기관이 특별법에 의하여 발행하는 채권으로서 공채와 사채의 성격을 모두 지니고 있으며 정부가 원리금의 지급을 보증하는 것이 일반적이어서 안정성과 수익성이 비교적 높다. 예 한국전력채권, 지하철공사채권, 토지주택채권, 도로공사채권, 예금보험공사채권, 증권금융채권 등

    ㉣ 금융채 : 특별법에 의하여 설립된 금융회사가 발행하는 채권으로서 금융채의 발행은 특정한 금융회사의 중요한 자금조달수단의 하나이다. 예 통화조절을 위해 한국은행이 발행하는 통화안정증권, 산업자금 조달을 위한 산업금융채권, 중소기업 지원을 위한 중소기업금융채권 및 각 시중은행이 발행하는 채권과 카드회사, 캐피탈회사, 리스회사, 할부금융회사 등이 발행하는 채권들

    ㉤ 회사채 : 상법상의 주식회사가 발행하는 채권으로서 채권자는 주주들의 배당에 우선하여 이자를 지급받게 되며 기업이 도산하거나 청산할 경우 주주들에 우선하여 기업 자산에 대한 청구권을 갖는다.

② 만기유형별

   ㉠ 단기채 : 통상적으로 상환기간이 1년 이하인 채권을 단기채권이라 하며, 우리나라에는 통화안정증권, 양곡기금증권, 금융채 중 일부가 여기에 속한다.

   ㉡ 중기채 : 상환기간이 1년 초과 5년 이하인 채권을 말한다. 우리나라에서는 대부분의 회사채 및 금융채가 만기 3년으로 발행되고 있다.

   ㉢ 장기채 : 상환기간이 5년 초과인 채권이며 우리나라에서는 주로 국채가 만기 5년 또는 10년으로 발행되고 있다.

   ㉣ 채권은 시간이 경과하면서 장기채권에서 중기채권으로 다시 단기채권으로 바뀌게 되며, 기간이 짧아져감에 따라 다른 요인들이 모두 동일하다면 채권가격의 변동성은 감소한다. 일반적으로 만기가 긴 채권일수록 수익률은 높으나 유동성이 떨어지고 채무불이행 확률도 증가하므로 투자자는 자신의 투자기간을 고려하여 적절한 만기를 가진 채권에 투자해야 한다.

③ 이자 지급방법별

   ㉠ 이표채 : 채권의 권면에 이표(coupon)가 붙어 있어 이자지급일에 이표를 떼어 이자를 지급받는 채권으로서, 외국의 경우 6개월마다 이자를 지급하지만 우리나라는 보통 3개월 단위로 이자를 지급한다.

   ㉡ 할인채 : 표면상 이자가 지급되지 않는 대신에 액면금액에서 상환일까지의 이자를 공제한 금액으로 매출되는 채권으로서 이자가 선급되는 효과가 있다.

   ㉢ 복리채 : 정기적으로 이자가 지급되는 대신에 복리로 재투자되어 만기상환시에 원금과 이자를 동시에 지급하는 채권을 말한다.

④ 발행유형별

   ㉠ 보증채 : 원리금의 상환을 발행회사 이외의 제3자가 보증하는 채권으로서 보증의 주체가 정부인 정부보증채와 신용보증기금, 보증보험회사, 시중은행 등이 지급을 보증하는 일반보증채로 구분된다.

   ㉡ 무보증채 : 제3자의 보증 없이 발행회사의 자기신용에 의해 발행·유통되는 채권이다. 우리나라에서는 과거 보증채가 많이 발행되었으나, 외환위기 이후부터 무보증채의 발행이 급속히 증가하였다.

   ㉢ 담보부채권 : 원리금 지급불능시 발행주체의 특정 재산에 대한 법적 청구권을 지키는 채권이다.

   ㉣ 무담보부채권 : 발행주체의 신용을 바탕으로 발행하는 채권이다.

   ㉤ 후순위채권 : 발행주체의 이익과 자산에 대한 청구권을 가지나 다른 무담보사채보다 우선권이 없는 채권이다.

2 특수한 형태의 채권

위에서 설명한 일반적인 형태의 채권과 달리 계약 조건이 변형된 특수한 형태의 채권이 등장하여 다양한 목적으로 발행되며 투자되고 있다.

구분	부가된 권리	투자자가 권리행사 시	권리행사 시 발행기업의 재무상태에 미치는 영향	기타
전환사채 (CB)	전환권	발행기업의 주식으로 전환	부채감소, 자본증가 → 자산불변	• 전환권 행사 후 사채 소멸 • 전환권 행사 시 추가자금 불필요
신주 인수권부 사채 (BW)	신주 인수권	발행회사가 발행하는 신주식을 일정한 가격으로 취득	부채불변, 자본증가 → 자산증가	• 신주인수권행사 후에도 사채 존속 • 신주인수권행사를 위한 별도의 자금 필요
교환사채 (EB)	교환권	사채를 발행한 회사가 보유하고 있는 상장주식으로 교환	부채감소, 자본불변 → 자산감소	오페라본드 : 교환대상 주식이 두 종류 이상인 교환사채

🔵 알아보기   그 밖의 채권

1. **옵션부사채(Bond with Imbedded Option)**
   발행 당시에 제시된 일정한 조건이 성립되면 만기 전이라도 발행회사가 채권자에게 채권의 매도를 청구할 수 있는 권리, 즉 조기상환권이 있거나, 채권자가 발행회사에게 채권의 매입을 요구할 수 있는 권리, 즉 조기변제요구권이 부여되는 사채이다.

2. **변동금리부채권(FRN; Floating Rate Note)**
   표면금리가 대표성을 갖는 시장금리(기준금리)에 따라 매 이자지급기간마다 재조정되는 채권이다.

3. **자산유동화증권(ABS; Asset Backed Securities)**
   금융회사가 보유 중인 자산을 표준화하고 특정 조건별로 집합(Pooling)하여 이를 바탕으로 증권을 발행한 후 유동화자산으로부터 발생하는 현금흐름으로 원리금을 상환하는 증권이다.

4. **주가지수연계채권(ELN : Equity-Linked Note)**
   채권의 이자 또는 만기상환액이 주가나 주가지수에 연동되어 있는 채권이다.

5. **물가연동채권(KTBi; Inflation-Linked Korean Treasury Bond)**
   정부가 발행하는 국채로 원금 및 이자지급액을 물가에 연동시켜 물가상승에 따른 실질구매력을 보장하는 채권이다.

6. **신종자본증권**
   신종자본 증권은 일정 수준 이상의 자본요건을 충족할 경우 자본으로 인정되는 채무증권으로 채권과 주식의 중간적 성격을 가지고 있어 하이브리드채권으로 불리기도 한다. 변제 시 일반 후순위채권보다 늦은 후순위채라는 점에서 투자자에게 높은 금리를 제공하는 반면, 대부분의 경우 발행 후 5년이 지나면 발행기업이 채권을 회수할 수 있는 콜옵션(조기상환권)이 부여되어 있다.

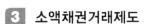

3 소액채권거래제도

(1) 채권은 대규모여서 소액투자자인 일반인들이 접근하기 어려우나 일반인들도 채권을 소유하는 경우가 있다.

(2) 주택이나 자동차를 구입하거나 금융회사에서 부동산을 담보로 대출을 받을 때 의무적으로 구입해야 하는 첨가소화채권이 있다.

> ☑ Check Point
>
> **첨가소화채권**
> • 정부나 지방자치단체 등이 공공사업 추진을 위해 재원을 조달하고자 할 때 관련 국민들에게 법률에 의해 강제로 매입하게 하는 준조세로서의 성격을 가지고 있다.
> • 표면이자율이 확정되어 있고 만기는 5년 이상 장기채권으로 발행되는데, 대부분 매입과 동시에 현장에서 매도되는 게 일반적이다.

(3) 정부는 이러한 의무매입국공채의 환금성을 높여서 채권시장의 공신력을 높이고, 첨가소화채권을 통해 채권이라는 것을 처음 가지게 된 일반 대다수 국민의 채권시장에 대한 신뢰도를 높이기 위해 소액국공채거래제도를 운영하고 있다.

※ **소액국공채 매매거래제도를 적용받는 거래대상 채권**
제1종 국민주택채권, 서울도시철도채권 및 서울특별시 지역개발채권, 지방공기업법에 의하여 특별시, 광역시 및 도가 발행한 지역개발공채증권, 주요 광역시 발행 도시철도채권 등

4 주식과 채권의 비교

구분	주식	채권
발행자	주식회사	정부, 지자체, 특수법인, 주식회사
자본조달 방법	자기자본	타인자본
증권소유자의 지위	주주	채권자
소유로부터의 권리	결산시 사업이익금에 따른 배당을 받을 권리	확정이자 수령 권리
증권 존속기간	발행회사와 존속을 같이하는 영구증권	기한부증권(영구채권 제외)
원금상환	없음	만기시 상환
가격변동위험	크다	작다

05 증권분석

1 증권의 투자가치 분석

(1) 기본적 분석

① 하향식(Top-down) 분석
- ㉠ 일반 경제를 검토하는 것에서 시작하여 특정산업으로, 최종적으로는 기업자체를 검토하는 분석방법으로, 밀물 때가 되면 모든 배가 든다는 것을 가정한다.
- ㉡ 호황기에는 강한 기업이나 약한 기업 모두 높은 실적을 거두지만 불황기에는 강한 기업까지도 번창하기 어렵다.
- ㉢ 호경기 때 약한 기업의 주식에 투자하는 것이 불경기 때 좋은 주식에 투자하는 것보다 성과가 좋을 수 있다.

② 상향식(Bottom-up) 분석
- ㉠ 투자 가망 회사에 초점을 두고 개별 기업의 사업, 재무, 가치 등 투자자가 선호할 만한 것들을 보유한 기업을 선택한 후 산업과 시장에 대해 그 기업을 비교한다.
- ㉡ 내재가치보다 저평가된 주식을 찾아 장기적으로 보유하고 있으면 언젠가는 적정 가치를 찾아가리라는 믿음을 갖고 투자하는 방법이다.

(2) 기술적 분석

① 과거의 증권가격 및 거래량의 추세와 변동패턴에 관한 역사적인 정보를 이용하여 미래 증권가격의 움직임을 예측하는 분석기법이다.
② 증권시장의 시황이 약세시장이나 강세시장으로 전환하는 시점과 시장동향을 미리 포착하여 초과수익을 얻는 데 분석의 초점을 두고 있다.
③ 주로 과거 주가흐름을 보여주는 주가 차트(chart)를 분석하여 단기적인 매매 타이밍을 잡는데 이용된다.

2 기업정보

(1) 기업공시 정보

① 상장기업은 기업공시제도에 따라 자사 증권에 대한 투자판단에 중대한 영향을 미칠 수 있는 중요한 기업 정보를 반드시 공시하도록 되어 있다.

② 이것은 투자자가 기업의 실체를 정확히 파악하여 투자결정을 할 수 있도록 함으로써 증권시장 내의 정보의 불균형을 해소하고 증권거래의 공정성을 확보하여 투자자를 보호하는 기능을 하게 된다.

(2) 경영실적 정보

경쟁력 높은 제품군을 보유하고 있고 아무리 경영능력이 뛰어난 기업이라고 해도 결국은 실적이 뒷받침되어야만 주가는 상승할 수 있다. 곧 주식시장에서 가장 중요한 정보는 기업의 실적이다.

(3) 지배구조 및 경영권 정보

① 기업 가치를 평가할 때는 그 기업이 원래 영위하는 사업뿐 아니라 관계회사나 자회사의 가치와 지분법 평가이익 또는 평가손실로 인해 수익에 미치는 영향을 함께 고려해 보아야 한다.

② 자회사에 대한 지분보유를 목적으로 설립된 지주회사(holding company)의 경우는 자회사의 실적이 특히 중요하다.

③ 기업의 경영권과 관련된 정보도 주가에 상당한 영향을 미치는데, 우선 기업 인수합병(M&A)은 인수기업 및 피인수기업의 주가를 크게 움직이는 대표적인 테마이다.

(4) 유행성 정보

① 주식시장에서는 갑자기 출현한 이슈나 재료에 따라 주가가 급등락하는 경우가 있다.

② 비슷한 이슈를 가진 여러 종목의 주가가 동반 상승하는 '테마주'를 형성하기도 하는데, 이런 유행성 정보는 일시적 현상에 그치는 경우가 대부분이며 많은 경우 실적이 뒷받침되지 않으면서 루머에 따라 급등락하기 때문에 일반투자자는 조심해야 한다.

3 **재무비율 분석**

기업이 발표하는 재무제표를 활용하여 기업의 재무상태와 경영성적을 진단하는 분석
→ 재무제표가 신뢰성이 있어야 하며, 재무제표는 과거 자료라는 한계가 있음

안정성 비율	채무를 상환할 수 있는 능력이 얼마나 되는지를 알아보는 지표 ① 유동비율 $= \dfrac{유동자산}{유동부채}$ ② 부채비율 $= \dfrac{부채(=타인자본)}{자기자본}$ * 자기자본비율 $= \dfrac{자기자본}{총자본(=총자산)}$ ③ 이자보상비율 $= \dfrac{영업이익(=EBIT)}{이자비용}$ ④ 비유동비율(고정비율) $= \dfrac{고정자산(=비유동자산)}{자기자본}$
수익성 비율	기업이 얼마나 이익을 창출해낼 수 있는지 측정하는 지표 ① 매출액 순이익률 $= \dfrac{당기순이익}{매출액}$ ② 총자산순이익률(ROI, Return On Investment) 또는 ROA $ROI = \dfrac{순이익}{총자산} = \dfrac{순이익}{매출액} \times \dfrac{매출액}{총자산} =$ 매출액 순이익률 × 총자산회전률 ③ 자기자본이익률(ROE, Return On Equity) $ROE = \dfrac{순이익}{자기자본} = \dfrac{순이익}{매출액} \times \dfrac{매출액}{총자본} \times \dfrac{총자본}{자기자본}$ = 매출액 순이익률 × 총자본회전율 × 재무레버리지
성장성 비율	매출이나 자산 등 외형 측면에서 기업이 얼마나 커지고 있는지를 알려줌 총자산증가율, 매출액증가율, 순이익증가율, 유형자산증가율 등 ① 매출액증가율 $= \dfrac{당기매출액 - 전기매출액}{전기매출액} \times 100$ ② 총자산증가율 $= \dfrac{당기말총자산 - 전기말총자산}{전기말총자산} \times 100$
활동성 비율	① 기업자산의 활용 정도, 효율성을 측정, ~ 회전율로 표시 ② 분자의 매출액을 재무상태표상의 각 자산항목으로 나눔 ① 총자산회전율 $= \dfrac{매출액}{총자산}$ ② 재고자산회전율 $= \dfrac{매출액}{재고자산}$

4 주가배수 평가

(1) 주가이익비율(PER; Price Earning Ratio)

① 주식가격을 1주당 순이익(EPS; Earning Per Share)으로 나눈 값으로 기업이 벌어들이는 주당이익에 대해 증권시장의 투자자들이 어느 정도의 가격을 지불하고 있는가를 뜻한다.

② 주식 1주당 수익에 대한 상대적 주가수준을 나타낸다고 볼 수 있다.

③ 주가이익비율은 기업의 본질적인 가치에 비해 주가가 고평가되어 있는지 저평가되어 있는지를 판단하는 기준으로 사용된다.

④ 주가이익비율이 상대적으로 높으면 주가가 고평가되어 있다는 것을 의미하며 낮으면 저평가되어 있다는 것을 의미한다.

$$PER = 주가 \div 주당순이익(EPS)$$

(2) 주가장부가치비율(PBR; Price Book-value Ratio)

① 주당 가치 평가시 시장가격과 장부가치의 괴리 정도를 평가하는 지표이다.

② 주당순자산은 기업 청산 시 장부상으로 주주가 가져갈 수 있는 몫을 나타내며 PBR이 낮을수록 투자자는 낮은 가격에 주당순자산을 확보하게 된다.

③ 만약 PBR이 1보다 작다면 해당 기업이 지금의 장부 가치로 청산한다고 해도 보통주 1주에 귀속되는 몫이 현재 주가보다 많다는 의미이다.

④ 그런데 회계원칙의 보수성 때문에 장부상 자산은 시장가격보다 낮은 가격으로 작성될 수밖에 없으며 경영자의 능력, 기술개발력, 브랜드 가치와 같이 질적인 항목은 순자산에 반영되지 못하고 있어 일반적으로 주식의 PBR은 1보다 큰 값을 갖는다.

⑤ 물론 PBR이 지나치게 높으면 주가가 장부상의 기업 가치에 비해 고평가 되었다고 인식되지만 미래 성장성이 큰 기업의 주가는 PBR이 높은 경향이 있다.

$$PBR = 주가 \div 주당순자산(BPS) = 주당시장가격 \div 주당장부가치$$

04 예금업무 일반사항

출제경향분석
- 예금주의 사망과 상속(2019)
- 예금업무에 관한 이해(2012)
- 예금의 입금과 지급 업무(2018)
- 약관에 대한 이해(2008)

01 예금계약

1 예 금

(1) 예금계약의 법적 성질 중요★

① 소비임치계약
  ㉠ 소비임치계약이란 수취인이 보관을 위탁받은 목적물의 소유권을 취득하여 이를 소비한 후 그와 같은 종류·품질 및 수량으로 반환할 수 있는 특약이 붙어 있는 것을 내용으로 하는 계약이다.
  ㉡ 따라서 예금계약은 예금자가 금전의 보관을 위탁하고 금융기관이 이를 승낙하여 자유롭게 운용하다가 같은 금액의 금전을 반환하면 되는 소비임치계약이다.
  ㉢ 그러나 당좌예금은 위임계약과 소비임치계약이 혼합된 계약이다.

② 상사계약
  ㉠ 금융기관은 상인이므로 금융기관과 체결한 예금계약은 상사임치계약이다.
  ㉡ 예금의 소멸시효는 5년의 소멸시효에 걸린다.
  ㉢ 민사임치의 경우와는 달리 금융기관은 임치물에 대하여 주의 의무가 가중되어 선량한 관리자의 주의 의무를 부담한다. 선량한 관리자의 주의 의무란 그 사람이 종사하는 직업 및 그가 속하는 사회적인 지위 등에 따라 일반적으로 요구되는 주의 의무를 말한다.
  ㉣ 따라서 예금업무를 처리함에 있어서 금융기관 종사자에게 일반적으로 요구되는 정도의 상당한 주의를 다해야만 면책된다.

③ 부합계약

  ㉠ 부합계약이란 계약당사자의 일방이 미리 작성하여 정형화해 둔 일반거래약관에 따라 체결되는 계약을 말한다.

  ㉡ 예금계약은 금융기관이 예금거래기본약관 등을 제정하고 이를 예금계약의 내용으로 삼는다는 점에서 부합계약이다.

  ㉢ 따라서 예금거래기본약관은 그 내용이 공정하여야 하며, 거래처와 계약을 체결함에 있어 금융기관은 약관의 내용을 명시하고 중요내용을 설명하여야만 예금계약이 성립한다.

(2) 각종 예금계약의 법적 구조

① 보통예금 · 저축예금

  ㉠ 보통예금 · 저축예금은 반환기간이 정해지지 않아 언제든지 입출금이 자유로우며 질권 설정이 금지된 것이 특징이다. → 금융회사가 승낙하면 양도는 가능하다.

  ㉡ 한편 최종의 입금 또는 출금이 있으면 그 잔액에 대하여 하나의 새로운 예금채권이 성립하므로 그 예금채권의 소멸시효는 입금 또는 출금이 있는 때로부터 새로이 진행된다.

② 정기예금

  ㉠ 정기예금은 예치기간이 약정된 금전소비임치계약이다.

  ㉡ 기한이 도래하지 않음으로써 그 기간 동안 당사자가 받는 이익을 기한의 이익이라고 하는데, 거치식예금약관 제2조는 이 예금은 약정한 만기일 이후 거래처가 청구한 때에 지급한다고 규정하여 기한의 이익이 금융기관에 있음을 명확히 하고 있다. 따라서 예금주는 원칙적으로 만기일 전에 예금의 반환을 청구할 수 없다.

  ㉢ 다만, 거래처에게 부득이한 사유가 있는 때에는 만기 전이라도 지급할 수 있다.

③ 별단예금 : 각종 금융거래에 수반하여 발생하는 미정리예금, 미결제예금, 기타 다른 예금종목으로 처리가 곤란한 일시적인 보관금 등을 처리하는 예금계정으로, 각각의 대전별로 그 법적 성격이 다르다.

④ 정기적금 : 월부금을 정해진 회차에 따라 납입하면 만기일에 금융회사가 계약액을 지급하겠다는 계약이다. 또한 계약의 당사자 일방만이 채무를 부담하거나 또는 쌍방이 채무를 부담하더라도 그 채무가 서로 대가적 의미를 갖지 않는 편무계약으로 가입자는 월부금을 납입할 의무가 없다.

⑤ 상호부금

  ㉠ 일정한 기간을 정하여 부금을 납입하게 하고 기간의 중도 또는 만료 시에 부금자에게 일정한 금전을 급부할 것을 내용으로 하는 약정이다.

  ㉡ 종래 실무계에서는 거래처가 부금을 납입할 의무를 부담하고 금융기관은 중도 또는 만기 시에 일정한 급부를 하여야 하는 쌍무계약의 성질을 지닌 것으로 보아 왔지만, 상호부금의 예금적 성격을 강조하여 정기적금과 동일하게 편무계약으로 보아야 한다는 견해도 현재 유력하게 주장되고 있다.

별단예금
보통예금, 당좌예금 등의 일반예금과는 달리 당좌거래가 없는 고객으로부터 어음의 추심이나 유가증권의 매각의뢰를 받았을 경우 또는 주권, 사채권의 모집 등을 대행하여 들어온 돈을 본인에게 지불할 때까지 일시적으로 예치하기 위한 예금을 말한다.

⑥ 당좌예금

    ㉠ 어음·수표의 지급사무처리의 위임을 목적으로 하는 위임계약과 금전소비임치계약이 혼합된 계약이다.

    ㉡ 당좌거래계약에 있어서 중요한 것은 지급사무에 관하여 위임을 받은 금융기관은 당좌수표나 어음금의 지급 시 선량한 관리자의 주의 의무를 다해야 한다는 것이다.

2 예금계약의 성립

(1) 현금에 의한 입금

① 창구입금 : 예금거래기본약관에서 현금입금의 경우, 예금계약은 금융기관이 금원을 받아 확인한 때에 성립하는 것으로 규정하고 있다.

② 점외수금

    ㉠ 수금직원이 영업점으로 돌아와 수납직원에게 금전을 넘겨주고 그 수납직원이 이를 확인한 때에 예금계약이 성립하는 것으로 보아야 한다.

    ㉡ 그러나 영업점 이외에서 예금을 수령할 수 있는 대리권을 가진 자, 예컨대 지점장(우체국장) 또는 대리권을 수여받은 자 등이 금전을 수령하고 이를 확인한 때에는 즉시 예금 계약이 성립하는 것으로 본다.

③ ATM(Automated Teller Machine, 현금자동입출금기)에 의한 입금 : 예금계약이 성립하는 시기는 ATM이 현금계산을 종료하여 그 금액이 표시된 후 고객이 확인버튼을 누른 때라고 보는 것이 통설이다.

(2) 증권류에 의한 입금

타점권, 자점권
당행에서 발행한 수표는 자점권. 타행에서 발행한 수표는 타점권이라고 한다.

① 타점권 입금

    ㉠ 예금거래기본약관은 추심위임설의 입장을 취하여 증권으로 입금했을 때 은행이 그 증권을 교환에 돌려 부도반환시한이 지나고 결제를 확인했을 때에 예금계약이 성립한다고 규정하고 있다.

    ㉡ 다만, 타점 발행의 자기앞수표로 입금할 경우에는 발행은행에 사고신고된 사실이 없고 결제될 것이 틀림없음을 확인하여 예금원장에 입금기장을 마친 때에도 예금계약은 성립한다.

② 자점권 입금

    ㉠ 예금거래기본약관은 개설점에서 지급하여야 할 증권은 그 날 안에 결제를 확인했을 경우에 예금이 된다고 규정하고 있다.

    ㉡ 다만, 자점 발행의 자기앞수표의 경우에는 입금 즉시 예금계약이 성립한다.

(3) 계좌송금

① 현금에 의한 계좌송금 : 예금원장에 입금기장을 마친 때에 예금계약이 성립한다.

② 증권류에 의한 계좌송금 : 증권류의 입금과 같은 시기에 예금계약이 성립한다.

3 예금거래약관

(1) 약관일반

① 약관의 계약편입 요건

⊙ 합의의 필요성 : 약관을 계약의 내용으로 하기로 하는 합의가 있어야 한다.

ⓛ 약관의 명시의무 : 약관은 사업자의 영업소에서 계약을 체결하는 경우 사업자는 약관을 쉽게 보이는 장소에 게시하고, 고객에게 약관을 교부하거나 고객이 원할 경우 집어 갈 수 있어야 한다.

ⓒ 약관의 설명의무 : 중요한 내용을 고객에게 설명하여야 한다. 중요한 내용이란 계약의 해지, 기업의 면책사항, 고객의 계약위반 시의 책임가중 등 계약체결 여부에 영향을 미치는 사항을 말한다. 다만, 계약의 성질상 대량·신속하게 업무를 처리하여야 하는 경우는 예외이다.

ⓔ 약관 교부 : 계약 시 약관을 고객이 원하는 수단(영업점 직접수령, 이메일·문자 등 비대면 수령 등) 중 하나로 선택 후 교부하여야 한다.

ⓜ 계약내용의 공정 : 약관의 규제에 관한 법률은 신의성실의 원칙에 반하여 공정을 잃은 약관조항은 무효라고 선언하고 있다.

② 약관의 해석원칙 중요 ✪

⊙ 신의성실의 원칙 : 약관은 신의성실의 원칙에 따라 공정하게 해석되어야 하며 고객에 따라 다르게 해석하여서는 안 된다.

ⓛ 작성자 불이익의 원칙 : 약관의 의미가 불명확한 경우 작성자인 기업 측에 불이익이 되고 고객에게는 유리하게 해석되어야 한다.

ⓒ 객관적·통일적 해석의 원칙 : 약관은 해석자의 주관이 아닌 객관적 합리성에 근거하여 해석되어야 하며 시간, 장소, 거래상대방에 따라 달리 해석되어서는 안 된다.

ⓔ 축소해석의 원칙 : 실질법상의 임의규정과 다른 약관조항이 삽입된 경우 그 조항이 고객에게 불이익한 것일 때에는 그 약관조항은 좁게 해석되어야 한다.

ⓜ 개별약정우선의 원칙 : 약관에서 정하고 있는 사항에 관하여 기업과 고객이 약관의 내용과 다르게 합의한 사항이 있는 경우에는 당해 합의사항을 약관에 우선하여 적용한다.

(2) 예금거래약관

계약당사자의 일방이 미리 작성하여 정형화시켜 놓은 계약조항을 일반거래약관이라고 부르고, 이러한 일반거래약관에 따라 체결되는 계약을 부합계약이라고 부른다. 이러한 점에서 금융기관의 예금계약은 대부분 부합계약의 형식을 가진다. 금융기관과 거래처 사이에 법률분쟁이 발생한 경우에, 그 해결은 예금거래약관의 해석에서 비롯된다. 우리나라 예금거래약관의 체계는 다음과 같다.

① 모든 금융기관의 통일적인 약관체계

⊙ 대한민국 내의 모든 은행은 동일한 약관체계를 가지고 있다.

  * 단, 우체국의 경우 시중은행과의 근거법 및 제도운영상 차이로 인하여 일부분에 있어 차이가 존재한다.

약관

명칭이나 형태 또는 범위를 불문하고 계약의 일방 당사자가 다수의 상대방과 계약을 체결하기 위하여 일정한 형식에 따라 사전에 마련한 계약 내용을 말한다. 즉, 한 사업자가 수많은 소비자와 거래하기 위하여 사전에 마련한 계약서의 일종이라 할 수 있다.

ⓒ 우리나라는 금융기관 공동으로 은행의 예금거래에 관한 표준약관을 제정하고 그 채택과 시행은 각행이 자율적으로 하도록 하고 있다.

② **단계별 약관체계** : 현행 예금거래약관은 모든 예금에 공통적으로 적용될 기본적인 사항을 통합정리하여 규정한 예금거래기본약관과 각 예금종류별로 약관체계를 이원화하였다는 점에서 단계별 약관체계를 구성하고 있다.

③ **약관의 이원적 체계**

　ⓐ 현행 예금거래약관은 예금거래의 공통적인 사항을 정하고 있는 예금거래기본약관과 예금의 법적 성질에 따라 입출금이 자유로운 예금약관과 거치식예금약관·적립식예금약관의 이원적 체계로 구성되어 있으며, 개별적인 예금상품의 특성에 따라 더 세부적인 내용을 약관이나 특약의 형식으로 정하고 있다.

　ⓑ 따라서 예금계약에 대해서는 당해 예금상품의 약관이 우선적으로 적용되고 그 약관에 규정이 없는 경우에는 예금별 약관, 예금거래기본약관의 내용이 차례로 적용된다.

(3) 우체국 예금거래약관(일부 요약)

① **실명거래**

　ⓐ 예금주는 실명으로 거래하여야 한다.

　ⓑ 우체국은 예금주의 실명확인을 위하여 주민등록증, 사업자등록증 등 실명확인증표 또는 그 밖에 필요한 서류의 제시나 제출을 요구할 수 있고 예금주는 이에 따라야 한다.

② **인감과 비밀번호 등의 신고**

　ⓐ 예금주는 거래를 시작할 때 인감 또는 서명, 비밀번호, 성명, 상호, 대표자명, 대리인명, 주소 등 거래에 필요한 사항을 신고하여야 한다. 다만, 비밀번호는 비밀번호 입력기(이하 'PIN-pad기'라 한다)에 의하여 예금주가 직접 등록할 수 있으며, 예금주가 우체국에 내국할 수 없는 경우 예금주는 개설된 예금의 첫 거래 전에 우체국이 정한 방법에 따라 전산통신기기를 이용하여 비밀번호를 등록하여야 한다.

　ⓑ 상기의 내용에도 불구하고 거치식·적립식 예금은 비밀번호를 신고하지 않을 수 있다.

　ⓒ 예금주는 인감과 서명을 함께 신고하거나 인감 또는 서명을 추가로 신고할 수 있다.

③ **입금**

　ⓐ 예금주는 현금이나 과학기술정보통신부장관이 지정하는 수표·증서(이하 '증권'이라 한다)로 입금할 수 있다.

　ⓑ 예금주는 현금이나 증권 등으로 계좌송금(예금주가 개설우체국 이외에서 자기계좌에 입금하거나, 제3자가 개설우체국 또는 다른 우체국이나, 다른 금융기관에서 예금주 계좌에 입금하는 것)하거나, 계좌이체(예금주의 신청에 따라 우체국이 특정계좌에서 자금을 출금하여 같은 우체국 또는 다른 금융기관의 다른 계좌에 입금하는 것)를 할 수 있다.

　ⓒ 증권으로 입금할 때 입금인은 증권의 백지보충이나 배서 또는 영수기명날인 등 필요한 절차를 밟아야 하며, 우체국은 백지보충 등의 의무를 지지 않는다.

　ⓓ 입금하는 증권이 수표일 때 우체국은 소정의 금액란에 적힌 금액으로 처리한다.

④ 예금이 되는 시기
  ㉠ 규정에 따라 입금한 경우 예금이 되는 시기는 다음과 같다.
    ⓐ 현금으로 입금한 경우 : 우체국이 이를 받아 확인한 때
    ⓑ 현금으로 계좌송금하거나 계좌이체한 경우 : 예금원장에 입금기록이 된 때
    ⓒ 증권으로 입금하거나 계좌송금한 경우 : 우체국이 그 증권을 교환에 돌려 부도반
       환시한이 지나고 결제를 확인한 때. 다만, 우체국에서 즉시 지급하여야 할 증권
       의 경우 결제를 확인한 때
  ㉡ 증권이 자기앞수표이고 지급제시 기간 안에 사고신고가 없으며 결제될 것이 틀림없음
     을 우체국이 확인한 경우에는 예금원장에 입금의 기록이 된 때 예금이 된다.

⑤ 증권의 부도
  ㉠ 입금한 증권이 지급거절되었을 때는 우체국은 그 금액을 예금원장에서 뺀 뒤 예금주
     (무통장입금일 때에는 입금의뢰인)가 신고한 연락처로 그 사실을 알린다.
  ㉡ 우체국은 지급거절된 증권을 그 권리보전절차를 밟지 아니하고, 입금한 우체국에서 예
     금주(무통장입금일 때에는 입금 의뢰인)가 반환청구할 때 돌려준다. 다만, 증권 발행인
     이 지급거절한 날의 다음 영업일까지 증권을 입금한 예금계좌에 해당 자금을 현금이나
     즉시 현금으로 바꿀 수 있는 증권으로 입금하였을 때는 발행인에게 돌려줄 수 있다.

⑥ 이자
  ㉠ 이자는 10원을 단위로(10원 미만 절사) 약정한 예치기간 또는 예금이 된 날(자기앞수
     표·가계수표는 입금일)로부터 지급일 전날까지의 기간에 대하여 과학기술정보통신
     부가 정한 이율로 계산한다.
  ㉡ 우체국은 예금종류별 이율표를 창구 또는 인터넷 홈페이지에 비치·게시하고, 이율
     을 바꾼 때는 그 바꾼 내용을 창구 또는 인터넷 홈페이지에 1개월 동안 게시한다.
  ㉢ 이율을 바꾼 때에는 입출금이 자유로운 예금은 바꾼 날로부터 바꾼 이율을 적용하며,
     거치식·적립식예금은 계약 당시의 이율을 적용함을 원칙으로 하되, 변동금리가 적
     용되는 예금은 금리를 바꾼 날로부터 바꾼 이율을 적용한다.
  ㉣ 변동금리를 적용하는 거치식·적립식 예금은 최초 거래 시 이율적용 방법을 통장에
     표시하며, 또한 변동이율을 적용하는 적립식예금은 이율을 바꾼 때마다 바뀐 이율을
     통장에 기록하여 안내한다.
  ㉤ 예금주가 실제 받는 이자는 계산한 이자에서 소득세법 등 관계법령에 따라 원천징수
     한 세액을 뺀 금액이다.

⑦ 지급·해지 청구
  ㉠ 예금주가 통장으로 예금·이자를 찾거나 예금계약을 해지하고자 할 때에는 신고한
     비밀번호 등 필요한 사항을 적고, 거래인감을 날인하거나 서명감과 일치되게 서명한
     지급 또는 해지청구서를 제출하여야 한다. 다만, 예금주가 PIN-pad기에 직접 비밀
     번호를 입력하는 경우에는 지급 또는 해지청구서에 비밀번호의 기재를 생략할 수 있다.
  ㉡ 예금주가 자동이체·전산통신기기 등을 이용하여 찾을 때에는 그 약정에서 정한 바
     에 따른다.

⑧ 지급시기

　　㉠ 입출금이 자유로운 예금은 예금주가 찾을 때에 지급한다.

　　㉡ 거치식·적립식예금은 만기일이 지난 다음 예금주가 찾을 때 지급한다.

⑨ 양도 및 질권설정

　　㉠ 예금주가 예금을 양도하거나 질권설정하려면 사전에 우체국에 통지하고 동의를 받아야 한다. → 법령으로 금지되는 경우에는 양도나 질권설정을 할 수 없다.

　　㉡ 입출금이 자유로운 예금은 질권설정할 수 없다.

⑩ 사고·변경사항 신고

　　㉠ 예금주는 통장, 도장, 카드 또는 증권이나 그 용지를 분실, 도난, 멸실, 훼손하였을 때에는 우체국에 즉시 서면으로 신고하여야 한다. 다만, 긴급하거나 부득이할 때에는 영업시간 중에 전화 등으로 신고할 수 있으며 이때에는 다음 영업일 안에 서면으로 신고하여야 한다.

　　㉡ 예금주가 인감 또는 서명, 비밀번호, 성명, 상호, 대표자명, 주소, 전화번호 기타 신고사항을 바꿀 때에는 서면으로 신고하여야 한다.

　　㉢ 예금주는 주소, 전화번호 등의 일부 신고사항에 대하여는 우체국이 정한 방법에 따라 전산통신기기를 이용하여 변경할 수 있다.

　　㉣ 신고는 우체국이 이를 접수한 뒤 전산 입력 등 필요한 조치를 하는 데 걸리는 합리적인 시간이 지나면 그 효력이 생기며 전산장애 등 불가항력적인 사유로 처리하지 못한 때에는 복구 등 사유해제 시 즉시 처리하여야 한다.

　　㉤ 신고를 철회할 때에는 우체국에 예금주 본인이 서면으로 하여야 한다.

⑪ 통지방법 및 효력

　　㉠ 우체국은 오류의 정정 등 예금거래에서 발생하는 일반적 사항을 통보하는 경우에는 예금주가 신고한 전화 또는 e-mail을 이용하여 통보할 수 있다. 다만, 전화에 의한 통보 시 통화자가 예금주 본인이 아닌 경우, 그 통화자가 우체국의 통지내용을 이해하고 이를 예금주에게 전달할 것이라고 믿을 충분한 이유가 있는 때에는 예금주에게 정당하게 통보한 것으로 본다.

　　㉡ 일반적인 사항을 서면 또는 e-mail로 통지할 때에는 천재지변 등 불가항력적인 경우 외에는 보통의 우송기간이 지났을 때 도달한 것으로 본다.

　　㉢ 우체국은 예금계약의 임의해지 등 중요한 의사표시를 하는 때는 서면으로 하여야 하며 그 통지가 예금주에게 도달되어야 의사표시의 효력이 생긴다. 다만, 관계법령 또는 어음교환업무규약 등에 의하여 예금계약을 해지한 경우나 예금주가 변경신고를 게을리하여 도달되지 않은 때에는 그러하지 아니한다.

⑫ 면책

　　㉠ 우체국은 예금지급청구서, 증권 또는 신고서 등에 찍힌 인영(또는 서명)을 신고한 인감(또는 서명감)과 육안으로 주의 깊게 비교·대조하여 틀림없다고 여기고, 예금지급청구서 등에 적힌 비밀번호나 PIN-pad기를 이용하여 입력된 비밀번호가 신고한 것

과 동일하여 예금을 지급하였거나 기타 예금주가 요구하는 업무를 처리하였을 때에는 인감이나 서명의 위조·변조 또는 도용 그밖의 다른 사고로 인하여 예금주에게 손해가 생겨도 그 책임을 지지 아니한다. → 우체국이 예금주의 인감이나 서명의 위조·변조 또는 도용 사실을 알았거나 알 수 있었을 때는 그러하지 아니한다.

ⓛ 전산통신기기 등을 이용하거나 거래정보 등의 제공 및 금융거래명세 등의 통보와 관련하여 우체국이 책임질 수 없는 사유로 계좌번호, 비밀번호 등의 금융정보가 새어나가 예금주에게 손해가 생겨도 우체국은 그 책임을 지지 않는다.

ⓒ 우체국이 주민등록증 등 실명확인증표로 주의 깊게 실명확인하거나 실명전환한 계좌는 예금주가 실명확인증표 또는 서류의 위조·변조·도용 등을 한 경우 이로 인하여 예금주에게 손해가 생겨도 우체국은 그 책임을 지지 않는다.

ⓔ 예금주가 신고 또는 절차를 미루어 생긴 손해에 대하여 우체국은 그 책임을 지지 아니한다. 다만, 이 경우 우체국은 예금주에게 손해가 발생하지 않도록 선량한 관리자로서의 주의를 다하여야 한다.

⑬ 예금의 비밀보장

ⓐ 우체국은 「금융실명거래 및 비밀보장에 관한 법률」 등 법령에서 정한 경우를 제외하고는 예금주의 거래내용에 대한 자료나 정보를 남에게 제공하지 않는다.

ⓛ 우체국은 예금주가 전산통신기기 등으로 무통장입금(송금 포함) 및 예금잔액 등에 관한 정보의 제공을 요청한 때에는 명의인·계좌번호·비밀번호[자동응답서비스(ARS)는 계좌번호·비밀번호]가 맞으면 그 요청자를 본인으로 여겨 입금인, 입금액, 예금잔액 등에 관한 정보를 제공할 수 있으며, 이로 인하여 예금주에게 손해가 발생하여도 그 책임을 지지 않는다.

⑭ 약관변경

ⓐ 우체국은 약관을 변경하고자 할 때에는 변경약관 시행일 1개월 전에 한 달간 우체국과 인터넷 홈페이지에 게시하여 예금주에게 알린다. 다만, 법령의 개정이나 제도의 개선 등으로 인하여 긴급히 약관을 변경할 때에는 즉시 이를 게시 또는 공고하여야 한다.

ⓛ 약관변경의 내용이 예금주에게 불리한 경우에는 변경약관 시행일 1개월 전에 예금주에게 알린다.

ⓒ 예금주는 약관변경 고지 후 변경약관 시행일 전영업일까지 서면에 의한 통지로 계약을 해지할 수 있으며, 이 기간 내에 예금주의 서면에 의한 이의가 우체국에 도달하지 않으면 이를 승인한 것으로 본다.

⑮ 약관적용의 순서

ⓐ 우체국과 예금주 사이에 개별적으로 합의한 사항이 약관 조항과 다를 때는 그 합의사항을 약관에 우선하여 적용한다.

ⓛ 이 약관에 정한 사항과 입출금이 자유로운 예금약관 또는 거치식·적립식 예금약관에서 정한 사항이 다를 때에는 입출금이 자유로운 예금 약관이나 거치식·적립식 예금약관을 먼저 적용한다.

02 예금거래의 상대방

1 자연인과의 거래

(1) 제한능력자(과거의 행위무능력자)와의 거래(민법 제9조~제13조)

제한능력자
단독으로 권리나 의무를 가지기 위한 법률행위를 완전하게 할 수 있는 능력을 행위능력이라고 하며 행위능력을 가지지 않는 자를 제한능력자라고 한다.
민법상으로 제한능력자는 미성년자·피한정후견인(과거의 한정치산자)·피성년후견인(과거의 금치산자)의 세 가지이다.

① 제한능력자

  ㉠ 단독으로는 완전한 법률행위를 할 수 없는 자로서 일반적으로 제한능력자를 말한다. 제한능력자는 정상적인 법률행위를 할 수 있는 능력을 갖지 못한 자이므로 법정대리인의 도움을 받아서 법률행위를 하게 되며 단독으로 한 법률행위는 취소할 수 있게 하는데 이를 제한능력자 제도라고 한다.

  ㉡ 제한능력자 제도는 원칙적으로 재산법적 관계에만 적용되고 가족법적 관계에는 적용되지 않으며, 친족·상속법에는 제한능력자에 대한 개별적 규정이 있다.

  ㉢ 제한능력자에는 미성년자, 피한정후견인(과거의 한정치산자), 피성년후견인(과거의 금치산자)이 있다.

② 제한능력자의 종류 **중요** ★

  ㉠ 미성년자(원칙상 행위능력 없음) : 미성년자는 법정대리인의 동의를 얻어 직접 법률행위를 하거나 법정대리인이 미성년자를 대리하여 그 행위를 할 수 있다. 미성년자가 법정대리인의 동의 없이 법률행위를 한 때에는 법정대리인은 미성년자의 법률행위를 취소할 수 있다.

  ㉡ 피성년후견인(원칙상 행위능력 없음) : 질병, 장애, 노령 등의 정신적 제약으로 사무를 처리할 능력이 지속적으로 결여되어 성년후견개시의 심판을 받은 자이다. 따라서 법정대리인인 후견인은 피성년후견인을 대리하여 법률행위를 할 수 있고, 피성년후견인이 직접한 법률행위를 취소할 수 있다.

  ㉢ 피한정후견인(원칙상 행위능력 있음) : 질병, 장애, 노령 등의 정신적 제약으로 사무를 처리할 능력이 부족하여 한정후견개시의 심판을 받은 자이다. 다만 가정법원이 범위를 정하여 동의를 유보할 수 있는 바(가정법원이 정한 행위에만 후견인의 동의가 필요), 이 경우에 후견인의 동의없이 한 법률행위는 취소할 수 있다. 한편 법정대리인인 후견인이 대리권을 행사하려면 법원의 대리권 수여가 필요하다.

③ 제한능력자와의 예금거래

  ㉠ 제한피성년후견인과 예금계약을 체결하거나, 법정대리인의 동의 없이 미성년자 또는 피한정후견인과 예금계약을 맺은 경우 법정대리인이 예금계약을 취소한다 할지라도 원금을 반환하면 족하다. 원금을 반환한 경우에는 취소할 대상이 없으므로 문제가 되지 않는다.

  ㉡ 법정대리인이 범위를 정하여 처분을 허락한 재산(미성년자)과 일상생활에 필요하고 대가가 과도하지 않은 범위 내에서의 재산(피성년후견인) 및 가정법원이 결정한 동의유보의 범위에 포함되지 않은 재산(피한정후견인)은 자유로이 처분할 수 있으므로 이

때의 은행거래는 문제가 없다.

ⓒ 당좌예금거래는 어음·수표의 지급사무를 위임하는 계약이므로 제한능력자의 단독거래는 허용하지 않는 것이 원칙이다.

(2) 대리인과 예금거래

① 대리제도 : 대리라 함은 대리인이 본인을 위하여 하는 것임을 나타내면서 의사표시를 하고 의사표시를 받아들이는 것을 말한다. 대리에서는 의사표시를 한 자와 그 법률효과를 받는 자가 분리되는 법 현상이 나타난다. 예컨대 A가 주택을 사고 싶은데 거리상의 이유로 친척인 B에게 그 주택의 매수에 관한 권한(대리권)을 줄 경우 B가 대리인의 자격에서 주택의 소유자인 C와 그 주택에 대해 매매계약을 체결하면 그에 따른 법률효과는 A에게 직접 귀속하는 것이 대리제도이다.

② 법정대리권과 임의대리권

　　㉠ 법정대리권 : 본인의 의사와는 관계없이 직접 법률의 규정에 의해 발생한다.

　　　　ⓐ 지정대리인 : 일정한 자의 지정으로 대리인이 되는 경우(예 지정후견인, 지정유언집행자 등)

　　　　ⓑ 법정대리인 : 본인과 일정한 친분관계에 있는 자가 당연히 대리인이 되는 경우 (예 일상가사대리권을 가지는 부부, 친권자, 법정후견인 등)

　　　　ⓒ 선임대리인 : 법원에 의해 선임된 자가 대리인이 되는 경우

　　㉡ 임의대리권

　　　　ⓐ 본인이 대리인에게 대리권을 수여하는 수권행위에 의하여 발생한다.

　　　　ⓑ 수권행위는 대리권의 발생을 목적으로 하는 법률행위로서 본인과 대리인 사이의 내부적 법률관계(예 위임)와는 개념상 구별된다.

③ 대리인과의 예금거래 **중요** ★

　　㉠ 대리인의 진정성 확인 : 대리인의 진정성 여부 및 그 대리행위가 대리권의 범위에 속하는지의 여부 확인 필요

　　㉡ 예금을 수입하는 경우 : 대리권의 존부 등에 대한 확인이 불필요하다.

　　㉢ 예금지급의 경우 : 이중지급의 위험이 있으므로 철저한 확인이 필요하다.

　　㉣ 임의대리인 확인 : 인장이 날인된 본인의 위임장, 대리인의 주민등록증 등

　　㉤ 법정대리인 확인

　　　　ⓐ 미성년자의 친권자 : 가족관계등록부

　　　　ⓑ 피성년후견인 및 피한정후견인 : 후견등기부

　　　　ⓒ 부재자재산관리인 : 법원의 선임심판서 등본

　　　　ⓓ 유언집행자, 상속재산관리인 : 사망자의 유언 또는 법원의 선임심판서 등본

(3) 외국인과의 예금거래

① 외국인과의 거래

　⊙ 외국인과의 예금거래의 성립과 효력은 당사자 간에 준거법에 관한 합의가 없으면 행위지의 법률에 따른다. 그러나 예금거래에 관하여 외국법에 따르기로 합의하는 일은 거의 없으므로 결국 우리나라 법이 적용된다. 따라서 원칙적으로 내국인과의 예금거래와 다른 점이 없다.

　⊙ 다만 외국환거래법상의 외국인은 거주자와 비거주자를 구분하여 제한하고 있으나, 외국인이라도 거주자이면 금융기관과의 원화 예금거래는 자유이다. 또한 비거주자라도 외국환은행과 예금거래를 하는 것은 무방하다.

② 외국회사와의 거래

　⊙ 외국회사란 외국법에 의하여 설립된 법인으로 국내에 본점을 두거나 대한민국 내에서 영업을 하는 것을 주목적으로 하는 회사로 내국회사와 동일한 규제에 따라야 한다.

　⊙ 외국회사가 국내에서 영업을 하고자 하는 경우에는 한국에서의 대표자를 정하고 영업소를 설치하여야 하며, 회사설립의 준거법·한국에서의 대표자·회사명 등을 등기하여야 한다. 따라서 금융기관은 법인등기부등본을 징구하여 한국 내의 예금자와 예금거래를 하면 된다. 다만, 등기가 없는 경우 계속적 거래를 전제로 하는 당좌계좌개설은 허용되지 않는다.

☑ **Check Point**

- 미성년자가 법정대리인의 동의 없이 한 법률행위는 법정대리인이 취소할 수 있다.
- 외국인이라도 거주자이면 금융기관과의 원화예금거래는 자유롭고, 비거주자도 외국환은행과의 예금거래는 무방하다.
- 예금의 중도해지와 예금담보대출 시에는 금융기관의 주의 의무는 가중된다.
- 당좌예금거래는 어음·수표의 지급사무에 관한 위임계약이므로 행위무능력자의 단독거래는 허용되지 않는다.
- 임의대리 시 금융기관은 통장의 인장이 날인된 본인의 위임장과 대리인의 주민등록증을 통하여 진정대리 여부, 대리권의 범위 등을 확인하여야 한다.

2 법인과의 거래

(1) 법인 일반

① 법인의 의의

    ㉠ 법인은 자연인에 의하여는 목적을 달성하기 어려운 사업을 수행할 수 있게 하기 위하여 사람의 결합이나 특정한 재산에 대하여 법률관계의 주체로서의 지위를 인정한 것이다.

    ㉡ 법인의 성립과 소멸 : 법인은 특별한 규정이 없는 한 당해 법인을 규율하는 법률에 따라 정관의 작성을 비롯한 필요한 요건을 갖추고, 주된 사무소의 소재지에서 설립등기를 함으로써 성립한다. 법인의 소멸은 해산과 청산을 거쳐서 행하여지는데 법인은 해산만으로는 소멸하지 않으며 청산이 사실상 종료됨으로써 소멸한다.

② 법인인감과 사용인감

    ㉠ 의의 : '법인인감증명'은 법적으로 등록된 인감임을 확인해 주는 양식을, '사용인감계'는 해당 기업에서 사용하는 인감이 공식적으로 어떤 인감임을 확인해 주는 양식이다.

    ㉡ 법인인감과 사용인감을 사용하는 것에 있어서 법적 효력의 차이는 없지만, 업무편의상 사용인감을 여러 개 만들어 법인인감 대신 사용한다.

    ㉢ 사용인감을 사용하는 이유 : 법인인감은 회사를 처음 설립할 때 등기소에 등록하면서 만드는 인감으로 등기부등본이나 인감증명서 등을 발급할 때에는 법인인감을 사용하게 된다. 이때 회사규모가 커지거나 법인인감을 여러 지역에서 동시에 사용하려는 경우 법인인감을 대신하여 편의상 복수로 만들어 사용하는 것이 사용인감이다.

    ㉣ 법인인감과 사용인감의 차이 : 원칙적으로 사용인감도 법인인감에 의해 증명된 인감만을 써야 하며 금융기관 등도 사용인감계를 제출받아 법인인감증명서를 통하여 증명된 인감이 당좌수표나 약속어음에 날인되어야 진정성을 인정한다. 법인인감과 사용인감계가 제출된 사용인감의 효력은 같다.

(2) 회사와의 예금거래

① 일반

    ㉠ 일반 예금의 경우에는 신규개설 신청서에 회사명, 주소 외에 당해 대표권자의 성명과 인감을 받아두면 족하다. 이를 등기부등본이나 인감증명서에 의하여 확인할 필요는 없다. 이때, 거래명의를 대표권자로 하지 않고 (갑)회사 경리부장 (이을동)이라고 하여도 무방하다. 그러나 ○○주식회사 ○○○로 개설하는 것은 피하는 것이 좋다. 회사의 대표자로서의 예금한 것인지, 개인으로서 예금한 것인지에 관하여 후일에 분쟁이 발생할 것이기 때문이다.

    ㉡ 당좌거래와 같이 회사의 신용상태와 행위능력 등이 문제가 되는 경우에는 등기부등본과 인감증명 등을 징구하여 법인의 존재 여부와 대표자를 엄격하게 확인해야 한다.

표현대표이사
대표이사가 아닌 자가 대표이사로 오인할 수 있는 명칭을 사용하여 회사의 대표행위를 하는 자를 말한다.

② 공동대표이사제도를 채택하고 있는 경우 중요★

ⓐ 금융기관은 예금거래 시에 법인 등기부 등본은 징구하지 아니한다. 따라서 금융기관이 선의인 이상, 표현대표이사 규정에 의하여 금융기관이 공동대표이사 중 어느 1인과 예금거래를 한 경우 그 거래의 유효를 주장할 수 있다. 그러나 법인 등기부 등본을 징구하도록 되어 있는 당좌거래의 경우에는 표현대표이사에 관한 규정이 적용될 여지가 없다.

ⓑ 공동대표이사가 그 대표권을 어느 1인에게 일반적 · 포괄적으로 위임하는 것은 허용되지 않으나, 특정한 행위에 대한 개별적 위임은 문제가 되지 않는다.

ⓒ 다만, 당좌거래에 있어서 어음 · 수표의 발행권한을 어느 공동대표이사에게 위임하는 것이 포괄적 위임에 해당하는 것인지, 개별적 위임에 해당하는 것인지에 대한 이론이 있으므로 주의하여야 한다.

(3) 국가 · 지방자치단체 및 학교법인 등과의 예금거래

① 국가 · 지방자치단체와의 예금거래

ⓐ 국고금의 경우 법령이 인정하는 예외적인 경우를 제외하고는 한국은행에 예탁하여야 하나, 국고대리점 또는 국고수납대리점 업무를 취급하는 일반금융기관에서도 이를 수납할 수는 있다.

ⓑ 지방자치단체는 「지방재정법」이 정하는 바에 따라 규율하며 그 재정의 출납사무는 지방자치단체의 장 또는 그의 위임을 받은 공무원이 임명한 출납원이 담당하므로, 지방자치단체 등과 예금거래를 하는 경우 예금주의 명의는 당해 공공단체로 하되 예금거래 입출금과 관련해서는 출납원을 거래상대방으로 거래하는 것이 타당하다.

② 학교법인과의 예금거래

ⓐ 학교법인의 예금은 (갑)학교법인 이사장 (이을동)으로 거래하는 것이 원칙이다.

ⓑ 다만, 학교법인의 회계는 학교에 속하는 회계와 법인의 업무에 속하는 회계로 구분하되, 학교에 속하는 회계에 대한 예산은 학교장이 편성하여 법인의 이사회가 심의 · 의결하고 학교장이 집행한다. 따라서 학교에 속하는 예산의 편성 · 집행에 관한 것은 학교장이 고유의 권한을 가지므로 학교장은 그 범위 내에서 학교장의 명의로 예금할 수 있다.

사단
사람의 집합체로서 각 구성원(사원)을 초월하여 독립한 단일체로 존재하며 활동하는 단체이다. 따라서 사단은 그 사원의 변경과 무관하게 존속하게 된다. 사람의 집합체라는 점에서 민법상의 조합과 동일하지만 조합은 개개의 조합원을 초월한 독자의 존재가 아니라는 점에서 사단과 다르다. 사단은 사단 자체가 권리 · 의무의 주체인 성격을 가지므로 법인이될 요건을 갖추고 있다. 사단으로서 법인이 된 것을 사단법인, 법인이 되지 않은 것을 권리능력 없는 사단 또는 법인 아닌 사단이라고 한다.

3 법인격 없는 단체와의 거래

(1) 법인격 없는 사단

① 의의

ⓐ 개념 : 법인격 없는 사단이란 아파트입주자대표회의 · 아파트부녀회 · 학회 · 교회 · 종중 · 동문회 · 노동조합 등 법인으로서의 실체를 가지고 있으면서도 주무관청의 허가를 받지 않아 법인격을 취득하지 않은 단체를 말한다.

ⓑ 특징 : 민법은 법인격 없는 사단의 소유관계를 총유로 본다.

② 예금거래

　　㉠ 「부가가치세법」에 의한 고유번호를 부여받은 경우 : 해당 대표자와 예금거래를 하면 되고, 위와 같이 개설된 예금은 대표자 개인의 예금이 아니라 법인격 없는 사단에 총유적으로 귀속된다(🔖 ○○○입주자대표회의 회장 ○○○).

　　㉡ 「부가가치세법」에 의한 고유번호를 부여받지 못한 경우 : 대표자 개인의 성명 및 주민등록번호에 의하여 거래하되 단체명을 부기할 수 있으나 위와 같이 개설된 예금은 개인예금으로 처리되므로 사전에 고객에게 이를 고지·설명해 주는 것이 바람직하다.

　　㉢ 법인격 없는 사단과의 예금거래에서, 사단으로서의 실체가 불분명한 경우에는 분쟁예방차원에서 대표자 개인과 거래를 하는 것이 원칙이다.

(2) 법인격 없는 재단

① 의의

　　㉠ 개념 : 장학재단이나 종교재단 등과 같이 민법상 재단법인의 실체, 즉 일정한 목적을 위해서 출연된 재산의 집단이되, 민법상 절차에 따라 법인격을 취득하지 아니한 것을 말한다.

　　㉡ 특징 : 법인격 없는 재단은 권리능력이 없고, 법인격 없는 사단과 같은 구성원도 없으므로 그 예금의 귀속관계는 준총유나 준합유의 관계가 될 수 없다.

② 예금거래

　　㉠ 대표자 또는 관리자와 예금거래를 할 수 있다.

　　㉡ 하지만 법인격 없는 재단은 그 실체파악이 어려운 점, 실명거래법상 실명확인방법을 구체적으로 정하지 않은 점 등을 고려하면 대표자 개인명의로 거래할 수밖에 없을 것이다.

(3) 조 합

① 조합 일반

　　㉠ 의의 : 조합이란 2인 이상의 특정인이 서로 출자하여 공동의 사업을 영위함을 목적으로 결합된 단체를 말한다.

　　㉡ 조합계약의 법률적 성질 : 그런데 민법은 조합에 대하여는 법인격을 인정하지 않고 구성원 사이의 계약관계로 보고 있다.

② 조합의 예금거래

　　㉠ 따라서 금융기관이 이러한 조합과 예금거래를 하기 위해서는 조합원 전원의 이름으로 하는 것이 원칙이나, 각 조합원의 위임을 받은 조합대표자와 거래를 할 수 있다.

　　㉡ 통상조합의 경우 예금거래자의 표시는 ○○조합 조합장 ○○○로 표시하고, 그 예금의 귀속관계는 조합원 전원의 준합유에 속하게 된다.

재단
일정한 목적을 위하여 결합된 재산의 집합을 말한다. 재단은 두 가지로 생각할 수 있다. 즉 (ⅰ) 채권자와 기타 제3자의 권리를 보호하기 위하여 어떤 자의 사적 소유에 속하는 재산을 법률상 그 자의 다른 재산과 구별하여 다루는 경우(이른바 특별재산 또는 광의의 목적재산)이다. (ⅱ) 공익·사회적 목적을 위하여 출연된 재산(이른 바 목적재산)이 그 목적에 따라 통일적으로 관리되는 경우이며 실질적으로는 사적 소유를 이탈한 재산이다.

03 예금의 입금

1 입금업무

(1) 거래처는 현금이나 즉시 추심할 수 있는 수표·어음, 기타 증권(이하 증권) 등으로 입금할 수 있다.

(2) 거래처는 현금이나 증권으로 계좌송금(거래처가 개설점 이외의 자기계좌에 입금하거나, 제3자가 개설점 또는 다른 영업점이나 다른 금융기관에서 거래처 계좌에 입금하는 것) 하거나, 계좌이체(다른계좌에서 거래처계좌에 입금하는 것) 할 수 있다.

(3) 증권으로 입금할 때 입금인은 증권의 백지보충이나 배서 또는 영수기명날인 등 필요한 절차를 밟아야 하며, 금융기관은 백지보충 등의 의무를 지지 않는다.

(4) 입금하는 증권이 수표나 어음일 때 금융기관은 소정금액란에 적힌 금액으로 처리한다.

2 현금입금

(1) 금액의 확인 문제가 발생하는 경우

① 입금인이 입회하지 않은 상태에서 입금고지액과 확인액 사이에 차이가 발생하는 경우, 입금의뢰액대로 예금계약이 성립함을 주장하기 위해서는 입금자가 그 입금의뢰액을 입증할 책임을 진다.

② 현금의 확인을 유보하는 의사 없이 예금통장 등을 발행한 경우, 부족액이 발생하면 은행이 입증책임을 부담한다.

(2) 과다입금이 발생한 경우

① 금융기관이 실제로 받은 금액보다 과다한 금액을 통장 등을 발행한 경우, 실제로 입금한 금액에 한하여 예금계약이 성립되고 초과된 부분에 대해서는 예금계약이 성립하지 않는다.

② 금융기관이 예금주의 계좌에 초과입금한 경우 예금주가 이러한 오류입금 사실을 알았으면서 예금을 인출하였다면 부당이득으로 이를 반환하여야 한다.

(3) 계좌상위 입금의 경우

① 금융기관이 입금조작을 잘못하여 계좌에 자금부족이 발생한 경우에는 금융기관의 과실에 의한 채무불이행이 되므로 그 손해를 배상하여야 한다.

② 잘못된 입금은 착오에 기인한 것이므로 예금주의 동의 없이 취소하여 정당계좌에 입금할 수 있다.

③ 잘못된 입금을 취소하기 전에 예금주가 인출하였다면 부당이득이므로 반환하여야 한다.

3 증권류의 입금

(1) 증권류입금 일반

① 타점권을 입금시키는 행위는 일종의 위임계약이다.
② 타점권의 입금의뢰는 금융기관에 대하여 그 추심을 의뢰하고 그 추심이 완료되면 추심대금을 입금하는 것으로 선량한 관리자로서의 주의를 가지고 입금업무를 처리하여야 한다.

(2) 어음의 경우

① 금융기관은 입금받은 어음을 지급제시기간 내에 제시할 수 있는지를 확인하여야 한다.
② 어음요건을 완전히 충족하고 있는지를 확인하여야 한다.

(3) 수표의 경우

① 수표요건의 구비사항을 확인하여야 한다.
② 지급제시기간 내에 수표가 제시될 수 있는지를 확인하여야 한다.
③ 수표법상 수표는 일람출급증권이므로 선일자 수표인지 여부도 확인하여야 한다.
④ 일반횡선수표의 경우 입금이 당행과 계속적인 거래가 있는 거래처인지 여부를 확인하고 특정횡선수표인 경우에는 그 특정된 은행이 당행인지 여부를 확인하여야 한다.

(4) 증권의 부도

① 입금한 증권이 지급 거절되었을 때는 금융기관은 그 금액을 예금원장에서 뺀 뒤, 거래처(무통장입금일 때는 입금의뢰인)가 신고한 연락처로 그 사실을 알린다. 다만, 통화불능 등 부득이한 사유로 그 사실을 알릴 수 없는 경우에는 그러하지 아니하다.
② 금융기관은 지급거절된 증권을 그 권리보전절차를 거치지 않고, 입금한 영업점에서 거래처(무통장입금일 때는 입금의뢰인)가 반환청구 할 때 돌려준다.

4 계좌송금

(1) 계좌송금의 의의

① 계좌송금이란 예금주가 개설점 이외에서 자기계좌에 입금하거나 제3자가 개설점·다른 영업점 또는 다른 은행에서 예금주의 계좌에 입금하는 것을 말한다.
② 계좌송금은 입금의뢰인과 수납은행 간의 위임계약이다.
③ 계좌송금의 경우에도 실명확인을 하여야 한다.

(2) 계좌송금의 철회·취소

① 계좌송금은 일종의 위임계약이므로 입금의뢰인은 수납은행이 위임사무가 종료되기 전에 언제든지 위임계약을 해지할 수 있다.
② 부도반환시한이 지나고 결제를 확인한 시점에서 예금계약은 성립하고 위임계약은 종료되므로 예금주는 그 입금의 취소를 주장할 수 없다.
③ 금융기관이 실수로 지정계좌 이외에 예금계좌에 입금하였다면 금융기관은 위임사무를 종료한 것으로 볼 수 없고 착오임이 명백하므로 그 입금을 취소할 수 있다.

④ 착오송금으로 인해 예금주(수취인)는 잘못 입금된 돈이라도 예금주(수취인)의 계좌에 들어온 원금 상당의 예금채권을 취득하게 되고, 금융기관은 예금주(수취인)의 동의 없이 송금의뢰인에게 임의로 돈을 돌려줄 수 없다. 하지만 예금주(수취인)가 예금채권을 취득하였더라도 법적으로는 자금이체의 원인인 법률관계가 존재하지 않으므로 송금의뢰인에게 금전을 돌려줄 민사상 반환의무가 발생하고, 송금의뢰인은 착오이체 금액 상당의 부당이득 반환청구권을 가지게 된다. 그리고 예금주(수취인)는 착오이체 금액을 송금의뢰인에게 돌려줄 때까지 보관할 의무가 있으며, 임의로 인출·사용하는 경우 형사상 횡령죄에 해당될 수 있다.

5 예금통장 및 예금증서

(1) 예금통장이나 예금증서는 단순한 증거증권이다.

(2) 예금통장이나 증서를 소지하고 있다는 사실만으로 소지인이 은행에 예금의 반환을 청구할 수 없다.

(3) 예금통장이나 증서를 소지하고 있지 않다고 하더라도 그 실질적 권리자임을 입증한 경우에는 예금의 반환을 청구할 수 있다.

04 예금의 지급

1 예금지급의 일반

(1) 예금지급의 법적 성질

① 예금주가 금융기관에 대하여 예금의 지급을 청구하는 행위는 의사의 통지라는 것이 통설이다.

② 금융기관이 예금을 지급하는 행위는 채무의 변제인 것이므로 변제에 의하여 예금채무는 소멸한다. 기타 예금의 소멸원인으로는 변제공탁·상계·소멸시효의 완성 등이 있다.

(2) 예금의 지급장소

① 지명채권은 원칙적으로 채무자가 채권자의 주소지에서 변제하는 지참채무가 원칙이다. 그러나 예금채권은 예금주가 금융기관에 나와서 이를 수령한다는 점에서 추심채무이다.

② 예금거래기본약관도 거래처는 예금계좌를 개설한 영업점에서 모든 예금거래를 한다고 규정하여 예금채무가 추심채무임을 규정하고 있다.

③ 무기명채권은 변제 장소의 정함이 없으면 채무자의 현 영업소를 지급장소로 하며, 영업장소가 여러 곳인 때에는 거래를 한 영업소가 지급장소이다. 그러므로 무기명예금을 지급하여야 할 장소는 원칙적으로 계좌개설 영업점이다.

(3) 예금의 지급시기

① 보통예금이나 당좌예금과 같이 기한의 정함이 없는 예금 : 예금주는 금융기관 영업시간 내에는 언제라도 예금을 청구할 수 있고 금융기관이 이에 응하지 않을 경우에는 채무불이행이 된다. 또한 금전채권의 성질상 채무자인 금융기관은 원칙적으로 불가항력을 주장할 수도 없다.

② 정기예금 등과 같이 기한의 정함이 있는 예금 : 약정한 지급기일에 지급하여야 하나 기한의 정함이 있는 예금도 추심채무이므로 예금의 기일이 도래하고 예금주의 청구가 있는 때에만 채무불이행으로 인한 책임을 부담한다.

2 예금의 지급과 면책

(1) 면책의 근거

① 예금채권은 원칙적으로 지명채권이므로 진정한 예금주에게 변제한 때에 한하여 금융기관은 예금채무를 면하게 되는 것이 원칙이다.

② 예금계약은 소비임치계약이므로 금융기관은 선관주의 의무를 다하여야 한다.

③ 양도성예금증서(CD)와 같은 유가증권은 그 증권의 점유자에게 지급하면 그 소지인이 정당한 권리자인지 여부에 관계없이 금융기관은 면책된다.

(2) 지급이 유효하고 금융기관이 면책되는 경우

① 채권의 준점유자에 대한 변제

② 영수증 소지자에 대한 변제

③ 상관습

④ 예금거래기본약관의 면책의 요건을 구비한 자에게 예금을 지급한 경우

더 알아보기 　민법상 채권의 준점유자에 대한 변제

1. 채권의 준점유자에 대한 변제는 변제자가 선의이며 과실이 없는 때에 효력이 있다.
2. 채권의 준점유자란 거래의 관념상 진정한 채권자라고 믿게 할 만한 외관을 갖춘 자이며, 예금거래에서는 예금통장을 소지하고 그에 찍힌 인영과 같은 인장 및 신고된 비밀번호에 의하여 예금을 청구하는 자를 말한다.
3. 금융기관이 이러한 예금채권의 준점유자에 대하여 선의·무과실로 예금을 지급한 경우에는 설령 그 청구자가 무권리자라 하더라도 그 지급은 유효한 것으로 된다.

(3) 예금거래기본약관상의 면책규정

예금거래기본약관에서는 채권의 준점유자에 대한 변제에 관한 민법의 이론을 구체화하여 예금통장·증서를 소지하고 인감 또는 서명이 일치하며 비밀번호가 일치하면, 금융기관이 선의·무과실인 한 책임을 면하는 것으로 규정하고 있다.

(4) 면책요건 중요 ✪

① 채권의 준점유자에 대한 변제일 것 : 일반적으로 채권의 준점유자가 되기 위해서는 예금통장이나 증서 등을 소지하고 있어야 하나 표현상속인이나, 전부채권자 또는 추심채권자는 예금통장·증서를 소지하고 있지 않더라도 금융기관이 선의·무과실이면 면책된다.

② 인감 또는 서명이 일치할 것 : 인감 또는 서명은 육안으로 상당한 주의를 하여 일치한다고 인정되면 족하다. 인감대조의 정도는 필적감정가 수준보다는 낮고 일반인보다는 높은 수준이고, 서명 대조는 실무경험이 없는 금융기관 종사자가 육안으로 외형상 전체적으로 유사 여부를 평면대조하면 족하다.

③ 비밀번호가 일치할 것

④ 금융기관이 선의·무과실일 것 : 선의란 채권의 준점유자에게 변제수령의 권한이 없음을 알지 못한다는 것만으로는 부족하며, 적극적으로 채권의 준점유자에게 수령권한이 있다고 믿었어야 한다. 그리고 무과실이란 그렇게 믿는데, 즉 선의인데 과실이 없음을 뜻한다.

(5) 유의사항

① 정당한 예금주에 의한 청구인지 여부 : 예금의 귀속에 관하여 다툼이 있는 경우에는 진정한 예금주가 누구인지에 관하여 소송의 결과 등을 통하여 확인한 후 지급하여야 한다.

② 예금청구서가 정정된 경우 : 예금청구서는 영수증의 역할을 하는 것이므로 예금청구서의 금액·비밀번호·청구일자 등이 정정된 경우에는 반드시 정정인을 받든가 또는 새로운 전표를 작성하도록 하여야 한다.

③ 기한부예금의 중도해지의 경우 : 기한부예금이나 적금을 중도해지하는 경우 금융기관의 예금주 본인, 사자 또는 대리인에 대한 확인의 주의 의무가 가중된다. 따라서 반드시 본인의 의사를 확인하는 것이 필요하다.

④ 사고신고 여부 등을 확인 : 전산등록 되므로 별문제가 없다. 다만 사고신고를 지연하여 예금주에게 손해를 입혔다면 그 손해를 배상하여야 한다.

3 편의지급 중요★

(1) 편의지급이란 무통장지급·무인감지급 등과 같이 약관이 정하는 예금지급철차를 따르지 않은 지급을 의미한다.

(2) 예금주에게 지급한 경우에는 변제의 효과가 발생하나, 예금주가 아닌 제3자에게 지급한 경우에는 면책되지 않는다.

4 과다지급

(1) 부당이득 반환청구권

직원의 착오 또는 실수로 예금주가 청구한 것보다 많은 금액을 지급하게 되는 경우 금융기관은 부당이득의 법리에 따라 과다지급된 금액에 대해서 예금주에게 부당이득반환청구권을 행사하여 반환을 청구할 수 있다.

(2) 거래처가 과다지급된 사실을 부인하는 경우

거래처가 과다지급된 사실을 부인하여 지급에 응하지 않은 경우 금융기관은 부당이득반환청구소송을 통해서 청구함은 물론 지연배상금까지도 회수할 수 있음을 고지하여야 한다.

5 폰뱅킹에 의한 자금이체신청의 경우

금융기관이 폰뱅킹신청 등록 시 거래상대방의 본인여부를 확인하는 때 그 상대방이 거래명의인의 주민등록증을 소지하고 있는지 여부를 확인하는 것만으로는 부족하고, 그 직무수행상 필요로 하는 충분한 주의를 다하여 주민등록증의 진정여부 등을 확인함과 아울러 그에 부착된 사진과 실물을 대조하여야 한다.

6 은행의 면책과 채무불이행책임

(1) 예금의 소멸원인에는 변제, 변제공탁, 상계, 소멸시효의 완성 등이 있다.

(2) 보통예금·당좌예금의 지급청구에 응하지 않으면 은행은 채무불이행책임을 진다.

(3) 선관주의 의무를 위반하여 무권리자에게 지급한 경우 금융기관은 예금자에게 지급의 유효를 주장할 수 없다.

(4) 예금통장·증서를 소지하고, 인감 또는 서명이 일치하며, 비밀번호가 일치하면 금융기관이 선의, 무과실인 한 책임을 면한다.

(5) 인감 또는 서명은 육안으로 상당한 주의를 하여 일치한다고 인정되면 된다.

05 예금의 관리

1 예금주의 사망

(1) 상속

① 사망한 사람의 재산이 생존하고 있는 사람에게 승계되는 것을 말한다. 이때 사망한 자를 피상속인이라 하고 승계하는 자를 상속인이라 한다.

② 상속은 사망한 시점에서 개시되며 사망한 사실이 가족관계등록부에 기재된 시점에서 개시되는 것은 아니다.

③ 예금상속은 재산권의 일종인 예금채권이 그 귀속주체인 예금주가 사망함에 따라 상속인에게 승계되는 것을 말한다.

④ 상속이 개시되면 피상속인의 권리·의무가 포괄적으로 상속인에게 상속된다.

⑤ 상속인은 사망한 자의 유언에 따라 결정되며(유언상속), 유언이 없을 경우 법률에 정해진 바에 따라 상속인이 결정된다(법정상속).

⑥ 「민법」은 법정상속을 원칙으로 하고 유언상속은 유증의 형태로 인정하고 있다.

(2) 법정상속

① 혈족상속인

   ⊙ 제1순위 : 피상속인의 직계비속 및 피상속인의 배우자

     양자는 법정혈족이므로 친생부모 및 양부모의 예금도 상속하나(다만 2008.1.1.부터 시행된 친양자입양제도에 따라 입양된 친양자는 친생부모와의 친족관계 및 상속관계가 모두 종료되므로 생가부모의 예금을 상속하지는 못한다), 서자와 적모 사이·적자와 계모 사이·부와 가봉자(의붓아들) 사이에는 혈연도 없고 법정혈족도 아니므로 상속인이 아니다. 한편 태아는 상속순위에 있어 출생한것으로 간주되므로 상속인이 된다.

   ⊙ 제2순위 : 피상속인의 직계존속 및 피상속인의 배우자

   ⊙ 제3순위 : 피상속인의 형제자매

   ⊙ 제4순위 : 피상속인의 4촌 이내의 방계혈족

② 대습상속 : 상속인이 될 직계비속 또는 형제자매가 상속개시 전에 사망하거나 결격자가 된 경우에 그 직계비속이 있는 때에는, 그 직계비속이 사망하거나 결격된 자의 지위를 순위에 갈음하여 상속권자가 된다.

③ 공동상속과 상속분 : 같은 순위의 상속인이 여러 사람인 경우에는 최근친을 선순위로 본다.

④ 상속재산 공유의 성질 : 공동상속인은 각자의 상속분에 응하여 피상속인의 권리의무를 승계하나, 분할을 할 때까지는 상속재산을 공유로 한다. 그런데 상속재산의 공유의 성질에 대하여는 공유설과 합유설의 대립이 있다.

(3) 유언상속(유증)

① **유증의 의의** : 유증이란 유언에 따른 재산의 증여행위를 말한다. 유증의 형태로는 상속 재산의 전부 또는 일정비율로 자산과 부채를 함께 유증하는 포괄유증과 상속재산 가운 데 특정한 재산을 지정하여 유증하는 특정(지정)유증이 있다.

② **유언의 확인** : 수증자가 유언에 의하여 예금지급을 청구할 경우에는 유언의 형식 및 내용을 확인하여야 한다. 유언의 방식 중 공증증서 또는 법원의 검인을 받은 구수증서에 의한 것이 아닌 경우에는 가정법원의 유언검인심판서를 징구하여 유언의 적법성 여부를 확인하여야 한다.

③ **유언집행자의 확인** : 유언집행자가 선임되어 있는 경우에는 상속재산에 대한 관리권이 유언집행자에게 있으므로 그 유무를 확인하여야 한다. 유언집행자를 확인하기 위하여는 유언서·법원의 선임공고 또는 상속인에 대한 조회로 할 수 있다. 유언집행자는 유언의 목적인 재산의 관리·기타 유언의 집행에 필요한 행위를 할 권리가 있으므로, 유언집행 자가 있는 경우에는 유언집행자의 청구에 의하여 예금을 지급하여야 하며 상속인에게 지급하여서는 안 된다.

④ **수증자의 예금청구가 있는 경우** : 포괄유증을 받은 자는 재산상속인과 동일한 권리의무 가 있으므로, 적극재산뿐만 아니라 소극재산인채무까지도 승계한다. 한편 특정유증의 경우에는 수증자가 상속인 또는 유업집행자에 대하여 채권적 청구권만 가지므로 은행 (우체국)은 예금을 상속인이나 유언집행자에게 지급함이 원칙이다. 그러나 실무상으로 는 수증자가 직접 지급하여 줄 것을 요구하는 경우가 많다.

(4) 상속인 확인방법

예금주가 유언 없이 사망한 경우에는 법정상속이 이루어지게 되는 바, 가족관계등록사항별 증명서를 징구하여(필요시 제적등본 징구) 상속인을 확인하면 족하다. 유언상속의 경우에는 유언서의 내용을 확인하되 자필증서·녹음·비밀증서에 의한 경우에는 법원의 유언검인심 판을 받은 유언검인심판서를 징구하여야 한다. 또한 유류분에 대한 상속인의 청구가 있을 수 있으므로 가족관계등록사항별 증명서를 징구하여 유류분권리자를 확인하여야 한다.

(5) 상속과 관련된 특수문제

① **상속인이 행방불명인 경우** : 상속재산이 공동상속인에게 합유적으로 귀속된다는 합유설 에 따르면 행방불명인 자의 지분을 제외한 나머지 부분도 지급할 수 없다. 그러나 공유 설을 취할 경우에는 행방불명인 자의 상속분을 제외한 나머지 부분은 각 상속인에게 지 급할 수 있다.

② 상속인이 부존재하는 경우 : 상속권자나 수증인이 없는 경우에는 이해관계인 및 검사의 청구에 의하여 상속재산관리인을 선임하고, 재산관리인은 채권신고기간을 정하여 공고하고 상속재산을 청산하는 절차를 밟는다. 그리고 채권신고기간 종료 시까지 상속인이 나타나지 않으면 2년간의 상속인 수색절차를 거쳐 상속인이 없으면 특별연고권자에게 재산을 분여한다. 특별연고자도 없으면 국고에 귀속된다.

③ 피상속인이 외국인인 경우 : 국제사법상 상속은 피상속인의 본국법에 의하므로 외국인의 경우에는 예금주의 본국법에 의하여 상속절차를 밟는 것이 원칙이다. 그러나 실무상 은행(우체국)으로서는 이러한 외국의 상속법에 정통할 수는 없다. 따라서 만기가 도래한 예금은 채권자의 지급청구가 있으면 변제자가 과실 없이 채권자를 알 수 없는 경우를 사유로 변제 공탁하는 것이 최선의 방법이다.

④ 상속재산 분할방법 : 상속재산의 분할이란 상속개시로 생긴 공동상속인 사이의 상속재산의 공유관계를 끝내고 상속분 또는 상속인의 협의내용대로 그 배분관계를 확정시키는 것을 말한다. 상속재산분할의 방법으로는 유언에 의한 분할, 협의분할, 심판분할의 세 가지가 있다.

⑤ 상속포기, 한정상속 : 상속인은 상속의 개시 있음을 안 날로부터 3개월 내에 상속을 포기할 수 있다. 상속의 포기는 엄격한 요식행위이므로 법원의 심판서를 징구하여 확인하여야 한다. 한정승인이란 상속으로 인하여 취득할 재산의 범위 내에서 채무를 변제할 것을 조건으로 상속을 승인하는 것을 말한다.

⑥ 은행(우체국)이 예금주 사망사실을 모르고 예금을 지급한 경우 : 은행(우체국)이 예금주의 사망사실을 모르는 상태에서 선의로 예금통장이나 증서를 소지한 자에게 신고된 인감과 비밀번호에 의하여 예금을 지급한 경우에는 채권의 준점유자에 대한 변제로서 면책된다. 다만, 예금주가 사망한 사실을 모르고 지급한 것에 대하여 은행(우체국)의 과실이 없어야 한다. 은행(우체국)이 그 예금약관으로 지급의 면책에 관하여 규정하고 있다 하더라도 은행(우체국)의 주의 의무를 경감시키거나 과실이 있는 경우까지 면책되는 것은 아니다.

(6) 상속예금의 지급

① 상속예금의 지급절차

㉠ 상속인들로부터 가족관계등록사항별 증명서(필요시 제적등본)·유언장 등을 징구하여 상속인을 확인한다.

㉡ 상속인의 지분에 영향을 미치는 상속의 포기·한정승인·유류분의 청구 등이 있는지 확인한다.

㉢ 각종 증빙서류가 적법한 것인지를 확인한다(유언검인심판서·한정승인심판서 등).

㉣ 상속재산관리인 선임여부를 확인한다.

㉤ 상속재산의 분할여부를 확인한다.

ⓑ 상속예금지급 시 상속인 전원의 동의서 및 손해담보약정을 받는 것이 바람직하다. 그러나 위 동의서 및 손해담보약정의 징구와 관련해서는 분쟁의 소지가 많고 이를 징구하지 않더라도 정당한 절차에 따라 상속예금을 지급하였다면 상속채권의 준점유자에 대한 변제로서 유효할 수 있으므로 반드시 징구하여야 하는 것은 아니다.

② 당좌계정의 처리 : 당좌거래는 그 법적성질이 위임계약이고 당사자 일방의 사망으로 계약관계가 종료되므로 당좌거래계약을 해지하고 상속인으로부터 미사용 어음·수표를 회수하여야 한다.

③ 정기적금의 처리 : 예금주가 사망한 경우에는 상속인이 포괄적으로 예금주의 지위를 승계하므로, 일반 상속재산의 지급절차에 의하면 족하다. 다만 적금 적립기간 중 예금주가 사망하고 공동상속인 중 1인이 적금계약을 승계하기 위해서는 상속인 전원의 동의가 필요하다.

2 예금에 대한 압류

(1) 예금에 대한 (가)압류 명령이 송달된 경우의 실무처리절차

① 압류명령의 송달연월일 및 접수시각을 명확히 기록하고, 송달보고서에 기재된 시각을 확인하여야 한다.

② 어떠한 종류의 명령인가를 명백히 파악한다. 압류에는 강제집행절차상의 압류와 국세징수법상의 체납처분에 의한 압류가 있다. 그리고 강제집행개시에 앞선 보전처분으로서의 가압류가 있고, 압류 이후의 환가처분으로서의 전부명령과 추심명력이 있다. 따라서 명령서의 내용을 조사하여 어떤 종류의 압류인가를 명백히 파악해 둔다.

③ 피압류채권에 해당되는 예금의 유무를 조사하고 피압류채권의 표시가 예금을 특정할 정도로 유효하게 기재되어 있는가를 확인한다.

④ 압류명령상의 표시에 하자가 있는 경우에는 경정결정을 받아오도록 한다.

⑤ 압류된 예금에 대하여는 즉시 ON-LINE에 주의사고 등록을 하고 원장 등에 압류사실을 기재하여 지급금지조치를 취한다.

⑥ 해당예금에 대한 질권설정의 유무 및 예금주에 대한 대출금의 유무를 조사하고 대출채권이 있는 경우 상계권 행사여부를 검토한다.

⑦ 해당예금에 대한 압류경합여부를 확인하고, 공탁의 여부를 검토한다.

⑧ 예금주, 질권자 등에게 압류사실을 통지한다.

⑨ 압류명령에 진술최고서가 첨부된 경우에는 송달일로부터 1주일 이내에 진술서를 작성하여 법원에 제출한다.

(2) 압류명령의 접수

① 압류의 효력발생시기 : 압류명령은 채무자와 제3채무자에게 송달된다. 그러나 예금에 대한 압류명령의 효력이 발생하는 시기는 그 결정문이 제3채무자인 은행(우체국)에 송달된 때이다. 이와 같이 은행(우체국)에 압류결정문이 송달된 때를 그 효력발생시기로 한 것은 제3채무자인 은행(우체국)이 그러한 결정이 있음을 안 때에 집행채무자인 예금주에 대하여 현실로 예금의 지급을 금지할 수 있기 때문이다.

② 접수시각의 기록 및 송달보고서에 기재된 시각의 확인 : 압류의 효력발생시기는 그 결정문이 은행(우체국)에 송달된 때이므로 은행(우체국)은 압류결정문의 송달연월일·접수시각을 정확히 기록하고, 송달보고서에 기재된 시각을 확인하여야 한다.

③ 예금주 등에 대한 통지의 필요 : 예금에 대한 압류가 있는 경우에 은행(우체국)이 그 압류의 사실을 예금주에게 통지해 줄 법적인 의무는 없다. 왜냐하면 압류결정문은 이들에게도 송달되기 때문이다. 그러나 예금주에 대한 송달이 주소불명 등으로 송달되지 않는 경우도 있을 수 있으며, 보통예금이나 당좌예금과 같이 운전자금이 필요한 경우에는 미리 예금주가 자금계획은 세울 수 있도록 알려줄 필요가 있다.

(3) 피압류예금의 특정

① 예금장소의 특정 : 예금에 대한 압류결정문에는 제3채무자가 통상 소관 ○○지점이라고 표시되며 이 경우에 특정성이 인정됨은 물론이다. 그러나 소관 예금개설점이 표시되지 않은 경우라 하더라도 모든 영업점에 대한 조사를 실시하여 피압류채권의 존재를 알아낼 수 있는 이상, 조사에 상당한 시간이 소요되어 그 사이에 예금이 지급되었다면 이는 은행(우체국)의 과실 없는 지급이 되어 면책이 되는 것은 별론으로 하고 본점 또는 다른 지점으로 송달된 압류명령도 유효하다고 본다.

② 예금계좌의 특정 : 예금주에게 한 종류의 예금 1개 계좌만 있을 때에는 반드시 예금의 종류와 계좌를 명시하지 않더라도 특정된다고 볼 수 있다. 여러 종류의 예금이 여러 계좌로 있는 경우에도 집행채권의 총액이 예금총액을 상회하는 경우에는 압류명령이 유효하다고 본다. 그러나 집행채권의 총액이 예금채권을 하회하는 경우에는 그 압류명령이 어느 것을 목적으로 하는 것인지 특정할 수 없으므로 압류의 효력이 없다고 본다.

③ 특정성에 관하여 의문이 있는 경우의 실무상 처리방법 : 압류명령이 유효함에도 불구하고 무효로 보아 예금주에게 지급하거나 압류명령이 무효임에도 불구하고 유효한 것으로 보아 압류채권자에게 지급한 경우에 채권의 준점유자에 대한 변제에 관한 규정이 적용될 수 없는 것은 아니지만, 일반적으로 은행(우체국)의 과실이 인정되어 은행(우체국)이 이중지급을 하게 되는 경우가 있을 수 있다.

(4) 압류된 예금의 지급

① 추심명령의 경우

추심명령이란 집행채무자(예금주)가 제3채무자(우체국)에 대하여 가지는 예금채권의 추심권을 압류채권자에게 부여하여 그가 직접 제3채무자에게 이행의 청구를 할 수 있도록 하는 집행법원의 명령을 말한다.

② 전부명령의 경우

전부명령이란 집행채무자(예금주)가 제3채무자(우체국)에 대하여 가지는 예금채권을 집행채권과 집행비용청구권에 갈음하여 압류채권자에게 이전시키는 법원의 명령을 말한다. 전부명령은 즉시항고가 허용되므로 확정되어야 그 효력이 생긴다.

③ 전부채권자·추심채권자의 본인확인

전부명령이 있는 때 전부채권자는 종전채권자(집행채무자)에 갈음해서 새로운 채권자가 되고, 추심채권자는 집행법원에 갈음해서 추심권을 가지므로 은행(우체국)이 그 지급조건이 충족되었을 때 전부명령 또는 추심명령서로써 권리자를 확인하고, 주민등록증 등으로 수령권한을 확인한 후 영수증을 징구하고 전부채권자나 추심채권자에게 지급하여야 한다.

(5) 예금에 대한 체납처분압류

① 체납처분에 의한 압류의 의의

체납처분에 의한 압류란 세금 체납처분의 제1단계로서 세금체납자가 독촉을 받고서도 기한까지 세금을 완납하지 않을 경우에 체납자의 재산처분을 금하고 체납자를 대위하여 추심할 수 있는 행정기관의 명령을 말하는 것으로 세금의 강제징수방법이다.

② 체납처분압류의 절차와 효력

세무서장이 체납자가 은행(우체국)에 대하여 가지고 있는 예금채권을 압류할 때에는 제3채무자인 은행(우체국)에 압류통지서를 우편 또는 세무공무원편으로 송달한다.
압류의 효력발생시기는 압류통지서가 은행(우체국)에 송달된 때이다.
체납처분압류는 압류목적채권의 지급금지·처분금지 및 추심권의 효력까지 있으므로 마치 민사집행법상의 압류명령과 추심명령을 합한 것과 같다.

③ 체납처분압류와 민사집행법상 강제집행의 경합

㉠ 민사집행법에 의한 압류(가압류)가 경합된 경우 : 우선권이 없으므로 채권자의 추심요청시 경합사실을 안내하고 지급 거절

㉡ 국세징수법에 의한 압류(체납처분절차)가 경합된 경우(압류선착주의) : 국세징수법에 의한 압류(체납처분절차)는 압류선착주의에 의해 먼저 송달된 기관에 우선권, 후순위 압류기관에서 추심요청시 지급 불가

㉢ 민사집행법에 의한 압류와 국세징수법에 의한 압류(체납처분절차)가 경합된 경우 : 우선권이 없으므로 채권자의 추심요청시 경합사실을 안내하고 지급 거절

ⓔ 민사집행법에 의한 압류와 국세징수법 준용기관의 압류가 경합된 경우 : 우선권이 없으므로 채권자의 추심요청시 경합사실을 안내하고 지급 거절

ⓜ 국세징수법에 의한 압류(체납처분절차)와 국세징수법 준용기관의 압류가 경합된 경우 : 국세징수법에 의한 압류(체납처분절차)와 국세징수법 준용기관의 압류가 경합된 경우, 국세우선 원칙에 따라 송달 시점에 관계없이 체납처분압류가 우선

ⓗ 국세징수법 준용기관의 압류가 경합된 경우 : 준용기관은 압류선착주의가 적용되지 않으므로, 압류가 경합된 경우 기관 간 협의하여 처리

④ **체납처분에 의한 압류예금의 지급절차** : 체납처분에 의하여 압류된 예금을 지급할 때에는 은행(우체국)이 그 처분청에 스스로 납부하여야 하는 것은 아니며, 징수직원이 은행(우체국)에 나와 금전을 수령해 가도록 하면 된다. 이때 신분증명서에 의하여 수령인의 권한을 확인하고 처분청장의 위임장·현금영수증 등을 받고 지급에 응하면 될 것이다. 그러나 최근 처분청은 압류통지서에 처분청의 예금계좌를 지정하고 그 지정된 계좌로 입금을 요청하는 경우가 많으며, 이러한 경우에는 처분청의 계좌번호 여부를 확인한 후 그 지시에 따라 입금하면 될 것이다.

05 전자금융

출제경향분석
• 전자금융에 관한 이해(SWIFT 등)(2012)
• 전자금융에 대한 이해(무매체 거래, 1369, 선불카드 등)(2011)

01 전자금융의 개념

1 의 미

(1) 금융기관 등이 CD/ATM, 전화기, 컴퓨터 등의 전자적 장치를 통하여 제공하는 금융상품과 서비스를 고객이 카드, 비밀번호와 같은 전자화된 접근 매체를 이용하여 자동화된 방식으로 금융거래를 하는 것이다.

(2) 고객이 직접 전자적 장치의 조작, 접근매체를 제시하는 비대면 거래이다.

(3) 직접 금융기관의 직원과 창구에서 대면하는 거래는 전자금융거래가 아니다.

2 전자적 장치(전달채널)

(1) CD, ATM, 전화기, 컴퓨터, 카드단말기가 대표적인 전자적 장치이다.

(2) 휴대폰(스마트폰), 태블릿 PC, PDA, TV 등도 전자적 장치에 포함된다.

3 접근매체(거래의 진정성 확보수단)

(1) 금융거래를 이용하기 위해서는 통장, 도장, 신분증 등이 필요하다.

(2) 이러한 것들은 거래의 진실성과 정확성을 확인할 수 있는 수단으로서 접근매체라고 한다.

(3) 접근매체의 종류

전자식 카드 및 이에 준하는 전자식 정보, '전자서명법'상의 인증서, 금융회사 또는 전자금융업자에 등록된 이용자 번호, 이용자의 생체정보, 이상의 수단이나 정보를 사용하는데 필요한 비밀번호 등 전자금융거래법(제2조 제10호)에서 정하고 있는 것

-💡- 알기쉬운 용어풀이

4 디지털 금융

(1) 최근에는 전자금융과 관련하여 디지털 금융(Digital Finance)이란 용어를 많이 사용하고 있다.

(2) 통신, 정보기술, 전자기술 등의 결합으로 기존의 금융거래 방식을 완전히 변화시킨다는 의미로 고객은 금융서비스 제공자로부터 원하는 서비스를 다양한 금융 채널과 방식으로 제공받을 수 있다.

(3) 디지털 금융의 특징은 개인 고객의 특성에 적합한 금융서비스를 적시에 제공하는 것이다.

(4) 특히 금융과 ICT기술의 융합이 가속화되면서 출현한 금융서비스는 기존 금융기관이 아닌 ICT업체들의 전자금융산업 참여를 가능하게 하였으며, 최근 금융(Finance)과 기술(Technique)의 융합인 핀테크(Fintech)가 등장하는 등 관련 산업 환경이 변화하면서 비금융기업들의 참여는 더욱 활발하게 진행되고 있다.

02 전자금융의 특징

1 비대면, 비서면 거래

(1) 금융기관의 영업시간에 구애받지 않고 24시간 연중무휴로 이용이 가능하다.

(2) 단순 입출금, 공과금 납부, 대출거래까지 가능하다.

(3) 수수료가 저렴하고 시간과 공간의 제약을 받지 않는다.

(4) 금융기관의 영업점도 수익성과 생산성 향상의 구조로 변화한다.

2 전자금융의 이면

(1) 네트워크 상으로 연결되어 창구거래보다 복잡한 측면이 있다.

(2) 조작실수, 전산망 오류 등으로 고객에게 이용의 불편을 줄 수 있다.

(3) 보안에 취약한 면이 있다.

(4) 개인의 신상정보와 금융정보의 유출 가능성이 있다.

3 전자금융의 발전 과정

(1) 제1단계 – PC기반 금융업무 자동화

① 우리나라의 경우 전자금융거래를 편리하게 이용할 수 있게 된 배경은 금융기관의 업무 전산화 노력에서부터 시작되었다.

② 1970년대부터 은행에서 자체 본·지점 간에 온라인망을 구축하여 그동안 수작업으로 처리하던 송금업무나 자금정산업무 등을 전산적으로 처리할 수 있게 되었다.

③ 1980년대 국가정보화사업의 하나였던 은행 공동의 전산망 구축으로 확대하였다.

(2) 제2단계 – 네트워크 기반 금융전산 공동망화

① 은행 공동의 전산망 구축은 은행의 각 전산시스템을 공동으로 연결하여 24시간 연중무휴로 금융서비스를 제공하고 전국의 1일 결제권화와 전자자금이체를 추진하였다.

② 은행 공동 전산망의 구축으로 거래은행에 관계없이 CD/ATM, 전화기를 이용한 전자금융거래가 가능해져 창구거래 위주의 금융거래가 전자금융으로 확대되기 시작하였다.

③ 자금의 수수도 현금이나 어음·수표 등 장표기반의 지급수단을 직접 주고 받는 대신에 자동이체, 신용카드와 같은 전자지급수단을 이용한 전산데이터의 송·수신방식으로도 가능해지면서 전자금융거래가 대중화되는 계기가 되었다.

(3) 제3단계 – 인터넷 기반 금융서비스 다양화

① 1990년대 중반 이후 인터넷과 컴퓨터 보급의 확산으로 금융기관은 CD/ATM이나 전화기에 의존하던 전자금융서비스 전달 채널을 컴퓨터로 확대하였다.

② 인터넷을 기반으로 한 전자상거래의 발달로 고객, 인터넷쇼핑몰, 금융기관을 연결하여 결제서비스를 제공하는 PG(Payment Gateway)서비스, 결제대금예치서비스 및 인터넷을 통해 각종 대금을 조회하고 납부할 수 있는 EBPP(Electronic Bill Presentation and Payment)서비스와 같은 새로운 전자금융서비스가 등장하였다.

③ 전자어음, 전자외상매출채권과 같은 기업 고객을 위한 전자지급수단이 개발되기 시작하였고, 서비스 전달 채널이 더욱 다양화되어 휴대폰, PDA, TV를 통해서도 전자금융거래가 가능하다.

(4) 제4단계 – 모바일 기반 디지털금융 혁신화

① 2000년대 후반 스마트폰이 전 세계적으로 확산되면서 국내 전자금융도 은행, 증권, 카드업계에서 스마트 기기를 적극 활용한 스마트 금융서비스 시대가 시작되었다.

② 스마트폰과 무선인터넷을 통해 금융서비스가 이루어지는 모바일 금융서비스는 생활 속에 디지털 혁신은 물론 금융소비자의 이용행태에도 큰 변화를 가져왔다. 모바일뱅킹, 모바일증권, 모바일카드 등 모바일 기반의 디지털 금융 서비스를 통해 언제 어디서나 편리하게 금융 거래가 가능하게 되었으며 이용 규모도 급속히 증가하게 되었다.

③ 사회 전반에 확산된 개방형 네트워크와 스마트폰 등 모바일 기기를 활용한 전자상거래 활성화에 따른 해외 전자금융서비스 이용 규모도 증가하게 되었다.

(5) 제5단계 – 신기술 기반 금융IT 융합화

① 인터넷과 모바일 금융서비스의 발전은 전자금융 부문에서 금융업종간 장벽을 허물고 국경 없는 진화된 서비스 경쟁을 촉발하게 되었으며 스타트업, 대형 ICT기업 등을 중심으로 비금융기업들의 금융서비스 진출이라는 큰 변화를 가져왔다.

② 글로벌 ICT기업들은 많은 고객층과 간편결제를 바탕으로 국내 전자상거래 시장 진출을 시도하고 있으며 국내 ICT기업들도 모바일과 인터넷 사용자들을 대상으로 새로운 금융서비스와 전자지급 모델을 개발하고 있어 향후에도 소액결제 시장에서 금융기관과 협력 및 경쟁이 심화될 전망이다.

③ 정부와 금융당국은 전자금융의 관리 감독을 법제화한 전자금융거래법에 금융소비자 편의성과 효율성 제고 필요에 따른 공인인증서 의무사용 폐지, Active X 제거, 국제 웹 표준 적용 등의 규제를 완화하고 핀테크 산업 육성을 위해 노력하고 있다.

03 전자금융의 종류

1 CD/ATM 서비스

(1) CD/ATM의 이용가능성 중요⊙

① CD/ATM서비스를 이용하기 위해서는 현금카드나 신용카드 등이 있어야 한다.

② 최근에는 휴대폰, 바코드, 생체인식으로도 CD/ATM서비스를 이용할 수 있으며, 이용매체가 없어도 CD/ATM서비스 이용이 가능하다.

(2) 칩 내장 휴대폰 이용

① 모바일뱅킹용 금융IC칩이 내장된 휴대폰으로도 CD/ATM에서 금융거래를 이용할 수 있다.

② 휴대폰과 CD/ATM 간의 정보교환은 교통카드 결제를 통해 이용자들에게 널리 알려진 무선주파수방식으로 이루어지는데 RF 수신기가 부착되어 있는 금융기관의 CD/ATM에서 현금인출, 계좌이체, 조회 등의 금융업무를 처리할 수 있다.

③ USIM 칩에 여러 은행의 계좌를 최대 100개까지 등록하여 CD/ATM에서 거래할 수 있는 유비터치 서비스도 시행하고 있다.

④ 일부 은행에서는 바코드 인식이 가능한 ATM을 활용하여 현금카드를 대체할 수 있도록 하고 있다. 이용절차는 고객이 은행에 서비스를 신청하면, 고객의 휴대폰으로 Callback URL(Uniform Resource Locator)이 있는 SMS가 수신되고, 고객은 해당 URL에 접속하여 자신의 카드번호를 대체한 바코드를 전송받고 바코드가 인식되는 ATM에 휴대폰의 바코드를 접촉하여 현금인출, 계좌이체 등 각종 금융서비스를 이용할 수 있다.

CD, ATM

현금자동입출금기 또는 자동 금융거래단말기로서 ATM은 금융기관의 거래고객이 영업점의 창구를 통할 수 없는 영업 외 시간 또는 휴일에도 창구의 출납계원이 하는 업무와 같은 현금지급, 현금입금, 계좌이체처리, 지폐교환 등을 자동으로 해주는 기기를 말한다. ATM은 금융기관의 영업외시간 운영과 휴일 운영 등 영업의 합리화, 생력화, 대고객서비스 향상 등을 목적으로 영업점 내 창구 이외의 장소 등에 온라인으로 연결·설치되어 고객이 직접 조작할 수 있다.

(3) 생체인식으로 본인인증 중요 ✪

① 현금카드의 위조, 도난 그리고 ID, 비밀번호 등의 도용에 따른 각종 금융사고를 예방하고자 금융거래 시 본인 확인수단으로 생체인식기술이 이용되기도 한다.

② 고객이 자신의 지문, 홍체 등 생체정보를 미리 금융기관에 등록해 놓으면 고객이 CD/ATM을 이용할 때 채취한 생체정보와 비교하여 일치하면 이용권한을 부여한다.

③ 생체인식 수단은 각각 특징이 있으나 크게 접촉식과 비접촉식으로 구분할 수 있다. 접촉식 주요 생체인식 수단은 지문, 손가락 정맥이며, 비접촉식은 홍채, 손바닥 정맥이 있다.

(4) 무매체거래

① 이용매체가 없어도 CD/ATM 이용이 가능하다.

② 통장이나 카드 없이 사전에 금융기관에 신청하여 무매체 거래용 고유승인번호를 부여받은 뒤 이용할 수 있는 거래이다.

(5) 제2금융권 연계서비스

① 은행의 CD/ATM은 제2금융권과 연계되어 카드, 증권, 보험관련서비스가 제공된다.

② 공과금납부, 티켓발행, 화상상담, 기업광고 등 다양한 서비스로 확대되고 있다.

(6) CD/ATM 기능의 진화

① 단순 현금 입·출금 기능이 전부였던 초기의 CD/ATM은 1990년대 초반부터 금융자동화기기 제조업체의 기술진보에 힘입어 수표 입·출금 기능에서부터 키오스크의 기능과 CD/ATM 기능이 접목되어 CD/ATM에서도 정보검색은 물론 각종 티켓이나 서류발급 및 출력까지 할 수 있는 다기능 기기로 발전하고 있다.

② 외국인을 위한 외국어지원 기능, 노인이나 저시력자를 위한 화면확대 기능도 추가되어 이용편의를 도모하고 있다.

2 텔레뱅킹 서비스

(1) 의 의

① 텔레뱅킹은 가정이나 사무실에서 전화기를 통해 계좌이체, 조회, 사고신고 등의 금융거래를 이용할 수 있는 전자금융서비스이다.

② 텔레뱅킹 처리시스템을 통해 이용고객의 거래성향을 분석·가공하여 금융기관의 마케팅 자료로 이용된다.

③ 1989년에 금융기관 공동의 ARS망이 구축되면서 텔레뱅킹서비스가 시작되었다. 예금조회, 무통장거래내역조회, 수표서비스, 신용카드 관련 조회서비스, 환율안내 등의 일반적인 서비스는 전국 어디에서나 은행 공동의 대고객조회서비스 전화번호인 '1369'를 통해 이용할 수 있다. 다만 계좌이체, 지로대금 납부, 공과금 납부의 경우에는 '1544'나 '1588'로 시작하는 각 금융기관별 ARS 고객센터 전화번호를 통해서만 이용이 가능하다.

텔레뱅킹

전화로 거래하는 시스템으로 잔고조회, 거래은행 간의 송금뿐만 아니라 타행송금·정기적금·대출이자·공과금 등에 대한 자동이체 신청 또는 해지 등을 전화로 은행에 지시할 수 있어 편리하다. 각 은행의 텔레뱅킹 센터에 전화가 연결되면, 전화기에 설치된 음성 자동응답시스템의 안내에 따라 전화버튼을 차례로 누르면 자동으로 컴퓨터가 처리한다. 이용할 때는 계좌 비밀번호·텔레뱅킹 비밀번호·주민등록번호·계좌번호를 알아야 한다.

(2) 이용 신청 및 등록

① 텔레뱅킹서비스는 우체국을 비롯하여 17개 은행, HSBC, 도이치뱅크, 새마을금고, 상호 저축은행 등 거의 모든 금융기관이 제공한다.

② 각 금융기관의 ARS 고객센터를 통해 계좌이체나 지로대금 납부서비스를 이용하고자 할 경우에는 고객이 직접 거래금융기관을 방문하여 이용신청서를 제출한다.

(3) 이용시간 및 수수료

텔레뱅킹 서비스는 대부분 24시간 연중무휴 이용이 가능하지만, 일부 서비스의 경우 00:00부터 07:00까지는 금융기관별로 이용시간에 제한이 있다.

(4) 안전거래를 위한 보안조치

텔레뱅킹은 일반전화회선을 통해 금융거래 내역이 송·수신되기 때문에 각 금융기관에서는 도청 등 보안상 취약점을 방지하기 위해 텔레뱅킹 도·감청 보안솔루션을 도입하였다.

③ 인터넷뱅킹 서비스

(1) 내 용

① 개인용 컴퓨터의 보급확대와 인터넷 접속을 위한 네트워크 인프라의 확충에 따라 인터넷이라는 새로운 전달 채널을 통해 금융서비스를 제공하고 있다.

② 1995년 세계 최초로 미국의 SFNB(Security First Network Bank)가 인터넷뱅킹을 시작한 이래 많은 은행들이 인터넷뱅킹 서비스를 제공하고 있다. 우리나라는 기존의 금융서비스 전달채널을 그대로 유지하면서 인터넷이라는 새로운 채널을 추가하는 형태로 도입되었다.

인터넷뱅킹
인터넷을 통해 은행업무를 처리하는 금융시스템으로 은행과 사용자 간의 전용회선으로 연결된 PC뱅킹에 비해 누구나 접속이 가능한 보다 발전한 금융시스템이다. 전 세계의 사람들을 고객으로 삼아 영업활동을 벌일 수 있다는 장점이 있고, 인터넷 이용고객이 상대적으로 젊고 중산층 이상이므로 막대한 시장잠재력을 지니고 있다는 평가이다.

[주요 전자금융 채널 비교]

구분	인터넷뱅킹	모바일뱅킹	텔레뱅킹	CD/ATM
매체	PC, 인터넷	휴대전화, 스마트기기	전화	CD/ATM
취급가능 정보	문자, 화상, 음성	문자	음성	문자, 화상, 음성
이용가능 장소	가정과 직장 등	제약없음	제약없음	영업점 및 번화가
시각성	화면이 커서 보기 쉬움	화면이 작아 정보표시에 한계	–	화면이 커서 보기 쉬움
통신료부담	고객	고객	금융기관 (수신자부담)	금융기관

(2) PC뱅킹과 인터넷뱅킹

① PC뱅킹 : 인터넷뱅킹 도입 이전에 많이 이용되던 거래방법으로, 고객이 VAN사업자나 은행이 제공하는 전용소프트웨어를 이용하여 자신의 PC를 은행의 호스트컴퓨터와 연결하여 금융서비스를 제공받는 방식이다. 이용자를 기준으로 기업이 이용하면 펌뱅킹이라 하고, 개인이 이용하면 홈뱅킹이라고 하는데, 개인의 인터넷의 이용이 급증하면서 기존 홈뱅킹 이용자가 거의 인터넷뱅킹 이용자로 전환되었다.

② 인터넷뱅킹 : 인터넷을 통하여 고객의 컴퓨터와 금융기관의 호스트컴퓨터를 연결하여 금융서비스를 제공하는 시스템을 지칭하는데, 스마트기기를 이용하는 모바일뱅킹의 경우에도 전용 앱이나 웹브라우저를 통해 금융서비스가 전달되는 측면에서 볼 때 넓은 의미에서는 인터넷뱅킹의 범주에 포함된다.

(3) 인터넷뱅킹의 특징

① 인터넷은 저비용, 실시간성, 멀티미디어화, 쌍방향성, 글로벌화라는 기본특성으로 지역적·시간적 제약을 뛰어넘은 금융거래가 가능해져 금융서비스의 범세계화가 촉진될 뿐만 아니라, 금융거래를 하는 데 있어 비용이 절감된다.

② 인터넷을 통하여 금융상품 및 서비스에 대해 금융기관 간 비교가 가능해짐에 따라 다양한 금융서비스와 상품에 대한 수요가 높아지고, 시장이 금융기관 중심에서 고객 중심으로 재편된다.

(4) 이용신청 및 등록

① 개인고객 : 금융실명거래 확인을 위한 신분증을 지참하고 거래금융기관을 방문하여 신청하거나 비대면으로 신청할 수 있다.

② 기업고객 : 사업자등록증, 대표자 신분증 등 관련 서류를 지참하여 거래금융 기관에 방문하여 신청한다. 금융기관 지점에서는 인터넷뱅킹 신청 고객에게 보안매체(보안카드, OTP 등)를 지급해준다. 비대면으로 신청한 고객은 인터넷뱅킹의 보안센터에서 타금융기관 OTP를 등록하거나, 신청 금융기관 앱에서 디지털OTP를 발급 받을 수 있다. 고객은 인터넷뱅킹의 인증센터에 접속하여 공동인증서(구 공인인증서)를 발급받고 최초 거래 시 이체비밀번호를 등록해야 한다. 조회서비스만 이용할 고객은 공동인증서 발급 없이도 조회서비스를 이용할 수 있다.

(5) 디지털 신원인증

① 디지털 공간에서 본인을 증명하는 행위로, 인터넷 서비스, 특히 금융서비스를 디지털 공간에서 이용하기 위해서 필수적으로 거쳐야 한다.

② 1999년부터 도입된 공인인증서는 정부에서 인정한 공인인증기관이 발행하는 인증서로 널리 사용되어 왔으나, 2020년 전자서명법 개정안이 시행되어 공인인증서의 법적 지위가 상실되었고 기존 인증업체들은 '공동인증서'로 명칭을 변경하여 계속 서비스를 제공하고 있다.

③ 전자서명법 개정에 따라 공동인증서(舊공인인증서) 이외에도 여러 민간기관에서 발행하는 다양한 전자서명 서비스를 선택하여 사용할 수 있으며, 공동인증서의 발급은 거래 금융기관의 인터넷 홈페이지에서 가능하다.

(6) 보안매체

① 보안카드 : 보안용 비밀번호를 추가로 사용하기 위한 카드로서, 카드에 30개 또는 50개의 코드번호와 해당 비밀번호가 수록되어 있어 거래 시마다 무작위로 임의의 코드번호에 해당하는 비밀번호를 입력한다.

② OTP(One Time Password) : 전자금융거래의 인증을 위하여 이용고객에게 제공되는 일회용 비밀번호 생성 보안매체이다.

4 모바일뱅킹 서비스

모바일뱅킹
인터넷이 가능한 휴대폰을 통해 언제 어디서나 은행 거래를 할 수 있는 금융서비스로 인터넷 접속이 가능한 휴대폰을 이용해 언제 어디서나 은행의 잔액조회, 계좌이체, 예금조회, 환율조회, 자기앞수표 조회, 거래내역 조회, 신용카드(크레디트카드) 거래, 현금서비스 등 다양한 서비스를 받을 수 있는 금융 거래 서비스를 말한다.

(1) 휴대폰에서 금융서비스의 이용이 가능한 모바일뱅킹은 이동통신시장의 성장과 휴대폰 기능의 진화를 배경으로 등장하였다.

(2) 모바일뱅킹의 등장은 금융과 통신의 대표적인 서비스 융합 사례로 주목받았으며, CD/ATM서비스나 인터넷뱅킹과 달리 매체의 특성상 장소의 제약을 받지 않고 자유롭게 이용할 수 있다는 점에서 u-banking(ubiquitous banking) 시대의 시작을 알리는 전자금융서비스로 인식되고 있다.

(3) IC칩 기반의 모바일뱅킹을 거쳐 IC칩이 필요 없는 VM모바일 뱅킹으로 이용자가 전환되었으며 조회, 이체, 공과금납부 등 기본적인 금융서비스를 제공하였다.

(4) 국내 스마트폰 시장의 활성화에 따라 현재 국내 모든 시중은행들이 자체 앱(app)을 통해 스마트폰 뱅킹서비스를 제공하고 있다.

5 신용카드, 직불카드, 체크카드, 선불카드

(1) 카드거래의 구조

① 카드거래는 카드 회원, 카드발급사, 가맹점 그리고 가맹점의 거래금융기관이 한 네트워크안에서 서로 연결되어 전자거래가 이루어진다.

② 카드 회원이 가맹점에서 카드를 이용하게 되면 카드발급사는 가맹점 거래금융기관과 자금정산을 통해 카드결제대금을 입금해 주며, 카드발급사는 카드 회원으로부터 약정한 날짜에 카드결제대금을 회수하게 된다.

(2) 신용카드

① 소지하기 편리하고 물품을 구매하거나 서비스를 이용할 때 당장 현금이 없어도 신용을 담보로 일정 시점 후에 결제가 가능하기 때문에 이용이 점점 늘어나고 있다.

② 정부에서 1999년부터 자영업자의 과표를 양성화하고 신용카드 이용을 활성화한다는 취지하에 신용카드 사용금액에 대한 소득공제와 카드영수증 복권제도(2006년 폐지)를 실시함으로써 이용이 활성화되는 데 기여하였다.

③ 과당경쟁에 따른 무분별한 신용카드 발급과 현금서비스 위주의 무분별한 확장영업으로 신용불량자 양산과 같은 사회 경제적 문제를 초래(2003년 카드사태)하기도 하였다.

(3) 직불카드(직불전자지급수단)

① 의의 : 직불카드는 고객이 카드를 이용함과 동시에 고객의 신용한도가 아닌 예금계좌의 잔액 범위 내에서 카드결제대금이 바로 인출되는 카드를 말한다. 고객 예금계좌에서 즉시 카드결제대금이 인출되고 CD/ATM을 이용하여 자신의 예금계좌에서도 즉시 자금을 인출할 수도 있기 때문에 직불카드를 현금카드라고도 한다. 직불카드 역시 신용카드와 마찬가지로 미국에서 처음 등장한 이후 1970년대 중반부터 본격 사용하기 시작하였는데, 우리나라에서는 국가적인 차원에서 직불카드공동망 구축을 추진하여 1996년 2월에 은행 공동의 직불카드가 도입되었다.

② 직불카드와 신용카드의 차이 : 결제방식에 있어서 신용카드는 신용공여에 기반한 후불결제방식을, 직불카드는 예금계좌를 기반으로 한 즉시결제방식을 이용한다는 점이다. 따라서 직불카드는 자신의 예금계좌가 개설되어 있는 은행에서 발급받으며, 직불카드 취급가맹점이면 발급은행에 관계없이 어디에서나 사용할 수 있다.

(4) 체크카드

① 의의 : 체크카드는 지불결제 기능을 가진 카드로서 카드거래 대금은 체크카드와 연계된 고객의 예금계좌 범위 내에서 즉시 인출된다. 비자카드사의 오프라인 직불카드 이름인 Visa Check Card에서 체크카드라는 명칭이 유래되었다고 하는데, 신용카드와 마찬가지로 서명을 통해 본인확인을 하게 된다.

② 하이브리드형 카드 : 원래 의미의 체크카드는 신용공여 기능이 없어 할부서비스나 현금서비스를 이용할 수 없지만 최근에는 고객의 신용등급에 따라 소액의 신용공여(30만 원 한도)가 부여된 하이브리드형 카드를 발급받아 이용할 수 있다.

③ 장점 : 거래은행에서 발급받고 가맹점 이용과 이용시간에 제약을 받는 직불카드에 비해 체크카드는 모든 카드사에서 발급받을 수 있으며, 금융기관 전산점검시간(우체국 04: 00~05:00)을 제외하고는 이용시간에 제한이 없고 신용카드 가맹점이라면 이용이 가능하다는 장점이 있다.

(5) 선불카드(선불전자지급수단)

① 의의 : 선불카드는 고객이 카드사에 미리 대금을 결제하고 카드를 구입한 후 카드에 저장된 금액 내에서만 이용할 수 있는 카드로서 기프트카드가 대표적인 선불카드이다.

② 특징

    ㉠ 신용카드와의 차이점은 신용카드의 경우 이용대금을 후불로 입금하지만 선불카드는 선불로 구매한다는 점이다.

    ㉡ 선불카드 구매 시 현금, 체크카드 및 신용카드를 사용하며, 유효기간은 대부분 발행일로부터 5년이고 연회비는 없다.

    ㉢ 단 개인 신용카드로 구매 및 충전할 수 있는 이용한도는 1인당 월 최대 100만원(선불카드 금액과 상품권 금액 합산)이다.

    ㉣ 신용카드사를 통해 연령에 제한 없이 발급받을 수 있는 선불카드는 원칙적으로는 신용카드 가맹점에서 이용 가능하나 일부 백화점 및 대형할인점 등에서는 사용하지 못하는 경우도 있다. 또한 인터넷 쇼핑몰과 같은 온라인상에서도 이용이 가능한데, 이 때에는 카드발급사의 인터넷홈페이지를 통해 본인확인용 비밀번호를 등록해야한다.

③ 선불카드 잔액 환불 (「전자금융거래법」 제19조 및 「선불카드 표준약관」)

    ㉠ 천재지변으로 사용하기 곤란한 경우,

    ㉡ 선불카드의 물리적 결함

    ㉢ 선불카드 발행 권면금액 또는 충전액의 60/100(1만원권 이하의 경우 80/100) 이상 사용한 경우 가능하다.

④ 종류

기명식	무기명식
· 카드실물에 회원의 성명이 인쇄되어 있거나 신용카드업자 전산에 회원으로서의 정보가 존재하여 발급 이후에 양도가 불가능하다. · 최고 500만원까지 충전할 수 있다. 무기명식 선불카드는 카드실물에 성명이 인쇄되어 있지 않으며 신용카드업자 전산에 기명식 회원으로서의 정보가 존재하지 않아 양도가 가능하다.	· 양도 가능하므로 뇌물 등의 수단으로 악용되는 것을 방지하기 위해 「여신전문금융업법 시행령」 및 「선불카드 표준약관」에서 충전 금액 한도를 최고 50만원으로 제한하고 있다. (단, 재난 및 안전관리 기본법에 따른 재난에 대응하여 국가 또는 지방자치단체가 지원금을 지급하기 위해 발행하는 경우 최고 300만원

〈표〉카드 종류별 비교

구분	신용카드 (Credit Card)	선불카드 (Prepaid Card)	직불형카드		
			체크카드 (CheckCard)	직불카드 (Debit Card)	현금IC카드
회원 자격	신용등급 7등급이하 및 미성년자는 원칙적으로 발급금지	제한없음	제한없음 (단, 소액신용 한도 부여 시 자체기준 있음)	제한없음 (요구불 예금 보유자)	제한없음 (요구불 예금 보유자)
계좌인출	선구매 후인출	선인출 후구매	구매즉시 인출	구매즉시 인출	구매즉시 인출
연회비	있음	없음	없음	없음	없음
이용한도	신용한도 내	충전잔액 범위내 (기명은 500만원, 무기명은 50만원)	예금잔액 범위내 (일정 한도(최대 30만원)내에서 예금잔액 초과 신용공여혜택 부여 가능)	예금잔액 범위내	예금잔액 범위내
발급기관	카드사 (겸영은행)	카드사 (겸영은행)	카드사 (겸영은행)	국내 은행	국내 은행
이용가능시간	24시간	24시간	24시간	08:00 ~ 23:30	24시간
승인절차	서명	서명	서명	PIN 입력	PIN 입력
신용공여	가능	불가능	일정 한도 내	불가능	불가능
사용 가맹점	신용카드 가맹점	신용카드 가맹점	신용카드 가맹점	직불카드 가맹점	현금 IC카드 가맹점
가맹점 입금	매출전표 접수후 2영업일 이내	매출전표 접수후 2영업일 이내	매출전표 접수후 2영업일 이내	결제 익일	결제 익일
부가혜택	있음	없음	있음	없음	없음
거래 승인	거래정지 잔여한도확인	권면잔액확인	거래정지 잔여한도확인	거래정지, 예금잔액, 비밀번호확인	거래정지, 예금잔액, 비밀번호확인
기능	물품구매 예금입출금 (현금카드 기능)	물품구매	물품구매 예금입출금 (현금카드 기능)	물품구매 예금입출금 (현금카드 기능)	물품구매 예금입출금 (현금카드 기능)
네트워크	신용카드망	신용카드망	신용카드망	직불카드망 (금융결제원)	CD공동망 (금융결제원)

06 우체국금융 일반현황

01 연 혁

1 연 혁

(1) 우체국의 전국 네크워크

① 우체국이 금융창구의 역할을 한다.
② 도시지역 주민 및 농어촌 주민에게까지 예금서비스를 제공한다.

(2) 예금업무 연혁

① 1905년 우체국 예금업무는 체신업무의 부대업무로 운영되던 것이 1977년 농협으로 이관되었다.
② 1983년 예금업무가 재개되었으며(체신예금 · 보험업무에 관한 법률에 의함), 1990년 전국의 우체국에 온라인망이 구축되었다.
③ 1995년 우체국전산망과 은행의 전산망이 연결되었다.
④ 2000년 우정사업의 책임경영체제 확립을 위하여 과학기술정보통신부 산하 우정사업본부의 총괄하에 있다.
⑤ 2007년 통신사업특별회계 우정사업부문을 우편사업특별회계 및 우체국예금특별회계로 분리하였고, 이러한 새로운 경영체제출범과 함께 「우정사업운영에 관한 특례법」에 의거 통신사업특별회계를 우편사업, 예금사업, 보험사업 특별회계로 각각 완전 분리하여 우정사업의 회계 투명성을 제고하였고 체계적인 자산운용 성과관리 체계를 구축하는 등 금융사업의 전문화를 도모하였다.
⑥ 2011년부터 건전한 소비문화 조성을 위한 우체국 독자체크카드 사업을 시작하였다.

⑦ 2012년 스마트금융 시스템 오픈 이후 2019년 우체국 스마트뱅킹 전면 개편 등 지속적인 디지털금융 고도화를 통해 국민들이 우체국금융창구 뿐만 아니라 우체국금융 온라인을 통해 언제 어디서나 쉽고 편리하게 금융서비스를 제공 받을 수 있게 하였다.

⑧ 2018년에는 농어촌 등 금융소외 지역 서민들의 금융편익 증진 및 자산형성 지원을 위한 대국민 우체국 펀드판매를 실시하는 등 금융사업의 다각화와 전문화를 통해 스마트한 국민금융을 제공하는 국내 유일의 소매금융 중심의 국영 금융기관으로 발돋움하고 있다.

02 업무범위

1 우체국금융 일반

(1) 우체국의 금융 업무는 「우정사업운영에 관한 특례법」에서 고시하는 우체국예금, 우체국보험, 우편환·대체, 외국환업무, 체크카드, 펀드판매, 전자금융서비스 등이 있다. 또한 우체국금융은 그 경영주체가 국가이므로 사업의 영리만을 목적으로 하지 아니한다.

(2) 우체국예금의 원금과 이자 그리고 우체국보험의 보험금 등은 국가가 법으로 전액 지급을 보장한다. 하지만, 우체국금융은 은행법에 따른 은행업 인가를 받은 일반은행이나 보험업법에 따른 보험업 인가를 받은 보험회사와는 달리 「우체국예금·보험에 관한 법률」 등 소관 특별법에 의해 운영되는 국영금융기관으로 대출, 신탁, 신용카드 등 일부 금융 업무에 제한을 받고 있다.

[국내 예금취급기관의 예금자보호 비교]

구분	주요내용
우체국예금	우체국예금·보험에 관한 법률에 의해 국가가 전액 지급 보장
은행, 저축은행	예금자보호법에 따라 1인당 최고 5천만 원(세전)까지 지급 보장
상호금융 (농·축협, 신협, 새마을금고 등)	소관 법률 내 예금자보호준비금을 통하여 5천만 원까지 지급 보장 • 2금융권은 각각 영업점이 독립 법인체로 운영되므로 거래하는 각 사업체별로 예금자보호 적용 • 각 지역 본점은 각각 5천만 원까지 보호되며, 해당 지역 본점과 지점의 예금은 합산하여 5천만 원까지 보호

2 우체국예금 · 보험

(1) 우체국예금

① 「우체국예금·보험에 관한 법률」에 따라 우체국에서 취급하는 예금을 말하며 우체국을 통하여 누구나 편리하고 간편하게 저축수단을 이용하게 함으로써 국민의 저축의욕을 북돋우고 일상생활 안정을 도모한다.

② 우체국예금 상품은 크게 요구불예금과 저축성예금으로 구분할 수 있으며, 예금상품의 구체적인 종류 및 가입대상, 금리 등은 과학기술정보통신부장관이 정하여 고시하도록 하고 있다.

③ 예금 자체에 있어서는 타 금융기관 예금과 다를 바 없으나 일반법인 민법·상법에 의해 취급되는 타 금융기관 예금과는 달리 우체국예금은 소관법에 의하여 취급되어 특별법 우선 원칙에 따라 소멸시효 및 무능력자의 행위 등에 관하여 일반법과는 달리 특별 규정을 가진다.

④ 금융기관의 건전성 관리를 기준으로 볼 때 우체국예금과 일반은행과의 주요 차이는 다음과 같다.

    ㉠ 주식 발행이 없으므로 자기자본에 자본금 및 주식발행 초과금이 없다.

    ㉡ 타인자본에는 예금을 통한 예수부채만 있고, 은행채의 발행 등을 통한 차입 혹은 금융기관 등으로부터의 차입을 통한 차입부채는 없다.

    ㉢ 우편대체 계좌대월 등 일부 특수한 경우를 제외하고는 여신이 없다. 단, 환매조건부 채권매도 등을 통한 차입부채는 있을 수 있다.

(2) 우체국보험

① 「우체국예금·보험에 관한 법률」에 따라 우체국에서 피보험자의 생명·신체의 상해(傷害)를 보험사고로 하여 취급하는 보험을 말하며 보험의 보편화를 통하여 재해의 위험에 공동으로 대처하게 함으로써 국민의 경제생활 안정과 공공복리의 증진에 이바지함을 목적으로 한다.

② 우체국보험은 동법에 따라 계약 보험금 한도액이 보험종류별로 피보험자 1인당 4천만원으로 제한되어 있다.

③ 우체국보험의 종류는 보장성보험, 저축성보험, 연금보험이 있으며 각 보험의 종류에 따른 상품별 명칭, 특약, 보험기간, 보험료납입기간, 가입연령, 보장내용 등은 우정사업본부장이 정하여 고시한다.

3 기타 금융업무

(1) 우체국예금·보험 이외에 우체국에서 취급하는 금융 관련 업무로는 우편환, 우편대체, 체크카드, 집합투자증권(펀드) 판매, 외국환, 전자금융 업무가 있다.

(2) 전국 우체국 금융창구를 업무제휴를 통해 민영금융기관에 개방하여 신용카드 발급, 증권계좌 개설, 결제대금 수납, 은행 입·출금서비스 제공 등 민영금융기관의 창구망 역할을 대행하고 있다.

(3) 비대면 금융서비스의 확대에 따라 일반 금융기관들이 영업점을 줄이고 있는 추세를 감안할 때 우체국 금융 창구망을 통한 보편적 금융서비스 제공은 농·어촌지역에도 도시지역과 동일한 수준의 금융서비스를 제공하여 도시·농어촌간의 금융서비스 격차를 해소하는 데 크게 기여하고 있다.

03 역 할

1 보편적 금융서비스의 제공

(1) 운영비 절감 등 수익성 악화를 이유로 지점을 통·폐합하며 지속적으로 오프라인 영업망을 줄여 가고 있는 민간 금융기관의 점포 전략 추세 속에서 민간 금융기관들은 현재 운영되고 있는 지점마저도 대부분이 수도권 및 도시 지역에 분포하는 등 민간 금융기관에서 기피하는 농어촌 및 도서산간 지역과 같은 상대적 소외 지역의 국민들은 금융 접근성 부재에 직면해 있다.

(2) 우체국금융은 수익성과 관계없이 전국적으로 고르게 분포되어 있는 우체국 국사를 금융창구로 운영하며 기본적인 금융서비스를 제공할 뿐만 아니라 민간 금융기관과의 다양한 제휴를 통해 시중은행 수준의 금융상품 및 서비스를 제공함으로써 국민들에게 지역 차별 없는 금융 접근성을 제공하고 있다.

2 우편사업의 안정적 운영 지원

(1) 우체국의 우편 서비스는 국가가 국민에게 제공하는 대표적인 공공서비스 중 하나로 전국 어디에서나 저렴한 요금으로 서비스를 제공하며 국민과 함께 해왔다. 하지만 ICT 기술 발달에 따른 우편 물량 감소 등의 어려운 사업 환경 변화에 직면해 있다.

(2) 이에 우체국은 금융 사업을 함께 영위하며 금융 사업에서 발생한 수익의 일부를 지원하는 등 우편서비스의 지속적인 운영에 이바지 하고 있다.

(3) 우체국의 기존 시설 및 인력을 활용하여 금융서비스를 제공함으로써 우정사업 전체의 인건비 절약 및 우체국 시설 활용도 제고 등의 시너지 확대 효과를 볼 수 있다.

(4) 「우정사업운영에 관한 특례법」상 각 사업의 적자 발생 등 필요한 경우 우편사업특별회계, 우체국예금특별회계 또는 우체국보험특별회계의 세출예산 각각의 총액 범위에서 각 과목 상호간에 이용하거나 전용 할 수 있어 우체국 금융 사업에서 발생하는 이익금을 통해 대국민 우편서비스가 안정적으로 제공될 수 있도록 재정적으로 지원하고 있다.

3 국가 재정 및 산업 육성에 기여

(1) 우체국금융에서 발생하는 이익잉여금을 통해 일반회계 전출(국가 재정으로의 이익금 귀속)과 공적자금상환기금 등을 지원하고 있다. 우체국은 「국가재정법」 및 「정부기업예산법」에 의거 IMF 외환 위기인 1998년부터 현재까지 사업 상 이익 발생 시 이익금 중 일부를 국가 재정으로 귀속하고 있다.

(2) 우체국이 공적자금을 지원받지 않음에도 불구하고 금융시장 안정과 타 금융기관 정상화 등 금융구조조정 지원을 위해 2004년부터 현재까지 매년 공적자금상환기금을 출연하여 지원하는 등 국가 재정 및 경제회복 지원을 위한 국영금융기관으로서의 역할을 충실히 수행 중에 있다.

(3) 「공공자금관리기금법」에 의해 우체국 금융자금 중 일부를 공공자금관리기금에 예탁함으로써 국가의 재정 부담을 완화하고, 중소·벤처기업 지원 등 공적 목적의 투자를 수행함으로써 금융위기 등 급격한 경기 침체 시에 기업의 연쇄도산을 막는 역할에 기여하고 있다.

4 서민경제 활성화 지원

(1) 우체국금융은 금융상품과 서비스 제공에 있어서 공공적 역할을 수행한다. 서민경제 지원을 위하여 기초생활보호대상자, 장애인, 소년소녀가장, 다문화 가정 등 사회적 취약계층과 서민·소상공인을 대상으로 한 다양한 금융상품과 금융서비스를 출시하여 자산형성을 지원하며, 보험료 부담을 경감하고 금융 수수료 면제 혜택, 우체국 네트워크를 활용한 긴급재난지원금 등 각종 정부 지원금 사업 신청 대행접수, 사회공헌 활동을 통해 국영 금융기관의 공익적 역할을 수행한다.

(2) 공익사업의 전문성과 효율성, 지속 가능성 증대를 위해 1995년부터 각 사업단에서 추진 중이던 공익사업을 이어받아 2013년 우체국공익재단을 설립하였다.

(3) 우체국공익재단에서는 전국의 우체국 네트워크를 활용한 민관협력 활동과 아동청소년의 건강한 성장 지원을 위한 미래세대 육성, 의료 사각지대에 놓인 소외된 이웃을 위한 의료복지 인프라 기반 조성, 자연 생태계 조성과 같은 지속가능 친환경 활동을 수행 중에 있다.

04 소관 법률

[우체국금융 관련 소관 법령]

법률	대통령령	부령
우정사업운영에 관한 특례법	우정사업운영에 관한 특례법 시행령	–
우체국예금·보험에 관한 법률	우체국예금·보험에 관한 법률 시행령	• 우체국예금·보험에 관한 법률 시행규칙 • 체신관서의 국채·공채 매도 등에 관한 규칙
우체국보험특별회계법	우체국보험특별회계법 시행령	우체국보험특별회계법 시행규칙
우체국창구업무의 위탁에 관한 법률	우체국창구업무의 위탁에 관한 법률 시행령	우체국창구업무의 위탁에 관한 법률 시행규칙
우편환법	우체국어음교환소 참가규정	• 우편환법 시행규칙 • 국제환 규칙
우편대체법	–	우편대체법 시행규칙
–	체신관서 현금수불 규정	체신관서의 국채·공채매도 등에 관한 규칙

07 우체국금융 상품

01 예금상품

1 요구불예금(입출금이 자유로운 예금)

보통예금
언제든지 예입할 수 있고 또한 자유로이 환급할 수 있는 요구불예금이다.

(1) 보통예금

예입과 지급에 있어서 특별한 조건을 붙이지 않고 입출금이 자유로운 예금

(2) 저축예금

개인고객을 대상으로 하여 입출금이 자유로운 예금

(3) 듬뿍우대저축예금(MMDA; Money Market Deposit Account)

개인을 대상으로 예치 금액별로 차등 고금리를 적용하는 개인 MMDA 상품으로 입출금이 자유로운 예금

(4) e-Postbank예금

인터넷뱅킹, 스마트뱅킹 또는 우체국 창구를 통해 가입하고 별도의 통장 발행 없이 전자금융 채널(인터넷뱅킹, 폰뱅킹, 스마트뱅킹, 자동화기기)을 통해 거래하는 입출금이 자유로운 예금

(5) 기업든든MMDA통장

법인, 고유번호증을 부여받은 단체, 사업자등록증을 가진 개인사업자 등을 대상으로 예치 금액별로 차등 금리를 적용하는 기업 MMDA 상품으로 입출금이 자유로운 예금

(6) 우체국 행복지킴이통장

① 저소득층 생활안정 및 경제활동 지원 도모를 목적으로 기초생활보장, 기초(노령)연금, 장애인연금, 장애(아동)수당 등의 기초생활 수급권 보호를 위한 「압류방지 전용 통장」으로 관련 법령에 따라 압류방지 수급금에 한해 입금이 가능한 예금

② 가입대상 : 기초생활, 기초(노령)연금·장애인연금·장애수당·장애아동수당·요양비등 보험급여·특별현금급여비·건설근로자 퇴직공제금·아동수당·소기업/소상공인 공제금·자립수당·재난적의료비 지원금액 수급자, 한부모가족지원 보호·긴급지원·어선원보험의 모험급여 지급 대상자

(7) 우체국 국민연금안심통장

국민연금 수급권자의 연금수급 권리를 보호하기 위한 「압류방지 전용 통장」으로 관련 법령에 따라 국민연금공단에서 입금하는 국민연금 급여에 한하여 입금이 가능한 예금

(8) 우체국 선거비관리통장

선거관리위원회에서 관리·운영하는 공직선거 입후보자의 선기비용과 선거관리위원회의 선거경비 관리를 위한 입출금 통장으로 선거기간을 전후로 일정기간 동안 거래 수수료 면제 서비스를 제공하는 입출금이 자유로운 예금

(9) 우체국 하도급지킴이통장

① 조달청에서 운영하는 '정부계약 하도급관리시스템'을 통해 발주한 공사대금 및 입금이 하도급자와 근로자에게 기간 내 집행될 수 있도록 관리, 감독하기 위한 전용통장

② 예금 출금은 '정부계약 하도급관리시스템'의 이체요청을 통해서만 가능하며 우체국창구, 전자금융, 자동화기기 등을 통한 출금은 불가

(10) 우체국 다드림통장

예금, 보험, 우편 등 우체국 이용고객 모두에게 혜택을 제공하는 상품으로 실적 별 포인트 제공과 패키지별 우대금리 및 수수료 면제 등 다양한 우대서비스를 제공하는 우체국 대표 입출금이 자유로운 예금

패키지	주니어	직장인	사업자	실버	베이직
가입 대상자	만 19세 미만 실명의 개인	실명의 개인	개인사업자, 법인, 단체 (금융기관 제외)	만 50세 이상 실명의 개인	개인, 개인사업자, 법인, 단체 (금융기관 제외)

(11) 우체국 공무원연금평생안심통장

공무원연금, 별정우체국연금 수급권자의 연금수급 권리를 보호하기 위한 「압류방지 전용 통장」으로 관련 법령에 따라 공무원연금공단, 별정우체국연금관리단에서 입금하는 수급금에 한하여 입금이 가능한 예금

(12) 우체국 호국보훈지킴이통장

독립·국가유공자의 보훈급여금 등 수급 권리를 보호하기 위한 「압류방지 전용 통장」으로 관련 법령에 따라 가입자에게 지급되는 보훈급여금, 참전명예수당, 고엽제수당 등 정기급여에 한하여 입금이 가능한 예금

(13) 우체국 생활든든통장

금융소외계층 중 하나인 만 50세 이상 시니어 고객의 기초연금, 급여, 용돈 수령 및 체크카드 이용시 금융 수수료 면제, 우체국 보험료 자동이체 또는 공과금 자동이체 시 캐시백, 창구소포 할인쿠폰 등 다양한 서비스를 제공하는 시니어 특화 입출금이 자유로운 예금

(14) 우체국 페이든든⁺ 통장

우체국예금 모바일 어플리케이션인 Postpay를 통한 간편결제·간편송금 이용 실적에 따라 우대혜택 및 소상공인·소기업에게 우대금리를 제공하는 입출금이 자유로운 예금

(15) 우체국 정부보관금통장

출납공무원이 배치된 국가기관을 대상으로 정부보관금의 효율적인 자금관리를 위한 입출금이 자유로운 예금

(16) 우체국 청년미래든든통장

대학생·취업준비생·사회초년생의 안정적인 사회 진출 지원을 위해 금리우대, 수수료 면제, 창구소포 할인쿠폰 등 다양한 혜택을 제공하는 입출금이 자유로운 예금

(17) 우체국 희망지킴이통장

산업재해 보험급여 수급권자의 보험급여에 한해 입금이 가능하며, 관련 법령에 따라 압류대상에서 제외하는 「압류방지 전용 통장」

(18) 우체국 건설하나로 통장

건설업에 종사하는 '우체국 하나로 전자카드' 이용고객을 우대하는 전용통장으로 우대금리 혜택과 금융수수료 면제서비스를 제공하는 입출금이 자유로운 예금

(19) 우체국취업이룸통장

구직촉진수당 등에 한해 입금이 가능하며, 「구직자 취업촉진 및 생활안정지원에 관한 법률」 제22조, 제23조에 따라 압류대상에서 제외하는 압류방지 전용통장

2 거치식 예금(목돈 굴리기 예금)

(1) 정기예금

일정의 약정기간을 정하여 그 기간 내에는 지급청구를 하지 않고 기간 만료 시에 지급하는 조건으로 일정금액을 일시에 예입하는 거치식 예금의 기본 상품

(2) 챔피언정기예금

가입기간(연, 월, 일 단위 가입) 및 이자지급방식(만기일시지급식, 월이자지급식)을 자유롭게 선택할 수 있는 고객맞춤형 정기예금

(3) 이웃사랑정기예금

국민기초생활수급자, 장애인, 한부모가족, 소년소녀가정, 조손가정, 다문화가정 등 사회 소외계층과 장기기증희망등록자, 골수기증희망등록자, 헌혈자, 입양자 등 사랑나눔 실천자 및 농어촌 지역(읍·면 단위 지역 거주자) 주민의 경제생활 지원을 하기 위한 공익형 정기예금

(4) 우체국 퇴직연금 정기예금

① 「근로자퇴직급여보장법」에서 정한 자산관리업무를 수행하는 퇴직연금사업자를 위한 전용 정기예금
② 이 예금은 우정사업본부와 퇴직연금사업자의 사전 협약에 의해 가입이 가능하며, 우정사업본부가 정한 우체국에 한해 취급이 가능한 상품

(5) e-Postbank정기예금

인터넷뱅킹, 스마트뱅킹으로으로 가입이 가능한 온라인 전용상품으로 온라인 예·적금 가입, 자동이체 약정, 체크카드 이용실적에 따라 우대금리를 제공하는 정기예금

(6) 2040$^{+\alpha}$ 정기예금

20~40대 직장인과 카드 가맹점, 법인 등의 안정적 자금운용을 위해 급여이체 실적, 신용카드 가맹점 결제계좌 약정 고객, 우체국예금, 보험, 우편 우수고객 등 일정 조건에 해당하는 경우 우대금리를 제공하는 정기예금

(7) 우체국 ISA(개인종합자산관리계좌)정기예금

「조세특례제한법」에서 정한 개인종합자산관리계좌(ISA; Individual Savings Account) 판매자격을 갖춘 신탁업자 및 금융투자업자 등 ISA 취급 금융기관을 대상으로 ISA 편입 자산을 운용을 위한 전용 정기예금

(8) 우체국 소상공인정기예금

소상공인·소기업 대표자를 대상으로 노란우산공제에 가입하거나 우체국 수시입출식예금 평균 잔고 실적에 따라 우대금리를 제공하는 서민자산 형성 지원을 위한 공익형 정기예금

(9) 우체국 파트너든든 정기예금

회전주기(1개월, 3개월, 6개월) 적용을 통해 고객의 탄력적인 목돈운용이 가능하며 우편 계약 고객(우체국소포, EMS, 우체국쇼핑 공급업체) 및 예금 거래 고객을 우대하는 정기예금

(10) 우체국 편리한 e정기예금

보너스입금, 비상금 출금, 자동 재예치, 만기 자동해지 서비스로 편리한 목돈 활용이 가능한 디지털 정기예금

(11) 시니어 싱글벙글 정기예금

여유자금 추가입금과 긴급자금 분할해지가 가능한 정기예금으로 만 50세 이상 중년층 고객을 위한 우대이율 및 세무, 보험 등 부가서비스를 제공

(12)　초록별 사랑 정기예금

종이통장 미발행, 친환경 활동 및 기부참여 시 우대혜택을 제공하는 ESG 연계 정기예금

3 적립식 예금(목돈마련 예금)

(1) 정기적금

일정기간 후에 약정금액을 지급할 것을 조건으로 하여 예금자가 일정금액을 일정일에 예입하는 적립식 예금

(2) 2040$^{+\alpha}$ 자유적금

20~40대 직장인과 카드 가맹점 등의 자유로운 목돈 마련을 위해 급여이체 및 신용카드 가맹점 결제계좌 이용고객, 인터넷뱅킹, 가입 고객 등의 조건에 해당하는 경우 우대금리를 제공하는 적립식 예금

(3) 우체국 새출발자유적금

사회 소외계층 및 농어촌 고객의 생활 안정과 사랑 나눔실천(헌혈자, 장기기증자 등) 국민 행복 실현을 위해 우대금리 등의 금융혜택을 적극 지원하는 공익형 적립식 예금

패키지 구분	새출발 희망	새출발 행복
가입 대상자	기초생활수급자, 근로장려금수급자, 장애인 연금·장애수당·장애아동수당수급자, 한부모가족지원보호대상자, 소년소녀가장, 북한이탈주민, 결혼이민자	헌혈자, 입양자, 장기·골수기증자, 다자녀가정, 부모봉양자, 농어촌 읍면단위 거주자, 개인신용평점 상위 92% 초과 개인, 협동조합종사자, 소상공인

(4) 우체국 다드림 적금

주거래 고객 확보 목적 및 혜택 제공을 목적으로 각종 이체 실적 보유 고객, 우체국예금 우수고객, 장기거래 등 주거래 이용 실적이 많을수록 우대 혜택이 커지는 자유적립식 예금

(5) 우체국 아이LOVE 적금

① 만 19세 미만의 어린이·청소년의 목돈 마련을 위해 사회소외계층, 단체가입, 가족 거래 실적 등에 따라 우대금리를 제공하는 적립식 예금
② 가입 고객을 대상으로 우체국 주니어보험 무료가입, 캐릭터통장 및 통장 명 자유선정, 자동 재예치 서비스 등의 부가서비스 제공
③ 우체국 수시입출식 예금의 자투리 금액(1만 원 미만 잔액)을 매월 이 적금으로 자동 저축하는 서비스인 자투리 저축 서비스 제공

(6) 우체국 마미든든 적금

① 일하는 여성 및 다자녀 가정 등 워킹맘을 우대하고, 다문화·한부모 가정 등 목돈마련 지원과 금융거래 실적 해당 시 우대혜택이 커지는 적립식 예금
② 우체국 수시입출식 예금에서 이 적금으로 월 30만 원 이상 자동이체약정 시 부가서비스로 우체국 쇼핑 할인쿠폰을 제공

(7) 우체국 가치모아적금

① 여행자금, 모임회비 등 목돈 마련을 위해 여럿이 함께 저축할수록 우대혜택이 커지고 다양한 우대 서비스를 제공하는 적립식 예금
② 예금주에게 매월 자동이체 저축현황을 알려주는 자동이체 알림 서비스, 모임추천번호에 등록한 인원 현황을 알려주는 모임적금 알림 서비스, 고객이 통장명칭을 자유로이 선정할 수 있는 통장별칭 서비스 등 다양한 우대서비스 제공

(8) 우체국 장병내일준비적금

① 국군병사의 군복무 중 목돈 마련을 지원하고, 금융실적에 따라 우대금리, 부가서비스를 제공하는 적립식 예금
② 가입대상은 현역병, 상근예비역, 사회복무요원, 전환복무자(의무경찰, 해양의무경찰, 의무소방대원), 대체복무요원 등 병역의무 수행자로 만기일은 전역(또는 소집해제) 예정일로 한정
③ 이 예금의 저축한도는 매월 20만 원 범위 내에서 적립 가능하며, 「장병내일준비적금」 상품을 판매하는 모든 취급기관*을 합산하여 고객의 최대 저축 한도는 월 40만 원까지 가능
   * 취급기관 : 14개(우체국, 국민, 기업, 신한, 우리, 하나, 농협, 수협, 대구, 부산, 광주, 전북, 경남, 제주은행)

(9) 우체국 매일모아 e적금

매일 저축(자동이체) 및 매주 알림저축 서비스를 통해 소액으로 쉽고 편리하게 목돈 모으기가 가능한 디지털전용 적립식 예금

4 기 타

(1) 국고예금

정부의 관서운영경비를 지급하는 관서운영경비 출납공무원이 교부받은 자금을 예치·사용하기 위해 개설하는 일종의 보통예금

5 공익형 예금상품

공익형 상품이란 우체국예금 상품 중 국영금융기관으로서의 공적인 역할 제고를 위한 예금으로서 정부정책 지원 및 금융소외계층, 사회적 약자를 지원하기 위한 예금이다. 우체국은 총 10종의 예금상품을 통해 금융소외계층의 기초생활 보장을 위한 수급금 압류방지 통장과 서민·소상공인 등 금융소외계층의 자산형성을 지원하기 위한 특별 우대이율을 제공 중에 있다.

[공익형 예금상품의 종류]

구분	요구불예금	적립식 예금	거치식 예금
12종	• 행복지킴이통장 • 국민연금안심통장 • 공무원연금평생안심통장 • 호국보훈지킴이통장 • 청년미래든든통장 • 희망지킴이통장 • 건설하나로통장 • 우체국취업이룸통장	• 새출발자유적금 • 장병내일준비적금	• 이웃사랑정기예금 • 소상공인정기예금

02 카드상품(체크카드)

1 사용 한도 및 발급 대상

(1) 우체국체크카드의 사용한도는 개인, 법인 등 고객에 따라 일별 월별 한도의 차이가 있다. 발급대상은 개인카드의 경우 우체국 수시입출식 통장을 보유한 만 12세 이상의 개인이다.

(2) 단, 신용카드 기능이 부여되어 있는 하이브리드 체크카드 등 일부 카드 고유의 특성에 따라 발급 연령 및 대상이 상이하다.

(3) 법인카드의 경우 일반법인, 개인사업자, 고유번호 또는 납세번호가 있는 단체 등 법인이 발급 대상이다.

[우체국 체크카드 사용한도]

구분		기본 한도		최대 한도	
		일한도	월한도	일한도	월한도
개인	만 12세 이상	3만 원	30만 원	3만 원	30만 원
	만 14세 이상	6백만 원	2천만 원	5천만 원	5천만 원
법인		6백만 원	2천만 원	1억 원	3억 원

※ 미성년자(만12세~만13세)는 만14세 이상이 되는 시점에 자동으로 한도상향이 되지 않으며 우체국창구, 우체국예금보험 홈페이지, 모바일뱅킹(PostPay)을 통하여 한도 상향 신청 필요

[우체국 체크카드 발급대상 비교]

구분		발급 대상
개인카드	일반	만 12세 이상 ※ 단, 학생증 체크카드는 만14세 이상 우체국 요구불예금 가입자로서 우체국체크카드를 학생증으로 사용하기로 한 대학교(원)생에 한하며, 학생신분 확인을 위해 학교 측에서 학적사항을 우체국에 제출한 경우에만 발급 가능
	하이브리드	만 18세 이상 ※ 단, 만 18세 미성년자의 경우 후불교통기능만 가능(소액신용 불가)
	후불하이패스	하이브리드(Hybrid)카드 소지자
	가족카드	본인회원의 배우자, 자녀, 자녀의 배우자, 부모, 조부모, 형제자매, 손자, 본인회원, 배우자의 부모, 배우자의 형제자매 등 가족회원 대상
	복지카드	우정사업본부 직원으로서 복지 포인트 부여 대상자
법인카드		법인, 개인사업자, 고유번호 또는 납세번호가 있는 단체

1) '본인회원'이란 우체국 요구불성예금 계좌를 소자한 자로 우체국이 정한 입회절차에 따라 체크카드를 신청하여 카드를 발급받은 자
2) '가족회원'이란 본인회원의 가족으로서 대금의 지급 등 카드 이용에 관한 모든 책임을 본인 회원이 부담하는 것을 조건으로 우체국에서 체크카드를 발급받은 자
3) 학생증(또는 복지) 체크카드는 기존 우체국 체크카드에 학생증(또는 복지카드) 기능을 추가한 카드

2 체크카드 상품 및 특징

[우체국 체크카드 상품 및 특징]

구분	카드명	주요 특징
개인	go캐시백글로벌[1]	공항라운지 서비스, 해외 전 가맹점 7% 등 해외이용을 위한 특화카드
	영리한PLUS	환경부 인증 폐플라스틱을 재활용한 친환경카드, 온라인 최대 20% 할인 등 다양한 혜택 제공
	행복한[1]	병·의원, 약국, 학원, 마트, 문화 10% 캐시백, 우편서비스 12% 할인 등 의료 및 의료혜택 중심의 카드
	다드림[1]	전 가맹점 이용액 0.3%, 우체국 알뜰폰 통신료 10%, 우체국서비스 5%가 우체국 포인트로 적립되는 체크카드
	나눔	전 가맹점 0.4%, 구세군자선냄비 기부금(카드결제)의 30% 캐시백 혜택을 제공하는 나눔카드
	우리동네PLUS	전국 가맹점 뿐만 아니라 지역별 가맹점을 포함한 지역 별 추가 캐시백 혜택을 제공하는 특화 카드
	국민행복	정부의 임신출산 진료비 지원 바우처인 구 고운맘카드와 아이행복카드의 기능 및 서비스를 기본으로 선호 생활 서비스 중심으로 A, B, C 세 타입의 선택적인 혜택 제공이 가능한 카드
	하이브리드여행	• 신용과 체크결제를 동시에 이용 가능한 하이브리드 카드 • 주요 여행 관련 업종 및 우편서비스 10% 할인, 기타업종 포인트 적립, 그린서비스 등 여행업종 특화혜택
	후불하이패스	• 현금결제와 충전이 필요 없는 후불 하이패스 카드 • 평일 출퇴근 시간대 통행료 20~50% 자동 할인
	어디서나[1]	쇼핑부터 음식점, 통신료, 주유 등 다양한 혜택을 하나의 카드로 받을 수 있는 체크카드
	포미	편의점, 간편결제, 쇼핑, 배달앱 등에서 캐시백 할인이 되는 싱글족 맞춤혜택 특화 카드
	e-나라도움 (개인형)	국고보조금을 교부받는 개인에게 발급하는 전용카드
	드림플러스 아시아나[1]	항공 마일리지 적립과 가맹점 5% 캐시백 적립을 동시에 할 수 있는 마일리지 적립용 체크카드
	라이프+플러스	쇼핑, 레저, 반려동물 업종 등 캐시백 또는 유니마일 적립 선택 가능 카드
	하나로 전자카드	건설업에 종사하는 건설근로자 특화카드
	지역화폐카드[2]	지역상권 활성화를 위해 지역화폐를 우체국 체크카드로 사용할 수 있도록 한 카드
법인	성공파트너	사업자, 법인고객들이 선호하는 사업장 할인 혜택이 강화된 법인 전용 체크카드
	e-나라도움 (법인형)	국고보조금을 교부받는 사업자 및 보조사업자에게 발급하는 전용카드
	정부구매	정부기관 및 공공기관 전용 정부구매 체크카드
	Biz플러스	마트, 주유소, 신차구매 등 개인사업자 및 소상공인을 위한 맞춤형 혜택을 제공하는 카드

1) 하이브리드 겸용 발급 가능
2) 지역화폐카드는 각 지자체와 제휴를 통하여 발행 중(제천, 금산, 괴산, 순천 등 2021년 12월 기준 총 29종)

3 상품별 기능

(1) 우체국 체크카드는 일반적인 직불 전자지급 수단에 의한 지불결제 및 현금카드 기능 외 상품별 특성에 따라 다양한 기능 추가 및 발급 형태의 선택이 가능하다.

(2) VISA, MASTER, UnionPay 등 카드와의 업무협약을 통해 일부 체크카드 상품의 해외 결제 및 단말기에 카드를 터치하여 결제하는 컨택리스 간편결제가 가능하고, BC카드사의 소액신용 기능을 결합하여 체크카드를 이용하면서 잔액이 부족 할 때 30만 원 까지 신용결제가 가능한 하이브리드 카드도 있다.

(3) 카드번호, 유효기간 등을 점자로 표기한 점자카드(2013년 9월 시행) 형태로 발급도 가능하다.

4 효력의 발생과 상실

(1) 우체국 체크카드는 회원이 가입신청서를 작성하여 카드 발급을 요청하면 우체국에서 이를 심사하여 금융단말기에 등록하고, 카드를 교부함으로써 효력이 발생한다.

(2) 위탁업체를 통하여 후 발급 받은 경우에는 카드 수령 후 회원 본인이 ARS, 우체국 스마트뱅킹(인터넷뱅킹, 스마트폰뱅킹) 또는 우체국을 방문하여 사용 등록하여야 효력이 발생한다.

(3) 우체국 체크카드는 카드 유효기간이 만료 되거나, 회원 본인의 사망 또는 피성년후견인/피한정후견인으로 우체국에 신고 등록한 경우 효력이 상실되며, 법인 회원의 경우 폐업, 청산에 따라 우체국에 신고 등록한 경우에도 효력이 상실된다.

5 카드 해지와 이용정지

(1) 우체국 체크카드의 해지는 카드 유효기간 내 회원의 요청에 의해 해지되는 일반해지, 체크카드 결제계좌해지에 다른 당연해지, 기존 우체국 체크카드를 동종의 복지카드로 전환 발급하거나, 본인 회원 카드해지 시 가족카드가 해지되는 자동해지가 있다. 체크카드 해지 시에는 현금카드 기능도 함께 해지된다.

(2) 일정한 사유에 의해서 체크카드의 이용정지 및 일시 제한이 가능한데 그 사유는 다음과 같다.

① 미성년자의 경우 법정대리인이 거래 중단을 요청하는 경우

② 예금에서 결제계좌의 지급정지 사유에 해당하는 경우

③ 카드의 부정사용·비정상적인 거래로 판단되거나, 해킹으로 인하여 회원에게 피해가 갈 것이 우려되는 경우

03 펀드상품

1 펀드상품의 종류 및 특징

(1) 2021년 12월 기준 우체국에서 판매하는 펀드상품은 대부분 안정형 위주로 구성되어 있다.

(2) 공모펀드 중 원금손실 위험도가 낮은 MMF 14종, 채권형펀드 13종, 주식 비중이 30% 이하인 채권혼합형펀드 13종 등 총 40개의 펀드상품을 우체국 창구 및 온라인을 통해 판매하고 있다.

(3) 펀드는 원금과 이자, 보험금 등 전액을 보장하는 우체국예금·보험 상품과는 달리 운용실적에 따라 손익이 결정되는 실적배당 상품이기 때문에 원금 손실이 발생할 수도 있다.

[우체국 펀드상품]

구분	펀드 상품명
단기금융펀드 (MMF)	• IBK그랑프리국공채MMF개인투자신탁제1호(국공채) • NH-Amundi개인MMF1호(국공채) • KB스타개인용-MMFP-101호(국공채) • 신한BEST국공채개인MMFⅡ5(국공채) • 미래에셋개인전용-MMF1호(국공채) • 한화개인MMF2호(국공채) • 키움프런티어개인용-MMF제1호(국공채) • KB법인용-MMFI-2호(국공채) • 멀티에셋국공채법인MMF투자신탁제1호(국공채) • NH-Amundi법인MMF8호 • 삼성MMF법인제1호 • 신한법인용-MMFGS-1호
증권펀드 (채권형)	• 키움단기국공채증권자투자신탁제1호(채권) • 한화단기국공채증권자투자신탁(채권) • 유진챔피언단기채증권자투자신탁(채권) • 우리단기채권증권투자신탁(채권) • NH-Amundi하나로단기채증권투자신탁(채권) • 한국투자크레딧포커스ESG증권자투자신탁1호(채권) • 흥국멀티플레이증권자투자신탁4호(채권) • 우리하이플러스단기우량ESG채권증권자투자신탁1호(채권) • 한화코리아밸류채권증권자투자신탁(채권) • 유진챔피언중단기채증권자투자신탁(채권) • IBK단기채증권자투자신탁(채권) • 키움더드림단기채증권투자신탁(채권) • 한국투자e단기채ESG증권투자신탁(채권) • 신한지속가능경영ESG단기채권증권자투자신탁제1호[채권]

구분	펀드 상품명
증권펀드 (혼합채권형)	• 키움단기국공채증권자투자신탁제1호(채권) • 한화단기국공채증권자투자신탁(채권) • 유진챔피언단기채증권자투자신탁(채권) • 우리단기채권증권투자신탁(채권) • NH-Amundi하나로단기채증권투자신탁(채권) • 한국투자크레딧포커스ESG증권자투자신탁1호(채권) • 흥국멀티플레이증권자투자신탁4호(채권) • 우리하이플러스단기우량ESG채권증권자투자신탁1호(채권) • 한화코리아밸류채권증권자투자신탁(채권) • 유진챔피언중단기채증권자투자신탁(채권) • IBK단기채증권자투자신탁(채권) • 키움더드림단기채증권자투자신탁(채권) • 한국투자e단기채ESG증권투자신탁(채권) • 신한지속가능경영ESG단기채권증권자투자신탁제1호[채권]
증권펀드 (혼합채권형)	• 흥국멀티플레이30공모주증권자투자신탁(채권혼합) • NH-Amundi4차산업혁명30증권투자신탁(채권혼합) • 우리중소형고배당30증권투자신탁1호(채권혼합) • 브이아이공모주&배당주10증권투자신탁(채권혼합) • KB밸류포커스30증권자투자신탁(채권혼합) • 한국밸류10년투자배당증권투자신탁(채권혼합) • 흥국공모주로우볼채움플러스증권투자신탁1호(채권혼합) • NH-Amundi모아모아15증권투자신탁(채권혼합) • 신한삼성전자알파증권투자신탁제1호(채권혼합) • NH-Amundi모아모아30증권투자신탁(채권혼합) • NH-Amundi100년기업그린코리아30증권투자신탁(채권혼합) • 브이아이실적포커스30증권투자신탁1호(채권혼합) • 유진챔피언공모주&배당주30증권투자신탁(채권혼합) • DB크레딧알파증권투자신탁제1호[채권혼합] • IBKKOSPI200인덱스30증권자투자신탁[채권혼합] • 미래에셋스마트롱숏30증권자투자신탁1호(채권혼합) • 미래에셋단기채알파증권자투자신탁(채권혼합) • 키움차세대모빌리티30증권자투자신탁제1호[채권혼합]

우체국금융 서비스

출제경향분석
• 우체국 금융서비스의 특징
• 소기업·소상공인 공제(노란우산공제) 판매 대행
• 우체국 CMS 업무

---

01 전자금융

1 인터넷뱅킹

(1) 개 념

고객이 우체국 창구에 직접 방문하지 않고 인터넷이 연결된 PC를 이용하여 우체국 금융의 다양한 서비스를 받을 수 있는 서비스

(2) 우체국 인터넷뱅킹 서비스

구분	주요 서비스
예금	• 예금상품, 조회, 이체(휴대폰송금 포함), 경조금배달, 비대면계좌개설 • 외환(환율조회·인터넷환전·해외송금), 공과금, 뱅킹정보관리 • 부가서비스(예금담보대월, 우편환/대체, 계좌이체지불, 에스크로, 전자문서지갑 등)
오픈뱅킹	• 오픈뱅킹 등록계좌(카드) 잔액 및 거래내역조회, 등록 핀테크 선불계정 조회 및 관리 • 오픈뱅킹 등록계좌 이체/가져오기/잔액모으기/자동충전 예약 및 관리
보험	보험상품, 약관, 조회, 납입, 대출, 지급, 자동이체, 계약변경 등
카드	체크카드상품 소개, 발급, 이용안내, 정보조회, 포인트, 가맹점조회, 제휴카드 안내
펀드	자산현황 등 조회, 매수, 환매, 취소, 사고등록, 자동이체, 펀드소액투자서비스, 각종 펀드 관련 자료실
기타	공동인증서 발급, 사고신고, 각종 제휴 서비스(크라우드펀딩 포함)

2 폰뱅킹

(1) 개 념

가정이나 사무실 등에서 다양한 금융거래를 전화기를 이용하여 간편하게 처리할 수 있는 서비스

(2) 우체국 금융서비스

예 금	예금 조회 및 이체, 경조금 및 온라인 환송금, 팩스, 이메일 서비스 등
보 험	보험료 조회 및 납입, 해약환급금 조회, 자동이체, ARS청약인증 등
편한 말 서비스	잔액조회, 거래내역조회, 자·타행 이체
빠른 서비스	잔액조회, 거래내역조회, 자타행 이체, 경조금배달, 온라인환송금/조회, 각종 분실신고/조회, 지정전화번호 등록

3 모바일뱅킹

(1) 개 념

고객이 우체국을 방문하지 않고 스마트폰을 이용하여 우체국예금·보험 및 각종 모바일 금융서비스를 제공받을 수 있는 전자금융서비스를 말한다. 현재 우체국예금은 어플리케이션을 기반으로 스마트뱅킹과 포스트페이 두 가지 모바일뱅킹 서비스를 제공하고 있다.

(2) 우체국 금융서비스

스마트뱅킹	• 상품가입 : 조회 및 가입, 추천상품, 금융상품계산기 등 • 예금 : 계좌관리, 이체/결제/출금, 공과금 납부, 해외송금/환전, 전자문서지갑 • 오픈뱅킹 : 오픈뱅킹 등록계좌 잔액 및 거래내역조회, 이체/가져오기/잔액모으기 등 • 보험 : 모바일가입상품, 일반보험상품, 상품추천 등 • 체크카드 : 체크카드 신청 및 해지, 사용 등록, 조회 등 • 펀드 : 상품조회, 계좌조회, 추가매수, 환매 등 • 기타 : 비대면서류제출, 사고신고, 자기앞수표조회, 예금잔액증명서 등
포스트페이 (PostPay)	• 상품가입 : 비대면 계좌개설 • 간편결제 : QR코드, 바코드를 활용한 간편결제, 결재내역 조회 • 간편송금 : 계좌번호 송금, 전화번호 송금, 경조 송금, 더치페이 • 체크카드 : 체크카드 및 모바일카드 신청 및 발급, 조회, 사고신고 등
기타 우체국 금융 모바일 어플리케이션	• 우체국보험 : 계약사항 조회 및 변경, 보험, 보험금 청구, 대출·상환, 사용자 편의기능, 부가서비스, 인증관리

4 전자금융

(1) 전자금융을 이용한 자금이체 한도

전자금융이용 고객은 1회 및 1일 이체한도를 우체국이 정한 보안등급별 자금이체한도와 보안매체별 거래이용수단에 따라 계좌이체 한도를 지정할 수 있으며, 우체국과 별도 약정을 통해 우체국이 정한 한도를 초과하여 지정할 수 있다.

〈표〉 전자금융 보안등급별 자금이체 한도

구분			보안등급		
			안전등급	일반등급	기본등급
인터넷뱅킹 모바일뱅킹	개 인	1회	1억원	1천만원	3백만원(인터넷뱅킹) 1천만원(모바일뱅킹)
		1일	5억원	5천만원	3백만원(인터넷뱅킹) 1천만원(모바일뱅킹)
	법 인	1회	10억원	–	–
		1일	50억원	–	–
	법 인 (별도계약1))	1회	10억원	–	–
		1일	무제한	–	–
폰뱅킹	개 인	1회	5천만원	3백만원	–
		1일	2억5천만원	5백만원	–
	법 인	1회	1억원	–	–
		1일	5억원	–	–

(2) 전자금융서비스 이용 제한

우체국은 아래와 같은 상황에 해당하는 경우 전자금융서비스의 전부 또는 일부를 제한할 수 있다.

① 계좌 비밀번호, 보안카드 비밀번호, 폰뱅킹 이체비밀번호, 모바일 인증서에 등록한 PIN, 패턴, 디지털OTP 인증번호 및 생체인증 정보 등을 연속 5회 이상 잘못 입력한 경우
② OTP의 경우 OTP를 발생시키는 전 금융기관을 통합하여 연속 10회 이상 잘못 입력한 경우
③ 기타 예금거래 기본약관 등에서 정한 거래 제한 사유가 발생한 경우

5 자동화기기

(1) 개 념

우체국금융 자동화기기(CD 또는 ATM)를 이용하여 현금입출금, 잔액조회, 계좌이체 등을 통장 및 카드거래(현금 또는 카드) 또는 무통장/무카드 거래로 손쉽게 제공 받을 수 있는 서비스

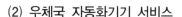

(2) 우체국 자동화기기 서비스

구분	주요 서비스
CD/ATM	예금입금·출금·조회, 계좌이체(송금)/해외송금, 통장/보험정리, 무통장/무카드거래, 휴대폰거래, 신용카드, 지로/공과금/대학등록금, 전자통장/T-money 거래, 보험서비스 등
스마트ATM	기존 ATM 서비스(입출금·이체·조회)+계좌개설, 체크카드발급, 보안매체발급, 비밀번호 및 고객정보 변경, 분실신고 및 해지 등

02 우편환·대체

(1) 우편환이란 우편환법에 따라 우편 또는 전자적 수단으로 전달되는 환증서(전자적 매체를 통해 표시되는 지급지시서 및 계좌입금 등을 포함)를 통한 송금수단으로 금융기관의 온라인망이 설치되어 있지 않은 지역에 대한 송금을 위해 이용된다.

(2) 우체국의 우편환 서비스는 크게 통상환, 온라인환 및 경조금배달서비스가 있다.

(3) 우편대체는 우체국에 개설한 우편대체계좌를 통하여 자금 결제를 할 수 있는 제도로서 이를 통하여 세금·공과금 수납 등의 서비스가 제공된다.

03 외국환

1 해외송금

우체국의 해외송금 업무의 구분
① 시중은행과의 제휴를 통한 SWIFT(계좌송금)·MoneyGram(무계좌 실시간 송금)
② 유로지로 네트워크를 통해 우체국이 자체적으로 제공하는 Eurogiro

(1) SWIFT 해외송금

① SWIFT(SWIFT; Society for Worldwide Interbank Financial Telecommunication)는 국제은행 간의 금융통신망으로 은행 간 자금결제 및 메시지교환을 표준화된 양식에 의거 송수신함으로써 신속, 저렴, 안전하게 처리하기 위해 1973년 유럽 및 북미은행 중심으로 설립된 국제은행간 정보통신망 송금 서비스이다.

② 우체국은 신한은행과 제휴를 통한 신한은행 SWIFT 망을 통해 전 세계금융기관을 대상으로 해외송금 서비스를 운영하고 있으며, 수취인의 해외은행계좌에 송금하는 당발송금과 해외은행으로부터 수취인의 한국 우체국계좌로 송금하는 타발송금 업무가 있다.

③ 매월 약정한 날짜에 송금인 명의의 우체국계좌에서 자금을 인출하여 해외의 수취인에게 자동으로 송금해주는 SWIFT 자동송금서비스도 제공하고 있다.

(2) Eurogiro 해외송금

① 유럽지역 우체국 금융기관이 주체가 되어 설립한 Eurogiro社의 네트워크를 사용하는 EDI(전자문서교환)방식의 국제금융 송금서비스이다.

② 우정사업자와 민간 금융기관이 회원으로 가입 후 회원 간 쌍무협정(Bilateral Agreement)을 통해 해외송금을 거래한다. 계좌와 주소지 송금이 가능하다.

(3) MoneyGram 특급송금

① 미국 댈러스에 소재하고 있는 머니그램社와 제휴한 Agent 간 네트워크 상 정보에 의해 자금을 송금, 수취하는 무계좌 거래로 송금번호(REF.NO)만으로 송금 후 약 10분 만에 수취가 가능한 특급해외송금서비스이다.

② 우체국은 신한은행 및 머니그램社와 제휴를 통해 계좌번호 없이 8자리 송금번호 및 수취인 영문명으로 해외로 자금을 송금 후 약 10분 뒤 수취인 지역 내 머니그램 Agent를 방문하여 수취 가능한 특급송금 서비스를 제공하고 있다.

2 환전업무

(1) 외화환전 예약서비스

① 우체국 창구 방문 신청 또는 인터넷뱅킹·스마트뱅킹을 이용하여 환전(원화를 외화로 바꾸는 업무) 거래와 대금 지급을 완료하고, 원하는 수령일자(환전예약 신청 당일 수령은 불가) 및 장소를 선택하여 지정한 날짜에 외화실물을 직접 수령하는 서비스이다.

② 수령 장소는 고객이 지정한 일부 환전업무 취급 우체국 및 우정사업본부와 환전업무 관련 제휴된 하나은행 지점(환전소)에서 수령할 수 있다.

③ 환전 가능 금액은 건당 1백만 원 이내이고 환전가능 통화는 미국달러(USD), 유럽유로(EUR), 일본엔(JPY), 중국위안(CNY), 캐나다달러(CAD), 호주달러(AUD), 홍콩달러(HKD), 태국바트(THB), 싱가폴달러(SGD), 영국파운드(GBP) 등 총 10종이다.

04 제휴서비스

1 창구망 공동이용

(1) 개 요

① 의의 : 우체국과 은행이 업무제휴를 맺고 양 기관의 전산시스템을 전용선으로 상호 연결하여 제휴 은행 고객이 각 우체국 창구에서 기존의 타행환 거래 방식이 아닌 자행 거래 방식으로 입금 및 출금거래를 할 수 있도록 하는 업무이다.

② 취급 우체국 : 전국 우체국

③ 제휴은행 : KDB산업은행, 한국씨티은행, IBK기업은행, 전북은행, 하나은행, 국민은행, 신한은행, 우리은행

④ 이용대상 : 제휴은행 고객

⑤ 이용가능 업무

업무명	업무내용
입금	제휴은행 고객이 우체국 창구에서 제휴은행 고객계좌로 입금
지급	제휴은행 고객이 우체국 창구에서 출금(통장에 의한 지급)
조회	무통장거래내역, 계좌잔액, 처리결과, 수수료 조회

※ 우체국 창구에서 제휴은행 통장 신규발행 및 해지는 불가

2 노란우산공제 판매 대행

(1) 개 요

① 노란우산공제는 소기업·소상공인이 폐업·노령·사망 등의 위험으로부터 생활안정을 기하고 사업재기 기회를 제공받을 수 있도록 중소기업협동조합법 제115조 규정에 따라 '07. 9월부터 비영리기관인 중소기업중앙회에서 운영하는 공적 공제제도이다.

② '13. 7월부터 국가의 기본 인프라망인 전국 우체국 금융 창구를 통해 가입, 지급신청 등을 할 수 있도록 업무를 대행함으로써 소기업·소상공인의 서비스 이용 편익을 제고 하였다.

(5) 업무대행 내용

① 청약 전에 고객을 상담한다.

* 기 가입자 또는 강제해지 후 1년 미경과 시에는 신규(재)청약이 불가하므로 청약 전 반드시 기 가입 여부 등 조회 실시

② 청약서(철회서) 및 제반서류를 접수한다(단, 무등록사업자의 신규청약업무는 제외되나 우체국 FC의 경우 가능).

③ 부금 수납 및 공제금과 해약지급신청서 및 제반서류를 접수한다.

3 우체국 CMS 업무

(1) 우체국은 카드·캐피탈社 등과의 개별 이용약정을 통해 전국 우체국에서 CMS 입금업무를 대행한다.

(2) CMS는 고객이 우체국에 개설된 제휴회사의 계좌로 무통장입금하고 그 입금 내역을 우체국금융 IT운영을 담당하는 우정사업정보센터에서 입금회사로 실시간으로 전송하는 시스템이며, 입금된 자금은 우정사업정보센터에서 회사의 정산계좌로 일괄 입금 처리한다.

[우체국 CMS 업무분담 내역]

구분	업무분담 내역
제휴회사	• 대금청구서 등 수납자료를 우체국 CMS 계좌번호와 함께 고객에게 통지 • 입금거래내역과 정산자금 대사확인 ※ 신한카드, 삼성카드, 현대카드, 다음다이렉트 자동차보험 등 7개 업체
고 객	우체국창구에 무통입금을 의뢰하거나 인터넷뱅킹, 폰뱅킹, 자동화기기를 통한 CMS 이체를 함
우체국	고객이 우체국 창구에 입금을 의뢰하면 해당계좌에 CMS 번호와 함께 무통입금
우정사업 정보센터	• 입금거래내역을 해당회사로 실시간 전송하고 입금된 자금을 해당회사 정산계좌로 일괄 이체 • 익월 10일까지 해당회사에 수수료내역을 통보하고 20일에 해당회사 계좌에서 출금하여 수수료 정산함

4 건설근로자퇴직공제금 접수대행

우체국은 2020년 건설근로자공제회와 창구망 업무제휴를 체결하고 전국 우체국 창구에서 건설근로자의 퇴직공제금 접수 업무를 대행하여 퇴직공제금 신청 편의성을 제공하고 있다.

접수대상	2020. 5.26. 이전 퇴직공제부금 적립일수가 252일 미만이고, 1955. 5.26. 이전 출생자로 퇴직자

5 카드업무 대행 서비스

우체국은 신용카드사가와의 업무제휴를 우체국예금의 현금카드 또는 체크카드 기능이 결합된 카드를 발급하거나 우체국의 현금카드 기능과 신용카드사의 신용카드 기능이 포함된 제휴 신용카드 상품을 출시함으로써 국민들의 카드이용 이용편의를 제고한다.

[우체국 제휴 체크카드 및 신용카드 비교]

구분	제휴 체크카드	제휴 신용카드
발급대상	• 개인 : 카드사 별 상이함 • 법인, 임의단체 : 카드사별 심사	• 개인 : 만 19세 이상 소득이 있는 자 • 법인, 임의단체 : 카드사별 심사
심사기준	자격기준 없음 (신용불량자도 가입가능)	별도 자격기준 부여
이용범위	제휴카드사 가맹점에서 일시불만 이용 (할부불가)	국내·외 가맹점 일시불/할부/현금서비스 이용
사용한도	우체국예금 결제계좌 잔액	개인별 신용한도액
연회비	연회비 없음	회원등급별 연회비 징수
제휴기관	삼성카드, 신한카드	우리카드, 국민카드, 신한카드, 하나카드

6 증권계좌 개설 대행

우체국은 증권·선물회사와 업무제휴 계약을 체결하고 전국 우체국 창구에서 고객의 증권·선물 계좌개설, 관련 제휴카드 발급, 이체서비스 등을 대행하고 있다.

[제휴기관 및 이용가능 업무]

구분	주요내용
제휴기관	• (증권) 한국투자, NH투자, 대신, 교보, KB, 하이투자, 삼성, 한화, SK, 미래에셋대우, 키움, 하나금투, 신한금투, 유안타, 한국포스증권(舊 펀드온라인코리아) 등 • (선물) 삼성선물
이용 가능 업무	• 우체국 고객의 증권/선물 계좌 개설 대행 　- 위탁(주식) : 제휴증권사 전체(삼성선물 제외) 　- 선물/옵션 : 제휴증권사 전체(한국포스증권 제외) 　- 수익증권 : 한국투자, 삼성, 하이투자, 미래에셋대우, 키움, SK, 한국포스증권 　- CMA : 삼성증권, 하이투자증권 • 우체국과 증권/선물회사 간의 자금이체 • 우체국 및 증권/선물 회사 고객의 증권제휴카드 발급 • 증권/선물 계좌 비밀번호 변경

내부통제 및 리스크관리

- 내부통제의 구성요소
- 금융실명거래 원칙 및 방법
- 개인정보보호

01 내부통제

1 의 의

(1) 내부통제란 조직이 효율적인 업무운영, 정확하고 신뢰성 있는 재무보고 체제의 유지, 관련법규 및 내부정책·절차의 준수 등과 같은 목표를 달성하려는 합리적인 확신을 주기 위하여 조직 내부에서 자체적으로 마련하여 이사회, 경영진 및 직원 등 조직의 모든 구성원들이 지속적으로 실행·준수하도록 하는 일련의 통제과정이다.

(2) 내부통제는 일반적으로 임직원 모두가 고객재산의 선량한 관리자로서 제반 법규 뿐만 아니라 내규까지 철저하게 준수하도록 사전 또는 상시적으로 통제·감독하는 것을 말하며 조직의 자산보호, 회계자료의 정확성 및 신뢰성 체크, 조직운영의 효율적 증진, 경영방침의 준수를 위하여 채택한 조정수단 및 조치 등을 의미한다.

(3) 내부통제제도는 조직이 추구하는 최종목표를 달성하기 위한 과정 또는 수단이고, 금융회사 내 모든 구성원에 의해 수행되는 일련의 통제활동이며, 특정한 목표를 달성하는 데 합리적인 확신을 주는 것이다.

2 법적 근거

(1) 「금융회사의 지배구조에 관한 법률」에는 금융회사가 효과적인 내부통제제도를 구축·운영해야 하는 법적인 근거를 제시하고 있다.

(2) 동법 제24조에서는 "금융회사는 법령을 준수하고 경영을 건전하게 하며 주주 및 이해관계자 등을 보호하기 위하여 금융회사의 임직원이 직무를 수행할 때 준수하여야 할 기준 및 절차(내부통제기준)를 마련하여야 한다."고 되어 있다.

3 필요성

(1) 1997년 국내기업들의 경영투명성 결여, 회계정보의 신뢰성 부족, 경영감시기능 미흡으로 인한 독단적 경영 등이 IMF 경제위기의 주요한 원인으로 주목되면서 내부통제의 중요성이 강조되기 시작했다.

(2) 1999년에는 정부와 금융당국에서도 내부통제 수단으로 사외이사와 감사위원회, 준법감시인 및 선진화된 리스크관리 제도 등을 도입하게 되었다.

(3) 내부통제제도의 운영을 통해 금융회사는 자산을 보전하고 신뢰성 있는 재무보고체계의 유지, 법규 준수 등을 효과적으로 하면서 회사의 목표를 달성할 수 있다.

(4) 영업활동 시 중요한 오류 및 일탈행위 가능성을 감소시키고 오류 등이 실제 발생하는 경우 시의 적절하게 감지하여 시정조치를 할 수 있다.

4 내부통제의 구성요소

(1) 통제환경

① 내부통제에 적합한 조직구조, 효과적인 내부통제가 이루어지도록 유인하는 보상체계, 적절한 인사 및 연수정책, 이사회의 내부통제에 대한 관심 방향, 임직원의 성실성과 자질 등 환경적 요인이다.

② 조직 내 모든 구성원이 내무통제시스템의 중요성을 인식하고, 내부통제기준 및 절차를 준수하겠다는 통제문화의 형성이 중요하다.

(2) 리스크평가

① 조직이 직면하고 있는 리스크를 종류별·업무별로 인식하고 측정, 분석하는 것이다.

② 효과적인 내부통제시스템 구축을 위해 조직의 목표달성에 부정적인 영향을 미칠 수 있는 리스크를 정확히 인식하고 평가한다.

(3) 통제활동

① 목표달성에 부정적인 영향을 미치는 리스크를 통제하기 위한 정책 및 절차 수립 등 제도의 구축과 운영을 말한다.

② 적절한 직무분리, 각종 한도 설정, 예외 적용시 특별승인절차 등의 방법이 있다.

(4) 정보와 의사소통

구성원이 본연의 책임과 역할을 적절히 수행하기 위해서는 적절한 정보가 수집·관리되고, 필요한 사람에게 신속하게 제공될 수 있는 시스템을 갖추어야 한다.

(5) 모니터링

① 내부통제의 모든 과정은 모니터링되고 지속적으로 수정 및 보완되어야 한다.

② 내부통제시스템을 상시 모니터링해야 하며, 중요한 리스크에 대한 모니터링은 내부감시기능에 의해 정기적으로 평가되고 일상적인 영업활동의 일부가 되어야 한다.

5 내부통제의 수단

내부통제의 주요 수단은 조직의 경영목표, 규모 및 영업활동의 특성 등에 따라 형태 및 강도의 차이가 있겠지만 일반적인 내부통제 수단은 권한의 적절한 배분 및 제한, 회사 자산 및 각종 기록에의 접근 제한, 직무분리 및 직무순환, 정기적인 점검 및 테스트, 불시 점검 및 테스트 등이 있다.

6 내부통제기준

금융회사는 법령을 준수하고 경영을 건전하게 하며 주주 및 이해관계자 등을 보호하기 위하여 금융회사의 임직원이 직무를 수행할 때 준수해야 할 기준 및 절차(내부통제기준)를 마련하여야 하며 내부통제기준에는 아래의 내용을 포함해야 한다.

> **알아보기** | 내부통제기준에 포함되어야 하는 사항
>
> 1. 업무의 분장 및 조직구조
> 2. 임직원이 업무를 수행할 때 준수하여야 하는 절차
> 3. 내부통제와 관련하여 이사회, 임원 및 준법감시인이 수행하여야 하는 역할
> 4. 내부통제와 관련하여 이를 수행하는 전문성을 갖춘 인력과 지원조직
> 5. 경영의사결정에 필요한 정보가 효율적으로 전달될 수 있는 체제의 구축
> 6. 임직원의 내부통제기준 준수 여부를 확인하는 절차·방법과 내부통제기준을 위한 임직원의 처리
> 7. 임직원의 금융관계법령 위반행위 등을 방지하기 위한 절차나 기준
> 8. 내부통제기준의 제정 또는 변경 절차
> 9. 준법감시인의 임면 절차
> 10. 이해상충을 관리하는 방법 및 절차 등
> 11. 상품 또는 서비스에 대한 광고의 제작 및 내용과 관련한 준수사항
> 12. 「금융회사의 지배구조에 관한 법률」 11조제1항에 따른 임직원 겸직이 제11소세4항제4호 각 목의 요건을 충족하는지에 대한 평가·관리
> 13. 그 밖에 내부통제기준에서 정하여야 할 세부적인 사항으로서 금융위원회가 정하여 고시하는 사항

7 준법감시인제도

(1) 준법감시(Compliance)란 법령, 기업윤리, 사내규범 등의 법규범을 철저히 준수해 사업운영을 완전하게 하기 위한 것으로, 법규범 위반을 조직적으로 사전에 방지하는 것이다.

(2) 준법감시인이란 내부통제기준의 준수 여부를 점검하고 내부통제기준을 위반하는 경우 이를 조사하는 등 내부통제 관련 업무를 총괄하는 자를 말한다.

(3) 외환위기 이후 내부통제 강화를 위한 선진국의 준법감시제도가 국내에 도입되는 분위기가 조성되었다.

(4) 「금융회사의 지배구조에 관한 법률」 제25조에서는 "금융회사는 내부통제기준의 준수 여부를 점검하고 내부통제기준을 위반하는 경우 이를 조사하는 등 내부통제 관련 업무를 총괄하는 사람(준법감시인)을 1명 이상 두어야 한다.

(5) 준법감시인이 필요하다고 판단되는 경우 조사결과를 감사위원회 또는 감사에게 보고할 수 있다"고 규정하고 있다.

02 금융실명거래 원칙 및 방법

1 의 의

(1) 1993년 실지명의(實地名義)(이하 실명)에 의한 금융거래를 실시하고 그 비밀을 보장하여 금융거래의 정상화를 꾀함으로써 경제정의를 실현하고 국민경제의 건전한 발전을 도모할 목적으로 금융실명제가 실시되었다.

(2) 1997년 동 제도를 구체적으로 법규화한 「금융실명거래 및 비밀보장에 관한 법률(금융실명법)」이 제정되었다.

(3) 금융실명제란 금융회사 등이 실명에 의해 고객과 금융거래를 하도록 실명확인 의무를 부여하는 제도를 말한다.

(4) 실명이란 주민등록표 상의 성명 및 주민등록번호, 사업자등록증에 기재된 법인명 및 등록번호 등을 의미한다.

2 실명확인방법

(1) 실명확인자

① 실명확인자는 실제로 고객의 실명을 확인한 금융회사의 직원이다. 실명확인자는 실명확인업무에 대한 권한·의무가 주어진 영업점(본부의 영업부서 포함) 직원(계약직, 시간제 근무자, 도급직 포함)이며 후선부서 직원(본부직원, 서무원, 청원경찰 등)은 실명확인할 수 없으나 본부부서 근무직원이 실명확인 관련 업무를 처리하도록 지시 또는 명령받은 경우는 실명확인을 할 수 있다.

② 금융회사 등의 임원 및 직원이 아닌 업무수탁자(대출모집인, 카드모집인, 보험모집인, 공제모집인 등) 등은 실명확인을 할 수 없다.

(2) 실명확인증표

① 실명확인은 고객의 성명과 주민등록번호의 확인뿐만 아니라 실명확인증표에 첨부된 사진 등에 의하여 명의인 본인여부를 확인하는 것이다.

② 제시된 실명확인증표의 사진에 의하여 본인여부의 식별이 곤란한 경우에는 다른 실명확인증표를 보완적으로 사용 가능하다.

③ 개인의 경우에는 주민등록증이 원칙이다.

④ 국가기관, 지방자치단체 등이 발급한 것으로 성명, 주민등록번호가 기재되어 있고 부착된 사진에 의하여 본인임을 확인할 수 있는 유효한 증표(운전면허증, 여권, 청소년증, 경로우대증, 노인복지카드, 장애인복지카드, 학생증 등)도 실명확인증표가 될 수 있다.

⑤ 법인의 경우에는 사업자등록증, 고유번호증, 사업자등록증명원이 실명확인증표가 된다.

⑥ 사업자등록증 사본은 동일 금융회사 내부에서 원본을 대조·확인한 경우에 사용이 가능하다.

⑦ 임의단체의 경우에는 납세번호 또는 고유번호가 있는 경우에는 납세번호증 또는 고유번호증이 실명확인증표가 된다.

⑧ 다만 납세번호 또는 고유번호가 없는 경우에는 대표자 개인의 실명확인증표가 된다.

⑨ 외국인의 경우에는 외국인등록증, 여권 또는 신분증이 실명확인증표가 된다.

더 알아보기 　　계좌에 의한 실명확인 원칙

가족대리 시 가족관계확인서류(주민등록등본, 가족관계증명서, 가족관계등록부 등) 징구
※ 인감증명서, 위임장, 가족관계확인서류 등 징구서류는 사유 발생일 이후 발급분을 징구하고, 해당 서류의
　 유효기간은 발행일로부터 3개월 이내로 제한

---

(3) 비대면 실명확인

① 비대면 실명확인은 거래자 본인 여부를 확인할 때 온라인 채널 등 대면 이외의 방식으로 실명확인하는 것을 의미한다.

② 비대면 실명확인 대상 금융거래는 계좌개설에 한정되는 것은 아니며 금융실명법상 실명확인 의무가 적용되는 모든 거래에 적용된다.

③ 비대면 실명확인 적용 대상자는 명의자 본인에 한정하고 대리인은 제외되며 인정 대상 실명확인증표는 주민등록증, 운전면허증 및 여권이다.

④ 비대면 실명확인의 적용 대상으로 개인뿐만 아니라 법인도 가능하지만, 법인의 경우 금융회사가 위임·대리 관계를 확인할 수 있는 각종 서류(위임장 및 인감증명서 등)의 검증을 위해 대면 확인을 하는 것이 바람직하다.

⑤ 비대면 실명확인은 아래의 2가지 이상의 방식을 활용하여 가능하다.

　㉠ 거래자의 실명확인증표 사본을 제출받아 확인

　㉡ 거래자와의 영상통화를 통해 확인

　㉢ 전자금융거래법 제2조제10호에 따른 접근매체 전달업무 위탁기관 등을 통하여 실명확인증표 확인

　㉣ 금융실명법상 실명확인을 거쳐 거래자 명의로 금융회사에 이미 개설된 계좌와의 거래를 통한 확인

　㉤ 기타 ㉠ ~ ㉣에 준하는 새로운 방식을 통하여 확인

　　－ 금융회사가 금융실명법상 실명확인을 거쳐 거래자의 동의를 받아 전자금융거래법 제2조제10호라목에 따른 생체정보를 직접 등록 받은 후 이와 대조하여 확인하는 방식도 ⑤에 해당

3 실명확인 생략이 가능한 거래

(1) 실명이 확인된 계좌에 의한 계속 거래

실명확인된 계좌의 입출금*, 해지 및 이체 등을 말한다. 재예치 등 계좌가 새로 개설되는 경우는 계속거래가 아니다.

* 통장, 거래카드(현금, 직불카드 포함) 등으로 입출금하는 경우를 의미하며 무통장 입금(송금)은 해당하지 않음

(2) 각종 공과금 등의 수납

(3) 100만 원 이하의 원화 또는 그에 상당하는 외국통화의 송금(무통장입금 포함)과 100만 원 이하에 상당하는 외국통화 매입·매각

① 수표 및 어음 입금 시 금액 상관없이 실명확인 대상이며 수표·어음 뒷면에 입금계좌번호를 기재하는 것으로 실명확인에 갈음하고 무통장입금 의뢰서에 실명확인 날인

② 동일 금융회사 등에서 본인 또는 그 대리인이 동일자 동일인에게 100만 원을 초과하는 금액을 분할 입금하는 것을 금융회사가 인지한 경우에는 그 초과금액에 대하여 실명확인

※ 실명확인 대상 외국환거래의 종류 : 외화예금, 환전(100만 원 초과), 해외로 외화송금, 해외로부터 외화 송금, 외화수표추심 등

4 불법·탈법 차명거래 금지

(1) 「금융실명거래 및 비밀보장에 관한 법률」은 불법재산의 은닉, 자금세탁행위(조세포탈 등), 공중협박자금 조달행위, 강제집행의 면탈 또는 그 밖의 탈법행위를 목적으로 하는 차명거래를 금지하고 있다.

(2) 금융회사종사자는 불법 차명거래를 알선·중개하는 행위를 금지하고, 금융회사 종사자에게 거래자를 대상으로 불법 차명거래가 금지된다는 사실을 설명해야 하며, 설명한 내용을 거래자가 이해하였음을 서명, 기명날인, 녹취 등의 방법으로 확인 받아야 한다.

03 금융거래에 대한 비밀보장

1 비밀보장제도

(1) 「금융실명거래 및 비밀보장에 관한 법률」은 금융회사 종사자에게 명의인의 서면상 요구나 동의 없이는 금융거래정보 또는 자료를 타인에게 제공하거나 누설할 수 없도록 비밀보장의무를 규정하고 있다(법 제4조제1항).

(2) 금융회사 업무에 종사하면서 금융거래 정보를 알게 된 자는 본인이 취급하는 업무에 의하여 직접적으로 알게 된 경우뿐만 아니라 간접적으로 알게 된 경우에도 비밀보장의 의무를 지게 된다.

(3) 비밀보장의 대상이 되는 금융거래정보 또는 자료란 특정인의 금융거래사실(누가 어느 금융회사 등, 어느 점포와 금융거래를 하고 있다는 사실)과 금융회사가 보유하고 있는 금융거래 내용을 기록·관리하고 있는 모든 장표·전산기록 등의 원본·사본(금융거래자료) 및 그 기록으로부터 알게 된 것(금융거래정보), 당해 정보만으로 명의인의 정보 등을 직접 알 수 없으나 다른 정보와 용이하게 결합하여 식별할 수 있는 것을 말한다.

> **⊕ 알아보기** | **비밀보장의 대상이 되는 예**
>
> 1. 특정 명의인이 전화번호, 주소, 근무처 등이 포함된 금융거래 자료 또는 정보
> 2. 정보 요구자가 특정인의 성명, 주민등록번호, 계좌번호 등을 삭제하는 조건으로 요구한 당해 특정인의 식별 가능한 금융거래 자료 또는 정보

2 금융거래 정보제공

사용목적에 필요한 최소한의 범위 내에서 인적사항을 명시하는 등 법령이 정하는 방법 및 절차에 따라 금융거래정보제공이 가능하다.

3 금융실명거래 위반에 대한 처벌 및 제재

(1) 「금융실명거래 및 비밀보장에 관한 법률」은 실명거래의무 위반행위, 불법 차명거래 알선·중개행위, 설명의무 위반행위, 금융거래 비밀보장의무 위반행위, 금융거래정보의 제공사실 통보의무 위반행위, 금융거래 정보 제공 내용 기록·관리의무 위반행위에 대한 처벌로서 벌칙과 과태료에 대한 규정을 두고 있다.

(2) 금융회사의 직원이 불법 차명거래 알선·중개행위를 하거나 금융거래 비밀보장의무 위반행위를 한 경우에는 5년 이하의 징역 또는 5천만 원 이하의 벌금에 처하고, 실명거래의무 위반행위를 하거나 설명의무 위반행위, 금융거래정보의 제공사실 통보의무 위반행위, 금융거래 정보 제공 내용기록·관리의무 위반행위를 한 경우에는 3천만 원 이하의 과태료를 부과하도록 규정하고 있다.

거래정보등의 제공사실등의 통보

거래정보등을 제공한 경우에는 제공한 날(제2항 또는 제3항에 따라 통보를 유예한 경우에는 통보유예기간이 끝난 날)부터 10일 이내에 제공한 거래정보등의 주요 내용, 사용 목적, 제공받은 자 및 제공일 등을 명의인에게 서면으로 통보하여야 한다.

거래정보등의 제공내용의 기록·관리

기록은 거래정보등을 제공한 날(제공을 거부한 경우에는 그 제공을 요구받은 날)부터 5년간 보관하여야 한다.

04 금융소비자보호

1 금융소비자보호법

(1) 2020년 3월 금융소비자의 권익 증진과 금융소비자 보호의 실효성을 높이고 금융상품판매업 및 금융상품자문업의 건전한 시장질서 구축을 위하여 금융상품판매업자 및 금융상품자문업자의 영업에 관한 준수사항과 금융소비자 권익 보호를 위한 금융소비자정책 및 금융분쟁조정절차 등에 관한 사항을 규정하는 「금융소비자보호에 관한 법률」이 제정(2021년 3월 시행)되었다.

(2) 금융소비자보호법은 동일기능 동일규제 원칙아래 금융상품의 유형과 금융회사등의 업종 구분 등을 정의하고 금융소비자의 권리와 책무, 국가와 금융상품판매업자등의 책무, 금융상품판매업자등의 영업행위 준수사항, 금융소비자보호 감독 및 처분 등에 대하여 규정하고 있다.

2 금융상품판매업자등의 영업행위 준수사항 (6대판매원칙)

(1) 적합성의 원칙

소비자의 재산상황, 금융상품 취득·처분 경험 등의 정보를 파악하고 이에 비추어 부적합한 금융상품 계약 체결의 권유를 금지

(2) 적정성의 원칙

소비자가 자발적으로 구매하려는 금융상품이 소비자의 재산상황, 투자경험, 신용 및 변제 계획 등에 비추어 부적정할 경우 이를 고지하고 확인

(3) 설명의무

계약 체결을 권유하거나 소비자가 설명을 요청하는 경우 상품의 중요사항을 설명

(4) 불공정영업행위 금지

판매업자등이 금융상품 판매 시 우월적 지위를 이용하여 소비자의 권익을 침해하는 행위 금지

(5) 부당권유행위 금지

금융상품 계약 체결 권유 시 소비자가 오인할 우려가 있는 허위 사실 등을 알리는 행위를 금지

(6) 허위·과장광고 금지

금융상품 또는 판매업자등의 업무에 관한 광고 시 필수 포함사항 및 금지행위 등

3 금융소비자보호를 위한 장치

(1) 「금융소비자보호법」은 금융상품 판매원칙 위반과 관련 위법계약해지권, 징벌적 과징금 도입, 과태료 부과, 판매제한 명령, 손해배상 입증책임 전환 등 금융상품판매업자등의 판매원칙 준수를 위한 다양한 실효성 확보 수단을 명시하고 위반 시 제재를 강화하였다.

(2) 설명의무 위반에 따른 손해배상청구 소송 시 고의·과실에 대한 입증 책임을 소비자가 아닌 금융회사가 입증하도록 하였다.

(3) 소비자의 선택권 확대, 피해 방지, 사후구제 강화 등을 위한 제도를 새롭게 도입하였다.

(4) 청약철회권을 도입하여 일정기간 내 소비자가 금융상품 계약을 철회하는 경우 금융상품 판매자는 이미 받은 금전·재화 등을 소비자에게 반환하여야 한다.

(5) 금융회사와 소비자 간 분쟁조정 과정 중 금융회사의 소 제기 시 조정절차가 중지되는 점을 들어 금융회사는 불리한 결정이 예상되면 소송을 제기하는 사례가 다수 발생함에 따라 금융회사의 분쟁조정제도 무력화 방지 및 분쟁조정·소송 시 소비자의 정보접근 권한을 법으로 강화하였다.

[금융상품 유형]

구 분	개 념	대상(예시)
예금성	은행법상 예금 및 이와 유사한 것으로서 대통령령으로 정하는 것	예·적금
대출성	은행법상 대출 및 이와 유사한 것으로서 대통령령으로 정하는 것	주택대출, 신용대출 등
투자성	자본시장법상 금융투자상품 및 이와 유사한 것으로서 대통령령으로 정하는 것	펀드, 신탁 등
보장성	보험업법상 보험상품 및 이와 유사한 것으로서 대통령령으로 정하는 것	생명보험, 손해보험 등

[금융상품 유형]

구 분	개 념	대상(예시)
직접 판매업자	자신이 직접 계약의 상대방으로서 금융상품에 관한 계약체결을 영업으로 하는 자(투자중개업자 포함)	은행, 보험사, 증권사, 여전사, 저축은행 등
판매대리·중개업자	금융회사와 금융소비자의 중간에서 금융상품 판매를 중개하거나 금융회사의 위탁을 받아 판매를 대리하는 자	투자권유대행인, 보험설계·중개사, 보험대리점, 카드·대출모집인 등
자문업자	금융소비자가 본인에게 적합한 상품을 구매할 수 있도록 자문을 제공	투자자문업자

10 기타사항

출제경향분석
- 종합소득 산출세액(2019)
- 금융정보 자동교환 협정
- 자금세탁방지제도(2016)
- 예금자보호
- 금융소득 종합과세

01 예금자보호

1 예금보험의 구조

(1) 예금 지급불능 사태 방지

① 금융회사가 영업정지나 파산 등으로 고객의 예금을 지급하지 못하게 될 경우 해당 예금 자는 물론 전체 금융제도의 안정성도 큰 타격을 입게 된다.

② 이러한 사태를 방지하기 위하여 우리나라에서는 예금자보호법을 제정하여 고객들의 예 금을 보호하는 제도를 갖추어 놓고 있는데, 이를 '예금보험제도'라고 한다.

(2) 보험의 원리를 이용하여 예금자 보호

① 예금보험은 그 명칭에서 알 수 있듯이 "동일한 종류의 위험을 가진 사람들이 평소에 기 금을 적립하여 만약의 사고에 대비한다."는 보험의 원리를 이용하여 예금자를 보호하는 제도이다.

② 즉, 예금자보호법에 의해 설립된 예금보험공사가 평소에 금융회사로부터 보험료(예금보 험료)를 받아 기금(예금보험기금)을 적립한 후, 금융회사가 예금을 지급할 수 없게 되면 금융회사를 대신하여 예금(예금보험금)을 지급하게 된다.

(3) 법에 의해 운영되는 공적 보험

예금보험은 예금자를 보호하기 위한 목적으로 법에 의해 운영되는 공적보험이기 때문에 예 금을 대신 지급할 재원이 금융회사가 납부한 예금 보험료만으로도 부족할 경우에는 예금보 험공사가 직접 채권(예금보험기금채권)을 발행하는 등의 방법을 통해 재원을 조성하게 된다.

2 보호대상 금융회사

(1) 보호대상 금융회사는 은행, 보험회사(생명보험·손해보험회사), 투자매매업자·투자중개업자, 종합금융회사, 상호저축은행이다.

(2) 농협은행, 수협은행 및 외국은행 국내지점은 보호대상 금융회사이지만 농·수협 지역조합, 신용협동조합, 새마을금고는 현재 예금보험공사의 보호대상 금융회사는 아니며, 관련 법률에 따른 자체 기금에 의해 보호된다.

(3) 우체국의 경우 예금보험공사의 보호대상 금융회사는 아니지만, 「우체국예금·보험에 관한 법률」 제4조(국가의 책임)에 의거하여 우체국예금(이자 포함)과 우체국보험계약에 따른 보험금 등 전액에 대하여 국가에서 지급을 책임지고 있다.

3 보호대상 금융상품

(1) 예금보험공사는 예금보험 가입 금융회사가 취급하는 '예금' 등 만을 보호한다.

(2) 여기서 꼭 알아두어야 할 점은 모든 금융상품이 보호대상 '예금' 등에 해당하지 않는다는 것이다.

(3) 예를 들어 실적 배당형 상품인 투자신탁 상품은 보호대상 금융상품이 아니다. 운용실적이 좋은 경우에는 큰 수익을 올릴 수 있지만, 운영 실적이 나쁜 경우에는 원금 손실도 발생할 수 있다.

(4) 정부, 지방자치단체(국·공립학교 포함), 한국은행, 금융감독원, 예금보험공사, 부보금융회사의 예금은 보호대상에서 제외한다.

[보호금융상품 vs. 비보호금융상품]

구분	보호금융상품	비보호금융상품
은행	• 요구불예금(보통예금, 기업자유예금, 당좌예금 등) • 저축성예금(정기예금, 주택청약예금, 표지어음 등) • 적립식예금(정기적금, 주택청약부금, 상호부금 등) • 외화예금 • 예금보호대상 금융상품으로 운용되는 확정기여형 퇴직연금제도 및 개인형퇴직연금제도의 적립금 • 개인종합자산관리계좌(ISA)에 편입된 금융상품 중 예금보호 대상으로 운용되는 금융상품 • 원본이 보전되는 금전신탁 등	• 양도성예금증서(CD) • 환매조건부채권(RP) • 금융투자상품(수익증권, 뮤추얼 펀드, MMF 등) • 특정금전신탁 등 실적배당형 신탁 • 은행 발행채권 • 주택청약저축, 주택청약종합저축 등 • 개발신탁

구분	보호금융상품	비보호금융상품
보험회사	• 개인이 가입한 보험계약 • 퇴직보험 • 변액보험계약 특약 • 변액보험계약 최저사망보험금 · 최저연금적립금 · 최저중도인출금 등 최저보증 • 예금보호대상 금융상품으로 운용되는 확정기여형 퇴직연금제도 및 개인형퇴직연금제도의 적립금 • 개인종합자산관리계좌(ISA)에 편입된 금융상품 중 예금보호 대상으로 운용되는 금융상품 • 원본이 보전되는 금전신탁 등	• 보험계약자 및 보험료납부자가 법인인 보험계약 • 보증보험계약 • 재보험계약 • 변액보험계약 주계약(최저사망보험금 · 최저연금적립금 · 최저중도인출금 등 최저보증 제외) 등 • 확정급여형 퇴직연금제도의 적립금

4 보호한도

(1) 예금자보호제도는 다수의 소액예금자를 우선 보호하고 부실 금융회사를 선택한 예금자도 일정 부분 책임을 분담한다는 차원에서 예금의 전액을 보호하지 않고 일정액만을 보호하고 있다.

(2) 원금과 소정이자를 합하여 1인당 5천만 원까지만 보호되며 초과금액은 보호되지 않는다.

(3) '97년 말 IMF 사태 이후 금융산업 구조조정에 따른 사회적 충격을 최소화하고 금융거래의 안정성 유지를 위하여 2000년 말까지 한시적으로 예금전액을 보장하였다.

(4) 2001년부터는 예금부분보호제도로 전환되어, 2001년 1월 1일 이후 부보금융회사에 보험사고(영업 정지, 인가취소 등)가 발생하여 파산할 경우, 보험금지급공고일 기준의 원금과 소장의 이자를 합하여 1인당 최고 5천만 원(세전)까지 다른 예금과 별도로 보호하고 있다.

(5) 예금보험공사로부터 보호받지 못한 나머지 예금은 파산한 금융회사가 선순위채권을 변제하고 남는 재산이 있는 경우 이를 다른 채권자들과 함께 채권액에 비례하여 분배받음으로써 그 전부 또는 일부를 돌려받을 수 있다.

(6) 보호금액 5천만 원은 예금의 종류별 또는 지점별 보호금액이 아니라 동일한 금융회사 내에서 예금자 1인이 보호받을 수 있는 총 금액이다.

(7) 이 때 예금자 1인이라 함은 개인뿐만 아니라 법인도 대상이 되며, 예금의 지급이 정지되거나 파산한 금융회사의 예금자가 해당 금융회사에 대출이 있는 경우에는 예금에서 대출금을 먼저 상환(상계)시키고 남은 예금을 기준으로 보호한다.

02 금융소득 종합과세

1 개 요

(1) 「금융소득 종합과세제도」는 금융실명제 실시에 따른 후속조치로 1996년부터 실시되었으며 1998년부터 일시 유보되었다가 2001년부터 다시 실시되고 있다.

(2) 현재 실시되고 있는 내용을 보면 개인별 연간 금융소득(이자·배당 소득)이 2천만 원 이하일 경우에는 원천징수하고, 2천만 원을 초과하는 금융소득은 2천만 원에 대하여는 원천징수세율을 적용하고 2천만 원을 초과하는 금액은 다른 종합소득(근로소득·사업소득·연금소득 등)과 합산하여 누진세율을 적용하여 종합과세 한다.

2 소득의 종류와 과세방법

여러 가지 경제활동을 통해 얻은 과세소득이 있는 개인은 본인에게 귀속되었거나 귀속될 것이 확정된 소득에 대해 소득세 납세 의무가 있다. 소득(소득금액)이란 연간 총수입금액에서 필요경비를 공제한 금액을 말한다.

소득구분(분류과세)
종합소득, 퇴직소득, 양도소득

(1) 「소득세법」상 소득의 종류

소득세법은 개인의 소득을 다음과 같이 구분하고 소득종류별로 과세방법을 다르게 규정하고 있다.

① 종합소득
  ㉠ 해당 과세기간에 발생하는 이자소득, 배당소득, 사업소득, 근로소득, 연금소득, 기타소득
  ㉡ 개인별로 합산하여 종합소득세율에 의해 신고·납부 원칙
② 퇴직소득 : 근로자가 퇴직함으로 인하여 지급받는 퇴직금
③ 양도소득 : 자산을 양도함으로 인하여 발생하는 소득(2010년부터 부동산 임대 소득은 종합소득 중 사업소득에 포함하여 과세)

(2) 과세방법

① 종합과세 : 이자소득 등 종합소득 중 비과세소득과 분리과세소득을 제외한 소득을 합산하여 누진세율을 적용하는 방법을 말한다.
② 분리과세 : 타소득과 합산되지 아니하고 분리과세 대상소득이 발생할 때에 건별로 단일세율에 의하여 원천징수의무자가 원천징수함으로써 당해 소득자는 납세의무가 종결되는 과세방식을 말한다.

3 금융소득에 대한 이해

(1) 금융소득이란 금융자산의 저축이나 투자에 대한 대가를 말하며, 이자소득과 배당소득을 합하여 말한다.

(2) 현행 소득세법 체계는 종합소득에 대해 종합과세하는 것이 원칙이나, 조세정책적 목적으로 금융소득에 대해서는 다양한 분리과세제도를 운용하고 있다.

(3) 이자란 금전을 대여하고 받은 대가를 말하며 배당이란 영리법인 등이 영업활동에서 얻은 이익을 주주 등에게 분배하는 것을 말하는데, 소득세법에서는 이자소득과 배당소득 둘 다 유형별 포괄주의에 의하여 과세범위를 규정하고 있다.

(4) 이자소득은 총수입금액이 되며 비과세되는 이자소득은 포함하지 않는다. 배당소득도 마찬가지로 총수입금액이 되며 비과세되는 배당소득은 포함하지 않으나 배당소득이 종합소득에 합산되는 경우 법인단계에서 부담한 것으로 간주되는 귀속법인세를 배당소득 총수입금액에 가산하여 Gross-up제도를 적용한다.

- 이자소득금액 = 이자소득 총수입금액
- 배당소득금액 = 배당소득 총수입금액 + 귀속법인세(Gross-up 금액)

4 금융소득 종합과세 체계

① 금융소득(이자소득 + 배당소득)	
(−) ② 비과세 금융소득	• 공익신탁의 이익, 장기저축성보험차익 • 장기주택마련저축 이자・배당, 개인연금저축 이자・배당, 비과세종합저축 이자・배당(1인당 5천만 원 이하), 농・어민 조합 예탁금 이자, 농어가 목돈 마련저축 이자, 녹색예금・채권 이자, 재형저축에 대한 이자・배당, 경과규정에 따른 국민주택채권 이자 • 우리사주조합원이 지급받는 배당, 조합 등 예탁금의 이자 및 출자금에 대한 배당, 영농・영어조합법인 배당, 재외동포 전용 투자신탁(1억 원 이하) 등으로부터 받는 배당, 녹색투자신탁 등 배당, 저축지원을 위한 조특법에 따른 저축에서 발생하는 배당, 개인종합자산관리계좌(ISA)에서 발생하는 금융소득의 합계액 중 200만 원 또는 400만 원까지
(−) ③ 분리과세 금융소득	• 장기채권이자 분리과세 신청(30%), 비실명금융소득(42.90%), 직장공제회 초과반환금(기본세율) • 7년(15년) 이상 사회기반시설채권이자(14%), 영농・영어 조합법인(1천2백만 원 초과분)으로부터 받는 배당(5%), 농업회사법인 출자 거주자의 식량작물재배업소득 외의 소득에서 발생한 배당(14%), 사회기반시설투융자집합투자기구의 배당(5%, 14%), 세금우대종합저축 이자・배당(9%), 개인종합자산관리계좌(ISA)에서 발생하는 금융소득의 비과세 한도(200만 원, 400만 원)를 초과하는 금액 등

(=)
④ 종합과세 금융소득
	• ①−(②+③)의 금액 중 2천만 원을 초과하는 금액이 종합과세됨
	• ①−(②+③)의 금액이 2천만 원 이하인 경우에는
	  − 국내외 금융소득으로서 국내에서 원천징수되지 아니한 소득에 대해서는 종합과세
	  − 그 외 금융소득은 원천징수로 분리과세

5 종합과세 되는 금융소득

- 금융소득=이자소득+배당소득
- 종합과세 제외 금융소득=비과세 되는 금융소득+분리과세 되는 금융소득
- 종합과세 대상 금융소득=금융소득−종합과세 제외 금융소득

(1) 종합과세 되는 금융소득

① 금융소득이 2천만원(종합과세기준금액)을 초과하는 경우
  - ㉠ 금융소득 중 비과세 및 분리과세 소득을 제외한 금융소득이 2천만 원을 초과하는 경우 금융소득 전체를 종합과세한다.
  - ㉡ 2천만 원을 초과하는 금융소득만 다른 종합소득과 합산하여 산출세액을 계산하고 2천만 원 이하 금액은 원천징수세율(14%)을 적용하여 산출세액을 계산한다.
  - ㉢ 산출세액 계산 시 「소득세법」 제62조의 규정에 따라 기준금액을 초과하는 금융소득을 다른 종합소득과 합산하여 계산하는 종합과세방식과 금융소득과 다른 종합소득을 구분하여 계산하는 분리과세방식에 의해 계산된 금액 중 큰 금액을 산출세액으로 한다.
  - ㉣ 종합과세기준금액(2천만 원)의 초과여부를 계산함에 있어서 배당소득에 대해 배당가산(Gross-up)하지 않은 금액으로 한다.
  - ☞ 금융소득이 2천만 원을 초과하는 경우로서 기준금액 이하 금액은 형식적으로 종합과세되나 원천징수세율에 의해 산출세액을 계산하므로 실질적으로는 분리과세되는 것과 동일함
    금융소득이 2천만원을 초과하는 경우에는 배당가산(Gross-up)한 금액을 종합과세 금융소득으로 한다.
    예외적으로 출자공동사업자로부터 받는 배당(원천징수세율 25%)은 종합과세기준금액(2천만 원)을 초과하지 않더라도 종합과세 한다.

② 국내에서 원천징수 되지 않은 금융소득
  - 국내에서 원천징수 되지 않은 국외에서 받는 금융소득
  - 국내에서 받는 2천만 원 이하의 금융소득으로서 「소득세법」 제127조에 따라 원천징수 되지 않은 금융 소득
  - ☞ 2천만 원(종합과세기준금액) 초과여부 판단 시 국내에서 원천징수 되지 않은 금융소득도 합산한다.

(2) 종합과세 제외 금융소득

[비과세 금융소득 vs. 분리과세 금융소득]

구분	비과세 금융소득	분리과세 금융소득
소득세법	① 「공익신탁법」에 의한 공익신탁의 이익 ② 장기저축성보험의 보험차익	① 부동산 경매입찰을 위하여 법원에 납부한 보증금 및 경락대금에서 발생하는 이자 (14%) ② 실지명의가 확인되지 아니하는 이자 (42%) ③ '17.12.31. 이전에 가입한 10년 이상 장기채권(3년 이상 계속하여 보유)으로 분리과세를 신청한 이자와 할인액 ④ 직장공제회 초과반환금 (기본세율) ⑤ 수익을 구성원에게 배분하지 아니하는 개인으로 보는 법인격 없는 단체로서 단체명을 표기하여 금융거래를 하는 단체가 금융회사 등으로부터 받는 이자 배당 (14%) ⑥ 금융소득(비과세 또는 분리과세분 제외)이 개인별로 연간 2천만원(종합과세기준 금액)이하인 경우 (14% 또는 25%
조세특례제한법	① 개인연금저축의 이자·배당 ② 장기주택마련저축의 이자·배당 ③ 비과세종합저축의 이자·배당 (1명당 저축원금 5천만 원 이하) ④ 조합 등 예탁금의 이자 및 출자금에 대한 배당 ⑤ 재형저축에 대한 이자·배당 ⑥ 농어가목돈마련저축의 이자 ⑦ 우리사주조합원이 지급 받는 배당 ⑧ 농업협동조합근로자의 자사출자지분 배당 ⑨ 영농·영어조합법인의 배당 ⑩ 농업회사법인 출자금의 배당 ⑪ 재외동포전용 투자신탁 등의 배당 (1억 원 이하) ⑫ 녹색예금, 녹색채권의 이자와 녹색투자신탁등의 배당 ⑬ 경과규정에 의한 국민주택채권 등 이자 ⑭ 개인종합자산관리계좌(ISA)에서 발생하는 금융소득(이자소득과 배당소득)의 합계액 중 200만원 또는 400만원까지의 금	① 발행일부터 최종 상환일까지의 기간이 7년 이상인 사회기반시설에 대한 민간투자법 제58조제1항의 규정에 의한 사회기반시설채권으로서 '14년말 까지 발행된 채권의 이자 (14%) ☞ 2010.1.1. 이후 발행하는 사회기반시설채권은 최종 상환일까지의 기간이 7년 이상 (15년→7년)으로 변경 되었으며, '10년부터 수해방지채권은 분리과세 대상에서 제외되었음 ② 영농·영어조합법인의 배당 (5%) ③ 세금우대종합저축의 이자·배당 (9%) ④ 재외동포전용투자신탁 등의 배당 (5%) ⑤ 집합투자증권의 배당소득에 대한 과세특례 (5%, 14%) ⑥ 고위험고수익투자신탁 등에 대한 이자 배당 (14%) ⑦ 개인종합자산관리계좌(ISA)에서 발생하는 금융소득(이자소득과 배당소득)의 비과세 한도(200만원, 400만원)를 초과하는 금액 (9%) ⑧ 특정사회기반시설(뉴딜 인프라) 집합투자기구 투자자 배당소득(9%) ⑨ 투융자집합투자기구 투자자 배당소득(14%)

6 금융소득의 세액계산 방법

종합소득에 합산되는 금융소득이 있는 경우 다음과 같이 종합소득산출세액을 계산한다.

(1) 금융소득 중 2천만 원까지는 원천징수세율(14%)을 적용하여 계산한 세액과 2천만 원을 초과하는 금융소득에는 기본세율(6~42%)을 적용하여 계산한 세액을 합계하여 산출세액으로 한다.

산출세액＝(금융소득 2천만 원×14%)＋(종합소득 과세표준×기본세율)

(2) 금융소득 전체 금액에 대하여 원천징수된 세액 전부를 기납부세액(2천만 원에 대한 원천징수세액을 포함)으로 공제하여 납부할 세액을 계산한다.

따라서 전체 금융소득 중 2천만 원까지는 원천징수세율로 납세의무가 종결되는 분리과세와 같은 결과가 된다.

7 신고와 납부

종합과세대상 금융소득이 발생한 경우 (1년간 금융소득이 2천만 원을 초과한 경우 또는 국내에서 원천징수 되지 않는 금융소득이 있는 경우) 발생년도 다음해 5월 1일부터 5월 31일까지 주소지 관할세무서에 종합소득세 확정 신고·납부하여야 하며, 만약 5월 31일까지 신고하지 않거나 불성실하게 신고하는 경우에는 신고불성실 가산세 또는 납부불성실 가산세를 부담하게 된다.

□ 금융소득종합과세 비교과세 사례

[사례1] 2천만원을 초과하는 이자소득이 있는 경우(14% 이자소득만 있음)

(1) 2022년도 종합소득 현황
 ① 은행예금 이자 : 50,000,000원
 ② 회 사 채 이자 : 50,000,000원
 ③ 세금우대종합저축의 이자 : 5,000,000원
(2) 종합소득공제는 5,100,000원으로 가정

(1) 종합과세되는 금융소득금액

 ① 종합과세되는 금융소득금액 : 1억원 (은행예금이자 + 회사채이자)
 ☞ 세금우대종합저축의 이자는 분리과세되는 금융소득으로 종합과세되는 금융소득 금액
   에서 제외됨

 ② 기준금액초과 금융소득 : 100,000,000 - 20,000,000 = 80,000,000

(2) 종합소득 산출세액의 계산

① 금융소득을 기본세율로 과세 시 산출세액
(2천만 원 초과금액 - 종합소득공제) × 기본세율 + 2천만 원 × 14%
= (80,000,000 - 5,100,000) × 기본세율 - 누진공제 + (20,000,000 × 14%)
= (74,900,000 × 24% - 5,220,000) + 2,800,000
= 12,756,000 + 2,800,000 = 15,556,000원

② 금융소득을 원천징수세율로 과세 시 산출세액
금융소득 × 14% = 100,000,000 × 14% = 14,000,000원

③ 종합소득산출세액은 ①과 ② 중 큰 금액인 15,556,000

[사례2] 이자소득과 사업소득이 함께 있는 경우

(1) 2022년도 종합소득 현황
 ① 은행예금 이자 : 60,000,000원
 ② 사업소득 금액 : 30,000,000원
(2) 종합소득공제는 5,100,000원으로 가정

(1) 종합과세되는 금융소득금액
① 종합과세되는 금융소득금액 : 60,000,000원

(2) 종합소득 산출세액의 계산
① 금융소득을 기본세율로 과세 시 산출세액
(2천만 원 초과금액 + 사업소득금액 − 종합소득공제) × 기본세율 + 2천만 원 × 14%
= (40,000,000 + 30,000,000 − 5,100,000) × 기본세율 + 20,000,000 × 14%
= (64,900,000 × 24% − 5,220,000) + 2,800,000 = 13,156,000원

② 금융소득을 원천징수세율로 과세 시 산출세액
금융소득금액 × 14% + (사업소득금액 − 종합소득공제) × 기본세율
= 60,000,000 × 14% + (30,000,000 − 5,100,000) × 기본세율
= 8,400,000 + (24,900,000 × 15% − 1,080,000) = 11,055,000원

③ 종합소득산출세액은 ①과 ② 중 큰 금액인 13,156,000원

[사례3] 금융소득종합과세 계산 종합

다음 자료에 의하여 종합소득산출세액과 배당세액공제액을 계산하시오.
(1) 2022년도 종합소득 현황
  ① 은행예금 이자 : 20,000,000원
  ② 비영업대금이익 : 10,000,000원
  ③ 비상장법인배당 : 30,000,000원
  ④ 사업소득금액 : 50,000,000원
(2) 종합소득공제는 5,100,000원으로 가정

〈 계 산 〉

○ 금융소득 = ① + ② + ③ = 60,000,000원
○ 종합과세기준금액 초과금액 : 60,000,000 - 20,000,000 = 40,000,000원
* 기준금액 초과금액은 이자, G-up 제외 배당, G-up대상 배당 순으로 적용
○ 배당가산(Gross-up) 대상 금액 : 30,000,000원
○ 배당가산액 : 30,000,000 X 11% = 3,300,000원
○ 종합소득 산출세액 계산 [㉠, ㉡ 중 큰 금액] : 18,770,000원

㉠ 종합과세방식
 → [(종합과세기준금액 초과금액 + 배당가산액 + 다른종합소득금액) - 종합소득공제] x 기본세율 - 누진공제액 + (종합과세기준금액 x 원천징수세율) = 산출세액
   [(40,000,000 + 3,300,000 + 50,000,000) -5,100,000)] x 35% -14,900,000 + (20,000,000 x 14%) = 18,770,000

㉡ 분리과세방식
 → [(50,000,000 - 5,100,000) x 15% -1,080,000] + [10,000,000 x 25% + 50,000,000 x 14%] = 15,155,000
○ 배당세액공제 [㉮, ㉯ 중 적은 금액] : 3,300,000원
 ㉮ 배당가산액 : 30,000,000 x 11% = 3,300,000
 ㉯ 위 종합소득 산출세액(18,770,000) - 위 분리과세방식 산출세액(15,155,000) = 3,615,000원

03 자금세탁방지제도

1 개 요

(1) 자금세탁방지제도란 국내·국제적으로 이루어지는 불법자금의 세탁을 적발·예방하기 위한 법적·제도적 장치로서 사법제도, 금융제도, 국제협력을 연계하는 종합 관리시스템을 의미한다.

(2) 자금세탁의 개념은 일반적으로 '자금의 위법한 출처를 숨겨 적법한 것처럼 위장하는 과정'을 의미하며, 각국의 법령이나 학자들의 연구목적에 따라 구체적인 개념은 다양하게 정의된다.

(3) 우리나라의 경우 '불법재산의 취득·처분사실을 가장하거나 그 재산을 은닉하는 행위 및 탈세목적으로 재산의 취득·처분사실을 가장하거나 그 재산을 은닉하는 행위'로 규정한다.

2 금융정보분석기구(FIU)

(1) 금융정보분석기구(Financial Intelligence Unit, FIU)는 금융기관으로부터 자금세탁 관련 의심거래 보고 등 금융정보를 수집·분석하여, 이를 법집행기관에 제공하는 단일의 중앙 국가기관이다.

(2) 우리나라의 자금세탁방지기구는 「특정금융거래정보의 보고 및 이용에 관한 법률」에 의거하여 설립된 금융정보분석원(Korea Financial Intelligence Unit, KoFIU)이다.

(3) 금융정보분석원은 법무부·금융위원회·국세청·관세청·경찰청·한국은행·금융감독원 등 관계기관의 전문 인력으로 구성되어 있으며,

(4) 금융기관 등으로부터 자금세탁관련 의심거래를 수집·분석하여 불법거래, 자금세탁행위 또는 공중협박자금조달행위와 관련된다고 판단되는 금융거래 자료를 법 집행기관 (검찰청·경찰청·국세청·관세청· 금융위·중앙선관위 등) 제공하는 업무를 주 업무로 하고, 금융기관 등의 의심거래 보고업무에 대한 감독 및 검사, 외국의 FIU와의 협조 및 정보교류 등을 담당하고 있다.

3 **의심거래보고제도**(STR)

(1) 정 의

① 금융거래(카지노에서의 칩교환 포함)와 관련하여 수수한 재산이 불법재산이라고 의심되는 합당한 근거가 있거나 금융거래의 상대방이 자금세탁행위를 하고 있다고 의심되는 합당한 근거가 있는 경우 이를 금융정보분석원장에게 보고토록 한 제도이다.

② 불법재산 또는 자금세탁행위를 하고 있다고 의심되는 합당한 근거의 판단주체는 금융회사 종사자이며, 그들의 주관적 판단에 의존하는 제도라는 특성이 있다.

(2) 보고 대상

① 금융회사 등은 금융거래와 관련하여 수수한 재산이 불법재산이라고 의심되는 합당한 근거가 있거나 금융거래의 상대방이 자금세탁행위나 공중협박 자금조달행위를 하고 있다고 의심되는 합당한 근거가 있는 경우에는 지체 없이 의무적으로 금융정보분석원에 의심거래보고를 하여야 한다.

② 의심거래보고를 하지 않는 경우에는 관련 임직원에 대한 징계 및 기관에 대한 시정명령과 과태료 부과 등 제재처분이 가능하다. 특히 금융회사가 금융거래의 상대방과 공모하여 의심거래보고를 하지 않거나 허위보고를 하는 경우에는 6개월의 범위 내에서 영업정지처분도 할 수 있다.

③ 또한, 의심거래보고를 허위보고 하는 경우 1년이하의 징역 또는 1천만원 이하의 벌금, 미보고하는 경우 3천만원이하의 과태료 부과도 가능하다.

(3) 보고 방법 및 절차

① 영업점 직원은 고객의 평소 거래상황, 직업, 사업내용 등을 고려하여 취급한 금융거래가 혐의거래로 의심되면 그 내용을 보고책임자에게 보고한다.

② 보고책임자는 서식에 의한 의심스러운 거래보고서에 보고기관, 거래상대방, 의심스러운 거래내용, 의심스러운 합당한 근거, 보존하는 자료의 종류 등을 기재하여 온라인으로 보고하거나 문서 또는 저장매체로 제출하되, 긴급한 경우에는 우선 전화나 FAX로 보고하고 추후 보완할 수 있다.

(4) 의심거래보고 정보의 법집행기관에 대한 제공

① 금융기관 등 보고기관이 의심스러운 거래(혐의거래)의 내용에 대해 금융정보분석원(KoFIU)에 보고한다.

② 금융정보분석원은 보고된 혐의거래내용과 외환전산망 자료, 신용정보, 외국 FIU의 정보 등 자체적으로 수집한 관련자료를 종합·분석한 후 불법거래 또는 자금세탁행위와 관련된 거래라고 판단되는 때에는 해당 금융거래자료를 검찰청·경찰청·국세청·관세청·금융위원회·선거관리위원회 등 법집행기관에 제공하고, 법집행기관은 거래내용을 조사·수사하여 기소 등의 의법조치를 하게 된다.

3 고액현금거래보고제도(CTR)

(1) 개 념

① 고액현금거래보고제도(CTR; Currency Transaction Reporting System)는 일정금액 이상의 현금거래를 KoFIU에 보고토록 한 제도이다.

② 1일 거래일 동안 1천만 원 이상의 현금을 입금하거나 출금한 경우 거래자의 신원과 거래일시, 거래금액 등 객관적 사실을 전산으로 자동 보고한다. 금융기관이 자금세탁의 의심이 있다고 주관적으로 판단하여 의심되는 합당한 사유를 적어 보고하는 의심거래보고제도(Suspicious Transaction Report System)와는 구별한다.

③ 보고금액은 2006년 도입 당시는 5천만 원으로 하였으나, 2008년부터는 3천만 원, 2010년부터는 2천만 원, 2019년 7월부터는 1천만 원으로 단계적으로 인하하여 운영하고 있다.

(2) 기준금액 산정 시 제외거래

① 1백만 원 이하의 원화송금(무통장입금 포함) 금액

② 1백만 원 이하에 해당하는 외국통화 매입 · 매각 금액

③ 「금융실명법」상 실명확인 생략 가능한 각종 공과금의 수납 · 지출 금액

④ 법원공탁금, 정부보관금, 송달료를 지출한 금액

⑤ 은행지로장표에 의하여 수납한 금액

⑥ 1백만 원 이하의 선불카드 금액

(3) 외국 사례

① 미국을 시작으로 호주, 캐나다 등 주로 선진국 FIU에서 도입하여 운영하여 왔으나 최근 들어 대만, 과테말라, 슬로베니아, 파나마, 콜롬비아, 베네수엘라 등으로 그 도입이 점차 확대되고 있다.

* 보고기준금액은 자금세탁 등 불법자금 유통을 효과적으로 차단할 수 있는 범위 내에서 현금거래성향, 수준 등을 고려하여 각국이 결정하므로 국가에 따라 다르나, 미국, 호주, 캐나다 등 주요국에서는 1만 달러(자국화폐 기준)를 기준금액으로 하고 있다.

② 주요국 고액현금거래보고제도 현황

국가	기준금액	보고대상기관	보고건수
미국	USD 10,000 이상	은행, 증권브로커와 딜러, 자금서비스업, 카지노 등	연간 12~13백만 건
캐나다	CAD 10,000 이상	은행, 신탁회사, 생명보험회사, 증권딜러, 환전업자, 회계사(법인), 부동산 중개인, 카지노 등	연간 약 2백만 건
호주	AUD 10,000 이상	은행, 보험회사 및 보험중개인, 금융서비스업, 신탁회사, 변호사 또는 법무법인, 카지노 등	연간 약 2백만 건

4 고객확인제도(CDD)

(1) 개 념

① 금융회사가 고객과 거래 시 고객의 성명과 실지명의 이외에 주소, 연락처 등을 추가로 확인하고, 자금세탁행위 등의 우려가 있는 경우 실제 당사자 여부 및 금융거래 목적을 확인하는 제도이다.

[실명확인제도(금융실명제)와 고객확인제도(CDD) 비교]

금융실명법	특정금융정보법상 고객확인제도(CDD)	고위험고객 : 강화된 고객확인(EDD)
성명, 주민번호	성명, 주민번호 + 주소, 연락처 + 실제소유자에 관한 사항	성명, 주민번호, 주소, 연락처 + 실제소유자에 관한 사항, 거래목적, 거래자금의 원천

(2) 고객확인 대상

① 계좌의 신규 개설 : 고객이 금융기관에서 예금계좌, 위탁매매계좌 등을 개설하여 계속적인 금융거래를 개시할 목적으로 계약을 체결
② 2천만 원(외화 1만불) 이상의 일회성 금융거래
③ 금융거래의 실제 당사자 여부가 의심되는 등 자금세탁행위나 공중협박자금조달 행위를 할 우려가 있는 경우

(3) 고객확인의무 면제 대상

① 「금융실명법」상 실명확인 생략 가능한 각종 공과금의 수납, 100만원 이하의 원화 송금(무통장입금 포함), 100만원 이하에 상당하는 외국통화의 매입·매각
② 「금융실명법」 제3조 제2항 제3호에서 정한 특정채권의 거래
③ 법원공탁금, 정부·법원 보관금, 송달료를 지출한 금액
④ 보험기간의 만료 시 보험계약자, 피보험자 또는 보험수익자에 대하여 만기환급금이 발생 하지 아니하는 보험계약

(4) 고객확인 내용

① 고객별 신원확인

구분	신원확인사항(시행령 제10조의4)
개인	실지명의, 주소, 연락처
영리법인	실지명의, 업종, 본점 및 사업장 소재지, 연락처, 대표자 성명, 생년월일 및 국적
비영리법인 및 기타 단체	실지명의, 설립목적, 주된 사무소 소재지, 연락처, 대표자 성명, 생년월일 및 국적
외국인 및 외국단체	위의 분류에 의한 각각의 해당사항, 국적, 국내 거소 또는 사무소 소재지

② 고객이 자금세탁행위를 할 우려가 있는 경우 : 금융기관은 실제당사자 여부가 의심되는 등 고객이 자금세탁행위를 할 우려가 있는 경우에는 고객별 신원확인 외에 '고객의 실제 당사자 여부 및 금융거래 목적'까지 확인

(5) **강화된 고객확인의무(EDD; Enhanced Due Diligence)**

① 고객별·상품별 자금세탁 위험도를 분류하고 자금세탁위험이 큰 경우에는 더욱 엄격한 고객확인, 즉 실제 당사자 여부 및 금융거래 목적과 거래자금의 원천 등을 확인하도록 하는 제도이다. 금융회사는 고객과 거래유형에 따른 자금세탁 위험도를 평가하고 위험도에 따라 차등화된 고객확인을 실시함으로써 자금세탁위험을 보다 효과적으로 관리할 수 있다.

② 위험기반접근법 : 위험기반 접근법(Risk-based Approach)에 기초하여 위험이 낮은 고객에 대해서는 고객확인에 수반되는 비용과 시간을 절약하는 반면, 고위험 고객(또는 거래)에 대하여는 강화된 고객확인을 실시

[강화된 고객확인의무]

구분	개요		
개인 고객	① 타인을 위한 거래를 하고 있다고 의심되거나 고객이 실제소유자가 따로 존재한다고 밝힌 경우에만 실제소유자를 새로 파악* * 이 경우 외에는 '계좌 명의인 = 실제소유자'로 간주 ② 파악된 실제소유자의 실지명의(성명, 주민등록번호)를 확인하고 기재		
법인 또는 단체 고객	① 투명성이 보장되거나 정보가 공개된 국가·지자체·공공단체·금융회사 및 사업보고서 제출대상법인의 경우 확인의무 면제 가능 ② 다음과 같이 3단계로 실제소유자를 파악		
	1단계	100분의 25 이상의 지분증권을 소유한 사람	
	2단계	①, ②, ③ 중 택일 ① 대표자 또는 임원·업무집행사원의 과반수를 선임한 주주(자연인) ② 최대 지분증권을 소유한 사람 ③ ①·②외에 법인·단체를 사실상 지배하는 사람 * 단, 최대 지분증권 소유자가 법인 또는 단체인 경우, 금융회사는 3단계로 바로 가지 않고 최종적으로 지배하는 사람을 추적하는 것을 선택할 수 있음	
	3단계	법인 또는 단체의 대표자 * 금융회사는 주주, 대표자, 임원 등을 법인등기사항전부증명서, 주주명부 등을 통해 확인 가능	

04 금융정보 자동교환 협정

1 개 요

'정기 금융정보 제출'이란 조세 관련 조약에 따라 국가 간 금융정보를 위하여 국내 금융회사가 매년 정기적으로 상대국 거주자 보유 계좌정보를 국세청에 제출하는 것을 말한다.

2 한미 간 국제 납세의무 준수 촉진을 위한 협정(FATCA)

미국은 해외금융회사에 대해 자국 납세자의 금융정보를 미국 국세청(IRS)에 보고하도록 의무화하는 '해외계좌 신고규정'(FATCA) 신설하고 동 정보를 국가 간 상호 교환하기 위해 다른 나라들과 정부 간 협정 체결을 추진하였다.

우리나라는 미국과 '금융정보자동교환협정'을 체결하였고 이 협정에 따라 우리나라 국세청은 2016년 11월 국내 금융회사로부터 미국 거주자 등 상대국 거주자에 대한 금융정보를 수집하여 미국 과세당국과 금융정보를 상호교환하고 있다.

3 다자간 금융정보자동교환 협정(MCAA)

미국이 양자 간 금융정보자동교환을 추진한 이후, OECD 및 G20 등 국제기구를 중심으로 각국에 납세 의무가 있는 고객의 금융정보를 교환하기 위한 '다자간 금융정보자동교환협정(MCAA)'이 추진되었고, 우리나라는 2014년 10월 독일 베를린에서 동 협정에 서명했다. 한국을 포함한 53개국은 2017년부터, 나머지 31개국은 2018년부터 상대국 거주자 금융계좌 정보를 자동으로 상호교환하고 있다.

4 금융정보자동교환을 위한 국내 규정

금융정보자동교환을 위한 국내 규정에서는 국제조세조정에 관한 법률에서 위임 받아 금융회사가 금융거래 상대방의 인적사항 등을 확인하기 위한 실사절차, 자료제출방법, 비보고 금융회사와 제외계좌 등을 규정하고 있다.

① 국제조세조정에 관한 법률 제36조
- 정기적인 금융정보 교환을 위한 금융회사의 금융정보 제출 의무, 금융거래 상대방에게 자료 제출 요구 근거 등 규정
② 국제조세조정에 관한 법률 시행령 제75조, 제76조
- 금융정보 제출 방법, 금융거래 상대방에게 요청할 수 있는 인적사항의 종류, 제출된 정보의 시정요구 및 오류시정 절차 등 규정
③ 정보교환협정에 따른 금융정보자동교환 이행규정 (기획재정부 고시)
- 국조법의 위임을 받아 금융회사가 금융거래 상대방의 인정사항 등을 확인하기 위한 실사절차, 자료제출방법, 비보고 금융회사와 제외계좌 등 세부사항을 규정

5 금융회사의 의무

(1) 실사의 의무

- 금융정보 자동교환을 위한 국제 협정을 이행하기 위하여 국내 금융회사는 관리하고 있는 금융계좌 중 계좌보유자가 보고대상 '해외 납세의무자'에 해당하는지 여부를 확인하는 실사 절차를 수행해야 한다.

[실사 일반사항]

구 분			주요 내용
개 인	기존계좌	소액	• 거주지 주소확인 (미국 제외) • 전산기록 검토를 통해 추정정보 확인
		고액	• 전산 · 문서기록 검토 통해 추정정보 확인 • 고객담당자 확인 * 고액계좌 : 미화 100만 달러 초과 계좌
	신규계좌		본인확인서
단 체	기존계좌		규제목적상 또는 고객관리 목적상 관리되는 정보 확인
	신규계좌		본인확인서

[보고대상 금융계좌의 종류]

구분	개요
예금계좌	금융기관이 은행업에 따른 은행업무 또는 이와 유사한 업무를 운영하는 과정에서 관리하는 예금 · 적금 · 부금 등 계좌, 예금증서 또는 이와 유사한 증서로 증명되는 계좌(보험회사가 보유하는 투자보증계약 또는 보유금액에 대해 이자를 지급하거나 적립하는 유사 계약 포함)
수탁계좌	타인의 이익을 위해 투자 목적으로 금융상품을 보유하거나 금융계약을 체결하기 위해 개설된 계좌 • 자본시장법에 따른 신탁업자가 금융상품 또는 금융계약을 수탁하기 위해 체결한 신탁계약 포함 • 보험계약 또는 연금계약인 경우에는 수탁계좌로 보지 않음
자본지분 채무지분	금융회사에 의해 보유되는 금융회사 소유의 자본 및 채무 지분 그리고 그와 동등한 조합 및 신탁의 지분
현금가치 보험계약*	사망, 징병, 사고, 법적 책임, 현금성 자산위험에 대한 보험계약 및 기대수명에 의해 전적 또는 부분적으로 결정되는 기간 동안 보험료를 납부해야 하는 계약
연금계약	발행인이 1인 이상인 개인의 기대수명 전부 또는 일부에 기초하여 일정기간 동안 금전 또는 그 밖의 급여를 지급할 것을 약정하는 계약

* 현금가치보험계약에서 제외되는 보험계약 : ① 보험업감독규정 제1-2조제11호에 따른 일반손해보험계약, ② 제1호에 해당하지 않는 보험계약 중 순보험료가 위험보험료만으로 구성되는 보험계약, ③ 두 보험회사 간의 보장성 재보험계약

③ 제외계좌 : 개인퇴직계좌, 생명보험계약, 연금계좌 등과 같이 해당 계좌가 세제혜택 대상이고 계좌에 관한 정보가 과세당국에 보고되는 등 이행규정(제30조 제외계좌)에서 제시한 특정 조건을 모두 충족하며 조세회피 등에 사용될 위험이 낮은 것으로 판단되는 특정 금융계좌를 제외계좌라고 한다. 금융계좌라 하더라도 제외계좌에 해당하는 계좌들은 보고뿐만 아니라 실사절차, 계좌잔액 합산 대상 금융계좌에서도 제외된다.

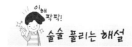

01 금융 투자상품에 대한 설명으로 옳지 않은 것은? 2019

① 수입업자는 선물환 매입계약을 통해 환율변동에 따른 환리스크를 헤지(hedge)할 수 있다.

② 투자자의 원본 결손액에 대해 불법행위로 인한 손해 여부를 입증해야 하는 책임은 금융투자업자에게 있다.

③ 풋옵션의 경우, 기초자산 가격이 행사가격 이하로 하락함에 따라 매수자의 이익과 매도자의 손실이 무한정으로 커질 수 있다.

④ 상장지수증권(ETN)은 외부수탁기관에 위탁되기 때문에 발행기관의 신용위험이 없고 거래소에 상장되어 실시간으로 매매가 이루어진다.

01

④ ETF(상장지수펀드)와 ETN(상장지수증권)은 모두 인덱스 상품이면서 거래소에 상장되어 거래된다는 점에서는 유사하나 ETF의 경우는 자금이 외부 수탁기관에 맡겨지기 때문에 발행기관의 신용위험이 없는 반면 ETN(상장지수증권)은 발행기관인 증권회사의 신용위험에 노출된다.

02 예금주의 사망 시 적용되는 상속제도에 대한 설명으로 옳지 않은 것은? 2019

① 친양자 입양제도에 따라 입양된 친양자는 법정혈족이므로 친생부모 및 양부모의 예금을 상속받을 수 있다.

② 예금주의 아들과 손자는 같은 직계비속이지만 아들이 손자보다 선순위로 상속받게 된다.

③ 특정유증의 경우, 수증자는 상속인 또는 유언집행자에 대하여 채권적 청구권만을 가진다.

④ 협의 분할 시 공동상속인 중 친권자와 미성년자가 있는 경우, 미성년자에 대하여 특별대리인을 선임하여 미성년자를 대리하도록 해야 한다.

02

① 양자는 법정혈족이므로 친생부모 및 양부모의 예금도 상속하나, 다만, 2008.1.1.부터 시행된 친양자 입양제도에 따라 입양된 친양자는 친생부모와의 친족관계 및 상속관계가 모두 종료되므로 생가부모의 예금을 상속하지는 못한다.

01 ④ 02 ①

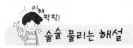

03

주어진 소득 중 우리사주조합원이 받는 배당과 농업회사법인 출자금의 배당은 「조세특례제한법」에 의한 비과세 금융소득이다. 따라서 종합과세되는 금융소득금액은
종합과세 대상 금융 소득＝(이자소득＋배당소득)－(기준 금액)
$(55,100,000+20,000,000+30,000,000+10,000,000)-20,000,000$
$=65,100,000$(원)

※ 종합소득 산출세액의 계산
① 금융소득을 기본세율로 과세 시 산출세액
$=(65,100,000-5,100,000)×24\%$
$\quad-5,220,000+(20,000,000×14\%)$
$=9,180,000+2,800,000=11,980,000$(원)

※ 과표 4,600만 원 초과 8,800만 원 이하는 기본세율 24%
② 금융소득을 원천징수세율로 과세 시 산출세액
$=85,100,000×14\%=11,914,000$(원)
③ 종합소득산출세액은 ①과 ② 중 큰 금액인 11,980,000원이다.

04

② 외화예금은 보호 금융상품이다. 반면에 양도성예금증서(CD), 환매조건부채권(RP), 주택청약저축은 비보호 금융상품이다.
③ 정부, 지방자치단체(국·공립학교 포함), 한국은행, 금융감독원, 예금보험공사, 부보금융회사의 예금은 보호대상에서 제외한다. 따라서 서울시가 시중은행에 가입한 정기예금 1억 원은 예금자보호를 받지 못한다.
④ 금융회사가 예금을 지급할 수 없게 되면 법에 의해 예금보험공사가 대신하여 예금을 지급하는 공적 보험제도이다.

---

03 A씨의 2018년 귀속 금융소득 현황이 다음과 같을 때 종합소득 산출세액으로 옳은 것은?

2019

> • 정기예금 이자 : 55,100,000원
> • 우리사주 배당금 : 20,000,000원
> • 환매조건부채권 이자(RP) : 30,000,000원
> • 농업회사법인 출자금 배당 : 10,000,000원
> 단, 종합소득 공제는 5,100,000원, 누진 공제액은 5,220,000원으로 한다.

① 9,580,000원 ② 11,980,000원
③ 14,380,000원 ④ 16,780,000원

2019

04 예금자보호법에서 정한 예금보험제도에 대한 설명으로 옳은 것은?

① 은행, 보험회사, 종합금융회사, 수협은행, 외국은행 국내지점은 보호대상 금융회사이다.
② 외화예금, 양도성예금증서(CD), 환매조건부채권(RP), 주택청약저축은 비보호 금융상품이다.
③ 서울시가 시중은행에 가입한 정기예금 1억 원은 5천만 원 한도 내에서 예금자보호를 받는다.
④ 금융회사가 예금을 지급할 수 없게 되면 법에 의해 금융감독원이 대신하여 예금을 지급하는 공적 보험제도이다.

---

03 ② 04 ①

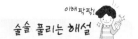

05 금리에 대한 설명으로 옳지 않은 것은? `2018`

① 명목금리는 실질금리에서 물가상승률을 뺀 금리이다.

② 채권가격이 내려가면 채권수익률은 올라가고, 채권가격이 올라가면 채권수익률은 내려간다.

③ 표면금리는 겉으로 나타난 금리를 말하며 실효금리는 실제로 지급받거나 부담하게 되는 금리를 뜻한다.

④ 단리를 원금에 대한 이자만 계산하는 방식이고, 복리는 원금에 대한 이자뿐만 아니라 이자에 대한 이자도 함께 계산하는 방식이다.

05

[명목금리＝실질금리＋물가상승률]. 따라서 명목금리는 실질금리에서 물가상승률을 더한 금리이다. 또는 실질금리는 명목금리에서 물가상승률을 뺀 금리이다.

06 예금의 입금과 지급 업무에 대한 설명으로 옳지 않은 것은? `2018`

① 기한부 예금을 중도해지하는 경우, 반드시 예금주 본인의 의사를 확인하는 것이 필요하다.

② 금융기관은 진정한 예금주에게 변제한 때에 한하여 예금채무를 면하게 되는 것이 원칙이다.

③ 송금인의 단순착오로 인해 수취인의 계좌번호가 잘못 입력되어 이체가 완료된 경우, 언제든지 수취인의 동의 없이도 송금액을 돌려받을 수 있다.

④ 금융기관이 실제 받은 금액보다 과다한 금액으로 통장을 발행한 경우, 실제 입금한 금액에 한하여 예금계약이 성립하고 초과된 부분에 대하여는 예금계약이 성립하지 않는다.

06

금융기관 임직원의 착오가 아닌 송금인의 착오로 인한 입금인 경우에는 수취인의 동의를 받아야 한다. 그러나 금융기관 임직원이 입금조작을 잘못하여 착오계좌에 입금하고 정당계좌에 자금부족이 발생한 경우에는 금융기관의 과실에 의한 채무불이행으로 되어 그 손해를 배상하여야 한다. 한편 잘못된 입금은 착오에 기인한 것이므로 착오계좌 예금주의 동의 없이 취소하여 정당계좌에 입금할 수 있다.

07 우체국 해외송금서비스에 대한 설명으로 옳은 것은? `2018`

① 머니그램(MoneyGram) 해외송금은 수취인의 계좌번호 없이 당발송금이 가능하다.

② 유로지로(Eurogiro)는 우체국이 신한은행과 제휴를 통한 신한은행 SWIFT 망을 통해 전 세계금융기관을 대상으로 해외송금 서비스를 운영하고 있다.

③ 유로지로(Eurogiro)는 계좌송금만 가능하고 주소지 송금은 불가능하다.

④ SWIFT 송금은 송금후 10분의 소요시간이 필요하다.

07

② SWIFT 해외송금
③ 계좌와 주소지 송금이 가능하다.
④ SWIFT 송금의 소요시간은 3~5 영업일이다.

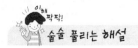

08

- ㄱ과 ㄷ의 수익률 : $\dfrac{수익}{투자원금} \times 100$

$= \dfrac{1,750,000}{100,000,000} \times 100 = 1.75\%$

- ㄴ의 수익률 : $\dfrac{수익}{투자원금} \times 100$

$= \dfrac{1,750,000}{98,250,000} \times 100 = 1.78\%$

④ ㄴ은 ㄷ보다 분모의 크기가 작으므로 그 크기가 크다. 그러므로 1.78%>1.75%로 ㄴ은 ㄷ보다 수익률이 높다.

① 표면금리는 겉으로 드러난 금리로서 ㄱ은 1.75%, ㄴ은 1.78%로 ㄴ의 금리가 높다.

② 실질금리는 명목금리에서 물가상승률(1.60%)을 뺀 수치로서 ㄱ의 수익률과 ㄷ의 이자율에서 물가상승률 1.60%를 빼면 된다. 그러므로 0.15%로서 같다.

③ ㄱ과 ㄴ의 이자금액은 175만 원으로 동일하다.

09

금융정보분석원은 보고된 혐의거래내용과 외환전산망 자료, 신용정보, 외국 FIU의 정보 등 자체적으로 수집한 관련자료를 종합·분석한 후 불법거래 또는 자금세탁행위와 관련된 거래라고 판단되는 때에는 해당 금융거래자료를 검찰청·경찰청·국세청·관세청·금융위원회·선거관리위원회 등 법집행기관에 제공하고, 법집행기관은 거래내용을 조사·수사하여 기소 등의 의법조치를 하게 된다. ② 고액현금거래보고(CTR)의 기준금액은 1천만원이지만 의심거래보고제도(STR)의 보고대상에 대해 정해진 기준금액은 없다.

---

08 〈보기〉와 같이 조건이 주어진 각 상품에 대한 설명으로 옳은 것은?

2016

> **보기**
>
> 액면가와 가입금액은 1억 원, 만기는 1년으로 동일하며, 금리는 세전 이율 기준이다(단, 물가상승률은 1.60%이다).
> ㄱ. ○○전자 회사채 : 수익률 1.75%
> ㄴ. ○○유통 회사채 : 할인율 1.75%
> ㄷ. ○○은행 정기예금 : 이자율 1.75%

① ㄱ은 ㄴ보다 표면금리가 높다.
② ㄱ은 ㄷ보다 실질금리가 높다.
③ ㄴ은 ㄱ보다 이자금액이 많다.
④ ㄴ은 ㄷ보다 수익률이 높다.

09 자금세탁방지제도에 대한 설명으로 옳지 않은 것은?

2016

① 자금세탁이란 일반적으로 '자금의 위법한 출처를 숨겨 적법한 것처럼 위장하는 과정'을 의미한다.
② 의심거래보고제도(STR)의 보고대상에 대해 정해진 기준금액은 없으며 금융기관이 주관적으로 판단하여 보고한다.
③ 금융정보분석원(KoFIU)은 보고된 혐의거래를 조사·수사하여 법집행기관에 기소 등의 의법조치를 의뢰한다.
④ 고객확인제도(CDD)의 확인대상이 되는 '계좌의 신규 개설'에는 양도성예금증서, 표지어음의 발행, 금고대여 약정도 포함된다.

10 우체국예금에 대한 설명으로 옳은 것은?

① 잔액이 1만원 미만으로서 1년 이상 계속하여 거래가 없을 때, 거래중 지계좌에 해당 계좌를 편입할 수 있다.

② 약관의 조항은 우체국과 예금주 사이에 개별적으로 합의한 사항에 우선한다.

③ 예금주 본인이 전화로 사고신고를 철회하는 것은 영업시간 중에만 가능하다.

④ 듬뿍우대저축은 개인고객을 대상으로 예치 기간별로 차등 금리를 적용하는 개인 MMDA 상품으로 입출금이 자유로운 예금이다.

11 〈보기〉의 우체국 예금상품에 대한 설명으로 옳은 것을 모두 고른 것은?

보기

ㄱ. 2040$^{+\alpha}$ 정기예금은 20~40대 직장인과 카드 가맹점, 법인 등의 자유로운 목돈 마련을 위해 우대금리를 제공하는 적립식 예금이다.

ㄴ. 기업든든 MMDA 통장은 입출금이 자유로우며, 예치기간에 따라 금리를 차등적용하는 상품이다.

ㄷ. 우체국 다드림(多Dream) 통장은 패키지별 우대금리 및 수수료 면제 등 다양한 우대서비스를 제공하는 우체국 대표 입출금이 자유로운 예금이다.

ㄹ. 우체국 새출발 자유적금은 새출발 희망패키지와 새출발 행복패키지가 있다.

---

① ㄱ, ㄴ   ② ㄱ, ㄹ

③ ㄴ, ㄷ   ④ ㄷ, ㄹ

12 우체국에서 판매대행하고 있는 노란우산공제에 대한 설명으로 옳지 않은 것은?

① 우체국은 청약서 및 제반서류 접수와 부금 수납 등의 업무를 대행한다.

② 기 가입자 또는 강제해지 후 2년 미경과 시에는 신규 및 (재)청약이 불가함으로 청약 전 기 가입 여부 등 조회를 필수적으로 실시한다

③ '07. 9월부터 비영리기관인 중소기업중앙회에서 운영하는 공적 공제제도이다.

④ 소기업과 소상공인의 생활안정 및 사업재기를 돕기 위해 중소기업중앙회가 운영하는 공제제도이다.

10
② 금융기관과 거래처 사이에 개별적으로 합의한 사항이 약관조항과 다를 때에는 그 합의사항을 약관에 우선하여 적용한다.
③ 사고신고를 철회하는 것은 예금주 본인이 우체국에 직접 방문하여 서면으로 하여야 한다.
④ 개인고객을 대상으로 예치 금액별로 차등 금리를 적용하는 개인 MMDA 상품으로 입출금이 자유로운 예금이다.

11
ㄱ. 2040$^{+\alpha}$ 자유적금에 대한 설명이다.
ㄴ. 기업든든 MMDA통장은 예치기간에 따라 금리를 차등적용하는 것이 아니라 예치금액별로 금리를 차등적용하는 상품이다.

12
기 가입자 또는 강제해지 후 2년 미경과 시에는 신규 및 (재)청약이 불가함으로 청약 전 기 가입 여부 등 조회를 필수적으로 실시한다

10 ① 11 ④ 12 ②

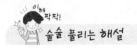

13
① 표준양식에 따라 기록·관리하여 5년 동안 보관해야 한다.
④ 통보유예의 요청을 받은 경우에는 통보유예 기간이 종료된 날부터 10일 안에 통보해야 한다.
※ 2014년 시험 이후 ②에 해당하는 벌금액이 변경되어 ②번도 답이 될 수 있게 되었다.

14
② 이웃사랑정기예금은 장기기증자, 헌혈자(5회 이상), 입양자가 가입대상이다.
③ 챔피언정기예금은 가입 후 3개월 경과 시 가입예금의 일부금액에 대하여 2회까지 분할해지가 가능하다.
④ 양도성예금증서(CD)는 중도해지가 불가능하고, 예금자보호도 되지 않는 상품이다.

15
㉠ 가능하다.
㉡ 선물투자를 위한 계좌개설 대행은 가능하다.
㉢ 가능하다.
※ 2012년 시험 당시에는 스마트폰뱅킹으로 해외이체가 불가능했으나 이후 기능이 추가되어 가능하다.
㉣ USD 타발송금 서비스는 해외에서 한국으로 이체하는 서비스이다.

13 「금융실명거래 및 비밀보장에 관한 법률」에 의거하여 금융기관이 금융거래정보를 제공할 때의 업무처리에 대한 설명으로 옳은 것은? `2014`

① 금융거래정보 등을 제공한 경우에는 그 내용을 표준양식에 따라 기록·관리하여 10년 동안 보관해야 한다.
② 금융거래정보 등의 제공사실에 대한 통보의무를 위반한 경우에는 3,000만 원 이하의 과태료에 처해진다.
③ 금융거래정보 등을 제공한 경우에는 제공한 날로부터 10일 이내에 그 사실을 명의인에게 서면으로 통보하여야 한다.
④ 통보유예 요청을 받은 경우에는 통보유예 기간이 종료된 날로부터 30일 이내에 정보제공 사실을 명의인에게 서면으로 통보하여야 한다.

14 금융상품에 대한 설명으로 옳은 것은? `2012 변형`

① e-Postbank예금은 인터넷뱅킹, 스마트뱅킹 또는 우체국 창구를 통해 가입하고 별도의 통장 발행 없이 전자금융 채널을 통해 거래하는 입출금이 자유로운 예금이다.
② 이웃사랑정기예금은 장기기증자, 헌혈자(5회 이상), 입양자가 가입대상이다.
③ 챔피언정기예금은 가입기간(연, 월, 일 단위 가입) 및 이자지급방식(만기일시지급식, 월이자지급식)을 자유롭게 선택할 수 있는 고객맞춤형 정기예금이다.
④ 양도성예금증서(CD)는 중도해지가 불가능하며 예금자보호가 되는 상품이다.

15 다음 중 우체국예금(제휴서비스 포함)에서 제공하는 서비스를 모두 고른 것은? `2012 변형`

┌───┐
㉠ 경조사 시 경조금을 현금으로 전달
㉡ 선물투자를 위한 계좌개설 대행
㉢ 스마트폰뱅킹서비스를 통해 한국에서 해외계좌로 이체
㉣ USD 타발송금 서비스를 통해 한국에서 해외계좌로 이체
└───┘

① ㉠, ㉡, ㉢　　　　　　　② ㉡, ㉢
③ ㉢, ㉣　　　　　　　　　④ ㉠, ㉣

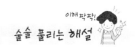

16 금융경제, 과세, 자금세탁방지업무에 대한 설명으로 옳은 것은? `2012`

① 채권시장에는 발행주체에 따라 국채시장, 지방채시장, 회사채시장, 환매조건부채권 매매시장이 있다.

② 일반은행으로는 국민은행(KB), 우리은행, 중소기업은행(IBK), 신한은행이 있다.

③ 모든 금융소득은 근로소득, 부동산임대소득, 사업소득, 연금소득 등 다른 소득과 합산하여 종합과세된다.

④ 고객확인제도는 고객별 신원확인, 고객의 실제 당사자 여부 및 금융거래 목적까지 확인할 수 있는 제도이다.

16
① 환매조건부채권 매매시장은 발행된 채권을 근거로 매매되는 유통시장의 금융상품이다.
② 중소기업은행은 특수은행이다.
③ 금융소득 중 2,000만 원까지는 분리과세하고 초과분을 종합과세한다.

17 금융시장에 관한 설명으로 옳지 않은 것은? `2010`

① 직접금융거래 수단에는 주식, 채권 등이 있다.

② 만기 1년 이상의 채권이나 만기가 없는 주식이 거래되는 시장은 자본시장이다.

③ 딜러, 브로커 등이 거래를 중개하는 점두시장은 다시 딜러·브로커 간 시장(inter-dealer segment)과 대고객시장(dealer-to-customer segment)으로 구분된다.

④ 우리나라 채권은 주로 장내시장에서 거래된다.

17
우리나라의 경우 채권은 대부분 장외시장에서 거래되고 있으며 콜, 양도성예금증서, 기업어음 등 단기금융상품은 물론 외환 및 외환파생상품, 금리 및 통화 스왑 등의 파생금융상품 등도 대부분 장외시장에서 거래된다.

18 금융기관의 예금거래업무에 관한 설명으로 옳은 것은? `2010`

① 예금계약은 예금자가 금전의 보관을 위탁하고 금융기관이 운용하다가 추후 금전을 반환하는 소비대차계약이다.

② 양도성예금증서는 그 증권의 점유자에게 지급하면 정당한 권리자 여부에 관계없이 금융기관은 면책된다.

③ 점외수금의 경우, 지점장(우체국장)은 영업점으로 돌아와 수납직원에게 금전을 넘겨주고 그 수납직원이 이를 확인한 때 예금계약이 성립한다.

④ 공동대표이사와 거래 시 공동대표 1인이 다른 어느 1인에게 모든 업무를 포괄적으로 위임하는 것은 유효하다.

18
① 예금계약은 소비대차계약이 아니고 소비임치계약이다.
③ 지점장(우체국장)의 경우 금전을 수령하고 확인시점에서 예금계약이 성립한다. 다만, 수금직원일 경우에는 영업점으로 돌아와 수납직원에게 금전을 넘겨주고 그 수납직원이 이를 확인한 때 예금계약이 성립한다.
④ 개별적 위임은 허용되나 포괄적 위임은 허용되지 않는다.

16 ④ 17 ④ 18 ②

19
① 고객의 신청이 있어야 타 은행의 무매체거래를 이용할 수 있다.
③ 기프트카드는 물품할부구매나 현금서비스, 현금인출기능이 없다.

20
① 실질금리에 대한 설명이다.
③ 표면금리란 겉으로 나타난 금리를 말하며, 실효금리는 실제로 지급하거나 부담하게 되는 금리이다. 표면금리가 동일한 예금이자라도 단리·복리 등의 이자계산방법이나 이자에 대한 세금의 부과 여부 등에 따라 실효금리는 달라진다.
④ 채권가격과 수익률은 서로 역의 방향으로 진행된다. 그러므로 채권가격이 떨어지면 채권수익률은 올라간다.

21
① 법인의 우체국 체크카드 월 사용한도는 기본 한도 월 2천만 원이다.
② 전 가맹점 0.3%포인트 적립은 다드림 체크카드의 혜택에 해당한다.
③ 라이프+플러스 체크카드에는 교통기능과 관련한 특징이 없다.

19 전자금융에 관한 설명으로 옳은 것은?   2010

① 우체국 CD/ATM 무매체거래 고객은 별도의 신청 없이 타 은행의 무매체거래를 이용할 수 있다.
② '1369' 조회서비스를 이용하고자 하는 고객은 텔레뱅킹서비스 신청 없이 이용이 가능하다.
③ 실지명의가 확인된 기명식 선불카드는 물품할부구매가 가능하다.
④ 전자금융으로 우체국 경조금배달서비스를 이용할 수 없다.

20 금리에 대한 설명으로 옳은 것은?   2008

① 명목금리는 물가상승에 따른 구매력의 변화를 감안한 금리이다.
② 실질이자소득은 같은 금리수준에서 물가상승률이 낮을수록 늘어나게 된다.
③ 단리·복리 등의 이자계산 방법이나 이자에 대한 세금의 부과 여부 등에 관계없이 표면금리와 실효금리는 동일하다.
④ 채권가격이 떨어지면 채권수익률은 떨어지게 되고, 채권가격이 오르면 채권수익률은 올라가게 된다.

21 우체국 체크카드에 대한 설명으로 옳은 것은?   2021

① 법인의 우체국 체크카드 월 사용한도는 기본 한도 1억 원, 최대 한도 3억 원이다.
② Biz플러스 체크카드는 신차 구매, 전 가맹점 0.3% 포인트 적립 등 개인사업자 및 소상공인을 위한 맞춤형 혜택을 제공하는 카드이다.
③ 라이프플러스 체크카드의 교통기능은 일반 카드일 경우에는 선불, 하이브리드 카드일 경우에는 후불 적용된다.
④ 우체국 체크카드는 카드 유효기간의 만료 또는 회원 본인이 사망하거나 피성년후견인·피한정후견인으로 우체국에 신고 등록된 경우, 효력이 상실된다.

19 ② 20 ② 21 ④

22 우체국 예금상품에 대한 설명으로 옳은 것을 모두 고른 것은? 2021

> ㄱ. e-Postbank정기예금은 자동이체 약정, 체크카드 이용실적, 자동 재예치 실적에 따라 우대금리를 제공한다.
> ㄴ. 「중소기업협동조합법」에서 정하는 소기업·소상공인 공제금 수급 자는 우체국 행복지킴이통장 가입 대상이다.
> ㄷ. 입양자는 이웃사랑정기예금과 우체국 새출발자유적금 패키지 중 새출발 행복 상품에 가입할 수 있다.
> ㄹ. 우체국 하도급지킴이통장은 공사대금 및 입금이 하도급자와 근로 자에게 기간 내 집행될 수 있도록 관리, 감독하기 위한 압류방지 전용 통장이다.

① ㄱ, ㄴ ② ㄱ, ㄹ
③ ㄴ, ㄷ ④ ㄷ, ㄹ

23 주식투자 및 채권투자의 주요 내용에 대한 설명으로 옳은 것을 모두 고른 것은? 2021

> ㄱ. 신종자본증권은 대부분 발행 후 5년이 지나면 투자자가 채권에 대 해 상환을 요구할 수 있는 풋옵션이 부여되어 있다.
> ㄴ. 채권의 가격은 시장금리 및 발행기관의 신용 변화에 영향을 받아 변동하게 되며, 다른 요인들이 모두 동일하다면 채권은 잔존기간 이 짧아질수록 가격의 변동성이 증가한다.
> ㄷ. 유상증자는 기업의 재무구조를 개선하고 타인자본에 대한 의존도 를 낮출 수 있는 반면, 무상증자는 회사와 주주의 실질재산에는 변 동이 없다. 유·무상증자 권리락일에는 신주인수권 가치만큼 기준 주가가 하락한 상태에서 시작하게 된다.
> ㄹ. 2021.3.9.(화)에 유가증권시장에서 매입한 주식(전일종가 75,000 원)의 당일 중 최소 호가 단위는 100원이며, 주중에 다른 휴장일이 없다면 2021.3.11.(목) 개장 시점에 증권계좌에서 매입대금은 출금 되고 주식은 입고된다.

① ㄱ, ㄴ ② ㄱ, ㄹ
③ ㄴ, ㄷ ④ ㄷ, ㄹ

22
ㄱ. e-Postbank는 온라인 예·적금 가입, 자동이체 약정, 체크카드 이용실적에 따라 우대금리를 제공한다. 자동 재예치 실적은 해당하지 않는다.(×)
ㄴ. 행복지킴이통장 가입대상 : 기초생활, 기초 (노령)연금·장애인연금·장애수당·장 애아동수당·요양비 등 보험급여·특별 현금급여비·건설근로자 퇴직공제금·아 동수당·소기업/소상공인 공제금·자립 수당·재난적의료비 지원금액 수급자, 한 부모가족지원 보호·긴급지원·어선원 보험의 보험급여 지급 대상자(○)
ㄷ. 우체국 새출발자유적금 (○)

패키지 구분	새출발 희망	새출발 행복
가입 대상자	기초생활수급자, 근로장려금수급 자,장애인 연금· 장애수당·장애 아동수당수급자, 한부모가족지원 보호대상자, 소년 소녀가장, 북한이 탈주민, 결혼이민 자	헌혈자, 입양자, 장기·골수기증 자, 다자녀가정 부모봉양자, 농어 촌 읍면단위 거주 자, 개인신용평점 상위92% 초과 개 인, 협동조합종사 자, 소상공인

ㄹ. 하도급지킴이통장은 압류방지 대상이 아니다.(×)

23
ㄱ. 신종자본증권은 투자자가 채권에 대해 상환을 요구할 수 있는 콜옵션이 부여되 어 있다.(×)
ㄴ. 채권의 잔존기간이 짧아질수록 가격의 변동성은 감소한다.(×)
ㄷ. (○)
ㄹ. 거래일을 포함하여 3영업일 후 주식이 입고되며 50,000원 이상, 100,000원 미 만인 경우 최소호가단위는 100원이다. (○)

22 ③ 23 ④

적중예상문제

01 금융에 대한 다음 설명으로 옳지 않은 것은?

① 금융활동의 주체는 가계, 기업, 정부, 금융기관이다.
② 직접금융은 주식 및 채권의 발행 및 유통을 꼽을 수 있다.
③ 금융중개기관이 자금융통을 매개하는 방식이 직접금융이다.
④ 간접금융은 은행권 및 제2금융권의 대출이 대표적인 예이다.

02 금융시장에 대한 다음 설명 중 옳은 것은?

① 금융시장이 발달하면 금융자산의 환금성이 높아지고 유동성 프리미엄이 높아진다.
② 금융시장이 발달하면 정보의 범위가 넓어지고 전파속도도 빨라진다.
③ 단기금융시장은 보통 만기 3년 미만의 금융자산이 거래되는 시장이다.
④ 자본시장이 대표적인 단기금융시장이다.

03 '국민소득 3면 등가의 법칙'(equivalence of three approaches)이란?

① 순국민소득＝생산국민소득＝지출국민소득
② 순국민소득＝분배국민소득＝소비국민소득
③ 생산국민소득＝분배국민소득＝지출국민소득
④ 생산국민소득＝분배국민소득＝소비국민소득

04 다음 〈보기〉는 금융의 어떤 기능을 설명한 것인가?

> **보기**
>
> 금융은 여유자금을 가진 사람에게는 투자의 수단을 제공하고 자금이 필요한 사람에게는 자금을 공급해 준다. 각 경제주체들이 자금을 조달 또는 운용하는 과정에서 원하는 금리수준이 다르기도 하여 금융회사들은 원활한 자금중개를 위해 돈을 빌리는 사람의 신용도를 평가하기도 하고 돈을 저축(투자)하는 사람들과 돈을 빌리는 사람 사이에서 가격(이자율)을 조정하기도 한다. 또 자금의 만기나 크기를 재조정하여 자금이 적절하게 제 자리를 찾아가도록 돕고 있다.

① 개인 간 자금거래 중개
② 거래비용의 절감
③ 가계에 대한 자산관리수단 제공
④ 자금의 효율적인 배분

 한눈에 보는 **정답**과 해설

01 ③ 직접금융이 아니라 간접금융이다(예 은행대출).
02 ① 유동성 프리미엄이 낮아진다.
　　③ 3년 미만 → 1년 이내
　　④ 자본시장은 장기금융시장이다.
03 국민소득 3면 등가의 법칙
　　국민소득은 생산측면, 분배(요소소득)측면, 지출측면 중 어느 측면에서 측정되더라도 그 값이 동일하게 되어야 한다는 것이다.

04 금융은 여유자금을 가진 사람에게는 투자의 수단을 제공하고 자금이 필요한 사람에게는 자금을 공급해 준다. 즉, 금융은 자금의 효율적인 배분을 주도함으로써 거시적인 차원에서 경제발전에도 기여하고 있다.

01 ③　02 ②　03 ③　04 ④

05 금리에 대한 다음 설명으로 옳지 않은 것은?

① 물가변동의 고려 여부에 따라 실질금리와 명목금리로 구분한다.

② 물가가 상승할 것으로 예상되면 금리가 하락한다.

③ 실질금리는 명목금리에서 기대물가상승률을 뺀 금리 수준을 의미한다.

④ 채권수익률은 채권가격의 변동과 반대방향으로 움직인다.

06 금융기관에 대한 다음 설명으로 옳지 않은 것은?

① 특수은행은 특별법에 의해서 설립된 은행이다.

② 국민은행, 중소기업은행은 특수은행에 속한다.

③ 비은행예금취급기관으로는 신협, 새마을금고, 우체국 등이 있다.

④ 신용보증기금, 신용평가회사는 금융보조기관에 속한다.

07 돈의 값(가격)인 금리도 금융시장에서 자금의 수요와 공급에 의해 결정된다면 다음 중 금리가 상승하는 경우가 아닌 것은?

① 경기 전망이 좋아진다.

② 가계의 소득이 적어진다.

③ 물가가 오를 것으로 예상된다.

④ 중앙은행이 통화량을 증가시킨다.

08 우체국예금에 대한 다음 설명으로 옳지 않은 것은?

① 우체국예금의 구체적 종류 및 대상 등은 기획재정부장관이 정한다.

② 우체국예금 외의 금융업무에는 보험, 우편환, 우편대체 등이 있다.

③ 전국의 우체국에서 신용카드 발급, 증권계좌의 개설이 가능하다.

④ 우체국은 국영금융기관으로서 공적역할을 수행한다.

09 100만 원짜리 채권을 지금 5만 원 할인된 95만 원에 사고 1년 후 100만 원을 받는 경우 할인율과 수익률은 각각 얼마인가? (할인율 − 수익률)

할인율 − 수익률 할인율 − 수익률

① 5% − 5.3% ② 5.5% − 5%

③ 5% − 5% ④ 5.3% − 5.3%

10 환율이 달러당 1,200원으로부터 1,180원으로 하락하였다. 그 원인에 대한 설명으로 옳지 않은 것은?

① 외국인의 국내 주식투자가 증가하였다.

② 중국의 경기호황으로 수출이 증가하였다.

③ 포드자동차가 국내 채권시장에서 자금을 조달하였다.

④ 미국기업이 부산에 대규모 공장을 신축하였다.

 한눈에 보는 정답과 해설

05 물가가 오를 것으로 예상되는 경우 빌려준 돈의 금액의 실질가치가 하락하므로 금리는 상승한다.

06 국민은행은 일반은행에 속하고 중소기업은행은 특수은행이다.

07 중앙은행이 통화량을 증가시키면 금융시장에 자금의 공급이 증가하므로 금리는 하락한다.

08 우체국예금의 구체적 종류 및 대상 등은 과학기술정보통신부장관이 정한다.

09 • 100만 원 가치를 95만 원에 5% 할인하여 준 것이므로

$$할인율 = \frac{할인금액}{채권가격} \times 100(\%) = \frac{5}{100} \times 100(\%) = 5(\%)$$

• 95만 원으로 100만 원을 벌었으므로

$$수익률 = \frac{이자금액}{채권가격} \times 100(\%) = \frac{5}{95} \times 100(\%) = 5.3(\%)$$

10 ③ 포드자동차가 국내 채권시장에서 자금을 조달 → 외환공급감소 → 환율상승

05 ② 06 ② 07 ④ 08 ① 09 ① 10 ③

11 다음 〈보기〉는 법인격 없는 단체와의 예금거래에 관한 설명이다. 옳은 것을 모두 고른 것은?

㉠ 법인격 없는 재단은 그 대표자 개인명의로 예금거래를 하게 된다.

㉡ 법인격 없는 사단과의 예금거래에서 사단으로의 실체가 불분명한 경우에는 분쟁 방지차원에서 대표자 개인과 거래를 하는 것이 안전하다.

㉢ 조합은 법인격이 없고 조합장도 대표권이 없으므로 조합과의 예금거래는 조합원 전원의 이름으로 하는 것이 원칙이다.

㉣ 법인격 없는 사단과 거래 시 부가가치법에 의한 고유번호를 부여받은 경우에는 그 대표자와 예금거래를 하면 되고, 이와 같이 개설된 예금은 구성원에게 각자의 지분에 따라 공유적으로 귀속한다.

㉤ 법인격 없는 재단은 권리능력이 없고 법인격 없는 사단과 같은 구성원도 없으므로 그 예금의 귀속관계는 준총유나 준합유의 관계가 될 수 없다.

① ㉠, ㉡, ㉢
② ㉠, ㉡, ㉢, ㉤
③ ㉡, ㉢, ㉣, ㉤
④ ㉠, ㉡, ㉢, ㉣, ㉤

12 다음 중 비은행 예금취급기관이 아닌 것은?

① 우체국예금
② 한국산업은행
③ 새마을금고
④ 신용협동조합

13 직접금융에 대한 설명으로 옳지 않은 것은?

① 자금의 최종적 차입자가 자금의 최종적 대출자에게 주식이나 사채 등을 직접적으로 발행함으로써 자금을 조달하는 방식을 말한다.

② 보통 주식·사채 등이 매매되는 증권시장에서 이루어진다.

③ 최종적인 차입자가 발행하는 금융자산을 본원적 증권이라고 하였다.

④ 차입자가 대출자의 자금을 흡수하는 방법으로서 본원적 증권만으로 충분하다.

14 고정금리와 변동금리에 관련된 내용으로 옳지 않은 것은?

① 고정금리는 만기까지 당초의 금리가 변하지 않는 것이다.

② 고정금리에서 시장금리의 변동에 따라 수반되는 위험은 대출자와 차입자 쌍방이 부담하게 된다.

③ 변동금리는 시중금리의 변동에 따라 자금을 조달하거나 운용할 때 적용되는 금리가 수시로 변한다.

④ 금리 상승이 예상되는 경우에는 변동금리로 자금을 조달하는 것이 유리하다.

 한눈에 보는 **정답과 해설**

11 법인격 없는 사단과 거래 시 부가가치법에 의한 고유번호를 부여받은 경우에는 그 대표자와 예금거래를 하면 되고, 이와 같이 개설된 예금은 대표자 개인의 예금이 아니라 법인격 없는 사단에 총유적으로 귀속된다.

12 한국산업은행은 은행예금취급기관이다.

13 차입자가 대출자의 자금을 흡수하는 방법으로서 본원적 증권만으로는 충분하지 않다. 본원적 증권만으로 차입자와 대출자 간에 기간·금액·이율 등 여러 조건을 명확히 하기는 어렵기 때문이다.

14 금융시장 참가자들은 자금의 조달과 운용에 있어 고정금리와 변동금리를 적절히 활용함으로써 금리변동에 대처할 수 있다. 예컨대 은행의 경우 금리 상승 시에는 고정금리로 자금을 조달하여 상환기한까지 당초의 저금리로 예금이자를 지급하는 것이 유리하고, 금리 하락 시에는 변동금리로 자금을 조달함으로써 예금이자 지급을 줄일 수 있다.

11 ② 12 ② 13 ④ 14 ④

15 예금의 소멸원인이 되지 않는 것은?

① 변제
② 변제공탁
③ 상계
④ 양도 및 상속

16 기업이 자금을 조달하는 방식 중 직접금융방식이 아닌 것은?

① 주식공모
② 은행으로부터 차입
③ 회사채 발행
④ 사채(私債)

17 다음 〈보기〉 중 채무증서시장에 해당하는 것을 모두 고른다면?

> 보기
>
> ㉠ 통화안정증권 시장   ㉡ 표지어음 시장
> ㉢ 양도성 예금증서 시장   ㉣ 코스닥시장
> ㉤ 제3주식시장

① ㉠, ㉡, ㉢
② ㉠, ㉡, ㉣
③ ㉠, ㉡, ㉤
④ ㉡, ㉢, ㉤

18 다음 금융기관의 기능으로 옳은 것을 모두 고른다면?

> ㉠ 거래비용의 절감
> ㉡ 채무불이행의 위험 축소
> ㉢ 지급결제수단의 제공

① ㉠, ㉡, ㉢
② ㉠, ㉡
④ ㉡, ㉢
③ ㉠, ㉢

19 실질금리에 대한 공식으로 옳은 것은?

① 실질금리＝명목금리－기대물가상승률
② 실질금리＝명목금리＋인플레이션율
③ 실질금리＝명목금리＋물가지수
④ 실질금리＝명목금리－통화지수

20 지수는 우체국 정기예금인 년 이율 5%의 단리이자상품과 5%의 복리이자를 적용하는 상품에 가입하여 1,000만 원을 입금하였다. 3년 후 지수가 받는 금액의 차이는 약 얼마인가? (단, 세금은 없는 것으로 가정한다)

① 20,000원
② 40,000원
③ 80,000원
④ 160,000원

 한눈에 보는 정답과 해설

15 예금은 예금주의 청구에 의하여 금융기관이 예금을 지급함으로써 예금계약이 소멸된다. 예금주가 금융기관에 대하여 예금의 지급을 청구하는 행위는 의사를 통지하는 것이 통설이고 이에 따라 금융기관이 예금을 지급하는 행위는 채무의 변제인 것이므로 변제에 의하여 예금채무는 소멸한다. 기타 예금의 소멸원인으로는 변제공탁, 상계, 소멸시효의 완성 등이 있다.

16 • 직접금융시장 : 자금의 수요자와 공급자가 자금을 직접 거래하는 시장 ⓔ 주식시장, 채권시장 등
 • 간접금융시장 : 금융중개기관이 개입하여 자금의 수요자와 공급자를 연결시켜주는 시장 ⓔ 예금시장

17 ㉠, ㉡, ㉢은 채권으로 채무시장이고, 코스닥시장 및 주식시장은 주식시장이다.

18 모두 금융기관의 기능이다.

19 실질금리는 명목금리에서 기대물가상승률을 뺀 것이다. 명목금리는 물가상승에 따른 구매력 변화가 반영되지 않은 금리이고, 실질금리는 명목금리에서 기대물가상승률을 차감한 금리이다. 기대물가상승률이 명목금리에 미치는 효과를 피셔효과, 기대물가상승률은 인플레이션 프리미엄이라고 한다.

20 원금 A, 이자율 r, 기간 n일 때,
단리에 의한 원리합계＝$A(1+nr)$
복리에 의한 원리합계＝$A(1+r)^n$
원금 : A＝10,000,000원, 이자율 : r＝0.05, 기간 : n＝3이므로
단리 $A(1+nr)=10,000,000(1+3\times0.05)=11,500,000$
복리 $A(1+r)^n=10,000,000(1+0.05)^3\fallingdotseq11,580,000$
그러므로 차이는 약 80,000원이다.

15 ④ **16** ② **17** ① **18** ① **19** ① **20** ③

21 저축기간과 금리와의 관계를 설명하는 '72의 법칙'이라는 것이 있다. 지수는 3%의 복리이자를 적용하는 상품에 가입하여 1,000만 원을 입금하였다. '72의 법칙'에 의하면 2,000만 원이 되는 데 걸리는 기간은 약 얼마인가?

① 14.4년   ② 16년
③ 21.4년   ④ 24년

22 우체국예금에 대한 설명으로 옳지 않은 것은?

① 우체국예금의 예금상품은 은행과 거의 비슷하다.
② 우체국예금의 자금운용은 금융기관에의 예탁, 국가 및 지방자치단체 기타공공단체 또는 은행법에 의한 금융기관이 직접 발행하거나 채무이행을 보증하는 유가증권 및 정부투자기관이 발행하는 주식 등 과학기술정보통신부령이 정하는 주식의 매입에 한정되어 있다.
③ 우체국예금은 국가가 경영하므로 그 원리금에 대하여 정부가 지급책임을 지고 있다.
④ 우체국예금은 주로 정부차입금 및 주식발행을 통해 자금을 조달한다.

23 직접금융과 간접금융에 대한 설명 중 옳지 않은 것은?

① 직접금융이란 자금의 최종적 차입자가 자금의 최종적인 대출자에게 주식이나 사채 등을 직접적으로 발행함으로써 자금을 조달하는 방식을 말한다.
② 본원적 증권이란 금융기관과 같은 경제주체가 발행하는 채무증서이다.
③ 금융중개기관은 최종적인 차입자에게 자금을 공급하여 본원적 증권을 구입하는 한편 자신에 대한 청구권을 발행하여 최종적인 대출자로부터 자금을 조달함으로써 최종적인 차입자와 대출자를 중개하는 것이다.
④ 금융기관이 자신에 대해서 발행하는 청구권을 간접증권 또는 제2차증권이라 한다.

24 예금의 입금업무에서 현금입금에 대한 설명으로 옳지 않은 것은?

① 입금인의 면전에서 입금액을 확인한 경우에는 문제될 것이 없으나 입금인이 입회하지 않은 상태에서 입금고지액과 확인액 사이에 차이가 발생한 경우는 문제가 된다.
② 입금 의뢰액보다 실제 확인된 금액이 적은 경우에 입금 의뢰액대로 예금계약이 성립함을 주장하기 위해서는 입금자가 그 입금 의뢰액을 입증할 책임을 부담한다.
③ 현금의 확인을 유보하는 의사 없이 예금통장 등을 발행한 경우에 부족액이 발생한 경우에는 금융기관이 입증책임을 부담한다.
④ 금융기관에 과다입금된 경우 제3자가 그러한 사실을 모르고 그 예금에 대하여 질권을 취득하고 금전을 대부해 주었다거나 압류·전부명령을 받은 경우에는 그로 인한 손해를 예금주가 책임져야 한다.

 한눈에 보는 **정답과** 해설

21 원칙적인 계산은 위 문제의 원리에 의해 $A(1+0.03)^n = 2A$인 n의 값을 구하는 다소 복잡한 풀이가 된다.
(72의 법칙) : 72÷금리(%)=원금이 두 배가 되는 시기(년)이므로 72÷3(%)=24년이다.
22 우체국예금의 자금조달은 주로 예금과 환매국공채제도를 통해 조달하며, 자금은 예치금과 유가증권으로 운용하고 있다.

23 기업이 주식이나 회사채와 같은 본원적 증권을 발행하여 자금을 조달한다. 즉, 본원적 증권은 금융기관 이외의 경제주체가 발행한 채무증서이다.
24 ④ 손해배상책임은 금융기관이 져야 한다.

21 ④   22 ④   23 ②   24 ④

25 다음은 투자의 위험(risk)에 대한 설명이다. 옳지 않게 설명한 것은?

① 리스크에 대한 보상으로 증가하는 기대수익률을 리스크 프리미엄(risk premium)이라고 한다.
② '모든 달걀을 한 바구니에 담지 말라'는 표현을 쓰는데 이것은 투자를 할 때에는 포트폴리오(portfolio)를 구성하여 투자할 것을 권하는 말이다.
③ 분산투자처럼 투자위험을 줄이려는 전략 중 하나는 레버리지(leverage) 투자이다.
④ 무위험수익률은 기대수익률에서 리스크 프리미엄을 뺀 값이다.

26 예금거래의 성질에 대한 설명으로 옳지 않은 것은?

① 당좌예금은 위임계약과 소비임치계약이 혼합된 계약이다.
② 예금의 소멸시효는 10년이다.
③ 상호금융은 쌍무계약의 성질을 지닌 것으로 보아야 한다.
④ 입출금이 자유로운 예금은 질권설정이 금지되어 있다.

27 예금의 지급과 면책에 대한 설명으로 옳지 않은 것은?

① 예금채권은 원칙적으로 지명채권이다.
② 양도성 정기예금증서(CD)는 점유자에게 지급하면 금융기관은 면책된다.
③ 채권의 준점유자에 대한 변제는 변제자가 선의이며 과실이 없는 때에 효력이 있다.
④ 기한부예금의 중도해지의 경우 반드시 본인의 의사를 확인할 필요는 없다.

28 다음은 글로벌 주가지수에 대한 설명이다. 어떤 지수를 설명하는가?

> 미국 모건스탠리증권이 지난 1986년에 인수한 캐피털인터내셔널사에서 작성하여 발표하는 지수로, 국제금융 펀드의 투자 기준이 되는 대표적인 지표다. 최초의 국제 벤치마크(benchmark)로 특히 미국계 펀드의 95% 정도가 이 지수를 기준으로 삼을 만큼 펀드 운용에 주요 기준으로 사용되고 있는 지수다. 전 세계를 대상으로 하는 글로벌지수, 특정 지역에 한정하는 지역지수 등 국가와 산업 및 펀드스타일 등에 따른 다양한 종류의 지수들을 100여 개나 제시하고 있다.

① MSCI지수
② FTSE지수
③ S&P500지수
④ 다우지수

한눈에 보는 정답과 해설

25 ③ 레버리지(leverage) 투자는 기대수익률을 더욱 높이기 위해 투자위험을 오히려 확대하는 전략이다.
26 예금은 상사계약의 일종으로 소멸시효는 5년이다.
27 기한부예금의 중도해지의 경우 반드시 본인의 의사를 확인해야 한다.

28 ① MSCI지수 : 미국의 모건스탠리캐피털 인터내셔널사가 작성·발표하는 세계적인 주가지수로, 글로벌펀드의 투자기준이 되는 지표이자 최초의 국제 벤치마크이다.

25 ③　26 ②　27 ④　28 ①

29 비상장기업이 유가증권시장이나 코스닥시장에 상장하기 위해 그 주식을 법적인 절차와 방법에 따라 주식을 불특정 다수의 투자자들에게 팔고 재무내용을 공시하는 것을 말하는 용어는?

① SPAC　　　　　　② IPO
③ M&A　　　　　　④ ABS

30 다음은 특수한 형태의 채권에 대한 설명이다. 옳게 짝지어진 것은?

① CB란 순수한 회사채의 형태로 발행되지만 일정 기간이 경과된 후 보유자의 청구에 의하여 발행회사의 주식으로 전환될 수 있는 권리가 붙어 있는 사채이다.
② BW란 특정 주권의 가격이나 주가지수의 수치에 연계한 증권이다.
③ ELS란 금융회사가 보유 중인 자산을 표준화하고 특정 조건별로 집합(Pooling)하여 이를 바탕으로 증권을 발행한 후 유동화자산으로부터 발생하는 현금흐름으로 원리금을 상환하는 증권이다.
④ ABS란 채권자에게 일정기간이 경과한 후에 일정한 가격(행사가격)으로 발행회사의 일정수의 신주를 인수할 수 있는 권리, 즉 신주인수권이 부여된 사채이다.

31 지배회사 또는 모회사라고도 하며 산하에 있는 종속회사, 즉 자회사의 주식을 전부 또는 일부 지배가 가능한 한도까지 매수함으로써 기업합병에 의하지 않고 지배하는 회사를 무엇이라 하는가?

① 합명회사　　　　　② 물적회사
③ 지주회사　　　　　④ 주주회사

32 채권투자의 특징 중 옳은 것은?

① 채권의 자본이득에 대해서는 주식과 달리 과세된다.
② 채권은 금융회사 또는 주식회사 등이 발행하므로 채무 불이행 위험이 상대적으로 높다.
③ 채권의 가격은 시장금리 및 발행기관의 신용 변화에 따라 변동하게 된다.
④ 채권은 만기가 있으므로 주식처럼 유통(증권)시장을 통해 비교적 쉽게 현금화할 수 없다.

33 금융회사는 금융시장에서 자금수요자와 공급자 사이에서 자금을 중개해주는 역할을 하는 회사이다. 우리나라의 금융회사의 분류 중 우체국예금/보험은 어디에 해당되는가?

① 은행　　　　　　　② 비은행금융회사
③ 금융투자회사　　　④ 기타 금융회사

 한눈에 보는 정답과 해설

29 기업공개(IPO; Initial Public Offering)란 주식회사가 신규발행 주식을 다수의 투자자로부터 모집하거나 이미 발행되어 있는 대주주 등의 소유 주식을 매출하여 주식을 분산시키는 것을 말한다.
30 전환사채(CB; Convertible Bond) : 사채로서 발행되었지만 일정기간 경과 후 소유자의 청구에 의하여 주식(보통주식)으로 전환할 수 있는 사채이다.
31 지주회사는 기업집단 내 구조조정, 자회사별 책임경영을 촉진하여 경영효율성을 높이는 장점이 있으나, 경제력 집중을 심화시키는 부작용도 발생할 수 있다.

32 ① 채권의 이자소득에 대해서는 이자소득세가 과세되지만 매매에 따른 자본이득에 대해서는 주식과 마찬가지로 과세되지 않는다.
② 채권은 정부, 지방자치단체, 금융회사 또는 신용도가 높은 주식회사 등이 발행하므로 채무 불이행 위험이 상대적으로 낮다.
④ 채권은 주식처럼 유통(증권)시장을 통해 비교적 쉽게 현금화할 수 있다.
33 기타 금융회사 : 금융지주회사, 우체국예금/보험 등

29 ②　30 ①　31 ③　32 ③　33 ④

34 기업 가치와 주가를 비교해서 주식투자에 활용하는 방법으로 다음과 같은 주가비교용어는?

> 주식가격을 1주당 순이익으로 나눈 값으로 기업이 벌어들이는 주당이익에 대해 증권시장의 투자자들이 어느 정도의 가격을 지불하고 있는가를 뜻한다. 주식 1주당 수익에 대한 상대적 주가수준을 나타낸다고 볼 수 있다. 주가이익비율은 기업의 본질적인 가치에 비해 주가가 고평가되어 있는지 저평가되어 있는지를 판단하는 기준으로 사용된다. 주가이익비율이 상대적으로 높으면 주가가 고평가되어 있다는 것을 의미하며 낮으면 저평가되어 있다는 것을 의미한다.

① EPS
② PER
③ PBR
④ ROE

35 예금자보호에 대한 설명으로 옳지 않은 것은?

① 일반은행은 예금자보호법에 따라 예금자 원금과 소정의 이자를 포함하여 1인당 5천만 원까지 보호된다.
② 농협은행 및 수협은행 본·지점의 예금은 일반은행처럼 예금자보호법에 따라 보호된다.
③ 농·수협 지역조합의 예금은 예금자보호법에 따른 보호대상이 아니라 보호를 받지 못한다.
④ 정부·지방자치단체·한국은행·금융감독원·예금보험공사 및 부보금융회사의 예금예금은 보호대상에서 제외된다.

36 ATM(현금자동입출금기)에 의한 입금 시 예금계약이 성립되는 시점은?

① 고객이 ATM기의 예입버튼을 누른 때
② 기장이 완료되고 예금주에게 통지된 때
③ ATM기로부터 수납직원이 확인한 때
④ ATM기에 현금을 넣은 때

37 의심거래보고제도(STR)에 대한 설명으로 옳지 않은 것은?

① 의심거래가 판단되는 시점에 즉시 보고한다.
② 의심거래보고를 하지 않는 경우에는 관련 임직원에 대한 징계 및 기관에 대한 시정명령과 과태료 부과 등 제재처분이 가능하다.
③ 의심거래보고 기준금액이 2천만 원이다.
④ 불법재산 또는 자금세탁행위를 하고 있다고 의심되는 합당한 근거의 판단주체는 금융회사 종사자이며, 그들의 주관적 판단에 의존한다.

한눈에 보는 정답과 해설

---

34 ① 주당순이익(Earning Per Share) : 기업이 벌어들인 순이익(당기순이익)을 그 기업이 발행한 총 주식수로 나눈 값
　　③ 주가순자산비율(Price Book-value Ratio) : 주가를 주당순자산가치(BPS, book value per share)로 나눈 비율로 주가와 1주당 순자산을 비교한 수치
　　④ 자기자본이익률(Return On Equity) : 투입한 자기자본이 얼마만큼의 이익을 냈는지를 나타내는 지표
35 농협은행 및 수협은행 본·지점의 예금은 은행처럼 예금자보호법에 따라 예금자 원금과 소정의 이자를 포함하여 1인당 5천만 원까지 보호되지만 농·수협 지역조합의 예금은 예금자보호법에 따른 보호대상이 아니라 각 중앙회가 자체적으로 설치, 운영하는 「상호금융예금자보호기금」을 통하여 보호되고 있다.

36 ATM기의 조작은 예금주 자신에 의하여 이루어지고 최종적으로 그 현금이 은행에 인도되는 것은 예금주가 확인버튼을 누른 때이므로 예금계약이 성립하는 시기는 고객이 확인버튼을 누른 때라고 보는 것이 통설이다.
37 현재 의심거래보고 기준금액이 삭제되어 금액에 상관없이 보고할 수 있다.

34 ② 35 ③ 36 ① 37 ③

38 자금세탁방지제도에 대한 설명으로 옳지 않은 것은?

① 국내적으로 이루어지는 불법자금의 세탁을 적발·예방하기 위한 제도적 장치로서 금융관리시스템을 의미한다.

② 혐의거래 보고대상에는 창구에서 실제 발생한 거래뿐 아니라 발생하지 않은 거래도 포함된다.

③ 보고책임자는 영업점으로부터 보고받은 사항을 검토하여 온라인으로 보고하거나 문서 또는 저장 매체로 제출하되, 긴급한 경우에는 우선 전화나 FAX로 보고하고 추후 보완할 수 있다.

④ 금융정보분석원은 금융기관이 보고한 혐의내용에 대하여 불법거래 또는 자금세탁행위와 관련된 거래라고 판단되는 때에는 해당 금융거래 자료를 검찰청·경찰청·해양경찰청·국세청·관세청·금융위원회·선거관리위원회 등 법집행기관에 제공한다.

39 다음은 고객확인제도(CDD)에 대한 설명이다. 옳지 않은 것은?

① 우리나라 법률에서는 이를 '합당한 주의'로서 행하여야 하는 의무사항으로 규정하고 있다.

② 2천만 원 이상의 일회성 금융거래(금융기관 등에 개설된 계좌에 의하지 않는)인 경우 CDD에 해당한다.

③ 「금융실명법」 제3조 제2항 제3호에서 정한 특정채권의 거래의 경우에는 고객확인의무 면제대상이다.

④ 계좌의 신규 개설 또는 2천만 원(외화 2만불) 이상의 일회성 금융거래가 대상이다.

40 다음은 예금의 지급에 대한 설명이다. 옳지 않은 것은?

① 예금채권은 예금주가 금융기관에 나와서 수령하는 추심채무이다.

② 무기명채권은 변제장소를 정한 바가 없으면 채무자의 현영업소가 지급장소이다. 그리고 무기명예금을 지급해야 할 장소는 원칙적으로 계좌개설 영업점이다.

③ 금융기관은 폰뱅킹신청 등록 시 거래상대방이 거래명인 주민등록증을 소지하였는지를 확인하는 것으로 충분하다.

④ 실무상 부득이 편의취급을 할 경우에는 예금주에 한하여 취급한다. 다만 평소에 예금거래를 대신하는 종업원 등이 편의취급을 요구하는 경우에는 본인의 의사를 확인하여야 한다.

41 다음 단기금융상품펀드(MMF; Money Market Fund)에 대한 설명 중 옳지 않은 것은?

① 펀드이므로 만기가 있어 입출금이 자유롭지 않은 상품이다.

② 고객의 돈을 모아 주로 CP(기업어음), CD(양도성예금증서), RP(환매조건부채권), 콜(call) 자금이나 잔존만기 1년 이하의 안정적인 국공채로 운용하는 실적배당상품이다

③ 자산운용회사가 운용하며 은행, 증권사, 보험사 등에서 판매한다.

④ 계좌의 이체 및 결제 기능이 없고, 예금자보호의 대상이 되지 않는다.

 한눈에 보는 정답과 해설

38 국내·국제적으로 이루어지는 불법자금의 세탁을 적발·예방하기 위한 법적·제도적 장치로서 사법제도, 금융제도, 국제협력을 연계하는 종합관리시스템을 의미한다.

39 계좌의 신규 개설 또는 2천만 원(미화 1만불) 이상의 일회성 금융거래가 대상이다.

40 금융기관이 폰뱅킹신청 등록 시 거래명의 주민등록증의 소지여부를 확인하는 것으로는 부족하고 직무수행상 필요로 하는 충분한 주의를 다하여 주민등록증의 진정여부 등을 확인함과 아울러 그에 부착된 사진과 실물을 대조하여야 한다.

41 MMF의 최대 장점은 가입 및 환매가 청구 당일에 즉시 이루어지므로 입출금이 자유로우면서 실적에 따라 수익이 발생하여 소액 투자는 물론 언제 쓸지 모르는 단기자금을 운용하는데 유리하다는 점이다. 다만, 계좌의 이체 및 결제 기능이 없고, 예금자보호의 대상이 되지 않는다.

38 ① 39 ④ 40 ③ 41 ①

42 어음관리계좌인 CMA에 설명 중 옳지 않은 것은?

① 종합금융회사나 증권회사가 취급한다.

② 어음 및 국·공채 등 단기금융상품에 직접 투자하여 운용한다.

③ 이체와 결제, 자동화기기(ATM)를 통한 입출금 기능을 갖고 있다.

④ 종합금융회사의 CMA는 예금자보호 대상이 되지 않는다.

43 다음 중 밑줄 친 '이것'에 대한 설명으로 옳지 않은 것은?

> 이것은 우리나라 화폐와 외국 화폐의 교환 비율로, 외국 화폐 1단위와 교환되는 우리나라 화폐의 단위로 표시된다.

① 해외로의 관광이 감소하면 이것의 상승을 가져올 수 있다.

② 외화의 수요와 공급에 의해 결정된다.

③ 이것과 관련하여 현재는 변동적 제도가 일반적이다.

④ 이것의 상승은 우리나라 화폐의 가치가 하락했음을 의미한다.

44 일반 정기예금에 대한 내용으로 옳지 않은 것은?

① 거래대상에는 제한이 없다.

② 저축한도, 즉 예입금액에 제한이 없다.

③ 예입기간에 제한이 없다.

④ 예입기간에 따라 각각 다른 이율을 적용한다.

45 양도성 예금증서(CD)에 대한 내용으로 옳지 않은 것은?

① 증서의 분실, 도난 등 사고신고가 있을 경우에는 자기 앞수표와 사고신고에 준하여 처리한다.

② 예치한도에는 제한이 없지만 보통 500만 원 이상이다.

③ 무기명할인식으로 발행한다.

④ 중도해지 및 양도를 인정하지 않는다.

46 ELS에 대한 설명으로 옳지 않은 것은?

① ELS는 파생결합증권의 일종으로 개별 주식의 가격이나 주가지수, 섹터지수 등의 기초자산과 연계되어 미리 정해진 방법으로 투자수익이 결정되는 증권이다.

② ELS는 위험별로 다양한 상품개발이 가능하다.

③ ELS는 운용회사가 투자매매업자이다.

④ ELS는 ELD에 비하여 원금손실에 대한 위험이 낮다.

 한눈에 보는 정답과 해설

42 종합금융회사의 CMA는 예금자보호 대상이 되지만 증권회사의 CMA는 그렇지 않다. 예탁금에 제한이 없고 수시 입출금이 허용되면서도 실세금리 수준의 수익을 올릴 수 있는 장점을 가지고 있다.

43 밑줄 친 이것은 환율이다. 해외로의 관광이 감소한다는 것은 외화의 수요가 감소한다는 것으로 환율의 하락을 가져온다.

44 일반 정기예금은 예입기간을 최단 1개월 이상으로 정하고, 예입기간에 따라 각각 다른 이율을 적용한다.

45 중도해지는 인정하지 않으나 양도성이 있다는 것이 특징이다.

46 ELS(Equity Linked Securities)는 원금보장형과 원금일부보장형이 있다. 원금보장이 적어질수록 파생상품에 투자하는 비중이 높아지므로 수익도 높아질 수 있으나 위험도 그만큼 높아진다. 이에 비해서 ELD(Equity Linked Deposits)는 은행이 고객으로부터 예금을 받아 원금의 대부분을 안정성이 보장된 예금 혹은 채권형태로 운영하고, 나머지를 파생상품에 투자하는 형태로 원금을 보장받을 수 있다. 더욱이 ELD는 손실을 입었다 하더라도 예금자보호법으로 최고 5,000만 원까지 원금과 이자가 보장이 되므로 ELS에 비해서 원금손실에 대한 위험이 없다고 볼 수 있다.

42 ④ 43 ① 44 ③ 45 ④ 46 ④

47 목돈마련을 위한 상품인 정기적금에 대한 설명으로 옳은 것은?

① 계약액은 원금과 세전 이자와의 합으로 나타낸다.
② 정기적금이나 정기예금은 예치기간이 정해져 있어서 보통예금보다 이자가 많고 유동성도 높다.
③ 만기 후에는 적용금리가 가입당시와 동일하다.
④ 입출금이 자유로운 상품이다.

48 다음에서 설명되는 금융상품은 무엇에 대한 설명인가?

> 금융회사가 보유하고 있는 국채, 지방채, 특수채, 상장법인 및 등록법인이 발행하는 채권 등을 고객이 매입하면 일정기간이 지난 뒤 이자를 가산하여 고객으로부터 다시 매입하겠다는 조건으로 운용되는 단기 금융상품이다.

① CD   ② RP
③ CMA   ④ ELD

49 펀드는 일반적으로 여러 사람의 돈을 모아 수익이 예상되는 곳에 투자하여 돈을 번 후 그 수익금을 투자한 금액에 비례하여 나누어 돌려주는 금융상품을 말한다. 다음 중 펀드에 대한 설명으로 옳지 않은 것은?

① 펀드 자금을 운용하는 대가로 자산운용회사가 받는 돈을 운용보수라고 하며 매년 펀드 자산의 일정 비율을 보수로 수취한다.
② 규모의 경제로 인해 비용을 절감할 수 있다.
③ 자산의 51% 이상을 주식에 투자하면 주식형 펀드, 채권에 51% 이상 투자하면 채권형 펀드라 한다.
④ 펀드는 예금자보호대상이 아니며 투자성과에 따라 손실이 발생할 수도 있고 심지어 전액 원금 손실에까지 이를 수도 있다.

50 다음은 선물과 옵션에 대한 설명이다 옳지 않은 것은?

① 선물거래의 가장 기본적이고 중요한 역할은 가격변동 리스크를 줄이는 헤징(hedging) 기능이다.
② 옵션계약은 장래의 일정시점 또는 일정기간 내에 특정 기초자산을 정한 가격에 팔거나 살 수 있는 권리를 말한다.
③ 주가지수선물은 매도자, 매수자의 이익과 손실이 무한정이다.
④ 콜옵션매수자는 기초자산의 가격이 행사가격 아래로 하락할 때 권리를 행사하고 풋옵션매수자는 기초자산의 가격이 행사가격 이상으로 상승할 때 권리를 행사한다.

한눈에 보는 정답과 해설

47 계약금액과 계약기간을 정하고 예금주가 일정 금액을 정기적으로 납입하면 만기에 계약금액을 지급하는 적립식 예금으로 푼돈을 모아 목돈을 마련하는데 적합한 가장 보편적인 장기 금융상품이다.

48 환매조건부채권에 대한 설명이며 예금자보호 대상은 아니지만 국채, 지방채 등 우량 채권을 대상으로 투자되므로 안정성이 높은 편이며, 대부분 만기가 지난 후에는 별도의 이자를 가산해 주지 않는다는 점에 유의해야 한다. 주로 통장거래로 이루어지며 30일 이내 중도 환매 시에는 당초 약정금리보다 훨씬 낮은 금리를 적용받게 된다

49 자산의 60% 이상을 주식에 투자하면 주식형 펀드, 채권에 60% 이상 투자하면 채권형 펀드, 주식 및 채권 투자 비율이 각각 60% 미만이면 혼합형 펀드이다.

50 콜옵션매수자는 기초자산의 가격이 행사가격 이상으로 상승할 때 권리를 행사하고 풋옵션매수자는 기초자산의 가격이 행사가격 아래로 하락할 때 권리를 행사한다.

47 ① **48** ② **49** ③ **50** ④

51 다음은 파생금융상품에 대한 설명이다. ㉠, ㉡, ㉢에 해당하는 용어로 가장 알맞게 짝지어진 것은?

> ㉠ 장래의 일정 시점을 인수·인도일로 하여 일정한 품질과 수량의 어떤 물품 또는 금융상품을 사전에 정한 가격에 사고팔기로 약속하는 계약
> ㉡ 장래의 일정시점 또는 일정기간 내에 특정 기초자산을 정한 가격에 팔거나 살 수 있는 권리
> ㉢ 장래의 일정 시점에 일정 품질의 물품 또는 금융상품을 일정 가격에 인수·인도하기로 계약으로, 거래 당사자들이 자유롭게 계약내용을 정하고 장소에 구애받지 않고 거래할 수 있는 계약

	㉠	㉡	㉢
①	선도계약	옵션계약	선물계약
②	선물계약	선도계약	옵션계약
③	옵션계약	선도계약	선물계약
④	선물계약	옵션계약	선도계약

52 인증을 위하여 이용고객에게 제공되는 일회용 비밀번호 생성보안 매체는?

① 시크리트 번호   ② OTP 발생기
③ SMS 서비스   ④ 뱅크타운

53 다음 〈보기〉의 설명은 무엇에 대한 것인가?

> 보기
>
> 전화·인터넷·이동통신망 등의 전자매체를 통해 금융기관업무·증권거래·보험업무 등의 금융서비스를 사용자들이 더욱 편리하고 신속하며 저렴하게 이용할 수 있도록 전자적인 방식으로 제공하는 서비스이다.

① 자동이체 서비스   ② 신용카드 서비스
③ 전자금융 서비스   ④ 수신·여신 서비스

54 다음 사항은 예금계약의 법적 성질 중 어떤 계약에 대한 설명인가?

> 수취인이 보관을 위탁받은 목적물의 소유권을 취득하여 이를 소비한 후 그와 같은 종류·품질 및 수량으로 반환할 수 있는 특약이 붙어 있는 것을 내용으로 하는 계약이다. 따라서 예금계약은 예금자가 금전의 보관을 위탁하고 금융회사가 이를 승낙하여 자유롭게 운용하다가 같은 금액의 금전을 반환하면 되는 계약이다.

① 소비임치계약   ② 상사계약
③ 부합계약   ④ 정반합계약

 한눈에 보는 정답과 해설

51 선도계약은 거래당사자들이 자유롭게 계약내용을 정하고 장소에 구애받지 않고 거래할 수 있는 데 반해 선물계약은 계약내용이 표준화되어 있고 공식적인 거래소를 통해 거래가 이루어진다는 점에 차이가 있다. 다시 말해 선물계약은 선도계약 중 거래가 표준화되고 거래소를 통해 이루어지는 보다 좁은 범위의 계약을 지칭한다.
52 OTP 발생기(one time password)에 대한 설명이다.

53 전자금융이란 금융업무에 컴퓨터 및 정보통신기술을 적용하여 자동화 및 전자화(Network화)를 구현하는 것을 말한다. 전자금융의 수단으로는 홈뱅킹, 펌뱅킹 등의 PC뱅킹과 전화기를 이용한 폰뱅킹이 주로 이용되어 왔으나, 최근에는 정보처리기술 및 통신기술을 활용한 각종 전자금융서비스의 개발이 이루어짐으로써 시간적·공간적 제약 없이 금융서비스를 이용할 수 있게 되었다.
54 소비임치계약 : 상대방에게 소유권을 넘겨준 후 기간에 관계없이 반환을 요구하면 반환해야 하는 계약

51 ④   52 ②   53 ③   54 ①

55 금융기관의 법정대리의 경우 대리관계의 확인서류가 잘못된 것은?

구분	대리인	확인서류
① 미성년자	친권자	주민등록등본
② 피성년후견인 및 피한정후견인	후견인	후견등기부
③ 부재자	부재자 재산관리인	법원의 선임심판서
④ 사망	유언집행자, 상속재산관리인	사망자의 유언, 법원의 선임심판서

56 착오송금 시 법률관계로 옳지 않은 것은?

① 착오송금액은 법적으로 수취인의 예금이기 때문에 송금인은 수취인의 동의 없이 자금을 돌려받을 수 있다.
② 수취인은 금전을 돌려줄 민사상 반환의무가 발생한다.
③ 송금인은 수취인에 대하여 착오이체 금액 상당의 부당이득반환청구권을 가지게 된다.
④ 수취인이 착오 입금된 돈을 임의로 인출하여 사용하는 경우 형사상 횡령죄에 해당될 수 있다.

57 다음 중 전자금융의 특징이 아닌 것은?

① 금융서비스 이용편의 증대
② 금융기관 수익성 제고
③ 전산화로 인한 부정거래 발생 빈도도 저하
④ 금융서비스 시간 절약

58 다음에서 설명하는 신조어는 무엇인가?

> 금융기술의 합성어로, 금융과 IT의 융합을 통한 금융서비스 및 산업의 변화를 일컫는다. 모바일, SNS, 빅데이터 등 새로운 IT기술 등을 활용하여 기존 금융기법과 차별화된 금융서비스를 제공하는 금융서비스 혁신으로서, 모바일뱅킹과 앱카드 등이 있다.

① RFID
② FTT
③ IoT
④ FinTech

59 인터넷을 기반으로 한 전자상거래의 발달로 고객, 인터넷쇼핑몰, 금융기관을 연결하여 결제서비스를 제공하는 서비스는?

① EBPP
② 모바일뱅킹
③ PG서비스
④ CD/ATM

 한눈에 보는 정답과 해설

55 ① 미성년자 확인서류는 주민등록등본이 아니라 가족관계등록부와 기본증명서이다.
56 착오송금이란 송금인의 착오로 인해 송금금액, 수취금융회사, 수취인 계좌번호 등이 잘못 입력돼 이체된 거래로서, 착오송금액은 법적으로 수취인의 예금이기 때문에 송금인은 수취인의 동의 없이는 자금을 돌려받을 수 없다.
57 비대면, 공개 네트워크로 이루어져서 해킹 등 악의적인 접근으로 인한 금융정보유출 혹은 비정상 고객으로 인한 부정거래 발생 빈도도 높아지고 있다.

58 FinTech(핀테크) : 최근에는 고객의 개인정보·신용도, 금융사고 여부 등을 빅데이터 분석으로 정확하게 파악하는 알고리즘 기술까지 등장하여 개인 자산관리 서비스까지 그 영역을 확대 중이다.
59 ③ PG(Payment Gateway) 서비스에 대한 설명이다.
　① EBPP(는 PG(Payment Gateway) 서비스Electronic Bill Presentation and Payment)는 결제대금예치서비스 및 인터넷을 통해 각종 대금을 조회하고 납부할 수 있는 인터넷 기반 금융서비스이다.

55 ①　56 ①　57 ③　58 ④　59 ③

60 다음 우체국 예금에 대한 설명으로 옳지 않은 것은?

① 듬뿍우대저축은 수시입출금이 가능한 요구불성예금이다.

② 기업든든 MMDA 통장은 예치금액별로 금리가 차등적용된다.

③ e-Postbank 정기예금은 창구를 통해 가입할 수 있다.

④ 우체국 행복지킴이 통장은 압류가 제한되는 예금상품으로 기초생활수급자의 생활을 보호하기 위한 것이 목적이다.

61 우체국 예금에 대한 다음 설명 중 옳지 않은 것은?

① 우체국 아이LOVE 적금은 만 19세 미만의 어린이·청소년의 목돈 마련을 위해 사회소외계층, 단체가입, 가족 거래 실적 등에 따라 우대금리를 제공하는 적립식 예금이다.

② 우체국퇴직연금정기예금은 「근로자퇴직급여보장법」에서 정한 자산관리업무를 수행하는 퇴직연금근로자를 위한 전용 정기예금이다.

③ 우체국 파트너든든 정기예금은 회전주기(1개월, 3개월, 6개월) 적용을 통해 고객의 탄력적인 목돈운용이 가능하다.

④ e-Postbank 예금은 통장을 발행하지 않으므로 통장이나 인감 분실의 위험 및 재발행의 불편이 없다.

62 다음 중 여행자금, 모임회비 등 목돈 마련을 위해 여럿이 함께 저축 할수록 우대혜택이 커지고 다양한 우대서비스를 제공하는 적립식 예금은?

① 우체국 마미든든 적금

② e-Postbank 예금

③ 우체국 가치모아적금

④ 우체국 매일모아 e적금

63 다음의 우체국 예금 중 기초생활수급자를 위한 상품은?

① 챔피언정기예금

② 우체국 행복지킴이 통장

③ 기업든든 MMDA 통장

④ 우체국 Young利한 통장

64 다음은 OTP에 대한 설명이다. 옳지 않은 것은?

① OTP(One Time Password)란 전자금융거래의 인증을 위하여 이용고객에게 제공되는 일회용 비밀번호생성 보안매체이다.

② OTP의 비밀번호 생성은 6자리 숫자가 1분 단위로 자동 변경되어 보여준다.

③ 한번 사용한 비밀번호는 다시 반복하지 않으므로 보안카드보다 더 안전한 보안수단이나 처음 발급받을 시 약간의 비용이 든다.

④ 보안카드처럼 각각의 금융기관마다 각각 OTP신청하여야 한다.

 한눈에 보는 정답과 해설

60 e-Postbank 정기예금은 인터넷 뱅킹, 스마트뱅킹을 통해서만 가입할 수 있다.

61 ② 「근로자퇴직급여보장법」에서 정한 자산관리업무를 수행하는 퇴직연금사업자를 위한 전용 정기예금이다.

62 ③ 우체국 가치모아적금에 대한 설명이다.
④ 매일 저축(자동이체) 및 매주 알림저축 서비스를 통해 소액으로 쉽고 편리하게 목돈 모으기가 가능한 디지털전용 적립식 예금이다.

63 우체국 행복지킴이 통장은 기초생계비의 압류가 금지되는 통장이다.
※ 우체국 Young(利)한 통장은 2021년 7월부로 판매 종료되었다.

64 고객이 보유하고 있는 OTP 1개로 전 금융기관에서 전자금융서비스 이용이 가능하며 다른 금융기관에서 사용하기 위해서는 고객이 신분증을 지참하고 해당 금융기관을 방문하여 OTP 사용 신청을 하면 된다.

60 ③ 61 ② 62 ③ 63 ② 64 ④

65 다음 중 체크카드에 대한 설명으로 옳지 않은 것은?

① 신용카드와 마찬가지로 서명을 통해 본인확인을 하게 된다.
② 카드거래 대금은 체크카드와 연계된 예금계좌에서 즉시 인출된다.
③ 하이브리드형 카드는 소액신용결제 서비스가 탑재된 체크카드이다.
④ 만 14세 이상의 성인이라면 누구나 하이브리드 카드를 이용할 수 있다.

66 다음 중 실명확인 생략이 가능한 거래가 아닌 것은?

① 실명이 확인된 계좌에 의한 계속 거래
② 각종 공과금 등의 수납
③ 100만 원 이하의 원화
④ 300만 원 이내의 환전

67 다음의 우체국 상품 중 가입대상이 기초생활수급자, 장애인 등의 사회소외계층과 장기기증자, 헌혈자 등으로 공익형 적립식 예금상품은?

① 우체국 다드림 적금
② 우체국 마미든든 적금
③ 우체국 듬뿍우대저축예금
④ 우체국 새출발 자유적금

68 「금융실명거래 및 비밀보장에 관한 법률」은 금융회사 종사자로 하여금 명의인의 서면상 요구나 동의등 법률상 일정한 사유가 있는 경우에만 금융거래정보를 제3자에게 제공할 수 있게 하고, 제공하는 경우에도 사용목적에 필요한 최소한의 범위 내에서 인적사항을 명시하는 등 법령이 정하는 방법 및 절차에 의하여 정보를 제공하도록 하고 있다. 금융실명법상 정보제공이 가능하지 않은 경우는?

① 명의인의 서면상의 요구나 동의를 받은 경우
② 광역지방단체장의 행정명령에 의한 경우
③ 조세에 관한 법률의 규정에 의하여 소관관서장의 요구(상속·증여재산의 확인, 체납자의 재산조회 등)에 의한 거래정보 등을 제공하는 경우
④ 동일 금융회사의 내부 또는 금융회사 상호간에 업무상 필요한 정보 등을 제공하는 경우 등이 있다.

69 다음에서 설명되는 제도를 뜻하는 용어는?

> 금융거래(카지노에서의 칩 교환 포함)와 관련하여 수수한 재산이 불법재산이라고 의심되는 합당한 근거가 있거나 금융거래의 상대방이 자금세탁 행위를 하고 있다고 의심되는 합당한 근거가 있는 경우 이를 금융정보분석원장에게 보고토록 한 제도이다.

① FIU
② STR
③ CTR
④ CDD

 한눈에 보는 정답과 해설

65 ④ 하이브리드형 체크카드는 일반 체크카드와는 다르게 만 18세 이상의 성인이 이용할 수 있다. 일반적으로 30만 원까지 신용한도를 부여받을 수 있지만, 신용등급에 따라 더 낮은 한도를 부여받거나 소액신용결제 서비스 신청을 거절당할 수도 있다.
66 실명확인 대상 외국환거래의 종류 : 외화예금, 환전(100만원 초과), 해외로 외화송금, 해외로부터 외화 송금, 외화수표 추심 등
67 우체국 새출발 자유적금은 가입대상자가 패키지별로 구분된다. 새출발희망의 가입대상자는 기초생활수급자, 소년소녀가정, 결혼이민자, 근로장려금수급자 등이고 새출발행복의 가입대상자는 헌혈자, 입양자, 장기·골수기증자 등으로 가입자격이 제한되어 있다.

68 ②는 법원의 제출명령 또는 법관이 발부한 영장에 의한 경우이어야 한다.
85 불법재산 또는 자금세탁행위를 하고 있다고 의심되는 합당한 근거의 판단주체는 금융회사 종사자이며, 그들의 주관적 판단에 의존하는 제도라는 특성이 있다.

65 ④ 66 ④ 67 ④ 68 ② 69 ②

70 우체국 생활든든통장에 대한 설명으로 옳은 것은?

① 사회소외계층의 경제활동 지원 및 국민행복 실현을 적극 지원하는 적립식 상품이다.

② 대학생·취업준비생·사회초년생의 안정적인 사회 진출 지원을 위해 금리우대, 수수료 면제 등 다양한 혜택을 제공하는 입출금이 자유로운 예금이다.

③ 산업재해 보험급여 수급권자의 보험급여에 한해 입금이 가능하며, 관련 법령에 따라 압류 대상에서 제외하는 「압류방지 전용 통장」이다.

④ 만 50세 이상 고객의 기초연금,급여, 용돈 수령 및 체크카드 이용 시 금융 수수료 면제, 창구소포 할인쿠폰 등 서비스를 제공하는 시니어 특화 입출금이 자유로운 예금이다.

71 다음 〈보기〉에서 설명하는 상품은?

> **보기**
>
> 입출금이 자유로우며 단기간을 예치하더라도 높은 금리를 적용하는 기업을 위한 고수익 상품으로 예치금액별로 금리를 차등 적용하며, 추가입금 및 출금이 가능하며 타 금융기관의 MMF와 CMA에 대항하기 위한 상품이다.

① 기업든든 MMDA 통장   ② 우체국 Young(利)한 통장

③ 듬뿍우대저축예금   ④ e-Postbank 정기예금

72 다음 중 우체국에서 수행하는 업무로 볼 수 없는 것은?

① 증권계좌 개설의 대행업무

② 은행과 제휴한 창구망 공동이용 서비스

③ 신용카드 발급업무

④ 증권 및 채권 매매의 중개업무 대행

73 금융실명거래에 관한 다음 사항 중 옳은 것은?

① 공과금 수납 및 200만 원 이하의 원화송금은 실명확보의 생략이 가능하다.

② 법원의 명령이 있는 경우 최대한 거래정보를 제공할 수 있다.

③ 금융기관은 거래정보 등을 제공한 경우 그 사실을 명의인에게 10일 이내에 서면으로 통보해야 한다.

④ 금융기관은 금융거래의 요구자에 대한 인적사항 등은 10년 동안 보관해야 한다.

74 다음 중 예금보호 금융상품인 것은?

① 한국은행, 금융감독원, 예금보호공사, 부보금융회사의 예금

② 주택청약저축, 주택청약종합저축 등

③ 주택청약예금, 표지어음 등

④ 금융투자상품(수익증권, 뮤추얼펀드, MMF 등)

 한눈에 보는 정답과 해설

70 ① 우체국 새출발자유적금 ② 우체국 청년미래든든통장
③ 우체국 희망지킴이통장

71 기업든든 MMDA 통장에 대한 설명이다.

72 ④ 우체국이 수행할 수 있는 업무가 아니고, 증권사의 고유업무내용이다.

73 ① 200만 원 → 100만 원
　② 최대한 → 최소한
　④ 10년 → 5년

74 예금보호 금융상품
요구불예금(보통예금·기업자유예금·당좌예금 등), 저축성예금(정기예금·주택청약예금·표지어음 등), 적립식예금(정기적금·주택청약부금·상호부금 등), 외화예금, 예금보호대상 금융상품으로 운용되는 확정기여형 퇴직연금제도 및 개인형퇴직연금제도의 적립금, 개인종합자산관리계좌(ISA)에 편입된 금융상품 중 예금보호 대상으로 운용되는 금융상품, 원본이 보전되는 금전신탁 등

70 ④ **71** ① **72** ④ **73** ③ **74** ③

75 다음 보기의 ㉠과 ㉡을 알맞게 짝지어진 것은?

> **보기**
>
> 「금융소득 종합과세제도」는 개인별 연간 금융소득 (이자·배당 소득)이 (㉠)원 이하일 경우에는 원천징수하고, (㉠)원을 초과하는 금융소득은 (㉠)원에 대하여는 원천징수세율 (㉡)%를 적용하고 (㉠)원을 초과하는 금액은 다른 종합소득(근로소득·사업소득·연금소득 등)과 합산하여 누진세율을 적용하여 종합과세 한다.

	㉠	㉡
①	2,000만	14
②	2,000만	15.4
③	3,000만	14
④	3,000만	15.4

76 금융소득 종합과세에 대한 다음 설명 중 틀린 것은?

① 원천징수 세율은 지방소득세를 포함하면 15.4%이다.
② 2,000만 원을 초과하는 금융소득은 종합과세한다.
③ 분리과세란 다양한 종합소득 중 비과세소득과 분리과세소득을 포함한 소득을 합산한 후 일정 금액에 대해서만 세율을 적용하는 방법을 말한다.
④ 종합과세란 다양한 종합소득 중 비과세소득과 분리과세소득을 제외한 소득을 합산하여 누진세율을 적용하는 방법을 말한다.

77 고액현금거래보고제도(CTR) 및 고객확인제도에 대한 다음 설명 중 틀린 것은?

① 1일 거래기준으로 1,000만 원 이상의 현금거래가 대상이다.
② 외국의 경우 미국은 1만 달러를 기준금액으로 하고 있다.
③ 고객확인제도(CDD)는 '합당한 주의'로서 행해야 하는 의무사항이 아니다.
④ 고객확인제도는 고객알기 정책의 일환으로도 활용되고 있다.

78 예금자보호제도에서 각 예금자별 지급한도는?

① 1천만 원
② 3천만 원
③ 5천만 원
④ 1억 원

 한눈에 보는 정답과 해설

75 금융소득 중 2천만 원까지는 원천징수세율(14%)을 적용하여 계산한 세액과 2천만 원을 초과하는 금융소득에는 기본세율(6~42%)을 적용하여 계산한 세액을 합계하여 산출세액으로 하고,
산출세액=(금융소득 2천만 원×14%)+(종합소득 과세표준×기본세율)
76 분리과세란 타 소득과 합산되지 아니하고 분리과세 대상소득이 발생할 때에 건별로 단일세율에 의하여 원천징수의무자가 원천징수함으로써 당해 소득자는 납세의무가 종결되는 과세방식을 말한다.

77 ③ 고객확인제도(CDD)는 의무사항이다.
78 원금과 소정의 이자를 합한 5천만 원까지 보호된다.

75 ① **76** ③ **77** ③ **78** ③

79 고객확인제도(CDD)에서 고객의 신원을 확인해야 하는 고객확인의 대상에 대한 설명으로 옳지 않은 것은?

① 금융기관은 계좌의 신규개설이나 2천만 원(미화 1만 불) 이상의 일회성 금융거래 시 고객의 신원을 확인해야 한다.

② 표지어음의 발행, 자기앞수표의 발행도 고객을 확인해야 하는 계좌의 신규개설에 해당한다.

③ 무통장입금, 외화송금·환전은 일회성 금융거래에 해당한다.

④ 계좌의 신규개설은 금융기관과 계속적인 금융거래를 개시할 목적으로 계약을 체결하는 것을 말한다.

80 다음 중 예금보험가입 금융기관에 해당하지 않는 것은?

① 종금사

② 우체국

③ 보험회사

④ 상호저축은행

81 예금자보호제도에 대한 설명으로 옳은 것은?

① 금융기관이 파산하는 경우 5천만 원 이내에서 원금만 보호를 받을 수 있다.

② 5천만 원 이내에서 원금과 세후 이자 금액까지 보호를 받을 수 있다.

③ 개인은 보호를 받을 수 있지만 법인은 보호를 받을 수 없다.

④ CD, RP는 은행 및 우체국 상품이지만 보호받지 못한다.

82 홍길동 씨는 현재 A은행에 저축예금 3,000만 원, B증권사에 ELS 4,000만 원, C종금사에 예금 7,000만 원을 가지고 있다. A은행, B증권사, C종금사가 모두 파산 시 홍길동 씨가 예금보호공사로부터 보상받을 수 있는 금액은?

① 하나도 보상받을 수 없다.

② 7,000만 원

③ 8,000만 원

④ 10,000만 원

 한눈에 보는 **정답**과 해설

79 무통장입금(송금), 외화송금·환전, 자기앞수표 발행, 어음·수표의 지급, 선불카드 매매 등의 경우는 계좌의 신규개설이 아닌 일회성 금융거래이다.

80 우체국은 국가기관으로 예금보험가입 금융기관이 아니다.

81 CD, RP는 예금자보호제도로 보호받지 못한다.
　① 원금과 이자 합쳐서 5천만 원까지 보호한다.
　② 세후가 아니라 세전으로 보호금액을 산정한다.
　③ 개인뿐만 아니라 법인도 보호된다.

82 A은행 3,000만 원, C종금사의 예금(7,000만 원 중 보호가 되는 5,000만 원)이므로 보상받을 수 있는 금액은 8,000만 원이다. ELS는 비보호 대상이다.

79 ② 　80 ② 　81 ④ 　82 ③

83 신용카드 등에 대한 다음 설명으로 옳지 않은 것은?

① 신용카드는 현금, 어음·수표에 이어 제3의 화폐로 불린다.

② 직불카드는 예금잔액범위 내에서 결제대금이 인출되는 카드이다.

③ 신용카드는 즉시결제방식, 직불카드는 후불결제방식이다.

④ 당장 현금이 없어도 신용을 담보로 결제 가능하다.

84 현재 우리나라 고액현금거래보고제도(CTR; Currency Transaction Reporting System)는 일정금액 이상의 현금거래를 KoFIU에 보고토록 한 제도이다. 2019년 7월부터 1일 거래일 동안 얼마 이상의 현금을 입금하거나 출금한 경우 거래자의 신원과 거래일시, 거래금액 등 객관적 사실을 전산으로 자동 보고토록 하고 있는가?

① 1,000만 원　　　　② 2,000만 원

③ 3,000만 원　　　　④ 5,000만 원

 한눈에 보는 **정답과** 해설

83 신용카드는 후불결제방식, 직불카드는 즉시결제방식이다.

84 우리나라는 2006년에 이 제도를 처음 도입하였으며(특정금융거래정보의 보고 및 이용 등에 관한 법률 제14조의2, 시행일자 : 2006.01.18), 도입 당시는 보고 기준금액을 5천만 원으로 하였으나,

2008년부터는 3천만 원, 2010년부터는 2천만 원, 2019년 7월부터는 1천만 원으로 단계적으로 인하하여 운영하고 있다.

83 ③　84 ①

PART 02

보험편

보험일반 이론

출제경향분석
- 보험계약 (2022)
- 위험과 보험 (2021)
- 생명보험의 역사(2016)

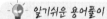 알기쉬운 용어풀이

01 위험관리와 보험

1 보험의 정의

피보험자(보험대상자)가 불의의 사고를 당했을 경우 보험회사가 그 손실에 상응하는 금전적 보상을 한다는 계약을 통해 보험회사에 전가된 피보험자(보험대상자) 위험의 집합체를 말한다.

2 보험의 목적과 특성

(1) 목 적

보험은 불확실한 손실에 대한 경제적 결과를 축소하고자 하는 것을 목적으로 한다.

(2) 특 성

손실의 집단화
손실을 한데 모아 개별위험을 손실집단으로 전환시킴으로써 개인이 부담해야 할 실제 손실을 위험그룹의 평균손실로 대체하는 것

① 예상치 못한 손실의 집단화 : 보험을 통해 불확실한 손실을 확정손실로 전환할 뿐 아니라 손실을 개인으로부터 그룹 전체의 손실로 분산할 수 있다.

> 가격이 1억 원인 주택이 1만 가구가 있고 1년 동안 평균 10건의 화재가 발생한다면 1년간 총 손실은 10억 원. 보험이 없을 경우 1만 가구 중 10가구는 불확실한 1억 원의 손실을 각각 부담해야 하지만, 보험이 있음으로써 가구당 손실은 1년간 10만 원으로 확정된다.

② 위험의 분산 : 개별적으로 감당하기 힘든 손실 위험을 집단화하여 서로 분담함으로써 회복을 보다 용이하게 해준다.

③ 위험의 전가 : 손실의 빈도는 적으나, 손실의 규모가 커서 스스로 부담하기 어려운 위험을 보험회사에 보험료 납부를 통해 전가함으로써 개인이나 기업이 위험에 대해 보다 효과적으로 대응할 수 있게 해준다.

④ 실제손실에 대한 보상(실손보상의 원리) : 보험사가 보상하는 것은 실제로 발생한 손실을 원상 회복하거나 교체할 수 있는 금액으로 한정하기 때문에 이론적으로 보험보상을 통해 이익을 보는 경우는 없다.

⑤ 대수의 법칙 적용 : 보험사는 대수의 법칙의 논리로 동질의 위험에 대한 다수의 보험계약자를 확보함으로써 손실의 예측능력을 확보할 수 있다.

3 위험의 구분

(1) 순수위험 · 투기적 위험

① 사건발생에 연동되는 결과에 따라 구분

② 순수위험 : 사건 발생 결과 손실만 발생하는 위험(조기사망, 화재, 자연재해, 교통사고 등)으로 손실이 발생하거나 발생하지 않는 불확실성

③ 투기적 위험 : 경우에 따라 손실 또는 이익의 발생이 가능한 불확실성(주식투자, 복권, 도박 등)

④ 원칙적으로 보험상품의 대상이 되는 위험은 순수위험에 국한

(2) 정태적 위험 · 동태적 위험

① 위험의 발생상황에 따른 구분

② 정태적 위험 : 시간에 따른 사회 · 경제적 변화와 관계없이 발생할 수 있는 위험(자연재해, 인적원인에 의한 화재 · 상해, 고의적인 사기 · 방화 등)

　㉠ 손실만을 발생시키는 순수위험적 성격

　㉡ 사회적인 것이 아닌 개인적인 위험

　㉢ 개별적 사건 발생은 우연적 · 불규칙적이나, 집단적으로 관찰 시 일정한 확률을 가져 예측이 가능하여 대부분 보험의 대상이 됨

③ 동태적 위험 : 사회의 동적 변화에 따라 발생할 수 있는 불확실성(시간경과에 따른 사회 · 경제적 변화와 관계가 있는 위험으로 산업구조 변화, 물가변동, 생활양식 변화, 소비자 기호변화, 정치적 요인 등)

　㉠ 사회적인 특정 징후로 예측이 가능한 면도 있으나, 위험의 영향이 광범위하며 발생 확률을 통계적으로 측정하기 어려움

　㉡ 경제적 손실을 발생시킬 가능성과 동시에 이익을 창출할 기회, 사업기회 등을 제공하는 손실 혹은 이익을 초래하는 불확실성

　㉢ 보험의 대상이 되기 어려움

> **더 알아보기** | 보험의 대상이 되는 불확실성(위험의 조건)
>
> - 다수의 동질적 위험단위(Large Number of Similar Exposure Units) : 유사한 속성(발생빈도, 손실규모)의 위험이 연관없이 독립적으로 다수 존재하며, 대수의 법칙에 따라 손실을 예측할 수 있음
> - 우연적이고 고의성 없는 위험(Accidental and Unintentional) : 손실사고가 인위적인 의도가 개입하지 않고 무작위로 발생
> - 한정적 측정가능 손실(Determinable and Measurable Loss) : 객관적 자료 수집과 처리를 통해 적정 보험료 산정이 가능하고, 피해의 발생원인과 발생시점, 장소, 피해의 정도가 명확히 식별 가능하여 손실금액을 측정할 수 있음
> - 측정 가능한 손실확률(Calculable Chance of Loss) : 손실사건 발생확률을 추정할 수 있음
> - 비재난적 손실(No Catastrophic Loss) : 보험회사, 인수집단의 능력으로 보상 가능한 규모의 손실이어야 함
>   * 보험의 대상이 되지 않는 재난적 손실 : 천재지변, 전쟁, 대량실업 등
> - 경제적으로 부담 가능한 보험료 수준(Economically Feasible Premium) : 가입자가 부담할 수 있어 거래가 성립할 수 있는 보험료 수준

02 보험의 기능과 종류

1 보험의 기능

(1) 긍정적 기능

① 사회보장제도 보완 : 경제성장에 따른 도시화 및 핵가족화, 저출산 기조, 인구 구조 고령화, 소득재분배 구조 왜곡으로 인한 소득분포 불균형 등의 사회적 문제가 국민 경제에 미치는 영향을 완화하기 위해 정부차원에서 사회보장제도, 즉 사회보험, 공공부조, 사회복지서비스 등을 확충하고 있다.

② 손해 감소 동기부여 : 보험회사는 사고 발생에 따른 보상책임 부담을 줄이기 위해 사고예방 노력에 대한 동기를 부여하며, 각종 사고예방 선전·캠페인 등을 진행한다.

③ 기업의 자본효율성 향상 : 소액의 자본(보험료)을 사용해 사전에 손실을 확정하고 안정적으로 기업을 존속할 수 있어 기업의 자본효율성을 제고할 수 있다.

④ 국가경제 발전에 기여 : 보험사는 보험금 지급을 위해 계약자가 납입한 보험료를 적립하여 국가 기간산업 등에 투자함으로써 국가경제 발전에 기여하고 있다.

(2) 부정적 영향

① 보험회사 측면 : 계약자 확대, 보험료 과대계상 등을 통한 이익추구를 위해 피보험 목적물 가액을 과대평가하여 피보험자의 사행성 자극으로 도박과 같은 보험계약을 유발시킬 수 있다.

② 보험가입자 측면 : 보험금을 지급받게 됨에 따라 보험가입자들은 우발적 위험에 대비한 저축을 하거나, 사고 발생을 예방하기 위한 노력을 기울이지 않을 수 있으며, 고의적 사고 등을 일으킬 수 있다.

2 보험의 종류

(1) 보험의 상법상 분류

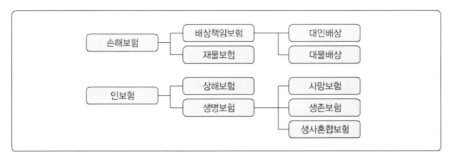

① 손해보험 : 계약자가 신체상 손해나 재물 손해가 났을 때 보험자가 그 손해를 배상
　㉠ 배상책임보험 : 계약자가 타인의 신체(대인)나 재물(대물)에 손해를 끼침으로써 법률
　　상 책임을 졌을 때 그 손해를 배상
　㉡ 재물보험 : 계약자(개인 또는 법인) 소유의 건물, 건축물, 전자기기, 기계, 건설공사
　　등이 화재에 의해 직접손해, 폭발 및 파열손해 등이 발생했을 때 그 손해를 배상
② 인보험 : 계약자의 생명이나 신체를 위협하는 사고가 발생한 경우 보험자가 일정한 금액
　또는 기타의 급여를 지급
　㉠ 상해보험 : 계약자가 우발적 사고로 신체에 상해를 입은 경우 보험금액 및 기타의 급
　　여를 지급하는 보험으로 보험사고 발생으로 인한 상해의 정도에 따라 일정한 보험금
　　을 지급하는 정액보험인 경우와 비정액보험인 경우가 있음
　㉡ 생명보험 : 계약자의 사망 또는 일정 연령까지 생존 시 약정한 보험금을 지급하는 보
　　험으로, 노후의 생활비, 사망 후 유가족의 생활보호를 위한 자금 등을 마련하기 위해
　　이용하는 보험으로 사망보험, 생존보험, 생사혼합보험으로 세분화할 수 있음

(2) 보험의 실무상 분류

① 손해보험

   ⊙ 화재보험 : 화재나 번개로 인하여 재산상의 손해가 발생할 경우 보험증권에 의해 사전에 약정된 보험금을 지급(상품에 따라 태풍, 도난 등과 같은 손인들이 포함)

   ⓛ 해상보험 : 항해에 따르는 사고로 인해 발생할 수 있는 많은 종류의 위험을 종합적으로 담보하고, 보험사고 발생 시 보험증권에 의해 약정된 보험금을 지급

   ⓒ 자동차보험 : 계약자가 자동차를 소유, 운행, 관리하는 동안 발생하는 각종 사고로 인해 생기는 피해에 대한 보험금을 지급

   ⓔ 보증보험 : 각종 거래에서 발생하는 신용위험을 감소시키기 위해 보험의 형식으로 하는 보증제도로서 보증보험회사가 일정한 대가(보험료)를 받고 계약상의 채무이행 또는 법령상의 의무이행을 보증하는 특수한 형태의 보험

   ⓜ 장기(손해)보험 : 일반적으로 3년 이상의 보험기간을 가지며 보장기능 외 적립부분(저축보험료)이 포함된 상품으로 일반손해보험과 다르게 만기 도달 시 환급금을 되돌려 주는 저축기능이 부과되어 있음

   ⓗ 특종보험 : 해상·화재·자동차·보증·장기보험 등을 제외한 모든 형태의 보험으로 상해보험, 건설공사보험, 항공보험, 유리보험, 동물보험, 배상책임보험 및 도난보험 등 기타 보험이 이에 해당됨

② 생명보험

   ⊙ 개인보험 : 위험선택의 단위가 개인으로 개인의 책임하에 임의로 보험금액, 보험금수령인 등을 결정할 수 있고 연령·성별 등에 따라 다른 보험료를 각출하는 보험

   ⓛ 연금보험 : 피보험자의 종신 또는 일정한 기간 동안 해마다 일정 금액을 지불할 것을 약속하는 생명보험의 한 유형

   ⓒ 단체보험 : 일정 단체에 소속되어 있는 사람 전체를 대상으로 하는 보험상품으로 평균 보험료율이 적용되며 보험금액 등의 선택에도 상당한 제약이 존재하나 보험료 측면에서 개인보험 대비 저렴

03 생명보험의 역사

1 생명보험의 역사

(1) 고대시대

고대시대부터 인류는 집단생활을 하면서 사망하거나 손해가 발생할 경우 다른 구성원이 손실비용을 부담하는 등 서로 어려울 때 도와주는 문화가 있었다. 이는 오늘날 보험과 유사한 형태로 볼 수 있으며, 그 대표적인 제도로 기원전 3세기경의 에라노이와 로마 제정시대의 콜레기아를 들 수 있다.

(2) 중세시대

해상교역 중에 발생하는 선박이나 화물의 손해를 공동으로 부담하고 구성원의 사망, 화재, 도난 등의 재해도 구제하는 길드(Guild)의 상호구제 기능은 영국의 우애조합, 독일의 구제금고 등의 형태로 발전하였으며, 이 시기에 생명보험·화재보험의 초기형태가 나타나게 된다.

(3) 근대시대

17세기 프랑스에서 톤틴연금을 시행하여 최초로 사망률, 이자계산방법 등 근대식 수리기법이 적용된 제도로 이후 근대적 생명보험 발달에 크게 기여하는 역할을 했다. 이후 영국에서 세계 최초의 근대적인 생명보험회사인 에퀴터블이 설립, 최초로 수학적으로 예측한 인간의 예상 수명을 적용하는 등 생명보험 운영의 토대가 되는 근대적인 제도를 도입하였다.

2 우리나라 생명보험의 역사

(1) 계와 보

생명보험과 유사한 제도로, 삼한시대의 '계'는 공통된 이해를 가진 사람 간의 상호협동조직과 특정 공공사업을 수행할 목적으로 일정한 기본자산을 마련한 뒤 그 기금을 대출해 생기는 이자로 경비를 충당·활용하는 신라·고려시대의 '보'가 있다.

(2) 근대적 생명보험

일제강점기 동안 일본계 생명보험회사들과 경쟁하는 등 70년대 전반까지는 그다지 활발하지 못하였으나, 70년대 이후 경제성장과 함께 생명보험산업도 급속히 발전하게 되었다. 90년대 보험시장 개방, 금융자율화 정책 등으로 시장 내에서 본격적인 경쟁이 시작, 규모 위주 성장전략에 따른 과다한 실효해약 등으로 경영부실이 확대되기 시작하고, IMF 발생 이후 생명보험업계의 대규모 구조조정이 이루어진다.

에라노이(Eranoi)
집단구성원이 사망하거나 어려운 일이 생길 때를 대비하여 서로 도움을 주는 종교적 공제단체

콜레기아(Collegia Tenuiorum)
사회적 약자나 소외계층 등 하층민들이 서로 돕기 위해 조직했던 상호부조조합으로, 구성원이 낸 회비를 추후에 구성원의 사망 장례금, 유가족 지원금 등으로 지급하거나 예배 등 종교활동에 필요한 비용으로 사용

2000년대 이후 생명보험산업
주요 연혁

연도	주요 내용
00년대	방카슈랑스 도입, 홈쇼핑, 대형마트 등 판매채널 다양화
13년	인터넷 전문 생명보험사 출범, 온라인 채널 확대 가속화
15년	온라인 보험 슈퍼마켓(보험다모아) 서비스 개설
17년	내보험찾아줌(ZOOM) 서비스 운영 실시
21년	금융소비자 보호법 시행

02 생명보험 이론

출제경향분석
- 보험료 계산의 기초(2021, 2016)
- 보험일반 이해(종신, 연금, 저축성보험)(2012)
- 보험계약 당사자에 대한 이해(2008)
- 생명보험 계약에 대한 이해(2014)
- 보험료에 대한 이해(2008)

01 생명보험 계약

1 생명보험 계약관계자

생명보험
사람의 사망 또는 일정한 연령까지의 생존 시 약정한 보험금을 지급하는 보험이며, 이는 노후의 생활비, 사망 후 유가족의 생활보호를 위한 자금 등을 마련하기 위해 이용된다.

(1) 보험자

위험을 인수한 보험회사를 말한다. 보험자는 유지된 계약에 대하여 보험금 지급사유가 발생하였을 경우 보험금을 지급할 의무가 있다.

(2) 보험계약자

보험자(보험회사)와 보험계약을 체결하는 보험계약당사자이다. 따라서 보험계약자는 보험계약에 대한 보험료 납부 등의 의무와 보험금 청구 권리를 갖는다. 보험계약자의 자격에는 제한이 없어 자연인·법인 또는 1인·다수 등 상관없이 보험계약자가 될 수 있다.
다만, 만 19세 미만자의 미성년자, 피한정후견인, 피성년후견인의 경우에는 법정대리인의 동의를 필요로 한다.

(3) 피보험자

보험계약에서 정의한 보험사고가 발생함으로써 손해를 입는 사람을 말하며, 피보험자는 1인 또는 다수이든 상관이 없으며 생명보험에서 피보험자와 보험계약자가 동일할 경우 '자기의 생명보험', 양자가 각각 다른 사람일 경우 '타인의 생명보험'이라고 한다.
다만, 타인의 생명보험일 경우 반드시 그 타인의 서면동의(또는 전자서명, 공인전자서명 등)를 받아야 하는 제한이 있다

(4) 보험수익자

보험수익자란 보험자에게 보험사고에 대하여 보험금지급을 청구·수령할 수 있는 권리를 가진 사람을 말한다.

계약자가 보험계약 시 보험수익자를 지정하지 않은 경우 보험사고에 따라 보험수익자가 결정

보험사고별 종류	보험수익자
사망보험금	피보험자의 상속인
생존보험금	보험계약자
장해·입원·수술·통원급부금 등	피보험자

(5) 기 타

계약자와 보험자 간의 계약 체결을 위해 중간에서 도와주는 보조자가 있다. 보험설계사, 보험대리점, 보험중개사 등이 보험계약의 체결을 지원하는 모집 보조자이다.

구 분	내 용
보험설계사	보험회사, 대리점, 중개사에 소속되어 보험계약 체결을 중개하는 자
보험대리점	보험자를 위해 보험계약 체결을 대리하는 자 •계약체결권, 고지 수령권, 보험료 수령권의 권한을 가지고 있음
보험중개사	독립적으로 보험계약 체결을 중개하는 자 •보험대리점과 달리 계약체결권, 고지수령권, 보험료 수령권에 대한 권한이 없음

[생명보험계약 관계자]

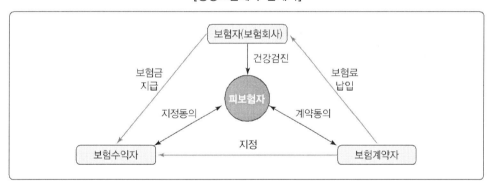

2 보험계약의 요소

(1) 보험목적물(보험대상)

보험사고 발생의 객체로 생명보험에서는 피보험자의 생명 또는 신체이며, 보험의 목적물은 보험자가 배상하여야 할 범위와 한계를 정해 준다.

(2) 보험사고

보험사고란 보험에 담보된 재산 또는 생명이나 신체에 관하여 불확정한 사고, 즉 위험이 발생하는 것을 말한다(보험금 지급사유).

(3) 보험기간

보험에 의한 보장이 제공되는 기간으로 상법에서는 보험자의 책임을 최초의 보험료를 지급받은 때로부터 개시한다고 규정한다.

(4) 보험금

보험금은 보험기간 내 보험사고가 발생하였을 때 보험자가 지급하는 금액이다.

(5) 보험료

보험계약자가 보험에 의한 보장을 받기 위하여 보험자에게 지급하여야 할 금액이고, 만약 보험료를 납부하지 않는다면 그 계약은 해제 혹은 해지될 수 있다.

(6) 보험료 납입기간

보험료 납입을 보험기간(보장기간)의 전 기간에 걸쳐서 납부하는 보험을 전기납 보험이라 하며, 보험료의 납입기간이 보험기간보다 짧은 기간에 종료되는 보험을 단기납보험이라고 한다.

02 생명보험의 기본원리

1 상부상조의 정신

(1) 생명보험은 상부상조의 정신을 기본바탕으로 이루진다.

(2) 생명보험의 기초가 되는 것으로 대수의 법칙, 생명표, 수지상등의 원칙 등이 있다.

[생명보험의 구성원리]

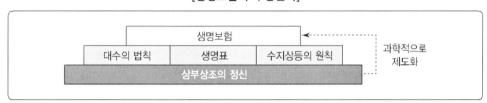

2 대수의 법칙, 생명표, 수지상등의 원칙

(1) 대수의 법칙

① 의미 : 관찰의 횟수를 늘려 가면 일정한 발생확률이 나오고 관찰대상이 많을수록 확률의 정확성은 커지게 되는데, 이를 대수의 법칙이라고 한다.

② 적용 : 대수의 법칙은 특정인이 언제 사망할 것인지는 예측할 수 없으나 많은 사람을 대상으로 관찰해 보면 매년 일정한 비율로 사망한다는 것을 알 수 있어 보험자가 정확한 보험료율을 산정하고 미래에 발생할 수 있는 손실의 빈도와 강도에 대하여 보다 정확하게 예측하기 위해 사용한다.

(2) 생명표

대수의 법칙에 연령대별 생사잔존상태(생존자수, 사망자수, 생존률, 평균여명)를 나타낸 표

① 국민생명표 : 국민 또는 특정지역의 인구를 대상으로 그 인구 통계에 의해 사망상황을 작성한 생명표

② 경험생명표 : 생명보험회사, 공제조합 등의 가입자에 대해 실제 사망 경험을 근거로 작성한 생명표

③ 우체국생명표 : 우체국보험 가입자의 실제 사망현황을 감안하여 작성한 생명표

(3) 수지상등의 원칙

계약자 등의 입장에서 개별적으로 보면 수입과 지출이 안 맞는 것처럼 보이지만 전체적으로 본다면 생명보험은 보험가입자가 납입하는 보험료 총액과 보험회사가 지급하는 보험금 및 경비(사업비)의 총액이 동일하도록 되어 있고, 이를 수지상등의 원칙이라고 한다.

$$P \times n = R \times a$$
(총보험료) = (사업비 등을 포함한 총보험금)

03 보험료 계산의 기초(3이원방식, 현금흐름방식)

1 3이원방식

보험료를 수지상등의 원칙에 의거하여 예정사망률, 예정이율, 예정사업비율로 계산하는 방식

(1) 예정사망률(예정위험률)

특정 개인의 수명을 예측하기 힘들기 때문에 대다수 사람의 일정한 사망비율을 관찰하여 사망, 질병, 장해 등 보험사고가 발생할 확률을 대수의 법칙에 의해 미리 예측하여 보험료 계산에 적용하는 것을 예정사망률(위험률)이라 한다.

> ☑ Check Point
>
> **예정사망률과 보험료의 관계**
> 예정사망률이 낮아지면 사망보험(사망 시 보험금을 주는 보험)의 보험료는 싸지고 생존보험(일정시점까지 생존 시에만 보험금을 주는 보험)의 보험료는 비싸진다.

(2) 예정이율

보험자(보험회사)는 장래의 보험금 지급에 대비하여 보험계약자가 납입한 보험료를 적립·운용하게 되며, 적립 보험료는 시간이 흐르면서 이자와 운용 수익이 발생하게 된다. 이러한 기대 수익을 사전에 예상하여 일정 비율로 보험료를 할인해주는 할인율을 예정이율이라고 한다.

> ☑ Check Point
>
> **예정이율과 보험료의 관계**
> 예정이율이 낮아지면 보험료는 올라가고, 예정이율이 높아지면 보험료는 내려간다.

예정사업비
보험사업을 추진해 나가는 데 있어서 여러 가지 비용이 들게 되며, 이 비용을 미리 책정하여 일정한 비율로 영업보험료에 계산해 넣는데, 이 비율에 의해 계산된 사업비를 예정사업비라 한다.

(3) 예정사업비율

보험자(보험회사)가 보험계약을 유지·관리해나가기 위해서는 여러 비용이 수반된다. 따라서 보험자는 보험사업 운영에 필요한 경비를 미리 예상하고 계산해 보험료에 포함시키고 있으며, 보험료 중 이러한 경비의 비율을 예정사업비율이라고 한다.

> ☑ Check Point
>
> **예정사업비율과 보험료의 관계**
> 예정사업비율이 낮아지면 보험료는 내려가고, 예정사업비율이 높아지면 보험료는 올라간다.

2 현금흐름방식

현금흐름방식은 기존의 3이원방식 가격요소와 함께 계약유지율, 판매량, 투자수익률 등 다양한 가격요소를 반영하여 보험료를 산출하는 방식이다. 즉, 다양한 기초율을 가정하여 미래 현금흐름을 예측하고, 이에 따른 목표 수익률을 만족시키는 영업보험료를 역으로 산출하는 방식을 통해 보험회사는 상품개발의 유연성을 제고할 수 있고 보험소비자는 상품선택의 폭을 확대할 수 있다.

구분	3이원방식	현금흐름방식
기초율 가정	3이원 (위험률, 이자율, 사업비율)	3이원 포함 다양한 기초율 • 경제적 가정 : 투자수익률, 할인율, 적립이율 등 • 계리적 가정 : 위험률, 해지율, 손해율, 사업비용 등
기초율 가정적용	• 보수적 표준기초율 일괄 가정 • 기대이익 내재	• 보험회사별 최적가정 • 기대이익 별도 구분
장점	• 보험료 산출이 비교적 간단 • 기초율 예측 부담 경감	• 상품개발 시 수익성 분석을 동시에 할 수 있으며 상품개발 후 리스크 관리 용이 • 새로운 가격요소 적용으로 정교한 보험료 산출 가능
단점	• 상품개발 시 별도의 수익성 분석 필요 • 상품개발 후 리스크 관리 어려움	• 정교한 기초율 예측 부담 • 산출방법이 복잡하고, 전산시스템 관련 비용이 많음

3 영업보험료의 구성

영업보험료(총보험료)는 보험계약자가 실제로 보험회사에 납입하는 보험료를 뜻하며, 이는 순보험료와 부가보험료로 구성된다.

[영업보험료(총보험료)의 구성]

(1) 순보험료

순보험료는 장래의 보험금 지급의 재원(財源)이 되는 보험료로 위험보험료와 저축보험료로 분리할 수 있다.

① 위험보험료 : 사망보험금, 장애급여금 등의 지급 재원이 되는 보험료
② 저축보험료 : 만기보험금, 중도급부금 등의 지급 재원이 되는 보험료

(2) 부가보험료

보험회사가 보험계약을 체결, 유지 및 관리하기 위한 경비에 사용되는 보험료로 예정사업비율을 기초로 계산되며 신계약비, 유지비, 수금비로 구분된다.

① 계약체결비용(신계약비) : 보상금 및 수당, 보험증서 발행 등 신계약과 관련한 비용에 사용되는 보험료
② 계약관리비용(유지비) : 보험계약의 유지 및 자산운용 등에 필요한 경비로 사용되는 보험료
③ 기타비용(수금비) : 보험료 수금에 필요한 경비로 사용되는 보험료

(3) 보험료의 산정

① 일시납보험료 : 보험계약 및 유지에 필요한 모든 보험료를 한 번에 납입하는 방식으로 미래 예상되는 모든 보험금지급비용 충당에 필요한 금액을 일시금으로 납입한다.
② 자연보험료 : 매년 납입 순보험료 전액이 그 해 지급되는 보험금 총액과 일치하도록 계산하는 방식으로 나이가 들수록 사망률이 높아짐에 따라 보험금지급이 증가하므로 보험료가 매년 높아지게 된다.

③ 평준보험료 : 정해진 시기에 매번 납입하는 보험료의 액수가 동일한 산정방식으로 사망
률이 낮은 계약 전반기 동안에 납입된 평준보험료는 보험금 및 비용 지급분 대비 크다.
동일한 보험료를 납입함으로써 계약 후반기에 늘어나는 보험금 지급에 대비하여 전반기
에 미리 기금을 조성해 놓는 방식이다.

④ 유동적 보험료 : 기본적으로 보험계약자는 보험기간 중에 보험회사가 정한 납입보험료
의 최저·최고치 규정에 따라 본인이 원하는 만큼의 보험료를 납입할 수 있다.

4 배 당

유배당보험의 경우 보험회사는 계약에 대해 잉여금이 발생할 경우 잉여금의 일정비율을 계
약자배당준비금으로 적립하여 이를 보험계약자에게 배당금으로 지급한다.

(1) 배당금의 지급

배당금은 「보험업감독규정」의 기준에 의해 보험회사의 경영성과에 따라 계약자에게 배당되
며 지급방법은 아래와 같다.

① 현금지급 : 배당금 발생 시 계약자에게 현금으로 지급

② 보험료 상계 : 계약자가 납입해야 하는 보험료를 배당금으로 대납(상계)

③ 보험금 또는 제환급금 지급 시 가산 : 계약이 소멸할 때까지 혹은 보험계약자의 청구가
있을 때까지 발생한 배당금을 보험회사가 적립하여 보험금 또는 각종 환급금 지급 시
가산

(2) 보험안내자료상 배당에 대한 예상의 기재금지 및 예외사항

「보험업법」은 보험모집 시 미래 경영상황에 따라 변동될 수 있는 불확실한 배당을 과장되게
기재함으로써 발생할 수 있는 과당경쟁 및 고객과의 마찰 등을 방지하기 위해 보험모집에
사용되는 보험안내자료상 보험회사의 장래 이익배당 또는 잉여금 분배에 대한 추정내용을
기재하지 못하도록 규제하고 있다(보험업법 제95조제3항). 다만, 보험계약자의 이해를 돕
기 위하여 금융위원회가 필요하다고 인정하는 경우에는 예외를 두고 있다. 이에 따라 배당
이 있는 연금보험의 경우 직전 5개년도 실적을 근거로 장래계약자배당을 예시할 수 있으
나, 보험계약자가 오해하지 않도록 장래의 배당금은 추정에 따른 금액으로 실제 배당금액
과 차이가 발생할 수 있음을 명시해야 한다(보험업감독규정 제4-34조 제3항).

잉여금
보험료 산출 시 사용되는 기초율을 예정률이라 하며 여기에는 예정이율, 예정위험률, 예정사업비율이 있다. 예정률은 적정수준의 안전성을 가정하고 있으므로 수지계산에 있어서 과잉분을 낳는 것이 일반적이다.

04 언더라이팅과 클레임

1 언더라이팅(Underwriting)과 언더라이터(Underwriter)

(1) 언더라이팅의 의미

① 보험회사는 사업의 건전한 운영을 위해 일정한 기준으로 가입청약자를 선별하는데 이러한 가입청약자의 질병, 재해, 유전병 혹은 직업, 환경 등의 위험을 판단하여 인수하거나 거절하는 일련의 과정을 언더라이팅 혹은 계약심사라고 한다.

② '위험평가'의 과정을 통한 언더라이팅은 우량 피보험자 선택, 보험사기와 같은 역선택 위험 방지 등 보험사업의 핵심적인 업무에 해당되며 언더라이터(계약심사업무담당자)뿐 아니라 보험고객 모집조직, 상품개발 및 보험계리 조직, 보험금 지급조사 조직, 경영진에 이르는 모든 관계자가 전사적·유기적으로 연계된 종합적인 의사결정 과정이다.

(2) 언더라이팅의 필요성

① 피보험자 및 보험계약자의 위험 수준을 적절하게 유지할 필요가 있으며, 보험회사가 감내하는 위험수준에 부합하는 보험료를 보험계약자에게 부담시킴으로써 공평성을 유지하기 위해 언더라이팅이 필요하다.

② 언더라이팅이 발달된 보험회사는 영업적인 측면에서의 경쟁력 우위와 함께 보다 적절하고 효율적인 보험리스크 관리를 통해 단기적 뿐만 아니라 중·장기적으로도 안정적인 수익을 창출할 수 있으며 선의의 고객 보호에도 기여할 수 있다.

(3) 언더라이터(Underwriter)

언더라이터는 언더라이팅, 즉 보험계약의 위험을 평가하고 선택하며 위험인수기준과 처리절차(계약인수, 계약거절, 조건부인수)를 결정하는 직무를 수행하는 인력이다.

(4) 언더라이터의 역할

① 보험설계사를 통해 접수된 청약서를 검토하고 보험가입의 승인 여부, 또는 특별한 조건으로 조건부인수를 할 것인지 결정

② 피보험자의 위험 수준에 따른 적절한 보험료 및 보장한도를 결정함으로써 보험회사와 보험가입자 간의 공평성을 제고하는 역할도 수행

> **알아보기** 이상적인 언더라이터의 조건
>
> • 이상적인 언더라이터 → 모든 계약을 합리적이고 객관적으로 인수
> • 이를 위해 논리적이며 유연한 사고를 바탕으로 법과 규정 등을 준수해야 함

2 언더라이팅(Underwriting)의 대상

(1) 환경적 언더라이팅

환경적 위험으로, 피보험자의 직업, 운전 습관, 흡연, 음주, 취미생활, 부업활동, 거주지 위험 등이 있다.

(2) 신체적 언더라이팅

개인 신체상 위험을 평가하는 절차로, 피보험자(보험대상자)의 연령, 성별, 체격, 과거 및 현재 병력, 가족력 등에 따른 사망 또는 발병 가능성 등이 있다.

(3) 도덕적 언더라이팅

도덕적 위험에는 타인을 이용한 도덕적 위험, 자기 자신을 이용한 도덕적 위험, 역선택 방지 등이 있다.

☑ Check Point

도덕적 위험의 영향
- 도덕적 위험 발생 증가 → 손해율 증가 및 보험회사 경영수지 악화 → 보험료 인상
- 보험과 보험회사 이미지 악화, 보험에 대한 불신풍조로 사회 전체적인 피해 증가

---

(4) 재정적 언더라이팅

청약 고객의 보험료 납입 능력을 확인함으로써 역선택, 보험사기 등을 방지하여 건전한 보험 계약을 체결하기 위한 의사결정 과정으로, 소득, 자산, 사행성 계약 확인 등이 있다.

[언더라이팅 대상 분류]

3 언더라이팅(Underwriting)의 절차

(1) 1단계 – 모집조직에 의한 선택

보험설계사는 고객과 가장 먼저 접촉하여 피보험자의 건강상태, 생활환경 등에 대해 파악하고 1차 위험 선택의 기능을 수행하며, 최근에는 모집조직에 의한 선택과정을 차별화하는 '무심사 보험'과 '간편심사 보험(유병자 보험)'의 개발이 활발해지고 있다.

(2) 2단계 – 건강진단에 의한 선택

건강진단은 보험회사가 보다 객관적인 입장에서 피보험자의 중요 고지내용에 대한 확인 또는 추가 등을 수행하기 위한 선택과정으로 병원진단, 서류진단, 방문진단이 실시되고 있다.

(3) 3단계 – 언더라이팅 부서에 의한 선택

1단계, 2단계 선택 과정에서 수집한 정보를 토대로 피보험자의 위험을 종합적으로 평가, 청약의 승낙 여부를 결정하고 피보험자 위험도를 분류하여 위험 수준에 따라 계약내용과 조건, 보험료, 보험금액 등을 최종 결정하는 언더라이팅 과정

> **더 알아보기** 언더라이팅 부서의 역할
>
> • 영업적 역할 : 언더라이팅 과정에서 영업력을 축소시키지 않아야 함
> • 관리적 역할 : 효율적인 언더라이팅을 통해 관리 부담 축소 및 비용 측면의 효율성 제고
> • 공익적 역할 : 모든 피보험자(보험대상자)에 대해 공정하게 언더라이팅을 실시

(4) 4단계 – 계약적부확인

① 언더라이터가 3단계 선택 과정에서 보험금액이 과도하게 크거나 피보험자의 잠재적 위험이 높은 것으로 의심되는 경우 또는 계약 성립 이후라도 역선택 가능성이 높다고 의심되거나 사후분쟁의 여지가 있는 계약에 대해 보험회사 직원이나 계약적부확인 전문회사 직원이 피보험자의 체질 및 환경 등 계약선택상 필요한 모든 사항을 직접 면담·확인하는 것을 말한다.

② 계약선택의 합리성을 제고하고, 고객의 고지의무사항 위반 계약을 조기에 발견함으로써 양질의 계약을 확보하고 역선택 방지 및 보험사고 발생 시 분쟁을 최소화하며 보험금을 신속하게 지급하는 데 목적이 있다.

   * 표준약관에서는 피보험자의 고지의무 위반사실을 안 날로부터 1개월 이내, 계약체결일로부터 3년 이내에 해지할 수 있도록 규정

(5) 5단계 – 사고 및 사망조사

보험계약 체결 이후 보험사고 발생으로 보험계약자가 보험금 지급을 신청한 경우 고지의무와 관련하여 의심 가는 사항이 있는 계약에 대해 실시하는 사후적 심사과정이며 이를 통해 역선택에 따른 보험금 지급을 최소화할 수 있다.

4 표준미달체/우량체의 인수

언더라이팅 대상(환경적, 신체적, 도덕적, 재정적)에 대한 평가 결과가 표준체 기준 위험보다 높은 경우 표준미달체, 위험이 낮은 경우 우량체로 분류된다. 표준미달체로 분류된 경우 보험료 할증, 보험금 삭감, 부담보 등의 형태로 계약을 인수한다. 체격과 혈압 등 신체이상 여부와 흡연·음주 등에 대한 평가 결과 우량체로 분류되는 경우 보험료 할인혜택이 부여된다.

5 언더라이팅(Underwriting)의 실무

(1) 청약서 작성 시 주의사항

① 계약 전 알릴 의무사항의 고지사항 작성
② 보험계약 청약서 및 계약 전 알릴 의무사항의 성명과 서명란
③ 신용정보의 제공·활용에 대한 동의란에 반드시 보험계약자와 피보험자의 자필서명

(2) 보험가입한도

언더라이터가 보험계약을 인수하기로 최종 승인하기 이전에 일정한 가입한도에 대한 선택이 이루어지며, 위험한 업종에 종사하는 사람의 위험 발생빈도가 높게 나타나며, 비운전자보다 운전자의 사고 발생 가능성이 높게 나타난다.

(3) 건강진단 가입한도

① 보험회사에서 정한 건강진단 범위를 초과하여 가입하는 경우 : 일반적으로 연령이 높을수록 위험 발생 가능성이 높아 보험 가입에 있어서 가입 가능한 상품 또는 지급한도 등에 제한이 있을 수 있다.
② 피보험자가 과거 또는 현재 병력이 있는 경우 : 피보험자가 청약서상 질문에 해당하는 병력을 고지했거나 현재 병력을 가지고 있는 경우 건강진단이 필요하다.
③ 언더라이터의 건강진단 지시 : 언더라이팅 과정에서 고객이 제공한 고지사항 상에 문제점이 발견된 경우 또는 계약적부과정 등에 서 추가적으로 과거 및 현재 병력 등이 발견되었을 경우 건강진단 대상에 해당할 수 있다.

(4) 특이계약(외국인, 해외체류자)

① 외국인 : 외국인, 재외국민 및 외국국적동포의 경우 법무부 등록 또는 국내거소신고를 통해 외국인등록증 또는 국내거소신고증이 발급되며 이를 통해 실명확인이 가능하다.
② 해외체류자 : 해외거주자 혹은 예정자의 경우 거주지역의 위험도 및 거주목적을 기반으로 위험을 평가한다.

6 클레임(Claim) 업무

(1) 클레임 업무의 정의와 분류

① 클레임 업무의 정의

　　㉠ 보험금 청구 접수, 사고조사, 조사건 심사, 수익자 확정, 보험금 지급 등의 업무

　　㉡ 부지급처리 업무, 민원업무 및 법원소송업무, 채권가압류 처리 등의 부수적인 업무

(2) 클레임 업무의 필요성

선의의 가입자를 보호하고 보험경영의 건전성을 도모하기 위해서는 보험계약 체결단계의 언더라이팅 업무와 함께 보험금지급 단계의 클레임 업무가 매우 중요하다.

(3) 클레임 업무 담당자에게 요구되는 요건

① 조사 경험 및 조사 기법 : 사고조사 및 현장조사 등 다양한 조사 업무를 경험해야 하며 이를 통한 조사 기법을 터득하고 현실적으로 적용할 수 있어야 한다.

② 법률 지식 : 보험관련 법규와 약관을 올바르게 해석하고 적용할 수 있어야 한다.

③ 의학 지식 : 사고 및 현장 조사와 관련하여 의사와 면담하여 업무처리에 필요한 답변을 얻어내거나, 보험계약자 또는 피보험자가 계약 전 알릴 의무 위반 시 인과관계 여부 판단 및 각종 검사결과를 통한 환자의 이상 여부를 파악할 수 있어야 한다.

05 생명보험 세제

1 생명보험의 세제혜택 부여 목적

생명보험의 세제혜택은 민영보험의 육성과 발전을 통한 위험 및 사회보장 기능 강화와 국민 개인의 3층 보장(사회보장, 기업보장, 개인보장) 완성에 기반을 둔 복지국가 실현, 경제개발에 필요한 산업자금 조달을 위한 저축 유인책 기능수행을 위해 도입되었다.

(1) 사회보장 기능 강화 및 복지국가 실현

국가는 국민 개개인의 미래보장을 보완하기 위한 수단 중 하나로, 생명보험의 긍정적 기능을 활용하여 사회보장제도의 재정적 한계를 보완하고 있다.

(2) 산업자금 조달을 위한 저축 유인책 기능수행

사회간접자본 및 국가경제발전에 필요한 산업자금 지원역할 수행, 투자확대를 통한 경제 활성화, 일자리 창출 등과 같은 경제발전 측면의 순기능을 확대하기 위해 세제혜택이 유지될 필요가 있다.

2 보험계약 세제

개인보험계약의 계약자 및 수익자는 「소득세법」, 「조세특례제한법」에 의해 보험료 납입 및 보험금 수령 시 보험료 세액공제, 저축성보험 보험차익 비과세 등의 세제혜택을 받을 수 있다.

(1) 일반 보장성보험료의 세액공제

일반 보장성보험은 만기 환급되는 금액이 납입보험료를 초과하지 않는 보험으로 보험계약 또는 보험료 납입영수증에 보험료 공제대상임이 표시된 보험계약으로 생명보험, 상해보험 및 화재·도난 기타의 손해를 담보하는 손해보험 등이 이에 해당한다.

① 세액공제 사항 : 일용근로자를 제외한 근로소득자가 기본공제대상자를 피보험자로 하는 일반 보장성보험에 가입한 경우 과세 기간에 납입한 보험료(100만 원 한도)의 12%에 해당되는 금액을 종합소득산출세액에서 공제받을 수 있다.

② 근로소득자

    ㉠ 세액공제 대상을 근로소득자로 제한하고 있어 연금소득자 또는 개인사업자 등은 보장성보험에 가입하더라도 세액공제를 받을 수 없다.

    ㉡ 근로소득자 : 사장, 임원, 직원 등이며, 일용근로자는 제외, 다만, 개인사업자에게 고용된 직원이 근로소득자일 경우에는 세액공제 가능

③ 기본공제대상자

    ㉠ 피보험자에 해당하는 기본공제대상자는 본인을 포함한 부양가족으로 근로소득자 본인에 대해서는 별도의 요건이 없으나, 배우자 및 부양가족 등은 근로소득자 본인이 보험료를 납입하더라도 소득 및 연령 요건 미충족 시 세액공제를 받을 수 없다. 다만, 기본공제대상자가 장애인일 경우 연령에 상관없이 소득금액 요건만 충족 시 세액공제가 가능하다.

    ㉡ 기본공제대상자 요건

보험료 납입인	피보험자	소득금액 요건	연령 요건	세액공제여부
본인	부모	연간 100만 원 이하	만 60세 이상	가능
본인	배우자	연간 100만 원 이하	특정 요건 없음	가능
본인	자녀	연간 100만 원 이하	만 20세 이하	가능
본인	형제자매	연간 100만 원 이하	만 20세 이하 또는 만 60세 이상	가능

④ 보장성보험 중도 해지 시 세액공제 여부 : 과세 기간 중 보장성보험을 해지할 경우 해지 시점까지 납입한 보험료에 대해 세액공제가 가능하며 이미 세액공제 받은 보험료에 대한 추징 또한 없다.

(2) 장애인전용보장성보험료의 세액공제

근로소득자가 기본공제대상자 중 장애인을 피보험자 또는 수익자로 하는 장애인전용보험 (보험계약 또는 보험료 납입영수증에 장애인전용보험으로 표시) 및 장애인전용보험전환특약을 부가한 보장성보험의 경우 과세기간 납입 보험료(1년 100만원 한도)의 15%에 해당되는 금액을 종합소득산출세액에서 공제받을 수 있다.

〈보장성보험료 세액공제 가능 여부〉

구 분	가능 여부
근로소득자 본인이 보험료를 납입하는 보장성보험의 피보험자가 연간 소득 100만원을 초과하는 배우자인 경우	세액공제 적용 대상이 아님
근로소득자 본인이 보험료를 납입하는 각 보장성보험의 피보험자가 각각 연간 소득 100만원 미만의 부양가족 중 만 59세 부모와 만 20세 형제일 경우	만 20세 형제의 경우 요건에 충족하여 세액공제 적용 대상이나, 부모의 경우 적용 대상이 아님
보장성보험의 피보험자가 태아인 경우	출생전이므로 기본공제대상자에 해당하지 않음
보험계약기간이 '20.6월부터 '21.5월까지인 보장성보험의 보험료를 '20.6월에 일시 납부 했을 경우	'20년(납부일이 속하는 과세기간)의 근로소득에서 세액공제(기간별 안분 계산 X)
보장성보험의 '20년 중 2개월치 보험료를 미납하여 '21년 중 납부한 경우	세액공제는 납부일이 속하는 과세기간에 적용되므로 미납분 보험료의 경우 실제 납부한 과세 기간에 공제 가능
자영업을 영위하는 사람(장애인)이 본인 명의로 보장성보험에 가입한 경우	자영업자는 근로소득자에 해당하지 않으므로 세액공제 대상에서 제외

(3) 연금계좌의 세액공제

연금계좌에는 연금저축계좌와 퇴직연금계좌가 있다.

구 분	내 용	종 류
연금저축계좌	금융회사와 체결한 계약에 따라 '연금저축'이라는 명칭으로 설정하는 계좌	연금저축보험, 연금저축신탁, 연금저축펀드
퇴직연금계좌	퇴직연금을 지급받기 위해 가입하는 계좌	확정급여형(DB형), 확정기여형(DC형) 및 개인형 퇴직연금(IRP) 등 ※ 확정급여형(DB형) 퇴직연금은 세액공제 대상에서 제외된다.

① 세액공제 사항

　㉠ 종합소득자가 과세기간 중 연금저축계좌에 납입한 금액(400만 원 한도(단, 2022년 12월 31일까지는 금융소득금액 2천만 원을 초과하지 않는 만 50세 이상 거주자의 경우 연간 600만 원 한도))의 12% 세액공제(종합소득금액 4천500만 원 이하(근로소득만 있는 경우 총급여액 5천 500만 원 이하)인 거주자는 15%)을 해당 과세기간 종합소득산출세액에서 공제한다.

　㉡ 보장성보험료 세액공제가 근로소득자에 한해 가능한 것과 달리 연금계좌의 세액공제는 근로소득 외의 종합소득이 있는 경우에도 가능하다.

[연금계좌 세액공제 납입한도 및 공제율]

종합소득금액 (근로소득만 있는 경우 총급여액)	세액공제 대상 납입한도 (퇴직연금 합산 시)	공제율
4천500만 원 이하 (5천 500만 원 이하)	600만원 (900만원)	15%
4천 500만원 초과 (5천 500만원 초과)		12%

(4) 저축성보험의 보험차익 비과세

저축성보험의 보험차익은 보험계약에 따라 만기 또는 해지환급금(피해자 사망, 질병, 부상, 상해 등에 따른 보험금은 제외) 등과 납입보험료 총액 간 차액을 뜻한다.

저축성보험의 보험차익은 이자소득으로 「소득세법」상 과세대상이지만 ①~③까지의 조건 충족 시 이자소득세가 비과세된다. 다만, 보험계약 체결 이후 비과세 요건을 미충족하게 되는 경우 비과세 대상이 되지 못한다.

단, ②~③에 해당되는 보험계약이 계약 체결 이후 비과세 요건을 충족하지 못하더라도 ①의 요건을 충족하는 경우 비과세 대상으로 인정된다.

① (②와 ③을 제외한 저축성 보험) 최초 보험료 납입 시점부터 만기일 또는 중도해지일까지 기간이 10년 이상으로 계약자 1인당 납입 보험료 합계액이 '17년 3월 31일까지 가입한 경우 2억 원 이하, '17년 4월 1일부터 가입한 경우 1억 원 이하인 계약의 보험차익에 대해 비과세.

단, 최초 보험료 납입일로부터 만기일 또는 중도해지일까지의 기간은 10년 이상이나, 납입 보험료를 최초납입일 이후 10년 경과 전 확정된 기간 동안 연금형태로 분할하여 지급받는 경우는 비과세 요건에서 제외

② (월적립식 저축성 보험) 최초 보험료 납입 시점부터 만기일 또는 중도해지일까지 기간이 10년 이상으로 아래 각 요건을 모두 충족하는 계약에 대해 보험차익을 비과세

ⓐ 최초 납입일로부터 납입기간이 5년 이상인 월적립식 보험계약

ⓑ 최초 납입일로부터 매월 납입 기본보험료가 균등(최초 계약 기본보험료의 1배 이내로 기본보험료를 증액하는 경우 포함)하고 기본보험료 선납기간이 6개월 이내

ⓒ 계약자 1명당 매월 납입 보험료 합계액이 150만 원 이하('17년 4월 1일부터 가입한 보험계약에 한해 적용)

ⓓ 월 적립식 보험료 합계액은 만기 환급금액이 납입보험료를 초과하지 않는 보험계약으로 아래 조건을 충족하는 순수보장성보험은 제외한다.

  * 저축을 목적으로 하지 않고 피보험자의 사망·질병·부상 등 신체상의 상해나 자산의 멸실·손괴만을 보장하는 보험계약
  * 만기 또는 보험 계약기간 중 특정 시점에서의 생존을 보험사건으로 보험금을 지급하지 않는 보험계약

③ (종신형 연금보험) 아래의 요건들을 갖춘 종신형 연금보험

㉠ 계약자가 보험료 납입기간 만료 후 만 55세 이후부터 사망 시까지 보험금·수익 등을 연금으로 지급받는 계약

㉡ 연금 외의 형태로 보험금·수익 등이 지급되지 않는 계약

㉢ 사망 시「통계법」제18조에 따라 통계청장이 승인하여 고시하는 통계표에 따른 성별·연령별 기대여명 연수(소수점 이하는 버리며, 이하 이 조에서 "기대여명연수"라 한다) 이내에서 보험금·수익 등을 연금으로 지급하기로 보증한 기간(이하 "보증기간"이라 한다)이 설정된 경우로서 계약자가 해당 보증기간 이내에 사망한 경우에는 해당 보증기간의 종료 시] 보험계약 및 연금재원이 소멸하는 계약

㉣ 계약자, 피보험자 및 수익자가 동의한 계약으로 최초 연금지급개시 이후 사망일 전에 중도 해지할 수 없는 계약

㉤ 매년 수령 연금액[연금수령 개시 후에 금리변동에 따라 변동된 금액과 이연하여 수령하는 연금액은 포함하지 아니한다]이 아래의 계산식에 따른 금액 이내인 계약

* (연금수령 개시일 현재 연금계좌 평가액÷연금수령 개시일 현재 기대여명수명연수)×3

(5) 비과세 종합저축(보험)에 대한 과세특례

① 가입대상 : 만 65세 이상 또는 장애인 등 2025년 12월 31일까지 가입 가능

② 가입금액 : 1인당 저축원금 5천만 원까지 납입 가능

* 세금우대종합저축에 가입한 거주자로 그 계약을 유지하고 있는 대상은 5천만 원에서 세금우대종합저축 계약금액 총액을 뺀 금액을 상한으로 함

③ 비과세종합저축 가입 요건 : 아래 각 요건을 모두 갖춘 저축

㉠ 「금융실명거래 및 비밀보장에 관한 법률」제2조제1호에 따른 금융회사 등 및 아래에 해당하는 공제회가 취급하는 저축(투자신탁·보험·공제·증권저축·채권저축 등 포함)

– 군인공제회, 한국교직원공제회, 대한지방행정공제회, 경찰공제회, 대한소방공제회, 과학기술인공제회

㉡ 가입 당시 저축자가 비과세 적용을 신청할 것

더 알아보기 | 비과세종합저축보험 가입 대상 한정

- 만 65세 이상 거주자 또는 「장애인복지법」 제32조에 따라 등록한 장애인
- 「독립유공자 예우에 관한 법률」 제6조에 따라 등록한 독립유공자와 그 유족 또는 가족
- 「국가유공자 등 예우 및 지원에 관한 법률」 제6조에 따라 등록한 상이자
- 「국민기초생활보장법」제2조 제2호에 해당되는 수급자
- 「고엽제후유의증 환자지원 등에 관한 법률」 제2조와 제3조에 따른 고엽제후유의증환자
- 「5·18민주유공자 예우에 관한 법률」 제4조 제2호에 따른 5·18민주화운동 부상자

3 보험윤리와 소비자보호

01 보험영업윤리

보험회사 영업행위 윤리준칙

보험회사 영업행위 윤리준칙(2018년 6월 제정) 주요 내용
- 영업활동 기본원칙 : 보험소비자 권익 제고를 위해 신의성실, 공정한 영업풍토 조성, 보험관계 법규 준수 등 보험상품 판매 과정에서 준수해야 할 기본 원칙
- 판매관련 보상체계의 적정성 제고 : 보험소비자의 권익 침해를 방지하기 위해 평가 및 보상체계에 판매실적 외 불완전판매건수, 고객수익률, 소비자만족도, 계약관련 서류 충실성 등 관련 요소들을 충분히 반영하여 운영
- 영업행위 내부통제 강화 : 윤리준칙 준수 여부에 대한 주기적 점검 및 위법·부당행위 내부 신고제도 운영 등
- 보험소비자와의 정보 불균형 해소 : 충실한 설명의무 이행, 계약체결 및 유지단계에서 필요한 정보 제공 등
- 합리적 분쟁해결 프로세스 구축 : 독립적이고 공정한 민원처리를 위한 민원관리 시스템 구축, 분쟁방지 및 효율적 처리방안 마련 등

1 보험영업활동 기본원칙

(1) 보험회사는 보험상품을 판매하고 서비스를 제공하는 일련의 과정에서 보험소비자의 권익이 침해되는 일이 발생하지 않도록 노력해야 한다.

(2) 모집종사자는 금융인으로서 사명감과 윤리의식을 가지고, 보험소비자의 권익 보호를 최우선 가치로 삼고 영업활동을 수행해야 한다.

(3) 보험회사는 모집종사자의 도입·양성·교육·관리 등에 있어서 법령을 준수하고 건전한 금융거래 질서가 유지될 수 있도록 노력해야 한다.

(4) 보험회사 및 모집종사자은 부당한 모집행위나 과당경쟁을 하지 않고 합리적이고 공정한 영업풍토를 조성함으로써 모집질서를 확립하고 보험계약자의 권익보호에 최선을 다해야 한다.

(5) 보험회사 및 모집종사자는 보험상품 판매에 관한 보험관계 법규 등을 철저히 준수해야 하며, 법령 등에서 정하고 있지 않은 사항은 사회적 규범과 시장의 일관된 원칙 등을 고려하여 선의의 판단에 따라 윤리적으로 행동해야 한다.

2 보험상품 판매 전·후 보험소비자와의 정보 불균형 해소

(1) 신의성실의 원칙 준수

① 보험회사 및 모집종사자는 보험소비자의 권익을 보호하기 위해 보험영업활동시 합리적으로 행동하고 적절하게 판단해야 하며, 보험소비자가 합리적인 선택을 할 수 있도록 지원해야 한다.

② 보험회사는 보험상품 판매과정에서 보험소비자에게 피해가 생긴 경우에는 신속한 피해구제를 위해 노력해야 한다.

③ 모집종사자는 보험소비자와의 신뢰관계를 성실하게 유지해야 하며, 이를 위해 정직, 신용, 성실 및 전문직업의식을 가지고 보험영업활동을 수행해야 한다.

(2) 보험소비자에게 적합한 상품 권유

보험회사 및 모집종사자는 보험소비자의 연령, 보험가입목적, 보험상품 가입경험 및 이해수준 등에 대한 충분한 정보를 파악하고, 보험상품에 대한 합리적 정보를 제공함으로써 불완전판매가 발생하지 않도록 노력해야 한다.

(3) 부당한 영업행위 금지

① 보험소비자의 보험가입 니즈와 구매 의사에 반하는 다른 보험상품의 구매를 강요하는 행위를 금지한다.

② 새로운 보험상품을 판매하기 위해 보험소비자가 가입한 기존 상품을 해지하도록 유도하는 행위를 금지한다.

③ 보험회사로부터 승인을 받지 않은 보험안내자료나 상품광고 등을 영업에 활용하는 행위를 금지한다.

④ 보험소비자에게 객관적이고 올바른 정보를 제공하지 않아 보험소비자가 합리적인 선택을 불가능하게 하는 행위를 금지한다.

⑤ 보험회사의 대출, 용역 등 서비스 제공과 관련하여 보험소비자의 의사에 반하는 보험상품의 구매를 강요하는 행위를 금지한다.

⑥ 보험소비자가 보험상품의 중요한 사항을 보험회사에 알리는 것을 방해하거나 알리지 아니할 것을 권유하는 행위를 금지한다.

⑦ 실제 명의인이 아닌 자의 보험계약을 모집하거나 실제 명의인의 동의가 없는 보험계약을 모집하는 행위를 금지한다.

⑧ 보험소비자의 자필서명을 받지 아니하고 서명을 대신하는 행위를 금지한다.

(4) 보험상품 권유 시 충실한 설명의무 이행

① 보험회사 및 모집종사자는 보험상품을 권유할 때 보험소비자가 보험상품의 종류 및 특징, 유의사항 등을 제대로 이해할 수 있도록 충분히 설명하여야 한다.

② 보험회사는 보험계약 체결 시부터 보험금 지급 시까지의 주요 과정을 보험업법령에서 정하는 바에 따라 보험소비자에게 충분히 설명하여야 한다.

③ 보험회사는 중도해지 시 불이익, 보장이 제한되는 경우 등 보험소비자의 권익에 관한 중요사항은 반드시 설명하고, 상품설명서 등 관련 정보를 보험소비자에게 제공해야 한다.

④ 보험회사 및 모집종사자는 보험상품의 기능을 왜곡하여 설명하는 등 보험계약자의 이익과 필요에 어긋나는 설명 행위를 해서는 안 된다.

(5) 보험계약 유지관리 강화

보험회사는 보험소비자에게 보험료 납입안내, 보험금 청구절차 안내 등 보험계약 유지관리 서비스를 강화하여 보험소비자의 만족도를 제고하도록 노력해야 한다.

3 보험소비자에 대한 정보 제공

(1) 정보의 적정성 확보

① 모집종사자는 보험회사가 제작하여 승인된 보험안내자료만 사용해야 하며, 승인되지 않은 보험안내 자료를 임의로 제작하거나 사용할 수 없다.

② 보험회사는 보험상품 안내장, 약관, 광고, 홈페이지 등 보험소비자에게 정보를 제공하는 수단에 대하여 부정확한 정보나 과대광고로 보험소비자가 피해를 입는 일이 없도록 해야 한다.

③ 보험회사는 보험상품에 대한 판매광고 시, 보험협회의 상품광고 사전심의 대상이 되는 보험상품에 대해서는 보험협회로부터 심의필을 받아야 하며, 공정한 거래질서를 해치거나 보험소비자의 윤리적·정서적 감정을 훼손하는 내용을 제외해야 한다.

④ 보험소비자에게 제공하는 정보는 보험소비자가 알기 쉽도록 간단·명료하게 작성되어야 하며, 객관적인 사실에 근거하여 보험소비자가 오해할 우려가 있는 정보를 배제해야 한다.

(2) 정보의 시의성 확보

① 보험소비자에 대한 정보제공은 제공시기 및 내용을 보험소비자의 관점에서 고려하고, 정보제공이 시의적절하게 이루어질 수 있도록 운영해야 한다.

② 보험회사는 공시자료 내용에 변경이 생긴 경우 특별한 사유가 없는 한 지체없이 자료를 수정함으로써 보험소비자에게 정확한 정보를 제공해야 한다.

(3) 계약체결·유지 단계의 정보 제공

① 모집종사자는 보험소비자에게 보험계약 체결 권유 단계에 상품설명서를 제공해야 하며, 보험계약 청약 단계에 보험계약청약서 부본 및 보험약관을 제공해야 한다.

② 모집종사자는 보험소비자에게 제공하는 보험안내자료상의 예상수치는 실제 적용되는 이율이나 수익률 등과 다를 수 있다는 점을 분명하게 설명해야 한다.

③ 보험회사는 1년 이상 유지된 계약에 대해 보험계약관리내용을 연 1회 이상 보험소비자에게 제공해야 하며, 변액보험에 대해서는 분기별 1회 이상 제공해야 한다.
보험회사는 저축성보험에 대해 판매시점의 공시이율을 적용한 경과기간별 해지환급금을 보험소비자에게 안내하고, 해지환급금 및 적립금을 공시기준에 따라 공시해야 한다.

④ 보험회사는 미가입 시 과태료 부과 등 행정조치가 취해지는 의무보험에 대해서는 보험기간이 만료되기 일정 기간 이전에 보험만기 도래 사실 및 계약 갱신 절차 등을 보험소비자에게 안내해야 한다.

4 모집질서 개선을 통한 보험소비자 보호

(1) 완전판매 문화 정착 및 건전한 보험시장 질서 확립

① 보험회사는 보험소비자 보호 강화를 위해 완전판매 문화가 정착되도록 노력해야 하며 모집종사자의 모집관리지표를 측정·관리하고 그 결과에 따라 완전판매 교육체계를 마련해야 한다.

② 불완전판매 등 모집종사자의 부실모집 행위에 대하여 양정기준을 운영함으로써 모집종사자의 불완전판매 재발을 방지해야 한다.

③ 보험회사는 대출을 위한 조건으로 보험가입을 강요하는 구속성보험(보험업감독규정 제5-15조) 계약의 체결을 요구해서는 안 된다.

(2) 보험회사와 모집종사자의 불공정행위 금지

① 보험회사 및 모집종사자는 위탁계약서의 내용을 충실히 이행해야 하며, 위탁계약서에 명시된 것 이외의 항목에 대해서는 부당하게 지원 및 요구를 하지 않아야 한다.

② 보험회사는 정당한 사유 없이 모집종사자에게 지급되어야 할 수수료의 일부 또는 전부를 지급하지 않거나 지급을 지연해서는 안 된다. 또한 기지급된 수수료에 대해 정당한 사유 없이 환수해서는 안 된다.

③ 보험회사는 보험설계사에게 보험료 대납 등 불법모집행위를 강요하는 행위를 하여서는 안 된다.

(3) 모집종사자의 전문성 제고

① 모집종사자는 판매하는 상품에 대한 모집자격을 갖추어야 하며, 판매하는 상품에 대한 충분한 지식을 갖추어야 한다.

② 보험회사는 보험설계사의 전문성 제고를 위한 교육프로그램을 운영하여 보험설계사가 종합적인 재무·위험전문 컨설턴트로서 보험소비자에게 최고의 서비스를 제공할 수 있도록 지원해야 한다.

③ 보험회사는 협회에서 시행하는 우수인증설계사에 대한 우대방안을 마련하여 불완전판매가 없는 장기근속 우수한 설계사 양성을 도모해야 한다.

5 개인정보의 보호

(1) 개인정보의 수집 및 이용

보험회사는 보험상품 판매를 위해 개인정보의 수집 및 이용이 필요할 경우 명확한 동의절차를 밟아야 하며 그 목적에 부합하는 최소한의 정보만 수집·이용해야 한다.

(2) 개인정보의 보호 및 파기

① 보험회사는 수집한 개인정보를 고객의 동의 없이 제3자에게 제공해서는 아니되며, 개인정보가 외부에 유출되지 않도록 기술적·관리적 조치를 취해야 한다.

② 보험회사는 수집한 개인정보를 당해 목적이외에는 사용하지 아니하며, 그 목적이 달성되었을 때에는 수집한 정보를 파기해야 한다.

6 판매관련 보상체계

(1) 보험회사는 보험상품을 판매하는 과정에서 판매담당 직원과 보험소비자의 이해상충이 발생하지 않도록 판매담당 직원 및 단위조직(이하 '판매담당 직원 등'이라 한다)에 대한 평가 및 보상체계를 설계해야 한다.

☑ Check Point

판매담당 직원 등의 범위
보험소비자에게 금융상품을 직접 판매하는 직원과 이러한 직원들의 판매실적에 따라 주로 평가 받는 직원 및 영업 단위조직으로 보험설계사와 보험대리점은 포함되지 않음

(2) 보험회사는 판매담당 직원 등에 대한 평가 및 보상체계에 판매실적 이외에도 불완전판매건수, 고객수익률, 소비자만족도 조사결과, 계약관련 서류의 충실성, 판매프로세스 적정성 점검결과 등 관련 요소들을 충분히 반영하여 평가결과에 실질적인 차별화가 있도록 운영해야 한다. 다만, 구체적인 반영항목 및 기준은 각 보험회사가 합리적으로 마련하여 운영할 수 있다.

(3) 보험소비자들이 판매담당 직원의 불건전영업행위, 불완전판매 등으로 금융거래를 철회·해지하는 경우 보험회사는 판매담당 직원에게 이미 제공된 금전적 보상을 환수할 수 있으며, 이를 위해 보상의 일정부분은 소비자에게 상품 및 서비스가 제공되는 기간에 걸쳐 분할 또는 연기하여 제공할 수 있다.

(4) 판매담당 직원 등에 대한 성과·보상 체계 설정 부서, 성과평가 부서, 상품 개발·영업 관련 부서, 준법감시 부서 등이 불완전판매 등 관련 정보를 수집·공유하고 특정 보험 상품에 대한 판매 목표량과 판매실적 가중치 부여의 적정 여부, 부가상품 판매에 따른 불완전판매 발생 사례 및 발생 가능성 등에 대해 정기적으로 협의·검토해야 한다.

7 분쟁 방지 및 민원 처리

(1) 불완전판매 등에 대한 관리

① 보험회사는 보험상품 판매 과정에서 불완전판매가 발생하지 않도록 보험소비자보호 관점에서 지속적으로 관리해야 한다.
② 보험회사는 상품 및 서비스와 관련한 주요 보험소비자 불만사항에 대해 그 불만내용과 피해에 대한 분석을 통해 불만의 주요원인을 파악하고 이를 관련부서와 협의하여 개선해야 한다.

(2) 민원관리시스템 구축

① 보험회사는 독립적이고 공정한 민원처리와 구제절차를 마련하여 운영해야 하며, 보험소비자가 시의적절하고 효율적으로 이용할 수 있도록 해야 한다.
② 보험회사는 보험소비자가 다양한 민원접수 채널을 통해 민원을 제기할 수 있도록 해야 하고, 해당 민원을 One-Stop으로 처리할 수 있도록 전산화된 시스템을 구축해야 한다.
③ 보험회사는 민원관리시스템을 통한 민원처리 시 접수사실 및 사실관계 조사현황 등을 보험소비자에게 고지해야 하며, 민원인의 의견을 검토하여 민원예방에 노력해야 한다.

(3) 분쟁방지 및 효율적 처리방안 마련

① 보험회사는 보험소비자와의 분쟁을 해결하는 부서를 지정하고, 분쟁이 발생하지 않도록 분쟁예방대책을 마련해야 한다.
② 보험회사는 분쟁발생 시 조기에 분쟁이 해소될 수 있도록 노력해야 하며, 분쟁과 관련하여 정당한 사유 없이 보험소비자의 피해가 발생하지 않아야 한다.
③ 보험회사는 분쟁발생 시 보험소비자에게 분쟁 해결에 관한 내부 절차를 알려야 한다.
④ 보험회사는 보험소비자가 분쟁 처리 결과에 이의가 있는 경우, 이의제기 방법 또는 객관적인 제3자를 통한 분쟁해결 방법에 대해 안내해야 한다.

8 내부 신고제도 운영

(1) 보험회사는 금융사고를 미연에 방지하고 사고발생 시 피해를 최소화하기 위해 내부 신고제도를 운영한다.

(2) 신고대상 행위

　ⓐ 횡령, 배임, 공갈, 절도, 뇌물수수 등 범죄 혐의가 있는 행위
　ⓑ 업무와 관련하여 금품, 향응 등을 요구하거나 수수하는 행위
　ⓒ 업무와 관련된 상사의 위법 또는 부당한 지시행위
　ⓓ 기타 위법 또는 부당한 업무처리로 판단되는 일체의 행위

02 보험범죄 방지활동

1 보험범죄란?

보험계약을 악용하여 지급받을 수 없는 보험금을 수령하거나 실제 손해액 대비 많은 보험금을 청구하는 행위 또는 보험 가입 시 실제 위험수준 대비 낮은 보험료를 납입할 목적으로 행하는 일체의 불법행위로 연성사기와 경성사기로 구분할 수 있다.

(1) 연성사기(Soft Fraud)

우연히 발생한 보험사고의 피해를 부풀려 실제 발생한 손해 이상의 과다한 보험금을 청구하는 행위

(2) 경성사기(Hard Fraud)

보험금을 편취할 목적으로 처음부터 의도적으로 보험에 가입하여 의도적으로 사고를 유발시키는 행위

> **알아보기**　보험범죄와 구별되는 유형(정보의 불균형으로 인해 발생)
>
> • 도덕적 해이 : 보험사고의 발생가능성이 높거나 손해를 증대시킬 수 있는 보험계약자 또는 피보험자가 직접적으로 보험제도를 악용·남용하는 내적 도덕적 해이와 피보험자와 관계있는 의사, 병원, 변호사 등이 간접적으로 악용·남용하는 외적 도덕적 해이로 구분한다.
> • 역선택 : 보험계약에 있어 특정군의 특성에 기초하여 계산된 위험보다 높은 위험을 가진 집단이 동일 위험군으로 분류되어 보험계약을 체결함으로써 그 동일 위험군의 사고발생률을 증가시키는 현상이다.

2 보험범죄의 특성

(1) 관련 · 후속 범죄 유발

보험금을 부정 편취하기 위해 피보험자 또는 제3자를 해하거나 살해하는 경우 또는 진단서 등의 문서 위조, 건물 방화 등 다른 범죄가 함께 발생하는 경우가 많다.

(2) 범죄입증의 어려움

보험금 편취를 위해 다수의 보험에 계약한 사실이나 보험사고가 고의 · 허위에 의한 것임을 입증해야 하나, 과실이나 고의를 구분하는 것이 어렵다. 특히 사고발생 후 상당기간이 경과한 후 보험금을 청구하는 생명보험의 경우 입증이 더욱 어려울 수 있다.

(3) 수법의 다양화 · 지능화 · 조직화

보험회사의 보험범죄 대처가 강화되면서 보험사고를 고의로 일으키거나 보험금 편취 목적의 보험 가입사실을 숨기는 등 점점 치밀하고 다양해지고 있다. 최근에는 가족, 조직폭력배, 전문 브로커 등에 의한 조직적 · 계획적 보험사기가 증가하고 있다.

3 보험범죄의 유형

(1) 사기적 보험계약 체결

보험계약 시 자신의 건강 · 직업 등의 정보를 허위로 알리거나 타인에게 자신을 대신해 건강진단을 받게 하는 행위 등을 통해 중요한 사실을 숨기는 행위

> **더 알아보기**　　사기적 보험계약 체결 예시
> - 암 등 고위험군 질병을 진단 받은 자가 보험가입을 위해 진단사실을 은폐
> - 피보험자가 제3자를 통한 대리진단으로 다수의 보험에 가입하는 행위
> - 이미 사망한 자를 피보험자로 보험에 가입하는 행위
> - 자동차 등과 관련하여 보험사고 발생 후 사고일자 등을 조작·변경하여 보험에 가입하는 행위

(2) 보험사고 위장 또는 허위사고

보험사고 자체를 위장하거나 보험사고가 아닌 것을 보험사고로 조작하는 행위

> **더 알아보기**　　보험사고 위장 또는 허위사고 예시
> - 피보험자가 생존 중이나, 사망보험금 편취를 위해 사망한 것처럼 위장하는 행위
> - 보험사고를 조작하여 병원 또는 의원으로부터 허위진단서를 발급받아 보험금을 청구하는 행위
> - 기존 다른 사고로 인한 부상을 경미한 사고로 인해 발생한 것처럼 조작하여 보험금을 청구하는 행위

(3) 보험금 과다청구

실제 피해보다 과다한 보험금을 받기 위해 병원과 공모하여 부상이나 장해등급을 상향하거나 통원치료를 입원치료 받은 것으로 서류를 조작하는 행위

> **알아보기**   보험금 과다청구 예시
>
> - 보험가입자가 피보험자와 병원에 내원하여 '일반질병'을 보험계약에서 정한 '특정질병'으로 허위진단서를 발급받아 보험금을 과다 청구하는 경우
> - 병원 입원 기간 동안 외출, 외박 등을 통해 정상적인 사회활동을 하였음에도 입원한 것처럼 진단서를 발급받는 행위

(4) 고의적인 보험사고 유발

보험금을 부정 편취하기 위해 고의적인 살인·방화·자해 등으로 사고를 유발하는 가장 악의적인 보험범죄 유형

> **알아보기**   고의적인 보험사고 유발 예시
>
> - 피보험자 본인이 신체 일부를 절단 또는 고층에서 뛰어내리거나 운행 중인 차량에 고의로 충돌하는 행위
> - 보험수익자가 보험금을 노리고 피보험자의 신체에 고의로 상해를 입히거나 살해하는 행위

4   보험범죄 방지활동

(1) 정부 및 유관기관의 방지활동

정부 및 금융감독원, 보험협회 등 유관기관은 보험사기 적발 및 예방을 위한 대책과 방지활동을 강화하고 있다.

(2) 보험모집 종사자의 방지활동

모집종사자는 보험계약자의 보험범죄 유발 가능성을 파악하고 모방범죄 등을 예방하기 위한 활동에 참여해야 한다.

03 보험모집 준수사항

1 보험모집 개요

(1) 보험모집

보험모집이란 보험회사와 보험에 가입하려는 소비자 사이에서 보험계약의 체결을 중개·대리하는 행위로 일반적으로는 소비자를 대상으로 보험상품을 판매하는 행위로 정의할 수 있다.

(2) 보험모집의 자격

「보험업법」상 보험을 모집할 수 있는 자격은 아래와 같이 제한된다.
① 보험설계사 : 보험회사, 보험대리점 또는 보험중개사에 소속되어 보험계약 체결을 중개하는 자
② 보험대리점 : 보험회사를 위하여 보험계약의 체결을 대리하는 자
③ 보험중개사 : 독립적으로 보험계약의 체결을 중개하는 자
④ 보험회사의 임직원(대표이사, 사외이사, 감사 및 감사위원은 제외)

2 보험모집 관련 준수사항

(1) 「보험업법」상 준수사항 주요 내용

① 보험안내자료(제95조) : 보험모집을 위해 사용하는 보험안내자료는 보험회사의 상호나 명칭 또는 보험설계사, 보험대리점 또는 보험중개사의 이름·상호나 명칭, 보험 가입에 따른 권리·의무에 관한 주요 사항, 보험약관으로 정하는 보장에 관한 사항, 보험금 지급제한 조건에 관한 사항, 해약환급금에 관한 사항, 「예금자보호법」에 따른 예금자보호와 관련된 사항 등을 명백하고 알기 쉽게 적어야 한다.
② 설명의무(제95조의2)
ㄱ 보험회사는 보험계약의 체결 시부터 보험금 지급 시까지의 주요 과정을 대통령령으로 정하는 바에 따라 일반보험계약자에게 설명하여야 한다. 다만, 일반보험계약자가 설명을 거부하는 경우에는 설명하지 않아도 된다.
ㄴ 보험회사는 일반보험계약자가 보험금 지급을 요청하는 경우 대통령령으로 정하는 바에 따라 보험금 지급절차 및 지급내역 등을 설명해야 하며, 보험금을 감액하거나 지급하지 않는 경우 그 사유에 대해 설명해야 한다.
③ 통신수단을 이용한 모집관련 준수사항(제96조) : 전화·우편·컴퓨터통신 등 통신수단을 이용하여 모집을 하는 자는 보험업법상 보험모집을 할 수 있는 자이어야 하며, 사전에 통신수단을 이용한 모집에 동의한 자를 대상으로 해야 한다. 또한 통신수단을 이용해 보험계약을 청약한 경우 청약의 내용 확인 및 정정, 청약 철회 및 계약 해지도 통신수단을 이용할 수 있도록 해야 한다. 계약 해지하고자 하는 경우에는 보험계약자가 계약을 해지하기 전에 안전성 및 신뢰성이 확보되는 방법을 이용하여 보험계약자 본인임을 확인 받은 경우에 한정한다.

④ 보험계약 체결 또는 모집에 관한 금지행위(제97조)

　㉠ 보험계약자 또는 피보험자로 하여금 이미 성립된 보험계약을 부당하게 소멸시킴으로써 새로운 보험계약(기존보험계약과 보장 내용 등이 비슷한 경우)을 청약하게 하거나 새로운 보험계약을 청약하게 함으로써 기존보험계약을 부당하게 소멸시키거나 그 밖에 부당하게 보험계약을 청약하게 하거나 이러한 것을 권유하는 행위

　㉡ 실제 명의인이 아닌 자의 보험계약을 모집하거나 실제 명의인의 동의가 없는 보험계약을 모집하는 행위

　㉢ 보험계약자 또는 피보험자의 자필서명이 필요한 경우에 보험계약자 또는 피보험자로부터 자필서명을 받지 아니하고 서명을 대신하거나 다른 사람으로 하여금 서명하게 하는 행위

　㉣ 다른 모집 종사자의 명의를 이용하여 보험계약을 모집하는 행위

　㉤ 보험계약자 또는 피보험자와의 금전대차의 관계를 이용하여 보험계약자 또는 피보험자로 하여금 보험계약을 청약하게 하거나 이러한 것을 요구하는 행위

　㉥ 정당한 이유 없이 「장애인차별금지 및 권리구제 등에 관한 법률」2조에 따른 장애인의 보험가입을 거부하는 행위

　㉦ 보험계약의 청약철회 또는 계약해지를 방해하는 행위

⑥ 특별이익제공 금지(제98조) : 보험계약의 체결 또는 모집에 종사하는 자는 그 체결 또는 모집과 관련하여 보험계약자나 피보험자에게 금품, 기초서류에서 정한 사유에 근거하지 아니한 보험료의 할인 또는 수수료의 지급, 기초서류에서 정한 보험금액보다 많은 보험금액의 지급 약속, 보험료 대납, 보험회사로부터 받은 대출금에 대한 이자의 대납, 보험료로 받은 수표 또는 어음에 대한 이자 상당액의 대납, 「상법」 제682조에 따른 제3자에 대한 청구권대위행사의 포기 등의 특별이익을 제공하거나 제공하기로 약속하여서는 아니 된다.

⑦ 수수료 지급 등의 금지(제99조) : 보험회사는 보험업법 상 보험을 모집할 수 있는 자 이외의 자에게 모집을 위탁하거나 모집에 관하여 수수료, 보수, 그 밖의 대가를 지급하지 못한다.

(2) 「생명보험 공정경쟁질서 유지에 관한 협정」에서 정한 준수사항

① 무자격자 모집 금지 : 보험업법상 보험모집을 할 수 없거나 보험모집 등에 관한 부당한 행위로 보험모집을 할 수 없게 된 자에게 보험모집을 위탁하여서는 아니 된다.

② 특별이익제공 금지 : 보험회사는 모집종사자가 보험계약자에게 보험료의 할인 기타 특별한 이익을 제공하거나 이를 약속하는 행위를 하지 못하도록 하여야 하며 회사 또한 동일한 행위를 하여서는 아니 된다.

③ 작성계약 금지 : 보험회사는 보험계약자의 청약이 없음에도 모집종사자가 계약자 또는 피보험자의 명의를 가명·도명·차명으로 보험계약 청약서를 임의로 작성하여 성립시키는 계약을 하지 못하도록 하여야 한다.

④ **경유계약 금지** : 보험회사는 모집종사자 본인이 모집한 계약을 타인의 명의로 처리하지 못하도록 하여야 한다.

⑤ **허위사실 유포 금지** : 보험회사는 모집종사자가 다른 회사를 모함하거나 허위사실을 유포하는 행위를 하지 못하도록 하여야 하며, 회사 또한 동일한 행위를 하여서는 아니 된다.

(3) 「금융소비자 보호에 관한 법률」상 준수사항 주요 내용

① 설명의무(제19조)

    ⊙ 금융상품판매업자 등은 일반금융소비자에게 계약 체결을 권유(금융상품자문업자가 자문에 응하는 것을 포함)하는 경우 및 일반금융소비자가 설명을 요청하는 경우에는 금융상품에 관한 중요한 사항을 일반금융소비자가 이해할 수 있도록 설명하여야 한다.

1. 다음 각 목의 구분에 따른 사항

보장성 상품	• 보장성 상품의 내용 • 보험료(공제료 포함) • 보험금(공제금 포함) 지급제한 사유 및 지급절차 • 위험보장 범위 • 그 밖에 위험보장 기간 등 보장성 상품에 관한 중요한 사항으로서 대통령령으로 정하는 사항
투자성 상품	• 투자성 상품의 내용 • 투자에 따른 위험 • 대통령령으로 정한 기준에 따라 금융상품직접판매업자가 정하는 위험등급 • 그 밖에 금융소비자가 부담해야 하는 수수료 등 투자성 상품에 관한 중요한 사항으로서 대통령령으로 정하는 사항
예금성 상품	• 예금성 상품의 내용 • 그 밖에 이자율, 수익률 등 예금성 상품에 관한 중요한 사항으로서 대통령령으로 정하는 사항
대출성 상품	• 금리 및 변동 여부, 중도상환수수료(금융소비자가 대출만기일이 도래하기 전 대출금의 전부 또는 일부를 상환하는 경우에 부과하는 수수료를 의미한다) 부과 여부·기간 및 수수료율 등 대출성 상품의 내용 • 상환방법에 따른 상환금액·이자율·시기 • 저당권 등 담보권 설정에 관한 사항, 담보권 실행사유 및 담보권 실행에 따른 담보목적물의 소유권 상실 등 권리변동에 관한 사항 • 대출원리금, 수수료 등 금융소비자가 대출계약을 체결하는 경우 부담하여야 하는 금액의 총액 • 그 밖에 대출계약의 해지에 관한 사항 등 대출성 상품에 관한 중요한 사항으로서 대통령령으로 정하는 사항

2. 제1호 각 목의 금융상품과 연계되거나 제휴된 금융상품 또는 서비스 등(이하 "연계·제휴서비스등"이라 한다)이 있는 경우 다음 각 목의 사항

    가. 연계·제휴서비스등의 내용

    나. 연계·제휴서비스등의 이행책임에 관한 사항

    다. 그 밖에 연계·제휴서비스등의 제공기간 등 연계·제휴서비스등에 관한 중요한 사항으로서 대통령령으로 정하는 사항

3. 제46조에 따른 청약 철회의 기한·행사방법·효과에 관한 사항

4. 그 밖에 금융소비자 보호를 위하여 대통령령으로 정하는 사항

ⓒ 금융상품판매업자 등은 설명에 필요한 설명서를 일반금융소비자에게 제공하여야하며, 설명한 내용을 일반금융소비자가 이해하였음을 서명, 기명날인, 녹취 또는 그 밖에 대통령령으로 정하는 방법으로 확인을 받아야 한다. 다만, 금융소비자 보호 및 건전한 거래질서를 해칠 우려가 없는 경우로서 대통령령으로 정하는 경우에는 설명서를 제공하지 아니할 수 있다. 설명서의 내용 및 제공 방법과 절차에 관한 세부내용은 대통령령으로 정한다.

ⓓ 금융상품판매업자 등은 설명을 할 때 일반금융소비자의 합리적인 판단 또는 금융상품의 가치에 중대한 영향을 미칠 수 있는 사항으로서 대통령령으로 정하는 사항을 거짓으로 또는 왜곡(불확실한 사항에 대하여 단정적 판단을 제공하거나 확실하다고 오인하게 할 소지가 있는 내용을 알리는 행위를 말한다)하여 설명하거나 대통령령으로 정하는 중요한 사항을 빠뜨려서는 아니 된다.

② 부당권유행위 금지(제21조)

금융상품판매업자 등은 계약 체결을 권유(금융상품자문업자가 자문에 응하는 것을 포함한다.)하는 경우에 다음에 해당하는 행위를 해서는 아니 된다.

다만, 금융소비자 보호 및 건전한 거래질서를 해칠 우려가 없는 행위로서 대통령령으로 정하는 행위는 제외한다.

㉠ 불확실한 사항에 대하여 단정적 판단을 제공하거나 확실하다고 오인하게 할 소지가 있는 내용을 알리는 행위

㉡ 금융상품의 내용을 사실과 다르게 알리는 행위

㉢ 금융상품의 가치에 중대한 영향을 미치는 사항을 미리 알고 있으면서 금융소비자에게 알리지 아니하는 행위

㉣ 금융상품 내용의 일부에 대하여 비교대상 및 기준을 밝히지 아니하거나 객관적인 근거 없이 다른 금융상품과 비교하여 해당 금융상품이 우수하거나 유리하다고 알리는 행위

㉤ 보장성 상품의 경우 금융소비자가 보장성 상품 계약의 중요한 사항을 금융상품직접판매업자에게 알리는 것을 방해하거나 알리지 아니할 것을 권유하는 행위나 금융소비자가 보장성 상품 계약의 중요한 사항에 대하여 부실하게 금융상품직접판매업자에게 알릴 것을 권유하는 행위

㉥ 투자성 상품의 경우 금융소비자로부터 계약의 체결권유를 해줄 것을 요청받지 아니하고 방문·전화 등 실시간 대화의 방법을 이용하는 행위나 계약의 체결권유를 받은 금융소비자가 이를 거부하는 취지의 의사를 표시하였는데도 계약의 체결권유를 계속하는 행위

㉦ 그 밖에 금융소비자 보호 또는 건전한 거래질서를 해칠 우려가 있는 행위로서 대통령령으로 정하는 행위

04 보험소비자 보호

1 보험소비자 보호제도

(1) 예금자보호법

보험회사의 인가취소나 해산 또는 파산 시 보험계약자 등은 「예금자보호법」에 따라 예금보험공사로부터 보험금을 지급받을 수 있다.

[예금자보호법에 의한 보험계약 보장(예금보험공사)]

구분	주요 내용
지급사유	보험금 지급정지, 보험회사의 인가취소·해산·파산·제3자 계약이전 시 계약이전에서 제외된 경우
보호대상	예금자(개인 및 법인 포함)
보장금액	• 1인당 최고 5,000만 원(원금 및 소정의 이자 합산) • 동일한 금융기관 내에서 보호받을 수 있는 총 합산 금액임
산출기준	• 해지환급금(사고보험금, 만기보험금)과 기타 제지급금의 합산금액 • 대출 채무가 있는 경우 이를 먼저 상환하고 남은 금액
보험상품별 보호여부	• 보호상품 : 개인이 가입한 보험계약, 퇴직보험, 변액보험계약 특약 및 최저보증금, 예금자보호대상 금융상품으로 운용되는 확정기여형 퇴직연금제도 및 개인형 퇴직연금제도의 적립금 등 • 비보호상품 : 보험계약자 및 보험료납부자가 법인인 보험계약, 보증보험계약, 재보험계약, 변액보험계약 주계약

(2) 금융분쟁조정위원회(금융소비자 보호에 관한 법률 제2절 금융분쟁의 조정)

① 금융 관련 분쟁 발생 시 금융감독원에 분쟁 조정을 신청할 수 있으며, 금융감독원은 분쟁 당사자에게 내용을 통지, 합의를 권고할 수 있으며, 신청일 이후 30일 이내로 합의가 이루어지지 않는 경우, 지체없이 금융분쟁조정위원회에 회부해야 한다.

② 금융분쟁조정위원회는 조정 회부로부터 60일 이내 이를 심의하여 조정안을 마련해야 하며 금융감독원장은 신청인과 관계당사자에게 이를 제시하고 수락을 권고할 수 있다.

③ 관계당사자가 조정안을 수락한 경우 해당 조정안은 재판상 화해와 동일한 효력을 갖는다.

(3) 고객상담창구 및 보험가입조회

① 금융감독원, 생명보험협회, 보험회사는 고객상담창구를 설치 및 운영하고 있으며, 생명보험협회의 경우 생존자 및 사망자에 대한 보험가입조회제도를 운영하고 있다.

② 보험가입 내역은 생명보험과 손해보험에 대해 확인이 가능하나 우체국, 새마을금고 등 공제보험의 가입내역은 조회할 수 없다.(우체국보험의 경우 우체국예금보험 홈페이지의 보험간편서비스를 통해 확인 가능)

2 보험금 대리청구인 지정제도

본인을 위한 보험상품 가입 시 보험금을 수령하기 위해서는 본인이 직접 보험금을 청구해야 하지만, 본인이 보험금 청구가 어려운 상황이 발생할 때에는 보험금 대리청구인을 미리 지정해두어 대리청구인이 계약자를 대신하여 보험금을 청구할 수 있도록 제도를 실시하고 있다.

3 생명보험 광고심의제도

생명보험업계는 보험소비자 보호 및 보험업 이미지 제고를 위해 2005년 「생명보험광고·선전에 관한 규정」을 제정하고 생명보험 광고에 대한 심의제도를 운영하고 있다.

정부기관, 곧 우체국보험을 포함한 우정사업본부의 광고는 「정부기관 및 공공법인 등의 광고 시행에 관한 법률」에 따라 기본계획을 수립하고, 광고를 동법 시행령 제6조(업무의 위탁)에 따라 정부광고 업무를 수탁한 한국언론진흥재단의 정부광고통합시스템에 의뢰하며 해당 시스템을 통해 소요경비를 지출한다.

4 보험민원

(1) 정 의

보험회사가 계약에 따른 의무를 이행하지 않거나 보험 상품 및 서비스가 고객 입장에서 기대에 미치지 못했을 때 또는 고객에 대한 관리가 적절히 이루어지지 않았을 경우 발생한다.

(2) 특 징

보험민원은 보험회사가 민원평가 및 평판 등을 의식할 경우 악성민원인에 의해 남용될 소지가 크다. 이러한 경우 보험회사와 감독당국의 민원·분쟁처리 효율성을 크게 저하시켜 정당한 민원·분쟁처리가 지연될 수 있으므로 보험회사는 정확한 사실관계 확인을 바탕으로 관련 법규 및 기준에 근거하여 민원을 객관적·합리적으로 처리해야 한다.

(3) 현장에서의 보험민원 주요 유형

주요 유형	세부 유형
불완전판매	• 약관 및 청약서 부본 미교부 • 고객불만 야기 및 부적절한 고객불만 처리 • 고객의 니즈에 부합하지 않는 상품을 변칙 판매
부당행위	• 자필서명 미이행 • 적합성원칙 등 계약권유준칙 미이행 • 약관상 중요 내용에 대한 설명 불충분 및 설명의무 위반 • 고객의 계약 전 알릴 의무 방해 및 위반 유도 • 대리진단 유도 및 묵인 • 약관과 다른 내용의 보험안내자료 제작 및 사용 • 특별이익 제공 또는 제공을 약속 • 보험료, 보험금 등을 횡령 및 유용 • 개인신용정보관리 및 보호 관련 중요사항 위반 • 보험료 대납, 무자격자 모집 또는 경유계약
보험금지급	• 보험금 지급처리 지연 • 보험금 부지급 또는 지급 처리과정에서의 불친절 • 최초 안내(기대)된 보험금 대비 적은 금액을 지급
계약인수	• 계약인수 과정에서 조건부 가입에 대한 불만 • 계약적부심사 이후 계약해지 처리 불만 • 장애인 계약 인수과정에서 차별로 오인함에 따른 불만 • 계약 전 알릴 의무 위반사항과 인과관계 여부에 대한 불만

04 생명보험과 제3보험

01 생명보험 개요

1 의 의

일상생활에서 발생하는 경제적 손실을 보전하고 여러 가지 위험으로부터 안정적인 생활을 영위할 필요에 따라 만들어진 제도가 보험이다.

2 개 요

많은 사람이 소액의 분담금(보험료)를 모아서 공동준비재산을 조성하고 불의의 사고가 발생했을 경우에 약정된 금액(보험금)을 지급하는 것이다.

02 생명보험 상품

1 생명보험 상품의 특성

(1) 상품의 특성

① 무형의 상품 : 생명보험은 형태가 보이지 않는 무형의 상품이므로 보험가입자의 정확한 이해가 중요하며, 상품 권유단계부터 가입자에게 필요한 가입설계, 보장내용 및 보험금 지급절차, 이를 수록한 약관에 대한 충분한 설명이 필요하다.

② 미래지향적·장기효용성 상품 : 보험상품은 미래에 대한 보장을 주기능으로 하는 미래지향적이고, 사망, 상해, 만기, 노후 등 보험금 지급사유가 발생했을 때 효용을 주는 상품이다.

③ 장기계약·비자발적 상품 : 보험상품은 짧게는 수년부터 길게는 종신동안 계약의 효력이 지속되고, 자발적 가입보다는 보험판매자의 권유와 설득에 의해 가입하는 경우가 많다.

(2) 상품의 구성

생명보험 상품은 주계약(기본보장계약)과 특약(추가보장계약)으로 구성된다.

[생명보험상품의 구성]

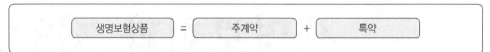

① **주계약** : 보험계약에 있어서 기본이 되는 중심적인 보장내용 부분으로 보험계약의 가장 큰 특징이자 가입목적을 나타내며 계약성립의 기본이 되는 부분
② **특약** : 다수의 보험계약자들의 다양한 욕구를 모두 충족시키기 위하여 부가하는 것이 특약이며 주계약 외에 별도의 보장을 받기 위해 주계약에 부가하는 계약을 의미함

[특약의 분류]

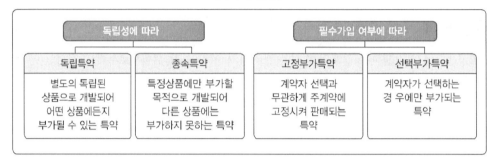

2 생명보험 상품의 종류

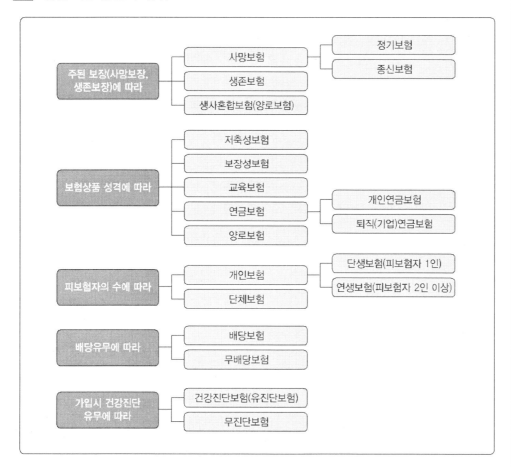

(1) 사망보험

피보험자가 보험기간 중 사망했을 때 보험금을 지급하는 보험으로 정기·종신보험으로 나뉜다.

① 정기보험 : 정해진 보험기간 내에 사망하였을 때 보험금을 지급하는 보험
② 종신보험 : 일생을 통하여 언제든지 사망하였을 때 보험금을 지급하는 보험

(2) 생존보험

피보험자가 보험기간이 끝날 때까지 생존했을 때만 보험금이 지급되는 보험으로, 저축기능이 강한 반면 보장기능이 약하지만, 만기보험금을 매년 연금형식으로 받을 수 있는 등 노후대비에 좋은 이점도 있다.

(3) 생사혼합보험(양로보험)

사망보험의 보장기능과 생존보험의 저축기능을 결합한 보험으로 암 관련, 성인병 관련, 어린이 관련 등 고객 성향에 맞춰 특화한 생사혼합보험이다.

(4) 저축성보험

생명보험 고유의 기능인 위험보장보다는 생존 시에 보험금이 지급되는 저축 기능을 강화한 보험으로, 목돈 마련에 유리한 고수익 상품이다.

① **보장부분** : 위험보험료를 예정이율로 부리 하여 피보험자가 사망 또는 장해를 당했을 때 보험금을 지급하는 부분

② **적립부분** : 저축보험료를 일정 이율로 부리 하여 만기 또는 중도 생존 시 적립된 금액을 지급하는 부분

(5) 보장성보험

주로 사망, 질병, 재해 등 각종 위험보장에 중점을 둔 보험으로, 보장성보험은 만기 시 환급되는 금액이 없거나 기 납입 보험료보다 적거나 같다.

(6) 교육보험

자녀의 교육자금을 종합적으로 마련할 수 있도록 설계된 보험으로, 부모 생존 시에는 생존급여금을, 사망 시에는 유자녀 학자금을 지급해주는 특징이 있다.

(7) 연금보험

소득의 일부를 일정기간 적립했다가 노후에 연금을 수령하여 일정수준의 소득을 계속 유지함으로써 노후의 생활능력을 보호하기 위한 보험이다.

(8) 변액보험

특별계정을 통하여 기금을 조성한 후 주식, 채권 등에 투자하여 발생한 이익을 보험금이나 배당으로 지급하는 상품으로 변액종신보험, 변액연금보험, 변액유니버셜보험 등이 있다.

(9) CI(Critical Illness)보험

암, 심근경색, 뇌출혈 등에 대한 급부를 중점적으로 보장하여 주는 보험으로, 생존 시 고액의 치료비, 장해에 따른 간병비, 사망시 유족들에게 사망보험금 등을 지급해주는 상품이다.

03 제3보험 개요

1 제3보험의 개요

(1) 제3보험의 의의

"위험보장을 목적으로 사람의 질병·상해 또는 이에 따른 간병에 관하여 금전 및 그 밖의 급여를 지급할 것을 약속하고 대가를 수수하는 계약으로서 대통령령으로 정하는 계약이다"(보험업법 제2조 1호)라고 정의된다.

즉, 제3보험의 경우 생명보험의 약정된 정액보상적 특성과 손해보험의 실손보상적 특성을 모두 가지는 보험을 의미하게 된다. 사람의 신체에 대한 보험의 성격에 따라 분류하면 생명보험이라 할 수 있으나, 비용손해와 의료비 등 실손 부분에 대해 보상한다고 분류하게 되면 손해보험으로 볼 수 있다.

우리나라에서는 2003년 8월 보험업법 개정을 통해서 최초로 제3보험이 제정되었다.

제3보험의 종류로는 상해보험, 질병보험, 간병보험이 있으며 생명보험사·손해보험사는 제3보험업 겸영이 가능하다.

> **제3보험**
> 생명보험 영역, 손해보험 영역 두 분야에 걸쳐 있다는 의미에서 제3보험 혹은 Gray Zone 보험이라고 불리기도 한다. 예를 들어 생명보험의 경우 질병보장상품 등이 해당되고, 각종 질병치료비 등의 실손보상은 손해보험으로 분류할 수 있는데 이와 같은 중복된 영역에 대하여 제3보험이라는 용어를 사용하게 되었다.

[생명보험, 손해보험, 제3보험 구분]

구분	생명보험	손해보험	제3보험
보험사고대상(조건)	사람의 생존 또는 사망	피보험자 재산상의 손해	신체의 상해, 질병, 간병
보험기간	장기	단기	단기, 장기 모두 존재
피보험이익	원칙적으로 불인정	인정	원칙적으로 불인정
피보험자 (보험대상자)	보험사고 대상	손해에 대한 보상받을 권리를 가진 자	보험사고 대상
보상방법	정액보상	실손보상	정액보상, 실손보상

(2) 제3보험의 종목

[제3보험업의보험계약]

구 분	구분 기준
상해 보험	사람의 신체에 입은 상해에 대하여 치료에 소요되는 비용 및 상해의 결과에 따른 사망 등의 위험에 관하여 금전 및 그 밖의 급여를 지급할 것을 약속하고 대가를 수수하는 보험(계약)
질병 보험	사람의 질병 또는 질병으로 인한 입원·수술 등의 위험(질병으로 인한 사망을 제외한다)에 관하여 금전 및 그 밖의 급여를 지급할 것을 약속하고 대가를 수수하는 보험(계약)
간병 보험	치매 또는 일상생활장해 등 타인의 간병을 필요로 하는 상태 및 이로 인한 치료 등의 위험에 관하여 금전 및 그 밖의 급여를 지급할 것을 약속하고 대가를 수수하는 보험(계약)

(3) 제3보험의 특성

구분	특성	
생명보험으로서 제3보험	• 피보험자의 동의 필요 • 보험자 대위 금지 • 중과실 담보	• 피보험이익 평가불가 • 만 15세미만 계약 허용
손해보험으로서 제3보험	• 실손보상의 원칙	• 보험사고 발생 불확정성

2 제3보험의 관련 법규

(1) 상법상의 분류

상법에서 생명보험, 상해보험, 질병보험, 화재보험, 운송보험, 해상보험, 책임보험, 자동차보험 등에 대한 정의는 있지만 제3보험이라는 분류는 없다.
대신 제3보험과 관련된 생명보험, 상해보험, 질병보험 등 관련 법규를 준용하게 된다.

(2) 보험업법상의 분류

보험업법 제2조(정의)에서 "위험보장을 목적으로 사람의 질병·상해 또는 이에 따른 간병에 관하여 금전 및 그 밖의 급여를 지급할 것을 약속하고 대가를 수수하는 계약으로서 대통령령으로 정하는 계약"으로 정의하고 있다. 그리고 보험업법 제4조에서는 보험종목을 구분하여 생명보험이나 손해보험이 아닌 독립된 하나의 보험업으로 구분하고 있다.

3 제3보험의 겸영

보험업법에서는 장기 안정적 위험을 담보로 하는 생명보험업과 단기 거대위험 등을 담보로 하는 손해보험업이 서로 다른 성격으로 보험계약자에게 손해를 끼칠 리스크로 인해 생명보험업과 손해보험업의 겸영을 금지하고 있다. 그러나 보험회사가 생명보험업이나 손해보험업에 해당하는 전 종목에 관하여 허가를 받았을 때는 제3보험업에 대해서도 허가를 받은 것으로 본다. 따라서 이러한 경우 제3보험업에 대해서는 겸영을 허용하고 있다(보험업법 제4조 3항). 또한 생명보험회사나 손해보험회사는 질병보험 주계약에 각종 특약을 부가하여 보장을 확대한 보험상품을 판매하고 있다. 손해보험회사에서 판매하는 질병사망 특약의 보험기간은 80세 만기, 보험금액 한도는 개인당 2억 원 이내로 부가할 수 있으며, 만기 시 지급하는 환급금이 납입보험료 합계액 범위 내여야 하는 요건이 충족하는 경우 겸영이 가능하다

[제3보험(질병사망)의 특약에 따른 겸영가능 요건]

구분	생명보험	손해보험
보험만기		80세 이하
보험금액	제한없음	개인당 2억 원 이내
만기환급금		납입보험료 합계액 범위 내

04 제3보험 상품

1 제3보험 상품의 분류

제3보험은 상해보험, 질병보험, 간병보험으로 분류할 수 있다.

[제3보험 보장성에 따른 상품 분류]

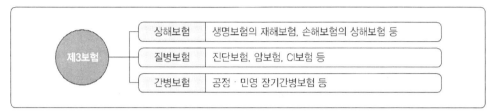

2 상해보험

(1) 정 의

상해보험은 교통재해 및 각종 사고 발생 시 보험금을 지급하는 상품으로, 외부로부터의 급작스러운 사고로 인한 상해인정 여부가 중요한 조건이 되는데 단, 피보험자의 책임 있는 사유로 타인에게 상해 등을 입힌 경우는 보장하지 않는다.

(2) 상해사고의 요건

① 급격성 : 보험사고가 급작스럽게 발생하여 결과의 발생을 피할 수 없을 정도로 급박한 상태에서 발생한 것을 의미하며, 이는 단순히 시간이 흐른 것을 의미하는 것이 아니기 때문에 질병 등의 경우에는 상해보험의 보험사고에 충족할 수 없다.
② 우연성 : 피보험자가 보험사고의 핵심적인 요건으로 원인 또는 결과의 발생이 예견할 수 없는 상태를 말한다.
③ 외래성 : 보험사고의 신체 상해의 발생 원인이 피보험자 신체에 내재되어 있는 내부 요인이 아니라 신체의 외부적 요인에 기인하는 것을 의미한다. 따라서 피보험자가 의도하거나 예상할 수 있었던 자살, 싸움 등의 원인에 의한 사고는 상해보험의 보험사고가 아니다.

[상해요건과 보험금지급 단계]

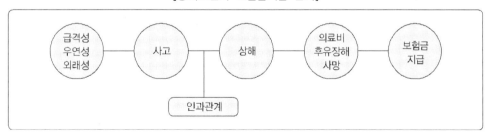

(3) 보상 제외 사항

질병에 의해 발생되는 상해사고는 보상이 제외되는데 반해, 상해에 의해 발생되는 질병의 경우는 보상이 된다.

[보상 제외 사항]

원인	결과	보상여부
상해	질병 발생	보상 해당
질병	상해 발생	보상 제외

(4) 상해보험의 종류

① 생명보험의 재해보험과 손해보험의 상해보험 : 생명보험의 재해보험은 특정 재해분류표 (보험상품 약관참고) 등을 이용하여 담보위험을 열거 및 보장해 주는 상품이고, 손해보험의 상해보험은 특정 상해사고를 보상하는 특별약관으로 보장하는 형태이다.

② 보장내용

구분	내용
상해입원급부금	보험기간 중 상해로 인해 직접치료를 목적으로 입원하였을 경우
상해수술급부금	보험기간 중 상해로 인해 직접치료를 목적으로 수술을 받았을 때
상해장해급부금	보험기간 중 상해로 인해 장해분류표에서 정한 각 장해지급률에 해당하는 장해 상태가 되었을 경우
상해사망보험금	보험기간 중에 상해의 직접적인 원인으로 사망하였을 경우
만기환급금	보험기간이 끝날 때까지 피보험자가 살아있는 경우

(5) 알릴 의무 관련 유의사항

① 직업이 변경되었을 경우 : 상해보험은 직업(직무)의 성격에 맞춰서 사고의 발생가능성이 달라지기 때문에 보험요율을 구분하여 산출하게 된다. 변경된 직업(직무)별 위험도에 따라 사고 발생 가능성도 증가 또는 감소할 수 있으므로 계약자의 납입보험료도 그에 따라 달라진다.

② 위험한 직업 및 직무로 변경 시 보험회사에 고지 : 보험기간 중에 사고발생 위험이 증가된 때 그 사실을 보험회사에 통지할 의무가 있으므로 보험가입자는 피보험자의 직업이 위험한 직업으로 변경된 경우 보험회사에 알려야 하며, 추후 분쟁의 소지를 방지하기 위해서 서면 등으로 변경 통지하고 보험증권에 확인을 받아두는 것이 안전하다.

3 질병보험 (건강보험)

(1) 정 의

암, 성인병 등의 각종 질병으로 인한 진단, 입원, 수술 시 보험금을 지급하는 상품이다. 단, 질병으로 인한 사망은 제외된다. 우리나라에서는 질병보험을 건강보험이라고도 하는데 그 종류로는 진단보험, 암보험, CI보험, 실손의료보험 등이 있다. 이러한 질병보험 상품들이 각종 질병에 따라 발생하는 진단비, 수술비, 입원비 등의 각종 의료비를 보장하고 있다.

(2) 질병보험의 특성

① 질병 보상한도의 설정 : 진단비・수술비의 1회 보상한도 금액 및 입원일수 한도 설정
② 질병의 진단에 대한 판정기준 : 새로운 질병에 대한 판정기준 및 용어의 정의 규정
③ 보험나이에 따른 보험료 계산 : 질병보험은 고연령일수록 보험료가 증가
④ 면책 질병 및 개시일 : 선천적인 질병, 정신질환, 알코올중독 및 마약 등의 질병은 면책 질병으로 분류되며, 책임개시일은 보험계약일로 하나, 일부 질병담보의 경우 면책기간을 둔다.
⑤ 부담보조건 인수로 보험가입대상 확대 : 알릴의무에 해당하는 질병으로 과거에 의료기관에서 진단 또는 치료를 받은 경우 부담보조건의 계약을 인수하고 가입이후 해당 질병으로 보험금 지급사유가 발생하여도 보험금을 미지급하며, 그 외의 질병은 보험가입 대상을 확대

(3) 질병보험의 일반적 가입 조건

① 보험기간은 10년 이상이 대부분이며, 0세부터 가입이 가능(사망보장의 경우 만 15세 이상)하지만, 고연령이거나 건강상태에 따라 제한될 수 있다.
② 연령이 증가함에 따라 위험도가 증가하므로 보험료가 높아진다. 특화된 질병만을 보장하는 상품의 경우 저렴한 보험료를 책정받을 수 있지만, 보장해주는 질병의 종류가 많지 않다.
③ 보험금의 지급사유가 발생하기 전에 사망한 경우에는 보험계약은 소멸하게 된다. 이때 보험금대신 책임준비금을 지급하게 된다.

(4) 질병보험의 종류

① 진단비 보장보험 : 뇌출혈, 급성심근경색증, 말기신부전증, 말기간경화 등의 질병으로 진단받을 경우 진단보험금으로 보장해준다.
② 암보험 : 비정상적 세포성 종양인 암을 치료하기 위한 자금을 보장받는다.
ㄱ 암보험의 종류 : 만기환급금에 따라 순수보장형과 만기환급형으로 구분되며, 특정 암(에 3대 주요 암)만을 집중적으로 보장하는 형태의 상품도 있다.

ⓒ 암보험금의 종류

    ⓐ 암진단보험금 : 암 보장개시일 이후 암으로 진단 확정되었을 때 보험금을 지급하게 된다.

    ⓑ 암 수술보험금 : 암 보장개시일 이후에 암으로 진단 확정되었을 때 직접적인 치료를 목적으로 수술을 받은 경우 지급한다.

    ⓒ 암 직접치료 입원보험금 : 암으로 진단 확정되고, 직접적인 치료를 목적으로 입원하여 치료를 받는 경우 입원 1일당 약정 보험금을 지급하게 된다.

    ⓓ 암 직접치료 통원보험금 : 암 보장개시일 이후에 암으로 진단 확정되고, 직접적인 치료를 목적으로 하여 통원하였을 경우 통원 1회당 약정 보험금을 지급하게 된다.

    ⓔ 암 사망보험금 : 암 보장개시일 이후에 암으로 진단 확정되고, 해당 암으로 인하여 사망하였을 경우 암 사망 약정 보험금을 지급하게 된다.

    ⓕ 방사선 약물치료비 : 암 보장개시일 이후 암으로 진단 확정되고, 치료를 목적으로 항암방사선치료나 항암약물치료를 받는 경우에는 약정 보험금을 지급하게 된다.

ⓒ 암보험의 일반적 가입 조건 : 보험기간은 10년 이상으로서 가입 가능연령은 0세 이상(사망보장의 경우 만 15세 이상)이고, 연령이 증가함에 따라 위험도가 증가하므로 보험료도 증가하게 된다.

갱신형 상품의 경우에는 갱신 시 보험료가 변동이 될 수 있으므로 계약자에게 이 사실을 안내해야 한다.

그리고 암보험의 경우 도덕적 해이 발생 방지를 위해서 일정기간 이후부터 보장이 개시되도록 하고 가입 후 일정시점(보통 1년)을 기준으로 보험금이 차등 책정된다.

③ 실손의료보험

㉠ 상품개요 : 질병·상해로 입원(통원) 치료를 하게 될 경우 실제 부담하게 되는 의료비의 일부를 보상하는 상품이다.

㉡ 가입 전 주의사항 : 가입자가 다수의 실손의료보험을 가입하더라도 초과이익 금지를 위해 본인이 부담한 치료비를 비례보상하게 되므로, 중복가입 여부를 반드시 확인해야 한다.

㉢ 단체-개인실손보험 간 연계제도 : 퇴직자의 단체실손보험 해지에 따른 보장공백을 해소하고 단체·개인실손 보험의 중복가입자에 대한 보험료 이중부담을 해소하기 위해 단체-개인실손보험 간 연계제도가 운영 중이다.

단체실손보험에 5년 이상 가입한 사람이 퇴직할 경우 1개월 이내 개인실손으로 전환하여 가입할 수 있으며, 개인실손보험에 1년 이상 가입한 사람이 취직 등으로 회사의 단체실손보험에 가입 시, 기존에 가입한 개인실손보험의 보험료 납입 및 보장을 중지한 후 퇴직 후 1개월 이내 중지했던 개인실손보험을 재개할 수 있다.

4 간병보험

(1) 정 의

① 간병보험 : 피보험자가 보험기간 중 상해 또는 질병으로 장기요양상태가 되거나 중증치매 등으로 일상생활이 어려워졌을 때 간병을 필요로 하게 되면 보험금을 지급하는 상품이다.

② 장기요양 상태 : 거동이 불편하여 장기요양이 필요하다고 판단되었을 경우 노인장기요 양보험법에 따라 장기요양 1등급 또는 2등급으로 판정받은 경우를 말한다.

③ 중증치매 : 각종 상해 또는 질병 등으로 인지기능 장애가 발생한 상태를 말한다.

(2) 특 성

① 보험금 지급사유 : 치매상태와 일상생활에서 행동의 제한이 있는 상태에 있을 때 보험 금을 지급한다.

② 노인장기요양보험의 장기요양등급 적용 : 노인장기요양보험제도의 도입 이후로 기존 일 상생활기본동작제한 장해평가표(ADLs)를 기준으로 적용하는 방식과 정부의 장기요양 등급을 기준으로 적용하는 상품으로 적용되어 판매되고 있다.

(3) 종 류

① 장기간병보험(공적)

　　㉠ 노인장기요양보험이 공적 장기간병보험에 해당된다.

　　㉡ 노인장기요양보험은 만 65세 이상의 노인 및 노인성 질병(치매, 뇌혈관성질환, 파킨 슨병 등)을 가진 만 65세 미만의 자를 대상으로 한다.

　　㉢ 그리고 심신의 기능상태에 따라 장기요양 인정점수로 등급을 판정하고, 등급에 따라 노 인요양시설 등과 계약을 체결하여 서비스를 제공받게 되며 해당 비용을 지원받게 된다.

② 장기간병보험(민영) : 민영 장기간병보험은 보험금 지급방식에 따라 정액보상형과 실손 보상형으로 구분되는데, 상품구조에 따라 연금형, 종신보장형, 정기보장형과 특약형태 로 구분이 가능하며, 갱신형 · 비갱신형으로 구분이 가능하다.

(4) 보험금 지급사유

① 피보험자의 보험금 지급기준표에 따라 보험수익자에게 약정한 보험금을 지급하기도 하 며, 또한 보험기간 중 장기요양상태 보장개시일 이후에 장기요양상태(장기요양 1등급 또는 장기요양 2등급)가 되었을 때에 따라 지급하기도 한다(단, 최초 1회에 한하여 지급).

② 보험기간이 끝날 때까지 살아 있을 때는 건강관리자금으로 구분하여 지급하게 된다.

③ 보험기간 중 "일상생활장해상태" 또는 "중증치매상태"가 되는 경우, 약관에 따라 보험 금을 지급하는 상품도 있지만, 공적 요양보험의 장기요양 등급판정을 받으면 보험금을 지급하는 상품도 있다.

③ 공적기준인 장기요양 등급과 관련된 경우에는 만 65세 이상이거나 노인성 질병환자를 보험금 지급대상으로 하지만, 회사 자체 판단기준에 따라 "일상생활장해상태" 또는 "중 증치매상태"를 보장하는 상품의 경우에는 보험가입일 이후 "일상생활장해상태" 또는 "중증치매상태"로 진단 확정되면 지급대상이 될 수 있다.

05 보험계약법(인보험편)

01 의 의

보험계약이란 당사자 일방(보험계약자)이 약정한 보험료를 납부하고, 상대방(보험자)이 재산 또는 생명이나 신체에 불확정한 사고가 생길 경우에 일정한 보험금액 기타의 급여를 지급할 의무를 부담하는 계약(상법 제638조, 제730조)을 말하며, 그 법률효과로서 보험자와 보험계약자 또는 피보험자나 보험수익자 사이에 보험사고가 발생할 경우 보험금지급, 보험료지급에 관한 권리의무관계인 보험관계가 형성된다.

02 법적 성질

1 낙성계약

요물계약(要物契約)
당사자의 합의 외에 물건의 인도 기타 급부의 완료가 있어야 성립할 수 있는 계약

보험계약은 보험계약자의 청약과 동시에 최초보험료를 미리 납부하는 것이 관행이므로 요물계약처럼 운용되나 본질적으로 낙성계약이므로, 보험료의 선납이 없어도 보험계약은 유효하게 성립된다. 다만 최초보험료의 납부 없이는 보험자의 책임이 개시하지 않는다.

2 불요식계약

보험계약은 특별한 방식을 요구하지 않는 불요식계약이다. 따라서 서면으로 체결되지 않아도 효력이 있다. 그러나 보험실무에서는 정형화된 보험계약 청약서가 이용되고 있다.

3 쌍무계약

보험계약은 보험자와 보험계약자 사이에 이루어지는 채권계약으로서, 계약이 성립하면 보험계약자는 보험료 납부의무를, 보험자는 보험금 지급의무를 가지게 된다. 이 두 채무 사이에는 대가관계가 있으므로 보험자와 보험계약자 사이의 의무관계로 놓인 쌍무계약이며, 또한 대가관계의 유상계약이다.

4 부합계약성

보험계약은 다수인을 상대로 체결되고 보험의 기술성과 단체성으로 인하여 그 정형성이 요구되므로 부합계약에 속한다. 보험계약은 일반적으로 보험회사가 미리 작성한 보통보험약관을 매개로 체결되는데 보험계약자는 약관을 승인하거나 거절하는 형식을 취하므로 약관해석 시 작성자 불이익의 원칙을 두고 있다.

5 상행위성

영리보험에 있어서 보험계약은 상행위성이 인정되며, 이를 영업으로 하는 보험자가 상인이 된다. 따라서 보험계약에도 상행위에 관한 규정이 적용되나, 그 특수성으로 인해 많은 제약을 받는다.

6 사행계약성

보험계약에서 보험자의 보험금지급의무는 우연한 사고의 발생을 전제로 하고 있으나 정보의 비대칭성으로 보험범죄나 인위적 사고의 유발과 같은 도덕적위험이 내재해 있으며 이를 규제하기 위하여 피보험이익, 실손 보상원칙, 최대선의 원칙 등을 두고 보험의 투기화를 막는 제도적 장치가 있다.

7 최대선의성과 윤리성

일반적으로 보험계약은 보험자의 보험금지급책임이 우연한 사고의 발생에 발생하는 소위 사행성계약이므로 보험계약자 측의 선의가 반드시 요청된다.

8 계속계약성

보험계약은 보험회사가 일정기간 안에 보험사고가 발생하면 보험금을 지급하는 것을 내용으로 하여 그 기간 동안에 보험관계가 지속되는 계속계약의 성질을 지니며, 상법상 독립한 계약이다. 따라서 보험계약자 등은 보험료를 모두 납부한 후에도 보험자에 대한 통지 의무와 같은 보험 계약상의 의무를 진다.

03 특성

1 사익조정성(영리성)

보험계약자는 개인적인 위험을 보험자에게 전가하고, 보험자는 위험을 인수하는 대가로 보험료를 받게 된다. 보험계약법은 보험계약자와 보험자 사이의 이해관계를 합리적으로 조정하는 역할을 담당하게 되고, 보험자의 입장에서 보험의 인수는 영리추구를 위한 수단으로 사용된다. 보험계약법은 국가가 경제적 약자를 지원하는 사회보장적 성격을 지니는 사회보험과는 달리 사보험관계에 적용되는 법으로 그 성격이 크게 다르다고 볼 수 있다.

2 단체성

보험자와 계약을 체결하는 많은 보험가입자(보험계약자)는 경제적인 면에서 서로 연결이 되어 있고, 보험계약자는 보험자와 계약을 체결하는 것이지만, 계약의 배후에는 수많은 보험계약자로 구성된 보험단체 또는 위험단체의 관념이 존재하고 있다.

3 기술성

개별 보험계약자의 입장에서는 보험사고의 발생여부는 극히 우연한 것이다. 그러나 보험단체를 통하여 대량적으로 관찰하면 사고의 발생은 상당히 규칙적인 성질을 가지고 있고, 여기에서 보험사업의 합리적인 경영이 가능하게 된다. 보험자는 대수의 법칙과 수지상등의 원칙에 따라 보험사업을 영위하여야 하고 이를 뒷받침하기 위해 보험계약법은 기술적인 성격을 가지게 된다.

4 사회성과 공공성

보험사업은 공공성과 사회성이 특히 강조된다. 왜냐하면 보험제도는 다수의 가입자로부터 거둔 보험료를 기초로 하여 가입자의 경제적 안정 도모가 목적이기 때문이다.

5 상대적 강행법성

고도로 기술적인 거래인 보험계약은 상거래의 하나로, 약관에 의해 체결되는 부합거래이다. 사적자치의 원칙상 보험계약법은 임의법인 것이 원칙이지만, 계약자는 보험자에 비해 법적·경제적 열세를 보이고 있다. 따라서 보험계약법은 상대적 강행법규를 많이 정하여 둠으로써 약자인 보험계약자를 보호하도록 이루어져 있다.

04 요 소

1 보험대상자와 보험목적물

보험사고 발생의 객체로 생명보험에서는 피보험자의 생명 또는 신체를 가리킨다. 보험계약
에서의 목적물은 보험사고 발생 후 보험자가 배상하여야 할 범위와 한계를 정해준다.

2 보험사고

보험사고란 보험에 담보된 재산, 생명, 신체에 관하여 불확정한 사고, 즉 위험이 발생하는
것을 말하며, 보험금지급사유라고도 한다. 보험금이 지급되는 구체적인 조건을 보험사고라
고 하며, 상품에 따라 다르지만 생명보험은 생존, 사망, 장해 등을 보험사고로 하고 있다.

3 보험료와 보험금

보험사고가 발생할 경우 보험자가 지급하는 금액을 보험금, 보험계약자가 보험자에게 내는
금액을 보험료라고 한다. 보험자의 보험금 지급책임은 다른 약정이 없는 한 보험계약자로
부터 최초의 보험료를 받은 때(자동이체납입 및 신용카드납입의 경우에는 자동이체 신청
및 신용카드 매출승인에 필요한 정보를 제공한 때, 다만 계약자의 귀책사유로 보험료 납입
및 승인이 불가한 경우에는 그러하지 아니함)로부터 시작된다.

4 보험기간과 보험료 납입기간

보험에 의한 보장이 제공되는 기간으로 상법에서는 보험자의 책임을 최초의 보험료를 지급
받은 때로부터 개시한다고 규정되어 있다. 보험자의 보험금 지급책임이 존속하는 기간을
보험기간이라고 하고, 보험자에게 보험료를 납입하여야 할 기간을 보험료 납입기간이라고
한다.

> **더 알아보기** | 전기납과 단기납
>
> 보험기간과 보험료 납입기간이 일치하는 경우를 전기납, 보험료 납입기간이 보험기간보다 짧은 경우를 단기
> 납이라고 한다.

05 성립과 체결

1 보험계약의 성립과 거절

보험계약은 보험계약자의 청약과 보험자의 승낙으로 성립된다. 보험자는 계약자의 청약에 대해 피보험자가 계약에 적합하지 않을 경우 계약을 거절할 수 있으며, 보험자가 계약을 거절한 때에는 보험료를 받은 기간에 대하여 일정 이자를 보험료에 더하여 돌려준다. 단, 계약자가 최초 보험료를 신용카드로 납부한 계약에 대한 승낙 거절 시 이자를 지급하지 않고 신용카드 매출만 취소한다.

> **알아보기**
>
> 보험자는 청약일로부터 30일 이내에 계약을 승낙 또는 거절하여야 한다. 만일 30일 이내에 승낙 또는 거절의 통지를 하지 않으면 계약은 승낙된 것으로 본다.

2 보험계약의 체결

보험계약은 낙성계약이므로 보험계약자의 청약에 대하여 보험자가 승낙한 때에 성립한다. 승낙의 방법에는 청약의 경우와 같이 제한이 없으나 보험자는 별도의 승낙의 의사표시를 행하지 않고 보험증권의 교부로 갈음하고 있으며 실제로는 보험자의 승낙절차와 보험증서(보험증권)의 교부절차는 통합되어 이루어진다.
보험자가 승낙할 경우 보험자의 책임은 최초보험료가 지급된 때로 소급하여 개시된다.

3 승낙의제

보험계약자가 보험계약의 청약 시에 보험료 상당액을 납부한 때에는 보험자는 다른 약정이 없는 한 30일 내에 승낙의 통지를 발송해야 하고, 이를 해태한 때에는 승낙한 것으로 본다(상법 제638의 2 제1항, 제2항). 다만, 인보험계약의 피보험자가 신체검사를 받아야 하는 경우에는 그 기간은 신체검사를 받은 날로부터 기산한다.

4 승낙 전 사고담보

보험자가 청약을 승낙하기 전에 보험사고가 생긴 때에는 고지의무위반, 건강진단 불응 등 해당청약을 거절할 사유가 없는 한 보험자는 보험계약상의 책임을 진다(상법 제638의 2 제3항).

5 보험증서(보험증권)의 교부

보험증서란 보험계약의 성립 및 그 내용에 관한 증거로서 보험자가 교부하는 문서를 말한다. 보험자는 계약이 성립한 때에는 보험증서를 교부한다. 그런데 보험증서의 교부여부는 보험계약의 효력발생에 아무런 영향을 미치지 못한다. 보험증서(보험증권)는 계약 성립 후 보험계약 당사자 간의 계약 내용을 나타낼 뿐 계약의 성립요건은 아니다.

따라서 배달착오 등으로 인하여 보험계약자에게 보험증서가 도달되지 못한 경우에도 보험계약은 유효하게 성립한 것이다.

06 철회, 무효, 취소, 실효

1 보험계약의 철회

보험계약자는 보험가입증서(보험증권)을 받은 날부터 15일 이내에 청약을 철회할 수 있다. 다만, 진단계약, 보험기간이 1년 미만인 계약 또는 전문보험계약자가 체결한 계약은 청약을 철회할 수 없으며, 청약일로부터 30일이 초과한 계약도 청약철회가 불가하다(일자 계산은 초일 불산입을 적용하므로 1일 보험가입증서를 받은 경우 16일까지 청약철회가 가능하다).

2 보험계약의 무효와 취소

보험계약의 무효란 무효사유에 의하여 계약의 법률상 효력이 처음부터 발생하지 않은 것을 말하며, 취소는 계약이 처음에는 유효하게 성립되었으나 계약 이후에 취소사유의 발생으로 계약의 법률상 효력이 계약시점으로 소급되어 없어지는 것을 말한다.

보험업감독업무시행세칙
생명보험 청약의 철회

계약자는 보험증권을 받은 날 부터 15일 이내에 그 청약을 철회할 수 있다. 다만, 회사가 건강상태 진단을 지원하는 계약, 보험기간이 90일 이내인 계약 또는 전문금융소비자가 체결한 계약은 청약을 철회할 수 없다. 그럼에도 불구하고 청약한 날부터 30일이 초과된 계약은 청약을 철회할 수 없다.

[보험계약 무효와 취소]

구분	보험계약 무효	보험계약 취소

요건	• 사기에 의한 초과, 중복보험
	• 기발생 사고
	• 피보험자의 자격미달(사망보험의 경우)
		• 보험자의 법률 위반이 존재할 때
		• '3대 기본 지키기'를 미이행했을 때
		  - 고객 자필 서명
		  - 청약서 부본 전달
		  - 약관 설명 및 교부

효력	보험금 지급사유가 발생하더라도 보험금 지급을 하지 않음	보험자는 납입한 보험료에 일정 이자를 합한 금액을 계약자에게 반환

3 보험계약의 실효

특정 원인이 발행하여 계약의 효력이 장래 소멸되는 것을 말한다. 취소의 경우 계약시점으로 소급되어 없어지는 데 반해 실효는 장래에 대해서만 효력을 가진다.

[보험 계약의 실효]

구분	내용
당연 실효	• 보험회사가 파산선고를 받고 3개월이 경과하였을 때 • 감독당국으로부터 허가취소를 받았을 때 • 법원으로부터 해산명령을 받고 3개월 경과하였을 때
임의해지	보험계약자가 보험사고 발생 전에 계약의 전부 또는 일부를 해지할 때 (타인을 위한 계약의 경우 타인의 동의를 얻지 못하면 해지할 수 없다)
해지권 행사	보험자는 계속보험료 미지급, 고지의무 위반, 통지의무 위반 등의 경우 보험계약에 대한 해지권 행사하였을 때 (타인을 위한 계약의 경우 보험계약자가 납입을 지체하여도 보험회사가 상당기간 보험료 납입을 최고한 후가 아니면 계약을 해지할 수 없다)

07 고지의무

보험계약자 또는 피보험자는 청약 시 청약서에서 질문한 사항에 대해 보험자에게 사실대로 알려야 하는데, 이를 고지의무라 한다. 고지의무는 계약 청약 시뿐 아니라 부활 시에도 이행하여야 한다.

[청약서상 "계약 전 알릴의무 질문항목"]

구분	질문항목(요약)
현재 및 과거의 질병 (6개 항목)	• 최근 3개월 이내에 의사로부터 진단, 치료, 입원, 수술, 투약 등 의료행위를 받은 사실 여부 • 최근 3개월 이내에 특정약물 복용 여부 • 최근 1년 이내에 의사로부터 진찰 또는 검사를 통하여 추가검사 여부 • 최근 5년 이내 입원, 수술, 7일 이상 치료 또는 30일 이상 투약 여부 등
외부환경 (10개 항목)	• 직업, 운전여부, 위험이 높은 취미(암벽등반 등) 등 • 부업(계절업무 종사), 해외위험지역 출국계획, 음주, 흡연, 체격, 타보험 가입현황 등

1 고지의무 당사자

고지의무자란 보험계약법상 고지할 의무를 부담하는 보험계약자, 피보험자 및 이들의 대리인이다. 그러나 보험수익자는 고지의 의무가 부여되지 않는다. 고지수령권자는 보험자 또는 보험자로부터 고지 수령권을 받은 자이다.

2 고지의무위반의 효과

계약자 또는 피보험자가 고의 또는 중대한 과실로 인하여 보험금 지급사유 발생에 영향을 미치는 고지의무를 위반한 때에는 보험금 지급사유 발생여부와 관계없이 보험자는 계약을 해지할 수 있다. 이 경우 보험자는 해약환급금을 지급한다. 피보험자의 직업 또는 직종에 관한 고지의무를 위반함으로써 보험가입한도액을 초과 청약한 경우에는 그 초과 청약액에 대해서만 계약을 해지하고 초과 가입액에 대한 보험료는 반환한다. 단, 승낙거절 직업 또는 직종에 대해서는 계약 전부를 해지한다.

* 고지의무를 위반한 사실이 보험금지급사유 발생에 영향을 미쳤음을 보험자가 증명하지 못하는 경우에는 해당보험금을 지급한다.

[고지의무 위반의 요건]

구분	내용
고의	보험계약자가 중요한 사실을 알면서 이를 고지하지 않거나 허위사실인 줄 알면서 고지한 것
중대한 과실	보험계약자가 주의를 기울였으면 제대로 고지할 수 있는 것을 주의를 다하지 아니하여 불고지 또는 부실고지를 한 것 • 불고지 : 중요한 사항을 알리지 않는 것 • 부실고지 : 사실과 다르게 말하는 것

3 고지의무위반에 대해 해지할 수 없는 경우

(1) 보험자가 계약 당시에 고지의무 위반사실을 알았거나 과실로 알지 못한 경우

(2) 보험자가 고지의무 위반사실을 안 날로부터 1개월 이상 지났거나 보장 개시일부터 보험금 지급사유가 발생하지 않고 2년 이상 지났을 때

(3) 계약을 체결한 날부터 3년이 지났을 때

(4) 보험을 모집한 자(이하 "모집자 등"이라 함)가 계약자 또는 피보험자에게 고지할 기회를 주지 않았거나 계약자 또는 피보험자 사실대로 고지하는 것을 방해한 경우, 계약자 또는 피보험자에게 사실대로 고지하지 않게 하였거나 부실한 고지를 권유했을 때
다만, 모집자 등의 행위가 없었다 하더라도 계약자 또는 피보험자가 사실대로 고지하지 않거나 부실한 고지를 했다고 인정되는 경우에는 계약을 해지하거나 보장을 제한할 수 있음

해약환급금
보험계약의 효력상실, 해지 등의 이유로 보험금을 지급하지 않게 되었을 경우, 그 계약의 '보험료 및 책임준비금 산출방법서'에서 정하는 바에 따라 보험계약자에게 반환하는 금액을 말한다.

해지
보험계약자가 장래에 대해 계약의 효력을 소멸시키는 것을 말한다. 해지 시에는 약관의 규정에 따라 해약환급금을 지급하게 되어 있다.

08 효과

1 보험자의 의무

(1) 보험증서(보험증권) 교부의무

보험계약이 성립하면 보험자는 지체없이 보험증권을 작성하여 교부할 의무가 있다. 보험계약자는 보험자에 대해 보험증권의 교부청구권을 가지게 된다.

(2) 보험금지급의무

보험자는 보험기간 내에 보험사고가 생긴 때에는 피보험자(손해보험) 또는 보험수익자(인보험)에게 보험금을 지급할 의무를 진다(상법 제638조).

[보험금 지급 사유]

구분	내용
중도보험금 장해보험금 입원보험금	보험기간 중 피보험자가 생존해 있을 때 계약서에 정한 조건에 부합하여 지급하는 경우
만기보험금	보험기간이 끝날 때 피보험자가 생존해 있을 경우
사망 보험금	보험기간 중 피보험자가 사망한 경우

2 보험자의 보험료 반환의무

(1) 보험계약의 일부 또는 전부가 무효인 경우 보험계약자와 피보험자가 선의이며 중대한 과실이 없는 때에는 보험자는 납입보험료의 일부 또는 전부를 반환할 의무를 진다(상법 제648조).

(2) 보험계약자가 보험사고의 발생 전에 보험계약의 전부 또는 일부를 해지한 경우 보험자는 다른 약정이 없으면 미경과보험료를 반환하여야 할 의무를 진다(상법 제649조 제1항, 제3항).

(3) 생명보험의 경우 보험자는 보험계약이 해지되었거나 보험금지급이 면책된 경우에는 소위 보험료적립금을 반환할 의무가 있다(상법 제736조).

3 보험자의 면책사유

(1) 법정 면책사유 중 도덕적 위험

보험사고가 보험계약자, 피보험자, 보험수익자 등 보험계약자 측의 고의 또는 중과실로 생긴 경우 보험자는 보험금지급책임을 면한다(상법 제659조). 도덕적 위험에 대한 면책사유의 입증책임은 보험자에게 있으며 보험계약자나 피보험자 또는 보험수익자 중의 어느 한 사람의 고의나 중과실이 있으면 성립한다.

(2) 법정 면책사유 중 전쟁위험

> 상법 제660조(전쟁위험 등으로 인한 면책)
> 보험사고가 전쟁 기타의 변란으로 인하여 생긴 때에는 당사자 간에 다른 약정이 없으면 보험자는 보험금액을 지급할 책임이 없다.

4 보험계약자 등의 의무

(1) 보험료 지급의무와 그 성질

보험료납입의무는 보험계약자의 가장 중요한 의무이다. 보험계약이 성립되면 보험계약자는 보험자에게 보험료를 납부할 의무를 진다(상법 제638조). 보험료는 보험금에 대한 대가관계에 있는 것으로 이의 지급은 보험자의 책임발생의 전제가 되는 것이다(상법 제656조 참조). 보험료지급은 지참채무이지만 당사자의 합의나 보험모집인의 관행을 통하여 추심채무로 될 수 있다. 또한 온라인과 지로청구에 의한 보험료납입도 지참채무로 볼 수 있다.

(2) 보험료의 지급시기

실제 보험실무에서는 보험계약청약시에 보험료의 전부 또는 제1회 보험료를 선납부하는 관행이 행해지고 있으나 원칙적으로 보험계약자는 계약체결 후 지체 없이 보험료의 전부 또는 제1회 보험료를 납부하여야 한다(상법 제650조제1항). 분할지급의 경우에는 제2회 이후의 계속보험료는 약정한 납입기일에 납부하여야 한다(상법 제650조제2항).

제1회 보험료
보험료 분할납입의 약정이 되어 있는 경우의 최초 납입 분

(3) 보험료 납입지체의 효과

계속보험료가 약정되어 있는 시기에 납부되지 아니할 경우 보험자는 '상당한' 기간을 정하여 보험료 납입을 최고하고, 해당 기간 내에 보험계약자가 보험료의 납입을 지체한 경우 별도의 해지통보를 통해 계약을 해지할 수 있다.

(4) 위험변경 증가의 통지의무

보험기간 중에 보험계약자 또는 피보험자가 사고발생의 위험이 현저하게 변경 또는 증가된 사실을 안 때에는 지체 없이 이를 보험자에게 통지하여야 한다(상법 제652조제1항).

위험의 변경 또는 증가의 원인은 객관적이어야 하므로 보험계약자 또는 피보험자의 행위로 인한 것이 아니어야 한다. 보험계약자 또는 피보험자가 이를 해태한 때에는 보험자는 그 사실을 안 날로부터 1월 내에 계약을 해지할 수 있다.

(5) 보험사고 발생의 통지의무

보험자에 대한 보험사고의 통지는 보험자로 하여금 그 사고가 보험사고에 해당하는지 여부 등과 면책사유가 존재하는지 여부를 확정하는 전제가 되기 때문에 이 통지는 대단히 중요한 사항이다. 따라서 보험계약자 또는 피보험자가 계약에서 정한 보험사고의 발생을 안 때에는 지체 없이 이를 보험자에게 통지해야 한다(상법 제657조제1항). 보험계약자 등의 통지 해태로 인해 손해가 증가된 때에는 그 증가된 손해를 보상할 책임이 없다(상법 제657조제2항).

09 부 활

1 부활의 의미

효력상실(실효)
보험계약이 더 이상 효력을 갖지 못하게 되는 것으로 보험계약이 효력상실이 되면 체신관서는 보험금을 지급할 책임이 없다.

보험료의 납입연체로 인해 계약이 해지되었으나 해지환급금이 지급되지 아니한 경우, 계약자는 연체보험료에 약정이자를 붙여 보험자에게 지급하고 그 계약의 부활(효력회복)을 청구할 수 있다. 이는 계약의 해지로 인해 보험계약자가 새로운 보험계약을 체결할 경우 다양한 불이익이 발생할 수 있기 때문이다. 일반적으로 생명보험의 경우에는 연령증가 등에 따른 피보험자의 위험률이 높아져서 인상된 보험료를 더 많이 부담해야 하고, 보험료적립금 내지 해지환급금의 지급상의 불이익이 초래되기 때문이다. 따라서 보험계약자가 계속보험료를 체납함으로써 해지 또는 실효된 계약에 대해 일정한 기간 내에 부활(효력회복)을 청구할 수 있도록 제도화된 것이다.

2 부활의 요건

부활계약 청구시에도 보험계약자는 중요한 사항에 대하여 고지의무를 부담하여야 한다. 또한 보험계약자가 제2회 이후의 계속보험료를 납부하지 아니함으로써 보험계약이 해지되었거나 실효된 경우로서 해지환급금이 지급되지 않았어야 한다. 그리고 보험계약자는 부활이 가능한 일정 기간 내에 연체된 보험료에 약정이자를 붙여 보험자에게 납부하고 보험계약의 부활을 청구하여야 하며 보험자의 승낙이 있어야 한다. 보험계약자의 부활청구로부터 보험자가 약정이자를 첨부한 연체보험료를 받은 후 30일이 지나도록 낙부통지 하지 않으면 보험자의 승낙이 의제되고 해당 보험계약은 부활한다(상법 제650조의2 단서).

부활의 요건
1. 해지환급금의 미지급 혹은 미수령(해지환급금 지급 시 보험계약관계가 완전 종료)
2. 계속보험료 미납에 따른 계약해지의 경우
3. 보험계약자의 청구
4. 보험자의 승낙

부활청약 시 부활청약 심사를 하는 이유는 계약부활의 경우, 부활청약자의 역선택 가능성
이 높기 때문이다. 예를 들어 암 진단 후 보험금을 받기 위해 부활청약을 하는 경우 심사과
정이 생략된다면, 모두 부활승낙이 될 것이고 보험금을 지급해야 한다. 이는 정상적인 보험
사업 운영을 불가능하게 만들고 다른 계약자에게 손실을 끼치는 결과를 가져온다.

3 부활의 효과

보험계약에서의 부활은 실효된 보험계약의 효력을 원래대로 복구시키는 것이므로 실효되기
이전의 보험계약과 동일한 내용의 보험계약을 계속 유지하게 된다. 그렇지만 해당 보험계
약을 부활하였다 하더라도 보험계약이 실효된 이후 시점부터 부활될 때까지의 기간에 발생
한 보험사고에 대하여는 보험자는 책임을 지지 않는다. 단, 계약자가 약정이자를 포함한 연
체보험료를 지급하고 보험계약 부활을 청구한 때부터 보험자가 승낙하기 전까지 사이에 보
험사고 발생 시 보험자가 거절할 사유가 없는 한 보상책임을 지게 된다.

06 우체국보험 일반현황

01 연혁

① 우체국보험은 1929년 5월 '조선간이생명보험령' 제정으로 1929년 10월 일제강점기 체신국에서 종신보험과 양로보험 판매가 시초이다.

② 1952년 12월 '국민생명보험법' 및 '우편연금법' 제정으로 '국민생명보험'으로 개칭하였고, 생명보험과 연금보험 각 4종으로 확대하였다.

③ 그러나 부실 규모가 점차 증가, 1977년 1월 체신부는 국민생명보험사업 분야를 농협으로 모두 이관하고 전기통신사업에 역량을 결집하였다.

④ 이후 체신부가 관장하던 전기통신사업을 한국전기통신공사가 분리·관장함에 따라 1982년 12월 31일 체신예금·보험에 관한 법률 및 체신보험특별회계법을 제정, 이듬해부터 보험사업을 재개하였다.

⑤ 2007년 11월 보험사업단을 신설하였다.

⑥ 2013년에는 '국가가 보장하는 착한 보험 우체국보험'이라는 슬로건을 선포하였으며, 2013년 9월 '우체국공익재단'을 설립, 국영보험으로 다양한 사회공헌 활동과 공익사업을 추진하고 있다.

⑦ 국영보험으로서 공익상품인 '만원의 행복보험'(2010.1.)과 장애인전용보험인 '어깨동무연금보험'(2015.7.)을 출시하였다.

⑧ 서민의 보편적 보험서비스 제공을 위해서 '우체국노후실손의료비보험'(2016.3.), '우체국간편가입건강보험'(2017.1.), '우체국든든한종신보험'(2018.2.), '우체국착한안전보험'(2018.8.), '자녀지킴이보험'(2018.8.), '우체국간편실손의료비보험'(2019.4.), '우체국치매간병보험'(2019.11.), '우체국통합건강보험'(2020.4) 등 다양한 보험 상품을 출시하였다.

02 업무범위

1 우체국보험의 목적

국가가 간편하고 신용 있는 보험사업을 운영함으로써 보험의 보편화를 달성하고 이를 통해서 질병과 재해의 위험에 공동으로 대처하여 궁극적으로는 국민의 경제생활의 안정과 공공복리의 증진에 기여함을 목적으로 한다.

또한 우체국 우편사업의 운영·유지에 필요한 비용을 일부 마련하기 위한 경영상의 목적도 가지고 있다. 그리고 우체국보험은 4천만 원 이하의 소액보험(생명·신체·상해·연금 등) 상품개발과 판매 및 운영 사업을 하면서 기타 보험사업에 부대되는 환급금대출과 증권의 매매 및 대여를 업무범위로 하고 있다. 부동산의 취득·처분과 임대서비스도 업무범위에 포함된다.

2 우체국보험의 특징

구 분	내 용
소액 서민 보험서비스	무진단·단순한 상품구조로 소액 보험상품을 취급, 서민이 쉽게 가입할 수 있도록 하고 있다.
보편적 보험서비스	전국적으로 널리 분포된 우체국 조직을 이용하므로 보험료가 저렴하고 가입절차가 간편하여 보험의 보편화에 기여하고 있다.
공적 역할	국영보험으로서 장애인, 취약계층 등과 관련된 보험상품을 확대·보급하고 있다. 또한 현장밀착형 공익사업을 발굴 및 지원함으로써 사회적 책임을 강화하고 있다.
운영 주체	국가가 경영하고 과학기술정보통신부 장관이 관장(우체국예금·보험에 관한 법률 제3조)하며, 감사원의 감사와 국회의 국정감사를 받고 있다.
회계 특성	우체국보험은 국가가 운영함에 따라 정부예산회계 관계법령을 적용받고 있으며, 「우체국보험건전성 기준 제34조」에 따라 외부 회계법인의 검사를 받고 있다.
인력 및 조직	담당인력과 조직에 대해 행정안전부 등 관련부처와 협의를 거치는 등 정부조직법, 국가공무원법 등의 통제를 받고 있다.
예산·결산	우체국보험사업의 운영에 필요한 경비는 기획재정부와 협의, 국회의 심의를 거쳐 정부예산으로 편성하고, 예산집행 내역 및 결산 결과를 국회 및 감사원에 보고한다.

3 우체국보험과 타기관 보험과 비교

(1) 우체국보험과 공영보험

구분	우체국보험	공영보험
가입의무	자유가입	의무가입
납입료 대비 수혜 비례성	비례함(수악자 부담)	비례성 약함(소득재분배 및 사회 정책적 기능)

(2) 우체국보험과 민영보험

구분	우체국보험	민영보험
보험료	상대적 소액이다	상대적 고액이다
가입 한도액	• (사망) 4,000만 원 • (연금) 연 900만 원	제한 없음
지급보장	국가 전액 보장	동일 금융기관 내에서 1인당 최고 5천만 원 (예금보험공사 보증)
운영방법	농어촌·서민 위주 전 국민 대상	도시 위주 전 국민 대상
사익추구	주주이익 없음(국영사업)	주주이익 추구
취급제한	변액보험, 퇴직연금, 손해보험 불가	제한 없음
감독기관	과학기술정보통신부, 감사원, 국회, 금융위원회 등	금융위원회, 금융감독원
적용법률	• 우체국예금·보험에 관한 법률, 우체국보험특별회계법 • 보험업법(일부), 상법(보험 분야)	• 보험업법 • 상법(보험 분야)

03 소관법률 및 근거

1 관련 법률현황

법률(2)	대통령령(2)	부령(2)
우체국예금·보험에 관한 법률	우체국예금·보험에 관한 법률 시행령	우체국예금·보험에 관한 법률 시행규칙
우체국보험특별 회계법	우체국보험특별회계법 시행령	우체국보험특별회계법 시행규칙

2 보험적립금 관련 주요내용

(1) 근거 및 목적

① 근거 : 우체국보험특별회계법 제4조
② 목적 : 보험금, 환급금 등 보험급여의 지급을 위한 책임준비금에 충당하기 위하여 우체국보험특별회계의 세입·세출 외에 별도 우체국보험적립금을 설치 운영한다.

(2) 재원 조달 및 운용

① 조달 : 우체국보험적립금은 순보험료, 운용수익 및 우체국보험특별회계 세입·세출의 결산상 잉여금으로 조성한다.
② 운용
  ㉠ 적립금은 과학기술정보통신부장관이 운용·관리한다.
  ㉡ 적립금을 운용할 때에는 안정성·유동성·수익성 및 공익성이 확보되도록 하여야 한다.

조 성	운 용
1. 순보험료(보험료 중 부가보험료를 제외한 보험료를 말한다) 2. 적립금 운용수익금 3. 회계의 세입·세출 결산에 따른 잉여금	1. 주로 보험금 지급에 충당 2. 여유자금은 유가증권 매입 또는 금융기관에 예치하여 수익성을 제고, 3. 공공자금관리기금 및 금융기관을 통한 산업자금 지원 4. 지방경제 활성화를 위한 지방은행에의 자금예치 5. 보험계약자를 위한 대출 6. 국가, 지방자치단체와 과학기술정보통신부령으로 정하는 공공기관에 대한 대출

04 역할(사회공헌)

1 개 요

우체국보험은 1995년 소년소녀가장 장학금 지원사업을 시작으로 사회소외계층(아동, 노인, 장애인 등)에 대한 지원을 통해 국가기관으로서 사회적 책임과 사회안전망 기능을 강화하였다.

① 1995년 휴면보험금으로 소년소녀가장에게 장학금을 지원하는 공익사업을 시작
② 2000년 교통안전보험 재원을 활용하여 본격적인 공익사업을 추진
③ 2013년 9월에는 우체국공익재단을 설립하여 현재까지 다양한 공적역할을 수행

2 공익준비금의 재원

우체국예금	우체국보험
•정부예산	• 전 회계연도 적립금 이익잉여금의 5%이내, • 그린보너스저축보험 전년도 책임준비금의 0.05% 이내

3 공익재단 출연 기준

공익재단 출연을 위해서 공익자금 조성액의 기중처분은 전 회계연도 이익잉여금을 기준으로 조성하되, 전년 및 당해연도(추정) 당기순이익과 적립금 재무건전성을 고려하여 조성한다.

4 공익사업의 범위

① 보건·사회복지 관련 사업: 의료사업, 요양사업, 보육사업, 주거 개선사업
② 체육·문화 관련 사업: 체육활동, 전시·공연의 주최 및 후원사업
③ 교육 관련 사업: 교육·장학사업 및 학술연구 지원사업
④ ①부터 ③까지의 사업과 유사한 사업

4 사회공헌 관련 세부사업

우체국공익재단은 전문적이고 체계적인 사회공헌활동의 추진을 위해 매년 공익사업 계획을 수립·운영하고 있다.

분 야	세부사업
(우정) 우체국 자원 기반 공익사업	• 우체국 봉사활동 지원 • 복지등기 서비스 전국 확대 지원 • 저소득 장애인 우체국 암보험 지원
(사회) 국가 복지정책 지원 사업	• 발달장애인 카페 운영 • 무의탁환자 야간 간병 지원(예금위탁) • 휠체어 농구대회 지원
(환경) 지속 가능 친환경 사업	• 폐의약품 수거 지원 • 친환경 사업 발굴 • 다회용컵 리사이클 지원
(미래) 미래세대 육성 사업	• 양육시설 등 생애주기별 아동 지원(일부 예금위탁) • 우체국 희망 장학금 지원(예금위탁) • 장애 가정 아동 멘토링 지원(예금위탁) • 소아암 환자가족 지원

CHAPTER 07 우체국보험 상품

출제경향분석

- 보험의 종류(2019)
- 보장성보험의 특징(2018)
- 우체국 보험상품의 이해(무배당 우체국실속정기보험, 어깨동무연금보험, 무배당 우체국든든한종신보험, 무배당 우체국여성 암보험, 무배당 우체국건강클리닉보험, 우체국요양보험, 무배당 어깨동무보험, 무배당 에버리치상해보험, 무배당 우체국실 손의료비보험, 무배당 플러스연금보험 등)(2021, 2019, 2018, 2016, 2014, 2012)
- 생명보험 용어의 이해(역선택, 순보험료 등)(2014)
- 각종 보험상품에 대한 세금 이해(2021, 2019, 2012)
- 장기주택마련 저축보험에 대한 이해(2008)
- 연금저축에 대한 이해(2008)

01 개요

1 보험의 종류

우체국보험의 계약보험금 한도액은 보험종류별로 피보험자 1인당 4천만 원으로 하되, 연금 보험(단, 연금저축계좌에 해당하는 보험은 제외)의 최초 연금액은 피보험자 1인당 1년에 900만 원 이하로 한다. 다만, 연금보험 중 연금저축계좌에 해당하는 보험의 보험료 납입금 액은 피보험자 1인당 연간 900만 원 이하로 한다.

종류	개념
보장성보험	생존 시 지급되는 보험금의 합계액이 이미 납입한 보험료를 초과하지 아니하는 보험
저축성보험	생존 시 지급되는 보험금의 합계액이 이미 납입한 보험료를 초과하는 보험
연금보험	일정 연령 이후에 생존하는 경우 연금의 지급을 주된 보장으로 하는 보험

2 보험상품의 개발

보험상품의 개발 시 우정사업본부장은 예정이율·예정사업비율 및 예정사망률을 기초로 하여 보험료를 산정하고, 우체국보험의 재무건전성, 계약자보호 및 사회공익 등을 고려하 여 사업방법서, 보험약관, 보험료 및 책임준비금 산출방법서 등 기초서류를 작성하여야 한 다. 보험약관을 작성할 때는 「우체국예금·보험에 관한 법률 시행규칙 제43조(보험약관)」 에 의거 아래 표를 명료하고 알기 쉽게 기재하여야 한다.

[보험약관 기재사항]

구분	대상
1	보험금의 지급사유
2	보험계약의 변경
3	보험계약의 무효사유
4	보험자의 면책사유
5	보험자의 의무의 한계
6	보험계약자 또는 피보험자가 그 의무를 이행하지 아니한 경우에 받는 손실
7	보험계약의 전부 또는 일부의 해지사유와 해지한 경우의 당사자의 권리·의무
8	보험계약자 또는 보험수익자가 이익금 또는 잉여금을 배당받을 권리가 있는 경우 그 범위
9	그 밖에 보험계약에 관하여 필요한 사항

3 **판매중인 상품**(2023년 1월 3일 기준)

보장성 보험 (39종)	• 무배당 우체국든든한종신보험 2109 • 무배당 우체국건강클리닉보험(갱신형) 2109 • 무배당 우체국New100세건강보험 2203 • 무배당 우체국하나로OK보험 2109 • 무배당 우체국와이드건강보험 2112 • 무배당 우체국실속정기보험 2109 • 무배당 우리가족암보험 2109 • 무배당 우체국더든든한자녀지킴이보험 2203 • 무배당 어깨동무보험 2109 • 무배당 에버리치상해보험 2109 • 무배당 우체국예금제휴보험 2109 • 무배당 우체국단체보장보험 2301 • 무배당 우체국안전벨트보험 2109 • 무배당 우체국급여실손의료비보험(갱신형) 2109 • 무배당 우체국급여실손의료비보험(계약전환·단체개인전환·개인중지재개용)(갱신형) 2109 • 무배당 우체국노후실손의료비보험(갱신형) 2109 • 무배당 우체국간편실손의료비보험(갱신형) 2109 • 무배당 만원의행복보험 2109 • 무배당 우체국통합건강보험 2109 • 무배당 우체국간편가입건강보험(갱신형) 2109 • 무배당 우체국더간편건강보험(갱신형) 2109 • 무배당 우체국치아보험(갱신형) 2109 • 무배당 우체국치매간병보험 2109 • 무배당 내가만든희망보험 2109 • 무배당 우체국요양보험 2109 • 무배당 우체국당뇨안심보험 2109 • 무배당 우체국나르미안전보험 2109 • 무배당 win-win단체플랜보험 2109 • 무배당 우체국온라인당뇨보험 2109 • 무배당 우체국온라인착한안전보험 2109 • 무배당 우체국온라인어린이보험 2109 • 무배당 우체국온라인암보험 2109 • 무배당 우체국온라인3대질병보험 2109 • 무배당 우체국온라인정기보험 2109 • 무배당 온라인내가만든희망보험 2109 • 무배당 우체국온라인와이드암보험 2112 • 무배당 우체국온라인미니암보험 2112 • 무배당 우체국온라인요양보험 2112 • 무배당 우체국온라인입원수술보험 2112 •무배당 우체국단체보장보험 2301 •무배당 우체국온라인종신보험 2201 •무배당 우체국온라인치매간병보험 2201
저축성 보험 (5종)	• 무배당 청소년꿈보험 2109 • 무배당 그린보너스저축보험플러스 2203 • 무배당 파워적립보험 2109 • 무배당 우체국온라인저축보험 2109 • 무배당 알찬전환특약 2109
연금 보험 (6종)	• 무배당 우체국연금보험 2109 • 우체국연금저축보험 2109 • 무배당 우체국연금저축보험(이전형) 2109 • 무배당 우체국온라인연금저축보험 2109 • 무배당 우체국개인연금보험(이전형) 2109 • 어깨동무연금보험 2109

02 보장성 상품

1 무배당 우체국든든한 종신보험 2109

(1) 주요 특징

① 해약환급금 50%지급형 선택 시 동일한 보장혜택을 제공하고, 표준형 대비 저렴한 보험료로 고객 부담 완화

② 주계약에서 3대 질병 진단 시 사망보험금 일부를 선지급하여 치료자금 지원

③ 주계약 및 일부 특약을 비갱신형으로 설계하여 보험료 상승 부담 없이 동일한 보험료로 보장

④ 다양한 특약 부가로 사망 및 생존(진단, 입원, 수술 등) 보장 등 고객맞춤형 보장설계

⑤ 주요질환(3대질병) 보장 강화 : 특약부가로 3대 질병(암, 뇌출혈, 급성심근경색증) 발병 시 치료비 추가보장 및 고액암 보장 강화

⑥ 납입면제 : 보험료 납입 면제로 부담을 낮추고 안정적인 보장 제공

⑦ 세제혜택 : 근로소득자는 납입보험료(연간 100만 원 한도)에 대하여 12% 세액공제

(2) 가입요건

① 주계약 – 1종(해약환급금 50%지급형), 2종(표준형)

가입나이	보험기간	납입기간	납입주기	보험가입금액
만 15~50세	종신	5, 10, 15, 20, 30년납	월납	1,000만 원~4,000만 원 (500만 원 단위)
51~60세		5, 10, 15, 20년납		
61~65세		5, 10, 15년납		
66~70세		5, 10년납		

② 특약

　㉠ 무배당 재해치료보장특약Ⅱ 2109

가입나이, 보험기간, 납입기간, 납입주기	보험가입금액
주계약과 동일	1,000만 원~4,000만 원 (주계약 보험가입금액 이내에서 500만 원 단위)

　㉡ 무배당 소득보상특약 2109

가입나이	보험기간	납입기간	납입주기	보험가입금액
만 15~50세	80세 만기	5, 10, 15, 20, 30년납	월납	1,000만 원~4,000만 원 (주계약 보험가입금액 이내에서 500만 원 단위)
51~60세		5, 10, 15, 20년납		
61~65세		5, 10, 15년납		
66~70세		5, 10년납		

ⓒ 무배당 입원보장특약(갱신형) 2109, 무배당 특정질병입원특약(갱신형) 2109, 무배당
수술보장특약(갱신형) 2109, 무배당 암치료특약Ⅱ(갱신형) 2109, 무배당 뇌출혈진단
특약(갱신형) 2109, 무배당 급성심근경색증진단특약(갱신형) 2109, 무배당 항암방사
선약물치료특약(갱신형) 2109

구분	가입나이	보험기간	납입기간	납입주기	보험가입금액
최초계약	만 15~70세	10년	전기납	월납	1,000만 원
갱신계약	만 25세 이상	(종신갱신형)			(500만 원 단위)

ⓓ 무배당 요양병원암입원특약Ⅱ 2109

구분	가입나이	보험기간	납입기간	납입주기	보험가입금액
최초계약	만 15~70세	10년	전기납	월납	1,000만 원
갱신계약	만 25~70세	(갱신형)			(500만 원 단위)

ⓜ 이륜자동차 운전 및 탑승중 재해 부담보 특약 2109, 지정대리청구서비스특약 2109,
장애인전용보험전환특약 2109

(3) 보험료 할인에 관한 사항 - 고액 할인

주계약 보험가입금액	2천만 원 이상~3천만 원 미만	3천만 원 이상~4천만 원 미만	4천만 원
할인율	1.0%	2.0%	3.0%

* 고액 할인은 주계약 보험료(특약보험료 제외)에 한해 적용

(4) 해약환급금 50%지급형 상품에 관한 사항

① 1종(해약환급금 50%지급형)은 보험료 납입기간 중 계약이 해지될 경우 2종(표준형)의
해약환급금 대비 적은 해약환급금을 지급하는 대신 2종(표준형)보다 저렴한 보험료로
보험을 가입할 수 있도록 한 상품임

② 1종(해약환급금 50%지급형)의 해약환급금을 계산할 때 기준이 되는 2종(표준형)의 예
정해약환급금은 "보험료 및 책임준비금 산출방법서"에서 정한 방법에 따라 산출된 금액
으로 해지율을 적용하지 않고 계산함

③ 1종(해약환급금 50%지급형)의 계약이 보험료 납입기간 중 해지될 경우의 해약환급금은
2종(표준형) 예정해약환급금의 50%에 해당하는 금액에 플러스적립금을 더한 금액으로
함. 다만 보험료 납입기간이 완료된 이후 계약이 해지되는 경우에는 2종(표준형)의 예
정해약환급금과 동일한 금액에 플러스적립금을 더한 금액을 지급함

* 해약환급금 50%지급형 상품에 관한 사항은 주계약에 한해 적용

(5) 특약의 갱신에 관한 사항

갱신절차	보험기간 만료일 30일 전까지 계약자에게 서면 또는 전화(음성녹음) 안내(보험료 등 변경내용) • 보험기간 만료일 15일 전까지 계약자의 별도 의사표시가 없으면 자동갱신 　※ (무)요양병원암입원특약Ⅱ(갱신형) 2109의 경우, 피보험자 나이 70세를 초과하는 경우에는 이 특약을 갱신할 수 없음 　※ (무)항암방사선약물치료특약(갱신형) 2109의 경우, 피보험자에게 항암방사선·약물치료보험금 지급사유가 발생한 경우에는 이 특약을 갱신할 수 없음. 단, 갑상선암, 기타피부암, 대장점막내암, 제자리암 또는 경계성 종양으로 항암방사선·약물치료보험금 지급사유가 발생한 경우에는 특약을 갱신할 수 있음 • 계약자가 갱신 거절의사를 통지하면 계약 종료
갱신계약 보험료	갱신계약의 보험료는 각각의 특약상품에 따라 나이의 증가, 적용기초율의 변동 등의 사유로 인상 가능

(6) 보장내용

① 주계약

지급구분	지급사유	
사망보험금	사망하였을 때	3대질병 진단보험금 지급사유가 발생하지 않은 경우
		3대질병 진단보험금 지급사유가 발생한 경우
3대 질병 진단보험금	암보장개시일 이후에 최초의 암(갑상선암, 기타피부암, 대장점막내암, 제자리암 및 경계성 종양 제외)으로 진단이 확정되었거나, 보험기간 중 최초의 뇌출혈 또는 급성심근경색증으로 진단이 확정되었을 때(단, 암, 뇌출혈 또는 급성심근경색증 중 최초 1회에 한함)	

* 암보장개시일은 계약일(부활일)부터 그 날을 포함하여 90일이 지난 날의 다음날로 함

② 특약

　㉠ 무배당 재해치료보장특약Ⅱ 2109

지급구분	지급사유
교통재해사망보험금	교통재해를 직접적인 원인으로 사망하였을 때
일반재해사망보험금	일반재해를 직접적인 원인으로 사망하였을 때
교통재해장해보험금	교통재해를 직접적인 원인으로 장해분류표에서 정한 각 장해지급률에 해당하는 장해상태가 되었을 때
일반재해장해보험금	일반재해를 직접적인 원인으로 장해분류표에서 정한 각 장해지급률에 해당하는 장해상태가 되었을 때
재해외무수술보험금	재해로 인하여 외모상해의 직접적인 치료를 목적으로 외모수술을 받았을 때(수술 1회당)
재해골절(치아파절 제외)보험금	재해로 인하여 골절상태가 되었을 때(사고 1회당)
재해깁스치료 (부목제외)보험금	재해로 인하여 그 직접적인 치료를 목적으로 깁스(Cast)치료를 받았을 때(사고 1회당)

장해
질병 또는 재해로 인하여 신체장애가 영구히 남아 신체의 기능을 상실 또는 감소한 상태를 말한다. 장해등급은 해당 상품의 가입시점 약관상 장해등급분류표를 확인하여야 한다.

ⓛ 무배당 소득보상특약 2109

지급구분	지급사유
재해장해 생활자금	장해분류표 중 동일한 재해로 여러 신체부위의 합산 장해지급률이 50% 이상인 장해상태가 되었을 때
암진단 생활자금	암보장개시일 이후에 최초의 암으로 진단이 확정되었을 때(단, 최초 1회에 한함)

* 암보장개시일은 계약일(부활일)부터 그 날을 포함하여 90일이 지난 날의 다음날로 함

ⓒ 무배당 입원보장특약(갱신형) 2109

지급구분	지급사유
입원급부금	질병 또는 재해로 인하여 그 직접적인 치료를 목적으로 4일 이상 입원하였을 때 (3일 초과 입원일수 1일당, 120일 한도)
건강관리자금	보험기간(10년)이 끝날 때까지 살아 있을 때

ⓔ 무배당 특정질병입원특약(갱신형) 2109

지급구분	지급사유
암직접치료 입원급부금	암보장개시일 이후 암으로 진단이 확정되고, 그 직접적인 치료를 목적으로 4일 이상 입원(단, 요양병원 제외)하였을 때(3일 초과 입원일수 1일당, 120일 한도)
	갑상선암, 기타피부암, 대장점막내암, 제자리암 또는 경계성 종양으로 진단이 확정되고, 그 직접적인 치료를 목적으로 4일 이상 입원(단, 요양병원 제외)하였을 때 (3일 초과 입원일수 1일당, 120일 한도)
2대질병 입원급부금	뇌출혈 또는 급성심근경색증으로 진단이 확정되고, 그 직접적인 치료를 목적으로 4일 이상 입원하였을 때(3일 초과 입원일수 1일당, 120일 한도)
주요성인질환 입원급부금	주요성인질환으로 진단이 확정되고, 그 직접적인 치료를 목적으로 4일 이상 입원 하였을 때(3일 초과 입원일수 1일당, 120일 한도)
건강관리자금	보험기간(10년)이 끝날 때까지 살아 있을 때

* 암보장개시일은 계약일(부활일)부터 그 날을 포함하여 90일이 지난 날의 다음날로 함

ⓜ 무배당 요양병원암입원특약Ⅱ(갱신형) 2109

지급구분	지급사유
요양병원 암입원급부금	암보장개시일 이후 암으로 진단이 확정되고 그 치료를 목적으로 4일 이상 요양병원에 입원하였거나, 보험기간 중 갑상선암, 기타피부암, 대장점막내암, 제자리암 또는 경계성 종양으로 진단이 확정되고 그 치료를 목적으로 4일 이상 요양병원에 입원하였을 때(3일 초과 입원일수 1일당, 60일 한도)
건강관리자금	보험기간(10년)이 끝날 때까지 살아 있을 때

* 암보장개시일은 계약일(부활일)부터 그 날을 포함하여 90일이 지난 날의 다음날로 함

ⓗ 무배당 수술보장특약(갱신형) 2109

지급구분	지급사유
수술급부금	질병 또는 재해로 진단이 확정되고, 그 직접적인 치료를 목적으로 수술·신생물 근치 방사선 조사 분류표에서 정한 수술을 받았을 때(수술 1회당)
암수술급부금	암보장개시일 이후 암으로 진단이 확정되고, 그 직접적인 치료를 목적으로 암수술을 받았거나, 보험기간 중 갑상선암, 기타피부암, 대장점막내암, 제자리암 또는 경계성 종양으로 인하여 그 직접적인 치료를 목적으로 암수술을 받았을 때(수술 1회당)
2대질병 수술급부금	뇌출혈 또는 급성심근경색증으로 인하여 그 직접적인 치료를 목적으로 2대질병수술을 받았을 때(수술 1회당)
주요성인질환 수술급부금	주요성인질환으로 인하여 그 직접적인 치료를 목적으로 주요성인질환수술을 받았을 때(수술 1회당)
건강관리자금	보험기간(10년)이 끝날 때까지 살아 있을 때

* 암보장개시일은 계약일(부활일)부터 그 날을 포함하여 90일이 지난 날의 다음날로 함

ⓢ 무배당 암치료특약Ⅱ(갱신형) 2109

지급구분	지급사유
암치료보험금	암보장개시일 이후에 최초의 암으로 진단이 확정되었을 때(단, 최초 1회에 한함)
	보험기간 중 최초의 갑상선암, 기타피부암, 대장점막내암, 제자리암 또는 경계성 종양으로 진단이 확정되었을 때(단, 갑상선암, 기타피부암, 대장점막내암, 제자리암 및 경계성 종양 각각 최초 1회에 한함)
건강관리자금	보험기간(10년)이 끝날 때까지 살아 있을 때

* 암보장개시일은 계약일(부활일)부터 그 날을 포함하여 90일이 지난 날의 다음날로 함

ⓞ 무배당 뇌출혈진단특약(갱신형) 2109

지급구분	지급사유
뇌출혈치료보험금	보험기간 중 최초의 뇌출혈로 진단이 확정되었을 때(단, 최초 1회에 한함)
건강관리자금	보험기간(10년)이 끝날 때까지 살아 있을 때

ⓩ 무배당 급성심근경색증진단특약(갱신형) 2109

지급구분	지급사유
급성심근경색증 치료보험금	보험기간 중 최초의 급성심근경색증으로 진단이 확정되었을 때(단, 최초 1회에 한함)
건강관리자금	보험기간(10년)이 끝날 때까지 살아 있을 때

ⓧ 무배당 항암방사선 약물치료특약(갱신형) 2109

지급구분	지급사유
항암방사선· 약물치료 보험금	암보장개시일 이후에 암으로 진단이 확정되고 그 암의 직접적인 치료를 목적으로 항암방사선치료 또는 항암약물치료를 받았을 때 (단, 항암방사선치료 또는 항암약물치료 둘 중 최초 1회에 한함)
	보험기간 중 갑상선암, 기타피부암, 대장점막내암, 제자리암 또는 경계성 종양으로 진단이 확정되고 그 갑상선암, 기타피부암, 대장점막내암, 제자리암 또는 경계성 종양의 직접적인 치료를 목적으로 항암방사선치료 또는 항암약물치료를 받았을 때 (단, 갑상선암, 기타피부암, 대장점막내암, 제자리암 및 경계성 종양 각각 항암방사선치료 또는 항암약물치료 둘 중 최초 1회에 한함)
건강관리자금	보험기간(10년)이 끝날 때까지 살아 있을 때

* 암보장개시일은 계약일(부활일)부터 그 날을 포함하여 90일이 지난 날의 다음날로 함

ⓠ 이륜자동차 운전 및 탑승중 재해부담보특약 2109

가입대상	이륜자동차 운전자(소유 및 관리하는 경우 포함)
부담보 범위	이륜자동차 운전(탑승 포함) 중에 발생한 재해로 인하여 주계약 및 특약에서 정한 보험금 지급사유 또는 보험료 납입면제사유가 발생한 경우에 보험금을 지급하지 않으며, 보험료 납입을 면제하지 않음

* 상품별 이륜자동차 운전 및 탑승중 재해부담보특약사항 동일(이하 생략)

ⓣ 지정대리청구서비스특약 2109

대상계약	계약자, 피보험자 및 수익자(사망 시 수익자 제외)가 모두 동일한 계약
지정대리 청구인 지정	보험금을 직접 청구할 수 없는 특별한 사정이 있을 경우 대리청구인 지정
지정대리 청구인	피보험자의 가족관계등록부상의 배우자 또는 3촌 이내의 친족
보험금 지급 등의 절차	• 보험수익자가 보험금을 직접 청구할 수 없는 특별한 사정이 있음을 증명하는 서류 제출 • 보험수익자의 대리인으로서 해당 보험금(사망보험금 제외)을 청구하고 수령 • 보험금을 지정대리청구인에게 지급한 경우, 그 이후 보험금 청구를 받더라도 체신관서는 이를 지급하지 않음

* 상품별 지정대리청구서비스특약 동일(이하 생략)

ⓤ 장애인전용보험전환특약 2109

대상계약	피보험자 또는 수익자가 소득세법상 장애인인 계약
장애인전용 보험으로 전환	• 계약자가 증빙서류(장애인증명서, 국가유공자 확인서, 장애인등록증 등)확인서류를 제출하고, 특약 가입 신청 • 장애인전용보험으로 전환된 이후 납입된 보험료부터 장애인전용 보장성보험료로 처리

* 상품별 장애인전용보험전환특약 동일(이하 생략)

2 무배당 우체국건강클리닉보험(갱신형) 2109

(1) 주요 특징

① 각종 질병, 사고 및 주요성인질환 종합 보장

② 3대질병 진단(최대 3,000만 원), 중증수술(최대 500만 원) 및 중증장해(최대 5,000만 원) 고액 보장

③ 0세부터 65세까지 가입 가능한 건강보험

④ 10년 만기 생존 시마다 건강관리자금 지급

⑤ "국민체력100" 체력 인증시 보험료 지원혜택 제공

⑥ 세제혜택 : 근로소득자는 납입한 보험료(연간 100만 원 한도)에 대하여 12% 세액공제

(2) 가입요건

① 주계약

구분	가입나이	보험기간	납입기간(납입주기)	보험가입금액(구좌수)
최초계약	0~65세	10년 만기 (종신갱신형)	전기납 (월납)	1구좌 (0.5구좌 단위)
갱신계약	10세 이상			

* 피보험자 가입 당시 61세 이상일 경우 보험가입금액(구좌수)은 0.5구좌 고정

② 특약

특약	구분	가입나이	보험기간	납입기간 (납입주기)	보험가입금액(구좌수)
무배당요양병원 암입원특약 (갱신형) 2109	최초계약	0~65세	10년 만기 (갱신형)	전기납 (월납)	1구좌(주계약 보험가입 금액(구좌수) 이내에서 0.5구좌 단위)
	갱신계약	10~70세			
무배당정기특약 (갱신형) 2109	최초계약	만15~65세	10년 만기 (갱신형)	전기납 (월납)	1구좌(주계약 보험가입 금액(구좌수) 이내에서 0.5구좌 단위)
	갱신계약	만25~70세			
		71~79세	80세 만기		

* 피보험자 가입 당시 61세 이상일 경우 보험가입금액(구좌수)은 0.5구좌 고정

(3) 계약의 갱신에 관한 사항

갱신절차	• 보험기간 만료일 30일 전까지 계약자에게 서면 또는 전화(음성녹음) 안내 (보험료 등 변경내용) • 보험기간 만료일 15일 전까지 계약자의 별도 의사표시가 없으면 자동갱신 　※ (무)요양병원암입원특약(갱신형) 2109의 경우, 피보험자 나이 70세를 초과하는 경우에는 이 특약을 갱신할 수 없음 　※ (무)정기특약(갱신형) 2109의 경우, 갱신시점의 피보험자 나이가 80세 이상인 경우에는 이 특약을 갱신할 수 없으며, 갱신시점의 피보험자 나이가 71세에서 79세인 경우에는 보험기간을 80세 만기로 갱신함 • 계약자가 갱신 거절의사를 통지하면 계약 종료
갱신계약 보험료	갱신계약의 보험료는 나이의 증가, 적용기초율의 변동 등의 사유로 인상될 수 있음

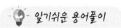

국민체력100(국민체육진흥공단)

국민의 체력 및 건강 증진에 목적을 두고 체력상태를 과학적 방법에 의해 측정·평가를 하여 운동 상담 및 처방을 해주는 대국민 스포츠 복지 서비스

(4) 피보험자의 건강관리 노력에 따른 보험료 납입 일부 지원

사전적 건강관리서비스를 위하여 "국민체력100" 체력인증 시 보험료 지원

(5) 보장내용

① 주계약

지급구분	지급사유
건강관리자금	만기 생존 시
3대질병 진단보험금	암보장개시일 이후에 최초의 암으로 진단이 확정되었거나, 보험기간 중 최초의 갑상선암, 기타피부암, 대장점막내암, 제자리암, 경계성 종양, 뇌출혈 또는 급성심근경색증으로 진단 확정 시 (각각 최초 1회한)
항암방사선·약물치료 보험금	암보장개시일 이후에 암으로 진단이 확정되고 그 암의 직접적인 치료를 목적으로 항암방사선치료 또는 항암약물치료를 받았을 때 (단, 항암방사선치료 또는 항암약물치료둘 중 최초 1회에 한함)
	갑상선암, 기타피부암, 대장점막내암, 제자리암 또는 경계성종양으로 진단이 확정되고 그 갑상선암, 기타피부암, 대장점막내암, 제자리암 또는 경계성종양의 직접적인 치료를 목적으로 항암방사선치료 또는 항암약물치료를 받았을 때 (단, 갑상선암, 기타피부암, 대장점막내암, 제자리암 및 경계성종양 각각 항암방사선치료 또는 항암약물치료 둘 중 최초 1회에 한함)
암직접치료 입원보험금	암보장개시일 이후에 암으로 진단이 확정되고, 그 직접적인 치료를 목적으로 4일 이상 입원(단, 요양병원 제외)하였거나, 보험기간 중 갑상선암, 기타피부암, 대장점막내암, 제자리암 또는 경계성 종양으로 진단이 확정되고, 그 직접적인 치료를 목적으로 4일 이상 입원(단, 요양병원 제외)하였을 때 (3일 초과입원일수 1일당, 120일 한도)
주요성인질환 입원보험금	주요성인질환으로 진단이 확정되고, 그 직접적인 치료를 목적으로 4일 이상 입원하였을 때 (3일 초과 입원일수 1일당, 120일 한도)
암수술보험금	암보장개시일 이후에 암으로 진단이 확정되고, 그 직접적인 치료를 목적으로 암수술을 받았거나, 보험기간 중 갑상선암, 기타피부암, 대장점막내암, 제자리암 또는 경계성 종양으로 진단이 확정되고, 그 직접적인 치료를 목적으로 암수술을 받았을 때 (수술 1회당)
주요성인질환 수술보험금	주요성인질환으로 진단이 확정되고, 그 직접적인 치료를 목적으로 주요성인질환 수술을 받았을 때 (수술 1회당)
입원보험금	질병 또는 재해로 인하여 그 직접적인 치료를 목적으로 4일 이상 입원 시 (3일 초과 입원일수 1일당, 120일 한도)
수술보험금	질병 또는 재해로 인하여 그 직접적인 치료를 목적으로 수술 시 (수술 1회당)
재해장해생활자금	동일한 재해로 장해지급률 50% 이상 장해 시
재해장해보험금	재해로 장해지급률 중 3% 이상 50% 미만 장해 시
재해골절(치아파절제외)보험금	재해로 골절 시 (사고 1회당)

* 암보장개시일은 계약일(부활일)부터 그 날을 포함하여 90일이 지난 날의 다음날로 함(피보험자 나이가 15세 미만인 경우 암보장개시일은 계약일(부활일)로 함)

② 특약

특 약	지급구분	지급사유
무배당 요양병원암입원 특약(갱신형) 2109	요양병원 암입원보험금	암보장개시일 이후 암으로 진단이 확정되고 그 치료를 목적으로 4일 이상 요양병원에 입원하였거나, 보험기간 중 갑상선암, 기타피부암, 대장점막내암, 제자리암 또는 경계성 종양으로 진단이 확정되고 그 치료를 목적으로 4일 이상 요양병원에 입원하였을 때 (3일 초과 입원일수 1일당, 60일 한도)
	건강관리자금	보험기간(10년)이 끝날 때까지 살아 있을 때
무배당정기특약 (갱신형) 2109	사망보험금	보험기간 중 사망하였을 때
	건강관리자금	보험기간(10년)이 끝날 때까지 살아 있을 때

* 암보장개시일은 계약일(부활일)부터 그 날을 포함하여 90일이 지난 날의 다음날로 함(피보험자 나이가 15세 미만인 경우 암보장개시일은 계약일(부활일)로 함)

3 무배당 우체국New100세건강보험 2203

(1) 주요 특징

① 뇌·심질환을 진단, 입원, 수술까지 종합적으로 보장하고, 비갱신형으로 설계하여 보험료 인상없이 최대 100세까지 집중보장(주계약 및 특약(비갱신형))
② 다양한 특약을 추가하여 추가 진단비, 입원, 수술, 2대질병통원, 후유장해까지 보장
③ 해약환급금 50%지급형 선택 시 표준형보다 저렴한 보험료로, 표준형과 동일한 보장혜택 제공
④ 다양한 소비자 필요에 따라 특약을 갱신 및 비갱신으로 선택하여 가입 가능
⑤ 주계약 및 특약(비갱신형)의 보험기간을 80·90·100세만기로 다양화
⑥ 납입면제 : 보험료 납입 면제로 부담을 낮추고 안정적인 보장제공
⑦ "국민체력100" 체력 인증 시 보험료 지원혜택 제공
⑧ 세제혜택 : 근로소득자는 납입보험료(연간 100만 원 한도)에 대하여 12% 세액공제

(2) 가입요건

① 주계약 (1종(해약환급금 50%지급형), 2종(표준형))

가입나이	보험기간	납입기간	납입주기	보험가입금액
15~50세		10, 15, 20, 30년납		
51~60세	80,90,100세 만기	10, 15, 20년납	월납	1,000~4,000만원 (500만 원 단위)
61~65세		10, 15년납		

* 피보험자가 가입 당시 61세 이상일 경우 보험가입금액 2,000만원 한도

② 특약

㉠ 무배당 뇌경색증진단특약Ⅲ 2203, 무배당 뇌혈관질환진단특약Ⅱ 2203, 무배당 허혈성심장질환진단특약Ⅱ 2203

ⓐ 1종(15년갱신형)

구분	가입나이	보험기간	납입기간	납입주기	보험가입금액
최초계약	15~65세	15년			500만원~4,000만원 (주계약 가입금액 이내에서 갱신계약 500만원 단위)
갱신계약	30~(주계약 만기나이-1)세	1~15년	전기납	월납	

* 피보험자가 가입 당시 61세 이상일 경우 보험가입금액 2,000만원 한도

ⓑ 2종(비갱신형)

가입나이	보험기간	납입기간	납입주기	보험가입금액
	주계약과 동일			500만원~4,000만원 (주계약 가입금액 이내에서 500만원 단위)

* 피보험자가 가입 당시 61세 이상일 경우 보험가입금액 2,000만원 한도

ⓛ 무배당 후유장해보장특약Ⅱ 2203, 무배당 입원보장특약Ⅱ 2203, 무배당 수술보장특약Ⅱ 2203

구 분		가입나이	보험기간	납입기간	납입주기	보험가입금액
1종(15년 갱신형)	최초계약	15~65세	15년	전기납	월납	500만원~1,000만원 (주계약 가입금액 이내에서 500만원 단위)
	갱신계약	30~(주계약 만기나이-1)세	1~15년			
2종(비갱신형)		주계약과 동일				500만원~1,000만원 (주계약 가입금액 이내에서 500만원 단위)

ⓒ 무배당 2대질병통원특약(15년갱신형) 2203, 무배당 계속받는2대질병진단특약(15년 갱신형) 2203

구 분	가입나이	보험기간	납입기간	납입주기	보험가입금액
최초계약	15~65세	15년	전기납	월납	500만원~1,000만원 (주계약 가입금액 이내에서 500만원 단위)
갱신계약	30~(주계약 만기나이-1)세	1~15년			

* 피보험자가 가입 당시 61세 이상일 경우 보험가입금액 500만 원 고정

ⓓ 무배당 정기특약 2203

가입나이	보험기간	납입기간	납입주기	보험가입금액
만15~50세	80,90,100세 만기	10, 15, 20, 30년납	월납	500만원~4,000만원 (주계약 가입금액 이내에서 500만원 단위)
51~60세		10, 15, 20년납		
61~65세		10, 15년납		

* 피보험자가 가입 당시 61세 이상일 경우 보험가입금액 2,000만 원 고정

(3) 해약환급금 50%지급형 상품에 관한 사항

1. 1종(해약환급금 50%지급형)은 보험료 납입기간 중 계약이 해지될 경우 2종(표준형)의 해약환급금 대비 적은 해약환급금을 지급하는 대신 2종(표준형)보다 저렴한 보험료로 보험을 가입할 수 있도록 한 상품임

2. 1종(해약환급금 50%지급형)의 해약환급금을 계산할 때 기준이 되는 2종(표준형)의 해약환급금은 "보험료 및 책임준비금 산출방법서"에서 정한 방법에 따라 산출된 금액으로 해지율을 적용하지 않고 계산함

3. 1종(해약환급금 50%지급형)의 계약이 보험료 납입기간 중 해지될 경우의 해약환급금은 2종(표준형) 해약환급금의 50%에 해당하는 금액으로 함. 다만, 보험료 납입기간이 완료된 이후 계약이 해지되는 경우에는 2종(표준형)의 해약환급금과 동일한 금액을 지급함

* 해약환급금 50%지급형 상품에 관한 사항은 주계약에 한해 적용

(4) 피보험자의 건강관리 노력에 따른 보험료 납입 일부 지원

사전적 건강관리 서비스를 위하여 "국민체력100" 체력인증 시 보험료 지원

* 국민체력100(국민체육진흥공단) : 국민의 체력 및 건강 증진에 목적을 두고 체력상태를 과학적 방법에 의해 측정·평가를 하여 운동 상담 및 처방을 해주는 대국민 스포츠 복지 서비스

(5) 보장내용

① 주계약

지급구분	지급사유
뇌출혈 진단보험금	보험기간 중 최초의 뇌출혈로 진단이 확정 되었을 때 (단, 최초 1회에 한함)
급성심근경색증 진단보험금	보험기간 중 최초의 급성심근경색증으로 진단이 확정 되었을 때 (단, 최초 1회에 한함)

② 특약

특 약	지급구분	지급사유
무배당 뇌경색증진단 특약Ⅲ 2203	뇌경색증 진단보험금	보험기간 중 최초의 뇌경색증으로 진단이 확정 되었을 때 (단, 최초 1회에 한함)
무배당 뇌혈관질환 진단특약Ⅱ 2203	뇌혈관질환 진단보험금	보험기간 중 최초의 뇌혈관질환으로 진단이 확정 되었을 때 (단, 최초 1회에 한함)
무배당허혈성심장질환 진단특약Ⅱ 2203	허혈성심장질환 진단보험금	보험기간 중 최초의 허혈성심장질환으로 진단이 확정 되었을 때 (단, 최초 1회에 한함)
무배당 후유장해보장 특약Ⅱ 2203	장해보험금	보험기간 중 장해분류표 중 동일한 재해 또는 재해 이외의 동일한 원인으로 여러 신체부위의 합산 장해지급률이 50%이상인 장해상태가 되었을 때 (단, 최초 1회에 한함)
무배당 입원보장 특약Ⅱ 2203	입원보험금	보험기간 중 질병 또는 재해로 인하여 그 직접적인 치료를 목적으로 입원하였을 때 (1일 이상 입원일수 1일당, 120일 한도)
	중환자실 입원보험금	보험기간 중 질병 또는 재해로 인하여 그 직접적인 치료를 목적으로 중환자실에 입원하였을 때(1일 이상 입원일수 1일당, 60일 한도)
	2대질병 입원보험금	보험기간 중 뇌출혈 또는 급성심근경색증으로 진단이 확정되고, 그 직접적인 치료를 목적으로 4일 이상 입원하였을 때 (3일 초과 입원일수 1일당, 120일 한도)
	12대성인질환 입원보험금	보험기간 중 12대성인질환으로 진단이 확정되고, 그 직접적인 치료를 목적으로 4일 이상 입원하였을 때 (3일 초과 입원일수 1일당, 120일 한도)

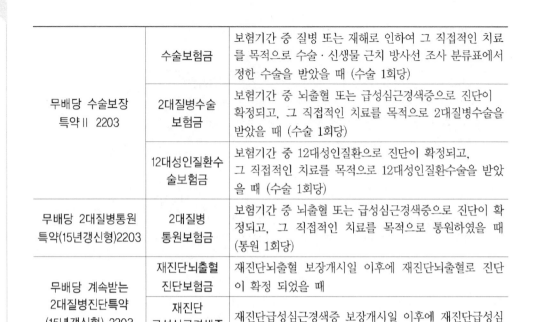

무배당 수술보장 특약II 2203	수술보험금	보험기간 중 질병 또는 재해로 인하여 그 직접적인 치료를 목적으로 수술·신생물 근치 방사선 조사 분류표에서 정한 수술을 받았을 때 (수술 1회당)
	2대질병수술 보험금	보험기간 중 뇌출혈 또는 급성심근경색증으로 진단이 확정되고, 그 직접적인 치료를 목적으로 2대질병수술을 받았을 때 (수술 1회당)
	12대성인질환수 술보험금	보험기간 중 12대성인질환으로 진단이 확정되고, 그 직접적인 치료를 목적으로 12대성인질환수술을 받았을 때 (수술 1회당)
무배당 2대질병통원 특약(15년갱신형)2203	2대질병 통원보험금	보험기간 중 뇌출혈 또는 급성심근경색증으로 진단이 확정되고, 그 직접적인 치료를 목적으로 통원하였을 때 (통원 1회당)
무배당 계속받는 2대질병진단특약 (15년갱신형) 2203	재진단뇌출혈 진단보험금	재진단뇌출혈 보장개시일 이후에 재진단뇌출혈로 진단이 확정 되었을 때
	재진단 급성심근경색증 진단보험금	재진단급성심근경색증 보장개시일 이후에 재진단급성심근경색증으로 진단이 확정 되었을 때
무배당 정기특약 2203	사망보험금	보험기간 중 사망하였을 때

주1) 재진단뇌출혈 보장개시일은 "첫 번째 재진단뇌출혈 보장개시일"과 "두 번째 이후 재진단뇌출혈 보장개시일"을 합한 것을 말하며, 특약을 부활(효력회복)하는 경우에도 동일함
 - 첫 번째 재진단뇌출혈 보장개시일 : "첫 번째 뇌출혈" 진단 확정일부터 그 날을 포함하여 2년(갱신계약을 포함)이 지난 날의 다음 날
 - 두 번째 이후 재진단뇌출혈 보장개시일 : 직전 "재진단뇌출혈" 진단 확정일부터 그 날을 포함하여 2년(갱신계약을 포함)이 지난 날의 다음날

주2) 재진단급성심근경색증 보장개시일은 "첫 번째 재진단급성심근경색증 보장개시일"과 "두 번째 이후 재진단급성심근경색증 보장개시일"을 합한 것을 말하며, 특약을 부활(효력회복)하는 경우에도 동일함
 - 첫 번째 재진단급성심근경색증 보장개시일 : "첫 번째 급성심근경색증" 진단 확정일부터 그 날을 포함하여 2년(갱신계약을 포함)이 지난 날의 다음 날
 - 두 번째 이후 재진단급성심근경색증 보장개시일 : 직전 "재진단급성심근경색증" 진단 확정일부터 그 날을 포함하여 2년(갱신계약을 포함)이 지난 날의 다음날

주3) 재진단뇌출혈이라 함은 재진단뇌출혈 보장개시일 이후에 뇌출혈로 새롭게 진단 확정 받은 경우를 말함. 다만, 첫 번째 뇌출혈 또는 이미 진단 확정된 재진단뇌출혈에 의한 신경학적 후유증은 재진단뇌출혈로 보지 않음

주4) 재진단급성심근경색증이라 함은 재진단급성심근경색증 보장개시일 이후에 급성심근경색증으로 새롭게 진단 확정 받은 경우를 말함. 다만, 첫 번째 급성심근경색증 또는 이미 진단 확정된 재진단급성심근경색증에 의한 합병증은 재진단급성심근경색증으로 보지 않음

4 무배당 우체국하나로OK보험 2109

(1) 주요 특징

① 주계약 사망보험금을 통한 유족보장과 특약 가입을 통한 건강, 상해, 중대질병·수술, 3대질병 보장
② 다수의 특약 중 필요한 보장을 선택하여 가입 가능
③ 부담없는 보험료로 각종 질병, 사고 및 고액치료비까지 보장
④ 한번 가입으로 평생 보장되는 종신보험(일부 특약 제외)
⑤ 세제혜택 : 근로소득자는 납입한 보험료(연간 100만 원 한도)에 대하여 12% 세액공제

(2) 가입요건

① 주계약

가입나이	보험기간	납입기간	납입주기	보험가입금액
만 15~45세	종신	5, 10, 15, 20, 30년납	월납	1,000만 원~ 4,000만 원 (500만 원 단위)
46~55세		5, 10, 15, 20년납		
56~60세		5, 10, 15년납		
61~65세		5, 10년납		

② 특약

㉠ 무배당 건강클리닉특약(갱신형) 2109, 무배당 상해클리닉특약(갱신형) 2109, 무배당 중대질병치료특약(갱신형) 2109, 무배당 중대수술특약(갱신형) 2109, 무배당 암치료특약Ⅱ(갱신형) 2109, 무배당 뇌출혈진단특약(갱신형) 2109, 무배당 급성심근경색증진단특약(갱신형) 2109, 무배당 항암방사선약물치료특약(갱신형) 2109

구분	가입나이	보험기간	납입기간	잡입주기	보험가입금액
최초계약	만 15~65세	10년 (종신갱신형)	전기납	월납	1,000만 원 (500만 원 단위)
갱신계약	만 25세 이상				

㉡ 무배당 요양병원암입원특약Ⅱ(갱신형) 2109

구분	가입나이	보험기간	납입기간	잡입주기	보험가입금액
최초계약	만15~65세	10년 (갱신형)	전기납	월납	1,000만 원 (500만 원 단위)
갱신계약	만25~70세				

* 피보험자가 가입 당시 61세 이상일 경우 주계약 2,000만 원, 특약 500만 원 한도

㉢ 이륜자동차 운전 및 탑승중 재해 부담보 특약 2109, 지정대리청구서비스특약 2109, 장애인전용보험전환특약 2007

(3) 보험료 할인에 관한 사항

① 고액 할인

주계약 보험가입금액	2천만 원 이상~3천만 원 미만	3천만 원 이상~4천만 원 미만	4천만 원
할인율	1.0%	2.0%	3.0%

* 고액 할인은 주계약 보험료(특약보험료 제외)에 한해 적용

(4) 특약의 갱신에 관한 사항

갱신절차	보험기간 만료일 30일 전까지 계약자에게 서면 또는 전화(음성녹음) 안내 (보험료 등 변경내용) • 보험기간 만료일 15일 전까지 계약자의 별도 의사표시가 없으면 자동갱신 • 계약자가 갱신 거절의사를 통지하면 계약 종료 (무)요양병원암입원특약Ⅱ(갱신형) 2109의 경우, 갱신계약의 피보험자 나이가 70세를 초과하는 경우에는 이 특약을 갱신할 수 없음 (무)항암방사선약물치료특약(갱신형) 2109의 경우, 피보험자에게 항암방사선·약물치료보험금 지급사유가 발생한 경우에는 이 특약을 갱신할 수 없음. 단, 갑상선암, 기타피부암, 대장점막내암, 제자리암 또는 경계성종양으로 항암방사선·약물치료보험금 지급사유가 발생한 경우에는 특약을 갱신할 수 있음
갱신계약보험료	갱신계약의 보험료는 나이의 증가, 적용기초율의 변동 등의 사유로 인상 가능

(5) 보장내용

① 주계약

지급구분	지급사유
교통재해사망보험금	교통재해로 사망 시
일반재해사망보험금	일반재해로 사망 시
일반사망보험금	재해 이외의 원인으로 사망 시
교통재해장해보험금	교통재해로 장해 시
일반재해장해보험금	일반재해로 장해 시

② 특약

㉠ 무배당 상해클리닉특약(갱신형) 2109

지급구분	지급사유
재해장해생활자금	동일한 재해로 여러 신체부위의 합산 장해지급률이 50% 이상 장해 시
재해입원보험금	재해로 인하여 그 직접적인 치료를 목적으로 4일 이상 입원 시(3일 초과 입원일수 1일당, 120일 한도)
재해수술보험금	재해로 인하여 그 직접적인 치료를 목적으로 수술 시(수술 1회당)
재해외모수술보험금	재해로 인하여 외모상해의 직접적인 치료를 목적으로 외모수술 시(수술 1회당)
재해골절(치아파절제외)보험금	재해로 골절 시(사고 1회당)
건강관리자금	보험기간이 끝날 때까지 생존 시

ⓛ 무배당 건강클리닉특약(갱신형) 2109

지급구분	지급사유
질병입원보험금	질병으로 인하여 그 직접적인 치료를 목적으로 4일 이상 입원 시(3일 초과 입원일수 1일당, 120일 한도)
질병수술보험금	질병으로 인하여 그 직접적인 치료를 목적으로 수술 시(수술 1회당)
암직접치료 입원보험금	암보장개시일 이후 암으로 진단이 확정되고 직접적인 치료를 목적으로 4일 이상 입원(단, 요양병원 제외) 시 또는 보험기간 중 갑상선암, 기타피부암, 대장점막내암, 제자리암 또는 경계성 종양으로 진단이 확정되고 직접적인 치료를 목적으로 4일 이상 입원(단, 요양병원 제외) 시 (3일 초과 입원일수 1일당, 120일 한도)
주요성인질환 입원보험금	주요성인질환으로 진단이 확정되고 그 직접적인 치료를 목적으로 4일 이상 입원 시(3일 초과 입원일수 1일당, 120일 한도)
암수술보험금	암보장개시일 이후 암으로 진단이 확정되고 그 직접적인 치료를 목적으로 암수술 시 또는 보험기간 중 갑상선암, 기타피부암, 대장점막내암, 제자리암 또는 경계성 종양으로 진단이 확정되고 그 직접적인 치료를 목적으로 암수술 시(수술 1회당)
주요성인질환 수술보험금	주요성인질환으로 진단이 확정되고 그 직접적인 치료를 목적으로 주요성인질환수술 시(수술 1회당)
건강관리자금	보험기간이 끝날 때까지 생존 시

* 암보장개시일은 계약일(부활일)부터 그 날을 포함하여 90일이 지난 날의 다음날로 함

ⓒ 무배당 중대질병치료특약(갱신형) 2109

지급구분	지급사유
중대질병 진단보험금	중대질병으로 진단 확정 시(단, 최초 1회에 한함)
건강관리자금	보험기간이 끝날 때까지 생존 시

ⓔ 무배당 중대수술특약(갱신형) 2109

지급구분	지급사유
중대수술보험금	중대한 수술 시(단, 최초 1회에 한함)
건강관리자금	보험기간이 끝날 때까지 생존 시

ⓜ 무배당 암치료특약Ⅱ(갱신형) 2109

지급구분	지급사유
암진단보험금	암보장개시일 이후에 최초의 암으로 진단 확정 시(단, 최초 1회에 한함)
	보험기간 중 최초의 갑상선암, 기타피부암, 대장점막내암, 제자리암 또는 경계성 종양으로 진단 확정 시(단, 갑상선암, 기타피부암, 대장점막내암, 제자리암 및 경계성 종양 각각 최초 1회에 한함)
건강관리자금	보험기간이 끝날 때까지 생존 시

* 암보장개시일은 계약일(부활일)부터 그 날을 포함하여 90일이 지난 날의 다음날로 함

ⓗ 무배당 뇌출혈진단특약(갱신형) 2109

지급구분	지급사유
뇌출혈진단보험금	보험기간 중 최초의 뇌출혈로 진단 확정 시(단, 최초 1회에 한함)
건강관리자금	보험기간이 끝날 때까지 생존 시

ⓢ 무배당 급성심근경색증진단특약(갱신형) 2109

지급구분	지급사유
급성심근경색증 진단보험금	보험기간 중 최초의 급성심근경색증으로 진단 확정 시(단, 최초 1회에 한함)
건강관리자금	보험기간이 끝날 때까지 생존 시

ⓞ 무배당 요양병원암입원특약 Ⅱ(갱신형) 2109

지급구분	지급사유
요양병원 암입원보험금	암보장개시일 이후 암으로 진단이 확정되고 그 치료를 목적으로 4일 이상 요양병원에 입원 시 또는 보험기간 중 갑상선암, 기타피부암, 대장점막내암, 제자리암 또는 경계성 종양으로 진단이 확정되고 그 치료를 목적으로 4일 이상 요양병원에 입원 시 (3일 초과 입원일수 1일당, 60일 한도)
건강관리자금	보험기간이 끝날 때까지 생존 시

* 암보장개시일은 계약일(부활일)부터 그 날을 포함하여 90일이 지난 날의 다음날로 함

ⓩ 무배당 항암방사선약물치료특약(갱신형) 2109

지급구분	지급사유
항암방사선 · 약물치료 보험금	암보장개시일 이후에 암으로 진단이 확정되고 그 암의 직접적인 치료를 목적으로 항암방사선치료 또는 항암약물치료를 받았을 때 (단, 항암방사선치료 또는 항암약물치료 둘 중 최초 1회에 한함)
	보험기간 중 갑상선암, 기타피부암, 대장점막내암, 제자리암 또는 경계성 종양으로 진단이 확정되고 그 갑상선암, 기타피부암, 대장점막내암, 제자리암 또는 경계성 종양의 직접적인 치료를 목적으로 항암방사선치료 또는 항암약물치료를 받았을 때 (단, 갑상선암, 기타피부암, 대장점막내암, 제자리암 및 경계성 종양 각각 항암방사선치료 또는 항암약물치료 둘 중 최초 1회에 한함)
건강관리자금	보험기간이 끝날 때까지 생존 시

* 암보장개시일은 계약일(부활일)부터 그 날을 포함하여 90일이 지난 날의 다음날로 함

5 무배당 우체국와이드건강보험 2112

(1) 주요 특징

① 각종 특약설계로 보장범위를 경증질환까지 폭넓게 확대하여 사망부터 생존(진단, 첫날부터 입원, 수술, 재해사고, 후유장해 등)까지 종합적으로 보장

② 4대질병(암·뇌출혈·뇌경색증·급성심근경색증)으로 진단시 사망보험금의 일부를 선지급하여 치료비를 지원 (주계약 1종 가입시)

③ 암으로 재진단시 계속 보장하고, 선진 항암치료기법인 표적항암약물허가치료를 보장하여 암 환자의 삶의 질 개선 및 치료비 부담을 완화 (해당 특약 가입시)

④ 보험료 납입면제 및 고액계약 할인(주계약 보험료)으로 보험료 부담을 완화

⑤ 세제혜택 : 근로소득자는 납입보험료(연간 100만원 한도)에 대하여 12% 세액공제

(2) 가입요건

① 주계약

가입나이	보험기간	납입기간	납입주기	보험가입금액
만15~65세	80세 만기	10년납	월납	1,000~4,000만 원 (500만 원 단위)
만15~60세		15년납		
만15~55세		20년납		
만15~45세		30년납		
만15~65세	90세 만기	10년납		
만15~58세		15년납		
만15~53세		20년납		
만15~45세		30년납		
만15~59세	100세 만기	10년납		
만15~53세		15년납		
만15~49세		20년납		
만15~41세		30년납		

* 피보험자가 가입 당시 61세 이상인 경우 보험가입금액 2,000만 원 한도

② 특약

㉠ 무배당 와이드3대질병진단특약 2112(주계약 1종 가입시 의무부가), 무배당 소액암진단특약Ⅱ 2112(주계약 1종 및 2종 가입시 의무부가) :

가입나이	보험기간	납입기간	납입주기	보험가입금액
주계약과 동일				500~2,000만원 (주계약 보험가입금액 이내에서 500만원 단위

* 피보험자가 가입당시 61세 이상인 경우 보험가입금액 1,000만 원(고정) 한도

ⓒ 무배당 암진단특약Ⅱ 2112, 무배당 뇌출혈진단특약Ⅲ 2112, 무배당 뇌경색증진단특약Ⅱ 2112, 무배당뇌혈관질환진단특약 2112, 무배당 급성심근경색증진단특약Ⅲ 2112, 무배당 허혈성심장질환진단특약2112, 무배당 항암방사선약물치료특약Ⅲ 2112, 무배당 입원보장특약Ⅲ 2112, 무배당 수술보장특약Ⅲ 2112, 무배당 생활재해보장특약Ⅱ 2112, 무배당 후유장해보장특약 2112 :

ⓐ 1종(15년 갱신형)

구분	가입나이	보험기간	납입기간	납입주기	보험가입금액
최초계약	만15~65세	15년	전기납	월납	500~2,000만 원 (주계약보험가입금액 이내에서500만원 단위)
갱신계약	만30~(주계약 만기나이-1)세	1~15년			

* 보험기간은 15년 만기(갱신형)으로 운영함. 단, 최종 갱신계약의 보험기간 만료일은 주계약 보험기간 만료일까지로 함

ⓑ 2종(비갱신형) – 보험가입금액 500~2,000만 원

* 피보험자가 가입당시 61세 이상인 경우 보험가입금액 1,000만 원 한도

(3) 보장내용

① 주계약

㉠ 1종(4대질병진단형)

지급구분	지급사유	
사망보험금	보험기간 중 사망하였을 때	4대질병 진단보험금 지급사유 발생 전 사망한 경우
		4대질병 진단보험금 지급사유 발생 후 사망한 경우
4대질병 진단보험금	보험기간 중 암보장개시일 이후에 최초의 암(갑상선암, 기타피부암 및 대장점막내암 제외)으로 진단이 확정되었거나, 보험기간 중 최초의 뇌출혈, 뇌경색증 또는 급성심근경색증으로 진단이 확정되었을 때 (단, 암, 뇌출혈, 뇌경색증 또는 급성심근경색증 중 최초 1회에 한함)	

* 암보장개시일은 계약일(부활일)부터 그 날을 포함하여 90일이 지난 날의 다음날로 함
* 플러스보험기간(보험기간 만료후 플러스적립금이 발생하는 경우, 만료 후부터 10년 동안 자동으로 연장되어 추가적인 보장을 받는 기간)시 플러스보험기간 중 사망하였을 때 플러스사망보험금 지급

㉡ 2종(암진단형)

지급구분	지급사유	
사망보험금	보험기간 중 사망하였을 때	암진단보험금 지급사유 발생 전 사망한 경우
		암진단보험금 지급사유 발생 후 사망한 경우
암진단보험금	보험기간 중 암보장개시일 이후에 최초의 암(갑상선암, 기타피부암 및 대장점막내암 제외)으로 진단이 확정되었을 때 (단, 최초 1회에 한함)	

* 암보장개시일은 계약일(부활일)부터 그 날을 포함하여 90일이 지난 날의 다음날로 함
* 플러스보험기간 시 플러스보험기간 중 사망하였을 때 플러스사망보험금 지급

② 특약

💡 알기쉬운 용어풀이

특약	지급구분	지급사유
무배당와이드3대 질병진단특약 2112	와이드 3대질병진단 보험금	암보장개시일 이후에 최초의 암(갑상선암, 기타피부암 및 대장점막내암 제외)으로 진단이 확정 되었거나, 보험기간 중 최초의 뇌혈관질환 또는 허혈성심장질환으로 진단이 확정되었을 때(단, 암, 뇌혈관질환 및 허혈성심장질환 각각 최초 1회에 한함)
무배당소액암진 단특약Ⅱ 2112	소액암 진단 보험금	보험기간 중 최초의 갑상선암, 기타피부암, 대장점막내암, 제자리암 또는 경계성 종양으로 진단이 확정되었을 때 (단, 갑상선암, 기타피부암, 대장점막내암, 제자리암 및 경계성 종양 각각 최초 1회에 한함)
무배당 암진단특약Ⅱ 2112	암진단 보험금	암보장개시일 이후에 최초의 암(갑상선암, 기타피부암 및 대장점막내암 제외)으로 진단이 확정되었을 때 (단, 최초 1회에 한함
무배당 뇌출혈 진단특약Ⅲ 2112	뇌출혈 진단 보험금	보험기간 중 최초의 뇌출혈로 진단이 확정되었을 때 (단, 최초 1회에 한함)
무배당 뇌경색증 진단특약Ⅱ 2112	뇌경색증 진단보험금	보험기간 중 최초의 뇌경색증으로 진단이 확정되었을 때 (단, 최초 1회에 한함)
무배당 뇌혈관질 환진단특약 2112	뇌혈관질환 진단보험금	보험기간 중 최초의 뇌혈관질환으로 진단이 확정되었을 때 (단, 최초 1회에 한함)
무배당 급성심근 경색증진단특약 Ⅲ 2112	급성심근 경색증 진단보험금	보험기간 중 최초의 급성심근경색증으로 진단이 확정되었을 때 (단, 최초 1회에 한함)
무배당 허혈성심 장질환진단특약 2112	허혈성심장 질환 진단보험금	보험기간 중 최초의 허혈성심장질환으로 진단이 확정되었을 때 (단, 최초 1회에 한함)
무배당 계속받는 암진단특약(15년 갱신형) 2112	재진단암 진단보험금	재진단암 보장개시일 이후에 재진단암 (갑상선암, 기타피부암 및 대장점막내암 제외)으로 진단이 확정되었을 때
무배당 표적항암물허 가치료특약(5년 갱신형) 2112	표적항암 약물허가 치료보험금	암보장개시일 이후에 암으로 진단이 확정되고 그 암의 직접적인 치료를 목적으로 표적항암약물허가치료를 받았거나, 보험기간 중 갑상선암, 기타피부암 또는 대장점막내암으로 진단이 확정되고 그 갑상선암, 기타피부암 또는 대장점막내암의 직접적인 치료를 목적으로 표적항암약물허가치료를 받았을 때(단, 암, 갑상선암, 기타피부암 또는 대장점막내암 중 최초 1회에 한함)
무배당 항암방사선약물 치료특약Ⅲ 2112	항암방사선 ·약물치료 보험금	암보장개시일 이후에 암으로 진단이 확정되고 그 암의 직접적인 치료를 목적으로 항암방사선치료 또는 항암약물치료를 받았을 때 (단, 항암방사선치료 또는 항암약물치료 둘 중 최초 1회에 한함)
		보험기간 중 갑상선암, 기타피부암, 대장점막내암, 제자리암 또는 경계성종양으로 진단이 확정되고 그 갑상선암, 기타피부암, 대장점막내암, 제자리암 또는 경계성종양의 직접적인 치료를 목적으로 항암방사선치료 또는 항암약물치료를 받았을 때(단, 갑상

암보장개시일
계약일(부활일)부터 그 날을 포함하여 90일이 지난 날의 다음날로 함

		선암, 기타피부암, 대장점막내암, 제자리암 및 경계성종양 각각 항암방사선치료 또는 항암약물치료 둘 중 최초 1회에 한함)
무배당입원보장 특약Ⅲ 2112	입원보험금	보험기간 중 질병 또는 재해로 인하여 그 직접적인 치료를 목적으로 입원하였을 때(1일 이상 입원일수 1일당, 120일 한도)
무배당수술보장 특약Ⅲ 211	수술보험금	보험기간 중 질병 또는 재해로 인하여 그 직접적인 치료를 목적으로 수술·신생물 근치 방사선 조사 분류표에서 정한 수술을 받았을 때 (수술 1회당)
무배당생활재해 보장특약Ⅱ 2112	재해장해 보험금	보험기간 중 재해로 인하여 장해분류표에서 정한 각 장해지급률에 해당하는 장해상태가 되었을 때
	재해화상 진단보험금	보험기간 중 재해로 인하여 화상으로 진단이 확정 되었을 때 (사고 1회당)
	재해골절 (치아파절제 외)보험금	보험기간 중 재해로 인하여 골절상태가 되었을 때 (사고 1회당) 재해깁스치료
	(부목제외) 보험금	보험기간 중 재해로 인하여 그 직접적인 치료를 목적으로 깁스 (Cast)치료를 받았을 때 (사고 1회당)
무배당후유장해 보장특약 2112	장해보험금	보험기간 중 장해분류표 중 동일한 재해 또는 재해 이외의 동일한 원인으로 여러 신체부위의 합산 장해지급률이 50% 이상인 장해상태가 되었을 때 (단, 최초 1회에 한함)

6 무배당 우체국실속정기보험 2109

(1) 주요 특징

① 비갱신형 보험료로 사망과 50% 이상 중증장해 보장
② 특약 선택 시 일상생활 재해 및 암, 뇌출혈, 급성심근경색증 추가 보장
③ 고객 형편 및 목적에 맞게 순수형 또는 환급형 선택 가능
④ 병이 있어도 3가지(건강관련) 간편고지로 간편하게 [2종(간편가입)]
⑤ 세제혜택 : 근로소득자는 납입한 보험료(연간 100만 원 한도)에 대하여 12% 세액공제

(2) 가입요건

① 주계약

구분		가입나이	보험기간	납입기간	납입주기	보험가입금액
1종 (일반가입)	순수형	만 15~ 최대 70세	60,70,80, 90세 만기	5, 10, 15, 20, 30년납	월납	1,000만 원 ~4,000만 원
	환급형					
2종 (간편가입)	순수형	35~ 최대 70세				1,000만 원 ~2,000만 원
	환급형					

* 보험가입금액은 500만 원 단위로 가입 가능
* 1종(일반가입)과 2종(간편가입)의 중복가입은 불가하며, 다만, 순수형 및 환급형의 중복가입은 가입금액 이내에서 가능

② 특약

㉠ 무배당 재해사망특약 2109, 무배당 생활재해보장특약 2109, 무배당 3대질병진단특약 2109

특약명	가입나이, 보험기간, 보험료 납입기간	보험가입금액
무배당 재해사망특약 2109	주계약과 동일	1,000만 원~4,000만 원 (주계약 보험가입금액 이내에서 500만 원 단위)
무배당 생활재해보장특약 2109		
무배당 3대질병진단특약 2109		

* 상기 특약의 경우 1종(일반가입)에 한하여 부가가능

㉡ 이륜자동차 운전 및 탑승중 재해 부담보 특약 2109, 지정대리청구서비스특약 2109, 장애인전용 보험전환특약 2007

(3) 간편고지에 관한 사항[2종(간편가입)에 한함]

① "간편고지"상품은 유병력자 등 일반심사보험에 가입하기 어려운 피보험자를 대상으로 함
② 간편고지란 보험시장에서 소외되고 있는 유병력자나 고연령자 등이 보험에 가입할 수 있도록 간소화된 계약전 고지의무사항을 활용하여 계약심사 과정을 간소화함을 의미함
③ 간편고지 상품의 대상은 일반심사보험에 가입하기 어려운 피보험자이므로, 일반심사보험보다 보험료가 다소 높으며, 일반심사를 할 경우 이 보험보다 저렴한 일반심사보험에 가입할 수 있음(다만, 일반심사보험의 경우, 건강상태나 가입나이에 따라 가입이 제한될 수 있으며 보장하는 담보에는 차이가 있을 수 있음)

④ 이 상품 가입 시 간편고지상품과 일반심사보험의 보험료 수준을 비교하여 설명하고, 이에 대한 계약자 확인을 받아야 함

⑤ 이 상품 가입 후 계약일부터 3개월 이내에 일반심사보험 가입을 희망하는 경우, 일반계약 심사를 통하여 일반심사보험((무)우체국실속정기보험 2007 1종(일반가입))에 청약할 수 있음. 다만, 본 계약의 보험금이 이미 지급되었거나 청구서류를 접수한 경우에는 그러하지 않음. 일반심사보험((무)우체국실속정기보험 2007 1종(일반가입))에 가입하는 경우에는 본 계약을 무효로 하며 이미 납입한 보험료를 보험계약자에게 돌려드림

(4) 보장내용

① 주계약

지급구분	지급사유
만기급부금	보험기간이 끝날 때까지 살아 있을 때(환급형에 한함)
사망보험금	보험기간 중 사망하였을 때
장해보험금	보험기간 중 장해분류표 중 동일한 재해 또는 재해 이외의 동일한 원인으로 여러 신체부위의 합산 장해지급률이 50% 이상인 장해상태가 되었을 때(보험기간 중 최초 1회에 한하여 지급함)

* 플러스보험기간(약관에서 정한 플러스보험기간이 적용되는 경우에 한함)

지급구분	지급사유
플러스사망보험금	플러스보험기간 중 사망하였을 때
플러스장해보험금	플러스보험기간 중 장해분류표 중 동일한 재해 또는 재해 이외의 동일한 원인으로 여러 신체부위의 합산 장해지급률이 50% 이상인 장해상태가 되었을 때(플러스보험기간 중 최초 1회에 한하여 지급함)

* 플러스보험기간 : 보험기간이 만료되는 시점에 플러스적립금이 발생하는 경우, 보험기간 만료 후부터 10년 동안 자동으로 연장되어 추가적인 보장을 받는 기간

② 무배당 재해사망특약 2109

지급구분	지급사유
교통재해사망보험금	보험기간 중 교통재해를 직접적인 원인으로 사망하였을 때
일반재해사망보험금	보험기간 중 일반재해를 직접적인 원인으로 사망하였을 때

③ 무배당 생활재해보장특약 2109

지급구분	지급사유
재해장해보험금	보험기간 중 재해를 직접적인 원인으로 장해분류표에서 정한 각 장해지급률에 해당하는 장해상태가 되었을 때
재해입원보험금	보험기간 중 재해로 인하여 그 직접적인 치료를 목적으로 4일 이상 입원하였을 때(3일 초과 입원일수 1일당, 120일 한도)
재해골절(치아파절제외)보험금	보험기간 중 재해로 인하여 골절상태가 되었을 때(사고 1회당)
재해깁스치료(부목제외)보험금	보험기간 중 재해로 인하여 그 직접적인 치료를 목적으로 깁스(Cast)치료를 받았을 때(사고 1회당)

④ 무배당 3대질병진단특약 2109

지급구분	지급사유
3대질병치료보험금	보험기간 중 암보장개시일 이후에 최초의 암으로 진단이 확정되었거나, 보험기간 중 최초의 갑상선암, 기타피부암, 대장점막내암, 제자리암, 경계성종양, 뇌출혈 또는 급성심근경색증으로 진단이 확정되었을 때(다만, 암, 갑상선암, 기타피부암, 대장점막내암, 제자리암, 경계성종양, 뇌출혈 또는 급성심근경색증 각각 최초 1회에 한하여 지급함)

* 암보장개시일은 계약일(부활일)부터 그 날을 포함하여 90일이 지난 날의 다음날로 함

7 무배당 우리가족암보험 2109

(1) 주요 특징

① 보험료가 저렴하며 암 진단 시 3,000만 원까지 지급

② 고액암(백혈병, 뇌종양, 골종양, 췌장암, 식도암 등) 진단 시 6,000만 원까지 지급

③ 한번 가입으로 평생 보장 가능(종신갱신형 혹은 100세 만기 중 선택)

④ 고객의 필요에 따라 일반형 주계약 및 특약을 갱신(1종) · 비갱신(2종) 선택형으로 가입 가능

⑤ 실버형(3종)은 고연령이나 만성질환(고혈압 및 당뇨병질환자)이 있어도 가입 가능

⑥ (소액암진단특약) 일반형 가입시 소액암진단보험금을 100만 원부터 최대 1,000만 원까지, 고객이 필요에 따라 진단보험금선택

⑦ (이차암보장특약 가입) 두 번째 암 진단 시 보장

⑧ (이차암보장특약 가입) 암 진단 시 종신까지 보험료 납입면제

⑨ (암진단생활비특약 가입) 암 진단 시 소득상실을 보전하기 위해 암진단생활비를 매월 최고 50만 원씩 5년간 지급(1구좌 기준)

⑩ 세제혜택 : 근로소득자는 납입한 보험료(연간 100만 원 한도)에 대하여 12% 세액공제

(2) 가입요건

① 주계약

　㉠ 일반형[1종(갱신형)]

구분	가입나이	보험기간	납입기간	가입한도액(구좌수)
최초계약	0~65세	10년 만기 (종신갱신형)	전기납 (월납)	1구좌 (0.5구좌 단위)
갱신계약	10세 이상			

　㉡ 일반형[2종(비갱신형, 순수형/중도환급형)]

가입나이	보험기간	납입기간	납입주기	가입한도액(구좌수)
0~50세	100세 만기	5, 10, 15, 20, 30년납	월납	1구좌 (0.5구좌 단위)
51~60세		5, 10, 15, 20년납		
61~65세		5, 10, 15년납		

　㉢ 실버형[3종(갱신형)]

구분	가입나이	보험기간	납입기간	가입한도액(구좌수)
최초계약	61~80세	10년 만기 (종신갱신형)	전기납 (월납)	1구좌 (0.5구좌 단위)
갱신계약	71세 이상			

② 특약

　㉠ 무배당 소액암진단특약 2109(주계약 일반형 가입시 의무부가)

구분		가입나이	보험기간	납입기간	가입한도액(구좌수)
1종 (갱신형)	최초계약	0~65세	10년 만기 (종신갱신형)	전기납 (월납)	주계약 보험가입금액 내에서 1구좌(0.1구좌 단위)
	갱신계약	10세 이상			

구분	가입나이	보험기간	납입기간	납입주기	가입한도액(구좌수)
2종 (비갱신형)	0~50세	100세 만기	5, 10, 15, 20, 30년납	월납	주계약 보험가입금액 내에서 1구좌 (0.1구좌 단위)
	51~60세		5, 10, 15, 20년납		
	61~65세		5, 10, 15년납		

　㉡ 무배당 이차암보장특약 2109, 무배당 암진단생활비특약 2109

구분		가입나이	보험기간	납입기간	가입한도액(구좌수)
1종 (갱신형)	최초계약	0~65세	10년 만기 (종신갱신형)	전기납 (월납)	주계약 보험가입금액 내에서 1구좌(0.5구좌 단위)
	갱신계약	10세 이상			

구 분	가입나이	보험기간	납입기간	납입주기	가입한도액(구좌수)
2종 (비갱신형)	0~50세	100세 만기	5, 10, 15, 20, 30년납	월납	주계약 보험가입금액 내에서 1구좌 (0.5구좌 단위)
	51~60세		5, 10, 15, 20년납		
	61~65세		5, 10, 15년납		

* 특약의 경우, [1종(갱신형)]은 주계약 일반형[1종(갱신형)]에만 부가 가능하고, [2종(비갱신형)]은 주계약 일반형[2종(비갱신형)]에만 부가 가능

(3) 갱신에 관한 사항(갱신형에 한함)

갱신절차	• 보험기간 만료일 30일 전까지 계약자에게 서면 또는 전화(음성녹음)안내(보험료 등 변경내용) → 보험기간 만료일 15일 전까지 계약자의 별도 의사표시가 없으면 자동갱신 → 계약자가 갱신 거절의사를 통지하면 계약 종료 • 일반형[1종(갱신형)] 또는 실버형[3종(갱신형)]의 경우, 피보험자에게 암치료보험금 (갑상선암, 기타피부암, 대장점막내암, 제자리암 및 경계성 종양 제외) 지급사유가 발생한 경우에는 계약을 갱신하지 않음 • (무)이차암보장특약 2109[1종(갱신형)]의 경우, 피보험자가 암보장개시일 이후에 첫 번째 암(갑상선암, 기타피부암, 대장점막내암, 제자리암 및 경계성 종양 제외)으로 진단이 확정되었을 때에는 이 특약은 갱신되지 않으며, 이 특약의 보험기간을 피보험자 종신까지로 함 • (무)암진단생활비특약 2109[1종(갱신형)]의 경우, 피보험자에게 암진단생활비 지급 사유가 발생한 경우에는 특약을 갱신하지 않음 • (무)소액암진단특약 2109[1종(갱신형)]의 경우, 피보험자에게 소액암진단보험금 지급사유가 더 이상 발생할 수 없는 경우에는 특약을 갱신하지 않음
갱신계약 보험료	갱신계약의 보험료는 나이의 증가, 적용기초율의 변동 등의 사유로 인상될 수 있음

(4) 보험료 할인에 관한 사항

① 피보험자가 B형 간염 항체 보유 시 항체보유 사실을 증명할 수 있는 서류를 제출하고 체신관서가 확인 시에는 서류제출시점 이후의 차회보험료부터 영업보험료(갱신계약 영업보험료 포함)의 3%를 할인하여 영수함. 다만, 제1회 보험료는 할인에서 제외

② 3종(실버형)의 경우, 체신관서는 계약자 또는 피보험자가 계약일부터 보험기간 이내에 피보험자의 건강검진결과(건강검진결과 제출일 직전 1년 이내의 검진결과)를 제출하여 다음의 요건을 모두 충족하는 경우 건강검진결과 제출일 이후 차회보험료부터 보험기간 만료일까지 영업보험료의 5%를 할인하여 이를 영수함. 다만, 제1회 보험료는 할인에서 제외되며, 갱신계약의 경우도 갱신일을 계약일로 하여 위 내용을 동일하게 적용함.

    ㉠ 고혈압(수축기혈압이 140mmHg 이상이거나 이완기혈압이 90mmHg 이상 또는 고혈압 약물을 복용하고 있는 경우)이 없을 것

    ㉡ 당뇨병(공복혈당이 126mg/dL 이상이거나 의사진단을 받았거나 혈당강하제복용 또는 인슐린 주사를 투여받는 경우)이 없을 것

③ 3종(실버형)의 경우, '1항' 및 '2항'의 할인이 동시에 해당되는 경우에는 중복할인이 적용되지 않고 '2항'의 할인을 적용함.

(5) 보장내용

① 일반형[1종(갱신형)]

지급구분	지급사유
암진단보험금	암보장개시일 이후에 최초의 암으로 진단이 확정되었을 때(단, 최초 1회에 한함)
	보험기간 중 최초의 갑상선암, 기타피부암, 대장점막내암, 제자리암 또는 경계성 종양으로 진단이 확정되었을 때(단, 각각 최초 1회에 한함)
건강관리자금	보험기간이 끝날 때까지 살아 있을 때

* 암보장개시일은 계약일(부활일)부터 그 날을 포함하여 90일이 지난 날의 다음날로 함(피보험자 나이가 15세 미만인 경우 암보장개시일은 계약일(부활일)로 함)

② 무배당 일반형[2종(비갱신형)]

지급구분		지급사유
순수형	암진단 보험금	암보장개시일 이후에 최초의 암으로 진단이 확정되었을 때(단, 최초 1회에 한함)
		보험기간 중 최초의 갑상선암, 기타피부암, 대장점막내암, 제자리암 또는 경계성 종양으로 진단이 확정되었을 때 (단, 각각 최초 1회에 한함)
중도 환급형	암진단 보험금	암보장개시일 이후에 최초의 암으로 진단이 확정되었을 때(단, 최초 1회에 한함)
		보험기간 중 최초의 갑상선암, 기타피부암, 대장점막내암, 제자리암 또는 경계성 종양으로 진단이 확정되었을 때 (단, 각각 최초 1회에 한함)
	건강관리자금	보험기간 중 80세 계약해당일에 살아 있을 때
실버형 [3종 (갱신형)]	암진단 보험금	암보장개시일 이후에 최초의 암으로 진단이 확정되었을 때(단, 최초 1회에 한함)
		보험기간 중 최초의 갑상선암, 기타피부암, 대장점막내암, 제자리암 또는 경계성 종양으로 진단이 확정되었을 때(단, 각각 최초 1회에 한함)
	건강관리자금	보험기간이 끝날 때까지 살아 있을 때

③ 무배당 이차암보장특약 2109

지급구분		지급사유
1종 (갱신형)	이차암진단보험금	이차암보장개시일 이후에 이차암으로 진단이 확정되었을 때(단, 최초 1회에 한함)
	건강관리자금	보험기간이 끝날 때까지 살아 있을 때
2종 (비갱신형)	이차암진단보험금	이차암보장개시일 이후에 이차암으로 진단이 확정되었을 때(단, 최초 1회에 한함)

④ 무배당 암진단생활비특약 2109

지급구분		지급사유
1종 (갱신형)	암진단생활비	암보장개시일 이후에 최초의 암으로 진단이 확정되었을 때 (단, 최초 1회에 한함)
	건강관리자금	보험기간이 끝날 때까지 살아 있을 때
2종 (비갱신형)	암진단생활비	암보장개시일 이후에 최초의 암으로 진단이 확정되었을 때 (단, 최초 1회에 한함)

* 암보장개시일은 계약일(부활일)부터 그 날을 포함하여 90일이 지난 날의 다음날로 함(피보험자 나이가 15세 미만인 경우 암보장개시일은 계약일(부활일)로 함)

⑤ 무배당 소액암진단특약 2109

지급구분	지급사유
소액암 진단보험금	보험기간 중 최초의 갑상선암, 기타피부암, 대장점막내암, 제자리암 또는 경계성 종양으로 진단이 확정되었을 때 (단, 각각 최초 1회에 한함)

8 무배당 더든든한우체국자녀지킴이보험 2203

(1) 주요 특징

① 출생시부터 최대 100세까지 꼭 필요한 보장만 담은 어린이 종합보험

② 태아부터 최대 20세까지 폭 넓게 가입 가능한 어린이보험

③ 보험금 면책 및 감액기간 없이 가입 즉시 100%보장

④ 가입 목적 및 보험료 수준에 따라 1종(30세만기) 또는 2종(80/100세만기) (순수형/환급형) 중 선택하여 가입가능

⑤ 장해, 골절, 깁스 등 재해관련 일상생활 위험을 주계약에서 기본 보장

⑥ 태아가 특약 가입시 선천이상, 신생아질병은 물론 산모 위험까지 보장 가능

⑦ 다양한 특약 구성으로 암 진단 및 치료(입원, 수술, 통원), 뇌·심장질환 진단, 질병·재해 입원 및 수술 등 고객의 필요에 따른 맞춤형 상품설계

⑧ 성인질환 진단·입원·수술 및 사망 보장까지 미래 성인기 대비 맞춤형 설계 가능

⑨ 세제 혜택 : 근로소득자는 납입한 보험료(연간 100만 원 한도)에 대하여 12% 세액공제

(2) 가입요건

① 주계약

상품유형	가입나이	보험기간	납입기간	납입주기	보험가입금액
1종 (기본형)	0~10세	30세 만기	5, 10, 15, 20년납	월납	1,000만 원 ~2,000만 원 (1,000만 원 단위)
	11~15세		5, 10, 15년납		
	16~20세		5, 10년납		
2종 (든든형)	0~20세	80세, 100세만기	5, 10, 15, 20, 30년납		

* 임신 사실이 확인된 태아도 가입 가능함

② 특약

　㉠ 무배당 선천이상특약Ⅱ 2109, 무배당 신생아보장특약 2203, 무배당산모보장특약 2203

특약명	가입나이	보험기간	납입기간	보험가입금액	부가방법
무배당 선천이상특약 Ⅱ 2109	임신 23주이내 태아	3년	전기납	1,000만 원 (고정)	의무부가
무배당 신생아보장특약 2203		1년			
무배당 산모보장특약 2203	17~45세 (임신 23주이내 산모)	1년 (단, 분만 후 42일까지)			선택

* 임신 사실이 확인된 태아도 가입 가능함

ⓒ 무배당 어린이보장특약 2203, 무배당 어린이교통재해특약 2203

가입나이	보험기간	납입기간	납입주기	가입한도액(구좌수)
0~10세	30세 만기	5, 10, 15, 20년납	월납	1,000만 원 ~ 2,000만 원 (주계약 보험가입금액 이내에서 1,000만원 단위)
11~15세		5, 10, 15년납		
16~20세		5, 10년납		

ⓒ 무배당 2대질병진단특약 2203, 무배당 입원비특약 2203, 무배당 수술비특약 2203, 무배당 암진단비특약 2203

가입나이	보험기간	납입기간	납입주기	가입한도액(구좌수)
0~10세	30세 만기	5, 10, 15, 20년납	월납	1,000만 원 ~ 2,000만 원 (주계약 보험가입금액 이내에서 1,000만원 단위)
11~15세		5, 10, 15년납		
16~20세		5, 10년납		
0~20세	80,100세만기	5, 10, 15, 20, 30 년납		

ⓔ 무배당 암치료비특약 2203

가입나이	보험기간	납입기간	납입주기	가입한도액(구좌수)
0~10세	30세 만기	5, 10, 15, 20년납	월납	500만 원 ~ 1,000만 원 (주계약 보험가입금액 이내에서 500만원 단위)
11~15세		5, 10, 15년납		
16~20세		5, 10년납		
0~20세	80,100세만기	5, 10, 15, 20, 30 년납		

ⓜ 무배당 성인질환보장특약 2203

가입나이	보험기간	납입기간	납입주기	가입한도액(구좌수)
15~20세	80,100세만기	5, 10, 15, 20, 30 년납	월납	1,000만원 ~ 2,000만원 (주계약 보험가입금액 이내에서 1,000만원 단위

ⓗ 무배당 정기사망특약Ⅲ 2109

가입나이	보험기간	납입기간	납입주기	가입한도액(구좌수)
15~20세	80,100세만기	5, 10, 15, 20, 30 년납	월납	1,000만원 ~ 2,000만원 (주계약 보험가입금액 이내에서 1,000만원 단위

(3) 보장내용

① 주계약

지급구분	지급사유
만기보험금	보험기간이 끝날 때까지 살아 있을 때 (1종(기본형) 및 2종(든든형)(환급형)에 한함)
재해장해보험금	재해로 인하여 장해분류표에서 정한 각 장해지급률에 해당하는 장해상태가 되었을 때
재해골절(치아파절제외)보험금	출산손상 또는 재해로 인하여 골절상태가 되었을 때 (사고 1회당)
재해깁스치료(부목제외)보험금	재해로 인하여 그 직접적인 치료를 목적으로 깁스(Cast)치료를 받았을 때 (사고 1회당)

② 특약

㉠ 무배당 선천이상특약 II 2109

지급구분	지급사유
선천이상입원보험금	선천이상으로 진단이 확정되고, 그 직접적인 치료를 목적으로 4일 이상 입원 시 (3일 초과 입원일수 1일당, 120일 한도)
선천이상(혀유착증제외)수술보험금	선천이상(혀유착증제외)으로 진단이 확정되고, 그 직접적인 치료를 목적으로 수술 시 (수술 1회당)
혀유착증수술보험금	혀유착증으로 진단이 확정되고, 그 직접적인 치료를 목적으로 수술 시 (수술 1회당)

㉡ 무배당 신생아보장특약 2203

지급구분	지급사유
저체중아출생보험금	출생시 체중이 2.0kg 미만 시 (최초 1회에 한함)
저체중아입원보험금	출생시 체중이 2.0kg미만이고, 저체중질병의 직접적인 치료를 목적으로 3일 이상 입원 시 (2일 초과 입원일수 1일당, 60일 한도)
3대주요선천이상진단보험금	최초의 3대주요선천이상 진단 확정 시 (최초 1회에 한함)
구순구개열진단보험금	최초의 구순구개열(언청이) 진단 확정 시 (최초 1회에 한함)
다지증진단보험금	최초의 다지증 진단 확정 시 (최초 1회에 한함)
신생아뇌출혈진단보험금	최초의 신생아 뇌출혈 진단 확정 시(최초1회에 한함)
주산기질환입원보험금	주산기질환으로 진단이 확정되고, 그 직접적인 치료를 목적으로 4일 이상 입원 시 (3일 초과 입원일수 1일당, 120일 한도)
주산기질환수술보험금	주산기질환으로 진단이 확정되고, 그 직접적인 치료를 목적으로 수술 시 (수술 1회당)

ⓒ 무배당 산모보장특약 2203

지급구분	지급사유
유산입원보험금	유산으로 진단이 확정되고, 그 직접적인 치료를 목적으로 4일 이상 입원 시 (3일 초과 입원일수 1일당, 120일 한도)
유산수술보험금	유산으로 진단이 확정되고, 그 직접적인 치료를 목적으로 수술 시 (수술 1회당)
임신·출산질환 입원보험금	임신·출산질환으로 진단이 확정되고, 그 직접적인 치료를 목적으로 4일 이상 입원 시(3일 초과 입원일수 1일당, 120일 한도)
임신·출산질환 수술보험금	임신·출산질환으로 진단이 확정되고, 그 직접적인 치료를 목적으로 수술 시 (수술 1회당)

ⓓ 무배당 어린이보장특약 2203

지급구분	지급사유
소아암 진단보험금	최초의 소아암 진단 확정 시 (최초 1회에 한함)
어린이다발성질병 입원보험금	어린이다발성질병으로 진단이 확정되고, 그 직접적인 치료를 목적으로 4일 이상 입원 시 (3일 초과 입원일수 1일당, 120일 한도)
응급실 내원보험금	응급실 내원 진료비 대상자에 해당 시 (내원 1회당) 어린이개흉심장수술보험금 최초의 어린이개흉심장수술 시 (최초 1회에 한함)
말기신부전증진단보험금	최초의 말기신부전증 진단 확정 시 (최초 1회에 한함)
특정중대수술보험금	최초의 조혈모세포이식수술 또는 5대장기이식수술 시 (각각 최초 1회에 한함)
재해화상진단보험금	재해로 인하여 화상 진단 확정 시 (사고 1회당)

ⓔ 무배당 2대질병진단특약 2203

지급구분	지급사유
뇌출혈진단보험금	최초의 뇌출혈 진단 확정 시 (최초 1회에 한함)
뇌경색증진단보험금	최초의 뇌경색증 진단 확정 시 (최초 1회에 한함)
뇌혈관질환진단보험금	최초의 뇌혈관질환 진단 확정 시 (최초 1회에 한함)
급성심근경색증 진단보험금	최초의 급성심근경색증 진단 확정 시 (최초 1회에 한함)
허혈성심장질환 진단보험금	최초의 허혈성심장질환 진단 확정 시 (최초 1회에 한함)

9 무배당 어깨동무보험 2109

(1) 주요 특징

① 가입자 선택의 폭 확대 : 다음 중 여건에 맞게 가입
  ㉠ 부양자 사망 시 장애인에게 생활안정자금을 지급하는 '생활보장형',
  ㉡ 장애인의 암 발병 시에 치료비용을 지급하는 '암보장형',
  ㉢ 장애인의 재해사고 시 사망은 물론 각종 치료비를 보장하는 '상해보장형'
② 장애인에게 적용되는 가입 장벽 완화 : 보험가입 시 장애인에게 적용되는 고지사항을 생략하거나 최대한 완화하여 가입 용이
③ 장애인전용보험만의 세제 혜택 : 근로소득자는 납입한 보험료(연간 100만 원 한도)에 대하여 15% 세액공제, 증여세 면제(보험수익자가 장애인인 경우 연간 4,000만 원 한도) 등
④ 가입나이 확대 : 어린이와 고령자도 가입 가능
⑤ 장애로 인한 추가지출이 많은 장애인 가구의 경제적 여건을 고려한 저렴한 보험료
⑥ 건강관리자금 지급 : 상해보장형의 경우, 매 2년마다 건강관리자금 지급으로 각종 질환 조기진단 및 사전예방 자금으로 활용

(2) 가입요건

① 주계약

상품유형	보험기간	가입나이		납입기간	납입주기
1종(생활보장형)	10년 만기 20년 만기 80세 만기	주피보험자	만 15~60세	일시납 5년납 10년납 20년납	일시납 월납
		장애인	0~70세		
2종(암보장형)		0~70세			
3종(상해보장형)	10년 만기	만 15~70세		5년납	월납

상품유형	가입한도액	
1종(생활보장형)	4,000만 원	(500만 원 단위)
2종(암보장형)	3,000만 원	
3종(상해보장형)	1,000만 원	

* 1종, 2종은 50세 이상 가입자의 경우 80세 만기 5년납에 한함

(3) 보장내용

① 1종(생활보장형)

지급구분	지급사유
장애인 생활안정자금	주피보험자가 사망하고 장애인 생존 시
장해보험금	주피보험자가 재해로 장해상태가 되고 장애인 생존 시
만기보험금	장애인 만기 생존 시

② 2종(암보장형)

지급구분	지급사유
암진단보험금	암보장개시일 이후에 최초로 암 진단 확정 시(최초 1회에 한함)
	보험기간 중 최초로 갑상선암, 기타피부암, 대장점막내암, 제자리암 또는 경계성 종양으로 진단 확정 시(각각 최초 1회에 한함)
만기보험금	만기 생존 시

*암보장개시일은 계약일(부활일)부터 그 날을 포함하여 90일이 지난 날의 다음날로 함(피보험자 나이가 15세 미만인 경우 암보장개시일은 계약일(부활일)로 함)

③ 3종(상해보장형)

지급구분	지급사유
재해사망보험금	재해로 사망 시
재해수술보험금	재해로 수술 시(수술 1회당)
재해골절 (치아파절제외)보험금	재해로 골절 시(사고 1회당)
건강관리자금	가입 후 매 2년마다 계약해당일에 살아 있을 때(단, 보험기간 중에만 지급)

(4) 가입자의 자격요건 등

① 장애인의 범위 : "장애인복지법" 제32조에 의하여 등록한 장애인 및 "국가유공자등예우 및 지원에 관한법률" 제6조에 의하여 등록한 상이자

② 청약 시 구비서류 : 장애인등록증, 장애인복지카드 또는 국가유공자증 사본 (상이자의 경우, 국가유공자증에 기재된 상이등급(1~7급)으로 확인)

③ 1종(생활보장형)의 경우, "계약자 = 주피보험자"

④ 1종(생활보장형) "장애인생활안정자금"의 보험수익자는 장애인으로 한정되며, 변경 불가

10 무배당 에버리치상해보험 2109

(1) 주요 특징

① 교통사고나 각종 재해로 인한 장해, 수술 또는 골절 시 치료비용 체계적으로 보장

② 한번 가입으로 90세까지 보장 및 휴일재해 사망보장 강화

③ 세제 혜택 : 근로소득자는 납입한 보험료(연간 100만 원 한도)에 대하여 12% 세액공제

(2) 가입요건

① 주계약

보험기간	가입나이	납입기간	가입한도액
90세 만기	만 15~50세	10, 15, 20, 30년납	1,000만 원 (500만 원 단위)
	51~60세	10, 15, 20년납	
	61~65세	10, 15년납	
	66~70세	10년납	

(3) 보장내용

① 주계약

지급구분	지급사유
사망보험금	교통재해로 사망 시
	일반재해로 사망 시
재해장해생활자금	동일한 재해로 여러 신체부위의 합산 장해지급률이 50% 이상 장해 시
재해장보험금	재해로 장해지급률 중 3% 이상 50% 미만 장해 시
재해입원보험금	재해로 4일 이상 입원 시(3일 초과 입원일수 1일당, 120일 한도)
재해수술보험금	재해로 수술 시(수술 1회당)
재해골절(치아파절 제외)보험금	재해로 골절 시(사고 1회당)
만기보험금	만기 생존 시

11 무배당 우체국예금제휴보험 2109

(1) 주요 특징

① 1종(휴일재해보장형) : '우체국 장병내일준비적금' 가입 시 무료로 가입

② 2종(주니어보장형) : '우체국 아이LOVE적금' 가입 시 무료로 가입

③ 3종(청년우대형) : 신규가입 고객 중 가입기준을 충족할 경우 무료로 가입 가능

(2) 가입요건

보험종류	보험기간	가입나이	납입기간	납입주기	가입한도액
1종(휴일재해보장형)	1년 만기	만 15세 이상	1년납	연납	1구좌
2종(주니어보장형)		0~19세			
3종(청년우대형)		20~34세			

(3) 보장내용

① 1종(휴일재해보장형)

지급구분	지급사유
휴일재해사망보험금	휴일에 재해로 사망하였거나 장해지급률이 80% 이상인 장해상태가 되었을 때

② 2종(주니어보장형)

지급구분	지급사유
소아암진단보험금	암보장개시일 이후에 최초의 소아암으로 진단이 확정되었을 때(단, 최초 1회에 한함)
재해장해보험금	재해로 인하여 장해분류표에서 정한 각 장해지급률에 해당하는 장해상태가 되었을 때
재해화상진단보험금	재해로 인하여 화상으로 진단이 확정되었을 때(사고 1회당)
식중독입원보험금	식중독으로 진단이 확정되고, 그 직접적인 치료를 목적으로 4일 이상 계속 입원하였을 때(3일 초과 입원일수 1일당, 120일 한도)
재해외모수술보험금	재해로 인하여 외모상해의 직접적인 치료를 목적으로 외모수술을 받았을 때(수술 1회당)

* 암보장개시일은 계약일(부활일)부터 그 날을 포함하여 90일이 지난 날의 다음날로 함(피보험자 나이가 15세 미만인 경우 암보장개시일은 계약일(부활일)로 함)

③ 3종(청년우대형)

지급구분	지급사유
재해수술보험금	재해로 인하여 그 직접적인 치료를 목적으로 수술을 받았을 때(수술 1회당)
교통재해장해보험금	교통재해로 인하여 장해분류표에서 정한 각 장해지급률에 해당하는 장해상태가 되었을 때
교통재해깁스치료(부목제외)보험금	교통재해로 인하여 그 직접적인 치료를 목적으로 깁스(Cast)치료를 받았을 때(사고 1회당)
교통재해응급실내원보험금	교통재해로 인하여 응급실 내원 진료비 대상자가 되었을 때(통원 1회당)
식중독입원보험금	식중독으로 진단이 확정되고 그 직접적인 치료를 목적으로 4일 이상 계속 입원하였을 때(3일 초과 입원일수 1일당, 120일 한도)
결핵진단보험금	최초의 결핵으로 진단 확정되었을 때(단, 최초 1회에 한함)

12 무배당 우체국단체보장보험 2301

(1) 주요 특징

과학기술정보통신부 소속 공무원 및 산하기관 직원을 대상으로 한 단체보험

(2) 가입요건

① 주계약

보험기간	가입나이	보험료 납입기간	보험료 납입주기	가입한도액
1년 만기	만 15세 이상	1년납	연납	10,000만 원

* 가입대상 : 과학기술정보통신부 소속 공무원 및 산하기관 직원

② 특약

구분	가입나이	보험기간	납입주기	가입한도액
무배당 단체재해사망특약 2301	만15세 이상	1년만기	연납	20,000만 원
무배당 단체질병사망특약 2301				10,000만 원
무배당 단체입원의료비보장특약 2301				1,000만 원
무배당 단체통원의료비보장특약 2301				1,000만 원

* 주계약, 무배당 단체재해사망특약 및 무배당 단체질병사망특약의 가입한도는 과학기술정보통신부 산하기관의 경우 4,000만 원으로 함

(3) 보장내용

① 주계약

지급구분	지급사유
사망보험금	사망 또는 80% 이상 장해 발생 시
재해장해보험금	재해로 장해지급률 3~80% 미만 발생 시

② 무배당 단체재해사망특약 2301

지급구분	지급사유
재해사망보험금	재해로 사망 또는 80% 이상 장해 발생 시

③ 무배당 단체질병사망특약 2301

지급구분	지급사유
질병사망보험금	질병으로 사망 또는 80% 이상 장해 발생 시

④ 무배당 단체입원의료비보장특약 2301

지급구분	지급사유
입원의료비	상해 또는 질병으로 병원에 입원하여 치료를 받은 경우(1천만원 한도)

13 무배당 우체국안전벨트보험 2109

(1) 주요 특징

① 교통사고 종합 보장 : 교통재해로 인한 사망, 장해 및 각종 의료비 종합 보장

② 성별에 따른 차이는 있으나, 나이에 관계없이 동일한 보험료

③ 교통재해 사망 시 최고 2억 원 보장, 교통재해 장해 시 최고 1억 원 보장

④ 교통재해로 인한 입원, 수술, 골절, 외모수술 및 깁스치료까지 각종 치료비 종합적으로 보장, 휴일교통재해 사망 보장 강화

⑤ 세제 혜택 : 근로소득자는 납입한 보험료(연간 100만 원 한도)에 대하여 12% 세액공제

(2) 가입요건

① 주계약

보험기간	가입나이	납입기간	가입한도액
20년 만기	만 15~70세	20년납	1,000만 원(고정)

(3) 보장내용(주계약)

지급구분	지급사유
휴일교통재해사망보험금	휴일에 발생한 교통재해를 직접적인 원인으로 사망하였을 때
평일교통재해사망보험금	평일에 발생한 교통재해를 직접적인 원인으로 사망하였을 때
교통재해장해보험금	교통재해로 인하여 장해분류표에서 정한 각 장해지급률에 해당하는 장해상태가 되었을 때
교통재해입원보험금	교통재해로 인하여 그 직접적인 치료를 목적으로 4일 이상 입원하였을 때(3일 초과 입원일수 1일당, 120일 한도)
교통재해수술보험금	교통재해로 인하여 그 직접적인 치료를 목적으로 수술·신생물 근치 방사선 조사 분류표에서 정한 수술을 받았을 때 (수술 1회당)
교통재해외모수술보험금	교통재해로 인하여 외모상해의 직접적인 치료를 목적으로 외모수술을 받았을 때 (수술 1회당)
교통재해골절(치아파절 제외)보험금	교통재해로 인하여 골절상태가 되었을 때 (사고 1회당)
교통재해깁스치료 (부목제외)보험금	교통재해로 인하여 그 직접적인 치료를 목적으로 깁스(Cast)치료를 받았을 때 (사고 1회당)

14 **무배당 우체국급여실손의료비보험** (갱신형) 2109

15 **무배당 우체국급여실손의료비보험** (계약전환 · 단체개인전환 · 개인중지재개용)(갱신형) 2109

(1) 주요 특징

구분	(갱신형)	(계약전환 · 단체개인전환 · 개인중지재개용)
차이점	① 부담없는 가격의 의료비 전문보험 ② 한번 가입으로 평생 의료비 걱정 끝	실손의료비보험 계약전환, 단체실손의료비보험 개인실손전환 및 개인실손의료비보험 중지후 재개시 가입 가능한 실손의료비 상품
공통점	① 입원 · 통원 합산 5천만 원, 통원(외래 및 처방 합산) 회당 20만 원까지 보장 ② 보험금 지급실적이 없는 경우 보험료 할인혜택 ③ 개인별 의료이용량에 따라 보험료 차등(할인 · 할증) 적용 ④ 주계약 종합형 및 비급여특약 의무가입으로 보장공백 최소화 ⑤ 세제혜택 : 근로소득자 납입 보험료(연간 100만 원 한도) 12% 세액공제	

(2) 가입요건

① 주계약

㉠ 종합형, 질병형, 상해형

구분	가입나이		보험기간	납입기간	가입금액 (구좌수)
	(갱신형)	(계약전환 · 단체개인전환 · 개인중지재개용)			
최초계약	0~60세	0~99세	1년	전기납	1구좌 고정
갱신계약	1세~				
재가입	5세~				

* 임신 23주 이내의 태아도 가입 가능 (갱신형)
* 보장내용 변경주기 : 5년
* 재가입 종료 나이 : 종신
* 종합형만 가입할 수 있음. 다만, 중복가입, 병력 등의 사유로 종합형 가입이 불가능한 경우에는 예외로 하며, 이 경우에도 주계약 상해형과 비급여특약 상해형, 주계약 질병형과 비급여특약 질병형은 함께 가입하여야 함

판매형태	보장종목
질병형	질병급여
상해형	상해급여
종합형	질병급여+상해급여

② 무배당 비급여실손의료비특약(갱신형) 2109[상해형, 질병형, 3대비급여형] : 주계약과 동일

(3) 보험금 지급 실적이 없는 경우 보험료 할인에 관한 사항

- 갱신(또는 재가입) 직전 '무사고 할인판정기간' 동안 보험금 지급 실적[급여 의료비 중 본인부담금 및 4대 중증질환(암, 뇌혈관질환, 심장질환, 희귀난치성질환)으로 인한 비급여의료비에 대한 보험금은 제외]이 없는 계약을 대상으로 갱신일(또는 재가입일)부터 차기 보험기간 1년 동안 보험료의 10%를 할인
- '무사고 할인판정기간'은 갱신일(또는 재가입일)이 속한 달의 3개월 전 해당월의 말일을 기준으로 직전 2년을 적용하며, 최초계약으로부터 2회차 갱신계약은 예외

※ 2회차 갱신계약부터 적용하며, 주계약만 가입한 계약은 할인대상에서 제외

(4) 비급여실손의료비특약 보험료 할인·할증에 관한 사항('24.7월 이후 갱신계약 적용)

① 갱신 직전 '요율상대도 판정기간' 동안의 비급여특약에 따른 보험금 지급 실적을 고려하여 보험료 갱신시 순보험료(비급여특약의 순보험료 총액을 대상)에 요율 상대도(할인·할증요율)를 적용
② '요율상대도 판정기간'은 갱신일이 속한 달의 3개월전 해당월의 말일을 기준으로 12개월 이내로 하며, 최초계약으로부터 1회차 갱신계약은 예외
③ 요율상대도 계산을 위해 계약자 또는 피보험자(보험대상자)에게 증빙자료의 제출을 요구할 수 있으며, 요율 상대도 계산을 위한 증빙자료 지연제출로 인해 발생한 보험료 차액에 대해서는 이자를 더하여 지급하지 않음

※ 단, 국민건강보험법상 산정특례대상질환(암질환, 뇌혈관질환, 심장질환, 희귀난치성질환 등) 및 노인장기요양보험법상 장기요양대상자 중 1~2등급 판정 받은 자에 대한 비급여의료비는 제외

구 분	1단계(할인)	2단계(유지)	3단계(할증)	4단계(할증)	5단계(할증)
보험료 갱신 전 12개월 이내 기간 동안 보험금 지급실적(원)	0원 (보험금 지급실적 없음)	0 초과 ~ 100만미만	100만이상 ~ 150만미만	150만이상 ~ 300만미만	300만이상
요율 상대도	할인	100%	200%	300%	400%

※ 할인율은 매년 별도 산출

(5) 자동갱신절차에 관한 사항

보험기간 만료일 30일 전까지 계약자에게 서면 또는 전화(음성녹음) 안내(보험료 등 변경내용)

① 보험기간 만료일 15일 전까지 계약자의 별도 의사표시가 없으면 자동갱신

※ 최대 4회까지 갱신 가능

※ 갱신 시 연령 증가 및 의료수가 인상, 적용기초율 변경, 요율 상대도(할인·할증요율) 적용 등으로 보험료는 인상될 수 있음

② 계약자가 갱신 거절의사를 통지하면 계약 종료

(6) 재가입에 관한 사항

① 다음 각 호의 조건을 충족하고 계약자가 보장내용 변경주기 종료일 전일(비영업일인 경우 전 영업일)까지 재가입 의사를 표시한 때에는 재가입 시점에서 체신관서가 판매하는 실손의료보험 상품으로 재가입 가능

    ㉠ 재가입일에 있어서 피보험자의 나이가 체신관서가 최초가입 당시 정한 나이의 범위 내일 것 (종신까지 재가입 가능)

    ㉡ 재가입 전 계약의 보험료가 정상적으로 납입완료 되었을 것

② 보장내용 변경주기 종료일 전일까지 계약자로부터 재가입 의사를 확인하지 못한 경우(계약자와의 연락두절로 체신관서의 안내가 계약자에게 도달하지 못한 경우 포함)에는 직전계약과 동일한 조건으로 보험계약을 자동 연장함.

다만, 보험료, 해약환급금 등 보험요율은 나이의 증가, 의료수가의 변동, 적용 기초율의 변동, 요율 상대도(할인·할증요율) 적용 등의 사유로 인하여 변동될 수 있음.

③ 직전 계약과 동일한 조건으로 자동 연장된 경우 계약자는 그 연장된 날로부터 90일 이내에 그 계약을 취소할 수 있으며, 체신관서는 연장된 날 이후 계약자가 납입한 보험료 전액을 환급.

④ 직전 계약과 동일한 조건으로 자동 연장된 경우 보험계약의 연장일은 체신관서가 계약자의 재가입의사를 확인한 날(계약자 등이 체신관서에 보험금을 청구함으로써 계약자에게 연락이 닿아 체신관서가 계약자의 재가입의사를 확인한 날 등)까지로 함.

⑤ 계약자의 재가입 의사가 확인된 경우에는 약관에서 정한 절차에 따라 체신관서가 재가입 의사를 확인한 날에 판매중인 상품으로 다시 재가입하는 것으로 하며, 기존 계약은 해지됨. 다만, 계약자가 재가입을 원하지 않는 경우에는 해당 시점으로부터 계약은 해지

(7) 보장내용

① 주계약

판매형태		보장종목	지급사유
종합형	질병형	질병급여	피보험자가 질병으로 인하여 의료기관에 입원 또는 통원하여 급여 치료를 받거나 급여 처방조제를 받은 경우 (연간 5천만 원 한도)
	상해형	상해급여	피보험자가 상해로 인하여 의료기관에 입원 또는 통원하여 급여 치료를 받거나 급여 처방조제를 받은 경우 (연간 5천만 원 한도)

* 비급여의료비는 보상하지 않음

② 무배당 비급여실손의료비특약 2109

판매형태	보장종목	지급사유
상해형	상해비급여	피보험자가 상해로 인하여 의료기관에 입원 또는 통원하여 비급여 치료를 받거나 비급여 처방조제를 받은 경우 (3대비급여 제외, 연간 5천만 원 한도)
질병형	질병비급여	피보험자가 질병으로 인하여 의료기관에 입원 또는 통원하여 비급여 치료를 받거나 비급여 처방조제를 받은 경우 (3대비급여 제외, 연간 5천만 원 한도)
3대 비급여형	3대비급여	피보험자가 상해 또는 질병의 치료목적으로 의료기관에 입원 또는 통원하여 3대급여 치료를 받은 경우

* 3대비급여 : 도수치료 · 체외충격파치료 · 증식치료, 주사료, 자기공명영상진단

16 무배당 우체국노후실손의료비보험(갱신형) 2109

(1) 주요 특징

① (의료비 전문 보험) 상해 및 질병 최고 1억 원, 통원 건당 최고 100만 원, 요양병원의료비 5천만 원, 상급병실료차액 2천만 원
② 최대 75세까지 가입이 가능한 실버 전용보험
③ 필요에 따라 종합형 · 질병형 · 상해형 중 선택
④ 세제 혜택 : 근로소득자는 납입한 보험료(연간 100만 원 한도)에 대하여 12% 세액공제

(2) 가입요건

① 주계약(종합형, 질병형, 상해형)

구분	가입나이	보험기간	보험료 납입기간	보험가입금액(구좌수)
최초계약	61~75세	1년	전기납	1구좌 고정
갱신계약	62세~			
재가입	64세~			

* 보장내용 변경주기 : 3년
* 재가입 종료 나이 : 종신
* 종합형, 질병형, 상해형 중 한 가지 형태를 계약자가 선택하여 가입 가능
② 지정대리 청구서비스특약 2109, 장애인전용보험전환특약 2007

(2) 자동갱신절차에 관한 사항

보험기간 만료일 30일 전까지 계약자에게 서면 또는 전화(음성녹음) 안내 (보험료 등 변경 내용)
① 보험기간 만료일 15일 전까지 계약자의 별도 의사표시가 없으면 자동갱신
  ※ 최대 2회까지 갱신 가능
② 계약자가 갱신 거절의사를 통지하면 계약 종료
  ※ 갱신 시 연령 증가 및 의료수가 인상, 예정기초율 변경 등으로 보험료는 인상될 수 있음

(3) 재가입에 관한 사항

다음 각 호의 조건을 충족하고 계약자가 보장내용 변경주기 만료일 전일(비영업일인 경우전 영업일)까지 재가입 의사를 표시한 때에는 재가입 시점에서 체신관서가 판매하는 노후실손의료보험 상품으로 재가입 가능

① 재가입일에 있어서 피보험자의 나이가 체신관서가 최초가입 당시 정한 나이의 범위 내일 것 (종신까지 재가입 가능)
② 재가입 전 계약의 보험료가 정상적으로 납입완료 되었을 것

   ※ 계약자로부터 별도의 의사표시가 없을 때에는 계약종료

(4) 보장내용

① 주계약

판매형태		보장종목		지급사유
종합형	질병형	질병보장	질병의료비	질병으로 인하여 병원(요양병원 제외)에 입원 또는 통원하여 치료를 받거나 처방조제를 받은 경우 (연간 1억 원 한도. 다만, 통원은 회(건)당 최고 100만 원 한도)
	상해형	상해보장	상해의료비	상해로 인하여 병원(요양병원 제외)에 입원 또는 통원하여 치료를 받거나 처방조제를 받은 경우 (연간 1억 원 한도. 다만, 통원은 회(건)당 최고 100만 원 한도)

② 무배당 요양병원의료비특약(갱신형) 2109

지급구분	지급사유
요양병원의료비	상해 또는 질병으로 인하여 요양병원에 입원 또는 통원하여 치료를 받거나 처방조제를 받은 경우(상해 및 질병을 통합하여 연간 5천만 원 한도. 다만, 통원은 회(건)당 최고 100만 원 한도)

③ 무배당 상급병실료차액특약(갱신형) 2109

지급구분	지급사유
상급병실료차액 보험금	상해 또는 질병으로 인하여 병원의 상급병실에 입원하여 치료를 받은 경우(상해 및 질병을 통합하여 연간 2천만 원 한도, 1일당 평균금액 10만 원 한도)

17 무배당 우체국간편실손의료비보험(갱신형) 2109

(1) 주요 특징

① 병이 있거나 나이가 많아도 3가지(건강관련) 간편고지로 간편하게 가입하는 실손보험

② 5세부터 70세까지 가입 가능

③ 입원 최대 5천만 원, 통원 건당 20만 원(단, 처방조제비 제외) 보장

④ 필요에 따라 종합형, 질병형, 상해형 중 선택

⑤ 세제 혜택 : 근로소득자 납입 보험료(연간 100만 원 한도) 12% 세액공제

(2) 가입요건

① 주계약(종합형, 질병형, 상해형)

구분	가입나이	보험기간	보험료 납입기간	보험가입금액(구좌수)
최초계약	5~70세			
갱신계약	6세~	1년	전기납	1구좌 고정
재가입	8세~			

* 보장내용 변경주기 : 3년
* 재가입 종료 나이 : 종신
* 종합형, 질병형, 상해형 중 한 가지 형태를 계약자가 선택하여 가입 가능

판매형태	보장종목
질병형	질병입원+질병통원
상해형	상해입원+상해통원
종합형	질병입원+질병통원+상해입원+상해통원

(3) 자동갱신절차에 관한 사항

보험기간 만료일 30일 전까지 계약자에게 서면 또는 전화(음성녹음) 안내 (보험료 등 변경 내용)

① 보험기간 만료일 15일 전까지 계약자의 별도 의사표시가 없으면 자동갱신

　　※ 최대 2회까지 갱신 가능

② 계약자가 갱신 거절의사를 통지하면 계약 종료

　　※ 갱신 시 연령 증가 및 의료수가 인상, 적용기초율 변경 등으로 보험료 인상 가능

(4) 재가입에 관한 사항

다음 각 호의 조건을 충족하고 계약자가 보장내용 변경주기 만료일 전일(비영업일인 경우 전 영업일)까지 재가입 의사를 표시한 때에는 재가입 시점에서 체신관서가 판매하는 간편 실손의료보험 상품으로 재가입 가능

① 재가입일에 있어서 피보험자의 나이가 체신관서가 최초가입 당시 정한 나이의 범위 내일 것 (종신까지 재가입 가능)

② 재가입 전 계약의 보험료가 정상적으로 납입완료 되었을 것

　　※ 계약자로부터 별도의 의사표시가 없을 때에는 계약종료

(5) 간편고지에 관한 사항

① 이 상품은 "간편고지" 상품으로 유병력자 등 일반심사보험에 가입하기 어려운 피보험자를 대상으로 함

② 이 상품은 일반심사보험에 비해 보험료가 할증되어 있으며 일반계약 심사를 할 경우 이 보험보다 저렴한 일반심사형 실손의료비보험에 가입할 수 있음. (다만, 일반심사보험의 경우 건강상태나 가입나이에 따라 가입이 제한될 수 있으며 보장하는 담보 및 내용에는 차이가 있을 수 있음)

③ 이 상품 가입 시 간편고지상품과 일반심사보험의 보험료 수준을 비교하여 설명하고, 이에 대한 계약자 확인을 받아야 함

④ 최초계약 청약일로부터 직전 3개월 이내에 표준체에 해당하는 일반심사형 상품으로 가입한 피보험자를 대상으로 청약하는 경우, 피보험자의 유병력자 여부를 추가로 심사함. 다만, 해당 일반심사형 계약의 보험금이 이미 지급되거나 청구서류를 접수한 경우에는 그러하지 않음

　– 피보험자가 유병력자임을 알 수 없을 경우, 간편실손의료비보험 계약의 청약을 거절함

⑤ 이 상품 가입 후 최초계약 계약일로부터 3개월이 지나지 않은 피보험자를 대상으로 표준체에 해당하는 일반심사형 상품에 청약한 경우, 해당 피보험자가 일반실손보험에 가입 가능한지 여부를 심사함. 다만, 본 계약의 보험금이 이미 지급되거나 청구서류를 접수한 경우에는 그러하지 않음

　– 일반실손보험에 가입이 가능한 경우에는 본 상품의 계약을 무효로 하며 이미 납입한 보험료를 보험계약자에게 돌려주고, 일반실손보험에 가입할 수 있음을 고객에게 안내함

(6) 보장내용

판매형태	보장종목			지급사유
종합형	질병형	질병입원	입원의료비	질병으로 인하여 병원에 입원하여 치료를 받은 경우 (하나의 질병당 5천만 원 한도)
		질병통원 통원의료비	외래	질병으로 인하여 병원에 통원하여 치료를 받은 경우 (1회당 20만 원 한도, 연간 180회 한도)
			처방조제비	질병으로 인하여 병원에 통원하여 처방조제를 받은 경우(처방조제 건당 10만 원 한도, 연간 180건 한도)
	상해형	상해입원	입원의료비	상해로 인하여 병원에 입원하여 치료를 받은 경우 (하나의 상해당 5천만 원 한도)
		상해통원 통원의료비	외래	상해로 인하여 병원에 통원하여 치료를 받은 경우(1회당 20만 원 한도, 연간 180회 한도)
			처방조제비	상해로 인하여 병원에 통원하여 처방조제를 받은 경우(처방조제 건당 10만 원 한도, 연간 180건 한도)

* 도수치료·체외충격파치료·증식치료로 발생한 비급여의료비, 비급여 주사료 및 자기공명영상진단(MRI/MRA)으로 발생한 비급여의료비는 보상에서 제외

18 무배당 만원의행복보험 2109

(1) 주요 특징

① 차상위계층 이하 저소득층을 위한 공익형 상해보험

② 성별·나이에 상관없이 보험료 1만 원(1년 만기 기준), 1회 납입 1만 원(1년 만기 기준) 초과 보험료는 체신관서가 공익자금으로 지원

③ 사고에 따른 유족보장과 재해입원·수술비 정액 보상

④ 만기보험금(1년 만기 1만 원, 3년 만기 3만 원) 지급으로 납입보험료 100% 환급

(2) 가입요건

① 주계약

보험기간	가입나이	납입기간	가입금액(구좌수)
1년·3년 만기	만 15~65세	일시납	1구좌 고정

* 보험계약자는 개별 보험계약자와 과학기술정보통신부장관을 공동 보험계약자로 하며, 개별 보험계약자를 대표자로 함

② 지정대리청구서비스특약 2109, 장애인전용보험전환특약 2007

(3) 피보험자 자격요건 : 국민기초생활보장법에서 정한 차상위계층 이하

(4) 피보험자 확인서류 : 차상위계층 확인서 또는 수급자 증명서

(5) 보험료 납입

개별 보험계약자는 1년 만기의 경우 1만 원, 3년 만기의 경우 3만 원의 보험료를 납입하며, 나머지 보험료는 과학기술정보통신부장관이 납입

(6) 보장내용

① 주계약

지급구분	지급사유
만기급부금	보험기간이 끝날 때까지 살아 있을 때
유족위로금	재해를 직접적인 원인으로 사망하였을 때
재해입원보험금	재해로 인하여 그 치료를 직접목적으로 4일 이상 입원하였을 때 (3일 초과 입원일수 1일당, 120일 한도)
재해수술보험금	재해로 인하여 그 직접적인 치료를 목적으로 수술을 받았을 때(수술 1회당)

19 **무배당 우체국통합건강보험 2109**

(1) 주요 특징

① 사망부터 생존(진단, 입원, 수술 등)까지 종합적으로 보장하는 통합건강보험
② 대상포진 및 통풍 등 생활형 질병 보장
③ 시니어보장강화로 면역관련(다발경화증, 특정 류마티스관절염 등)질환 및 시니어수술(백내장·관절염·인공관절 치환 수술) 특화 보장
④ 중증치매로 최종 진단 확정 시 평생 중증치매간병생활자금 지급
⑤ 보험료 납입면제 및 고액계약 할인(주계약 보험료)
⑥ 첫날부터 입원비 보장(일반 입원 및 중환자실 입원)
⑦ 세제 혜택 : 근로소득자는 납입보험료(연간 100만 원 한도)에 대하여 12% 세액공제

(2) 가입요건

① 주계약

가입나이	보험기간	납입기간	납입주기	보험가입금액
만15~50세	90, 95, 100세 만기	5, 10, 15, 20, 30년납	월납	1,000만 원~4,000만 원 (500만 원 단위)
51세~60세		5, 10, 15, 20년납		
61세~65세		5, 10, 15년납		

* 피보험자가 가입당시 61세 이상인 경우 보험가입금액 2,000만 원 한도

② 특약

㉠ 무배당 재해치료특약Ⅱ 2109, 무배당 암보장특약 2109, 무배당 뇌혈관질환보장특약 2109, 무배당 심장질환보장특약 2109, 무배당 시니어보장특약 2109

가입나이	보험기간	납입기간	납입주기	보험가입금액
주계약과 동일				1,000만 원~2,000만 원 (주계약 가입금액 이내에서 500만 원 단위)

* 피보험자가 가입당시 61세 이상인 경우 보험가입금액 1,000만 원(고정) 한도

㉡ 무배당 중증치매간병비특약Ⅱ 2109

가입나이	보험기간	납입기간	납입주기	보험가입금액
30세~50세	90, 95, 100세 만기	5, 10, 15, 20, 30년납	월납	1,000만 원~2,000만 원 (주계약 가입금액 이내에서 500만 원 단위)
51세~60세		5, 10, 15, 20년납		
61세~65세		5, 10, 15년납		

* 피보험자가 가입당시 61세 이상인 경우 보험가입금액 1,000만 원(고정) 한도

㉢ 무배당 대상포진보장특약(갱신형) 2109, 무배당 통풍보장특약(갱신형) 2109, 무배당 첫날부터 입원특약(갱신형) 2109, 무배당 수술특약(갱신형) 2109, 무배당 시니어수술특약(갱신형) 2109, 무배당 12대질병입원수술특약(갱신형) 2109

구분	가입나이	보험기간	납입기간	납입주기	보험가입금액
최초계약	만15~65세	10년	전기납	월납	1,000만 원~2,000만 원 (주계약 가입금액 이내에서 500만 원 단위)
갱신계약	만25~(주계약 만기나이-1)세	1~10년			

* 보험기간은 10년 만기(갱신형)으로 운영함. 단, 최종 갱신계약의 보험기간 만료일은 주계약 보험기간 만료일까지로 함
* 피보험자가 가입당시 61세 이상인 경우 보험가입금액 1,000만 원(고정) 한도

    ㄹ 무배당 요양병원암입원특약Ⅲ(갱신형) 2109

구분	가입나이	보험기간	납입기간	납입주기	보험가입금액
최초계약	만15~65세	10년만기 (갱신형)	전기납	월납	500만 원~1,000만 원 (500만 원 단위)
갱신계약	만25~70세				

* 피보험자가 가입당시 61세 이상인 경우 보험가입금액 500만 원(고정) 한도

(3) 보험료 할인에 관한 사항

① 고액 할인

주계약 보험가입금액	2천만 원 이상~3천만 원 미만	3천만 원 이상~4천만 원 미만	4천만 원
할인율	1.0%	2.0%	3.0%

* 피보험자가 가입당시 61세 이상인 경우 보험가입금액 500만 원(고정) 한도

(4) 특약의 갱신에 관한 사항

갱신절차	• 보험기간 만료일 30일 전까지 계약자에게 서면 또는 전화(음성녹음) 안내 (보험료 등 변경내용) • 보험기간 만료일 15일 전까지 계약자의 별도 의사표시가 없으면 자동갱신 ※ (무)대상포진보장특약(갱신형) 2109, (무)통풍보장특약(갱신형) 2109, (무)첫날부터입원특약(갱신형) 2109, (무)수술특약(갱신형) 2109, (무)시니어수술특약(갱신형) 2109, (무)12대질병입원수술특약(갱신형) 2109, (무)암입원수술특약(갱신형) 2109의 경우, 최대 주계약 보험기간 만료일의 1년 전 계약해당일까지 갱신 가능하며, 최종 갱신계약의 보험기간 만료일은 주계약 보험기간 만료일까지로 함 ※ (무)요양병원암입원특약Ⅲ(갱신형) 2109의 경우, 피보험자 나이 70세를 초과하는 경우에는 이 특약을 갱신할 수 없음 • 계약자가 갱신 거절의사를 통지하면 계약 종료
갱신계약 보험료	갱신계약의 보험료는 각각의 특약상품에 따라 나이의 증가, 적용기초율의 변동 등의 사유로 인상 가능

(5) 보장내용

① 주계약

지급구분	지급사유
사망보험금	보험기간 중 사망하였을 때

* 플러스보험기간(약관에서 정한 플러스보험기간이 적용되는 경우에 한함)

지급구분	지급사유
플러스사망보험금	플러스보험기간 중 사망하였을 때

* 플러스보험기간이란 보험기간이 만료되는 시점에 플러스적립금이 발생하는 경우, 보험기간 만료 후부터 10년동안 자동으로 연장되어 추가적인 보장을 받는 기간

② 무배당 재해치료특약 Ⅱ 2109

지급구분	지급사유
재해장해보험금	재해로 인하여 장해분류표에서 정한 각 장해지급률에 해당하는 장해상태가 되었을 때
재해장해생활자금	장해분류표 중 동일한 재해로 여러 신체부위의 합산 장해지급률이 50% 이상인 장해상태가 되었을 때
재해외모수술 보험금	재해로 인하여 외모상해의 직접적인 치료를 목적으로 외모수술을 받았을 때 (수술 1회당)
재해화상진단보험금	재해로 인하여 화상으로 진단이 확정되었을 때 (사고 1회당)
재해골절(치아파절제외)보험금	재해로 인하여 골절상태가 되었을 때 (사고 1회당)
재해갭스치료(부목제외)보험금	재해로 인하여 그 직접적인 치료를 목적으로 깁스(Cast)치료를 받았을 때 (사고 1회당)

③ 무배당 암보장특약 2109

지급구분	지급사유
암진단보험금	보험기간 중 암보장개시일 이후에 최초의 암으로 진단이 확정 되었을 때 (단, 최초 1회에 한함)
	보험기간 중 최초의 갑상선암, 기타피부암, 대장점막내암, 제자리암 또는 경계성 종양으로 진단이 확정되었을 때 (단, 각각 최초 1회에 한함)
고액암진단보험금	보험기간 중 암보장개시일 이후에 최초의 고액암으로 진단이 확정 되었을 때 (단, 최초 1회에 한함)
항암방사선 · 약물진단보험금	보험기간 중 암보장개시일 이후에 암으로 진단이 확정되고 그 암의 직접적인 치료를 목적으로 항암방사선 치료 또는 항암약물치료를 받았을 때 (단, 항암방사선치료 또는 항암약물치료 둘 중 최초 1회에 한함)
	보험기간 중 갑상선암, 기타피부암, 대장점막내암, 제자리암 또는 경계성종양으로 진단이 확정되고 그 갑상선암, 기타피부암, 대장점막내암, 제자리암 또는 경계성종양의 직접적인 치료를 목적으로 항암방사선 치료 또는 항암약물치료를 받았을 때 (단, 갑상선암, 기타피부암, 대장점막내암, 제자리암 및 경계성종양 각각 항암방사선치료 또는 항암약물치료 둘 중 최초 1회에 한함)

* 암보장개시일은 계약일(부활일)부터 그 날을 포함하여 90일이 지난 날의 다음날로 함

④ 무배당 뇌혈관질환보장특약 2109

지급구분	지급사유
뇌출혈진단보험금	보험기간 중 최초의 뇌출혈로 진단이 확정 되었을 때 (단, 최초 1회에 한함)
뇌경색증진단보험금	보험기간 중 최초의 뇌경색증으로 진단이 확정 되었을 때 (단, 최초 1회에 한함)
뇌혈관질환진단보험금	보험기간 중 최초의 뇌혈관질환으로 진단이 확정 되었을 때 (단, 최초 1회에 한함)

⑤ 무배당 심장질환보장특약 2109

지급구분	지급사유
급성심근경색증 진단보험금	보험기간 중 최초의 급성심근경색증으로 진단이 확정 되었을 때 (단, 최초 1회에 한함)
허혈성심장질환 진단보험금	보험기간 중 최초의 허혈성심장질환으로 진단이 확정 되었을 때 (단, 최초 1회에 한함)

⑥ 무배당 시니어보장특약 2109

지급구분	지급사유
특정파킨슨병진단 보험금	보험기간 중 특정파킨슨병보장개시일 이후에 최초의 특정파킨슨병으로 최종 진단 확정되었을 때 (단, 최초 1회에 한함)
다발경화증진단 보험금	보험기간 중 최초의 다발경화증으로 진단이 확정 되었을 때 (단, 최초 1회에 한함)
중증재생불량성빈혈 진단보험금	보험기간 중 최초의 중증재생불량성빈혈로 진단이 확정 되었을 때 (단, 최초 1회에 한함)
특정류마티스관절염 진단보험금	보험기간 중 최초의 특정류마티스관절염으로 진단이 확정 되었을 때 (단, 최초 1회에 한함)

* 특정파킨슨병보장개시일은 계약일(부활일)부터 그 날을 포함하여 1년이 지난 날의 다음날로 함

⑦ 무배당 중증치매간병비특약Ⅱ 2109

지급구분	지급사유
중증치매간병생활자금	보험기간 중 치매보장개시일 이후에 "중증치매상태"로 진단 후 90일이 지난 이후에 "중증치매상태"로 최종 진단 확정 되고, 최종 진단 확정된 날을 최초로 하여 매년 최종 진단 확정일에 살아 있을 때 (단, 최초 1회의 최종 진단 확정에 한함)

* 치매보장개시일은 계약일(부활일)부터 그 날을 포함하여 1년이 지난 날의 다음날로 함. 다만, 질병으로 인한 "중증치매상태"가 없는 상태에서 재해로 인한 뇌의 손상을 직접적인 원인으로 "중증치매상태"가 발생한 경우 치매보장개시일은 계약일(부활일)로 함

⑧ 무배당 대상포진보장특약(갱신형) 2109

지급구분	지급사유
대상포진진단보험금	보험기간 중 최초의 대상포진으로 진단이 확정 되었을 때 (단, 최초 1회에 한함)
건강관리자금	보험기간(10년)이 끝날 때까지 살아 있을 때

⑨ 무배당 통풍보장특약(갱신형) 2109

지급구분	지급사유
통풍진단보험금	보험기간 중 최초의 통풍으로 진단이 확정 되었을 때 (단, 최초 1회에 한함)
건강관리자금	보험기간(10년)이 끝날 때까지 살아 있을 때

⑩ 무배당 첫날부터입원특약(갱신형) 2007

지급구분	지급사유
입원보험금	보험기간 중 질병 또는 재해로 인하여 그 직접적인 치료를 목적으로 입원하였을 때(1일 이상 입원일수 1일당, 120일 한도)
중환자실입원보험금	보험기간 중 질병 또는 재해로 인하여 그 직접적인 치료를 목적으로 중환자실에 입원하였을 때 (1일 이상 입원일수 1일당, 60일 한도)
건강관리자금	보험기간(10년)이 끝날 때까지 살아 있을 때

⑪ 무배당 수술특약(갱신형) 2109

지급구분	지급사유
수술보험금	보험기간 중 질병 또는 재해로 인하여 그 직접적인 치료를 목적으로 수술을 받았을 때 (수술 1회당)
건강관리자금	보험기간(10년)이 끝날 때까지 살아 있을 때

⑫ 무배당 시니어수술특약(갱신형) 2109

지급구분	지급사유
인공관절치환 수술보험금	보험기간 중 질병 또는 재해로 인하여 그 직접적인 치료를 목적으로 인공관절 (견관절, 고관절, 슬관절) 치환수술을 받았을 때 (수술 1회당)
관절염수술보험금	보험기간 중 관절염으로 진단이 확정되고 그 직접적인 치료를 목적으로 수술을 받았을 때(수술 1회당)
백내장수술보험금	보험기간 중 백내장으로 진단이 확정되고 그 직접적인 치료를 목적으로 수술을 받았을 때(수술 1회당)
건강관리자금	보험기간(10년)이 끝날 때까지 살아 있을 때

⑬ 무배당 12대질병입원수술특약(갱신형) 2109

지급구분	지급사유
12대성인질환 입원보험금	보험기간 중 12대성인질환으로 인하여 그 직접적인 치료를 목적으로 4일이상 입원하였을 때 (3일 초과 입원일수 1일당, 120일 한도)
12대성인질환 수술보험금	보험기간 중 12대성인질환으로 인하여 그 직접적인 치료를 목적으로 수술을 받았을 때 (수술 1회당)
건강관리자금	보험기간(10년)이 끝날 때까지 살아 있을 때

⑭ 무배당 요양병원암입원특약Ⅲ(갱신형) 2109

지급구분	지급사유
요양병원암 입원보험금	보험기간 중 암보장개시일 이후 암으로 진단이 확정되고 그 치료를 목적으로 4일 이상 요양병원에 입원하였거나, 보험기간 중 갑상선암, 기타피부암, 대장 점막내암, 제자리암 또는 경계성 종양으로 진단이 확정되고 그 치료를 목적으로 4일 이상 요양병원에 입원하였을 때(3일 초과 입원일수 1일당, 60일 한도)
건강관리자금	보험기간(10년)이 끝날 때까지 살아 있을 때

* 암보장개시일은 계약일(부활일)부터 그 날을 포함하여 90일이 지난 날의 다음날로 함

20 무배당 우체국간편가입건강보험(갱신형) 2109

(1) 주요 특징

① 병이 있거나 고령이어도 3가지(건강관련) 간편고지로 간편하게 가입 가능

② 입원비·수술비 중심의 실질적인 치료비를 지급하며 다양한 특약 부가 가능

③ 종신갱신형으로 종신토록 의료비 보장 가능 (다만, 사망보장은 최대 85세까지 보장)

④ 15년 만기 생존시마다 건강관리자금 지급(주계약)

(2) 가입요건

① 주계약

구분		가입나이	보험기간	납입기간	납입주기	보험가입금액
1종 (간편가입)	최초계약	30~75세	15년만기 (종신갱신형)	전기납	월납	1구좌 (0.5구좌 단위)
	갱신계약	45세 이상				
2종 (일반가입)	최초계약	15~65세				
	갱신계약	30세 이상				

* 1종(간편가입)과 2종(일반가입)의 중복가입이 불가

② 특약

　㉠ 무배당 간편10대성인질환입원수술특약(갱신형) 2109, 무배당 간편3대질병진단특약
　(갱신형) 2109, 무배당 간편3대질병입원수술특약(갱신형) 2109, 무배당 간편뇌경색
　증진단특약(갱신형) 2109, 무배당 간편재해보장특약(갱신형) 2109

구분		가입나이	보험기간	납입기간	납입주기	보험가입금액
1종 (간편가입)	최초계약	30~75세	15년만기 (종신갱신형)	전기납	월납	1구좌 (주계약 가입금액 이내 0.5구좌 단위)
	갱신계약	45세 이상				
2종 (일반가입)	최초계약	15~65세				
	갱신계약	30세 이상				

* 1종(간편가입)은 주계약 1종(간편가입)에 한하여 부가 가능하고, 2종(일반가입)은 주계약 2종(일반가입)에 한하여 부가 가능

　㉡ 무배당 간편사망보장특약(갱신형) 2109

구분		가입나이	보험기간	납입기간	납입주기	보험가입금액
1종 (간편가입)	최초계약	30~70세	15년만기(갱신형)	전기납	월납	1구좌 (주계약 가입금액 이내 0.5구좌 단위)
	갱신계약	45~70세	15년만기(갱신형)			
		71~84세	85세만기			
2종 (일반가입)	최초계약	만15~65세	15년만기(갱신형)			
	갱신계약	만30~70세	15년만기(갱신형)			
		71~84세	85세만기			

* 갱신시점의 피보험자 나이가 85세 이상인 경우에는 이 특약 갱신 불가
* 1종(간편가입)은 주계약 1종(간편가입)에 한하여 부가 가능하고, 2종(일반가입)은 주계약 2종(일반가입)에 한하여 부가 가능

(3) 갱신에 관한 사항

갱신절차	보험기간 만료일 30일 전까지 계약자에게 서면 또는 전화(음성녹음) 안내 (보험료 등 변경내용)
	• 보험기간 만료일 15일 전까지 계약자의 별도 의사표시가 없으면 자동갱신
	  ※ 무배당 간편사망보장특약(갱신형) 2109의 경우, 갱신시점의 피보험자 나이가 80세 이상 인 경우에는 이 특약을 갱신할 수 없으며, 갱신시점의 피보험자 나이가 71세에서 79세인 경우에는 보험기간을 80세만기로 갱신함
	• 계약자가 갱신 거절의사를 통지하면 계약 종료
	  ※ (무)간편뇌경색증진단특약(갱신형) 2109의 경우, 피보험자에게 뇌경색증진단보험금 지급 사유가 발생한 경우에는 특약을 갱신하지 않음

갱신계약 보험료	갱신계약의 보험료는 나이의 증가, 적용기초율의 변동 등의 사유로 인상 가능

(4) 간편고지에 관한사항(1종(간편가입)에 한함)

① 이 상품은 "간편고지"상품으로 유병력자 등 일반심사보험에 가입하기 어려운 피보험자를 대상으로 함.

② 간편고지란 보험시장에서 소외되고 있는 유병력자나 고연령자 등이 보험에 가입할 수 있도록 간소화된 계약 전 고지 의무사항을 활용하여 계약심사 과정을 간소화함을 의미함

③ 간편고지 상품은 일반심사보험에 가입하기 어려운 피보험자를 대상으로 하므로, 일반심사보험보다 보험료가 다소 높으며, 일반심사를 할 경우 이 보험보다 저렴한 일반심사보험에 가입할 수 있음. (다만, 일반심사보험의 경우 건강상태나 가입나이에 따라 가입이 제한될 수 있으며 보장하는 담보에는 차이가 있을 수 있음)

④ 이 상품 가입 시 간편고지상품과 일반심사보험의 보험료 수준을 비교하여 설명하고, 이에 대한 계약자 확인을 받음.

⑤ 이 상품 가입 후 계약일부터 3개월 이내에 일반심사보험 가입을 희망하는 경우, 일반계약 심사를 통하여 일반심사보험[(무)우체국간편가입건강보험(갱신형) 2109 2종(일반가입)]에 청약할 수 있음. 다만, 본 계약의 보험금이 이미 지급되었거나 청구서류를 접수한 경우에는 그러하지 않음. 일반심사보험[(무)우체국간편가입건강보험(갱신형) 2109 2종(일반가입)]에 가입하는 경우에는 본 계약을 무효로 하며 이미 납입한 보험료를 보험계약자에게 돌려드림

(5) 보장내용

① 주계약

지급구분	지급사유
건강관리자금	보험기간이 끝날 때까지 살아 있을 때
입원보험금	질병 또는 재해로 인하여 그 직접적인 치료를 목적으로 4일 이상 입원하였을 때 (3일 초과 입원일수 1일당, 120일 한도)
수술보험금	질병 또는 재해로 인하여 그 직접적인 치료를 목적으로 수술을 받았을 때(수술 1회당)

② 무배당 간편10대성인질환입원수술특약(갱신형) 2109

지급구분	지급사유
암직접치료 입원보험금	암보장개시일 이후 암으로 진단이 확정되고, 직접적인 치료를 목적으로 4일 이상 입원(단, 요양병원 제외)하였거나, 보험기간 중 갑상선암, 기타피부암, 대장점막내암, 제자리암 또는 경계성 종양의 직접적인 치료를 목적으로 4일 이상 입원(단, 요양병원 제외)하였을 때 (3일 초과 입원일수 1일당, 120일 한도)
주요성인질환 입원보험금	주요성인질환으로 진단이 확정되고, 그 직접적인 치료를 목적으로 4일 이상 입원하였을 때(3일 초과 입원일수 1일당, 120일 한도)
암수술보험금	암보장개시일 이후 암으로 진단이 확정되고, 그 직접적인 치료를 목적으로 수술을 받았거나, 보험기간 중 갑상선암, 기타피부암, 대장점막내암, 제자리암 또는 경계성 종양으로 인하여 그 직접적인 치료를 목적으로 수술을 받았을 때 (수술 1회당)
주요성인질환 수술보험금	주요성인질환으로 진단이 확정되고, 그 직접적인 치료를 목적으로 수술을 받았을 때 (수술 1회당)

* 암보장개시일은 계약일(부활일)부터 그 날을 포함하여 90일이 지난 날의 다음날로 함

③ 무배당 간편3대질병진단특약(갱신형) 2109

지급구분	지급사유
3대질병 진단보험금	암보장개시일 이후에 최초의 암으로 진단이 확정되었거나, 보험기간 중 최초의 갑상선암, 기타피부암, 대장점막내암, 제자리암, 경계성 종양, 뇌출혈 또는 급성심근경색증으로 진단이 확정 되었을 때(다만, 암, 갑상선암, 기타피부암, 대장점막내암, 제자리암, 경계성 종양, 뇌출혈 또는 급성심근경색증 각각 최초 1회에 한함)

* 암보장개시일은 계약일(부활일)부터 그 날을 포함하여 90일이 지난 날의 다음날로 함

④ 무배당 간편3대질병입원수술특약(갱신형) 2109

지급구분		지급사유
3대질병 입원보험금	2대질병 입원보험금	뇌출혈 또는 급성심근경색증으로 진단이 확정되고, 그 직접적인 치료를 목적으로 4일 이상 입원하였을 때 (3일 초과 입원일수 1일당, 120일 한도)
	암직접치료 입원보험금	암보장개시일 이후에 암으로 진단이 확정되고, 직접적인 치료를 목적으로 4일 이상 입원(단, 요양병원 제외)하였을 때 (3일 초과 입원일수 1일당, 120일 한도)
		갑상선암, 기타피부암, 대장점막내암, 제자리암 또는 경계성 종양으로 진단이 확정되고, 직접적인 치료를 목적으로 4일 이상 입원(단, 요양병원 제외)하였을 때 (3일 초과 입원일수 1일당, 120일 한도)
3대질병 수술보험금		암보장개시일 이후에 암으로 진단이 확정되고, 그 직접적인 치료를 목적으로 수술을 받았거나, 보험기간 중 뇌출혈 또는 급성심근경색증으로 인하여 그 직접적인 치료를 목적으로 수술을 받았을 때 (수술 1회당)
		갑상선암, 기타피부암, 대장점막내암, 제자리암 또는 경계성 종양으로 진단이 확정되고, 그 직접적인 치료를 목적으로 수술을 받았을 때 (수술 1회당)

* 암보장개시일은 계약일(부활일)부터 그 날을 포함하여 90일이 지난 날의 다음날로 함

21 무배당 우체국더간편건강보험(갱신형) 2109

(1) 주요 특징

① 1가지(건강관련) 간편고지로 간편하게 가입

② 병이 있거나 나이가 많아도 가입 가능

③ 고액의 치료비가 소요되는 3대질병 진단(최대 2,000만 원)에, 뇌경색증진단(최대 500
만 원)까지 보장(1종(간편가입) 기준, 특약 가입시)

④ 암보장형, 2대질병보장형으로 구성하여 꼭 필요한 보장만 가입 가능

⑤ 15년만기 생존시마다 건강관리자금 지급(주계약)

(2) 가입요건

① 주계약(암보장형, 2대질병보장형)

구분		가입나이	보험기간	납입기간	납입주기	보험가입금액
1종 (간편가입)	최초계약	30~80세	15년만기(갱신형)	전기납	월납	1,000만 원 (500만원 단위)
	갱신계약	45~85세	15년만기(갱신형)			
		86~99세	100세만기			
2종 (일반가입)	최초계약	15~70세	15년만기(갱신형)			1,500만 원 (500만원 단위)
	갱신계약	30~85세	15년만기(갱신형)			
		86~99세	100세만기			

* 1종(간편가입)[암보장형]과 2종(일반가입)[암보장형]의 중복가입이 불가하며, 1종(간편가입)[2대질병보장형]
과 2종(일반가입)[2대질병보장형]의 중복가입이 불가함
* 피보험자 가입당시 66세 이상인 경우 보험가입금액 500만원 고정

② 특약

㉠ 무배당 더간편암진단특약(갱신형) 2109, 무배당 더간편암입원수술특약(갱신형) 2109,
무배당 더간편뇌출혈진단특약(갱신형) 2109, 무배당 더간편뇌경색증진단특약(갱신형)
2109, 무배당 더간편급성심근경색증진단특약(갱신형) 2109

구분		가입나이	보험기간	납입기간	납입주기	보험가입금액
1종 (간편가입)	최초계약	30~80세	15년만기(갱신형)	전기납	월납	1,000만 원 (주계약 가입금액 이내에서 500만원 단위)
	갱신계약	45~85세	15년만기(갱신형)			
		86~99세	100세만기			
2종 (일반가입)	최초계약	15~70세	15년만기(갱신형)			1,500만 원 (주계약 가입금액 이내에서500만원 단위)
	갱신계약	30~85세	15년만기(갱신형)			
		86~99세	100세만기			

* 1종(간편가입)은 주계약 1종(간편가입)에 한하여 부가 가능하고, 2종(일반가입)은 주계약 2종(일반가입)에 한하여 부
가 가능
* (무)더간편암진단특약(갱신형) 2109, (무)더간편암입원수술특약(갱신형) 2109는 주계약 암보장형에 한하여 부가 가능
* (무)더간편뇌출혈진단특약(갱신형) 2109, (무)더간편뇌경색증진단특약(갱신형) 2109, (무)더간편급성심근경색증진단특
약(갱신형) 2109는 주계약 2대질병보장형에 한하여 부가 가능
* 피보험자 가입당시 66세 이상인 경우 보험가입금액 500만원 고정

(3) 간편고지에 관한 사항(1종(간편가입)에 한함)

① 이 상품은 "간편고지"상품으로 유병력자 등 일반심사보험에 가입하기 어려운 피보험 자를 대상으로 함.

② 간편고지란 보험시장에서 소외되고 있는 유병력자나 고연령자 등이 보험에 가입할 수 있도록 간소화된 계약전 고지 의무사항을 활용하여 계약심사 과정을 간소화함을 의미함

③ 간편고지 상품은 일반심사보험에 가입하기 어려운 피보험자를 대상으로 하므로, 일반 심사보험보다 보험료가 다소 높으며, 일반심사를 할 경우 이 보험보다 저렴한 일반심 사보험에 가입할 수 있음.(다만, 일반심사보험의 경우 건강상태나 가입나이에 따라 가입이 제한될 수 있으며 보장하는 담보에는 차이가 있을 수 있음)

④ 이 상품 가입시 간편고지상품과 일반심사보험의 보험료 수준을 비교하여 설명하고, 이에 대한 계약자 확인을 받음.

⑤ 이 상품 가입 후 계약일부터 3개월 이내에 일반심사보험 가입을 희망하는 경우, 일반 계약 심사를 통하여 일반심사 보험((무)우체국더간편건강보험(갱신형) 2109 2종(일반 가입))에 청약할 수 있음. 다만, 본 계약의 보험금이 이미 지급되었거나 청구서류를 접수한 경우에는 그러하지 않음. 일반심사보험((무)우체국더간편건강보험(갱신형) 2109 2종(일반가입))에 가입하는 경우에는 본 계약을 무효로 하며 이미 납입한 보험 료를 보험계약자에게 돌려드림.

(4) 보장내용

① 주계약(암보장형)

지급구분	지급사유
암진단보험금	최초의 암 진단 확정 시 (최초 1회에 한함)
	최초의 갑상선암, 기타피부암, 대장점막내암, 제자리암 또는 경계성 종양 진단 확 정 시 (각각 최초 1회에 한함)
건강관리자금	보험기간(15년)이 끝날 때까지 살아 있을 때

* 암보장개시일은 계약일(부활일)부터 그 날을 포함하여 90일이 지난 날의 다음날로 함

② 주계약(2대질병보장형)

지급구분	지급사유
2대질병진단 보험금	보험기간 중 최초의 뇌출혈 또는 급성심근경색증으로 진단이 확정되었을 때 (단, 뇌출혈 또는 급성심근경색증 중 최초 1회에 한함)
건강관리자금	보험기간(15년)이 끝날 때까지 살아 있을 때

* 암보장개시일은 계약일(부활일)부터 그 날을 포함하여 90일이 지난 날의 다음날로 함

③ 특약

　㉠ 무배당 더간편암진단특약(갱신형) 2109

지급구분	지급사유
암진단보험금	최초의 암 진단 확정 시 (최초 1회에 한함)
	최초의 갑상선암, 기타피부암, 대장점막내암, 제자리암 또는 경계성 종양 진단 확정 시 (각각 최초 1회에 한함)

* 암보장개시일은 계약일(부활일)부터 그 날을 포함하여 90일이 지난 날의 다음날로 함

　㉡ 무배당 더간편암입원수술특약(갱신형) 2109

지급구분	지급사유
암직접치료 입원보험금	암보장개시일 이후 암으로 진단이 확정되고, 그 직접적인 치료를 목적으로 4일 이상 입원(단, 요양병원 제외)하였을 때 (3일 초과 입원일수 1일당, 120일 한도)
	보험기간 중 갑상선암, 기타피부암, 대장점막내암, 제자리암 또는 경계성 종양으로 진단이 확정되고, 그 직접적인 치료를 목적으로 4일 이상 입원(단, 요양병원 제외) 하였을 때 (3일 초과 입원일수 1일당, 120일 한도)
암수술 보험금	암보장개시일 이후 암으로 진단이 확정되고, 그 직접적인 치료를 목적으로 수술을 받았을 때 (수술 1회당)
	보험기간 중 갑상선암, 기타피부암, 대장점막내암, 제자리암 또는 경계성 종양으로 진단이 확정되고, 그 직접적인 치료를 목적으로 수술을 받았을 때 (수술 1회당)

* 암보장개시일은 계약일(부활일)부터 그 날을 포함하여 90일이 지난 날의 다음날로 함

22 무배당 우체국치아보험(갱신형) 2109

(1) 주요 특징

① 보철치료(임플란트, 브릿지, 틀니), 크라운치료, 충전치료, 치수치료, 영구치발거, 치석제거(스케일링), 구내 방사선·파노라마 촬영, 잇몸질환치료 및 재해로 인한 치과치료 등을 보장하는 치과치료 전문 종합보험
② 특약 가입시 임플란트(영구치 발거 1개당 최대 150만원), 브릿지(영구치발거 1개당 최대 75만원), 틀니(보철물 1개당 최대 150만원) 치료보험금 지급
③ 충전(치아 치료 1개당 최대 15만원(인레이·온레이 충전치료시)) 및 크라운(치아 치료 1개당 최대 30만원) 치료보험금 지급
④ 근로소득자는 납입한 보험료(연간 100만 원 한도)에 대하여 12% 세액공제 혜택

(2) 가입요건

① 주계약

구분	가입나이	보험기간	납입기간(납입주기)	보험가입금액
최초계약	15~65세	10년 만기 (자동갱신형)	전기납 (월납)	1,000만 원 (500만 원 단위)
갱신계약	25~70세			
	71~79세	80세만기		

* 피보험자 가입 당시 61세 이상일경우 보험가입금액 500만원 고정

② 특약

㉠ 무배당 보철치료보장특약(갱신형) 2109

구분	가입나이	보험기간	납입기간(납입주기)	보험가입금액
주계약과 동일				1,000만 원 (주계약 보험가입금액 이내에서 500만 원 단위)

* 피보험자 가입 당시 61세 이상일경우 보험가입금액 500만원 고정

(3) 계약의 갱신에 관한 사항

갱신절차	보험기간 만료일 30일 전까지 계약자에게 서면 또는 전화(음성녹음) 안내(보험료 등 변경내용) • 보험기간 만료일 15일 전까지 계약자의 별도 의사표시가 없으면 자동갱신 ※ 피보험자의 79세 계약해당일까지 갱신가능하며, 피보험자의 71세 이후에 도래하는 갱신계약의 보험기간 만료일은 피보험자의 80세 계약해당일까지로 함 • 계약자가 갱신 거절의사를 통지하면 계약 종료
갱신계약 보험료	갱신계약의 보험료는 나이의 증가, 적용기초율의 변동 등의 사유로 인상될 수 있음

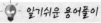

(4) 보장 내용

① 주계약

지급구분	지급사유
가철성의치 (틀니)치료보험금	치과치료보장개시일 이후에 치아우식증(충치), 치주질환(잇몸질환) 또는 재해를 직접적인 원인으로 최초로 영구치 발거를 진단 확정 받고, 해당 영구치를 발거한 부위에 가철성의치(Denture) 치료를 받았을 때 (보철물 1개당, 연간 1회한도)
임플란트치료 보험금	치과치료보장개시일 이후에 치아우식증(충치), 치주질환(잇몸질환) 또는 재해를 직접적인 원인으로 최초로 영구치 발거를 진단확정 받고, 해당 영구치를 발거한 부위에 임플란트(Implant) 치료를 받았을 때 (영구치 발거 1개당, 연간 3개한도)
고정성가공의치 (브릿지)치료보험금	치과치료보장개시일 이후에 치아우식증(충치), 치주질환(잇몸질환) 또는 재해를 직접적인 원인으로 최초로 영구치 발거를 진단확정 받고, 해당 영구치를 발거한 부위에 고정성가공의치(Bridge) 치료를 받았을 때 (영구치 발거 1개당, 연간 3개한도)
크라운치료보험금	치과치료보장개시일 이후에 치아우식증(충치), 치주질환(잇몸질환) 또는 재해를 직접적인 원인으로 최초로 치아에 크라운치료를 진단 확정 받고, 해당 치아에 대하여 크라운치료를 받았을 때 (치아 치료 1개당, 연간 3개한도)
충전치료보험금	치과치료보장개시일 이후에 치아우식증(충치), 치주질환(잇몸질환) 또는 재해를 직접적인 원인으로 최초로 치아에 충전치료를 진단 확정 받고, 해당 치아에 대하여 충전치료를 받았을 때 (치아 치료 1개당)
치수치료보험금	치과치료보장개시일 이후에 치아우식증(충치), 치주질환(잇몸질환) 또는 재해를 직접적인 원인으로 최초로 치아에 치수치료(신경치료)를 진단 확정 받고, 해당 치아에 대하여 치수치료(신경치료)를 받았을 때 (치아 치료 1개당)
영구치발거치료 보험금	치과치료보장개시일 이후에 치아우식증(충치), 치주질환(잇몸질환) 또는 재해를 직접적인 원인으로 최초로 영구치 발거를 진단 확정 받고, 해당 영구치에 대하여 발거치료를 받았을 때 (영구치 치료 1개당)
치석제거치료 보험금	치과치료보장개시일 이후에 치석제거(스케일링)치료를 받았을 때 (치료 1회당, 연간 1회한도)
구내방사성촬영 보험금	촬영보장개시일 이후에 구내 방사선촬영을 받았을 때 (촬영 1회당)
파노라마촬영보험금	촬영보장개시일 이후에 파노라마촬영을 받았을 때 (촬영 1회당, 연간 1회한도)
치아관리보험금	보험기간(10년)이 끝날 때까지 살아있을 때

* 치과치료보장개시일 및 촬영보장개시일은 계약일(부활일)부터 그 날을 포함하여 90일이 지난 날의 다음날로 함. 단, 재해를 직접적인 원인으로 치과치료, 구내 방사선촬영 또는 파노라마촬영을 받은 경우 치과치료보장개시일 및 촬영보장개시일은 계약일(부활일)로 함

② 무배당 보철치료보장특약(갱신형) 2109

지급구분	지급사유
가철성의치 (틀니)치료보험금	보철치료보장개시일 이후에 치아우식증(충치), 치주질환(잇몸질환) 또는 재해를 직접적인 원인으로 최초로 영구치 발거를 진단확정 받고, 해당 영구치를 발거한 부위에 가철성의치(Denture) 치료를 받았을 때 (보철물 1개당, 연간 1회한도)
임플란트치료 보험금	보철치료보장개시일 이후에 치아우식증(충치), 치주질환(잇몸질환) 또는 재해를 직접적인 원인으로 최초로 영구치 발거를 진단확정 받고, 해당 영구치를 발거한 부위에 임플란트(Implant) 치료를 받았을 때 (영구치 발거 1개당, 연간 3개한도)
고정성가공의치 (브릿지)치료보험금	보철치료보장개시일 이후에 치아우식증(충치), 치주질환(잇몸질환) 또는 재해를 직접적인 원인으로 최초로 영구치 발거를 진단확정 받고, 해당 영구치를 발거한 부위에 고정성가공의치(Bridge) 치료를 받았을 때 (영구치 발거 1개당, 연간 3개한도)

* 보철치료보장개시일은 계약일(부활일)부터 그 날을 포함하여 90일이 지난 날의 다음날로 함. 단, 재해를 직접적인 원인으로 보철치료를 받은 경우 보철치료보장개시일은 계약일(부활일)로 함

23 무배당 우체국치매간병보험 2109

(1) 주요 특징

① 경증치매부터 중증치매까지 체계적으로 보장하는 치매전문보험

② 중증치매로 최종 진단 확정되고, 매년 생존시 최대 15년동안 중증치매진단간병자금 매월 지급

③ 중증치매로 최종 진단 확정시 보험료 납입 면제

④ 치매 관련 특약부가 : 중증알츠하이머치매 및 특정파킨슨병 등 추가 보장

⑤ 병이 있어도 간편심사로 가입 가능[2종(간편심사)]

⑥ 80세 계약해당일에 생존 시 건강관리자금 지급(중증치매 미발생시)

⑦ 세제 혜택 : 근로소득자는 납입보험료(연간 100만 원 한도)에 대하여 12% 세액공제

(2) 가입요건

① 주계약

　㉠ 1종(일반심사)[표준형, 해약환급금 50%지급형], 2종(간편심사)[표준형, 해약환급금 50%지급형]

가입나이	보험기간	납입기간	납입주기	보험가입금액
30세~60세	90, 95, 100세 만기	10, 15, 20년납	월납	1종 : 2,000만 원 2종 : 1,000만 원 (500만 원 단위)
61세~65세		10, 15년납		
66세~70세		10년납		

* 1종(일반심사)과 2종(간편심사)의 중복가입 불가
* 피보험자가 가입당시 66세 이상인 경우 보험가입금액 1,000만 원(2종은 500만 원) 한도

② 특약

　㉠ 무배당 중증치매간병비특약 2109[1종(일반심사), 2종(간편심사)], 무배당 중증알츠하이머진단특약 2109[1종(일반심사), 2종(간편심사)], 무배당 특정파킨슨병진단특약 2109[1종(일반심사), 2종(간편심사)]

특약명	가입나이, 보험기간, 보험료 납입기간	보험가입금액
(무)중증치매간병비특약 2109	주계약과 동일	1,000만 원(주계약 가입금액 이내에서 500만 원 단위)
(무)중증알츠하이머진단특약 2109		
(무)특정파킨슨병진단특약 2109		

* 1종(일반심사)는 주계약 1종(일반심사)에 한하여 부가 가능하고, 2종(간편심사)는 주계약 2종(간편심사)에 한하여 부가 가능
* 피보험자가 가입당시 66세 이상인 경우 보험가입금액 500만 원 한도

　㉡ 무배당 뇌출혈진단특약Ⅱ 2109, 무배당 급성심근경색증진단특약Ⅱ 2109, 무배당 정기사망특약 2109

특약명	가입나이, 보험기간, 보험료 납입기간	보험가입금액
(무)뇌출혈진단특약Ⅱ 2109	주계약과 동일	2,000만 원(주계약 가입금액 이내에서 500만 원 단위)
(무)급성심근경색증진단특약Ⅱ 2109		
(무)정기사망특약 2109		

(3) "해약환급금 50%지급형" 상품에 관한 사항

① "해약환급금 50%지급형"은 보험료 납입기간 중 계약이 해지될 경우 "표준형"의 해약환급금 대비 적은 해약환급금을 지급하는 대신 "표준형"보다 저렴한 보험료로 보험을 가입할 수 있도록 한 상품임

② "①"에서 해약환급금을 계산 할 때 기준이 되는 "표준형"의 해약환급금은 "보험료 및 책임준비금 산출방법서"에서 정한 방법에 따라 산출된 금액으로 해지율을 적용하지 않고 계산함

③ "해약환급금 50%지급형"의 계약이 보험료 납입기간 중 해지될 경우의 해약환급금은 "표준형" 해약환급금의 50%에 해당하는 금액으로 함. 다만, 보험료 납입기간이 완료된 이후 계약이 해지되는 경우에는 "표준형"의 해약환급금과 동일한 금액을 지급함

(4) 간편심사 상품에 관한 사항[2종(간편심사)에 한함]

① 2종(간편심사)의 경우, "간편심사"상품으로 유병력자 등 일반심사보험에 가입하기 어려운 피보험자를 대상으로 함.

② 간편심사란 보험시장에서 소외되고 있는 유병력자나 고연령자 등이 보험에 가입할 수 있도록 간소화된 계약전 고지의무사항을 활용하여 계약심사 과정을 간소화함을 의미함.

③ 간편심사 상품은 일반심사보험에 가입하기 어려운 피보험자를 대상으로 하므로, 일반심사보험보다 보험료가 다소 높으며, 일반심사를 할 경우 이 보험보다 저렴한 일반심사보험에 가입할 수 있음.(다만, 일반심사보험의 경우 건강상태나 가입나이에 따라 가입이 제한될 수 있으며 보장하는 담보에는 차이가 있을 수 있음)

④ 이 상품 가입 시 간편심사상품과 일반심사보험의 보험료 수준을 비교하여 설명하고, 이에 대한 계약자 확인을 받아야 함.

⑤ 이 상품 가입 후 계약일부터 3개월 이내에 일반심사보험 가입을 희망하는 경우, 동일한 피보험자를 대상으로 일반계약심사를 통하여 일반심사보험에 청약할 수 있는 기회를 제공함. 다만, 본 계약의 보험금이 이미 지급되었거나 청구서류를 접수한 경우에는 그러하지 않음. 일반심사보험에 가입하는 경우에는 본 계약을 무효로 하며 이미 납입한 보험료를 보험계약자에게 돌려줌

(5) 보장내용

① 주계약

지급구분	지급사유
경도치매 진단보험금	보험기간 중 치매보장개시일 이후에 "경도치매상태"로 진단되고 90일이 지난 이후에 "경도치매상태"로 최종 진단 확정 되었을 때 (단, 최초 1회에 한함)
중등도치매 진단보험금	보험기간 중 치매보장개시일 이후에 "중등도치매상태"로 진단되고 90일이 지난 이후에 "중등도치매상태"로 최종 진단 확정 되었을 때 (단, 최초 1회에 한함)
중증치매 진단보험금	보험기간 중 치매보장개시일 이후에 "중증치매상태"로 진단되고 90일이 지난 이후에 "중증치매상태"로 최종 진단 확정 되었을 때 (단, 최초 1회에 한함)
중증치매진단 간병자금	보험기간 중 치매보장개시일 이후에 "중증치매상태"로 진단 후 90일이 지난 이후에 "중증치매상태"로 최종 진단 확정 되고, 최종 진단 확정된 날을 최초로 하여 매년 최종 진단 확정일에 살아 있을 때 (단, 최초 1회의 최종 진단 확정에 한함)
건강관리자금	보험기간 중 80세 계약해당일에 살아 있을 때 (단, 치매보장개시일 이후 80세 계약해당일 전일 이전에 "중증치매상태"로 최종 진단 확정 되었을 경우 지급하지 않음)

* 치매보장개시일은 계약일(부활일)부터 그 날을 포함하여 1년이 지난 날의 다음날로 함. 다만, 질병으로 인한 "경도치매상태", "중등도치매상태" 및 "중증치매상태"가 없는 상태에서 재해로 인한 뇌의 손상을 직접적인 원인으로 "경도치매상태", "중등도치매상태" 및 "중증치매상태"가 발생한 경우 치매보장개시일은 계약일(부활일)로 함

② 특약

㉠ 무배당 중증치매간병비특약 2109

지급구분	지급사유
중증치매진단 간병자금	보험기간 중 치매보장개시일 이후에 "중증치매상태"로 진단 후 90일이 지난 이후에 "중증치매상태"로 최종 진단 확정 되고, 최종 진단 확정된 날을 최초로 하여 매년 최종 진단 확정일에 살아 있을 때(단, 최초 1회의 최종 진단 확정에 한함)

* 치매보장개시일은 계약일(부활일)부터 그 날을 포함하여 1년이 지난 날의 다음날로 함. 다만, 질병으로 인한 "중증치매상태"가 없는 상태에서 재해로 인한 뇌의 손상을 직접적인 원인으로 "중증치매상태"가 발생한 경우 치매보장개시일은 계약일(부활일)로 함.

㉡ 무배당 중증알츠하이머진단특약 2109

지급구분	지급사유
중증알츠하이머 치매진단보험금	보험기간 중 치매보장개시일 이후에 "중증알츠하이머치매상태"로 진단되고 90일이 지난 이후에 "중증알츠하이머치매상태"로 최종 진단 확정 되었을 때 (단, 최초 1회에 한함)

* 치매보장개시일은 계약일(부활일)부터 그 날을 포함하여 1년이 지난 날의 다음날로 함. 다만, 질병으로 인한 "중증알츠하이머치매상태"가 없는 상태에서 재해로 인한 뇌의 손상을 직접적인 원인으로 "중증알츠하이머치매상태"가 발생한 경우 치매보장개시일은 계약일(부활일)로 함.

㉢ 무배당 특정파킨슨병진단특약 2109

지급구분	지급사유
특정파킨슨병 진단보험금	보험기간 중 특정파킨슨병보장개시일 이후에 최초의 "특정파킨슨병"으로 최종 진단 확정되었을 때 (단, 최초 1회에 한함)

* 특정파킨슨병보장개시일은 계약일(부활일)부터 그 날을 포함하여 1년이 지난 날의 다음날로 함

㉣ 무배당 뇌출혈진단특약Ⅱ 2109

지급구분	지급사유
뇌출혈진단보험금	보험기간 중 최초의 뇌출혈로 진단이 확정 되었을 때 (단, 최초 1회에 한함)

㉤ 무배당 급성심근경색증진단특약Ⅱ 2109

지급구분	지급사유
급성심근경색증 진단보험금	보험기간 중 최초의 급성심근경색증으로 진단이 확정 되었을 때 (단, 최초 1회에 한함)

㉥ 무배당 정기사망특약 2109

지급구분	지급사유
사망보험금	보험기간 중 사망하였을 때

24 무배당 내가만든희망보험 2109

(1) 주요 특징

① 각종 질병과 사고 보장을 본인이 선택하여 설계 가능

① 3대질병 진단(최대 2,000만원) 및 뇌경색증진단(최대 500만원) 보장 (3대질병보장 가입시)

③ 12대성인질환 보장(생활보장 가입시)

④ 50% 장해 시 또는 3대질병 최초 진단 시 보험료 납입 면제 및 비갱신형 상품으로 보험료 변동없음 [10, 20, 30년 만기]

⑤ 20세부터 60세까지 가입 가능한 건강보험

⑥ 보험기간 중 매10년마다 생존 시 건강관리자금 지급

⑦ 세제혜택 : 근로소득자는 납입한 보험료(연간 100만원 한도)에 대하여 12% 세액공제

(2) 가입요건

① 주계약

보장종목	가입나이	보험기간	납입기간	보험가입금액
3대질병보장 생활보장 상해보장	20 ~ 60세	10, 20, 30년	전기납 (월납)	500 ~ 1,000만원 (500만원 단위)

* 3대질병보장, 생활보장, 상해보장 중 최소 1가지 이상(최대 3개)을 계약자가 선택하여 가입 가능

판매형태	보장종목
질병	3대질병보장
생활	생활보장
상해	상해보장
질병, 생활	3대질병보장 + 생활보장
질병, 상해	3대질병보장 + 상해보장
생활, 상해	생활보장 + 상해보장
질병, 생활, 상해	3대질병보장 + 생활보장 + 상해보장

(3) 보장내용

주계약

※ 아래 3대질병보장, 생활보장, 상해보장 중 계약자가 선택하여 가입한 보장에 한하여 보험금 지급

보장종목	지급구분	지급사유
3대질병 보장	3대질병 진단보험금	암보장개시일 이후에 최초의 암으로 진단이 확정되었거나, 보험기간 중 최초의 갑상선암, 기타피부암, 대장점막내암, 제자리암, 경계성 종양, 뇌출혈 또는 급성 심근경색증으로 진단이 확정되었을 때 (단, 암, 갑상선암, 기타피부암, 대장점막내암, 제자리암, 경계성 종양, 뇌출혈 또는 급성심근경색증 각각 최초 1회에 한하여 지급함)
	뇌경색증 진단보험금	보험기간 중 최초의 뇌경색증으로 진단이 확정되었을 때 (단, 최초 1회에 한하여 지급함)
	건강관리자금	가입 후 매10년마다 계약해당일에 살아 있을 때 (단, 보험기간 중에만 지급)
생활보장	12대성인질환 수술보험금	12대성인질환으로 진단이 확정되고 그 직접적인 치료를 목적으로 12대성인질환수술을 받았을 때 (수술 1회당)
	12대성인질환 입원보험금	12대성인질환으로 진단이 확정되고 그 직접적인 치료를 목적으로 4일 이상 입원하였을 때 (3일 초과 입원일수 1일당, 120일 한도)
	재해골절(치아파절 제외)보험금	재해로 인하여 골절상태가 되었을 때 (사고 1회당)
	재해깁스치료 (부목제외)보험금	재해로 인하여 그 직접적인 치료를 목적으로 깁스(Cast)치료를 받았을 때 (사고 1회당)
	응급실내원보험금	응급실 내원 진료비 대상자에 해당하였을 때 (내원 1회당)
	재해화상진단보험금	재해로 인하여 화상으로 진단이 확정되었을 때 (사고 1회당)
	결핵진단보험금	보험기간 중 최초의 결핵으로 진단이 확정되었을 때 (단, 최초 1회에 한하여 지급함)
	건강관리자금	가입 후 매10년마다 계약해당일에 살아 있을 때 (단, 보험기간 중에만 지급)
상해보장	재해장해보험금	재해로 인하여 장해분류표에서 정한 각 장해지급률에 해당하는 장해상태가 되었을 때
	재해장해생활자금	장해분류표 중 동일한 재해로 여러 신체부위의 합산 장해지급률이 50%이상인 장해상태가 되었을 때
	재해입원보험금	재해로 인하여 그 직접적인 치료를 목적으로 4일 이상 입원하였을 때 (3일 초과 입원일수 1일당, 120일 한도)
	재해수술보험금	재해로 인하여 그 직접적인 치료를 목적으로 수술을 받았을 때 (수술 1회당)
	건강관리자금	가입 후 매10년마다 계약해당일에 살아 있을 때 (단, 보험기간 중에만 지급)

* 암보장개시일은 계약일(부활일)부터 그 날을 포함하여 90일이 지난 날의 다음날로 함

25 무배당 우체국요양보험 2109

(1) 주요 특징

① 장기요양(1~2등급) 진단 시 사망보험금 일부를 선지급하여 노후요양비 지원
② 비갱신형으로 설계하여 보험료 상승없이 동일한 보험료로 보험기간 만기까지 사망과 요양 보장
③ 장기요양상태(1~2등급)로 간병자금 필요 시, 5년 동안 매년 생존할 경우 장기요양간병비 매월 지급(장기요양간병비특약 가입시, 최대 60개월 한도)
④ 특약 가입 시, 장기요양 1등급부터 최대 5등급까지 진단자금을 원하는 대로 설계 가능
⑤ 30세부터 70세까지 가입 가능
⑥ 세제 혜택 : 근로소득자는 납입한 보험료(연간 100만 원 한도)에 대하여 12% 세액공제

(2) 가입요건

① 주계약

보험기간	납입기간	가입나이		납입주기	보험가입금액
		남자	여자		
85세만기 90세만기	10년납	30~70세	30~70세	월납	1,000만 원~ 4,000만 원 (500만 원 단위)
	15년납	30~65세	30~65세		
	20년납	30~60세	30~60세		
	30년납	30~50세	30~50세		
100세만기	10년납	30~63세	30~61세		
	15년납	30~58세	30~56세		
	20년납	30~53세	30~52세		
	30년납	30~44세	30~43세		

* 피보험자가 가입 당시 61세 이상인 경우 보험가입금액 2,000만 원 한도

② 특약

특약명	보험기간, 납입기간, 가입나이	보험가입금액
(무)장기요양간병비특약 2109	주계약과 동일	1,000만 원 (주계약 가입금액 이내에서 500만 원 단위)
(무)장기요양(1~3등급)특약 2109		
(무)장기요양(1~4등급)특약 2109		
(무)장기요양(1~5등급)특약 2109		
장애인전용보험전환특약 2007		－

* 피보험자가 가입 당시 61세 이상인 경우 특약보험가입금액 500만 원 한도

(3) 보장내용

① 주계약

지급구분	지급사유	
사망보험금	사망하였을 때	장기요양(1~2등급)진단보험금 지급사유 발생 전 사망한 경우
		장기요양(1~2등급)진단보험금 지급사유 발생 후 사망한 경우
장기요양보험금 (1~2등급)	장기요양상태 보장개시일 이후에 최초로 장기요양 1등급 또는 2등급으로 진단 확정되었을 때 (단, 최초 1회에 한함)	

* 장기요양상태 보장개시일은 계약일(부활일)부터 그 날을 포함하여 180일이 지난 날의 다음날로 함. 단, 재해를 직접적인 원인으로 장기요양상태가 발생한 경우 장기요양상태 보장개시일은 계약일(부활일)로 함.

② 특약

㉠ 무배당 장기요양간병비특약 2109

지급구분	지급사유
장기요양(1~2등급) 진단간병자금	장기요양상태 보장개시일 이후에 최초로 장기요양 1등급 또는 2등급으로 진단 확정되고, 진단 확정된 날을 최초로 하여 5년 동안 매년 진단 확정일에 살아있을 때(단, 최초 1회의 진단 확정에 한함) ※ 최초 1년(12개월) 보증지급 ※ 5년(60개월)을 최고한도로 지급

* 장기요양상태 보장개시일은 계약일(부활일)부터 그 날을 포함하여 180일이 지난 날의 다음날로 함. 단, 재해를 직접적인 원인으로 장기요양상태가 발생한 경우 장기요양상태 보장개시일은 계약일(부활일)로 함.

㉡ 무배당 장기요양(1~3등급)특약 2109

지급구분	지급사유
장기요양(1~3등급) 진단보험금	장기요양상태 보장개시일 이후에 최초로 장기요양 1등급, 2등급 또는 3등급으로 진단 확정되었을 때(단, 최초 1회에 한함)

* 장기요양상태 보장개시일은 계약일(부활일)부터 그 날을 포함하여 180일이 지난 날의 다음날로 함. 단, 재해를 직접적인 원인으로 장기요양상태가 발생한 경우 장기요양상태 보장개시일은 계약일(부활일)로 함.

㉢ 무배당 장기요양(1~4등급)특약 2109

지급구분	지급사유
장기요양(1~4등급) 진단보험금	장기요양상태 보장개시일 이후에 최초로 장기요양 1등급, 2등급, 3등급 또는 4등급으로 진단 확정되었을 때 (단, 최초 1회에 한함)

* 장기요양상태 보장개시일은 계약일(부활일)부터 그 날을 포함하여 180일이 지난 날의 다음날로 함. 단, 재해를 직접적인 원인으로 장기요양상태가 발생한 경우 장기요양상태 보장개시일은 계약일(부활일)로 함.

㉣ 무배당 장기요양(1~5등급)특약 2109

지급구분	지급사유
장기요양(1~5등급) 진단보험금	장기요양상태 보장개시일 이후에 최초로 장기요양 1등급, 2등급, 3등급, 4등급 또는 5등급으로 진단 확정되었을 때 (단, 최초 1회에 한함)

* 장기요양상태 보장개시일은 계약일(부활일)부터 그 날을 포함하여 180일이 지난 날의 다음날로 함. 단, 재해를 직접적인 원인으로 장기요양상태가 발생한 경우 장기요양상태 보장개시일은 계약일(부활일)로 함.

26 무배당 우체국당뇨안심보험 2109

(1) 주요 특징

① 우체국보험 최초의 당뇨전문보험 : 당뇨진단부터 인슐린치료, 장해, 사망까지 보장하는 종합보장보험
② 당뇨 중증도(당화혈색소 6.5%/7.5%/9.0%)에 따라 체계적인 보장금액 설정
③ 당뇨합병증 집중보장 : 당뇨병 진단 후 4대중증질환(3대질병/말기신부전)으로 진단시 보험금을 2배 지급하여 고액치료비 보장 (해당특약 가입시)
④ 당뇨치료비 강화 : 주계약 기본 당뇨보장에 더해 특약 가입시 당뇨관련주요질환 입원·수술, 중대수술, 뇌경색증 등 폭 넓은 치료비보장 가능
⑤ 첫날부터 입원비 보장 및 질병/재해 중 원하는 보장만 선택가입 가능
⑥ 주계약 비갱신형 설계 및 보험료 납입면제로 보험료 부담을 완화
⑦ 세제혜택 : 근로소득자는 납입보험료(연간 100만 원 한도)에 대하여 12% 세액공제

(2) 가입요건

① 주계약

가입나이	보험기간	납입기간	납입주기	보험가입금액
만15~50세	80, 90, 100세 만기	10, 15, 20, 30년납	월납	500~2,000만 원 (500만 원 단위)
51~60세		10, 15, 20년납		
61~65세		10, 15년납		

* 피보험자가 가입당시 61세 이상인 경우 보험가입금액 1,000만원 한도

② 특약

㉠ 무배당 정기사망특약Ⅱ 2109

가입나이	보험기간	납입기간	납입주기	보험가입금액
주계약과 동일				500~2,000만 원 (주계약 가입금액 이내에서 500만 원 단위)

* 피보험자가 가입 당시 61세 이상인 경우 보험가입금액 1,000만원 한도

㉡ 15년갱신형 : 무배당 재해입원수술특약, 질병입원수술특약, 중대수술특약, 당뇨플러스암진단특약, 당뇨플러스뇌출혈진단특약, 당뇨플러스급성심근경색증진단특약(, 당뇨플러스말기신부전증진단특약, 뇌경색증진단특약, 당뇨관련주요질환입원수술특약

구분	가입나이	보험기간	납입기간	납입주기	보험가입금액
최초계약	만15~65세	15년	전기납	월납	500~1,000만 원 (주계약 가입금액 이내에서 500만 원 단위)
갱신계약	만30~(주계약 만기나이-1)세	1~15년			

* 보험기간은 15년 만기(갱신형)으로 운영함. 단, 최종 갱신계약의 보험기간 만료일은 주계약 보험기간 만료일까지로 함
* 피보험자가 가입당시 61세 이상인 경우 보험가입금액 500만원(고정) 한도

(3) 특약의 갱신에 관한 사항

갱신절차	보험기간 만료일 30일 전까지 계약자에게 서면 또는 전화(음성녹음) 안내 (보험료 등 변경내용) → 보험기간 만료일 15일 전까지 계약자의 별도 의사표시가 없으면 자동갱신 ※ 갱신형특약의 경우, 최대 주계약 보험기간 만료일의 1년 전 계약해당일까지 갱신 가능하며, 최종갱신계약의 보험기간 만료일은 주계약 보험기간 만료일까지로 함 → 계약자가 갱신 거절의사를 통지하면 계약 종료
갱신계약 보험료	갱신계약의 보험료는 나이의 증가, 적용기초율의 변동 등의 사유로 인상될 수 있음

(4) 보장내용

① 주계약

지급구분	지급사유
사망보험금	보험기간 중 사망하였을 때
장해보험금	보험기간 중 장해분류표 중 동일한 재해 또는 재해 이외의 동일한 원인으로 여러 신체부위의 합산 장해지급률이 50% 이상인 장해상태가 되었을 때 (보험기간 중 최초 1회에 한하여 지급함)
당뇨병(당화혈색소 6.5%이상)진단보험금	보험기간 중 당뇨보장개시일 이후에 "당뇨병(당화혈색소 6.5%이상)"으로 진단이 확정되었을 때 (보험기간 중 최초 1회에 한하여 지급함)
당뇨병(당화혈색소 7.5%이상)진단보험금	보험기간 중 당뇨보장개시일 이후에 "당뇨병(당화혈색소 7.5%이상)"으로 진단이 확정되었을 때 (보험기간 중 최초 1회에 한하여 지급함)
당뇨병(당화혈색소 9.0%이상)진단보험금	보험기간 중 당뇨보장개시일 이후에 "당뇨병(당화혈색소 9.0%이상)"으로 진단이 확정되었을 때 (보험기간 중 최초 1회에 한하여 지급함)
인슐린치료보험금	보험기간 중 "인슐린치료"를 받았을 때 (보험기간 중 최초 1회에 한하여 지급함)

* 당뇨보장개시일은 계약일(부활일)부터 그 날을 포함하여 1년이 지난날의 다음날로 함
* 플러스보험기간 중 사망하였을 때 플러스사망보험금 지급

② 특약

무배당 당뇨관련주요질환입원수술특약(15년갱신형) 2109

지급구분	지급사유
당뇨관련 주요질환 입원보험금	보험기간 중 당뇨관련 주요질환으로 진단이 확정되고, 그 직접적인 치료를 목적으로 4일이상 입원하였을 때 (3일 초과 입원일수 1일당, 120일 한도)
당뇨관련주요 안과질환 수술보험금	보험기간 중 당뇨관련 주요안과질환으로 진단이 확정되고, 그 직접적인 치료를 목적으로 수술을 받았을 때 (수술 1회당)
당뇨관련주요질환 (안과제외) 수술보험금	보험기간 중 당뇨관련 주요질환(안과제외)으로 진단이 확정되고, 그 직접적인 치료를 목적으로 수술을 받았을 때 (수술 1회당)

27 무배당 우체국나르미안전보험 2109

(1) 주요 특징

① 운송업종사자 전용 공익형 교통상해보험

② 나이에 상관없이 성별에 따라 1회 보험료 납입으로 보장 가능 (1년 만기)

③ 보험료의 50%를 체신관서가 공익재원으로 지원

④ 교통재해사고 종합 보장 : 교통재해로 인한 사망, 장해 및 교통사고에 대한 의료비(중환자실 입원 등) 보장

(2) 가입요건

① 주계약 (1종 일반형), (2종 이륜자동차전용)

보험기간	가입나이	납입주기	납입기간	가입금액
1년 만기	만19~60세	연납	전기납	1,000만 원 고정

주1) 1종(일반형)과 2종(이륜자동차전용)의 중복가입 불가

(3) 피보험자 자격요건

① 1종(일반형) : 업무상 이륜자동차운전자를 제외한「플랫폼 경제 운송업 종사자」

② 2종(이륜자동차전용) : 유상운송배달용 및 대여용으로 이륜자동차를 운전하는「플랫폼 경제 운송업 종사자」

* 플랫폼 경제 운송업 종사자 : 디지털 플랫폼의 중개를 통해 일자리를 구하여 단속적(1회성, 비상시적, 비정기적) 일거리 건당 일정한 보수를 수취하거나, 고용계약을 체결하지 않고 특수고용직 형태로 노동을 수행하는 운송업 종사자

* 유상운송배달용 및 대여용은 수당, 요금 등 대가의 보상을 직접적인 목적으로 물건 등의 배달을 위해서 이륜자동차를 운전하는 경우(260cc 초과 이륜자동차는 제외)

(4) 보험료 납입에 관한 사항

이 보험은 보험료의 50%를 각 개별 보험계약자가 납입하며, 나머지 보험료는 과학기술정보통신부장관이 납입하는 것을 원칙으로 한다.

(5) 보장내용

① 주계약

지급구분	지급사유
교통재해 사망보험금	교통재해를 직접적인 원인으로 사망하였을 때
교통재해 장해보험금	장해분류표 중 동일한 교통재해를 원인으로 여러 신체부위의 합산 장해지급률이 50% 이상인 장해상태가 되었을 때 (단, 최초 1회에 한함)
교통재해 중환자실입원보험금	교통재해로 인하여 그 직접적인 치료를 목적으로 중환자실에 입원하였을 때(1일 이상 입원일수 1일당, 60일 한도)
교통재해 중대수술보험금	교통재해로 인하여 그 직접적인 치료를 목적으로 중대한 수술을 받았을 때 (수술 1회당)
교통재해 응급실내원보험금	교통재해로 인하여 응급실 내원진료비 대상자가 되었을 때 (내원 1회당)

28 무배당 win-win단체플랜보험 2109

(1) 주요 특징

① 단체에서 요구하는 보장내용 충족을 위해 다양한 특약을 구성하여 각종 사고에 대한 맞춤형 보장 설계

② 0세 및 어린이 단체도 가입 가능하고, 어린이 단체를 위한 화상, 식중독, 깁스 등 보장

③ 종업원의 복지 증진강화 및 불의의 사고에 대한 유가족의 안정적인 생활 보장을 위해 특약으로 재해·교통 재해사망보장 강화

④ 세제 혜택 : 법인사업자는 근로자를 위해 납입한 보험료를 손금처리 가능

(2) 가입요건

① 주계약

가입나이	보험기간	납입기간	납입주기	가입한도액
0~70세	1년 만기	1년납	연납	1,000만원~4,000만원 (1,000만원 단위)

(3) 보장내용

② 특약

㉠ 무배당 단체재해사망보장특약 2109, 무배당 단체교통재해사망보장특약 2109

가입나이	보험기간, 납입기간, 납입주기	보험가입금액
만15~70세	주계약과 동일	1,000만 원~4,000만 원 (주계약 보험가입금액 이내에서 1,000만 원 단위)

㉡ 무배당 단체재해장해연금특약 2109, 무배당 단체재해입원특약 2109, 무배당 단체재해수술특약 2109, 무배당 단체골절치료특약 2109, 무배당 단체깁스치료특약 2109

가입나이	보험기간, 납입기간, 납입주기	보험가입금액
0~70세	주계약과 동일	1,000만 원(고정)

㉢ 무배당 단체화상치료특약 2109, 무배당 단체식중독치료특약 2109

가입나이	보험기간, 납입기간, 납입주기	보험가입금액
0~10세	주계약과 동일	1,000만 원(고정)

(3) 보험료 할인에 관한 사항

단체별 피보험자수에 따라 다음과 같이 보험료(특약보험료 포함) 할인 적용

피보험자수	5인~20인	21인~100인	101인 이상
할인율	1%	1.5%	2.0%

(4) 중도 추가가입에 관한 사항

① 단체 구성원의 입사 등의 사유로 피보험자의 변동이 있을 경우 보험계약자는 체신관서의 동의를 얻어 계약단체의 보험기간 중 피보험자를 추가할 수 있음. 이 경우 추가된 피보험자의 보험기간은 그 계약단체의 남은 보험기간으로 하며, 보험료 및 책임준비금 산출방법서에 의해 계산된 보험료를 적용함

② 피보험자가 가입하고자 하는 보험상품이 판매중지된 경우, 체신관서에서 인정하는 유사한 상품으로 계약을 체결할 수 있으며, 유사상품이 없는 경우에는 계약체결이 제한될 수 있음

(5) 계약변경에 관한 사항

① 체신관서의 승낙을 얻어 보험계약자를 변경한 경우, 변경된 계약자에게 보험가입증서(보험증권) 및 약관을 교부하고 변경된 계약자가 요청하는 경우 약관의 중요한 내용을 설명함. 보험가입금액 감액(피보험자가 보험료의 일부를 부담하는 경우에는 피보험자의 동의를 받아야 합니다)시 환급금이 없을 수 있음

② 피보험자가 피보험단체로부터 탈퇴한 경우에 계약자는 지체없이 피보험자의 탈퇴년월일 및 사유를 체신관서에 알려야 하며, 피보험자가 피보험단체로부터 탈퇴한 경우에 이 계약은 해지된 것으로 보고 해지시 지급금액을 지급함

(6) 피보험자 변경에 관한 사항

① 보험계약자가 보험료를 전액 부담하는 경우(다만, 피보험자가 보험료의 일부를 부담하는 경우에는 피보험자의 동의를 받아야 함) 피보험자가 보험계약에서 보장하지 않는 사유로 사망하거나 피보험자가 퇴직 등으로 피보험단체에서 탈퇴하는 경우에는 보험계약자는 새로운 피보험자의 동의 및 체신관서의 승낙을 얻어 피보험자를 교체할 수 있음

② 피보험자 변경 시 "보험료 및 책임준비금 산출방법서"에서 정한 변경 전·후의 정산 차액을 추가납입하도록 하거나 보험계약자에게 지급함

③ 변경 후 피보험자에 대한 계약 내용 및 체신관서의 승낙기준 등은 변경 전 피보험자와 동일하게 적용함. 체신관서는 새로운 피보험자가 계약에 적합하지 않은 경우 피보험자의 변경에 대한 승낙을 거절할 수 있

(7) 사망보험금 청구에 관한 사항

사망보험금의 보험수익자가 피보험자의 법정상속인 이외의 자(단체 또는 단체의 대표자 등)로 지정되는 계약은 사망보험금 청구시 피보험자의 법정상속인의 확인서가 필요

(8) 보장내용

① 주계약

지급구분	지급사유
재해장해보험금	재해로 인하여 장해분류표에서 정한 각 장해지급률에 해당하는 장해상태가 되었을 때

② 무배당 단체재해사망보장특약 2109

지급구분	지급사유
재해사망보험금	보험기간 중 재해를 직접적인 원인으로 사망하였을 때

③ 무배당 단체교통재해사망보장특약 2109

지급구분	지급사유
교통재해사망보험금	보험기간 중 교통재해를 직접적인 원인으로 사망하였을 때

④ 무배당 단체재해장해연금특약 2109

지급구분	지급사유
재해장해생활자금	장해분류표 중 동일한 재해로 여러 신체부위의 합산 장해지급률이 50% 이상인 장해상태가 되었을 때

⑤ 무배당 단체재해입원특약 2109

지급구분	지급사유
재해입원보험금	보험기간 중 재해로 인하여 그 직접적인 치료를 목적으로 4일 이상 입원하였을 때(3일 초과 입원일수 1일당, 120일 한도)

⑥ 무배당 단체재해수술특약 2109

지급구분	지급사유
재해수술보험금	보험기간 중 재해로 인하여 그 직접적인 치료를 목적으로 수술을 받았을 때(수술 1회당)

⑦ 무배당 단체골절치료특약 2109

지급구분	지급사유
재해골절(치아파절 제외)보험금	보험기간 중 재해로 인하여 골절상태가 되었을 때 (사고 1회당)

⑧ 무배당 단체화상치료특약 2109

지급구분	지급사유
재해화상진단보험금	보험기간 중 재해로 인하여 화상(심재성 2도 이상)으로 진단이 확정되었을 때 (사고 1회당)

⑨ 무배당 단체식중독치료특약 2109

지급구분	지급사유
식중독입원보험금	보험기간 중 식중독으로 진단이 확정되고 그 직접적인 치료를 목적으로 4일 이상 입원하였을 때(3일 초과 입원일수 1일당, 120일 한도)

⑩ 무배당 단체깁스치료특약 2109

지급구분	지급사유
재해깁스치료 (부목제외)보험금	보험기간 중 재해로 인하여 그 직접적인 치료를 목적으로 깁스(Cast)치료를 받았을 때(사고 1회당)

29 무배당 우체국온라인당뇨보험 2109

(1) 주요 특징

① 우체국보험 최초의 당뇨전문보험으로, 당뇨진단부터 인슐린치료, 장해, 사망까지 보장하는 종합보장보험

② 당뇨 중증도(당화혈색소 6.5%/7.5%/9.0%)에 따라 체계적으로 진단보험금을 보장

③ 보험료 인상없이 처음과 동일한 보험료로 만기까지 보장

④ 세제혜택 : 근로소득자는 납입보험료(연간 100만 원 한도)에 대하여 12% 세액공제

(2) 가입요건

① 주계약

가입나이	보험기간	보험료 납입기간	보험료 납입주기	가입한도액
20~60세	20, 30년 만기	전기납	월납	500~2,000만 원 (500만 원 단위)

(3) 보장내용

① 주계약

지급구분	지급사유
사망보험금	보험기간 중 사망하였을 때
장해보험금	보험기간 중 장해분류표 중 동일한 재해 또는 재해 이외의 동일한 원인으로 여러 신체부위의 합산 장해지급률이 50% 이상인 장해상태가 되었을 때 (보험기간 중 최초 1회에 한하여 지급함)
당뇨병 (당화혈색소6.5%이상) 진단보험금	보험기간 중 당뇨보장개시일 이후에 "당뇨병(당화혈색소 6.5%이상)"으로 진단이 확정되었을 때 (보험기간 중 최초 1회에 한하여 지급함)
당뇨병 (당화혈색소7.5%이상) 진단보험금	보험기간 중 당뇨보장개시일 이후에 "당뇨병(당화혈색소 7.5%이상)"으로 진단이 확정되었을 때 (보험기간 중 최초 1회에 한하여 지급함)
당뇨병 (당화혈색소9.0%이상) 진단보험금	보험기간 중 당뇨보장개시일 이후에 "당뇨병(당화혈색소 9.0%이상)"으로 진단이 확정되었을 때 (보험기간 중 최초 1회에 한하여 지급함)
인슐린치료보험금	보험기간 중 "인슐린치료"를 받았을 때 (보험기간 중 최초 1회에 한하여 지급함)

* 당뇨보장개시일은 계약일(부활일)부터 그 날을 포함하여 1년이 지난날의 다음날로 함

30 무배당 우체국온라인착한안전보험 2109

(1) 주요 특징

① 교통사고 및 재해사고 위주의 보장으로 우체국 최저가 보험료 설계

② 성별에 따른 차이는 있으나 나이에 관계없이 동일한 보험료(주계약 기준)

③ 재해로 인한 사망 및 장해와 교통사고에 대한 의료비(중환자실 입원 등) 집중 보장

④ 특약을 통해 재해로 인한 사망, 입원, 수술 등 보장 가능

⑤ 세제혜택 : 근로소득자는 납입한 보험료(연간 100만 원 한도)에 대하여 12% 세액공제

(2) 가입요건

① 주계약

가입나이	보험기간	납입기간	납입주기	보험가입금액
20년 만기	만19~70세 (만19~60세)	전기납	월납	1,000만원~2,000만원 (1,000만원 단위)
30년 만기	만19~60세 (만19~50세)			

※ 피보험자 가입 당시 61세 이상일 경우 보험가입금액 1,000만원 고정
※ (　　　)는 무배당 재해입원보장특약 2109, 무배당 재해수술보장특약 2109 가입나이

(3) 보장내용

① 주계약

지급구분	지급사유
대중교통재해사망보험금	'대중교통 이용 중 교통재해'를 직접적인 원인으로 사망하였을 때
일반교통재해사망보험금	일반교통재해를 직접적인 원인으로 사망하였을 때
일반재해사망보험금	일반재해를 직접적인 원인으로 사망하였을 때
대중교통재해장해 보험금	'대중교통 이용 중 교통재해'로 인하여 장해분류표에서 정한 각 장해지급률에 해당하는 장해상태가 되었을 때
일반교통재해장해 보험금	일반교통재해로 인하여 장해분류표에서 정한 각 장해지급률에 해당하는 장해상태가 되었을 때
일반재해장해 보험금	일반재해로 인하여 장해분류표에서 정한 각 장해지급률에 해당하는 장해상태가 되었을 때
교통재해중환자실 입원보험금	교통재해로 인하여 그 직접적인 치료를 목적으로 중환자실에 입원하였을 때 (1일이상 입원일수 1일당, 60일 한도)
교통재해중대수술 보험금	교통재해로 인하여 그 직접적인 치료를 목적으로 중대한 수술을 받았을 때 (수술 1회당)
교통재해응급실내원보험금	교통재해로 인하여 응급실 내원 진료비 대상자가 되었을 때 (내원 1회당)
교통재해골절 (치아파절제외)보험금	교통재해로 인하여 골절상태가 되었을 때 (사고 1회당)

31 무배당 우체국온라인어린이보험 2109

(1) 주요 특징

① 암, 장해, 입원, 수술, 골절, 화상, 식중독 등의 각종 일상 생활 위험을 포괄적으로 보장하는 어린이 종합보험

② 중증질환(소아암, 중증장해 등) 고액보장

③ 만기시 만기보험금 지급으로 계약자의 형편에 따라 다양한 목적자금으로 활용 가능

(2) 가입요건

① 주계약

구분	가입나이	보험기간	납입기간	납입주기	가입한도액
주계약	0~15세	30세 만기	전기납	월납	1,000만 원(고정)
무배당 선천이상특약II 2109(의무부가)	임신 23주 이내 태아	3년	3년	월납	1,000만 원(고정)

* 임신 사실이 확인된 태아도 가입 가능

(3) 보장내용

① 주계약

지급구분	지급사유
만기축하금	보험기간이 끝날 때까지 살아 있을 때
암진단보험금	최초의 암으로 진단 확정 되었을 때(단, 최초 1회에 한함)
	최초의 갑상선암, 기타피부암, 대장점막내암, 제자리암 또는 경계성 종양으로 진단 확정 되었을 때(단, 갑상선암, 기타피부암, 대장점막내암, 제자리암 및 경계성 종양 각각 최초 1회에 한함)
소아암진단보험금	최초의 소아암으로 진단 확정 되었을 때(단, 최초 1회에 한함)
재해장해보험금	재해로 인하여 장해분류표에서 정한 각 장해지급률에 해당하는 장해상태가 되었을 때
입원보험금	질병 또는 재해로 인하여 그 직접적인 치료를 목적으로 4일 이상 입원하였을 때 (3일 초과 입원일수 1일당, 120일 한도)
수술보험금	질병 또는 재해로 인하여 그 직접적인 치료를 목적으로 수술을 받았을 때(수술 1회당)
재해골절(치아 파절제외)보험금	출산손상 또는 재해로 인하여 골절상태가 되었을 때(사고 1회당)
재해깁스치료 (부목제외)보험금	재해로 인하여 그 직접적인 치료를 목적으로 깁스(Cast)치료를 받았을 때(사고 1회당)
재해화상진단 보험금	재해로 인하여 화상으로 진단이 확정되었을 때(사고 1회당)
식중독입원보험금	식중독으로 진단이 확정되고 그 직접적인 치료를 목적으로 4일 이상 입원하였을 때(3일 초과 입원일수 1일당, 120일 한도)

32 무배당 우체국온라인암보험 2109

(1) 주요 특징

① 저렴한 보험료, 일반암 진단시 최대 3,000만원까지 지급 (3구좌 가입시)
② 고액암(백혈병, 뇌종양, 골종양, 췌장암, 식도암 등) 진단시 최대 6,000만원까지 지급 (3구좌 가입시)
③ 암 진단시 보험료 납입 면제
④ 보험료 인상없이 처음과 동일한 보험료로 보험기간 동안 보장
⑤ 세제혜택 : 근로소득자는 납입한 보험료(연간 100만원 한도)에 대하여 12% 세액공제

(2) 가입요건

① 주계약

가입나이	보험기간	납입기간	납입주기	가입한도액
20~50세	30년	전기납	월납	3구좌(1구좌 단위)
20~60세	20년			

(3) 보장내용

① 주계약

지급구분	지급사유
암진단 보험금	암보장개시일 이후에 최초의 암으로 진단이 확정되었을 때 (단, 최초 1회에 한함)
	보험기간 중 최초의 갑상선암, 기타피부암, 대장점막내암, 제자리암, 또는 경계성 종양으로 진단이 확정되었을 때 (단, 갑상선암, 기타피부암, 대장점막내암, 제자리암 및 경계성 종양 각각 최초 1회에 한함)
고액암진단 보험금	암보장개시일 이후에 최초의 고액암으로 진단이 확정되었을 때 (단, 최초 1회에 한함)
항암방사선· 약물치료 보험금	암보장개시일 이후에 암으로 진단이 확정되고 그 암의 직접적인 치료를 목적으로 항암방사선치료 또는 항암약물치료를 받았을 때 (단, 항암방사선치료 또는 항암약물치료 둘 중 최초 1회에 한함)
	보험기간 중 갑상선암, 기타피부암, 대장점막내암, 제자리암 및 경계성 종양으로 진단이 확정되고 그 갑상선암, 기타피부암, 대장점막내암, 제자리암 및 경계성 종양의 직접적인 치료를 목적으로 항암방사선치료 또는 항암약물치료를 받았을 때 (단, 갑상선암, 기타피부암, 대장점막내암, 제자리암 및 경계성 종양 각각에 대하여 항암방사선치료 또는 항암약물치료 둘 중 최초 1회에 한함)

* 암보장개시일은 계약일(부활일)부터 그 날을 포함하여 90일이 지난 날의 다음날로 함

33 무배당 우체국온라인3대질병보험 2109

(1) 주요 특징

① 경증질환(소액암, 뇌혈관질환 및 허혈성심장질환)부터 중증질환(암 · 뇌출혈 · 급성심근경색증)까지 체계적으로 보장

② 50%이상 장해상태가 되었거나, 암, 뇌출혈 또는 급성심근경색증으로 진단시 보험료 납입을 면제

③ 비갱신형 상품으로 보험료 인상없이 처음과 동일한 보험료로 만기까지 보장

④ 세제혜택 : 근로소득자는 납입한 보험료(연간 100만원 한도)에 대하여 12% 세액공제

(2) 가입요건

① 주계약

가입나이	보험기간	보험료 납입기간	보험료 납입주기	가입한도액
20~50세	80세 만기	10, 20, 30년납	월납	1,000~2,000만 원 (1,000만 원 단위)
51~60세		10, 20년납		

(3) 보장내용

① 주계약

지급구분	지급사유
암진단보험금	보험기간 중 암보장개시일 이후에 최초의 암으로 진단이 확정되었을 때 (단, 최초 1회에 한함)
	보험기간 중 최초의 갑상선암, 기타피부암, 대장점막내암, 제자리암 또는 경계성 종양으로 진단이 확정되었을 때 (단, 갑상선암, 기타피부암, 대장점막내암, 제자리암 및 경계성 종양 각각 최초 1회에 한함)
뇌출혈진단보험금	보험기간 중 최초의 뇌출혈로 진단이 확정되었을 때 (단, 최초 1회에 한함)
뇌경색증 진단보험금	보험기간 중 최초의 뇌경색증으로 진단이 확정되었을 때 (단, 최초 1회에 한함)
뇌혈관질환 진단보험금	보험기간 중 최초의 뇌혈관질환으로 진단이 확정되었을 때 (단, 최초 1회에 한함)
급성심근경색증 진단보험금	보험기간 중 최초의 급성심근경색증으로 진단이 확정되었을 때 (단, 최초 1회에 한함)
허혈성심장질환 진단보험금	보험기간 중 최초의 허혈성심장질환으로 진단이 확정되었을 때 (단, 최초 1회에 한함)

* 암보장개시일은 계약일(부활일)부터 그 날을 포함하여 90일이 지난 날의 다음날로 함

34 무배당 우체국온라인정기보험 2109

(1) 주요 특징

① 보험료 납입면제 및 고액계약 할인으로 보험료 부담을 완화
② 생존기간 6개월 이내 판단시 사망보험금의 60%를 선지급
③ 비갱신형 상품으로 보험료 변동 없이 처음과 동일한 보험료로 보험기간 동안 보장
④ 세제혜택 : 근로소득자는 납입한 보험료(연간 100만원 한도)에 대하여 12% 세액공제

(2) 가입요건

① 주계약(1종(기본형), 2종(재해보장형))

가입나이	보험기간	보험료 납입기간	보험료 납입주기	가입한도액
20~60세	20년 만기	10, 20년납	월납	1,000~4,000만 원 (1,000만 원 단위)
20~40세	60세 만기	10, 20년납		
41~50세		10년납		
20~50세	70세 만기	10, 20년납		
51~60세		10년납		
20~60세	80세 만기	10, 20년납		

(3) 고액 할인

주계약보험가입금액	2천만 원 이상~3천만 원 미만	3천만 원 이상~4천만 원 미만	4천만 원
할인율	1.0%	2.0%	3.0%

(4) 보장내용 (주계약)

① 1종(기본형) : 사망보험금
② 2종(재해보장형) : 일반사망보험금, 재해사망보험금

35 무배당 온라인내가만든희망보험 2109

(1) 주요 특징

① 각종 질병과 사고 보장을 본인이 선택하여 설계 가능
② 3대질병진단(최대 2,000만 원) 및 뇌경색증진단(최대 500만 원)보장(3대질병보장 가입 시)
③ 12대성인질환 보장(생활보장 가입 시)
④ 50% 장해 시 또는 3대질병 최초 진단 시 보험료 납입 면제 및 비갱신형 상품으로 보험료 변동없음 [10, 20, 30년만기]
⑤ 세제 혜택 : 근로소득자는 납입한 보험료(연간 100만 원 한도)에 대하여 12% 세액공제

(2) 가입요건 (주계약)

보장종목	가입나이	보험기간	납입기간	보험가입금액
3대질병보장 생활보장, 상해보장	20~60세	10, 20, 30년	전기납 (월납)	500~1,000만원 (500만원 단위)

* 3대질병보장, 생활보장, 상해보장 중 최소 1가지 이상(최대 3개)을 계약자가 선택하여 가입 가능

(3) 보장내용

① 주계약

※ 아래 3대질병보장, 생활보장, 상해보장 중 계약자가 선택하여 가입한 보장에 한하여 보험금 지급

보장종목	지급구분	지급사유
3대질병 보장	3대질병 진단보험금	암보장개시일 이후에 최초의 암으로 진단이 확정되었거나, 보험기간 중 최초의 갑상선암, 기타피부암, 대장점막내암, 제자리암, 경계성 종양, 뇌출혈 또는 급성 심근경색증으로 진단이 확정되었을 때 (단, 암, 갑상선암, 기타피부암, 대장점막내암, 제자리암, 경계성 종양, 뇌출혈 또는 급성심근경색증 각각 최초 1회에 한하여 지급함)
	뇌경색 진단보험금	보험기간 중 최초의 뇌경색증으로 진단이 확정되었을 때 (단, 최초 1회에 한하여 지급함)
생활보장	12대성인질환 수술보험금	12대성인질환으로 진단이 확정되고 그 직접적인 치료를 목적으로 12대성인질환수술을 받았을 때 (수술 1회당)
	12대성인질환 입원보험금	12대성인질환으로 진단이 확정되고 그 직접적인 치료를 목적으로 4일 이상 입원하였을 때 (3일 초과 입원일수 1일당, 120일 한도)
	재해골절(치아파절 제외)보험금	재해로 인하여 골절상태가 되었을 때 (사고 1회당)
	재해깁스치료 (부목제외)보험금	재해로 인하여 그 직접적인 치료를 목적으로 깁스(Cast)치료를 받았을 때 (사고 1회당)
	응급실내원보험금	응급실 내원 진료비 대상자에 해당하였을 때 (내원 1회당)
	재해화상진단보험금	재해로 인하여 화상으로 진단이 확정되었을 때 (사고 1회당)
	결핵진단보험금	보험기간 중 최초의 결핵으로 진단이 확정되었을 때 (단, 최초 1회에 한하여 지급함)
상해보장	재해장해보험금	재해로 인하여 장해분류표에서 정한 각 장해지급률에 해당하는 장해상태가 되었을 때
	재해장해생활자금	장해분류표 중 동일한 재해로 여러 신체부위의 합산 장해지급률이 50%이상인 장해상태가 되었을 때
	재해입원보험금	재해로 인하여 그 직접적인 치료를 목적으로 4일 이상 입원하였을 때 (3일 초과 입원일수 1일당, 120일 한도)
	재해수술보험금	재해로 인하여 그 직접적인 치료를 목적으로 수술을 받았을 때 (수술 1회당)

36 무배당 우체국온라인와이드암보험 2112

(1) 주요 특징

① 암으로 진단시 사망보험금의 일부를 선지급하여 치료비를 지원
② 암으로 재진단시 계속 보장하고, 선진 항암치료기법인 표적항암약물허가치료를 보장하여 암 환자의 삶의 질 개선 및 치료비 부담을 완화(해당 특약 가입시)
③ 보험료 납입면제 및 고액계약 할인(주계약 보험료)으로 보험료 부담을 완화
④ 세제혜택 : 근로소득자는 납입보험료(연간 100만원 한도)에 대하여 12% 세액공제

(2) 가입요건

① 주계약

가입나이	보험기간	보험료 납입기간	보험료 납입주기	가입한도액
20~45세	15, 30년 만기	전기납	월납	1,000~2,000만 원 (500만 원 단위)
46~60세	15년 만기			

② 특약

무배당 소액암진단특약Ⅲ (의무부가), 무배당 암진단특약Ⅲ 2종(비갱신형),

가입나이	보험기간	납입기간	납입주기	가입한도액
주계약과 동일				500~2,000만 원 (주계약 보험가입금액 이내에서500만 원 단위)

무배당 암진단특약Ⅲ 1종(15년갱신형), 무배당 계속받는암진단특약Ⅱ(15년갱신형)
무배당 표적항암약물허가치료특약Ⅱ(5년갱신형)

구 분		가입나이	보험기간	납입기간	납입주기	가입한도액
15년 갱신형	최초계약	20~60세	15년만기 (갱신형)	전기납	월납	500~2,000만원 (주계약 보험가입금액 이내에서 500만원 단위)
	갱신계약	35~60세	15년만기			
5년갱신형	최초계약	20~60세	5년 만기 (갱신형)			
	갱신계약	25~70세				

(3) 보장내용 (주계약)

지급구분	지급사유	
사망보험금	보험기간 중 사망하였을 때	암진단보험금 지급사유 발생 전 사망한 경우
		암진단보험금 지급사유 발생 후 사망한 경우
암진단보험금	보험기간 중 암보장개시일 이후에 최초의 암(갑상선암, 기타피부암 및 대장점막내암 제외)으로 진단이 확정되었을 때 (단, 최초 1회에 한함)	

* 암보장개시일은 계약일(부활일)부터 그 날을 포함하여 90일이 지난 날의 다음날로 함

37 무배당 온라인미니암보험 2112

(1) 주요 특징

① 저렴한 보험료로 남성특정암 진단시 최대 1,000만원을 지급(남성특정암보장형 가입시)

② 저렴한 보험료로 여성특정암 진단시 최대 1,000만원을 지급(여성특정암보장형 가입시)

③ 월납, 연납, 일시납으로 납입방법을 다양하게 선택

④ 세제혜택 : 근로소득자는 납입보험료(연간 100만원 한도)에 대하여 12% 세액공제

(2) 가입요건

① 주계약

가입나이	보험기간	납입기간	납입주기	보험가입금액
20~50세	3, 5, 10년	전기납, 일시납	월납, 연납, 일시납	1,000만 원 고정

(3) 보장내용 (주계약)

① 1종 남성특정암보장형

지급구분	지급사유
남성특정암진단보험금	남성특정암보장개시일 이후에 최초의 남성특정암으로 진단이 확정되었을 때 (단, 최초 1회에 한함)

② 2종 여성특정암보장형

지급구분	지급사유
여성특정암진단보험금	여성특정암보장개시일 이후에 최초의 여성특정암으로 진단이 확정되었을 때 (단, 최초 1회에 한함)

※ 특정암보장개시일은 계약일(부활일)부터 그 날을 포함하여 90일이 지난날의 다음날로 함

38 무배당 온라인요양보험 2112

(1) 주요 특징

① 장기요양(1~4등급)으로 진단 시 사망보험금의 일부를 선지급하여 노후 요양비를 지원
② 비갱신형으로 설계하여 보험료 상승 부담 없이 보험기간 만기까지 노후 대비 사망과 요양 보장을 한번에 제공
③ 30세부터 최대 65세까지 폭 넓게 가입 가능한 요양보험
④ 세제혜택 : 근로소득자는 납입보험료(연간 100만원 한도)에 대하여 12% 세액공제

(2) 가입요건

① 주계약

가입나이		보험기간	납입기간	납입주기	보험가입금액
남자	여자				
30~65세	30~65세	90세 만기	15년납	월납	500~1,000만 원 (500만 원 단위)
30~63세	30~65세		20년납		
30~63세	30~65세	95세 만기	15년납		
30~59세	30~64세		20년납		

(3) 보장내용

주계약

지급구분	지급사유	
사망보험금	사망하였을 때	장기요양(1~4등급)진단보험금 지급사유 발생 전 사망한 경우
		장기요양(1~4등급)진단보험금 지급사유 발생 후 사망한 경우
장기요양 (1~4등급) 진단보험금	장기요양상태 보장개시일 이후에 최초로 장기요양 1등급, 2등급, 3등급 또는 4등급으로 진단 확정되었을 때 (단, 최초 1회에 한함)	

주1) 장기요양상태 보장개시일은 계약일(부활일)부터 그 날을 포함하여 180일이 지난 날의 다음날로 함.
단, 재해를 직접적인 원인으로 장기요양상태가 발생한 경우 장기요양상태 보장개시일은 계약일(부활일)로 함.

39 무배당 온라인입원수술보험 2112

(1) 주요 특징

① 건강보험의 핵심보장인 입원 및 수술을 보장하는 온라인전용 보험상품
② 질병 또는 재해로 50%이상 장해상태가 되었을 때 차회 이후의 보험료 납입을 면제
③ 비갱신형 상품으로 보험료 인상없이 처음과 동일한 보험료로 만기까지 보장
④ 세제혜택 : 근로소득자는 납입보험료(연간 100만원 한도)에 대하여 12% 세액공제

(2) 가입요건

① 주계약

가입나이	보험기간	보험료 납입기간	보험료 납입주기	가입한도액
20~50세	80세 만기	10, 20, 30년납	월납	500~2,000만 원 (500만 원 단위)
51~60세		10, 20년납		
20~60세	100세 만기	10, 20, 30년납		

(3) 주계약 보장내용

지급구분	지급사유
입원보험금	질병 또는 재해로 인하여 그 직접적인 치료를 목적으로 4일 이상 입원하였을 때 (3일 초과 입원일수 1일당, 120일 한도)
수술보험금	질병 또는 재해로 인하여 그 직접적인 치료를 목적으로 수술을 받았을 때 (수술 1회 당)

40 무배당 우체국온라인종합건강보험(갱신형) 2201

(1) 주요 특징

① 현대인의 건강한 생활을 위하여 사망부터 생존(진단, 입원, 수술 등)까지 종합적으로 보장하는 온라인전용 종합건강보험상품
② 꼭 필요한 보장을 선택하여 가입할 수 있는 맞춤형 상품
③ 부담없는 보험료로 각종 질병과 사고는 물론 고액치료비 및 백내장·관절염·인공관절 치환 수술 등 시니어질환을 보장(특약 가입시)
④ 세제혜택 : 근로소득자는 납입보험료(연간 100만원 한도)에 대하여 12% 세액공제

(2) 가입요건

① 주계약

구분	가입나이	보험기간	납입기간(납입주기)	보험가입금액
최초계약	20세~60세	10년 만기 (종신갱신형)	전기납 (월납)	1,000~2,000만원 (1,000만원 단위)
갱신계약	30세 이상			

② 특약

* 무배당 암보장특약Ⅱ(갱신형), 무배당 뇌질환진단특약(갱신형), 무배당 심장질환진단특약(갱신형), 무배당 첫날부터입원특약Ⅱ(갱신형), 무배당 시니어플러스수술특약(갱신형)

구분	가입나이	보험기간	납입기간(납입주기)	보험가입금액
주계약과 동일				1,000만 원(고정)

(3) 특약의 갱신에 관한 사항

갱신절차	o 보험기간 만료일 30일 전까지 계약자에게 서면 또는 전화(음성녹음) 안내 (보험료 등 변경내용) → 보험기간 만료일 15일 전까지 계약자의 별도 의사표시가 없으면 자동갱신 → 계약자가 갱신 거절의사를 통지하면 계약종료 ※ (무)암보장특약Ⅱ(갱신형) 2201의 경우, 피보험자에게 암진단보험금 지급사유가 발생한 경우에는 이 특약을 갱신할 수 없음. 단, 갑상선암, 기타피부암, 대장점막내암, 제자리암 또는 경계성 종양으로 진단 확정 받은 경우에는 특약을 갱신할 수 있음. ※ (무)뇌질환진단특약(갱신형) 2201, (무)심장질환진단특약(갱신형) 2201의 경우, 세부보장은 동시에 갱신하여야함. 다만, 보험금이 지급된 세부보장은 갱신할 수 없음.
갱신계약 보험료	갱신계약의 보험료는 각각의 특약상품에 따라 나이의 증가, 적용기초율의 변동 등의 사유로 인상 가능

41 무배당 우체국온라인종신보험 2201

(1) 주요 특징

① 한번 가입으로 평생 피보험자의 사망을 종신토록 보장하는 온라인전용 종신보험상품
② 고객의 보험료 부담을 완화하기 위해 보험가입금액 2천만원 이상인 경우 보험료를 할인함
③ 세제혜택 : 근로소득자는 납입보험료(연간 100만원 한도)에 대하여 12% 세액공제

(2) 가입요건

가입나이	보험기간	납입기간	납입주기	보험가입금액
20~60세	종신	10년납	월납	1,000~2,000만 원 (500만 원 단위)
20~52세		20년납		
20~44세		30년납		

(3) 보험료 할인에 관한 사항 (고액할인)

주계약 보험가입금액	2,000만원 이상
할인율	1.0%

42 무배당 우체국온라인치매간병보험 2201

(1) 주요 특징

① 경도치매부터 중증치매까지 체계적으로 보장하는 온라인전용 치매전문보험

② "중증치매상태"로 최종 진단 확정되고, 매년 생존시 최대 15년동안 중증치매진단간병자금을 매월 지급

③ 비갱신형 상품으로 보험료 인상없이 처음과 동일한 보험료로 만기까지 보장

④ 세제혜택 : 근로소득자는 납입보험료(연간 100만원 한도)에 대하여 12% 세액공제

(2) 가입요건

가입나이	보험기간	납입기간	납입주기	가입금액
30세~65세	90,95세만기	15,20년납	월납	500~1,000만원 (500만원 단위)

(3) 지정대리청구인 지정에 관한 사항

계약자가 본인을 위한 계약(계약자, 피보험자 및 보험수익자가 모두 동일)을 체결할 경우, 체신관서는 지정대리청구서비스 신청서를 교부하고 지정대리청구인 지정에 관련된 내용을 설명하여야 함. 다만, 전화를 이용하여 계약을 체결하는 경우에는 음성 녹음함으로써 교부 및 설명한 것으로 봄.

① 계약자는 보험금을 직접 청구할 수 없는 특별한 사정이 있을 경우를 대비하여 계약을 체결할 때 또는 계약 체결 이후에 다음 각 호의 어느 하나에 해당하는 자 중에서 보험금의 대리청구인(2인 이내에서 지정하되, 2인 지정시 대표대리인을 지정)(이하 "지정대리 청구인"이라 함)을 지정(변경 지정 포함)할 수 있음. 다만, 지정대리청구인은 보험금 청구시에도 다음 각 호의 어느 하나에 해당하여야 함.

　1. 피보험자의 가족관계등록부상의 배우자

　2. 피보험자의 3촌 이내의 친족

② 제1항에도 불구하고 지정대리청구인이 지정된 이후에 보험수익자가 변경되는 경우에는 이미 지정된 지정 대리청구인의 자격은 자동적으로 상실된 것으로 봄.

(4) 보장내용 (주계약)

지급구분	지급사유
경도치매 진단보험금	보험기간 중 치매보장개시일 이후에 "경도치매상태"로 진단되고 90일이 지난 이후에 "경도치매상태"로 최종 진단 확정 되었을 때(단, 최초 1회에 한함)
중등도치매 진단보험금	보험기간 중 치매보장개시일 이후에 "중등도치매상태"로 진단되고 90일이 지난 이후에 "중등도치매상태"로 최종 진단 확정 되었을 때(단, 최초 1회에 한함)
중증치매 진단보험금	보험기간 중 치매보장개시일 이후에 "중증치매상태"로 진단되고 90일이 지난 이후에 "중증치매상태"로 최종 진단 확정 되었을 때(단, 최초 1회에 한함)
중증치매진단 간병자금	보험기간 중 치매보장개시일 이후에 "중증치매상태"로 진단 후 90일이 지난 이후에 "중증치매상태"로 최종 진단 확정 되고, 최종 진단 확정된 날을 최초로 하여 15년 동안 매년 최종 진단 확정일에 살아 있을 때(단, 최초 1회의 최종 진단 확정에 한함)

03 저축성 상품

1 무배당 청소년꿈보험 2109

(1) 주요 특징

공익보험으로 특정 피보험자 범위에 해당하는 청소년에게 무료로 보험가입 혜택을 주어 학자금을 지급하는 교육보험

(2) 가입요건

보험기간	가입나이	납입기간	납입주기	가입한도액
5년만기	만6~17세	일시납	일시납	250만 원 (생존학자금 50만 원 기준)

* 보험계약자는 과학기술정보통신부장관으로 함

(3) 피보험자 범위

가정위탁을 받는 청소년, 아동복지 시설의 수용자, 「북한이탈주민의 보호 및 정착지원에 관한 법률」의 적용을 받는 탈북청소년 등 과학기술정보통신부장관이 별도로 정한 바에 따른다.

(4) 보장내용

지급구분	지급사유
생존학자금	보험계약일부터 매년 계약해당일에 살아 있을 때 (최대 5회 지급
입원보험금	질병 또는 재해로 인하여 그 치료를 직접목적으로 4일 이상 입원하였을 때 (3일 초과 입원일수 1일당, 120일 한도)

2 무배당 그린보너스저축보험플러스 2203

(1) 주요 특징

① 실세금리 적용 : 적립부분 순보험료를 신공시이율Ⅳ로 부리·적립하며, 시중금리가 떨어지더라도 최저 1.0%의 금리 보증

② 만기 유지 시 계약일로부터 최초 1년간 보너스금리 추가로 제공

3년 만기	5년 만기	10년 만기
1.0%	1.5%	3.0%

③ 절세형 상품 : 세법에서 정하는 요건에 부합하는 경우 일반형은 이자소득이 비과세되고 금융소득종합과세에서도 제외되며,

비과세종합저축은 조세특례제한법 제88조의2에서 정한 노인 및 장애인 등의 계약자에게 만기 뿐만 아니라 중도 해약 시에도 이자소득 비과세

④ 예치형, 적립형 및 보험기간(3년, 5년, 10년)에 따라 단기목돈 마련, 교육자금, 노후설계자금 등 다양한 목적의 재테크 수단으로 활용

(2) 가입요건

① 주계약

보험종류		보험기간	가입나이	납입기간	납입주기
일반형	예치형	3년, 5년, 10년 만기	0세 이상	일시납	일시납
	적립형	3년, 5년 만기		전기납	월납
		10년 만기		5년납, 전기납	
비과세 종합저축	예치형	3년, 5년, 10년 만기		일시납	일시납
	적립형	3년, 5년 만기		전기납	월납
		10년 만기		5년납, 전기납	

* 비과세종합저축형 계약자는 조세특례제한법 제88조의2 제1항에서 정한 요건을 충족해야 가능(직전 3개 과세기간 중 연속하여 소득세법 제14조 제3항 제6호에 따른 소득의 합계액이 연 2천만 원 이하인 자로 한정)

(3) 보험료 납입한도액

예치형	적립형		
	3년납	5년납	10년납
100만 원~4,000만 원	10만 원~100만 원	10만 원~60만 원	10만 원~30만 원

(4) 보장내용

① 주계약

지급구분	지급사유
만기보험금	보험기간이 끝날 때까지 살아 있을 때
재해장해보험금	재해로 인하여 장해상태가 되었을 때

3 무배당 파워적립보험 2109

(1) 주요 특징

① 실세금리 적용 : 적립부분 순보험료를 신공시이율Ⅳ로 부리·적립하며, 시중금리가 떨어지더라도 최저 1.0%의 금리 보증

② 중도에 긴급자금 필요 시 이자부담 없이 중도인출로 자금활용, 자유롭게 추가납입 가능

③ 기본보험료 30만 원 초과금액에 대해 수수료를 인하함으로써 수익률 증대

④ 단기납(3년, 5년)으로 납입기간 부담 완화

⑤ 1종(만기목돈형), 2종(이자지급형) 및 보험기간(3년, 5년, 10년)에 따라 단기목돈마련, 교육자금, 노후설계자금 등 다양한 목적의 재테크 수단으로 활용

⑥ 절세형상품 : 관련 세법에서 정하는 요건에 부합하는 경우 이자소득 비과세 혜택

(2) 가입요건

① 주계약

보험종류	보험기간	가입나이	납입기간	납입주기	추가납입보험료 납입주기
1종(만기목돈형)	3년, 5년	0세 이상	3년, 전기납	월납	수시납
	10년		5년, 전기납		
2종(이자지급형)	10년		5년		

(3) 기본보험료 납입한도액

구분	기본보험료 한도		
	3년납	5년납	10년납
1종(만기목돈형)	5만 원~100만 원	5만 원~50만 원	5만 원~30만 원
2종(이자지급형)	5만 원~50만 원		

(4) 추가납입보험료 한도액

① 보험기간 중 납입할 수 있는 1회 납입 가능한 추가납입보험료의 납입한도는 시중금리 등 금융환경에 따라 "기본보험료×200%×해당년도 가입경과월수 – 해당년도 이미 납입한 추가납입보험료" 이내에서 체신관서가 정한 한도로 함 .단, 보험료 납입기간 후에는 추가납입 불가능

  – 해당년도 가입경과월수는 가입할 때(가입 이후 다음연도부터는 매년 1월)를 1개월로 하고, 이후 해당월 기본보험료를 납입할 때마다 1개월씩 증가(최대 12개월)

(5) 보장내용 : 무배당 그린보너스저축보험플러스 2203 동일(만기보험금, 재해장해보험금)

중도인출금에 대한 사항

① 1종(만기목돈형)의 경우 계약일 이후 1년이 지난 후부터 보험기간 중에 보험년도 기준 연 12회에 한하여 적립금액의 일부를 인출할 수 있으며, 1회에 인출할 수 있는 최고 한도는 인출 당시 해약환급금의 80%를 초과할 수 없음.
또한 총 인출금액은 계약자가 실제 납입한 보험료 총액을 초과할 수 없음

② 2종(이자지급형)의 경우 기본보험료의 납입을 완료하고 계약이 유효한 때에는 기본보험료 납입 완료 후 최초 도래하는 계약해당일부터 매년 계약해당일 시점의 적립금액에서 해당 시점에서 계산한 만기시점 기준 총 납입보험료의 현재가치(최저보증이율로 할인)를 제외한 금액을 매년 계약해당일의 신공시이율Ⅳ를 적용하여 잔여기간 동안 연단위로 분할하여 계산한 금액을 중도인출금으로 지급함

4 **무배당 우체국온라인저축보험 2109**

(1) 주요 특징

① 가입 1개월 유지 후 언제든지 해약해도 납입보험료의 100% 이상을 보장하는 신개념 저축보험

② 경과이자에 비례하여 사업비를 공제하므로, 신공시이율Ⅳ가 변동되면 사업비 공제금액(상한금액 설정)도 함께 변동

③ "신공시이율Ⅳ"(최저보증이율 1.0%)로 부리 적립 등 실세금리 반영

④ 중도에 긴급자금 필요 시 이자부담 없이 중도인출로 자금활용, 자유롭게 추가납입으로 고객편의 제공

⑤ 관련 세법이 정한 바에 따라 보험차익 비과세 요건 충족 시 이자소득세가 전액 면제되고 금융소득종합과세 대상에서도 제외

(2) 가입요건

① 주계약

가입나이	보험기간	기본보험료 납입기간	기본보험료 납입주기	추가납입보험료 납입주기
만19세~65세	1년	전기납	월납	수시납
	3년			
	5년	3년납, 전기납		
	10년	5년납, 전기납		

(3) 기본보험료 납입한도액

구분	기본보험료 한도			
	1년납	3년납	5년납	10년납
기본보험료	1만 원~300만 원	1만 원~100만 원	1만 원~50만 원	1만 원~30만 원

(4) 추가납입보험료 한도액 (무배당 파워적립보험 2109와 내용동일)

① 보험기간 중 납입할 수 있는 1회 납입 가능한 추가납입보험료의 납입한도는 시중금리 등 금융환경에 따라 "기본보험료×200%×해당년도 가입경과월수 – 해당년도 이미 납입한 추가납입보험료" 이내에서 체신관서가 정한 한도로 함. 단, 보험료 납입기간 후에는 추가납입이 불가능

　㉠ 해당년도 가입경과월수는 가입할 때(가입이후 다음연도부터는 매년 1월)를 1개월로 하고, 이후 해당월 기본보험료를 납입할 때마다 1개월씩 증가(최대 12개월)

(5) 보장내용 : 무배당 그린보너스저축보험플러스과 2203 동일(만기보험금, 재해장해보험금)

(6) 중도인출금에 대한 사항

계약일 이후 1개월이 지난 후부터 보험기간 중에 보험년도 기준 연 12회에 한하여 적립금액의 일부를 인출할 수 있으며, 1회에 인출할 수 있는 최고 한도는 인출 당시 해약환급금의 80%를 초과할 수 없음.

또한 총 인출금액은 계약자가 실제 납입한 보험료 총액을 초과할 수 없음

- 알기쉬운 용어풀이

5 무배당 알찬전환특약 2109

(1) 주요 특징

① 만기보험금 재예치로 알찬 수익 보장

② 적립부분 순보험료를 신공시이율Ⅳ로 부리하므로 수익률이 높을 뿐만 아니라 시중금리 하락과 관계없이 최저 1.0%의 금리 보증

③ 보험기간을 2, 3, 4, 5, 7, 10년으로 다양화하여 학자금, 결혼비용, 주택마련자금, 사업자금 등 경제적 필요에 맞춰 자유롭게 선택 가능하며 다양한 목적의 재테크 수단으로 활용

(2) 가입가능계약

에버리치복지보험(일반형), 무배당 에버리치복지보험(일반형), 복지보험, 파워적립보험, 무배당 파워적립보험, 무배당 빅보너스저축보험 및 무배당 그린보너스저축보험(일반형) 중 유효계약으로 무배당 알찬전환특약 2109를 신청한 계약

(3) 가입요건

보험기간	가입나이	납입기간	일시납보험료
2년 만기 3년 만기 4년 만기 5년 만기 7년 만기 10년 만기	0세 이상	일시납	전환 전 계약의 만기보험금과 배당금 합계액

(4) 가입신청일 : 전환전계약의 만기일 1개월 전~만기일 전일

(5) 보장내용 : 무배당 그린보너스저축보험플러스 2203과 동일(만기보험금, 재해장해보험금)

04 연금보험

1 무배당 우체국연금보험 2109

(1) 주요 특징

① 실세금리 등을 반영한 신공시이율Ⅳ로 적립되며, 시중금리가 하락하더라도 최저 1.0% (다만, 가입 후 10년 초과 시 0.5%)의 금리 보장

② 다양한 목적의 재테크 기회로 활용

 ㉠ 종신연금형 : 평생 연금수령을 통한 생활비 확보 가능, 조기 사망 시 20년 또는 100세 까지 안정적인 연금 수령

 ㉡ 상속연금형·확정기간연금형 : 연금개시 후에도 해지 가능하므로 다양한 목적자금으로 활용 가능

 ㉢ 더블연금형 : 연금개시 후부터 80세 계약해당일 전일까지 암, 뇌출혈, 급성심근 경색증, 장기요양상태(2등급 이내) 중 최초 진단 시 연금액 두 배로 증가

③ 관련 세법에서 정하는 요건에 부합하는 경우 이자소득 비과세 및 금융소득종합과세 제외

④ 45세 이후부터 연금 지급 : 45세 이후부터 연금을 받을 수 있어 노후를 위한 준비

(2) 가입요건

① 주계약

구분	연금개시나이(A)	가입나이	납입기간	납입주기
종신연금형 (20년 또는 100세 보증지급)	45~75세	0~(A-5)세	일시납 5, 7, 10, 15, 20년납	일시납 월납
상속연금형				
확정기간연금형 (5년, 10년, 15년, 20년)				
더블연금형	45~70세			

② 특약 : 지정대리청구서비스특약 2109

(3) 보험료 납입한도액

(단위 : 만원)

가입나이	종신연금형, 상속연금형, 확정기간연금형			더블연금형		
	일시납	월납		일시납	월납	
		5년납 7년납	10년납 15년납 20년납		5년납 7년납	10년납 15년납 20년납
20세 미만	500~4,000	10~40	5~20	500~4,000	10~40	5~20
20~29세	500~6,000	10~60	5~30	500~6,000	10~60	5~25
30~39세	500~8,000	10~80	5~40	500~7,000	10~80	5~30
40~49세	500~10,000	10~100	5~50	500~7,500	10~90	5~35
50세 이상	500~10,000	10~120	5~50	500~8,500	10~100	5~40

(4) 보장내용

① 주계약

지급구분			지급사유	지급액
제1 보험 기간	재해장해보험금		재해로 인하여 장해상태가 되었을 때	일시납 : 일시납 보험료의 20%×해당 장해지급률 월납 : 월납 보험료의 20배×해당 장해지급률
제2 보험 기간	생존 연금	종신 연금형	매년 계약해당일에 살아 있을 때	연금지급개시일의 적립금액을 기준으로 계산한 금액을 매년 지급 (20년 또는 100세 보증지급)
		상속 연금형	매년 계약해당일에 살아 있을 때	연금지급개시일의 적립금액을 기준으로 계산한 이자 상당액(사업비 차감)을 매년 지급
		확정기간 연금형	연금지급기간(5년, 10년, 15년, 20년)의 매년 계약해당일	연금지급개시일의 적립금액을 기준으로 계약자가 선택한 연금지급기간 동안 나누어 계산한 금액을 연금지급기간동안 매년 지급
	더블 연금	더블 연금형 기본 연금	매년 계약해당일에 살아 있을 때	연금지급개시일의 적립금액을 기준으로 계산한 금액을 매년 지급 (20년 보증지급)
		더블 연금형 더블 연금	연금개시나이 계약해당일부터 80세 계약 해당일 전일까지 암, 뇌출혈, 급성심근경색증, 장기요양상태(1~2등급) 중 최초로 진단이 확정되었을 때	진단확정 이후 최초 도래하는 기본연금 지급일부터 기본연금 연금연액의 100%를 매년 지급 (20년 확정)

※제1보험기간 : 계약일 ~ 연금개시나이 계약해당일 전일

※ 지급일제2보험기간 : (종신연금형) 연금개시나이 계약해당일 ~ 종신(확정기간연금형) 연금개시나이 계약해당일 ~ 최종연

2 우체국연금저축보험 2109

(1) 주요 특징

① 실세금리 등을 반영한 신공시이율Ⅳ로 적립되며, 시중금리가 하락하더라도 최저 1.0%(다만, 가입 후 10년 초과 시 0.5%)의 금리 보장

② 니즈에 맞는 연금지급형태 선택으로 종신(종신연금형) 또는 확정기간(확정기간연금형) 동안 안정적인 연금 지급

③ 관련 세법이 정한 바에 따라 납입한 보험료에 대하여 세액공제[연간 600만원 한도로 납입금액의 12% 세액공제(종합소득금액이 4천 500만원(근로소득만 있는 경우에는 총급여액 5천 500만원) 이하인 경우 납입금액의 15% 세액공제)] 혜택을 제공

④ 추가납입제도로 자유롭게 추가납입 가능

⑤ 유배당 상품 : 배당상품으로 향후 운용이익금 발생 시 배당혜택 제공

(2) 가입요건

① 주계약

추가납입보험료

㉠ 추가납입보험료는 계약일 이후 1개월이 지난 후부터 (연금개시나이-1)세 계약해당일까지 납입 가능

㉡ 추가납입보험료의 연간 납입한도는 연간 총 기본보험료의 2배 이내 단, 추가납입보험료의 최고 한도는 기본보험료 총액(기본보험료×12×기본보험료 납입기간)의 2배로 함

연금개시 나이(A)	가입나이	기본보험료		추가납입 보험료 납입주기
		납입기간	납입주기	
만55~80세	0~(A-5)세	5년~전기납	월납	수시납

(3) 보험료 납입한도액

① 기본보험료

납입한도액	
10년납 미만	10만 원~75만 원(1천 원 단위)
10년납 이상	5만 원~75만 원(1천 원 단위)

(4) 보장내용

① 주계약

지급구분		지급사유	지급액
생존 연금	종신연금형	제2보험기간 중 매년 계약해당일에 살아 있을 때	연금지급개시일의 적립금액을 기준으로 계산한 금액을 매년 지급(20년 보증지급)
	확정기간 연금형	제2보험기간 중 연금지급기간(10년, 15년, 20년)의 매년 계약해당일	연금지급개시일의 적립금액을 기준으로 계약자가 선택한 연금 지급기간동안 나누어 계산한 금액을 연금지급기간동안 매년 지급

* 제1보험기간 : 계약일 ～ 연금개시나이 계약해당일 전일
* 제2보험기간 : (종신연금형) 연금개시나이 계약해당일~종신
  (확정기간연금형) 연금개시나이 계약해당일~최종연금 지급일

3 무배당 우체국연금저축보험(이전형) 2109

(1) 주요 특징

① 실세금리 등을 반영한 신공시이율Ⅳ로 적립되며, 시중금리가 하락하더라도 최저 1.0% (다만, 가입후 10년 초과시 0.5%)의 금리 보장

② 고객 니즈에 맞는 연금지급형태 선택으로 종신(종신연금형) 또는 확정기간(확정기간연금형)동안 안정적인 연금지급

③ 관련 세법이 정한 바에 따라 납입한 보험료에 대하여 세액공제 [종합소득금액이 1억 원(근로소득만 있는 경우에는 총급여액 1억 2천만 원) 이하인 경우 납입금액 중 연간 400만 원 한도(단, 2022년 12월 31일까지는 금융소득금액 2천만 원을 초과하지 않는 만50세 이상 거주자의 경우 연간 600만 원 한도), 종합소득금액이 1억 원(근로소득만 있는 경우에는 총급여액 1억 2천만 원) 초과인 경우 연간 300만 원 한도로 납입금액의 12% 또는 15%] 혜택 제공

④ 추가납입제도로 자유롭게 추가납입 가능

(2) 가입요건

① 주계약

연금개시 나이(A)	가입나이	기본보험료		추가납입 보험료 납입주기
		납입기간	납입주기	
만55~80세	0~(A)세	일시납	일시납	–
	0~(A−1)세	1년~전기납	월납	수시납

* 무배당 우체국연금저축보험(이전형) 2109으로의 가입은 소득세법시행령에서 정하는 연금저축계좌 범위에 속하는 다른 금융기관의 연금저축을 이전받는 경우에 한함

(3) 보험료 납입한도액

① 기본보험료

납입한도액		
일시납	한도 없음	
월납	10년납 미만	10만 원~75만 원(1천 원 단위)
	10년납 이상	5만 원~75만 원(1천 원 단위)

② 추가납입보험료

㉠ 추가납입보험료는 계약일 이후 1개월이 지난 후부터 (연금개시나이−1)세 계약해당일까지 납입 가능하며, "월납계약"과 함께 가입할 경우에 한하여 납입 가능

㉡ 추가납입보험료의 연간 납입한도는 연간 총 월납 기본보험료의 2배 이내. 단, 추가납입보험료의 최고 한도는 월납 기본보험료 총액(월납 기본보험료×12×월납 기본보험료 납입기간)의 2배로 함

(4) 보장내용 : 우체국연금저축보험 2109와 내용과 동일 (종신연금형, 확정기간연금형)

4 무배당 우체국온라인연금저축보험 2109

(1) 주요 특징

① 실세금리를 반영한 높은 금리로 부리 적립(가입후 10년 이내 1.0%, 10년 초과 0.5% 최저보증)

② 만55세부터 80세까지 연금개시 나이 선택가능

③ 다양한 연금형태 제공 : '종신연금형'과 '확정기간연금형' 중 여건에 맞는 연금형태 선택 가능

④ 추가납입제도로 자유롭게 추가납입 가능

⑤ 관련 세법이 정한 바에 따라 납입한 보험료에 대하여 세액공제[연간 600만원 한도로 납입금액의 12% 세액공제(종합소득금액이 4천 500만원(근로소득만 있는 경우에는 총급여액 5천 500만원) 이하인 경우 납입금액의 15% 세액공제)] 혜택을 제공

(2) 가입요건

① 주계약

연금개시 나이(A)	가입나이	기본보험료		추가납입 보험료 납입주기
		납입기간	납입주기	
만55~80세	만19~(A−5)세	5년~전기납	월납	수시납

(3) 보험료 납입한도액

① 기본보험료

	납입한도액	
월납	10년납 미만	10만 원~75만 원
	10년납 이상	5만 원~75만 원

② 추가납입보험료

　㉠ 추가납입보험료는 계약일 이후 1개월이 지난 후부터 (연금개시나이−1)세 계약해당일까지 납입 가능

　㉡ 추가납입보험료의 연간 납입한도는 연간 총 기본보험료의 2배 이내로 하며, 최고 한도는 기본보험료 총액(기본보험료×12×기본보험료 납입기간)의 2배로 함

　※ 단, 관련 법령에서 정한 한도를 초과하여 납입할 수 없음

(4) 보장내용 : 우체국연금저축보험 2109와 내용과 동일 (종신연금형, 확정기간연금형)

5 무배당 우체국개인연금보험(이전형) 2109

(1) 주요 특징

① 이 보험의 가입은 조세특례제한법에서 정한 바에 따라 다른 금융기관의 개인연금저축을 이전 받는 경우에 한함

② 계약이전 받기 전 계약과 계약이전 받은 후 계약의 총 보험료 납입기간은 10년 이상이어야 함

③ 계약이전 받기 전 이미 연금을 지급받고 있었던 계약을 이전한 경우 가입즉시부터 연금 지급 개시함

(2) 가입요건

① 주계약

연금개시나이	가입나이	납입기간	납입주기
만55~80세	만20~80세	일시납	일시납

(3) 보장내용

지급구분		지급사유
제1보험기간	재해장해 보험금	동일한 재해로 여러 신체부위의 합산 장해지급률이 50% 이상 장해 시
제2보험기간	생존연금	매년 계약해당일에 살아 있을 때(20년 보증지급)

주1) 제1보험기간 : 계약일 ~ 연금개시나이 계약해당일 전일, 주2) 제2보험기간 : 연금개시나이 계약해당일 ~ 종신

6 어깨동무연금보험 2109

(1) 주요 특징

① 장애인전용연금보험 : 일반연금보다 더 많은 연금을 받도록 설계, 장애인의 안정적인 노후생활 보장

② 실세금리 등을 반영한 신공시이율Ⅳ로 적립되며, 시중금리가 하락하더라도 최저 1.0% (다만, 가입 후 10년 초과 시 0.5%)의 금리 보장

③ 보증지급기간 다양화 : 고객니즈에 맞는 보증지급기간(20년 보증지급, 30년 보증지급, 100세 보증지급) 선택 가능

④ 연금개시연령 확대 : 장애인 부모의 부양능력 약화 위험 및 장애아동을 고려, 20세부터 연금수급 가능

⑤ 유배당 상품 : 배당상품으로 향후 운용이익금 발생시 배당혜택 제공

(2) 가입요건

① 주계약

구분	연금개시나이(A)	가입나이	납입기간	납입주기
20년보증지급, 100세보증지급	20~80세	0~(A-5)세	5, 10, 15, 20년납	월납
30년보증지급	20~70세			

(3) 보험료 납입한도액

① 주계약

가입나이	납입한도액			
	5년납	10년납	15년납	20년납
20세 미만	50만 원	30만 원	20만 원	15만 원
20~29세	60만 원	40만 원	30만 원	20만 원
30~39세	80만 원	50만 원	30만 원	30만 원
40~49세	100만 원	60만 원	40만 원	30만 원
50세 이상	120만 원	80만 원	50만 원	40만 원

② 특약 : 지정대리청구서비스특약 2109

③ 피보험자의 자격요건 등

　　㉠ 장애인의 범위 : 「장애인복지법」 제2조 제1호 및 제2호에 따른 장애인으로 동법 제32조 또는 제32조의2의 규정에 따라 등록된 장애인 또는 「국가유공자등예우및지원에관한법률」에 따라 등록한 상이자

　　㉡ 청약 시 구비서류 : 장애인 등록증, 장애인복지카드 또는 국가유공자증 사본

　　　※ 상이자의 경우 국가유공자증(1~7급)으로 확인

　　㉢ 보험수익자는 피보험자(장애인)와 동일하며, 변경 불가

(4) 보장내용

① 주계약

지급구분	지급사유	지급액
생존연금	제2보험기간 중 매년 계약해당일에 살아있을 때	연금지급개시일의 적립금액을 기준으로 계산한 금액을 매년 지급 (20년 보증지급, 30년 보증지급, 100세 보증지급)

* 제1보험기간 : 보험계약일~연금개시나이 계약해당일 전일
　제2보험기간 : 연금개시나이 계약해당일~종신

05 우체국보험 관련 세제

* '23.1월 기준 법령에 의한 내용으로, 세제와 관련한 사항은 관련 세법 등의 제, 개정이나 폐지에 따라 변경될 수 있음.

1 보장성보험 관련 세제

보장성보험 관련 세제로는 보장성보험료 세액공제가 있다. 이는 국민경제생활안정을 목적으로 보장성보험 가입을 유도하기 위하여 보장성보험 가입자가 납입하는 보험료에 대해 소득세법에 따라 종합소득산출세액에서 일정금액을 공제해 주는 제도이다.

세액공제 대상이 되는 보험상품 ('23.01.01.)

구분		상품 목록
판매 중지	보험료 전액	다보장 · 체신건강 · 암치료 · 우체국암치료 · 평생보장암 · 종합건강 · 어린이 · (무)꿈나무(보장형) · 교통안전 · 재해안심 · 의료비보장보험 · 우체국종신 · 직장인 생활보장 · 우체국건강 · 하이커버건강 · 평생OK보험 · 하이로정기 · 우체국치아보험 · 우체국암보험 · (무)100세종합보장보험 · (무)우체국장제보험 · (무)꿈나무보험 · (무)우체국큰병큰보장보험 · (무)우체국여성암보험 · (무)우체국생애맞춤보험 및 부가특약
	보험료 일부	장학 · (구)연금 · 알뜰적립 · 상록보험 · 파워적립보험 · (무)장기주택마련저축보험 · (무)꿈나무보험(저축형)
판매 중	보험료 전액	(무)에버리치상해 · (무)우체국안전벨트 · (무)우체국건강클리닉 · (무)만원의행복 · (무)우체국급여실손의료비 · (무)우체국노후실손의료비 · (무)우체국간편실손의료비 · (무)우체국치아 · (무)어깨동무 · (무)우체국하나로OK · (무)우체국요양 · (무)우리가족암 · (무)우체국간편가입건강 · (무)우체국더간편건강 · (무)우체국온라인암 · (무)우체국든든한종신 · (무)우체국실속정기 · (무)우체국당뇨안심 · (무)우체국온라인당뇨 · (무)우체국온라인어린이 · (무)우체국온라인착한안전 · (무)우체국온라인3대질병 · (무)우체국온라인정기 · (무)우체국더든든한자녀지킴이 · (무)우체국New100세건강 · (무)내가만든희망 · (무)온라인내가만든희망 · (무)win-win단체플랜 · (무)우체국치매간병 · (무)우체국통합건강 · (무)우체국나르미안전 · (무)우체국와이드건강 · (무)우체국온라인와이드암 · (무)우체국온라인미니암 · (무)우체국온라인요양 · (무)우체국온라인입원수술 · (무)우체국온라인종합건강 · (무)우체국온라인종신 · (무)우체국온라인치매간병 및 각 보장성 특약

또한, 보장성보험료 세액공제가 가능한 대상자 및 공제한도는 아래와 같다.

구분	내용
대상자	근로소득자(사업소득자, 일용근로자 등은 제외)
세액공제 한도액	연간 납입보험료(100만 원 한도)의 12%(장애인전용보험은 15%)
계약요건	• 보장성보험(생존보험금 ≤ 총납입보험료)에 한함 • 실질적인 계약자=세액공제를 받고자하는 근로자 본인 • 피보험자=기본공제 대상자

* 실질적인 계약자 = 실제로 보험료를 납입하는 자

2 장애인전용보험 관련 세제

근로소득자가 기본공제대상자 중 장애인을 피보험자 또는 보험수익자로 하는 보험을 가입한 경우, 근로소득자가 실제로 납입한 보험료(연간 100만 원 한도)의 15%에 해당하는 금액을 해당 과세기간의 종합소득산출세액에서 공제받을 수 있는 제도이다.

〈 세액공제 대상이 되는 장애인 전용보험 상품 및 세부 요건 〉

구분	내용
대상상품	(무)어깨동무보험(1종, 2종, 3종) 및 장애인전용보험전환특약을 부가한 보장성보험
세액공제 한도액	연간 납입보험료(100만 원 한도)의 15%
계약요건	• 피보험자 또는 보험수익자 : 기본공제대상자로서 장애인일 것 　주) 장애인의 범위 : 「장애인 복지법」 제2조에 의한 장애인 및 「국가유공자 등 예우 및 지원에 관한 법률」 제6조에 의하여 등록한 상이자 • 계약자 : 근로소득자 본인 또는 소득이 없는 가족

3 연금저축보험 관련 세제

(1) 연금저축보험 세액공제

연금저축보험에 납입하는 보험료에 대해 종합소득산출세액에서 일정금액을 공제해주어 소득세 절세 효과를 주는 대신에 연금을 수령할 때 과세를 하는 제도이다.

즉, 일반적으로 연금소득세는 저율로 과세되기 때문에 소득이 적은 노후에 연금 수령 시 소득세율을 낮추는 절세 효과가 있다.

한편, 연금저축 세액공제는 보장성보험료 세액공제가 근로소득자만을 대상으로 하는 것과는 달리, 근로소득 외의 종합소득이 있는 경우에도 가능하며 세부 요건은 다음 표와 같다.

[연금저축보험 상품 및 한도액]

구분	내용
대상상품	우체국연금저축보험 2109, 우체국연금저축보험(이전형) 2109, 우체국온라인연금저축보험 2109
대상자	종합소득이 있는 거주자로 연금저축 가입자
세액공제 한도액	연금저축 연간 납입보험료(600만원 한도의 12% 세액공제(종합소득금액 4천 500만원 이하(근로소득만 있는 경우 총급여액 5천 500만원 이하)인 거주자는 15%)

[연금계좌 세액공제 납입 한도 및 공제율]

종합소득금액(총급여액)	세액공제 대상 납입한도(퇴직연금 합산 시)	공제율
4천 5백만 원 이하 (5천 500만 원 이하)	600만 원 (900만 원)	15%
4천 500만원 초과 (5천 500만원 초과)		12%

또한, 연금저축보험 세액공제가 가능한 대상계약의 가입조건은 「소득세법 시행령 제40조의 2(연금계좌 등)」에 의거 다음 표와 같다.

구분	내용
1	취급 금융기관(우체국예금·보험에 관한 법률에 의한 체신관서)
2	연 1,800만 원 이내에서 납입할 것(체신관서는 월 75만 원 한도)
3	연금수령 개시 이후에는 보험료를 납입하지 않을 것

(2) 연금저축보험 중도해지 또는 연금수령 시 세제

연금저축보험을 중도에 해지하는 경우에는 분리과세를 적용한다. 이는 일반 연금 외 수령으로 기타소득세(지방소득세 포함 16.5%)가 부과되나, 만약 부득이한 사유로 인한 연금 외 수령이 인정되는 경우에는 연금소득세(지방소득세 포함 3.3~5.5%)를 부과한다.

☑ Check Point

부득이한 사유의 범위
① 천재·지변 ② 사망 ③ 가입자 또는 부양가족의 3개월 이상 요양이 필요한 질병 및 부상 ④ 연금취급자 영업정지, 인·허가 취소, 해산 결의, 파산선고 ⑤ 해외이주 ⑥ 가입자의 파산 또는 개인회생절차 개시

한편, 연금저축보험의 연금수령 요건을 부합하는 경우에는 그 지급금액은 연금소득으로 인정하여 연금소득세를 부과한다(단, 연간 연금액이 연금수령한도를 초과하는 경우, 그 초과 금액은 연금외소득으로 간주하여 기타소득세(지방소득세 포함 16.5%)를 부과함).

구분	내용
1	가입자가 만 55세 이후 연금수령 개시를 신청한 후 인출할 것
2	연금계좌 가입일부터 5년이 경과된 후에 인출할 것
3	과세기간 개시일 현재 연금수령한도 이내에서 인출할 것 ※ 과세기간 개시일 : 연금수령 개시를 신청한 날이 속하는 과세기간에는 연금수령 개시를 신청한 날로 함 ※ 연금수령한도 $= \dfrac{\text{연금 계좌의 평가액}}{(11-\text{연금수령연차})} \times \dfrac{120}{100}$ ※ 연금수령연차 : 최초로 연금수령할 수 있는 날이 속하는 과세기간을 기산연차로 하여 그 다음 과세기간을 누적 합산한 연차를 말하며, 연금수령연차가 11년 이상이면 위 계산식 미적용

다만, 연간 연금액이 1,200만 원 이하인 경우에는 분리과세할 수 있고, 1,200만 원을 초과하면 종합과세를 한다. 이때, 연금소득에 대한 세율은 「소득세법 제129조제1항5의2(원천징

수세율)」에 따라 다음 표와 같다.

구분	세율	
가. 연금소득자의 나이에 따른 세율	나이(연금수령일 현재)	세율(지방소득세포함)
	만 70세 미만	5.5%
	만 70세 이상 만 80세 미만	4.4%
	만 80세 이상	3.3%
나. 종신연금형	4.4%(지방소득세포함)	

* 가, 나를 동시 충족하는 경우에는 낮은 세율 적용

(3) 연금소득 확정·신고 시 연금소득공제

연금소득의 종합소득 확정 신고 시에는 「소득세법」에 의거 연금소득공제(필요경비)를 적용받을 수 있다.

이때, 연금소득이 있는 거주자에 대해서는 해당 과세기간에 받은 총연금액에서 다음 표와 같이 공제한다. 다만, 공제액이 900만 원을 초과하는 경우에는 900만 원을 공제한다.

총 연금액	공제금액(900만 원 한도)
350만 원 이하	총연금액
350만 원 초과 700만 원 이하	350만 원 + (350만 원 초과금액) × 40%
700만 원 초과 1,400만 원 이하	490만 원 + (700만 원 초과금액) × 20%
1,400만 원 초과	630만 원 + (1,400만 원 초과금액) × 10%

4 개인연금저축 관련 세제

2000년 12월 31일 이전에 가입된 세제적격 개인연금저축보험은 관련 세법에 의해 연간 납입보험료의 40%(72만 원 한도)를 소득공제하며, 연금개시 이후 연금으로 수령받는 연금소득에 대해 비과세가 적용된다. 또한, 중도해지 시에는 보험차익에 대한 소득세(지방소득세 포함 15.4%)와 해지추징세(5년 이내 해지 시, 지방소득세 포함4.4%)가 부과된다.

다만, 천재·지변, 사망, 퇴직 등 불가피한 사유로 인한 해지 시에는 보험차익에 대해 소득세를 부과하지 아니한다.

구분	내용
대상 상품	개인연금보험, 백년연금보험
소득공제 한도액	연간 납입액의 40% (72만 원 한도)

☑ Check Point

개인연금저축 중도해지 시 보험차익과세 면제사유
① 천재·지변 ② 사망 ③ 퇴직 ④ 해외 이주 ⑤ 직장폐업 ⑥ 3개월 이상 장기간 입원치료, 요양을 요하는 상해 및 질병 발생 ⑦ 취급기관 영업정지, 인·허가 취소, 해산결의 또는 파산선고

5 저축성보험 과세

(1) 저축성 보험의 보험차익 과세

보험차익이란 보험계약에 따라 만기에 받는 보험금·공제금 또는 계약기간 중도에 해당 보험계약이 해지됨에 따라 받는 환급금에서 납입보험료를 뺀 금액을 의미한다. 보험차익은 소득세법상 이자소득으로 분류되어 이자소득세(지방소득세 포함 15.4%)가 과세되지만, 다음 내용을 충족할 경우 이자소득세가 비과세된다.

구분	내용
저축성보험 (아래 월적립식 또는 종신형연금 으로 분류되지 않는 저축성보험)	최초로 보험료를 납입한 날부터 만기일 또는 중도해지일까지의 기간이 10년 이상으로서, 계약자 1명당 납입할 보험료 합계액이 아래 각 호의 구분에 따른 금액 이하인 저축성보험 1. 2017년 3월 31일까지 체결하는 보험계약의 경우 : 2억 원 2. 2017년 4월 1일부터 체결하는 보험계약의 경우 : 1억 원 * 다만, 최초납입일부터 만기일 또는 중도해지일까지의 기간은 10년 이상이지만 최초납입일부터 10년이 경과하기 전에 납입한 보험료를 확정된 기간동안 연금형태로 분할하여 지급받는 경우를 제외함
월적립식 저축성보험	최초로 보험료를 납입한 날부터 만기일 또는 중도해지일까지의 기간이 10년 이상으로서, 아래 요건을 모두 충족하는 계약 1. 최초납입일로부터 납입기간이 5년 이상인 월적립식 계약일 것 2. 최초납입일부터 매월 납입하는 기본보험료가 균등(최초 계약한 기본보험료의 1배 이내로 기본보험료를 증액하는 경우를 포함한다)하고, 기본보험료의 선납기간이 6개월 이내일 것 3. 계약자 1명당 매월 납입하는 보험료 합계액[계약자가 가입한 모든 월적립식 보험계약(만기에 환급되는 금액이 납입보험료를 초과하지 아니하는 보험계약으로서 기획재정부령으로 정하는 것은 제외한다)의 기본보험료, 추가로 납입하는 보험료 등 월별로 납입하는 보험료를 기획재정부령으로 정하는 방식에 따라 계산한 합계액을 말한다]이 150만원 이하일 것(2017년 4월 1일부터 체결하는 보험계약으로 한정한다)
종신형 연금보험	아래 요건을 모두 충족하는 계약 1. 계약자가 보험료 납입 계약기간 만료 후 55세 이후부터 사망 시까지 보험금·수익 등을 연금으로 지급받는 계약일 것 2. 연금 외의 형태로 보험금·수익 등을 지급하지 아니할 것 3. 사망시「통계법」제18조에 따라 통계청장이 승인하여 고시하는 통계표에 따른 성별·연령별 기대여명 연수(소수점 이하는 버리며, 이하 이 조에서 "기대여명연수"라 한다) 이내에서 보험금·수익 등을 연금으로 지급하기로 보증한 기간(이하 이 조에서 "보증기간"이라 한다)이 설정된 경우로서 계약자가 해당 보증기간 이내에 사망한 경우에는 해당 보증기간의 종료시를 말한다] 보험계약 및 연금재원이 소멸할 것 4. 계약자와 피보험자 및 수익자가 동일하고 최초 연금지급개시 이후 사망일 전에 중도해지 할 수 없을 것

구분	내용
종신형 연금보험	5. 매년 수령하는 연금액[연금수령 개시 후에 금리변동에 따라 변동된 금액과 이연하여 수령하는 연금액은 포함하지 아니한다]이 다음의 계산식에 따라 계산한 금액을 초과하지 아니할 것 $$\frac{\text{연금 수령개시일 현재 연금계좌 평가액}}{\text{연금수령 개시일 현재 기대여명 연수}} \times 3$$

(2) 비과세종합저축(보험)에 대한 조세특례

노인 및 장애인 등을 대상으로 하는 비과세저축상품에 대해 「조세특례제한법 제88조의2(비과세종합저축에 대한 과세특례)」의거 다음 표는 1인당 저축원금 5,000만 원(세금우대종합저축을 해지 또는 해약하지 아니한 경우에는 5,000만 원에서 세금우대종합저축의 계약금액 총액을 뺀 금액) 이내에서 비과세가 적용(직전 3개 과세기간 중 소득세법 제14조 제3항 제6호에 따른 소득의 합계액이 1회 이상 연 2천만 원을 초과한 자 제외)된다.

단, 2022년 12월 31일까지 가입하는 경우에 한하며 해당 저축에서 발생하는 이자소득 또는 배당소득에 대해서는 소득세를 부과하지 아니하며, 만기 뿐 아니라 중도 해지 시에도 비과세가 적용된다.

또한, 우체국보험 중 비과세종합저축에 해당하는 상품으로는 (무)그린보너스저축보험(비과세종합저축)이 있다.

[비과세종합저축 가입 대상자]

구분	내용
1	65세 이상인 거주자
2	「장애인복지법」 제32조에 따라 등록한 장애인
3	「독립유공자 예우에 관한 법률」 제6조에 따라 등록한 독립유공자와 그 유족 또는 가족
4	「국가유공자 등 예우 및 지원에 관한 법률」 제6조에 따라 등록한 상이자(傷痍者)
5	「국민기초생활보장법」 제2조제2호에 따른 수급자 (단, 생계급여 및 의료급여 수급자에 한함)
6	「고엽제후유의증 등 환자지원 및 단체설립에 관한 법률」 제2조제3호에 따른 고엽제후유의증환자
7	「5·18민주유공자 예우에 관한 법률」 제4조제2호에 따른 5·18민주화운동부상자

6 상속 · 증여 관련 세제

(1) 상속세

① 개요 :

　　㉠ 상속세란 사망으로 그 재산이 가족이나 친족 등에게 무상으로 이전되는 경우에 당해 상속재산에 대하여 부과하는 세금을 의미한다.

　　㉡ 상속세 납세의무가 있는 상속인 등은 신고서를 작성하여 신고기한까지 상속세를 신고 · 납부하여야 한다.

　　㉢ 민법에서는 상속이 개시되면 유언 등에 의한 지정상속분을 제외하고 사망자(피상속인)의 유산에 대해 그의 직계비속 · 직계존속 · 형제자매 · 4촌 이내의 방계혈족 및 배우자에게 상속권을 부여하고 있다.

　　㉣ 「민법 제 1000조(상속의 순위)」에 의한 상속 순위 및 법정상속분은 다음 표 〈상속의 순위 및 상속분〉과 같다.

　　㉤ 단, 배우자는 직계비속과 같은 순위로 공동상속인이 되며, 직계비속이 없는 경우에는 제2순위인 직계존속과 공동상속인이 되며, 직계비속과 직계존속이 없는 경우에는 단독 상속인이 된다.

순위	상속인	법정 상속분	비고
1순위	직계비속과 배우자	배우자 : 1.5, 직계비속 : 1	
2순위	직계존속과 배우자	배우자 : 1.5, 직계존속 : 1	제1순위가 없는 경우
3순위	형제자매	균등분할	제1, 2순위가 없는 경우
4순위	4촌 이내의 방계혈족	균등분할	제1, 2, 3순위가 없는 경우

② 금융재산상속공제

　　㉠ 사망으로 인하여 상속이 개시되는 경우로서 상속재산가액 중 금융재산가액이 포함되어 있는 경우 이를 상속세 과세가액에서 공제하여 주는 제도이다.

　　㉡ 금융재산에는 예금, 적금, 부금, 계금, 출자금, 금융신탁재산, 보험금, 공제금, 주식, 채권, 수익증권, 출자지분, 어음 등의 금액 및 유가증권 등을 모두 포함한다.

　　㉢ 상속공제액은 다음과 같다.

순금융재산금액	공제금액	비고
2천만 원 초과	순금융재산가액의 20% 또는 2천만 원 중 큰 금액	한도 2억 원
2천만 원 이하	순금융재산가액	

(2) 증여세

① 개요 :

　㉠ 증여란 당사자 일방(증여자)이 자신의 재산을 무상으로 상대방에게 양도하는 의사를 표시하고, 상대방(수증자)이 이를 승낙함으로써 효력이 발생하는 계약이다.

　㉡ 증여는 계약이라는 법률행위이므로 당사자 간의 청약과 승낙이라는 의사표시를 하고 합의가 있어야 한다. 증여재산에 대하여는 상속세에 준하는 세금이 부과된다.

　㉢ 증여재산 공제금액은 다음과 같다.

증여자	공제금액(10년간)
배우자	6억 원
직계존속	5,000만 원(미성년자는 2,000만 원)
직계비속	5,000만 원
직계존·비속 이외 6촌 이내의 혈족, 4촌 이내의 인척	1,000만 원

> **알아보기**　증여와 양도의 차이
>
> 증여와 양도소득의 차이는 자산의 양도가 무상이냐, 유상이냐를 기준으로 구분된다. 대가를 받고 자산을 양도할 때는 양도소득세, 대가를 받지 않고 양도할 때는 증여세가 각각 부과된다.

② 보험금의 증여의제 : 「상속세 및 증여세법 제34조(보험금의 증여)」에 의거 계약자와 보험수익자가 서로 다른 경우, 계약자가 납부한 보험료 납부액에 대한 보험금 상당액을 증여재산으로 간주하여 증여세를 부과한다. 또한, 계약자와 보험수익자가 동일하여도 보험계약기간 동안에 타인으로부터 증여받은 금액으로 보험료를 불입한 경우에는 보험금 상당액에서 보험료 불입액을 뺀 가액을 증여한 것으로 보아 증여세를 부과한다.

③ 장애인이 수령하는 보험금에 대한 증여세 비과세 : 「상속세 및 증여세법 제46조(비과세되는 증여재산)」에 의한 장애인을 보험금수취인으로 하는 보험 가입 시, 장애인이 수령하는 보험금에 대해서는 연간 4,000만 원을 한도로 증여세가 비과세 된다.

(3) 상속 및 증여세율

과세표준	세율
1억 원 이하	과세표준의 10%
1억 원 초과 5억 원 이하	1천만 원 + (1억 원을 초과하는 금액의 20%)
5억 원 초과 10억 원 이하	9천만 원 + (5억 원을 초과하는 금액의 30%)
10억 원 초과 30억 원 이하	2억 4천만 원 + (10억 원을 초과하는 금액의 40%)
30억 원 초과	10억 4천만 원 + (30억 원을 초과하는 금액의 50%)

08 우체국보험 모집 및 언더라이팅

01 우체국보험 모집 준수사항

1 보험모집

① '보험모집'이란 우체국과 보험계약이 체결될 수 있도록 중개하는 모든 행위(계약체결의 승낙은 제외)를 의미한다.

③ 우정사업본부장은 우체국보험의 건전한 모집질서를 확립하고 우체국보험의 공신력 제고와 보험계약자의 권익보호를 위하여 부당한 모집행위나 과당경쟁을 하여서는 아니 되며, 모집종사자가 제반 법규를 준수하도록 하여 합리적이고 공정한 영업풍토를 조성하는 데 최선을 다하여야 한다.

2 보험모집 안내자료

우체국보험을 모집하기 위하여 사용하는 보험안내자료에는 다음 표를 명료하고 알기 쉽게 기재하여야 한다.

[보험안내자료 기재사항]

구분	기재사항
1	보험가입에 따른 권리·의무에 관한 주요사항
2	보험약관에서 정하는 보장에 관한 주요내용
3	해약환급금에 관한 사항
4	보험금이 금리에 연동되는 보험상품의 경우 적용금리 및 보험금 변동에 관한 사항
5	보험금 지급제한 조건
6	보험안내자료의 제작기관명, 제작일, 승인번호
7	보험 상담 및 분쟁의 해결에 관한 사항
8	보험안내자료 사용기관의 명칭 또는 모집종사자의 성명이나 명칭 그 밖에 필요한 사항
9	그 밖에 보험계약자의 보호를 위하여 필요하다고 인정되는 사항

보험안내자료 작성 시 다음을 준수하여야 한다. 또한, 준수사항 중 제 2항은 방송·영화·연설 그 밖의 방법으로 모집을 위하여 우체국보험의 자산 및 부채에 관한 사항과 장래의 이익의 배당 또는 잉여금의 분배에 대한 예상에 관한 사항을 불특정인에게 알리는 경우에 이를 준용한다.

[보험안내자료 준수사항]

구분	준수사항
1	보험안내자료에 우체국보험의 자산과 부채를 기재하는 경우 우정사업본부장이 작성한 재무제표에 기재된 사항과 다른 내용의 것을 기재하지 못한다.
2	「독점규제 및 공정거래에 관한 법률」제23조제1항 각 호에서 규정하는 사항, 보험계약의 내용과 다른 사항, 보험계약자에게 유리한 내용만을 골라 안내하거나 다른 보험회사 상품과 비교한 사항, 확정되지 아니한 사항이나 사실에 근거하지 아니한 사항을 기초로 다른 보험회사 상품에 비하여 유리하게 비교한 사항을 기재하지 못한다.
3	보험안내자료에 우체국보험의 장래의 이익의 배당 또는 잉여금의 분배에 대한 예상에 관한 사항을 기재하지 못한다. 다만, 보험계약자의 이해를 돕기 위하여 필요하다고 인정하는 경우에는 그러하지 아니하다.

3 보험모집 단계별 제공서류

보험계약 체결 시 보험계약자에게 보험모집 단계별로 다음의 서류를 제공하여야 한다. 다만, 단체보험의 경우 1단계를 적용하지 아니한다.

구분		제공 서류
1단계	보험계약 체결 권유 단계	가입설계서, 상품설명서
2단계	보험계약 청약 단계	보험계약청약서 부본, 보험약관 * 청약서 부본의 경우 전화를 이용하여 청약하는 경우에는 보험업감독규정 제4-37조 제3호에서 정한 확인서 제공으로 이를 갈음 가능
3단계	보험계약 승낙 단계	보험가입증서(보험증권)

4 설명단계별 의무사항

보험계약 체결을 권유하는 경우 다음 각 호의 사항을 설명하여야 한다.

구분	설명 사항
1	주계약 및 특약별 보험료
2	주계약 및 특약별로 보장하는 사망, 질병, 상해 등 주요 위험 및 보험금
3	보험료 납입기간 및 보험기간
4	보험 상품의 종목 및 명칭
5	청약의 철회에 관한 사항
6	지급한도, 면책사항, 감액지급 사항 등 보험금 지급제한 조건
7	고지의무 위반의 효과
8	계약의 취소 및 무효에 관한 사항
9	해약환급금에 관한 사항
10	분쟁조정절차에 관한 사항
11	그 밖에 보험계약자 보호를 위하여 필요하다고 인정되는 사항

저축성보험(금리확정형보험은 제외) 계약의 경우 계약자가 보험계약 체결권유 단계에서 아래에 해당하는 사항을 설명 받았고, 이를 이해하였음을 전화 등 통신수단을 통하여 청약 후 10일 이내에 확인을 받아야 한다.

구분	설명 의무사항
1	납입보험료 중 사업비 등이 차감된 일부 금액이 적용이율로 부리된다는 내용
2	저축성보험(금리확정형보험은 제외) 계약의 경우 사업비 수준
3	저축성보험(금리확정형보험은 제외) 계약의 경우 해약환급금
4	기타 우정사업본부장이 정하는 사항

보험계약의 체결 시부터 보험금 지급 시까지의 주요 과정을 보험계약자에게 설명하여야 한다. 다만, 보험계약자가 설명을 거부하는 경우에는 그러하지 아니하다.

구분	설명 사항
보험계약 체결단계	가. 보험의 모집에 종사하는 자의 성명, 연락처 및 소속 나. 보험의 모집에 종사하는 자가 보험계약의 체결을 대리할 수 있는지 여부 다. 보험의 모집에 종사하는 자가 보험료나 고지의무사항을 대신하여 수령할 수 있는지 여부 라. 보험계약의 승낙절차 마. 보험계약 승낙거절 시 거절사유
보험금 청구단계	가. 담당 부서 및 연락처 나. 예상 심사기간 및 예상 지급일
보험금 지급단계	심사 지연 시 지연 사유

5 통신수단을 이용한 모집 시 준수사항

보험모집자는 전화·우편·컴퓨터 등의 통신매체를 이용한 보험모집을 함에 있어 다른 사람의 평온한 생활을 침해하여서는 아니 되며, 통신수단을 이용하여 모집할 수 있는 대상자는 다음 각 호와 같다.

구분	대상자
1	통신수단을 이용한 모집에 대하여 동의한 자
2	우체국보험계약을 체결한 실적이 있는 보험계약자 또는 피보험자(통신수단을 이용한 모집 당시 보험계약이 유효한 자에 한함)
3	「신용정보의 이용 및 보호에 관한 법률」에 의한 개인정보제공·활용 동의 등 적법한 절차에 따라 개인정보를 제공받거나 개인정보의 활용에 관하여 동의를 받은 경우의 해당 개인

6 보험계약의 체결 또는 모집에 관한 금지행위

보험계약의 체결에 종사하는 자 또는 모집종사자는 그 체결 또는 모집에 관하여 다음의 어느 하나의 행위를 하지 못한다.

항	금지행위
1	보험계약자 또는 피보험자에게 보험계약의 내용을 사실과 다르게 알리거나 그 내용의 중요한 사항을 알리지 아니하는 행위
2	보험계약자 또는 피보험자에게 보험계약의 내용의 일부에 대하여 비교대상 및 기준을 명시하지 아니하거나 객관적인 근거 없이 다른 보험계약과 비교한 사항을 알리는 행위(「표시·광고의 공정화에 관한 법률」에 의하여 허용되는 경우를 제외한다)
3	보험계약자 또는 피보험자에 대하여 보험계약의 중요한 사항을 알리는 것을 우체국에 알리지 아니할 것을 권유하는 행위
4	보험계약자 또는 피보험자에 대하여 중요한 사항에 관하여 부실한 사항을 알릴 것을 권유하는 행위
5	보험계약의 청약 철회 또는 계약 해지를 방해하는 행위
6	모집종사자가 보험계약자, 피보험자 또는 보험금을 취득할 자, 그 밖에 보험 계약에 관하여 이해관계가 있는 자일 경우 보험사기행위를 하여서는 아니된다.
7	보험계약자, 피보험자 또는 보험금을 취득할 자, 그 밖에 보험계약에 관하여 이해관계가 있는 자로 하여금 고의로 보험사고를 발생시키거나 발생하지 아니한 보험사고를 발생한 것처럼 조작하여 보험금을 수령하도록 하는 행위
8	보험계약자, 피보험자 또는 보험금을 취득할 자, 그 밖에 보험계약에 관하여 이해관계가 있는 자로 하여금 이미 발생한 보험사고의 원인, 시기 또는 내용을 조작하거나 피해의 정도를 과장하여 보험금을 수령하도록 하는 행위
9	보험계약자 또는 피보험자로 하여금 이미 성립된 보험계약을 부당하게 소멸시킴으로써 새로운 보험계약을 청약하게 하거나 새로운 보험계약을 청약하게 함으로써 기존 보험계약을 부당하게 소멸시키거나 그 밖에 부당하게 보험계약을 청약하게 하거나 이러한 것을 권유하는 행위
10	보험계약자 또는 피보험자에게 보험료의 할인 또는 기타 특별한 이익을 제공 하거나 이를 약속하는 행위
11	모집할 자격이 없는 자에게 모집을 하게 하거나 이를 용인하는 행위
12	우체국보험 외에 다른 보험 사업자를 위하여 모집하는 행위
13	우체국 보험상품의 판매를 거절하는 행위
14	모집과 관련이 없는 금융거래를 통하여 취득한 개인정보(「신용정보의 이용 및 보호에 관한 법률」에서 정하는 정보를 말한다)를 미리 해당 개인의 동의를 받지 않고 모집에 이용하는 행위
15	그 밖에 불완전판매 등에 대한 유형에 해당하는 행위

보험계약의 체결 또는 모집에 종사하는 자가 다음의 어느 하나에 해당하는 행위를 한 경우, 위 표의 9호를 위반하여 기존보험계약을 부당하게 소멸시키거나 소멸하게 하는 행위를 한 것으로 본다. 만약 이를 위반하여 기존보험계약을 소멸시키거나 소멸하게 하였을 때에 보험계약자는 보험계약의 체결 또는 모집에 종사하는 자가 속하거나 모집을 위탁한 우정관

서에 대하여 그 보험계약이 소멸한 날부터 6개월 이내에 소멸된 보험계약의 부활을 청구하고 새로운 보험계약은 취소할 수 있다. 보험계약의 부활 청구를 받은 우정관서는 특별한 사유가 없으면 소멸된 보험계약의 부활을 승낙하여야 한다.

구분	기존계약 부당소멸 행위
가	기존 보험계약이 소멸된 날부터 1개월 이내에 새로운 보험계약을 청약하게 하거나 새로운 보험계약을 청약하게 한 날부터 1개월 이내에 기존보험계약을 소멸하게 하는 행위(다만, 보험계약자가 기존 보험계약 소멸 후 새로운 보험계약 체결 시 손해가 발생할 가능성이 있다는 사실을 알고 있음을 본인의 의사에 따른 행위임이 명백히 증명되는 경우는 제외)
나	기존보험계약이 소멸된 날부터 6개월 이내에 새로운 보험계약을 청약하게 하거나 새로운 보험계약을 청약하게 한 날부터 6개월 이내에 기존보험계약을 소멸하게 하는 경우로서 해당 보험계약자 또는 피보험자에게 기존보험 계약과 새로운 보험계약의 아래 6가지 중요한 사항을 비교하여 알리지 아니하는 행위 1. 보험료, 보험기간, 보험료 납입주기 및 납입기간 2. 보험가입금액 및 주요 보장 내용 3. 보험금액 및 환급금액 4. 예정 이자율 중 공시이율 5. 보험 목적 6. 우정관서의 면책사유 및 면책사항

7 특별이익의 제공금지

보험계약의 체결에 종사하는 자 또는 모집종사자는 그 체결 또는 모집과 관련하여 보험계약자 또는 피보험자에 대하여 아래의 어느 하나에 해당하는 특별이익을 제공하거나 그 제공을 약속하여서는 아니 된다.

구분	특별이익 제공금지 항목
1	3만 원을 초과하는 금품
2	기초서류에서 정한 사유에 근거하지 아니한 보험료의 할인 또는 수수료의 지급
3	기초서류에서 정한 보험금액보다 많은 보험금액의 지급의 약속
4	보험계약자 또는 피보험자를 위한 보험료의 대납
5	보험계약자 또는 피보험자가 체신관서로부터 받은 대출금에 대한 이자의 대납
6	보험료로 받은 수표 등에 대한 이자상당액의 대납

02 우체국보험 모집자

1 보험모집

① 체신관서의 직원과 우정사업본부장이 지정하는 개인 또는 법인은 보험의 모집을 할 수 있다. (우체국예금·보험에 관한 법률 시행규칙 제 61조(보험의 모집 등))

② 이에 따라 보험 모집 등을 할 수 있는 개인 또는 법인(이하 "보험모집자"라 한다)은 다음 표와 같다.

구분	보험모집자
1	우정사업본부 소속 공무원·별정우체국직원·상시집배원, 우편취급국장 및 우편취급국 직원
2	우체국FC, 우체국TMFC, 그 밖에 우정사업본부장이 인정한 자

• '우체국FC'란 우체국으로부터 위탁을 받아 우체국보험의 모집 업무를 행하는 개인을 의미한다.
• '우체국TMFC(Tele-Marketing Financial Consultant, 이하 "TMFC"라 한다)'란 우체국장과 위촉계약을 체결하여 TCM을 통해 우체국보험을 모집하는 개인을 의미한다.
• '우편취급국장(이하 "취급국장"이라 한다)'이란 「우체국 창구업무의 위탁에 관한 법률」 제3조 규정에 따라 우체국보험업무의 일부를 수탁받은 자로서 제26조에 따라 등록된 자를 말한다.

2 직원의 보험모집

(1) 자격요건

직원 중 보험모집을 희망하는 자는 다음 표 중 각 호의 하나에 해당하는 요건을 충족하여야 한다.

우체국장은 비금융 업무담당자가 금융분야로 근무를 희망할 경우 또는 순환근무를 시행할 경우 아래 자격요건이 있는 직원을 우선적으로 금융분야에 배치하여야 한다.

구분	자격 요건
1	우정인재개발원장이 실시하는 보험관련 교육을 3일 이상 이수한 자
2	우정인재개발원장이 실시하는 보험모집희망자 교육과정(사이버교육)을 이수하고 우정사업본부장, 지방우정청장 또는 우체국장이 실시하는 보험 관련 집합교육을 20시간 이상 이수한 자
3	교육훈련 인증제에 따른 금융분야 인증시험에 합격한 자
4	종합자산관리사(IFP), 재무설계사(AFPK), 국제재무설계사(CFP) 등 금융분야 자격증을 취득한 자
5	우정개발원장이 실시하는 보험모집희망자 교육과정(사이버교육)을 이수하고, 우체국보험 모집인 자격 평가 시험에서 70점 이상을 받아 합격한 자

(2) 보험모집 제한

직원 중 보험모집 자격요건을 충족한 자의 경우라도, 다음에 해당하는 직원의 보험모집을 제한하여야 한다.

구분	요건
1	신규임용일 또는 타 부처·금융업무 미취급 관서(타부처 포함)에서 전입일부터 3년 이하인 자 (단, 금융업무 담당자는 제외)
2	휴직자, 수술 또는 입원치료 중인 자
3	FC 조직관리 보상금을 지급받는 자
4	관련 규정에 따라 보험모집 비희망을 신청한 자
5	관련 규정에 따른 우체국 FC 등록 제한자
6	전년도 보험 보수교육 의무이수시간 미달자
7	최근 1년간 보험모집 신계약 실적이 없는 자

(3) 업무처리 방법

보험모집자는 보험모집 및 보험료 납입 등에 관련된 업무 절차 및 실무에 대하여 우정사업본부장이 정하는 바에 따라 처리하여야 한다.

또한, 우체국장은 보험모집자가 원활한 보험모집 업무를 수행할 수 있도록 보험에 관한 기초 지식, 모집에 관한 법규 및 실무, 보험약관, 보험상품 내용 등에 대하여 지속적인 교육을 실시하여야 한다.

3 FC의 보험모집

(1) 자격요건

FC를 희망하는 자는 '우체국FC 위촉계약신청서'를 우체국장에게 제출하여야 한다.

다만, 우체국장은 다음 표의 어느 하나에 해당하는 자를 FC로 등록할 수 없다.

국내 거주 외국인을 FC 대상자로 선정하고자 할 때에는 우리말을 바르게 이해하고 어휘를 정확하게 구사할 수 있으며, 「출입국관리법상」 국내거주권(F-2) 또는 재외동포(F-4), 영주자격(F-5), 결혼이민(F-6)이 인정된 자 이어야 한다.

[우체국FC 등록 제한자]

구분	등록제한 요건
1	민법상의 무능력자
2	파산자로서 복권되지 아니한 자
3	우체국예금·보험에 관한 법률 및 보험업법에 따라 벌금 이상의 형을 선고받고 그 집행이 종료되거나 집행이 면제된 날부터 2년이 경과되지 아니한 자
4	보험모집 등과 관련하여 법령, 규정 및 준수사항 등을 위반하여 보험모집 자격을 상실한 후 3년이 경과되지 아니한 자
5	「보험업법」에 따라 보험설계사·보험대리점 또는 보험중개사의 등록이 취소된 후 5년이 경과되지 아니한 자
6	FC 위촉계약 유지 최저기준에 미달하여 위촉계약이 해지된 후 6개월이 경과되지 아니한 자
7	보험회사, 금융회사, 선불식 할부거래회사 및 다단계 판매회사 등에 종사하는 자
8	우체국의 임시직 또는 경비용역 등에 종사하는 자
9	FC의 고의 또는 과실로 위탁업무 수행과 관련하여 소송 및 민원 등 분쟁으로 인하여 손실을 발생시켜 위촉 계약이 해지된 후 6개월이 경과되지 아니한 자
10	폭행, 명예훼손, 공무집행 방해 등으로 우체국보험의 이미지를 실추시켜 이에 대한 처분을 받아 위촉계약이 해지된 후 6개월이 경과되지 아니한 자
11	허위사실 유포와 선동, 교육태도 불량, 욕설, 폭언, 집단 따돌림 가해, 성희롱 등 FC실 분위기를 저해하여 업무를 위탁하기에 어렵다고 우체국장이 판단하여 위촉계약이 해지된 후 6개월이 경과되지 아니한 자

(2) 업무 범위

우체국장은 우체국FC에게 아래 표에 해당하는 업무를 위탁한다.

구분	보험모집자
1	우체국보험 계약체결의 중개
2	계약 유지를 위한 활동
3	상기 1, 2의 부대 업무

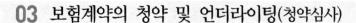

03 보험계약의 청약 및 언더라이팅(청약심사)

1 보험계약의 청약

(1) 청약업무 개요

① 보험계약을 체결하려는 자는 「우체국예금·보험에 관한 법률 제25조제1항」에 따라 제1회 보험료와 함께 보험계약 청약서를 체신관서에 제출하여야 한다.

② 보험계약은 체신관서가 이를 승낙함으로써 그 효력이 발생하며, 체신관서가 보험계약의 청약을 승낙하지 아니한 경우에는 제1회 보험료(선납보험료를 포함한다)를 해당 청약자에게 반환하여야 한다.

③ 체신관서가 계약을 승낙한 때에는 보험가입증서를 작성하여 보험계약자에게 교부해야 한다.

④ 보험가입증서에 적어야 할 사항은 「우체국예금·보험에 관한 법률 시행규칙 제41조」에 의거 다음 표와 같다.

종류	대상
1	보험의 종류별 명칭
2	보험금액
3	보험료
4	보험계약자(보험계약자가 2인 이상인 경우에는 그 대표자를 말한다)·피보험자 및 보험수익자의 성명·주소 및 생년월일
5	보험기간 및 보험료 납입기간
6	보험가입증서의 작성연월일 및 번호
7	그 밖에 우정사업본부장이 정하는 사항

(2) 청약업무 프로세스

일반적으로 우체국보험 청약업무 프로세스는 다음과 같으며, 전자청약서비스 및 태블릿청약서비스는 별도의 프로세스를 적용한다.

단계	프로세스
1	고객면담(상품 설명 및 우체국보험 상담설계서 작성 등)
2	고객정보 입력
3	보험계약 청약서 발행
4	• 보험계약 청약서 및 상품설명서 등 작성 • 약관의 주요내용 설명 • 약관 및 보험계약 청약서 부본, 상품설명서 등 교부
5	1회보험료 입금
6	청약서류 스캔(보험계약 청약서, 상품설명서 등 청약서류 기재사항 최종확인 등)
7	완전판매모니터링(3대 기본지키기 이행여부 재확인) 및 계약적부(대상계약에 한함) 실시
8	청약심사
9	청약심사 결과(성립/거절) 안내

(3) 전자청약서비스

① 고객이 보험모집자와의 사전 상담을 통해 설계한 청약내용을 직접 우체국보험 홈페이지에 접속하여 고지의무사항 체크 등 필수정보를 입력한 후 금융인증서, 공동인증서, 카카오페이인증서를 통하여 보험계약을 체결하는 서비스이다.

② 전자청약이 가능한 계약은 가입설계서를 발행한 계약으로 전자청약 전환을 신청한 계약에 한하며, 가입설계일로부터 10일(비영업일 포함)이내에 한하여 전자청약할 수 있다.

③ 단, 타인계약(계약자와 피보험자가 다른 경우 또는 피보험자와 수익자가 다른 경우), 미성년자 계약 등은 전자청약이 불가하다.

⑤ 또한, 전자청약을 이용하는 고객에게는 제 2회 이후 보험료 자동이체 시 0.5%의 할인이 적용되며, 보험모집자는 불완전판매 방지를 위하여 전자청약 계약도 3대 기본 지키기를 이행하여야 한다.

(4) 태블릿청약서비스

① 고객상담을 통해 가입 설계한 내용을 기초로 모집자의 태블릿 PC를 통해 전자서명·고지의무사항 체크 등 필수정보를 입력하고 제 1회 보험료 입금까지 One-Stop으로 편리하게 보험계약을 체결할 수 있는 서비스이다.

② 태블릿청약서비스가 이용 가능한 계약은 계약자가 성인이어야 한다. 태블릿청약서비스를 이용하는 고객에게는 제2회 이후 보험료 자동이체 시 0.5%의 할인이 적용된다.

③ 보험모집자는 불완전판매 방지를 위하여 태블릿청약 계약도 3대 기본 지키기를 이행하여야 한다.

(5) 우체국보험 가입대상과 보험나이

우체국보험의 계약체결 대상자는 국내에 거주하는 자를 원칙으로 한다. 따라서 외국인이라 하더라도 국내에 거주 허가를 받은 자는 우체국보험에 가입할 수 있는 반면, 내국인이라도 외국에 거주하는 자는 가입할 수 없다. 예를 들어, 외국인으로 체류자격을 받고 외국인등록증, 외국국적동포 국내거소신고증, 영주증을 발급받은 자 등은 외국인 체류자격 코드에 따라 가입이 가능하다. 우체국보험의 계약체결 시 피보험자의 나이계산은 다음 표와 같다.

보험나이 계산방법
계약일 현재 피보험자의 실제 만 나이를 기준으로 6개월 미만의 끝수는 버리고 6개월 이상의 끝수는 1년으로 하여 계산하며, 이후 매년 계약 해당일에 나이가 증가하는 것으로 함 (다만, 계약의 무효 사유 중 만 15세 미만자의 해당하는 경우에는 실제 만 나이를 적용) 〈예시〉 생년월일 : 1988년 10월 2일, 현재(계약일) : 2016년 4월 13일 ⇒ 2016년 4월 13일 − 1988년 10월 2일 = 27년 6월 11일 = 28세

2 언더라이팅(청약심사)

(1) 개 요

① 체신관서는 보험계약에 대한 청약이 접수되면, 피보험자의 신체적・환경적・도덕적 위험 등을 종합적으로 평가하여 피보험자의 위험에 따라 정상인수, 조건부인수, 거절 등의 합리적 인수조건을 결정하는 청약심사(언더라이팅)를 하게 된다.

② 언더라이팅 업무는 보험에만 있는 특수한 분야이다.

③ 언더라이팅의 목적

    ㉠ 피보험자의 환경, 건강 등에 따른 위험도를 통계에 근거하여 비슷한 수준의 위험도로 분류한다(위험등급의 분류).

    ㉡ 생명보험은 건강이 양호한 사람보다 건강에 이상이 있는 사람이 보험가입을 선호하는 경향이 강하다. 즉, 보험계약을 통하여 이익을 얻기 위한 목적으로 자신의 건강상의 결함을 은닉하고 계약을 체결하는 역선택을 방지한다.

    ㉢ 궁극적으로 양질의 위험을 최대한 확보하여 회사의 이윤을 창출하여 지불능력을 유지하는 것이 목적이다.

(2) 계약선택의 기준이 되는 세 가지 위험

청약심사란 일반적으로 보험사의 "위험의 선택" 업무로서 위험평가의 체계화된 기법을 말한다. 이와 같이 보험사가 위험을 선택하는 것은 발생위험의 개연성이 높은 사람일수록 보험가입에 대한 선호도가 높고 보험에 가입하고자 하는 성향이 높기 때문이다. 보험계약의 선택에 있어 가장 중요한 것은 보험금 지급사유의 발생 가능성을 파악하는 것이다. 따라서 보험판매 과정에서 계약선택의 기준이 되는 다음의 세 가지 위험을 주의할 필요가 있다.

① 신체적 위험 : 피보험자의 체격, 과거의 병력, 현재의 건강상태 등의 차이에 의해 위험도가 달라진다. 그 위험도를 정확히 알기 위하여 필요한 사항에 대하여 사실 그대로를 체신관서에 알리도록 하는 것이 중요하다.

② 환경적 위험 : 피보험자의 직업(부업·겸업·계절적 종사 포함)이나 업무내용, 취미, 운전 등에 따라 위험도가 달라지며, 위험등급에 따라 보험종류별로 가입여부, 가입한도액 등이 달라질 수 있다. 그 위험도를 정확히 알기 위해서는 회사원, 전문직 등 직업의 종류를 파악하는 선에 머무르지 말고 직장명, 부서명, 직위, 하시는 일 등 구체적인 내용을 파악하여야 한다.

③ 도덕적 위험(재정적 위험) : 생명보험을 악용하여 생명이나 신체를 고의로 손상시켜 보험금을 부당하게 받고자 하는 행위는 사전에 예방하여야 한다. 예를 들어 피보험자나 보험계약자의 수입, 지위, 나이 등에 비해 보험가입금액이 너무 크거나 보험금을 받는 자가 제3자로 되어 있거나 하는 등의 부자연스러운 점이 있을 때는 그에 대한 이유를 충분히 조사해 볼 필요가 있다.

[계약선택의 기준이 되는 세 가지 위험]

신체적 위험	환경적 위험	도덕적 위험(재정적 위험)
• 피보험자의 음주 및 흡연여부, 체격 • 과거 병력 • 현재의 병증	• 직업 및 업무내용 • 운전여부 • 취미활동	• 보험가입금액의 과다여부 • 피보험자와 수익자의 관계 • 과거 보험사기 여부

(3) 1차 언더라이팅의 중요성

1차 언더라이팅은 역선택 예방과 적절한 가입조건의 선택을 위해 가장 중요한 단계이므로 성실한 고지이행 유도 및 고객에 대한 정확한 안내를 통해 우체국보험 사업 안정성 강화에 기여할 수 있다.

(4) 언더라이팅의 심사분류체계

우체국보험은 언더라이팅의 일반적 기준에 의한 심사분류체계를 수립하고, 해당 심사기준을 통하여 다양한 피보험자의 위험정도에 따라 동일한 위험집단을 분류한다.

동일위험에 대한 동일보험료를 부과함으로써 보험요율의 합리적인 적용을 통한 보험가입자 간 공정성 제고가 가능하다.

또한, 역선택으로 인한 보험금 지급증가에 따른 보험료 인상 등 선의의 보험가입자들의 보험료 부담을 방어할 수 있다.

(5) 언더라이팅 관련 제도

① 계약적부조사

적부조사자가 피보험자를 직접 면담 또는 전화를 활용하여 적부 주요 확인사항을 중심으로 확인하며, 계약적부조사서상에 주요 확인사항 등을 기재하고 피보험자가 최종 확인하는 제도이다. 이를 통해 보험계약 시 피보험자의 신체적·환경적·도덕적 위험에 대한 정확한 확인을 통해 계약 선택의 합리성을 기하고, 고지의무위반 계약의 조기 발견과 부실계약의 예방을 할 수 있다. 우체국보험은 연령, 보험종류, 직업 등 신체·환경·도덕적 기준에 의한 계약적부대상자 선정기준을 마련하여 대상자를 선정하여 계약적부조사를 실시하고 있다. 따라서 청약심사자는 청약서와 계약적부조사 결과 등을 종합적으로 평가하여 피보험자의 위험에 따라 정상인수, 조건부인수, 거절 등의 합리적 인수조건을 결정하게 된다.

② 특별조건부 계약

피보험자의 질병 등 신체적 위험을 측정하여 표준체로 인수가 불가할 경우 언더라이팅 관련 제 매뉴얼 및 언더라이터의 판단에 의해 「특별조건부 인수계약」으로 계약을 인수할 수 있다. 특별조건부 인수계약은 '특정부위·질병 부담보'와 '특약해지', '보험료 할증', '보험료 감액', '보험금 삭감' 등이 있으며, 우체국보험에서는 현재 '특정부위·질병 부담보'와 '특약해지', '보험료 할증'을 적용하고 있다. '특정부위·질병 부담보' 제도는 피보험자의 특정부위·질병에 대한 병력으로 정상 인수가 불가한 경우, 해당 부위·질병에 일정한 면책기간을 설정하여 인수하는 제도이다. '특약해지'제도는 특정질병으로 인한 생존치료금 발생 가능성이 높을 경우 주계약에 부가된 선택특약 가입분을 해지(거절)처리하여 보험금 지급사유를 사전에 차단하여 위험을 예방하고, 적극적인 계약 인수를 도모하는 제도이다.

③ 환경적 언더라이팅

피보험자의 직업·취미·운전 등 환경적 위험등급에 따라 담보급부별 가입한도 차등화 등을 할 수 있다. 이는 1인당 과도한 가입을 제한하여 역선택을 예방함으로써 우체국보험사업의 건전성을 도모하는 한편, 우체국보험의 근본 취지에 충실하기 위해 운영하는 제도이다. 또한, 위험도가 높은 직업 등 보험상품 보장 위험에 심각한 영향을 미칠 수 있다고 판단되는 경우에는 가입이 거절될 수 있다.

04 보험계약의 성립과 효력

1 계약의 승낙·거절과 청약의 철회

보험계약은 보험계약자의 청약과 체신관서의 승낙으로 이루어진다.

체신관서는 계약자의 청약에 대해 피보험자가 계약에 적합하지 않을 경우 계약을 거절하거나 별도의 조건(보험가입금액 제한, 일부보장 제외 등)을 부과하여 인수할 수 있다.

체신관서는 계약의 청약을 받고, 제1회 보험료를 받은 경우에 청약일부터 30일 이내에 승낙 또는 거절하여야 하며, 승낙한 때에는 보험가입증서(보험증권)를 교부한다.

만일 30일 이내에 승낙 또는 거절의 통지를 하지 않으면 계약은 승낙된 것으로 본다.

한편, 보험계약자는 보험가입증서(보험증권)를 받은 날부터 15일 이내에 그 청약을 철회할 수 있다. 다만, 전문보험계약자가 체결한 계약은 청약을 철회할 수 없다.

또한, 청약한 날부터 30일(단, 전화를 통해 가입하는 계약 중 계약자의 나이가 만 65세 이상인 계약은 45일)이 초과된 계약은 청약을 철회할 수 없다. 보험계약자가 청약을 철회한 때에는 체신관서는 청약의 철회를 접수한 날부터 3일 이내에 납입한 보험료를 반환한다.

2 보험계약의 효력

(1) 보험계약의 성립

보장개시일은 체신관서가 보장을 개시하는 날로서 계약이 성립되고 제1회 보험료를 받은 날을 말하나, 체신관서가 승낙하기 전이라도 청약과 함께 제1회 보험료를 받은 경우에는 제1회 보험료를 받은 날을 의미한다.

또한, 보장개시일을 계약일로 본다. 따라서, 체신관서가 청약과 함께 제1회 보험료를 받은 후 승낙한 경우에도 제1회 보험료를 받은 때부터 보장이 개시된다. 단, 자동이체납입의 경우에는 자동이체 신청에 필요한 정보를 제공한 때를 보장개시일로 보며, 계약자의 책임 있는 사유로 자동이체가 불가능한 경우에는 보험료가 납입되지 않은 것으로 본다.

전문보험계약자
보험계약에 관한 전문성, 자산규모 등에 비추어 보험계약의 내용을 이해하고 이행할 능력이 있는 자로서 보험업법 제2조(정의), 보험업법 시행령 제6조의2(전문보험계약자의 범위 등) 또는 보험업감독규정 제1-4조의2(전문보험계약자의 범위)에서 정한 국가, 한국은행, 대통령령으로 정하는 금융기관, 주권상장법인, 지방자치단체, 단체보험계약자 등의 전문보험계약자를 의미함

(2) 보험계약의 무효

계약의 무효란 외형상 계약은 성립되어 있으나 법률상 그 효력이 처음부터 발생하지 않은 것을 의미한다.

체신관서는 약관에 의거 다음과 같은 경우에는 보험계약을 무효로 하고 이미 납입된 보험료를 반환한다.

종류	대상
1	타인의 사망을 보험금 지급사유로 하는 계약에서 계약을 체결할 때까지 피보험자의 서면에 의한 동의를 얻지 않은 경우 다만, 단체가 규약에 따라 구성원의 전부 또는 일부를 피보험자로 하는 계약을 체결하는 경우에는 이를 적용하지 않음. 이때, 단체보험의 보험수익자를 피보험자 또는 그 상속인이 아닌 자로 지정할 때에는 단체의 규약에서 명시적으로 정한 경우가 아니면 이를 적용함
2	만 15세 미만자, 심신상실자 또는 심신박약자를 피보험자로하여 사망을 보험금 지급사유로 한 계약의 경우 다만, 심신박약자가 계약을 체결하거나 소속 단체의 규약에 따라 단체보험의 피보험자가 될 때에 의사능력이 있는 경우에는 계약이 유효함
3	계약을 체결할 때 계약에서 정한 피보험자의 나이에 미달되었거나 초과되었을 경우 다만, 체신관서가 나이의 착오를 발견하였을 때 이미 계약나이에 도달한 경우에는 유효한 계약으로 보나, 제2호의 만 15세 미만자에 관한 예외가 인정되는 것은 아님

(3) 보험계약의 취소

계약의 취소라 함은 계약은 성립되었으나 후에 취소권자의 취소의 의사표시로 그 법률효과가 소급되어 없어지는 것을 의미한다.

체신관서는 보험약관에 의거 다음 표에 해당하는 계약에 대해 취소권을 행사할 수 있다.

보험계약 취소사유
피보험자가 청약일 이전에 암 또는 인간면역결핍바이러스(HIV) 감염의 진단 확정을 받은 후 계약자 또는 피보험자가 이를 숨기고 가입하는 등의 뚜렷한 사기의사에 의하여 계약이 성립되었음을 체신관서가 증명하는 경우에는 보장개시일부터 5년 이내(사기사실을 안 날부터는 1개월 이내)에 계약을 취소할 수 있음

보험모집자는 계약체결 시 계약자에게 약관 및 청약서 부본을 전달하고 약관의 주요 내용을 설명해야 한다.

만약, 모집자가 청약 시 이러한 의무(3대 기본 지키기)를 이행하지 않았을 경우에는 계약자는 취소권을 행사할 수 있다.

이때, 계약이 성립한 날부터 3개월 이내에 계약을 취소할 수 있으며, 체신관서는 이미 납입한 보험료에 보험료를 받은 기간에 대하여 환급금대출이율을 연 단위 복리로 계산한 금액을 더하여 지급한다.

3대 기본 지키기
① 약관 및 청약서 부본 전달
② 약관 주요 내용 설명
③ 계약자 및 피보험자의 자필서명

09 우체국보험 계약유지 및 보험금지급

출제경향분석
• 우체국보험의 계약유지(2019)

01 계약 유지업무

1 개 요

계약 유지업무란 넓은 의미에서 생명보험계약의 성립이후부터 소멸까지 전 보험기간에 생기는 모든 사무를 말한다. 좁은 의미로는 계약 유지업무에서 청약업무와 (사고)보험금 지급업무를 제외한 즉시지급(해약, 만기, 중도금), 보험료 수납, 계약사항 변경·정정, 납입 최고(실효예고안내) 등 일부사무를 뜻한다. 생명보험 상품의 특징 중 하나는 보험기간의 장기성이다. 보험기간 동안 고객에게 생기는 여러 사정의 변경에 대해 보험회사가 적절히 대응하여 고객을 돌볼 때, 본래의 목적을 달성할 수 있다. 따라서 보험계약 유지기간 동안 고객의 사정 변경에 대응하여 고객의 니즈를 충족시키기 위해서 계약 유지업무가 필요하다.

2 보험료의 납입

보험료는 보험계약자가 약관에서 정한 보장을 받는 대가로서 체신관서에 납입하는 금액이다. 우체국보험은 고객의 보험료 납입편의를 위해 납입기간, 납입주기, 납입방법 및 할인제도 등을 다양하게 운영하고 있다. 「우체국예금·보험에 관한 법률 시행규칙 제47조(보험료의 납입)」에 의거, 보험계약자는 제2회분 이후의 보험료를 약정한 납입방법으로 해당 보험료의 납입 해당 월의 납입기일까지 납입해야 한다. 보험료의 납입기간에 따라 전기납, 단기납으로 분류되며, 보험료의 납입주기는 다음 표와 같다. 보험료를 납입하였을 때에는 체신관서는 영수증을 발행하여 교부한다. 다만, 금융기관을 통하여 자동이체 납입한 때에는 해당기관에서 발행한 증빙서류(자동이체기록 등)로 영수증을 대신할 수 있다.

종류	대상
연납	보험료를 매년 연 1회 납입하는 방법
6월납	보험료를 매년 2회, 6개월마다 납입하는 방법
3월납	보험료를 매년 4회, 3개월마다 납입하는 방법
월납	보험료를 매월 납입하는 방법
일시납	보험료를 일시에 납입

3 보험료의 납입방법

「우체국예금·보험에 관한 법률 시행규칙 제 47조(보험료의 납입) 3항」에 의거 보험계약자는 다음 표 중 한 가지 방법을 선택하여 보험료를 납입할 수 있다. 다만, 아래 표 중 3호 및 4호에 따른 방법으로 납입하는 경우에는 보험료를 납입할 수 있는 우체국보험의 종류 및 보험료 납입방법 등은 우정사업본부장이 정하여 고시한다. 보험계약자는 보험료 납입주기 및 수금방법의 변경을 청구할 수 있다.

구분	대상
1	보험계약자가 체신관서에 직접 납입하는 방법(창구수납)
2	자동적으로 계좌에서 이체하여 납입하는 방법(자동이체)
3	여신전문금융업법 제2조 제3호에 따른 신용카드 및 같은 조 제6호에 따른 직불카드로 납입하는 방법(카드납)
4	전자금융거래법 제2조 제13호에 따른 직불전자지급수단으로 납입하는 방법

(1) 창구수납

창구수납이란 계약자가 우체국을 방문하여 보험료를 창구에 직접 납입하는 방법이다. 계약자가 창구에 보험료를 납입하였을 때에는 체신관서는 영수증을 발행하여 교부한다.

(2) 자동이체

자동이체란 우체국 또는 은행계좌에서 약정일에 보험료를 자동으로 출금하여 이체·납입하는 제도이다. 우체국 계좌에서 보험료 등을 출금하여 납입하는 우체국이체와 은행계좌에서 보험료 등을 출금하여 납입하는 은행이체가 있다. 우체국이체의 경우 금융결제원 및 각 금융기관을 거치지 않고 우체국내부에서 출금 및 납입이 처리되므로 원부정리까지 비교적 신속한 처리가 가능하다. 자동이체 약정은 유지중인 계약에 한해서 처리가 가능하며, 관계 법령 〈전자금융거래법 제15조(추심이체의 출금 동의)〉에 따라 예금주 본인에게만 신청·변경 권한이 있다. 자동이체 신청은 체신관서, 은행, 우체국보험고객센터, 전자금융(폰뱅킹, 인터넷뱅킹, 모바일앱)에서 신청 가능하다. 더불어, 우체국보험은 현재 합산자동이체 제도를 운영하고 있다.

합산자동이체
동일 계약자의 2건 이상의 보험계약이 동일계좌에서 같은 날에 자동이체 되는 경우, 증서별 보험료를 합산하여 1건으로 출금하는 제도

(3) 전자금융에 의한 납입

우체국보험의 전자금융을 통한 보험료 납입방법에는 인터넷(홈페이지 www.epostbank. go.kr)으로 보험료를 납입하는 방법과 폰뱅킹을 통한 보험료 납입, 모바일(포스트페이 앱 포함)을 통한 보험료 납입 등이 있다.

(4) 자동화기기(CD, ATM 등)에 의한 납입

자동화기기(CD, ATM 등)에 의한 납입은 계약자의 보험료납입 편의를 위하여 우체국에 설치된 자동화기기 등을 이용하여 우체국 계좌에서 자금을 인출하여 보험료를 납입하는 방법이다. 우체국에서 발행한 우체국현금카드(제휴카드 포함) 및 IC카드를 이용해야 하며, 우체국계좌에 납입하고자 하는 보험료 상당의 잔고가 있어야 거래가 가능하다. 연체분 납입은 물론 선납도 가능하다.

(5) 카드납입

우체국보험의 보험료 카드납부 취급대상은 TM(Tele Marketing), 온라인(인터넷, 모바일)을 통해 가입한 보장성 보험계약 및 2021년 이후 신규 출시한 대면채널의 보장성 보험계약에 한해 처리가 가능하다. 초회보험료(1회), 계속보험료(2회 이후)를 대상으로 하고 있으며, 부활보험료는 제외한다.

TM(Tele Marketing)
TM(Tele Marketing)이란 우체국 TMFC(Tele-Marketing Financial Consultant)를 통해 전화 등 통신수단을 활용하여 보험을 모집하는 영업활동

(6) 계속보험료 실시간이체

실시간이체는 고객요청 시 즉시 계약자의 계좌 또는 보험료 자동이체 계좌에서 현금을 인출하여 보험료로 납부하는 제도로 자동이체 약정여부 관계없이 처리가 가능하며, 계약상태가 정상인 계약만 가능하다.

4 보험료 자동대출 납입제도

보험료 미납으로 실효(해지)될 상태에 있는 보험계약에 대하여 계약자의 신청이 있는 경우 해약환급금 범위내에서 자동대출(환급금대출)하여 보험료를 납입할 수 있다. 따라서, 계약자의 신청이 있는 경우라도 환급금대출금과 환급금대출이자를 합산한 금액이 해약환급금(당해 보험료가 납입된 것으로 계산한 금액을 의미)을 초과하는 때에는 보험료의 자동대출 납입을 지속할 수 없다. 보험료의 자동대출납입 기간은 최초 자동대출납입일부터 1년을 최고한도로 하며 그 이후의 기간에 대한 보험료의 자동대출 납입을 위해서는 계약자가 재신청을 하여야 한다.

5 보험료의 할인

보험료의 할인은 특정한 방법으로 보험료를 납입하는 경우 보험료의 일부를 할인함으로써 가입자에게 이익을 제공하는 한편, 보험료 납입업무를 간소화하여 사업운영의 효율성을 제고하기 위한 제도이다. 우체국보험은 선납할인, 자동이체 할인, 단체할인, 다자녀가구 할인, 실손보험료 할인(무사고 할인, 의료 수급권자 할인), 우리가족암보험 건강체 할인, 고액계약 보험료 할인 등 다양한 보험료 할인제도를 운영하고 있다.

(1) 선납할인

선납할인은 향후의 보험료를 3개월분(2021. 9. 12. 이전 계약은 1개월분) 이상 미리 납입하는 경우의 할인이며, 할인율은 해당상품 약관에서 정한 예정이율(2017.5.19. 이후 상품)로 계산한다.

(2) 자동이체 할인

「우체국예금·보험에 관한 법률 시행규칙 제48조(보험료의 할인)」에 의거 우정사업본부장은 보험계약자가 보험료(최초의 보험료 제외)를 자동이체(우체국 또는 은행)로 납입하는 계약에 대해 보험료의 2%에 해당하는 금액의 범위에서 할인 할 수 있다.
따라서 우체국보험은 계약체결 시기, 이체 금융기관, 청약방법 등에 따라 약 0.1~1.5%의 할인율을 적용하고 있다.

(3) 단체납입 할인

보험계약자는 5명 이상의 단체를 구성하여 보험료의 단체 납입을 청구할 수 있으며, 우정사업본부장은 보험계약자가 보험료를 단체 납입하는 경우에는 보험료의 2%에 해당하는 금액의 범위에서 보험료를 할인할 수 있다. 현재, 단체계약 할인율은 우체국 자동이체납입 할인율과 동일하며, 해당단체가 자동이체 납입을 선택하여 자동이체로 납입하는 경우는 자동이체 할인과 중복하여 할인하지 아니한다.

(4) 다자녀 할인

두 자녀 이상을 둔 가구에 한하여, 보험료의 자동이체 납입 시 할인하는 제도로, 할인율은 자녀수에 따라 0.5~1.0%까지 차등 적용되며, 자동이체 할인과 중복할인이 가능하다.

(5) 의료수급권자 할인

의료급여 수급권자에게 실손의료비보험의 보험료를 할인하는 제도로, 의료급여법상의 '의료급여 수급권자'로서의 증명서류를 제출해야 하며 영업보험료의 5%를 할인하고 있다.

(6) 실손의료비보험 무사고 할인

갱신 직전 보험기간 2년(2017. 5. 18. 이전 계약은 직전 보험기간) 동안 보험금이 지급되지 않은 경우 보험료를 할인하는 제도로, 갱신 후 영업보험료의 5~10%를 할인하고 있다.

(7) 우리가족암보험 보험료 할인

피보험자가 B형 간염 항체보유 시 영업보험료의 3%를 할인하는 B형 간염 항체보유 할인과 고혈압과 당뇨병이 모두 없을 때 할인되는 우리가족암보험 3종(실버형) 건강체 할인이 있으며, 이 경우 영업보험료의 5%를 할인하고 있다.

(8) 고액계약 할인 보험료 할인

경제적 부담이 고액보험에 대하여 보험가입금액 2천만 원 이상 가입 시 주계약 보험료에 대해서 1~3% 보험료 할인혜택을 적용한다.

보험가입금액	2천~3천만 원 미만	3천~4천만 원 미만	4천만 원
할인율	1.0%	2.0%	3.0%

고액계약 보험료할인 대상 상품
- (무)우체국하나로OK보험 2109
- (무)우체국든든한종신보험 2109
- (무)우체국통합건강보험 2109
- (무)온라인정기보험 2109
- (무)우체국와이드건강보험 2112

6 보험료의 납입면제

보험의 종류에 따라 보험약관에서 정한 보험료의 납입 면제사유에 해당하는 경우에는 「우체국예금·보험에 관한 법률 시행규칙 제51조(보험료의 납입면제)」에 의거 납입을 면제한다.

다만, 보험료의 납입을 면제받으려면 보험계약자 또는 보험수익자는 「의료법」 제3조에 따른 의료기관(「의료법」 제3조에 따른 의료기관과 동등하다고 체신관서에서 인정하는 국외 의료기관을 포함)에서 발행한 진단서를 체신관서에 제출하여야 한다.

다만, 공익사업 등 별도의 목적으로 개발된 보험으로서 우정사업본부장이 정하는 보험은 제외한다.

02 보험계약의 효력상실 및 부활

1 보험료의 납입유예

보험계약자가 보험료를 내지 아니하고 유예기간이 지난 때에는 그 보험계약은 효력을 잃는다. 「우체국예금·보험에 관한 법률 시행규칙 제50조(보험료 납입 유예기간)」에 따라 보험료 납입 유예기간은 해당월분 보험료의 납입기일부터 납입기일이 속하는 달의 다음다음 달의 말일까지로 한다. 다만, 유예기간의 마지막 날이 영업일이 아닌 때에는 그 다음 날까지로한다.

납입기일
계약자가 제2회 이후의 보험료를 납입하기로 한 날을 의미

2 보험계약의 납입최고와 계약의 해지

계약자가 제2회 이후의 보험료를 납입기일까지 납입하지 않아 보험료 납입이 연체 중인 경우, 체신관서는 납입최고(독촉)하고, 유예기간이 끝나는 날까지 보험료가 납입되지 않은 경우 유예기간이 끝나는 날의 다음날에 계약은 해지(효력상실)된다. 이때, 체신관서의 납입최고는 유예기간이 끝나기 15일 이전까지 서면(등기우편 등) 등으로 이루어지며 다음 표에 대해 안내한다. 또한, 계약자와 보험수익자가 다른 경우 계약자뿐만 아니라 수익자에게도 보험료 납입최고 안내를 하고 있다.

구분	대상
1	계약자(보험수익자와 계약자가 다른 경우 보험수익자를 포함)에게 유예기간 내에 연체보험료를 납입하여야 한다는 내용
2	유예기간이 끝나는 날까지 보험료를 납입하지 않을 경우 유예기간이 끝나는 날의 다음 날에 계약이 해지된다는 내용(이 경우 계약이 해지되는 때에는 즉시 해약환급금에서 환급금 대출의 원금과 이자가 차감된다는 내용을 포함)

체신관서의 납입최고(독촉)에도 불구하고, 보험료 납입연체로 유예기간이 경과하여 계약이 해지(효력상실)되었을 때에는 보험계약자는 해약환급금을 청구하여 계약을 소멸시키거나, 소정기간 내에 부활절차를 밟아 체신관서의 승낙을 얻어 부활시킬 수 있다.

3 보험계약의 부활

계약자에게 편의를 제공하기 위하여 법령에서 규정한 바에 따라 보험료납입 연체로 인하여 해지(효력상실)된 계약의 계속적인 유지를 원할 경우 소정의 절차에 따라 계약의 효력을 부활시키는 제도로, 우체국보험 약관에 의거 보험료의 납입연체로 인한 해지계약이 해약환급금을 받지 않은 경우 계약자는 해지된 날부터 3년 이내에 체신관서가 정한 절차에 따라 계약의 부활(효력회복)을 청약할 수 있다. 체신관서가 부활(효력회복)을 승낙한 때에 계약자는 부활(효력회복)을 청약한 날까지의 연체된 보험료에 약관에서 정한 이자를 더하여 납입하여야 한다.

03 보험계약의 변경 및 계약자의 임의해지

1 계약내용의 변경

계약내용의 변경은 계약자의 이익을 보호하기 위하여 일정한 범위 내에서 계약의 내용을 변경할 수 있게 하여 계약을 유지시켜 나가는 제도이다. 계약자는 체신관서의 승낙을 얻어 다음 표 사항을 변경할 수 있다. 보험계약의 변경 중 보험가입금액 감액의 경우 그 감액된 부분은 해지된 것으로 보며, 이 경우 해약환급금을 계약자에게 지급한다. 또한, 계약자는 보험수익자를 변경할 수 있으며 이 경우에는 체신관서의 승낙이 필요하지는 않는다. 다만, 변경된 보험수익자가 체신관서에 권리를 대항하기 위해서는 계약자가 보험수익자가 변경되었음을 체신관서에 통지하여야 한다. 보험수익자를 변경하고자 할 경우에는 보험금의 지급사유가 발생하기 전에 피보험자가 서면으로 동의하여야 한다.

구분	대상
1	보험료의 납입방법
2	보험가입금액의 감액
3	계약자
4	기타 계약의 내용(단, 보험종목 및 보험료 납입기간의 변경은 제외)

2 계약자의 임의해지 및 피보험자의 서면동의 철회권

계약자는 계약이 소멸하기 전에 언제든지 계약을 해지할 수 있으며, 이 경우 체신관서는 해당 상품의 약관에 따른 계약자에게 해약환급금을 지급한다. 사망을 보험금 지급사유로 하는 계약에서 서면으로 동의를 한 피보험자는 계약의 효력이 유지되는 기간에는 언제든지 서면동의를 장래에 향하여 철회할 수 있으며, 서면동의 철회로 계약이 해지되어 체신관서가 지급하여야 할 해약환급금이 있을 때에는 체신관서는 계약자에게 해약환급금을 지급한다.

3 중대사유로 인한 계약 해지

다음 표와 같은 중대사유 사실이 있을 경우에 체신관서는 그 사실을 안 날부터 1개월 이내에 계약을 해지할 수 있다. 이 경우 체신관서는 그 취지를 계약자에게 통지하고 해당 상품의 약관에 따른 해약환급금을 지급한다.

구분	내용
1	계약자, 피보험자 또는 보험수익자가 고의로 보험금 지급사유를 발생시킨 경우
2	계약자, 피보험자 또는 보험수익자가 보험금 청구에 관한 서류에 고의로 사실과 다른 것을 기재하였거나 그 서류 또는 증거를 위조 또는 변조한 경우(다만, 이미 보험금 지급사유가 발생한 경우에는 보험금 지급에 영향을 미치지 않음)

04 고지의무

1 개 요

계약자 또는 피보험자는 청약할 때 청약서에서 질문한 사항에 대하여 알고 있는 사실을 반드시 사실대로 알려야(이하 "고지의무"라 하며, 상법상 "고지의무"와 같음) 한다.

2 고지의무 위반의 효과

체신관서는 계약자 또는 피보험자의 약관 및 상법상의 "고지의무"에도 불구하고, 고의 또는 중대한 과실로 중요한 사항에 대하여 사실과 다르게 알린 경우에는 체신관서가 별도로 정하는 방법에 따라 계약을 해지하거나 보장을 제한할 수 있다.

그러나 다음 표 중 한 가지에 해당되는 때에는 계약을 해지하거나 보장을 제한할 수 없다. 고지의무 위반으로 인하여 계약이 해지될 때에는 해약환급금을 지급하며, 보장을 제한할 때에는 보험료, 보험가입금액 등이 조정될 수 있다. 다만, 고지의무를 위반한 사실이 보험금 지급사유 발생에 영향을 미쳤음을 체신관서가 증명하지 못한 경우에는 계약의 해지 또는 보장을 제한하기 이전까지 발생한 해당 보험금을 지급한다.

구분	불가사유
1	체신관서가 계약 당시에 그 사실을 알았거나 과실로 인하여 알지 못하였을 때
2	체신관서가 그 사실을 안 날부터 1개월 이상 지났거나 또는 보장개시일부터 보험금 지급사유가 발생하지 않고 2년이 지났을 때
3	계약을 체결한 날부터 3년이 지났을 때
4	보험을 모집한 자(이하 "모집자 등"이라 합니다)가 계약자 또는 피보험자에게 고지할 기회를 주지 않았거나 계약자 또는 피보험자가 사실대로 고지하는 것을 방해한 경우, 계약자 또는 피보험자에게 사실대로 고지하지 않게 하였거나 부실한 고지를 권유했을 때

🔍 알아보기　고지의무 위반 예시

계약을 청약하면서 모집자 등에게 고혈압이 있다고만 이야기하고 청약서의 고지사항에는 기재하지 않아 체신관서가 고혈압이 있다는 사실을 알지 못하였다고 하면, 체신관서는 고지의무 위반을 이유로 계약을 해지하거나 보험금을 지급하지 않을 수 있음

05 환급금 대출

1 개 요

보험계약이 해지될 경우에 계약자에게 환급할 수 있는 금액(이하 해약환급금)의 범위 내에서 계약자의 요구에 따라 대출하는 제도로, 대출자격은 유효한 보험계약을 보유하고 있는 우체국보험 계약자로 한다. 또한, 순수보장성보험 등 보험상품의 종류에 따라 대출을 제한할 수 있으며, 연금보험의 경우 연금개시 후에는 환급금대출을 제한한다. 다만, 계약해지가 가능한 연금보험은 대출을 허용할 수 있다. 환급금대출의 대출금액은 해약환급금의 95% 이내에서 1만 원 단위로 하며 보험 종류별 세부한도는 아래 표와 같다. 대출기간은 환급금 대출 대상계약의 보험기간(연금보험의 경우 연금개시 전)내로 한다.

구분	대출금액
1	연금 보험을 포함한 저축성 보험은 해약환급금의 최대 95% 이내 (즉시연금보험 및 우체국연금보험 1종은 최대 85% 이내)
2	보장성 보험은 해약환급금의 최대 85% 이내 (실손보험 및 교육보험은 최대 80% 이내)

2 불공정 대출금지

우체국보험 대출을 취급함에 있어 체신관서는 다음 표의 어느 하나에 해당하는 불공정한 대출을 하여서는 아니 된다.

구분	금지 행위
1	대출을 조건으로 차주의 의사에 반하여 추가로 보험가입을 강요하는 행위
2	부당하게 담보를 요구하거나 연대보증을 요구하는 행위
3	대출업무와 관련하여 부당한 편익을 제공받는 행위
4	우월적 지위를 이용하여 이용자의 권익을 부당하게 침해하는 행위

06 보험금 지급

1 개요

보험 본연의 목적이며, 체신관서(보험자)가 부담해야 하는 의무이므로, 법령 등이 정한 특정한 경우를 제외하고는 보험사고가 발생할 경우 빠른 시일 내에 보험금을 지급하여야 한다. 또한, 계약자 또는 피보험자나 보험수익자는 약관에서 정한 보험금 지급사유의 발생을 안 때에는 지체 없이 이를 체신관서에 알려야 한다.

2 보험금의 지급청구

(1) 보험금 청구서류

보험수익자 또는 계약자는 보험기간 만료 전에 보험약관에서 정한 보험금 지급사유가 발생하였을 때에는 지체 없이 그 사실을 체신관서에 알려야 한다.

그리고 보험금의 지급청구를 할 때에는 다음 표 중 해당하는 서류를 제출하고 보험금 또는 보험료 납입면제를 청구하여야 한다.

이때, 병원 또는 의원에서 발급한 사고증명서는 「의료법 제3조(의료기관)」에서 규정한 국내의 병원이나 의원 또는 국외의 의료관련법에서 정한 의료기관에서 발급한 것이어야 한다.

구분	청구서류
1	청구서(체신관서양식)
2	사고증명서(사망진단서, 장해진단서, 진단서(병명기입), 입원확인서 등)
3	신분증(주민등록증이나 운전면허증 등 사진이 붙은 정부기관 발행 신분증, 본인이 아닌 경우에는 본인의 인감증명서 또는 본인서명사실확인서 포함)
4	기타 보험수익자 또는 계약자가 보험금 수령 또는 보험료 납입면제 청구에 필요하여 제출하는 서류

(2) 즉시지급과 심사지급

보험수익자 또는 계약자로부터 지급청구가 있는 경우 지급사유에 따라 즉시지급과 심사지급으로 구분하며, 별도의 심사 또는 조사행위 없이 접수처리 즉시 보험금 등을 지급하는 것을 즉시지급이라 한다. 즉시지급 대상 보험금에는 생존보험금, 해약환급금, 연금, 학자금, 계약자배당금 등이 있다. 이와는 달리 보험금 지급청구 접수 시 사실증명 및 사고조사에 필요한 관계서류를 제출받아 보험금 지급의 적정여부를 심사한 후 약정한 보험금을 지급하는 것을 심사지급이라 한다.

(3) 보험금의 지급절차

체신관서가 보험금 청구서류를 접수한 때에는 접수증을 교부하고 휴대전화 문자메시지 또는 전자우편 등으로도 송부하며, 그 서류를 접수한 날부터 3영업일 이내에 보험금을 지급하거나 보험료 납입을 면제한다. 다만, 보험금 지급사유 또는 보험료 납입면제 사유의 조사나 확인이 필요한 때에는 접수 후 10영업일 이내에 보험금을 지급하거나 보험료 납입을 면제한다. 체신관서가 보험금 지급사유를 조사·확인하기 위하여 지급기일 이내에 보험금을 지급하지 못할 것으로 예상되는 경우에는 그 구체적인 사유, 지급예정일 및 보험금 가지급제도에 대하여 피보험자 또는 보험수익자에게 즉시 통지한다. 다만, 지급예정일은 다음 표 각 호의 어느 하나에 해당하는 경우를 제외하고는 보험금 청구서류를 접수한 날부터 30영업일 이내에서 정한다.

보험금 가지급제도
지급기한 내에 보험금이 지급되지 못할 것으로 판단될 경우 예상되는 보험금의 일부를 먼저 지급하는 제도

[보험금 지급예정일 30일 초과사유]

구분	초과사유
1	소송제기
2	분쟁조정신청
3	수사기관의 조사
4	해외에서 발생한 보험사고에 대한 조사
5	체신관서의 조사요청에 대한 동의 거부 등 계약자, 피보험자 또는 보험수익자의 책임 있는 사유로 보험금 지급사유의 조사와 확인이 지연되는 경우
6	보험금 지급사유 등에 대해 제3자의 의견에 따르기로 한 경우

3 보험금을 지급하지 않는 사유

보험수익자 또는 계약자의 보험금 청구에도 불구하고, 체신관서는 다음 표 중 어느 한 가지로 보험금 지급사유 등이 발생한 때에는 보험금을 지급하지 않거나 보험료 납입을 면제하지 않는다.

구분	면책사유
1	피보험자가 고의로 자신을 해친 경우 다만, 다음 중 어느 하나에 해당하면 보험금을 지급하거나 보험료 납입을 면제함. 가. 피보험자가 심신상실 등으로 자유로운 의사결정을 할 수 없는 상태에서 자신을 해친 경우 나. 계약의 보장개시일[부활(효력회복)계약의 경우는 부활(효력회복)청약일]부터 2년이 지난 후에 자살한 경우
2	보험수익자가 고의로 피보험자를 해친 경우 다만, 그 보험수익자가 보험금의 일부 보험수익자인 경우에는 다른 보험수익자에 대한 보험금은 지급함
3	계약자가 고의로 피보험자를 해친 경우

4 사망보험금 선지급제도

사망보험금 선지급은 해당 약관 〈선지급서비스특칙〉에 의거 보험기간 중에「의료법 제3조 (의료기관) 제2항」에서 정한 종합병원의 전문의 자격을 가진 자가 실시한 진단결과 피보험 자의 남은 생존기간이 6개월 이내라고 판단한 경우에 체신관서가 정한 방법에 따라 사망보 험금액의 60%를 선지급사망보험금으로 피보험자에게 지급하는 제도이다.

5 분쟁의 조정 등

계약에 관하여 분쟁이 있는 경우 분쟁 당사자 또는 기타 이해관계인과 체신관서는 과학기 술정보통신부 장관이 정하는 바에 따라 우체국보험분쟁조정위원회의 심의조정을 받을 수 있다. 또한, 약관의 해석에 있어서는 다음 표를 준용한다.

구분	약관해석 원칙
1	신의성실의 원칙에 따라 공정하게 약관을 해석하여야 하며 계약자에 따라 다르게 해석하지 않음
2	약관의 뜻이 명백하지 않은 경우에는 계약자에게 유리하게 해석함
3	보험금을 지급하지 않는 사유 등 계약자나 피보험자에게 불리하거나 부담을 주는 내용은 확대하여 해석하지 않음

6 소멸시효

보험금청구권, 보험료 반환청구권, 해약환급금청구권 및 책임준비금 반환청구권은 3년간 행사하지 않으면 소멸시효가 완성된다.

10 리스크관리 및 자금운용 등

01 리스크 관리

1 개 요

금융시장에서 사용하는 리스크라는 용어는 예측하지 못한 어떤 사실이나 행위가 자본 및 수익에 부정적인 영향을 끼칠 수 있는 잠재적인 가능성을 뜻한다.

이러한 리스크는 리스크관리 활동을 통해 최소화함으로써 손실 관리를 할 수 있으며, 적절한 리스크관리를 수행함으로써 투자에 대한 불확실성 수준에 따른 수익을 보존할 수도 있다.

구분	내용
리스크 (Risk)	예측하지 못한 사실 또는 행위로 인해 자본 및 수익에 부정적인 영향이 발생할 수 있는 잠재적 가능성 • 수익의 불확실성 또는 손실발생 가능성 • 불확실성 정도에 따른 보상 존재 • 통계적 방법을 통해 관리 가능 　⑩ 주식투자, 건강관리 등
위험 (Danger)	수익에 관계없이 손실만을 발생시키는 사건 • 적절한 보상이 주어지지 않음 • 회피함으로써 제거하거나 전가하는 것이 최선 　⑩ 자연재해, 화재, 교통사고 등

2 리스크의 종류

금융회사에서 발생할 수 있는 리스크는 아래 표와 같이 재무적 리스크와 비재무적 리스크로 분류할 수 있다. 재무적 리스크는 시장리스크, 신용리스크, 금리리스크, 유동성리스크, 보험리스크로 나눠지며, 특성상 주가 및 금리와 같은 데이터를 활용하여 특정한 산식을 통해 산출 및 관리가 가능한 계량적인 성격을 갖는다. 반면, 비재무적 리스크는 금융회사의 영업활동 또는 시스템 관리 등에 따라 발생할 수 있는 비정형화된 리스크로서 계량적인 산출과 관리가 어려운 리스크이다.

리스크 유형		내용
재무 리스크	시장리스크	시장가격(주가, 이자율, 환율 등)의 변동에 따른 자산가치 변화로 손실이 발생할 리스크
	신용리스크	채무자의 부도, 거래 상대방의 채무불이행 등으로 인하여 손실이 발생할 리스크
	금리리스크	금리 변동에 따른 순자가산가치의 하락 등으로 재무상태에 부정적인 영향을 미칠 리스크
	유동성리스크	자금의 조달, 운영기간의 불일치, 예기치 않은 자금 유출 등으로 지급불능상태에 직면할 리스크
	보험리스크	예상하지 못한 손해율 증가 등으로 손실이 발생할 리스크
비재무 리스크	운영리스크	부적절하거나 잘못된 내부의 업무 절차, 인력 및 시스템 또는 외부의 사건 등으로 인하여 손실이 발생할 리스크

3 리스크관리 필요성

IT기술 및 금융공학의 발전으로 전세계 금융시장의 연결이 가속화되고 주식 및 채권과 같은 전통적인 투자상품 외에 옵션, 선물 등 파생상품과 결합된 새로운 유형의 투자상품들이 지속적으로 개발되고 있다.

또한, 주요국 대표 금융회사들은 자국 내 시장 경쟁 심화로 기업 경쟁력 확보를 위한 해외시장 개척 및 사업확장이 이어지고 있으며, 대규모 인수합병을 통해 금융회사의 규모가 대형화되고 있어 리스크관리 실패에 따른 손실의 연쇄 효과가 과거에 비해 확대되고 있다. 국내금융시장의 경우 은행 중심의 대형화, 겸업화 진전과 자본시장통합법에 따른 자본시장의 기능별 통합 가속화가 이루어지고 있는 가운데 핀테크의 발전에 따른 P2P, 인터넷전문은행 등 새로운 시장 참여자들이 급부상 중이다.

보험업계의 경우 평균수명 증가로 인한 생존리스크 확대, 보험시장 성숙 및 생손보 교차판매 등 업종 간 경쟁이 심화되는 가운데 부채를 원가가 아닌 시가로 평가하는 IFRS17 적용에 따라 보험사의 중요 건전성 지표인 지급여력비율 하락 우려가 가중되고 있다.

02 우체국보험 재무건전성 관리

1 건전경영의 유지

우정사업본부장은 우체국보험의 보험금 지급능력과 재무건전성을 확보하기 위하여 다음 표를 준수하여야 한다.

구분	건전경영의 유지를 위한 준수사항
1	자본의 적정성에 관한 사항
2	자산의 건전성에 관한 사항
3	그 밖에 경영의 건전성 확보를 위하여 필요한 사항

2 자본의 적정성

우체국보험은 자본의 적정성 유지를 위하여 지급여력비율을 분기별로 산출·관리하여야 하며, 지급여력 비율은 지급여력금액을 지급여력기준금액으로 나누어 산출한다. 이때, 지급여력기준금액은 보험사업에 내재된 다양한 리스크를 보험·금리·시장·신용·운영 리스크로 세분화하여 측정하며 지급여력금액은 기본자본과 보완자본을 합산한 후, 차감항목을 차감하여 산출한다. 지급여력비율은 100% 이상을 유지하도록 노력하여야 한다. 이는 우체국보험이 예상하지 못한 손실이 발생하더라도 이를 충당할 수 있는 자기자본을 보유하고 있음을 의미하며, 손실흡수를 통해 우체국보험의 지급능력을 보장하고, 나아가 금융시스템의 안정성을 확보하기 위한 중요한 수단이다.

3 경영개선계획

우정사업본부장은 우체국보험의 지급여력비율이 100% 미만인 경우로서 보험계약자에게 보험금을 지급하지 못할 우려가 있다고 판단되는 경우에는 경영개선계획을 수립·시행하여야 한다. 이때, 경영개선계획에는 다음 중 일부 또는 전부가 반영되어야 한다.

인력 및 조직운영의 개선, 사업비의 감축, 재정투입의 요청, 부실자산의 처분, 고정자산에 대한 투자 제한, 계약자배당의 제한, 위험자산의 보유제한 및 자산의 처분

4 자산의 건전성

우정사업본부장은 다음 표에 해당하는 보유자산에 대해 건전성을 "정상", "요주의", "고정", "회수의문", "추정손실"의 5단계로 분류하여야 한다. 또한, "회수의문" 또는 "추정손실"로 분류된 자산(이하 "부실자산"이라 함)을 조기에 상각하여 자산의 건전성을 확보하여야 한다.

구분	대상
1	대출채권
2	유가증권
3	보험미수금
4	미수금·미수수익
5	그 밖에 건전성 분류가 필요하다고 인정하는 자산

03 우체국보험 자금운용 등

1 보험적립금 운용

「우체국보험특별회계법 제6조(적립금의 운용 방법)」에 의거 적립금을 운용할 때에는 안정성·유동성·수익성 및 공익성이 확보되도록 하여야 한다. 이때, 적립금은 다음 표에 의한 방법으로 운용한다.

구분	대상
1	금융기관에의 예탁
2	「자본시장과 금융투자업에 관한 법률」에 따른 증권의 매매 및 대여
3	국가, 지방자치단체와 과학기술정보통신부령으로 정하는 공공기관에 대한 대출
4	보험계약자에 대한 대출
5	대통령령으로 정하는 업무용 부동산의 취득·처분 및 임대
6	「자본시장과 금융투자업에 관한 법률」 제5조에 따른 파생상품의 거래
7	「벤처기업육성에 관한 특별조치법」 제2조제1항에 따른 벤처기업에의 투자
8	재정자금에의 예탁
9	「자본시장과 금융투자업에 관한 법률」 제355조에 따른 자금중개회사를 통한 금융기관에의 대여
10	그 밖에 대통령령으로 정하는 적립금 증식

2 적립금 운용계획의 수립 및 운용분석

우정사업본부장은 적립금의 효율적인 운용을 위하여 연간 적립금 운용계획과 분기별 적립금 운용계획을 수립하여야 한다.

적립금 운용계획은「우정사업 운영에 관한 특례법 제5조의2」에 의한 우체국보험적립금분과위원회의 심의를 받아야 한다.

또한, 우정사업본부장은 적립금 운용상황 및 결과를 매월 분석하여야 하며, 연간 분석결과는 우체국보험적립금운용분과위원회에 보고하여야 한다.

3 회계기준 및 재무제표

우체국보험의 회계처리 및 재무제표 작성은 우체국보험회계법, 국가재정법, 국가회계법, 같은 법 시행령 및 시행규칙에서 정하는 바에 따른다.

다만, 관련 법령에서 정하지 않은 사항에 대하여는「우체국보험회계법 시행령 제15조」에 근거하여 정한「우체국보험 회계처리지침」에 따르며, 이 지침에서도 정하지 아니한 사항은「보험업 회계처리준칙」을 준용한다.

우체국보험적립금회계의 재무제표는 재무상태표, 손익계산서, 이익잉여금처분계산서 또는 결손금처리계산서, 현금흐름표로 한다.

다만, 분기 결산 시에는 재무상태표와 손익계산서만 작성할 수 있다.

4 결 산

우정사업본부장은 해당 회계연도의 경영성과와 재무상태를 명확히 파악할 수 있도록 법령을 준수하여 결산서류를 명료하게 작성하여야 한다.

또한, 회계연도마다 적립금의 결산서를 작성하고 외부 회계법인의 검사를 받아야 한다.

5 경영공시

우정사업본부장은 경영의 투명성 확보를 위하여 다음 표의 사항을 공시하여야 한다.
공시는 결산이 확정된 날로부터 1개월 이내에 보험계약자 등 이해관계자가 알기 쉽도록 간단명료하게 작성하여 우정사업본부 인터넷 홈페이지 등에 게시하여야 한다.

구분	대상
1	조직 및 인력에 관한 사항
2	재무 및 손익에 관한 사항
3	자금조달·운용에 관한 사항
4	건전성·수익성·생산성 등을 나타내는 경영지표에 관한 사항
5	경영방침, 리스크관리 등 경영에 중요한 영향을 미치는 사항
6	관련법에 따라 금융위원회에 제출된 결산서류 및 기초서류에 대해 금융위원회의 의견 또는 권고에 관한 사항
7	그 밖에 이해관계자의 보호를 위하여 공시가 필요하다고 인정되는 사항

6 상품공시

우정사업본부장은 인터넷 홈페이지에 상품공시란을 설정하여 보험계약자 등이 판매상품에 관한 다음 표의 사항을 확인할 수 있도록 공시하여야 한다. 또한, 보험계약자는 우정사업본부장에게 기초서류에 대한 열람을 신청할 수 있으며, 우정사업본부장은 정당한 사유가 없는 한 이에 응하여야 한다.

구분	대상
1	보험안내서
2	판매상품별 상품요약서, 사업방법서 및 보험약관(변경 전 보험약관 및 판매중지 후 2년이 경과되지 아니한 보험약관을 포함함)
3	금리연동형 보험의 적용이율 및 환급금대출이율 등
4	계약자배당금 산출기준, 계약자배당율, 계약자배당준비금 부리이율
5	그 밖에 보험계약자의 보호를 위하여 필요하다고 인정되는 사항

01 **우체국 보험상품에 대한 설명으로 옳은 것은?** `2019 변형`

① 무배당 우체국연금보험과 우체국연금저축보험의 연금 개시 나이는 만 55세부터이다.

② 무배당 우체국자녀지킴이보험의 경우, 임신 24주 태아는 주계약의 가입대상이고 무배당 선천이상특약Ⅱ의 가입 대상이 아니다.

③ 무배당 우체국간편가입건강보험(갱신형)의 경우, 주계약은 종신까지 갱신 가능하고 특약은 100세까지 갱신 가능하다.

④ 무배당 우체국든든한종신보험은 보험기간 중 계약이 해지될 경우, 예정해약환급금은 1종(해약환급금 50%지급형)이 2종(표준형)보다 적다.

01
① 무배당 우체국연금보험의 연금개시나이는 종신형, 상속연금형, 확정기간연금형은 45~75세, 더블연금형은 45~70세이며, 우체국연금저축보험의 연금개시 나이는 만 55~80세이다.
② 무배당 선천이상특약Ⅱ의 가입요건은 임신 23주 이내 태아이므로 임신 24주 태아는 가입 대상이 아니다.
③ 무배당 우체국간편가입건강보험(갱신형)의 경우, 주계약은 종신토록 의료비 보장으로 경제적 부담을 완화할 수 있는 종신 갱신형이다. 다만, 사망보장은 최대 85세까지 보장하기 때문에 피보험자 나이가 85세 이상인 경우에는 이 특약을 갱신할 수 없다.
④ 무배당 우체국든든한종신보험 1종(해약환급금 50%지급형)은 보험료 납입기간 중 계약이 해지될 경우 2종(표준형)의 해약환급금 대비 적은 해약환급금을 지급하는 대신 2종(표준형)보다 저렴한 보험료로 보험을 가입할 수 있도록 한 상품이다.

02 **우체국보험의 계약유지에 대한 설명으로 옳은 것은?** `2019`

① 피보험자는 해지된 날부터 3년 이내에 체신관서가 정한 절차에 따라 계약의 부활을 청약할 수 있다.

② 보험계약자가 보험수익자를 변경하는 경우, 보험금의 지급사유가 발생하기 전에 변경 전 보험수익자의 동의를 받아야 한다.

③ 보험료의 자동대출 납입 기간은 최초 자동대출 납입일부터 1년을 최고한도로 하며 그 이후의 기간은 보험계약자가 재신청을 하여야 한다.

④ 보험계약자가 고의로 보험금 지급사유를 발생시킨 경우, 체신관서는 그 사실을 안 날부터 1개월 이내에 계약을 해지할 수 있으며 책임준비금을 보험계약자에게 지급한다.

02
① 우체국보험 약관에 의거 보험료의 납입연체로 인한 해지계약이 해약환급금을 받지 않은 경우 계약자는 해지된 날부터 3년 이내에 체신관서가 정한 절차에 따라 계약의 부활(효력회복)을 청약할 수 있다.
② 보험계약자가 보험수익자를 변경하는 경우, 보험금의 지급사유가 발생하기 전에 피보험자가 서면으로 동의하여야 한다.
④ 보험계약자가 고의로 보험금 지급사유를 발생시킨 경우, 체신관서는 그 사실을 안 날부터 1개월 이내에 계약을 해지할 수 있으며 해약환급금을 보험계약자에게 지급한다.

01 ② 02 ③

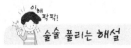

03
① 재보험의 가입한도는 <u>사고 보장을 위한 보험료</u>의 100분의 80 이내로 한다.
② 우체국보험의 종류에는 보장성보험, 저축성보험, 연금보험이 있다.
③ 계약보험금 한도액은 보험종류별(연금보험 제외)로 피보험자 1인당 <u>4천만 원</u>이다.

04
① 무배당 어깨동무보험의 경우, 연간 납입보험료 100만 원 한도 내에서 연간 납입보험료의 <u>15%</u>가 세액공제 금액이 된다.
② 종신형 연금보험의 경우에는 보험계약자, 피보험자, 보험수익자가 동일하여야 비과세를 받을 수 있다. 무배당 그린보너스저축보험은 저축성보험이므로 월적립식 저축성보험 비과세를 받기 위해선 최초로 보험료를 납입한 날부터 만기일 또는 중도해지일까지의 기간이 10년 이상으로서, 다른 요건(최초납입일로부터 납입기간이 5년 이상인 월적립식 계약일 것 등)을 모두 충족하는 계약이어야 한다.
④ 무배당 우체국연금보험에 가입한 만 65세 연금소득자가 종신연금형으로 연금수령 시 연금소득에 대해 적용되는 세율은 연금소득자의 나이에 따른 세율(3.3%~5.5%)과 종신연금형 세율(4.4%) 둘을 모두 충족하는 경우에는 낮은 세율을 적용한다.

05
ㄱ. 고지의무 당사자는 보험계약자, 피보험자이다.
ㄴ. 고지의무는 청약 시 뿐만 아니라 부활 청약 시에도 이행하여야 한다.

03 현행 「우체국예금 · 보험에 관한 법률 시행규칙」에서 정한 우체국보험에 대한 설명으로 옳은 것은?   2019
① 재보험의 가입한도는 영업보험료의 100분의 80 이내이다.
② 우체국보험의 종류에는 보장성보험, 저축성보험, 연금보험, 단체보험이 있다.
③ 계약보험금 한도액은 보험종류별(연금보험 제외)로 피보험자 1인당 5천만 원이다.
④ 세액공제 혜택이 없는 연금보험의 최초 연금액은 피보험자 1인당 1년에 900만 원 이하이다.

04 우체국 보험상품의 보험세제에 대한 설명으로 옳은 것은?   2019
① 무배당 어깨동무보험의 경우, 연간 납입보험료 100만 원 한도 내에서 연간 납입보험료의 12%가 세액공제 금액이 된다.
② 무배당 그린보너스저축보험은 보험계약자, 피보험자, 보험수익자가 동일하여야 월적립식 저축성보험 비과세를 받을 수 있다.
③ 무배당 파워적립보험은 보험기간이 10년인 경우, 납입기간은 보험종류에 관계없이 월적립식 저축성보험 비과세 요건의 납입기간을 충족한다.
④ 무배당 우체국연금보험에 가입한 만 65세 연금소득자가 종신연금형으로 연금수령 시 연금소득에 대해 적용되는 세율은 종신연금형을 기준으로 한다.

05 보험계약 고지의무에 대한 설명으로 옳은 것을 〈보기〉에서 모두 고른 것은?   2018

보기
ㄱ. 고지의무 당사자는 보험계약자, 피보험자, 보험수익자이다. ㄴ. 고지의무는 청약 시에 이행하고, 부활 청약 시에는 면제된다. ㄷ. 보험자가 고지의무 위반 사실을 안 날로부터 1개월 이상 지났을 때에는 보험계약을 해지할 수 없다. ㄹ. 보험자는 고지의무 위반 사실이 보험금 지급 사유 발생에 영향을 미치지 않았음이 증명된 경우 보험금을 지급할 책임이 있다.

① ㄱ, ㄴ   ② ㄱ, ㄷ
③ ㄴ, ㄹ   ④ ㄷ, ㄹ

---

03 ④ **04** ③ **05** ④

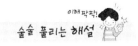

06 우체국 보험상품에 대한 설명으로 옳은 것은? 2018 변형

① 무배당 우체국실속정기보험은 1종(일반가입)과 2종(간편가입)을 중복 가입할 수 없다.

② 어깨동무연금보험은 장애인 부모의 부양능력 약화 위험 및 장애아동을 고려하여 15세부터 연금수급이 가능하다.

③ 무배당 우체국든든한종신보험에 주계약 보험가입금액 2천만 원 이상 가입할 경우, 주계약뿐만 아니라 특약 보험료도 할인받을 수 있다.

④ 무배당 우리가족암보험의 주계약에는 일반형과 실버형이 있으며, 실버형은 비갱신형에 해당한다.

06
① 무배당 우체국실속정기보험은 1종(일반가입)과 2종(간편가입)은 중복 가입할 수 없다. 다만, 순수형과 환급형은 가입금액 이내에서 중복가입이 가능하다.
② 어깨동무연금보험은 20세부터 연금수급이 가능하다.
③ 특약보험료는 할인이 적용되지 않는다.
④ 무배당 우리가족암보험의 실버형 계약은 3종 갱신형으로 10년을 만기로 종신갱신이 가능하다.

07 〈보기〉에서 설명하는 보험계약의 법적 성질을 올바르게 연결한 것은? 2018

보기

ㄱ. 우연한 사고의 발생에 의해 보험자의 보험금 지급 의무가 확정된다.

ㄴ. 보험계약자는 보험료를 모두 납부한 후에도 보험자에 대한 통지 의무 등을 진다.

ㄷ. 보험계약의 기술성과 단체성으로 인하여 계약 내용의 정형성이 요구된다.

	ㄱ	ㄴ	ㄷ
①	위험계약성	쌍무계약성	부합계약성
②	사행계약성	계속계약성	부합계약성
③	위험계약성	계속계약성	상행위성
④	사행계약성	쌍무계약성	상행위성

07
ㄱ. 사행계약성이란 보험계약에서 보험자의 보험금지급의무는 우연한 사고의 발생을 전제로 하고 있다는 것이다.
ㄴ. 보험계약은 보험회사가 일정기간 안에 보험사고가 발생하면 보험금을 지급하는 것을 내용으로 하여 그 기간 동안에 보험관계가 지속되는 계속계약의 성질을 지닌다.
ㄷ. 보험계약은 다수인을 상대로 체결되고 보험의 기술성과 단체성으로 인하여 그 정형성이 요구되므로 부합계약에 속한다. 부합계약이란 보험회사가 미리 작성한 보통보험약관을 매개로 체결되는 계약을 말한다.

08 보장성보험에 대한 설명으로 옳지 않은 것은? 2018

① 만기 시 환급되는 금액이 없거나 이미 납입한 보험료 보다 적거나 같다.

② 주계약뿐만 아니라 특약으로 가입한 보장성보험도 세액공제를 받을 수 있다.

③ 보장성 보험료를 산출할 때에 예정이율, 예정위험률, 예정사업비율이 필요하다.

④ 근로소득자와 사업소득자는 연간 납입보험료의 일정액을 세액공제 받을 수 있다.

08
④ 근로소득자(일용근로자 제외)가 보장성보험에 가입한 경우 납입한 보험료(연간 100만 원 한도)의 12%에 해당하는 금액을 세액공제 받을 수 있다. 이때, 세액공제 조건은 계약자가 근로자 본인 또는 소득이 없는 가족이며, 피보험자는 기본공제 대상자이다.
한편, 사업소득자는 연금 저축보험에 가입한 경우에 세액공제 받을 수 있다.

06 ① 07 ② 08 ④

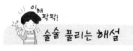

09

최초 계약 가입 나이는
무배당 우체국New100세건강보험 2203은
15~65세,
무배당우체국급여실손의료비보험(갱신형)은
0~60세,
무배당 우체국건강클리닉보험(갱신형)은
0~65세,
무배당 우체국간편가입건강보험(갱신형)은
35~75세이다. 그리고, 보험가입금액(구좌
수) 1구좌 기준으로 3대 질병 진단(최대
3,000만 원), 중증 수술(최대 500만 원) 및
중 증 장해(최대 5,000만 원)고액보장을 해
주는 것은 무배당 우체국건강클리닉보험(갱
신형)이다.

10

• 근대적 생명보험은 1876년 일본과의 강화도
조약 체결 이후 일본인에 의해 도입되었으
며, 1921년 한상룡 등이 최초의 생명보험
회사인 조선생명보험주식회사를 설립했다.
• 우체국보험은 1929년 5월에 제정된 '조선
간이생명보험령'에 따라 조선총독부 체신
국이 종신보험과 양로보험을 시판하기 시
작하였으며, 이후 1952년 12월 '국민생명
보험법' 및 '우편연금법'이 제정되면서 일
본식 명칭이었던 '간이생명보험'이 '국민생
명보험'으로 개칭되었다.

---

09 〈보기〉의 내용을 모두 충족하는 보험상품으로 옳은 것은? **2018 변형**

> **보기**
>
> • 최초 계약 가입 나이는 0~65세
> • 보험기간은 10년 만기(종신갱신형)
> • 보험가입금액(구좌수) 1구좌 기준으로 3대 질병 진단(최대 3,000만
>   원), 중증 수술(최대 500만원) 및 중증 장해(최대 5,000만원)고액보장
> • 10년 만기 생존 시마다 건강관리자금 지급

① 무배당 우체국New100세건강보험 2203
② 무배당 우체국급여실손의료비보험(갱신형)
③ 무배당 우체국건강클리닉보험(갱신형)
④ 무배당 우체국간편가입건강보험(갱신형)

10 우체국보험의 역사를 설명한 〈보기〉의 ㉠~㉢에 들어갈 내용으로 바르
게 나열한 것은? **2016**

> **보기**
>
> • 우체국보험은 (㉠)년 5월에 제정된 '조선간이생명보험령'에 따라 종신보
>   험과 (㉡)으로 시판되었다.
> • 1952년 12월 '국민생명보험법' 및 '우편연금법'이 제정되면서 '간이생
>   명보험'이 (㉢)으로 개칭되었다.

	㉠	㉡	㉢
①	1925	양로보험	우편생명보험
②	1929	양로보험	국민생명보험
③	1925	연금보험	우편생명보험
④	1929	연금보험	국민생명보험

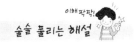
11 보험료 계산의 기초에 대한 설명으로 옳지 않은 것은? `2016`

① 예정이율이 낮아지면 보험료는 비싸지고, 예정이율이 높아지면 보험료는 싸진다.

② 예정사업비율이 낮아지면 보험료는 싸지고, 예정사업비율이 높아지면 보험료는 비싸진다.

③ 순보험료는 장래의 보험금 지급의 재원(財源)이 되는 보험료로, 위험보험료와 저축보험료로 분리할 수 있다.

④ 보험료는 대수의 법칙에 의거하여 예정사망률, 예정이율, 예정사업비율의 3대 예정률을 기초로 계산한다.

11
④ 보험료는 수지상등의 원칙에 의거하여 예정사망률, 예정이율, 예정사업비율의 3대 예정률을 기초로 계산한다.

12 우체국 보험상품에 대한 설명으로 옳지 않은 것은? `2016 변형`

① 무배당 우체국건강클리닉보험(갱신형)의 최초계약 가입나이는 0~65세이다.

② 무배당 무배당 내가만든희망보험은 10년마다 생존 시 건강관리자금이 지급된다.

③ 무배당 우체국실속정기보험 1종과 2종은 계약심사 과정 없이 가입이 간편한 무심사형 보험상품이다.

④ 무배당 파워적립보험은 기본보험료 30만 원 초과금액에 대해 수수료를 인하함으로써 수익률을 증대시킨 보험상품이다.

12
③ 무배당 우체국실속정기보험 1종은 일반가입, 2종은 간편가입이며 간편가입이라고 하더라도 유병력자나 고연령자들이 가입하기 용이하게끔 계약심사 과정을 간소화 할 뿐 심사가 이루어진다.

13 다음의 우체국 보험상품 중 보장성보험 상품만으로 바르게 짝지어진 것은? `2016 변형`

① 무배당 우체국안전벨트보험, 무배당 만원의행복보험, 무배당 알찬전환특약

② 무배당 우체국안전벨트보험, 무배당 하나로OK보험, 무배당 우체국100세건강보험

③ 무배당 우체국온라인암보험, 무배당 에버리치상해보험, 무배당 그린보너스저축보험

④ 무배당 파워적립보험, 무배당 우체국치아보험(갱신형), 무배당 에버리치상해보험

13
우체국보험상품 중 보장성 보험은 무배당 에버리치상해·무배당 우체국안전벨트·무배당 우체국건강클리닉·무배당 만원의행복·무배당 우체국급여실손의료비·무배당 우체국노후실손의료비·무배당 우체국간편실손의료비·무배당 우체국치아·무배당 어깨동무·무배당 우체국하나로OK·무배당 우체국요양·무배당 우리가족암·무배당 우체국간편가입건강·무배당 우체국더간편건강·무배당 우체국온라인암·무배당 우체국든든한종신·무배당 우체국실속정기·무배당 우체국당뇨안심·무배당 우체국온라인당뇨·무배당 우체국온라인어린이·무배당 우체국온라인착한안전·무배당 우체국온라인3대질병·무배당 우체국온라인정기·무배당 우체국자녀지킴이·무배당 우체국100세건강·무배당 내가만든희망·무배당 우체국온라인내가만든희망·무배당 win-win단체플랜·무배당 우체국치매간병·무배당 우체국통합건강·무배당 우체국나르미안전·무배당 우체국와이드건강·무배당 우체국온라인와이드암·무배당 우체국온라인미니암·무배당 우체국온라인요양·무배당 우체국온라인입원수술·무배당 우체국와이드건강·무배당 우체국단체보장보험이 있다.
무배당 알찬전환특약, 무배당 그린보너스저축보험, 무배당 파워적립보험은 저축성보험이다.

11 ④ 12 ③ 13 ②

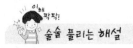
14

보험기간은 보험에 의한 보장이 제공되는 기간을 말하는데, 상법에서는 보험자의 책임을 최초의 보험료를 지급 받은 때로부터 개시한다고 규정되어 있다.

상법 제656조(보험료의 지급과 보험자의 책임개시) 보험자의 책임은 당사자 간에 다른 약정이 없으면 최초의 보험료의 지급을 받은 때로부터 개시한다.

15

② 1종(생활보장형)의 가입한도액은 4,000만 원이다.

③ 2종(암보장형)의 피보험자 가입나이는 0∼70세이다.

④ 3종(상해보장형)은 가입 후 2년마다 건강관리자금을 지급한다.

16

생명보험의 역선택(逆選擇)

보험계약의 승낙 여부를 결정하는 것을 (계약선택)이라고 하고 이는 (체신관서)가 행하는 것인 데 반해 보험금지급사유 발생 확률이 높은 위험을 갖고 있는 사람이 자진하여 보험금 수령을 목적으로 가입함으로써 (체신관서)가 불리해지는 경우이다. 역선택에 의한 위험이 동일 보험단체에 집중하면 대수의 법칙에 의한 위험이 무너져 보험사업 경영의 기초에 영향을 미치게 되므로 체신관서는 역선택 방지에 노력하고 있다.

14 생명보험 계약에 대한 설명으로 옳지 않은 것은?　　2014

① 보험계약에서 본인의 목숨이나 건강 등을 담보시킨 사람을 피보험자라 한다.

② 보험계약자가 보험에 의한 보장을 받기 위하여 보험자에게 지급하여야 할 금액을 보험료라 한다.

③ 보험에 담보된 생명이나 신체에 관하여 불확정한 사고, 즉 위험이 발생하는 것을 보험사고라 한다.

④ 보험기간에 대하여 상법에서는 보험자의 책임을 최초의 보험료 납입 여부와 상관없이 청약일로부터 개시된다고 규정하고 있다.

15 우체국의 장애인전용 무배당 어깨동무보험에 대한 설명으로 옳은 것은?　　2014 변형

① 보험수익자가 장애인인 경우 연간 4,000만 원 한도로 증여세 면제 혜택이 있다.

② 1종(생활보장형)의 가입한도액은 1,000만 원이다.

③ 2종(암보장형)의 피보험자 가입나이는 만 15∼70세이다.

④ 3종(상해보장형)은 가입 후 5년마다 건강진단자금을 지급한다.

16 다음 글은 생명보험의 역선택에 대한 설명이다. ㉠∼㉢에 들어갈 용어로 옳은 것은?　　2014

> 보험계약의 승낙 여부를 결정하는 것을 (㉠)이라 한다. 이는 (㉡)가 행하는 것인 데 반해 보험금지급사유 발생확률이 높은 위험을 갖고 있는 사람이 자진하여 보험금 수령을 목적으로 가입함으로써 (㉢)가 불리해지는 경우이다.

	㉠	㉡	㉢
①	보험청약	보험계약자	보험계약자
②	보험청약	피보험자	보험수익자
③	계약선택	체신관서	체신관서
④	계약선택	보험계약자	체신관서

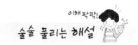

17 우체국의 보험상품에 대한 설명으로 옳지 않은 것은? `2014 변형`

① 무배당 그린보너스저축보험은 만기 유지 시 계약일로부터 최초 1년간 보너스금리를 추가 제공한다.

② 무배당 우체국하나로OK보험(갱신형)은 보험가입금액 1,000만 원에서 4,000만 원까지 500만 원 단위로 가입이 가능하다.

③ 무배당 우체국치아보험(갱신형)은 임플란트, 브릿지, 틀니 등 보철치료에 대한 치료자금을 지급한다.

④ 무배당 우체국요양보험은 장기요양상태(1~5등급)로 간병자금 필요 시, 5년 동안 매년 생존할 경우 장기요양간병비가 매월 지급된다.

17
무배당 우체국요양보험의 장기요양간병비는 장기요양상태가 1~2등급일 때, 장기요양간병비 특약 가입시 지급된다.

18 생명보험용어에 대한 설명으로 옳지 않은 것은? `2014`

① 국가, 지방자치단체 또는 공공법인에 의하여 경영되는 보험을 공영보험이라 한다.

② 가정경제에 있어 장래에 발생할 경제적 필요에 따라 장기적이며, 적절한 준비를 하는 행위를 생활설계라 한다.

③ 자산운용 결과, 실제이율이 보험료 계산에 사용한 예정이율을 초과했을 때에 생기는 이익금을 이차익이라 한다.

④ 생명보험사업을 영위하는 데 있어서 제1회 이후의 보험료를 수금하는 데 소요되는 일체의 경비를 순보험료라 한다.

18
순보험료는 장래의 보험금 지급의 재원이 되는 보험료를 말한다. 반면에 부가보험료는 보험회사가 보험계약을 체결·유지·관리하기 위한 경비에 사용되는 보험료로서, 그 중에서 수금비는 보험료 수금에 필요한 경비를 말한다.

19 보험계약에 대한 설명으로 옳은 것은? `2012`

① 보험계약을 부활한 경우 계약이 실효된 이후 시점부터 부활될 때까지의 기간에 발생한 모든 보험사고에 대하여 보험자는 책임을 진다.

② 보험계약에서 보험계약자와 피보험자가 서로 다른 경우를 '타인생명의 보험'이라 하며, 보험계약자와 보험수익자가 서로 다른 경우를 '타인을 위한 보험'이라 한다.

③ 보험계약의 무효란 계약이 처음에는 유효하게 성립되었으나 계약 이후에 무효사유의 발생으로 계약의 법률상 효력이 계약시점으로 소급되어 없어지는 것을 말한다.

④ 보험계약자 또는 피보험자는 청약 시 청약서에서 질문한 사항에 대하여 보험자에게 사실대로 알려야 하나 부활청약 시에는 고지의무가 없다.

19
① 실효되기 전의 상태로 원상복구하는 효과를 가지나, 실효된 이후 시점부터 부활될 때까지의 기간에 발생한 모든 보험사고에 대하여 보험자는 책임을 지지 않는다.
③ 취소에 대한 설명이다. 보험계약의 취소란 계약이 처음에는 유효하게 성립되었으나 계약 이후에 취소사유의 발생으로 계약의 법률상 효력이 계약시점으로 소급되어 없어지는 것을 말한다. 무효란 무효사유에 의해 계약의 법률상 효력이 처음부터 발생하지 않은 것을 의미한다.
④ 부활 시에도 고지의무가 있다.

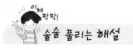
20 보험 관련 세금에 대한 설명으로 옳은 것은?   2012 변형

① 최초로 보험료를 납입한 날부터 만기일 또는 중도해지일까지의 기간이 7년 이상 유지 시 보험차익에 대하여 비과세된다.

② 연금저축보험의 경우 시중금리가 하락하더라도 최저 2.0%(다만, 가입후 10년 초과시 0.5%)의 금리 보장

③ 장애인전용보험의 세액공제 한도액은 연간 납입보험료(100만원 한도)의 12%이다.

④ 근로소득자가 기본공제대상자를 피보험자로 하는 일반보장성보험의 경우 납부액의 12%까지 연간 100만 원 한도에서 세액공제를 받을 수 있다.

21 2023년 1월 기준 판매 중인 우체국보험 상품에 관한 설명으로 옳지 않은 것은?   2012 변형

① 무배당 우체국건강클리닉보험(갱신형)은 "국민체력100" 체력 인증시 보험료 지원혜택이 제공된다.

② 무배당우체국안전벨트보험에서 교통재해입원보험금은 교통재해로 인하여 그 치료를 목적으로 4일 이상 입원하였을 때 지급된다.

③ 무배당 어깨동무보험(2종)에서 암보장개시일은 보험계약일(부활일)로부터 그 날을 포함하여 90일이 지난 날로 한다.

④ 에버리치상해보험에서 골절치료자금의 경우, 치아의 파절은 보장에서 제외된다.

22 생명보험 상품의 종류에 관한 설명으로 옳지 않은 것은?   2012

① 종신보험은 보험기간을 정해 놓고, 사망하였을 때 보험금을 지급하는 보험이다.

② 저축성보험은 생존 시에 보험금이 지급되는 저축기능을 강화한 보험이다.

③ 연금보험은 연금을 수령하여 일정 수준의 소득을 계속 유지하기 위한 보험이다.

④ 교육보험은 교육자금을 마련할 수 있도록 설계된 보험이다.

23 보험료에 관한 설명으로 옳지 않은 것은?

① 예정사망률이 높아지면 위험보험료는 상승한다.

② 예정이율이 높아지면 연금보험의 보험료는 하락한다.

③ 예정사업비율이 높아지면 순보험료는 상승한다.

④ 예정사망률이 낮아지면 생존보험의 보험료는 상승한다.

24 무배당 우체국급여실손의료비보험에 관한 설명으로 옳지 않은 것은?

① 주계약에서 비급여의료비는 보상하지 않는다.

② 무배당 비급여실손의료비특약(갱신형)에서 3대비급여란 도수치료·체외충격파치료·증식치료, 주사료, 자기공명영상진단를 말한다.

③ 주계약의 보장형태는 종합형 단일로 질병 및 상해에 대해 보장한다.

④ 입원, 통원 합산 최대 5천만 원까지 보장된다.

25 우체국에서 취급하는 무배당 우체국온라인연금저축보험의 가입조건으로 옳지 않은 것은?

① 만 19세 미만자는 가입할 수 없다.

② 보험료 납입기간으로 전기납을 선택할 수 있다.

③ 납입 주기는 월납이다.

④ 10년납 미만인 경우 기본보험료의 납입한도액은 50만 원이다.

술술 풀리는 해설

23

③ 예정사업비율이 높아지면 부가보험료가 상승한다.

24

무배당 우체국실손의료비보험의 판매형태는 질병형, 상해형, 종합형의 세 가지가 있다.

① 주계약 종합형 및 비급여특약 의무가입으로 보장공백 최소화하고 있다.

25

10년납 미만의 납입 한도액은 10~75만 원, 10년납 이상의 납입 한도액은 5~75만 원이다.

23 ③　24 ③　25 ④

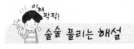
26

㉠ 19세 이상 가입이 가능하다.
㉢ 납입기간은 5년 이상이다.
㉤ 55세 이후부터 10년 이상 연금수령하는 상품이다.

27

④ 부가보험료는 신계약비, 유지비 및 수금비로 구분한다.

28

① 보험계약의 관계자라 함은 보험자, 보험계약자, 피보험자, 보험수익자가 있으며 이 중 보험계약의 당사자란 보험료를 내는 보험계약자와 보험금을 지급하는 보험자를 말한다.
③ 타인의 사망을 보험사고로 하는 보험계약은 보험계약 체결 시 보험대상자(피보험자)의 <u>서면으로만</u> 동의를 얻도록 규정하고 있다.
④ 사망을 보험금 지급사유로 하는 생명보험계약에서 만 15세 미만자, 심신상실자, 심신박약자를 보험대상자(피보험자)로 하는 보험계약은 무효이다. <u>다만, 심신박약자가 보험계약을 체결하거나 피보험자가 될 때에 의사능력이 있는 경우에는 계약이 유효하다.</u>

21 ② 22 ④ 23 ②

---

26 다음의 연금저축보험내용 중 옳은 것을 모두 고른 것은? 2008 변형

> ㉠ 만 14세 이상 가입 가능
> ㉡ 연간 600만원 한도로 납입금액의 12% 세액공제
> ㉢ 납입기간 10년 이상
> ㉣ 추가납입보험료는 계약일 이후 1개월이 지난 후부터 (연금개시나이 −1)세 계약해당일까지 납입 가능
> ㉤ 만 50세 이후부터 연금수령 가능

① ㉠, ㉢   ② ㉡, ㉣
③ ㉡   ④ ㉤

27 보험료 구성에 대한 설명으로 옳지 않은 것은? 2008

① 보험계약자가 보험자에게 내는 보험료를 영업보험료라고 하며 순보험료와 부가보험료로 구분한다.
② 만기보험금의 지급재원이 되는 보험료를 저축보험료라고 하며 예정이율에 기초하여 계산한다.
③ 위험보험료는 보험사고에 따른 지급재원으로 순보험료에 해당하며 예정위험률에 기초하여 계산한다.
④ 부가보험료는 신계약비, 유지비 및 전산비로 구분하며 예정사업비율에 기초하여 계산한다.

28 보험계약에 대한 설명으로 옳은 것은? 2008

① 일반적으로 보험계약의 당사자라 함은 보험자, 보험계약자, 보험모집인, 보험대상자(피보험자) 및 보험금을 받는 자(보험수익자)를 말한다.
② 보험자가 청약과 함께 보험료를 받고 청약을 승낙하기 전에 보험사고가 생긴 때에는 해당 청약을 거절할 사유가 없는 한 보험자는 보험계약상의 책임을 진다.
③ 타인의 사망을 보험사고로 하는 보험계약은 보험계약 체결 시 보험대상자(피보험자)의 서면 또는 구두에 의한 동의를 얻도록 규정하고 있다.
④ 사망을 보험금 지급사유로 하는 생명보험계약에서 만 15세 미만자, 심신박약자, 신체허약자를 보험대상자(피보험자)로 하는 보험계약은 무효이다.

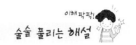

29 보험료를 계산하는 현금흐름방식에 대한 설명으로 옳은 것은? **2021**

① 보수적 표준기초율을 일괄적으로 가정하여 적용한다.

② 보험료 산출이 비교적 간단하고 기초율 예측 부담이 경감되는 장점이 있다.

③ 상품개발 시 수익성 분석을 동시에 할 수 있으며 상품개발 후 리스크 관리가 용이한 방식이다.

④ 3이원(利原)을 포함한 다양한 기초율을 가정하며, 계리적 가정에는 위험률, 해지율, 손해율, 적립이율 등이 있다.

30 보험료 할인율이 높은 순서부터 바르게 나열한 것은? **2021**

> ㄱ. 피보험자 300명이 단체로 무배당 win-win단체플랜보험 2109에 가입
>
> ㄴ. 주계약 보험가입금액 2,500만 원을 무배당 우체국통합건강보험 2109에 가입
>
> ㄷ. B형 간염 항체 보유자인 피보험자가 무배당 우리가족암보험 2109 일반형[1종(갱신형)]에 가입
>
> ㄹ. 의료급여 수급권자에게 실손의료비보험의 보험료를 할인

① ㄱ-ㄹ-ㄴ-ㄷ

② ㄱ-ㄹ-ㄷ-ㄴ

③ ㄹ-ㄱ-ㄴ-ㄷ

④ ㄹ-ㄷ-ㄱ-ㄴ

31 우체국 보험상품에 대한 설명으로 옳은 것은? **2021**

① 무배당 우체국안전벨트보험 2109의 보험료는 성별에 따른 차이는 없으나 연령별로 차이가 있다.

② 우체국연금저축보험 2109의 경우, 연금 지급구분에는 종신연금형, 상속연금형, 확정기간연금형, 더블연금형이 있다.

③ 무배당 우체국요양보험 2109에 가입한 피보험자가 장기요양 3등급 진단을 받은 경우, 사망보험금 일부를 선지급 받을 수 있다.

④ 무배당 우체국New100세건강보험 2203에 가입한 피보험자가 '국민체력100' 체력인증을 받은 경우, 보험료 일부를 지원받을 수 있다.

29

①, ② 3이원방식에 대한 내용이다.

④ 계리적 가정에는 위험률, 해지율, 손해율, 사업비용 등이 있다.

30

ㄹ. 의료급여 수급권자 할인 5%

ㄷ. 우리가족암보험 보험료 할인 3%

ㄱ. 101인 이상 단체납입할인 2%

ㄴ. 고액계약(2천~3천만 원 미만) 보험료 할인 1%

※ 무배당 우체국실손의료비보험(계약전환·단체개인전환·개인중지재개용)(갱신형) 2109의 주요특징에서는 의료급여 수급권자에 대한 할인 항목에 삭제되었으나 실손보험료에 대해서 의료수급권자 할인 5%는 제도상으로 남아 있어 할인이 적용됨.

31

① 무배당 우체국안전벨트보험 2109의 보험료는 연령에 따른 차이는 없으나 성별에 따른 차이가 있다.

② 우체국연금저축보험 2007의 경우, 연금 지급구분에는 종신연금형, 확정기간연금형이 있다.

③ 무배당 우체국요양보험 2109에 가입한 비보험자가 장기요양(1~2등급)진단을 받은 경우, 사망보험금 일부를 선지급하여 노후요양비를 지원한다.

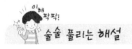

32

연금납입시의 세액은 공제가 되었으며 수령 시에는 연금소득 및 기타소득세를 납부해야 한다.

연금수령한도인 1,200,000원까지는 연금소득세율이 적용되고 이를 초과한 1,000,000원에 대해서는 기타소득세가 적용된다.

연금지급기준이 종신연금형이므로 연금소득세율은 4.4%가 적용된다.

1,200,000 × 0.044 = 52,800
1,000,000 × 0.165 = 165,000

합산한 세액은 217,800원이다.

33

① 위험은 발생 상황에 따라서는 정태적 위험, 동태적 위험으로 분류하고, 사건 발생에 연동되는 결과에 따라서는 순수 위험과 투기적 위험으로 분류한다.

② 손해보험 중 특종보험은 해상, 화재, 자동차, 보증, 장기보험 등을 제외한 모든 형태의 보험으로 상해보험, 건설공사보험, 항공보험, 동물보험, 유리보험 등이 있다.

④ 보험회사 또는 인수집단의 능력으로 보상이 가능한 규모의 손실은 비재난적 손실이다.

---

32 ③ 33 ③

---

32 40세인 A씨의 우체국연금저축보험 2109가입 현황이 〈보기〉와 같을 때 연금수령 1차년도 산출세액(지방소득세 포함)으로 옳은 것은? **2021**

보기

- 연금 지급구분: 종신연금형
- 연금수령 개시 나이: 만 55세
- 연금수령한도 이내 연금수령액: 1,200,000원
- 연금수령한도 초과 연금수령액: 1,000,000원

(단, 납입보험료 전액을 세액공제 받았으며, 의료목적 또는 부득이한 사유로 인한 연금수령액 및 다른 연금소득은 없는 것으로 한다.)

〈적용세율〉

연금소득세율(지방소득세 포함)				기타소득세율 (지방소득세 포함)
연금수령나이			종신연금형	
만 70세 미만	만 70세 이상 만 80세 미만	만 80세 이상		
5.5%	4.4%	3.3%	4.4%	16.5%

① 96,800원 ② 121,000원
③ 217,800원 ④ 231,000원

---

33 위험관리와 보험의 종류에 대한 설명으로 옳은 것은? **2021**

① 위험의 발생 상황에 따라 순수 위험과 투기적 위험으로 분류하며, 사건 발생에 연동되는 결과에 따라 정태적 위험과 동태적 위험으로 분류한다.

② 손해보험 중 특종보험은 상해·화재·항공·보증·장기보험 등을 제외한 모든 형태의 보험으로 해상보험, 건설공사보험, 동물보험, 유리보험 등이 있다.

③ 동태적 위험은 사회적인 특정 징후로 예측이 가능한 면도 있으나, 위험의 영향이 광범위하며 발생 확률을 통계적으로 측정하기 어렵다.

④ 보험의 대상이 되는 불확실성(위험)의 조건 중 한정적 측정가능 손실이란 보험회사 또는 인수집단의 능력으로 보상이 가능한 규모의 손실을 의미한다.

01 **다음의 빈칸에 알맞은 내용은?**

> 생명보험은 합리적으로 계산된 분담금인 (㉠)를 모아서 공동준비재산을 조성하고 사고 시 약정된 금액인 (㉡)을 지급하는 것이다.

	㉠	㉡
①	보험료	보험금
②	보험금	보험료
③	보험료	사고보상금
④	보험금	금전

02 **보험계약의 특성과 거리가 먼 것은?**

① 사익조정성(영리성)　② 개별성
③ 기술성　　　　　　　④ 사회성과 공공성

03 **다음 중 생명보험의 구성원리에 속하지 않는 곳은?**

① 대수의 법칙　　　　② 생명표
③ 보험금의 지급의 원칙　④ 수지상등의 원칙

04 **다음 중 생명보험 상품의 특성으로 볼 수 없는 것은?**

① 무형의 상품　　　　② 미래지향적 상품
③ 비동시성 상품　　　④ 자발적 상품

05 **보험계약의 법적 성질에 대한 설명으로 옳은 것은?**

① 보험계약은 요물계약이다.
② 보험계약은 요식계약이다.
③ 보험계약은 편무계약이다.
④ 보험계약은 사행계약성이 있다.

06 **생명보험에 대한 다음 설명으로 옳지 않은 것은?**

① 생명보험의 사상적 기원은 길드에서 유래된다.
② 톤티가 고안하여 프랑스 재정개선에 도움을 주기 위해 만들어 보험의 발달에 영향을 끼친 것은 톤틴연금이다.
③ 우리나라 체신국이 설립되면서 시판한 보험은 종신보험과 양로보험이다.
④ 구휼, 질병, 장례 등을 위해서 있던 과거 우리나라의 상호부조제도는 향약이다.

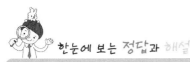
한눈에 보는 정답과 해설

01 ㉠은 보험료이고 ㉡은 보험금이다.
02 ② 개별성이 아니라 단체성 : 보험사업자와 계약을 체결하는 많은 보험가입자들은 경제적인 면에 있어서는 서로 연결이 되어 있고 이들은 하나의 위험단체 혹은 보험단체를 구성하게 된다. 즉 보험계약자는 보험사업자와 계약을 체결하는 것이지만, 보험계약의 배후에는 수많은 보험가입자로 구성된 보험단체 또는 위험단체의 관념이 존재하고 있다.
03 생명보험의 구성원리는 ①, ②, ④이다.
04 장기적이고 비자발적인 상품이 생명보험의 특성이다.

05 ④ 보험계약은 사행계약성이 있다. 보험계약에서 보험자의 보험금 지급의무는 우연한 사고의 발생을 전제로 하고 있으나 정보의 비대칭성으로 보험범죄나 인위적 사고의 유발과 같은 도덕적 위험이 내재해 있으며 이를 규제하기 위하여 피보험이익, 실손보상원칙, 최대선의 원칙 등을 두고 보험의 투기화를 막는 제도적 장치가 있다.
06 ④ 구휼, 질병, 장례 등을 위한 우리나라 상호부조제도는 계, 보 등이 있다.

01 ①　02 ②　03 ③　04 ④　05 ④　06 ④

07 다음 중 보험계약에 대한 설명으로 옳지 않은 것은?

① 보험계약은 보험료의 선납이 없어도 보험계약은 유효하게 성립된다.
② 보험계약의 취소는 계약시점으로 소급되어 없어진다.
③ 보험계약은 서면으로 체결되지 아니하면 효력이 발생하지 않는다.
④ 보험계약은 보험계약자의 청약과 동시에 최초보험료를 미리 납부하는 것이 보험거래의 관행이다.

08 다음 중 보험료 산정의 원칙으로 옳지 않은 것은?

① 보험의 공공성 및 사회에 미치는 영향을 고려할 때 적정 보험료율 산정이 중요하다.
② 보험계약 본질상의 의무를 이행하기 위해서는 보험료율은 보험자의 재무건전성을 확보하고 보험상품의 수급을 촉진시키는 수준에서 결정되어야 한다.
③ 보험계약자가 보험료율 산정에 무지하다고 부당한 보험료를 산정해서는 안 된다.
④ 보험료는 모든 가입자에게 공정하게 동일한 보험료를 적용해야 한다.

09 보험계약의 요소에 대한 설명으로 옳은 것은?

① 보험료의 납입기간이 보험기간보다 짧은 기간에 종료되는 보험을 전기납보험이라 한다.
② 보험대상은 보험에 담보된 재산 또는 생명이나 신체에 관하여 불확정한 사고, 즉 위험이 발생하는 것을 말한다.
③ 보험료는 보험사고가 발생하였을 때 보험자가 지급하는 금액이다.
④ 상법에서는 보험자의 책임을 최초의 보험료를 지급받은 때로부터 개시한다고 규정되어 있다.

10 보험료의 구성에 대한 설명으로 옳은 것은?

① 보험계약자가 보험회사에 내는 보험료를 순보험료라고 한다.
② 위험보험료는 만기보험금 지급의 재원이 되는 보험료로, 예정이율에 기초해 계산된다.
③ 순보험료는 보험회사가 보험계약을 체결, 유지, 관리하기 위한 경비에 사용되는 보험료이다.
④ 부가보험료는 예정사업비율을 기초로 하여 계산된다.

11 보험업법의 목적과 거리가 가장 먼 것은?

① 보험업의 건전한 운영
② 보험계약자 등의 권익보호
③ 근로자의 인권보호
④ 국민경제의 균형있는 발전

 한눈에 보는 정답과 해설

07 ③ 보험계약은 보험계약에 대해 특별한 방식을 요구하지 않는 불요식계약이다. 따라서 보험계약은 서면으로 체결되지 아니하여도 효력이 있다.

08 ④ 보험료는 모든 가입자에서 동일하게 적용하는 것이 공정한 것이 아니라 위험의 정도에 따라 차등을 두는 것이 공정하다.

09 ① 단기납보험에 대한 설명이다.
② 보험사고에 대한 설명이다.
③ 보험금에 대한 설명이다.

10 ① 보험계약자가 보험회사에 내는 보험료는 영업보험료(총보험료)이다.
② 저축보험료에 대한 설명이다.
③ 부가보험료에 대한 설명이다.

11 보험업을 영위하는 자의 건전한 운영을 도모하고, 보험계약자·피보험자·기타 이해관계인의 권익을 보호하여, 보험업의 건전한 육성과 국민경제의 균형있는 발전에 기여함을 목적으로 한다.

07 ③   08 ④   09 ④   10 ④   11 ③

12 생명보험 상품에 대한 설명으로 옳은 것은?

① 종신보험은 보험기간을 미리 정해놓고 그 기간 내에 사망하거나 고도의 장해상태가 되었을 때 보험금을 지급하는 보험이다.

② 생존보험은 살아 있을 때만 보험금을 지급하는 보험으로, 노후 대비에 좋은 이점이 있다.

③ 저축성보험은 만기 시 환급되는 금액이 없거나 기 납입 보험료보다 적거나 같다.

④ CI보험은 계약자가 납입한 보험료를 특별계정을 통하여 기금을 조성한 후 주식, 채권 등에 투자하여 발생한 이익을 보험금 또는 배당으로 지급하는 상품이다.

13 생명보험 용어에 대한 설명으로 옳은 것은?

① 보험수익자는 자연인이든 법인이든 모두 가능하다

② 순보험료는 연령별 사망률에 기초를 두고 1년마다 수지의 균형을 이루도록 계산한 보험료를 뜻한다.

③ 표준미달체는 정상 피보험체인 표준체(건강체)에 비하여 보험사고의 발생위험 정도가 너무 높거나 위험정도의 평가가 불가능하여 보험계약이 성립될 수 없는 피보험자를 말한다.

④ 도덕적 해이는 보험금지급사유 발생 확률이 높은 위험을 갖고 있는 사람이 자진하여 보험금 수령을 목적으로 가입함으로써 체신관서가 불리해지는 경우이다.

14 대수의 법칙에 대한 다음의 설명 중 옳지 않은 것은?

① 관찰의 횟수를 늘려가면 일정한 발생확률이 나오고 관찰대상이 많을수록 확률의 정확성은 커지게 된다.

② 대수의 법칙은 많은 사람들을 대상으로 관찰해 보면 매년 일정한 비율로 사망한다는 것을 알 수 있어 보험자가 정확한 보험료율을 산정하고 미래의 손실 빈도와 강도에 대하여 보다 정확하게 예측하기 위해 사용한다.

③ 다수의 경우에도 우연한 사고의 발생 가능성 및 발생시기 등은 확실하지만, 특정한 사람들을 대상으로 관찰해 보면 대수의 법칙에 따라 그 발생확률을 구할 수 있게 된다.

④ 사람의 사망 역시 이러한 방법을 통해 어떤 연령대의 사람들이 1년간 몇 명 정도 사망할 것인가를 산출할 수 있는데 이를 사망률이라고 한다.

15 생명보험의 영업보험료 구성에 가장 적합한 것은?

① 순보험료 + 부가보험료

② 순보험료 + 저축보험료

③ 부가보험료 + 위험보험료

④ 위험보험료 + 저축보험료

한눈에 보는 정답과 해설

12 ① 정기보험에 대한 설명이다.
　③ 보장성보험이 만기 시 환급되는 금액이 없거나 기 납입 보험료보다 적거나 같다.
　④ 변액보험에 대한 설명이다.

13 ② 자연보험료에 대한 설명이다.
　③ 거절체에 대한 설명이다.
　④ 역선택에 대한 설명이다.

14 ③ 개인의 경우에도 우연한 사고의 발생 가능성 및 발생시기 등은 불확실하지만, 다수 사람들을 대상으로 관찰해 보면 대수의 법칙에 따라 그 발생확률을 구할 수 있게 된다.

15 영업보험료 = 순보험료 + 부가보험료이다.

12 ②　13 ①　14 ③　15 ①

16 다음 중 배당에 대한 설명으로 옳지 않은 것은?

① 보험계약자의 청구가 있을 때까지 발생한 배당금을 보험회사가 적립한다.
② 무배당보험은 계약자배당을 실시하는 상품으로, 유배당상품 대비 비싸다.
③ 배당금은 보험회사의 경영성과에 따라 계약자에게 배당된다.
④ 계약자가 납입해야 하는 보험료를 배당금으로 대납이 가능하다.

17 보험계약에 대한 설명으로 옳은 것은?

① 보험자가 청약일로부터 30일 이내에 승낙 또는 거절의 통지를 하지 않으면 계약은 거절된 것으로 본다.
② 보험계약자는 보험가입증서(보험증권)를 받은 날부터 30일 이내에 청약을 철회할 수 있으며(청약을 한 날부터 30일을 초과한 경우에는 철회 불가), 이 경우 보험자는 받은 보험료만을 돌려준다.
③ 배달착오 등으로 인하여 보험계약자에게 보험증서가 도달되지 못한 경우에도 보험계약은 유효하게 성립한다.
④ 보험계약의 무효란 계약이 처음에는 유효하게 성립되었으나 계약 이후에 어떤 사유의 발생으로 계약의 법률상 효력이 계약시점으로 소급되어 없어지는 것을 말한다.

18 다음의 설명 중 옳지 않은 것은?

① 보험중개사는 보험계약의 체결권이 없고, 고지수령권도 없다.
② 보험설계사는 보험계약의 체결권이 없고, 고지수령권도 없다.
③ 보험대리점은 보험계약의 체결권은 없으나, 고지수령권은 인정된다.
④ 보험대리점은 보험료 수령권이 있으나, 보험중개사는 권한이 없다.

19 보험의 긍정적인 기능이 아닌 것은?

① 손해 감소 동기부여
② 사회보장제도 보완
③ 기업의 자본효율성 향상
④ 소득재분배 기능

20 다음 중 종신보험의 설명으로 옳지 않은 것은?

① 종신보험의 보험료는 연령이 낮을수록 높다.
② 사망보험의 일종이다.
③ 평생을 보장하는 보험이다.
④ 보험기간을 따로 정하지 않는다.

 한눈에 보는 정답과 해설

16 무배당보험은 계약자배당을 실시하지 않는 보험상품으로 배당금을 지급하지 않는 대신 보험료 계산 시 기초가 되는 예정사망률, 예정이율, 예정사업비율의 안전도를 가능한 한 축소하여 보험료를 할인한다. 따라서 무배당상품의 경우 동일한 보장 조건의 유배당상품 대비 보험료가 비교적 저렴하다.

17 ① 보험자가 청약일로부터 30일 이내에 승낙 또는 거절의 통지를 하지 않으면 계약은 승낙된 것으로 본다.
② 보험계약자는 보험가입증서(보험증권)을 받은 날부터 15일 이내에 청약을 철회할 수 있으며(청약을 한 날부터 30일을 초과한 경우에는 철회 불가), 이 경우 보험자는 보험료를 받은 기간에 대하여 일정 이자를 보험료에 더하여 돌려준다.(신용카드로 납부한 경우 이자를 지급하지 않고 신용카드 매출만 취소한다)
④ 계약의 취소에 대한 설명이다.

18 ③ 보험대리점는 보험자를 위해 보험계약 체결을 대리하는 자로, 보험계약의 체결권, 고지 수령권, 보험료 수령권의 권한을 가지고 있다.
19 ④ 소득재분배 기능은 사회(공영)보험 고유의 기능이다.
20 ① 종신보험의 보험료는 연령이 낮을수록 보험료가 낮다.

16 ② 17 ③ 18 ③ 19 ④ 20 ①

21 보험증권에 관한 상법의 규정 중 옳지 않은 것은?

① 보험자는 보험계약이 성립한 때에는 지체 없이 보험증권을 작성하여 보험계약자에게 교부하여야 한다.

② 기존의 보험계약을 연장하거나 변경한 경우에는 보험자는 그 보험증권에 그 사실을 기재함으로써 보험증권의 교부에 갈음할 수 있다.

③ 보험계약의 당사자는 보험증권의 교부가 있는 날로부터 일정한 기간 내에 한하여 그 증권내용의 정부에 관한 이의를 할 수 있음을 약정할 수 있다. 이 기간은 3월을 내리지 못한다.

④ 보험증권을 멸실 또는 현저하게 훼손한 때에는 보험계약자는 보험자에 대하여 증권의 재교부를 청구할 수 있다. 그 증권작성의 비용은 보험계약자의 부담으로 한다.

22 피보험자의 사망 시에도 보험금을 지급하고 일정기간 생존 시에도 보험금을 지급하는 보험은 다음 중 어느 것인가?

① 사망보험　　　　② 생사혼합보험
③ 생존보험　　　　④ 보장성보험

23 생명보험의 상품종류 중 가장 기본이 되는 분류방식은?

① 사망보험과 생존보험
② 연금보험과 보장성보험
③ 보장성 보험과 저축성 보험
④ 정기보험과 종신보험

24 생명보험회사는 보험사업에서 필요한 경비를 예상하고 계상하여 이를 보험료에 포함시키고 있는데 이 경비의 이율을 무엇이라고 하는가?

① 예정경비율　　　　② 예정사업비율
③ 예정사망률　　　　④ 예정이자율

25 보험계약의 요소에 대한 설명으로 옳은 것은?

① 보험계약에서의 보험기간은 보험사고 발생 후 보험자가 배상하여야 할 범위와 한계를 정해준다.

② 보험계약 당시에 보험사고가 이미 발생하였거나 또는 발생할 수 없는 것인 때에는 그 계약은 무효로 한다.

③ 보험자는 보험금액이 정하여진 날부터 7일 내에 피보험자 또는 보험수익자에게 보험금액을 지급하여야 한다.

④ 상법에서는 보험자의 책임을 보험계약자에게 보험증서를 교부한 때로부터 개시한다고 규정되어 있다.

 한눈에 보는 **정답**과 해설

26 무배당 우체국연금보험 2109에 대한 다음의 설명 중 옳지 않은 것은?

① 45세 이후부터 연금을 받을 수 있다.

② 종신연금형, 상속연금형, 확정기간연금형, 더블연금형 등으로 구분된다.

③ 가입 후 10년 미만 시 시중금리가 떨어져도 최저 1.0%의 금리를 보장한다.

④ 상속연금형의 경우, 연금개시 후에는 해지가 불가능하다.

28 다음의 〈보기〉에 알맞은 보험은?

> **보기**
>
> 중대한 질병이며 치료비가 고액인 암, 심근경색, 뇌출혈 등에 대한 급부를 중점적으로 보장하여 주는 보험으로 생존 시 고액의 치료비, 장해에 따른 간병비, 사망 시 유족들에게 사망보험금 등을 지급해 주는 상품

① 종신보험   ② CI보험

③ 변액보험   ④ 사망보험

27 다음 중 보험계약자가 보험수익자를 지정하지 아니한 상태에서 보험사고 발생시 보험금의 종류별로 보험수익자를 잘못 짝지은 것은?

① 의료비 – 피보험자

② 사망보험금 – 피보험자의 상속인

③ 후유장해보험금 – 피보험자의 상속인

④ 입원보험금 – 피보험자

29 다음 중 보험계약의 무효사유에 해당하는 경우가 아닌 것은?

① 타인의 사망을 보험금 지급사유로 하는 계약에서 계약을 체결할 때까지 피보험자의 서면에 의한 동의를 얻지 아니한 경우

② 만 15세 미만자, 심신상실자 또는 심신박약자의 사망을 보험금 지급사유로 한 경우

③ 계약을 체결할 때 계약에서 정한 피보험자의 나이에 미달되었거나 초과되었을 경우

④ 계약자, 피보험자 또는 보험수익자가 보험금 청구에 관한 서류에 고의로 사실과 다른 것을 기재하였거나 그 서류 또는 증거를 위조 또는 변조한 경우

 한눈에 보는 정답과 해설

26 ④ 상속연금형과 확정기간연금형은 연금개시 후에도 해지가 가능하다.

27 ③ 후유장해보험금의 보험수익자는 피보험자이다.
   • 사망보험금 : 피보험자의 상속인
   • 생존보험금 : 보험계약자
   • 장해·입원·수술·통원급부금 등 : 피보험자

28 CI(Critical Illness)보험에 대한 설명이다.

29 ④는 중대사유로 인한 보험계약 해지의 경우이다.
   ①·②·③은 보험계약의 무효사유이다.

26 ④ 27 ③ 28 ② 29 ④

30 다음 중 실손보상의 원칙과 관련이 없는 것은?

① 초과보험
② 중복보험
③ 보험자대위
④ 사망보험금

31 다음 중 보험안내자료에 반드시 포함되어야 하는 것이 아닌 것은?

① 보험회사의 상호나 명칭
② 다른 보험회사 상품과 비교한 사항
③ 보험약관으로 정하는 보장에 관한 사항
④ 보험금 지급제한 조건에 관한 사항

32 보험회사가 위험을 인수하는 대신 보험계약자가 납부하는 것은?

① 보험금액
② 보험가액
③ 보험료
④ 보험금

33 다음은 생명보험 보험료의 종류 및 구조를 나타낸 것이다. ⓐ, ⓑ, ⓒ에 들어갈 용어가 맞는 것은?

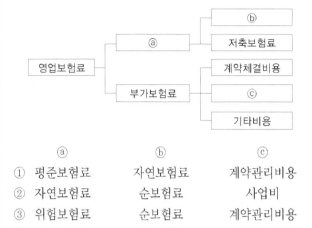

	ⓐ	ⓑ	ⓒ
①	평준보험료	자연보험료	계약관리비용
②	자연보험료	순보험료	사업비
③	위험보험료	순보험료	계약관리비용
④	순보험료	위험보험료	계약관리비용

34 다음 중 보험료 산출의 요소가 아닌 것은?

① 예정위험률
② 예정이율
③ 예정사업비율
④ 예정이익률

 한눈에 보는 정답과 해설

30 사람은 보험가액의 개념이 없으므로 사망보험금은 실손보상의 원칙과 관련이 없다.

31 보험안내자료에는 보험계약의 내용과 다른 사항, 보험계약자에게 유리한 내용만을 골라 안내하거나 다른 보험회사 상품과 비교한 사항, 확정되지 아니한 사항이나 사실에 근거하지 아니한 사항을 기초로 다른 보험회사 상품에 비하여 유리하게 비교한 사항을 기재하지 못한다.

32 보험계약자가 보험회사에 납부하는 것을 보험료라고 한다. 반대로 회사가 계약자에게 지급해야 하는 것을 보험금이라고 한다.

33 • 영업보험료는 순보험료와 부가보험료로 구분된다.
 • 순보험료는 위험보험료와 저축보험료로 구분된다.
 • 부가보험료는 계약체결비용(신계약비), 계약관리비용(유지비), 기타비용(수금비)로 구분된다.

34 ④ 생명보험회사는 수지상등의 원칙이 적용되기 때문에 예정이익률은 보험료 산출요소가 아니다.

30 ④ 31 ② 32 ③ 33 ④ 34 ④

35 다음의 빈칸에 들어갈 알맞은 말은?

> 보험료 납입을 보험기간(보장기간)의 전 기간에 걸쳐서 납부하는 보험을 (㉠)이라 하며, 보험료의 납입기간이 보험기간보다 짧은 기간에 종료되는 보험을 (㉡)이라고 한다.

	㉠	㉡
①	장기납 보험	단기납 보험
②	전기납 보험	단기납 보험
③	전기납 보험	장기납 보험
④	단기납 보험	장기납 보험

36 보험상품의 구성에 대한 다음 설명 중 옳지 않은 것은?

① 생명보험 상품은 주계약과 특약으로 구성된다.
② 주계약은 보험계약에 있어서 기본이 되는 중심적인 보장내용 부분이다.
③ 특약은 다수의 보험계약자들의 다양한 욕구를 모두 충족시키기 위한 것이며 주계약보다 우선하는 보험이다.
④ 보험의 종류로는 사망·생존·생사혼합·보장성·저축성·연금·교육·변액·CI보험 등이 있다.

37 보험을 저축성 보험과 보장성 보험으로 나누는 분류 기준은?

① 보험상품의 성격에 따른 분류
② 주된 보장에 따른 분류
③ 배당의 유무에 따른 분류
④ 보험의 독립성의 유무에 따른 분류

38 우리나라 체신국이 설치된 이후 최초로 판매된 보험은?

① 연금보험과 종신보험
② 종신보험과 양로보험
③ 질병보험과 연금보험
④ 교육보험과 양로보험

39 보험회사의 일반보험계약자에 대한 설명의무의 대상 중 일반보험계약자가 설명을 거부하는 경우 설명의무가 면제되는 사항은?

① 보장범위
② 보험계약의 체결 시부터 보험금 지급 시까지의 주요 과정
③ 보험금의 지급제한 사유
④ 보험금의 지급내역

한눈에 보는 정답과 해설

35 전기납 보험과 단기납 보험에 대한 설명이다.
36 특약은 다수의 보험계약자들의 다양한 욕구를 모두 충족시키기 위하여 부가하는 것이 특약이며, 주계약 외에 별도의 보장을 받기 위해 주계약에 부가하는 보험이다.
37 ② 주된 보장에 따라 사망, 생존, 생사혼합보험으로 나뉜다.
　③ 배당 유무에 따라 배당보험과 무배당보험으로 나뉜다.
　④ 특약은 독립성에 따라 독립특약과 종속특약이 있다.

38 종신보험과 양로보험이 판매되었다.
39 보험회사 또는 보험의 모집에 종사하는 자는 일반보험계약자에게 보험계약 체결을 권유하는 경우에는 보험료, 보장범위, 보험금 지급제한 사유 등 보험계약의 중요 사항을 일반보험계약자가 이해할 수 있도록 설명해야 하며, 이를 일반보험계약자가 이해하였음을 서명, 기명날인, 녹취 등으로 확인받아야 하며, 보험계약의 체결 시부터 보험금 지급 시까지의 주요 과정을 일반보험계약자에게 설명하여야 한다. 다만, 일반보험계약자가 설명을 거부하는 경우에는 설명하지 않아도 된다.

35 ② 　36 ③ 　37 ① 　38 ② 　39 ②

40 보장성 보험의 부양가족 중 기본공제대상자가 될 수 없는 자는?(답지의 부양가족은 연간 소득이 100만 원 이하로 장애인이 없으며, 본인 또는 배우자와 생계를 같이 한다.)

① 만 65세 직계존속
② 만 23세 직계비속
③ 만 30세의 배우자
④ 만 64세의 형제자매

41 보험모집에 종사하는 자가 보험계약자로 하여금 기존보험계약을 부당하게 소멸시킴으로써 새로운 보험계약을 체결하게 한 경우 보험업법이 규정한 법적 효과로서 타당한 것은?

① 보험계약자는 소멸된 보험계약의 부활을 청구할 수 있고, 새로운 보험계약은 무효이다.
② 보험계약자는 소멸된 보험계약의 부활을 추정할 수 있고, 새로운 보험계약은 무효이다.
③ 보험계약자는 소멸된 보험계약의 부활을 청구할 수 있고, 새로운 보험계약은 취소할 수 있다.
④ 보험계약자는 소멸된 보험계약의 부활을 추정할 수 있고, 새로운 보험계약은 취소할 수 있다.

42 연금저축보험의 가입 후 57세에 연금수령 시 부과되는 원천징수세율은?(부가세 불포함)

① 14%
② 5.5%
③ 4.4%
④ 3.3%

43 우체국안전벨트보험에 대한 다음 설명 중 옳지 않은 것은?

① 나이에 관계없이 동일한 보험료가 적용된다.
② 주계약의 보험만기는 20년이다.
③ 교통사고에 대한 종합보장보험이다.
④ 교통재해 장해 시 최고 2억원을 보장한다.

44 다음 중 보험사기의 경성사기에 대한 내용으로 옳지 않은 것은?

① 담보하는 재해, 상해, 도난, 방화 등의 손실을 의도적으로 각색 또는 조작하는 행위를 말한다.
② 피보험자의 신체에 상해를 입히거나 방화·살인 등 피보험자를 해치는 행위를 말한다.
③ 생존자를 사망한 것으로 위장함으로써 보험금을 받으려는 행위를 말한다.
④ 보험료 절감을 위해 보험가입 시 보험회사에 허위 정보를 제공하는 행위이다.

 한눈에 보는 정답과 해설

40 ② 직계비속이 만 20세가 넘었으므로 기본공제대상자가 되지 않는다.

41 보험계약의 체결 또는 모집에 종사하는 자가 기존보험계약을 부당하게 소멸시키거나 소멸하게 하는 행위를 한 경우, 보험계약자는 보험계약의 체결 또는 모집에 종사하는 자가 속하거나 모집을 위탁한 우정관서에 대하여 그 보험계약이 소멸한 날부터 6개월 이내에 소멸된 보험계약의 부활을 청구하고 새로운 보험계약은 취소할 수 있다.

42 연금수령의 나이가 57세 경우에는 만 70세 미만이므로 5.5%의 원천징수세율이 적용된다.

43 ④ 교통재해 사망 시 최고 2억원 보장, 교통재해 장해 시 최고 1억원 보장

44 ④는 연성사기의 행위에 포함된다.
연성사기는 보험사고의 피해를 부풀려 실제 발생한 손해 이상의 과다한 보험금을 청구하는 행위를 말하며, 경성사기는 보험계약에서 담보하는 재해, 상해, 도난, 방화, 기타의 손실을 의도적으로 각색 또는 조작하는 행위를 말한다.

40 ② 41 ③ 42 ② 43 ④ 44 ④

45 무배당 우체국실속정기보험에 대한 설명으로 옳지 않은 것은?

① 주계약 1종과 2종의 중복가입은 불가하지만, 순수형 및 환급형의 중복가입은 가입금액 이내에서 가능하다.

② 특약 선택 시 일상생활재해, 암, 뇌출혈, 급성심근경색증의 추가보장이 가능하다.

③ 간편고지상품은 유병력자 등 일반심사보험에 가입하기 어려운 피보험자를 대상으로 한다.

④ 주계약의 후유장해보험금은 여러 신체부위의 합산 장해지급률이 80% 이상이 되었을 때 지급이 가능하다.

46 장애인전용보험 세금공제에 대한 다음 설명 중 옳지 않은 것은?

① 장애인전용보험에 가입하여 근로소득 정산 시 연간 납입보험료 중 연간 400만 원까지 소득 공제해 주는 제도이다.

② 근로소득이 있는 거주자가 실제로 납입한 보험이어야 한다.

③ 기본공제대상자 중 장애인을 피보험자 또는 보험수익자로 하는 보험이다.

④ 장애인전용보험으로 명시되어 있는 보험이다.

47 다음 중 보험계약의 법적 특성으로 볼 수 없는 것은?

① 낙성계약
② 요식계약
③ 쌍무계약
④ 부합계약성

48 다음 중 보험계약의 법적 특성으로 볼 수 없는 것은?

① 상행위성
② 사행계약성
③ 최대선의성과 윤리성
④ 단기계약성

49 보험계약의 사익 조정성(영리성)에 대한 다음 설명으로 옳지 않은 것은?

① 보험계약법은 보험가입자와 보험사업자 사이의 이해관계를 합리적으로 조정한다.

② 보험사업자의 보험의 인수는 영리추구의 수단이다.

③ 보험계약은 사보험관계의 법의 적용을 받는다.

④ 보험계약은 경제적 약자를 지원하는 사회보험과 그 성격이 유사하다.

 한눈에 보는 **정답과 해설**

45 ④ 보험기간 중 장해분류표 중 동일한 재해 또는 재해 이외의 동일한 원인으로 여러 신체부위의 합산 장해지급률이 50% 이상인 장해상태가 되었을 때(보험기간 중 최초 1회에 한하여 지급함) 가능하다.

46 장애인전용보험에 가입하여 근로소득 정산 시 연간 납입보험료 중 연간 15%(연 100만 원 한도)까지 세액 공제해 주는 제도이다.

47 ② 요식계약이 아니고 불요식 계약이다. 즉, 계약 시 특별한 방식을 요구하지 않는다. 서면방식이 아니더라도 효력이 있다는 뜻이다.

48 ④ 보험계약은 보험기간 동안 보험관계가 지속되는 계속의 성질을 지니고 있는 계속계약성이다.

49 ④ 보험계약은 영리성을 띠고 있으므로 사회보장적 성격의 사회보험과는 그 성격이 크게 다르다.

45 ④ 46 ① 47 ② 48 ④ 49 ④

50 보험계약의 내용에 대한 다음 설명 중 옳지 않은 것은?

① 보험계약은 단체성과 기술성을 보유하고 있다.
② 보험계약은 대수의 법칙과 수지상등의 원칙이 적용된다.
③ 보험계약은 공공성과 사회성이 강조되고 있다.
④ 보험계약은 상대적 임의법규를 많이 두어 보험계약자를 보호하고 있다.

51 보험계약 시 피보험자에 대한 설명 중 옳지 않은 것은?

① 피보험자는 보험계약자 자신이 될 수도 있고 제3자가 될 수도 있다.
② 보험계약은 자기생명의 보험과 타인생명의 보험으로 구분된다.
③ 사망을 지급사유로 하는 보험 시 만 18세 미만자, 심신상실자를 보험대상자로 하는 보험계약은 무효이다.
④ 사망을 보험사고로 하는 보험계약은 타인의 서면동의를 받아야 한다.

52 보험계약의 요소에 대한 다음 설명 중 옳지 않은 것은?

① 보험사고 시 보험자가 지급하는 금액을 보험금이라고 한다.
② 보험자의 보험금 지급책임은 다른 약정이 없는 한 계약자의 1회 보험료를 받은 때이다.
③ 보험기간과 보험료 납입기간이 일치하는 경우 전기납이라고 한다.
④ 보험계약은 보험자의 청약과 계약자의 승낙으로 성립한다.

53 보험계약에 대한 다음 설명 중 옳지 않은 것은?

① 보험자는 청약일로부터 90일 이내에 계약을 승낙 또는 거절해야 한다.
② 계약자는 보험가입증서(보험증권)을 받은 날부터 15일 이내 청약을 철회할 수 있다.
③ 보험증서의 교부 여부는 계약의 효력발생에 영향을 미치지 못한다.
④ 보험자가 승낙할 경우 보험자의 책임은 최초 보험료가 지급된 때로 소급하여 개시된다.

 한눈에 보는 정답과 해설

50 ④ 상대적 임의법규가 아니라 상대적 강행법규를 둠으로써 약자인 보험계약자를 보호하고 있다.
51 ③ 만 18세 미만자가 아니라 만 15세 미만자이다.

52 ④ 보험계약은 계약자의 청약과 보험자의 승낙으로 성립한다.
53 90일 이내가 아니고 30일 이내이다(상법 제638조의2).

50 ④ 51 ③ 52 ④ 53 ①

54 보험계약에 대한 다음 설명 중 옳지 않은 것은?

① 피보험자가 신체검사를 받아야 하는 경우에는 그 승낙 기간은 신체검사를 받은 날로부터 기산한다.

② 보험자가 청약을 승낙하기 전에 보험사고가 생긴 때에는 보험자는 보험계약상 책임을 지지 않는다.

③ 계약자 또는 피보험자가 보험자에게 알려야 하는 의무를 고지의무라고 한다.

④ 보험계약의 성립 시 보험자는 지체 없이 보험증권을 작성하여 교부하여야 한다.

55 다음 중 보험자가 고지의무 위반에 대해서 해지할 수 있는 경우는?

① 보험자가 계약 당시에 고지의무 위반사실을 알았거나 중대한 과실로 알지 못한 경우

② 보험자가 고지의무 위반사실을 안 날로부터 15일이 지난 경우

③ 계약일로부터 보험금지급사유가 발생하지 않고 3년 이상 지난 경우

④ 모집자 등이 고지의무사항을 청약서에 임의로 기재한 경우

56 생명보험에 대한 다음 설명 중 옳지 않은 것은?

① 도덕적 위험에 대한 면책사유의 입증책임은 계약자에게 있다.

② 보험료 지급은 원칙적으로는 지참채무이다.

③ 보험기간 중에 계약자 또는 피보험자는 위험변경 증가에 대한 통지의무가 있다.

④ 보험의 부활은 합의에 의해 계약을 원상복구시키는 특수한 계약의 형태이다.

57 보험계약의 부활에 대한 다음의 설명 중 옳지 않은 것은?

① 보험의 부활은 계약이 해지 또는 실효되기 전의 상태로 복구하는 것이다.

② 보험의 부활은 계약청구 시 계약자는 중요사항에 대한 고지의무가 부과된다.

③ 보험의 부활의 경우 보험자의 역선택 가능성이 높다.

④ 보험계약자의 부활청구로부터 보험자가 약정이자를 첨부한 연체보험료를 받은 후 30일이 지나도록 낙부통지를 하지 않으면 보험자의 승낙이 의제된다.

 한눈에 보는 **정답**과 *해설*

54 ② 청약을 승낙하기 전에 보험사고가 생긴 때에는 고지의무위반, 건강진단불응 등 해당 청약을 거절할 사유가 없는 한 보험자는 보험계약상 책임을 진다.

55 30일이 지난 경우에는 해지할 수 없다. 그러므로 15일이 지난 경우에는 해지할 수 있다.

56 ① 도덕적 위험에 대한 면책사유의 입증책임은 보험자에게 있다.

57 ③ 보험자가 아니라, 부활청약자의 역선택 가능성이 높다.

54 ② 55 ② 56 ① 57 ③

58 우체국 보험상품에 대한 설명으로 옳은 것은?

① 무배당 우체국치아보험(갱신형)은 충전치료의 경우 연간 5개까지 보장한다.

② 우체국요양보험은 50세부터 70세까지 가입 가능한 실버보험이다.

③ 무배당 우체국예금제휴보험의 1종 휴일재해보장형은 만 15세 이상부터 가입할 수 있다.

④ 무배당 그린보너스저축보험플러스는 관련 세법에서 정하는 요건에 부합하는 경우 일반형은 이자소득이 비과세되고 금융소득종합과세에서도 제외된다.

59 무배당 만원의행복보험에 대한 다음 설명 중 옳은 것은?

① 차상위계층 이하 저소득층을 위한 공익형 생명보험이다.

② 1년 만기의 경우 2만 원 초과 보험료는 체신관서가 공익자금으로 지원한다.

③ 가입나이는 만 18세~만 65세까지이다.

④ 사고에 따른 유족보장과 재해입원·수술비를 정액보상한다.

60 무배당 어깨동무보험에 대한 다음 설명으로 옳지 않은 것은?

① 상해보장형의 경우, 2년마다 건강관리자금이 지급된다.

② 1종은 암보장형이고 2종은 생활보장형이며 3종은 상해보장형이다.

③ 1종의 경우 계약자와 주피보험자는 같아야 한다.

④ 1종의 보험수익자는 장애인으로 한정된다.

61 무배당 에버리치상해보험에 대한 다음 설명 중 옳지 않은 것은?

① 주계약의 경우 보험만기는 90세까지이다.

② 가입한도액은 500만 원이다.

③ 재해로 장해지급률 중 3% 이상 50% 미만 장해 시 재해장해보험금이 지급된다.

④ 가입나니은 만15세에서 70세까지 이다.

 한눈에 보는 정답과 해설

58 ① 무배당 우체국치아보험(갱신형)은 충전치료의 경우 연간 개수 제한 없이 보장한다.
　② 우체국요양보험은 30세부터 70세까지 가입 가능한 실버보험이다.
　④ 한번 가입으로 90세까지 보장 및 휴일재해 사망보장을 강화한 보험이다.
59 ① 공익형 상해보험이다.
　② 1년 만기의 경우 1만 원 초과 보험료에 대하여 체신관서가 공익자금으로 지원한다.

　③ 가입나이는 만 15세~만 65세까지이다.
60 ② 1종은 생활보장형, 2종은 암보장형, 3종은 상해보장형이다.
61 ② 가입한도액은 1,000만 원이다.

58 ③　59 ④　60 ②　61 ②

62 우체국 보험상품에 대한 설명으로 옳은 것은?

① 우체국연금저축보험의 연금개시 나이는 만 50세부터
이다.

② 우체국연금저축보험은 시중금리가 하락하더라도 최저
1.0%(다만, 가입 후 10년 초과 시 0.5%)의 금리를 보
장한다.

③ 어깨동무연금보험은 30세부터 연금수급이 가능하다.

④ 어깨동무연금보험의 경우 보험수익자는 피보험자(장
애인)와 동일하며, 우체국의 허락을 얻은 경우에 변경
이 가능하다.

63 무배당 우체국급여실손의료비보험에 대한 다음 설명 중 옳은 것은?

① 입원 5,000만 원, 통원 50만 원까지 보장한다.

② 보험료 할인혜택은 보험금 지급 실적과 무관하다.

③ 고객의 필요에 따라 상해형 또는 질병형 중 선택한다.

④ 보험기간 종료일 15일 전까지 계약자 별도의 의사표시
가 없으면 자동갱신된다.

 한눈에 보는 정답과 해설

62 ① 우체국연금저축보험의 연금개시 나이는 만 55세부터이다.
③ 어깨동무연금보험은 20세부터 연금수급이 가능하다.
④ 어깨동무연금보험의 경우 보험수익자는 피보험자(장애인)와 동
일하며, 변경이 불가하다.

63 ① 입원·통원 합산 5천만원, 통원(외래 및 처방 합산) 회당 20만원
까지 보장
② 보험료 지급실적이 없는 경우에는 보험료 할인 혜택이 있다.
③ 종합형 또는 질병형 또는 상해형 중 선택한다.

62 ② 63 ④

PART 03

우체국예금·보험에 관한 법률

법률의 내용

01 개 요

우체국예금
체신관서에서 취급하는 예금이다.

1 우체국예금 · 보험에 관한 법률의 목적

① 이 법은 체신관서로 하여금 간편하고 신용 있는 예금 · 보험사업을 운영하게 함으로써 금융의 대중화를 통하여 국민의 저축의욕을 북돋운다.

② 보험의 보편화를 통하여 재해의 위험에 공동으로 대처하게 함으로써 국민 경제생활의 안정과 공공복리의 증진에 이바지함을 목적으로 한다[우체국예금 · 보험에 관한 법률(이하 법이라 한다)].

2 우체국예금 · 보험사업의 관장

우체국예금사업과 우체국보험사업은 국가가 경영하며, 과학기술정보통신부장관이 관장한다(법 제3조).

3 건전성의 유지 · 관리

① 과학기술정보통신부장관은 우체국예금 · 보험사업에 대한 건전성을 유지하고 관리하기 위하여 필요한 경우에는 금융위원회에 검사를 요청할 수 있다(법 제3조2제1항).

② **기준의 고시** : 과학기술정보통신부장관은 우체국예금 · 보험사업의 건전한 육성과 계약자 보호를 위하여 금융위원회와 협의하여 건전성을 유지하고 관리하기 위하여 필요한 기준을 정하고 고시하여야 한다(법 제3조2제2항).

4 국가의 지급 책임

국가는 우체국예금(이자를 포함)과 우체국보험계약에 따른 보험금 등의 지급을 책임진다 (법 제4조).

5 업무취급의 제한

① 과학기술정보통신부장관은 전시·사변, 천재지변, 그밖의 부득이한 사유가 있을 때에는 과학기술정보통신부령으로 정하는 바에 따라 우체국예금과 우체국보험에 관한 업무취 급을 제한하거나 정지할 수 있다(법 제6조제1항).
② 우정사업본부장의 공고내용(규칙 제2조)
　　㉠ 업무취급이 제한 또는 정지되는 체신관서
　　㉡ 제한 또는 정지되는 업무의 내용
　　㉢ 제한 또는 정지되는 기간
　　㉣ 그밖에 우정사업본부장이 필요하다고 인정하는 사항

6 피해 예금자 등에 대한 이용편의 제공

① 과학기술정보통신부장관은 전시·사변, 천재지변, 그밖의 부득이한 사유로 피해를 입은 예금자 및 보험계약자·피보험자 또는 보험수익자(보험계약자 등)에게는 과학기술정보 통신부령으로 정하는 바에 따라 예금·보험의 업무취급에 관한 수수료를 면제하거나 보 험료 납입 유예기간의 연장 등 이용편의를 제공할 수 있다(법 제7조제1항).
② 과학기술정보통신부장관은 다음과 같이 수수료를 면제하거나 그밖의 이용편의를 제공 할 때에는 그 내용을 공고하여야 한다(규칙 제3조제1항).
　　㉠ 통장의 재발급에 따른 수수료의 면제
　　㉡ 보험료 납입 유예기간의 연장
　　㉢ 그밖에 우정사업본부장이 특히 필요하다고 인정하는 조치

7 무료로 할 수 있는 우편물(규칙 제5조)

① 예금·보험업무의 취급을 위하여 체신관서에서 발송하는 우편물
② 예금·보험업무의 취급을 위하여 체신관서의 의뢰에 따라 체신관서로 발송되는 우편물

8 관계 부처와의 협의 등(법 제10조)

① 과학기술정보통신부장관은 예금의 종류별 이자율을 정하려면 금융위원회와 협의하여야 한다.

② 과학기술정보통신부장관은 계약보험금 한도액을 과학기술정보통신부령으로 정하려면 금융위원회와 협의하여야 한다.

③ 과학기술정보통신부장관은 국채 및 공채의 매매이율과 예금의 종류별 이자율을 정한 때에는 금융위원회에 알려야 하고, 예금거래와 관련된 약관을 제정 또는 변경하였을 때에는 금융위원회에 알려야 한다.

④ 과학기술정보통신부장관은 보험의 종류를 수정하려면 「보험업법」 제5조제3호에 따른 기초서류 등을 금융위원회에 제출하고 협의하여야 한다.

⑤ 과학기술정보통신부장관은 회계연도마다 보험의 결산이 끝났을 때에는 재무제표 등 결산서류를 금융위원회에 제출하고 협의하여야 한다.

⑥ ②, ④, ⑤에 따른 제출서류와 협의 절차 등에 필요한 사항은 과학기술정보통신부령으로 정한다.

02 예 금

1 예금의 종류(법 제11조)

① 예금은 요구불예금과 저축성예금으로 구분한다.

② 예금의 종류와 종류별 내용 및 가입대상 등에 관하여 필요한 사항은 과학기술정보통신부장관이 정하여 고시한다.

③ 예금업무취급 등에 필요한 사항은 과학기술정보통신부령으로 정한다.

2 예금통장 등의 발급

예금통장
우체국예금의 예입과 지급 사실을 증명하기 위하여 체신관서에서 발행하는 통장이다.

예금증서
우체국예금의 예입과 지급 사실을 증명하기 위하여 체신관서에서 발행하는 증서이다.

① 체신관서는 예금자가 처음 예입할 때에는 예금자에게 예금통장이나 예금증서를 내준다 (법 제12조).

② 예금원부는 우정사업정보센터의 장이 기록하고 관리한다.

③ 센터장은 예금계약의 성립·소멸, 예금의 예입 및 지급, 그밖에 예금에 필요한 사항을 예금원부에 기록하여야 한다(규칙 제10조).

④ 예금자가 예금원부의 기재사항을 변경하려는 경우에는 예금원부 변경신청서를 체신관서에 제출하여야 한다.

⑤ 예금자가 예금계좌를 개설한 체신관서를 변경하려는 경우에는 해당 가입국 또는 변경하려는 체신관서에 가입국 변경신청서를 제출하여야 한다(규칙 제11조).

3 인감 및 서명

① 인감 및 서명 : 예금자가 예금에 관하여 사용할 인감 또는 서명(「전자서명법」에 따른 공인전자서명을 포함한다)은 체신관서에 신고된 것이어야 한다(법 제13조제1항).

② 인감의 변경 : 법 제13조제1항에 따른 인감은 예금자의 신고를 받아 변경할 수 있으며(법 제13조제2항) 이에 따라 예금자가 인감을 변경하려는 경우에는 인감 및 예금통장·예금증서·지급증서(통장 등)와 함께 인감 변경신고서를 체신관서에 제출하여야 한다(규칙 제13조).

4 이자의 지급 등 중요 ★

① 예금에 대하여는 과학기술정보통신부령으로 정하는 바에 따라 이자를 지급한다.

② 예금의 종류별 이자율은 금융기관의 이자율을 고려하여 과학기술정보통신부장관이 정하여 고시한다(법 제14조).

③ 예금의 이자는 예금의 종류별로 일할 이율, 월이율 또는 연이율로 계산한다. 예금의 이자계산은 예금 잔액에 그 예금 잔액의 예금일수를 곱하는 방법으로 하되, 산출된 누계액이 10원 미만인 경우에는 이자를 계산하지 않는다(규칙 제9조).

5 예금의 예입

① 예금의 예입은 현금이나 아래의 유가증권 또는 증서로 한다(규칙 제14조).
  ㉠ 자기앞수표(체신관서를 지급인으로 한 자기앞수표, 금융기관을 지급인으로 한 자기앞수표)
  ㉡ 우편대체증서
  ㉢ 우편환증서
  ㉣ 그밖에 우정사업본부장이 지정하는 증권 등

② 예금자는 유가증권 또는 증서로 예입을 한 경우에는 그 유가증권 또는 증서로 결제하거나 지급한 후가 아니면 그 예입금의 지급을 청구하지 못한다(법 제15조제2항).

③ 유가증권 또는 증서가 결제되거나 지급되지 아니하면 예금이 예입되지 아니한 것으로 본다(법 제15조제3항).

④ 체신관서는 예금자가 10년간 예금의 예입·지급, 이자의 기입, 인감 변경 또는 통장 등의 재발급신청 등을 하지 아니한 경우에는 10년이 경과한 날이 해당연도의 상반기일 때에는 10년이 경과한 날부터 해당 연도 10월 말까지, 하반기일 때에는 10년이 경과한 날부터 그 다음 해의 4월 말까지 해당 예금자에게 그 예금의 지급청구나 그밖에 예금의 처분에 필요한 신청을 하도록 최고하여야 한다(규칙 제22조제1항).

⑤ ④에 따른 최고는 우편 또는 전자우편으로 한다. 다만, 잔액이 1만 원 이상인 경우에는 등기우편으로 한다(규칙 제22조제2항).

⑥ 예금자의 주소 또는 전자우편주소를 통상의 방법으로 확인할 수 없을 때에는 우정사업본부장이 정하여 고시하는 방법에 따른다(규칙 제22조제3항).

6 예금액의 제한(법 제16조)

① 과학기술정보통신부장관은 예금의 종류별로 예금자가 예입할 수 있는 최고한도액을 정할 수 있다.

② 과학기술정보통신부장관은 거래관행과 업무취급의 편의 등을 고려하여 예금자가 한 번에 예입할 수 있는 최저액을 정할 수 있다.

③ 과학기술정보통신부장관은 최고한도액이나 최저액을 정한 경우에는 그 금액을 고시하여야 한다.

7 예금의 지급 및 반환

① 예금의 지급 : 예금의 지급은 예금통장이나 예금증서에 의하여 예금자의 청구를 받아 지급한다.

  ㉠ 결제불능 증권 등의 반환(규칙 제15조) : 체신관서는 예입된 증권 등이 결제 또는 지급되지 아니하였을 때에는 그 사실을 예금자에게 알려야 한다.

  ㉡ 미결제 통지를 받은 예금자는 해당 증권 등의 예입을 취급한 체신관서에 통장등 또는 입금한 영수증 등을 제출하여야 한다.

  ㉢ 체신관서는 통장 등 또는 입금한 영수증 등이 제출된 때에는 해당 예입을 취소하고 해당 증권 등을 예금자에게 반환하여야 한다.

② 만기 전 지급(규칙 제28조)

  ㉠ 저축성예금의 예금자로서 우정사업본부장이 정하는 기간 이상 월부금을 납입하거나 우정사업본부장이 정하는 기간 이상 예치한 자는 예입액의 90퍼센트의 범위에서 만기 전에 지급을 청구할 수 있다.

  ㉡ 만기 전에 지급을 받은 경우에는 그 지급일부터는 그 지급받은 금액에 대하여 이자를 계산하지 아니한다.

  ㉢ 만기 전에 지급을 받은 예금자는 수수료를 납부하여야 한다.

③ 만기지급(규칙 제27조)

  ㉠ 저축성예금의 만기가 되거나 마지막 회분의 월부금을 납입한 경우에는 만기지급을 한다.

  ㉡ 저축성예금의 만기지급 시 지연일수가 선납일수보다 많은 경우에는 지급일을 산정하고, 선납일수가 지연일수보다 많은 경우에는 만기일을 지급일로 한다.

8 예금자금의 운용(법 제18조) 중요 ✪

① 과학기술정보통신부장관은 예금(이자를 포함)의 지급에 지장이 없는 범위에서 예금자금을 다음의 방법으로 운용한다.
  ㉠ 금융기관에 예탁
  ㉡ 재정자금에 예탁
  ㉢ 증권의 매매 및 대여
  ㉣ 자금중개회사를 통한 금융기관에 대여
  ㉤ 파생상품의 거래
  ㉥ 업무용 부동산의 취득·처분 및 임대
② 업무용 부동산의 범위(영 제3조의2)
  ㉠ 영업시설(연면적의 100분의 10 이상을 우정사업에 직접 사용하는 시설만 해당한다)
  ㉡ 연수시설
  ㉢ 복리후생시설
  ㉣ 위 용도로 사용할 토지
③ 증권별 매입비율(규칙 제15조의2)
  ㉠ 자본시장과 금융투자업에 관한 법률에 따른 증권을 매입하는 때에는 지분증권의 취득가액 총액을 예금자금 총액의 100분의 20 이내로 한다.
  ㉡ 금융기관에의 대여금액 총액은 예금자금 총액의 100분의 5 이내로 한다.
  ㉢ 파생상품 거래 중 장내파생상품을 거래하기 위한 위탁증거금 총액은 예금자금 총액의 100분의 1.5 이내로 한다.
  ㉣ 파생상품의 거래 중 장외파생상품을 거래하기 위한 기초자산의 취득가액 총액은 예금자금 총액의 100분의 20 이내로 한다.
  ㉤ 업무용 부동산의 보유한도는 자기자본의 100분의 60 이내로 한다.

9 국채 및 공채의 매도(법 제19조)

① 매입한 증권 중 국채 및 공채는 체신관서에서 매도할 수 있다. 이 경우 매수인이 요청하면 환매를 조건으로 할 수 있다.
② 환매를 조건으로 매도하는 국채 및 공채의 매매이율은 과학기술정보통신부장관이 정하여 고시한다.

10 예금통장 등의 재발급

① 체신관서는 다음의 어느 하나에 해당하는 경우에는 예금자의 신청을 받아 예금통장·예금증서 또는 지급증서를 재발급할 수 있다(법 제20조제1항).
　　㉠ 분실한 경우
　　㉡ 더럽혀지거나 손상되어 기재사항이 분명하지 아니한 경우
　　㉢ 예금통장에 빈자리가 없는 경우
② 예금자가 분실한 경우에 해당되어 통장 등을 재발급 받으려는 경우에는 과학기술정보통신부장관이 정하여 고시하는 수수료를 납부하여야 한다(규칙 제16조제1항).

11 권리자의 확인 등

① 체신관서는 예금통장 또는 예금증서의 소지인이 예금의 지급을 청구한 경우에는 그가 정당한 권리자인지를 확인한 후 지급할 수 있다(법 제22조).
② 통장 등의 제출 : 체신관서가 통장 등의 제출을 요구할 때에는 미리 그 취지 및 제출방법 등을 해당 예금자에게 알려야 하고 통지를 받은 예금자는 그 통지서에 적힌 제출방법으로 통장 등을 체신관서에 제출하여야 한다.
③ 체신관서는 통장 등이 제출된 때에는 예금자에게 통장 등의 예치증을 발급하고 통장 등을 예금원부와 대조한 후 직접 또는 등기우편으로 예금자에게 반환하여야 한다(규칙 제17조).

12 손해에 대한 면책(법 제23조)

체신관서는 다음의 하나에 해당하는 경우에는 지급이 늦어져서 발생한 손해에 대하여 책임을 지지 아니한다.
① 지급 청구가 이 법을 따르지 아니한 경우
② 천재지변이나 그밖의 부득이한 사유로 업무취급을 하지 못하게 된 경우

13 예금지급청구권의 소멸(법 제24조)

① 예금처분의 최고 : 체신관서는 예금자가 10년간 예금을 하지 아니하거나 예금의 지급, 이자의 기입, 인감 변경, 예금통장(예금증서를 포함)의 재발급신청 등을 하지 아니한 경우에는 과학기술정보통신부령으로 정하는 바에 따라 그 예금의 지급청구나 그밖에 예금의 처분에 필요한 신청을 할 것을 최고하여야 한다.

② 지급청구권의 소멸 : 최고를 한 후 2개월이 지나도록 예금지급의 청구나 그밖에 예금의 처분에 필요한 신청을 하지 아니한 경우에는 그 예금에 관한 예금자의 지급청구권은 소멸한다.

③ 지급증서를 발행한 예금에 관한 지급청구권은 그 발행 후 3년간 지급을 청구하지 아니한 경우에는 소멸한다.

④ ①·③의 기간에는 만기가 정하여진 예금의 만기까지의 예치기간과 지급증서의 유효기간은 포함하지 아니한다.

⑤ 예금자의 지급청구권이 소멸된 예금은 국고에 귀속한다.

14 거래중지계좌에의 편입

① 체신관서는 요구불예금계좌가 다음의 하나에 해당될 때에는 거래중지계좌에 이를 편입할 수 있다. 〈개정 2022. 1. 4.〉

ㄱ 잔액이 1만 원 미만으로서 1년 이상 계속하여 거래가 없을 때

ㄴ 잔액이 1만 원 이상 5만 원 미만으로서 2년 이상 계속하여 거래가 없을 때

ㄷ 잔액이 5만 원 이상 10만 원 미만으로서 3년 이상 계속하여 거래가 없을 때

② 거래중지계좌에의 편입은 매년 2회 하며, 상반기에는 5월 마지막 일요일, 하반기에는 11월 마지막 일요일에 편입한다(규칙 제20조).

③ 체신관서는 예금자가 거래중지계좌에 편입된 예금의 부활 또는 해약을 청구하면 우정사업본부장이 정하는 바에 따라 해당 예금을 부활시키거나 해약해야 한다(규칙 제21조).

15 예금 미청구자에 대한 지원

① 과학기술정보통신부장관은 국고에 귀속된 예금 중 과학기술정보통신부령으로 정하는 사유가 있는 예금에 대하여 예금자가 지급청구를 하면 예금을 갈음하는 일정한 금액을 예금자에게 지급할 수 있다.

② 국고귀속예금 지급사유

ㄱ 예금자의 의식불명 등으로 예금지급의 청구 등을 할 수 없었던 경우

ㄴ 예금자의 사망으로 상속인이 예금의 존재 여부를 인지하지 못한 경우

ㄷ 그밖에 예금자가 최고서를 받지 못하였다고 우정사업본부장이 인정할 만한 충분한 사유가 있는 경우(규칙 제22조의2)

③ 국고귀속예금 지급한도 : 국고에 귀속된 예금의 지급한도는 국고에 귀속된 금액으로 한다(규칙 제22조3).

03 보 험

보험계약
보험계약자가 보험료를 납입하고 보험사고가 발생하였을 경우 체신관서가 보험금을 지급할 것을 내용으로 하는 계약이다.

1 보험계약의 청약과 승낙(법 제25조)

① 보험계약을 체결하려는 자는 제1회 보험료와 함께 보험계약청약서를 체신관서에 제출하여 청약하고 체신관서는 이를 승낙함으로써 그 효력이 발생한다.

② 체신관서는 청약을 승낙한 때에는 보험증서를 작성하여 보험계약자에게 내주어야 한다.

③ 체신관서가 보험계약의 청약을 승낙하지 아니한 경우에는 제1회 보험료(선납보험료를 포함한다)를 해당 청약자에게 반환하여야 한다(규칙 제41조제2항).

④ 보험증서에 적어야 할 사항(규칙 제41조제3항)
  - ㉠ 보험의 종류별 명칭
  - ㉡ 보험금액
  - ㉢ 보험료
  - ㉣ 보험계약자(보험계약자가 2인 이상인 경우에는 그 대표자를 말한다) · 피보험자 및 보험수익자의 성명 · 주소 및 생년월일
  - ㉤ 보험기간 및 보험료 납입기간
  - ㉥ 보험증서의 작성연월일 및 번호
  - ㉦ 그밖에 우정사업본부장이 정하는 사항

2 특약의 설정

① 보험계약자는 고시한 상품별 주계약에 부가하여 고시에 따른 특약을 설정할 수 있다(규칙 제42조).

② ①에 따른 특약의 종류 및 특약에 따르는 보험료는 우정사업본부장이 정하여 고시한다.

③ 과학기술정보통신부장관은 보험계약자와의 특약으로 이 법의 규정을 보험계약자 등에게 불리하게 변경하지 못한다(법 제26조).

보험약관
체신관서와 계약자 간의 권리의무를 규정하여 약속해 놓은 것이 보험약관이다. 다수의 보험가입자가 집단을 형성 · 조직되어 있기 때문에 개개인마다 서로 내용이 다른 보험계약을 체결하기는 사실상 불가능하며, 따라서 체신관서는 미리 계약의 조건과 내용을 정한 약관을 작성하여 누구나 공평한 조건으로 계약을 체결할 수 있도록 하고 있다.

3 보험약관(법 제27조)

① 과학기술정보통신부장관은 보험계약의 내용에 관한 사항을 보험약관으로 정하여 고시하여야 한다.

② 보험계약에 관하여 이법 또는 과학기술정보통신부령으로 규정하지 아니한 사항은 보험약관에 따른다.

③ 보험약관으로 정할 사항(규칙 제43조)

  ㉠ 보험금의 지급사유

  ㉡ 보험계약의 변경

  ㉢ 보험계약의 무효사유

  ㉣ 보험자의 면책사유

  ㉤ 보험자의 의무의 한계

  ㉥ 보험계약자 또는 피보험자가 그 의무를 이행하지 아니한 경우에 받는 손실

  ㉦ 보험계약의 전부 또는 일부의 해지사유와 해지한 경우의 당사자의 권리·의무

  ㉧ 보험계약자 또는 보험수익자가 이익금 또는 잉여금을 배당받을 권리가 있는 경우 그 범위

  ㉨ 그밖에 보험계약에 관하여 필요한 사항

4 보험의 종류와 금액 등

(1) 보험의 종류(규칙 제35조)

① 보험의 종류

  ㉠ 보장성보험 : 생존 시 지급되는 보험금의 합계액이 이미 납입한 보험료를 초과하지 아니하는 보험

  ㉡ 저축성보험 : 생존 시 지급되는 보험금의 합계액이 이미 납입한 보험료를 초과하는 보험

  ㉢ 연금보험 : 일정 연령 이후에 생존하는 경우 연금의 지급을 주된 보장으로 하는 보험

② 보험 종류에 따른 상품별 명칭, 특약, 보험기간, 보험료 납입기간, 가입연령 및 보장내용 등은 우정사업본부장이 정하여 고시한다.

(2) 계약보험금 및 보험료의 한도(규칙 제36조)

① 계약보험금 한도액은 보험종류별(연금보험은 제외)로 피보험자 1인당 4천만 원으로 하되, 보험종류별 계약보험금 한도액은 우정사업본부장이 정한다.

② 연금보험의 최초 연금액은 피보험자 1인당 1년에 900만 원 이하로 한다.

③ 연금저축계좌에 해당하는 보험의 보험료 납입금액은 피보험자 1인당 연간 900만 원 이하로 한다.

(3) 보험료의 납입(규칙 제47조) 중요 ✪

① 보험계약자는 제2회분 이후의 보험료를 약정한 납입방법으로 해당 보험료의 납입 해당 월의 납입기일까지 납입해야 한다.

② 보험계약자는 보험료를 1개월·3개월·6개월·1년 단위로 납입하거나 한꺼번에 납입할 수 있다.

③ 보험계약자는 다음의 방법 중 한 가지 방법을 선택하여 보험료를 납입할 수 있다.

  ㉠ 보험계약자가 체신관서에 직접 납입하는 방법

  ㉡ 자동적으로 계좌에서 이체하여 납입하는 방법

  ㉢ 「여신전문금융업법」에 따른 직불카드로 납입하는 방법

  ㉣ 「전자금융거래법」에 따른 직불전자지급수단으로 납입하는 방법

④ ③의 ㉢, ㉣에 대한 보험료를 납입할 수 있는 우체국보험의 종류 및 보험료 납입방법 등은 우정사업본부장이 정하여 고시한다.

⑤ 보험계약자는 ② 및 ③에 따른 보험료 납입방법의 변경을 청구할 수 있다.

⑥ 보험계약자는 보험료 납입기간에 보험약관에서 정한 보험금 지급사유(보험계약 소멸사유와 보험료 납입 면제사유로 한정)가 발생한 경우에 그 발생일이 그 달의 계약일에 해당하는 날 전이면 해당 월의 보험료는 납입하지 아니한다.

⑦ **보험료의 할인**(규칙 제48조)

  ㉠ 보험계약자가 한꺼번에 3개월분 이상의 보험료를 선납하는 경우에는 그 보험료를 할인할 수 있다.

  ㉡ 보험계약자가 보험료(최초의 보험료는 제외)를 보험계약자가 체신관서에 직접 납입하는 방법이나 자동적으로 계좌에서 이체하여 납입하는 방법의 경우에는 재무건전성을 해치지 않는 범위에서 그 보험료를 할인할 수 있다.

  ㉢ 보험료의 할인율 및 할인방법은 우정사업본부장이 정한다.

⑧ **보험료의 단체 납입**(규칙 제49조)

  ㉠ 보험계약자는 5명 이상의 단체를 구성하여 보험료의 단체 납입을 청구할 수 있다.

  ㉡ 보험계약자가 보험료를 단체납입하는 경우에는 재무건전성을 해치지 않는 범위에서 그 보험료를 할인할 수 있다.

⑨ **보험료 납입 유예기간**(규칙 제50조)

  ㉠ 보험료 납입 유예기간은 해당 월분 보험료의 납입기일부터 납입기일이 속하는 달의 다음 다음 달의 말일까지로 한다.

  ㉡ 유예기간의 만료일이 공휴일인 경우에는 그 다음 날까지로 한다.

⑩ **보험료의 납입 면제**(규칙 제51조)

  ㉠ 보험의 종류에 따라 보험약관에서 정한 보험료의 납입 면제사유에 해당하는 경우에는 보험료의 납입을 면제한다.

  ㉡ 보험계약자 또는 보험수익자는 ㉠에 따라 보험료의 납입을 면제받으려면 의료기관과 동등하다고 체신관서에서 인정하는 국외 의료기관에서 발행한 진단서를 체신관서에 제출하여야 한다.

5 면접 및 신체검사

보험계약을 체결할 때에는 피보험자에 대한 신체검사는 하지 아니한다. 다만, 다음의 피보험자에 대하여는 그러하지 아니하다(법 제29조).

① 체신관서는 보험계약의 청약이 있을 때에는 다음의 어느 하나에 해당하는 자에게 피보험자를 면접하게 할 수 있다(규칙 제44조제1항).

ㄱ 체신관서의 직원

ㄴ 우정사업본부장이 지정한 개인 또는 법인

② 체신관서가 면접을 요청하면 보험계약을 청약한 자는 즉시 피보험자로 하여금 그 면접에 응하게 하여야 한다(규칙 제44조제3항).

③ 신체검사를 받아야 하는 사람은 다음의 사람으로 한다(규칙 제44조제4항). 중요✪

ㄱ 중증의 병력이 있거나 현재 증세가 있다고 판단되는 사람

ㄴ 신체상의 결함이 있어 보험회사로부터 보험계약의 청약이 거절된 사실이 있는 사람

ㄷ 면접 결과 신체검사를 실시할 필요가 있다고 인정되는 사람

④ 신체검사에 필요한 비용은 체신관서가 부담한다.

6 보험수익자(법 제30조)

보험계약자가 보험수익자를 지정하지 아니한 경우에는 보험계약자를 보험수익자로 본다.

7 보험금의 지급청구

① 보험수익자가 보험약관에서 정한 보험금 지급사유가 발생하여 보험금의 지급을 청구할 때에는 보험금 지급청구서에 다음의 구분에 따른 서류 및 보험약관으로 정한 서류를 첨부하여 체신관서에 제출하여야 한다(규칙 제53조제1항).

ㄱ 사망의 경우 : 의료기관에서 발행한 사망진단서 또는 사체검안서

ㄴ 장해의 경우 : 의료기관에서 발행한 장해진단서

ㄷ 질병 또는 상해의 경우 : 의료법에 따른 의료기관에서 발행한 진단서 등 질병 또는 상해를 증명할 수 있는 서류

ㄹ 수술하거나 입원한 경우 : 그 사실을 증명할 수 있는 서류

② 보험금의 지급은 즉시 지급하는 즉시지급 또는 심사에 의하여 지급하는 심사지급의 방법으로 한다(규칙 제53조제2항).

③ 보험금의 즉시지급 중요✪ : 보험수익자는 다음의 어느 하나에 해당하는 경우에는 보험약관에서 정하는 바에 따라 보험금의 즉시지급을 청구할 수 있다.

ㄱ 보험기간이 만료된 경우

ㄴ 보험기간 만료 전에 생존보험금 지급사유가 발생한 경우

ㄷ 그밖에 우정사업본부장이 정하여 고시하는 사유가 발생한 경우(규칙 제54조)

8 보험금의 감액 지급(규칙 제55조)

① 체신관서는 보험계약의 효력이 발생한 후 2년 이내에 피보험자가 재해 외의 원인으로 사망하거나 제1급 장해상태가 된 경우에는 보험약관에 따라 보험금의 일부만을 지급한다.

② 보험금의 감액지급률은 지급하여야 할 보험금의 100분의 50의 범위에서 보험사고의 발생률 등을 고려하여 우정사업본부장이 정한다.

③ 체신관서가 보험금을 감액하여 지급하기로 하였을 때에는 그 지급률을 체신관서의 게시판에 공고하여야 한다.

보험사고
보험계약상 체신관서가 보험수익자에게 보험금이나 그 밖의 급여를 지급할 의무를 발생하게 하는 피보험자의 생명·신체에 관한 불확정한 사고를 말한다.

9 보험계약의 승계(법 제32조)

① 보험계약자는 피보험자의 동의를 받아 제3자에게 보험계약으로 인한 권리·의무를 승계하게 할 수 있다.

② 승계를 한 경우 보험계약자가 체신관서에 승계 사실을 알리지 아니하면 대항할 수 없다.

10 보험약관 개정의 효력(법 제33조)

① 보험약관의 개정은 이미 체결한 보험계약에는 그 효력이 없다.

② 과학기술정보통신부장관은 보험약관을 개정하는 경우 보험계약자 등의 이익을 보호하기 위하여 특히 필요하다고 인정할 때에는 장래에 향하여 그 효력을 인정할 수 있다.

11 보험계약의 변경(규칙 제45조)

① 보험계약자는 체신관서에 계약내용의 변경을 청구할 수 있으나 보험의 종류별 명칭의 변경은 보험계약의 효력이 발생한 후 2년이 지나야 한다.

② 보험계약자 또는 보험수익자는 보험료를 납입하는 체신관서와 보험금·환급금·보험료 반환금 및 대출금 등을 지급하는 체신관서의 변경을 청구할 수 있다.

③ 보험계약자는 보험계약자·보험수익자·피보험자의 성명이 잘못 표기되어 이를 변경하려는 경우에는 그 사실을 증명하는 서류를 첨부하여 체신관서에 정정을 청구하여야 한다.

12 보험계약의 해지 중요 ★

① 해지의 자유(법 제35조제1항) : 보험계약자는 보험사고가 발생하기 전에는 언제든지 보험계약을 해지할 수 있다.

② 보험계약을 체결할 때 보험계약자 또는 피보험자가 중요한 사항을 고의 또는 중대한 과실로 고지하지 아니하거나 부실한 고지를 한 경우에는 체신관서는 그 사실을 알게 된 날부터 1개월 이내, 보험계약의 효력발생일부터 5년 이내에만 그 보험계약을 해지할 수 있다(법 제35조제2항).

③ 보험계약의 해지사유(규칙 제46조)

　ᄀ 피보험자의 신체의 이상, 과거 증세, 현재 증세 및 기능장애

　ᄂ 신체상의 결함이 있어 보험회사로부터 보험계약의 청약이 거절된 사실이 있는 경우에는 그 사실

　ᄃ 피보험자의 직업 또는 직종

④ 우정사업본부장은 보험계약을 해지하였을 때에는 그 사실을 보험계약자에게 알려야 한다.

⑤ 체신관서는 보험계약 체결 당시 보험사고가 이미 발생하였거나 발생할 수 없는 것임을 안 때에는 그 보험계약을 해지할 수 있다(법 제35조제3항).

13 보험계약의 무효(법 제36조)

① 보험계약 무효사유

　ᄀ 보험계약자 또는 피보험자의 사기로 인한 보험계약

　ᄂ 보험계약자 등이 보험계약 체결 당시 이미 보험사고가 발생하였거나 발생할 수 없는 것임을 알고 한 보험계약

② 보험계약 무효의 효과 : 체신관서는 보험계약이 무효인 경우에는 보험금을 지급하지 아니하며, 보험계약자가 이미 낸 보험료는 반환하지 아니한다.

14 보험계약 효력의 상실(법 제37조) 중요 ★

① 보험계약자가 보험료를 내지 아니하고 과학기술정보통신부령으로 정하는 유예기간이 지난 때에는 그 보험계약은 효력을 잃는다.

② 보험계약자가 유예기간이 지난 후 1개월 이내에 그 계약을 보험료 납입을 완료한 보험계약으로 변경하여 줄 것을 청구한 경우에는 계약의 상실에 관한 규정을 적용하지 아니한다.

15 환급금의 지급

① 체신관서는 보험금을 지급하지 아니하게 된 경우에는 보험수익자를 위하여 적립한 금액의 일부를 보험계약자에게 되돌려주어야 한다. 다만, 보험계약자 또는 보험수익자의 고의로 인하여 발생한 생명·신체에 관한 보험사고에 따른 보험사고가 보험계약자에 의하여 발생한 경우에는 되돌려주지 아니한다(법 제38조).

② 공익급여의 지급(규칙 제57조)
   ㉠ 체신관서는 수입보험료의 일부를 공익급여로 지급할 수 있다.
   ㉡ 공익급여 지급대상 보험의 종류별 명칭과 공익급여의 지급대상, 지급범위 및 지급절차 등은 우정사업본부장이 정한다.

16 보험계약의 부활(법 제39조) 중요 ★

① 보험계약자는 보험계약의 효력 상실 후 2년을 초과하지 아니하는 범위에서 보험약관에서 정하는 기간 이내에 미납보험료의 납입과 함께 실효된 보험계약의 부활을 청구할 수 있다.

② 부활의 효력은 체신관서가 그 청구를 승낙한 때부터 발생한다.

③ 보험계약이 부활된 경우에는 처음부터 보험계약의 효력이 상실되지 아니한 것으로 본다.

17 환급금의 대출

환급금대출
보험약관에 의한 대출로 해약환급금의 일정범위 내에서 보험계약자에게 대출해 주고 있다. 대출금이 변제되지 않을 경우 보험자가 지급하여야 할 금액에서 이를 공제하고 지급한다.

체신관서는 보험계약자가 청구할 때에는 보험계약이 해지된 경우 등에 되돌려줄 수 있는 금액의 범위에서 과학기술정보통신부령으로 정하는 바에 따라 대출할 수 있다(법 제41조).

① 대출금 : 대출을 할 수 있는 금액의 범위는 보험종류별로 우정사업본부장이 정한다(규칙 제58조).

② 대출기간 및 대출금의 이자계산(규칙 제59조)
   ㉠ 대출금의 이자율은 금융기관의 1년 만기 정기예금의 이자율을 고려하여 우정사업본부장이 정한다.
   ㉡ 이자의 계산 단위는 원 단위로 하되, 그 수입금 또는 지급금에 10원 미만의 끝수가 있을 때에는 그 끝수는 계산하지 아니한다.
   ㉢ 대출기간의 계산은 대출받은 날의 다음 날부터 변제일까지로 하며, 대출금의 이자는 보험계약자가 이자 납기일까지 체신관서에 납입하여야 한다.
   ㉣ 보험계약자가 대출금의 이자를 이자 납기일까지 체신관서에 납입하지 아니한 경우 미납된 이자는 납기일의 다음 날에 대출원금에 산입된 것으로 본다. 이 경우 다음 납기일부터의 대출금 이자는 미납된 이자를 합산한 대출금을 기준으로 계산한다.

18 보험금 등 지급 시의 공제(법 제42조)

체신관서는 보험금이나 환급금을 지급할 때 대출금이나 미납보험료가 있으면 지급 금액에서 이를 빼고 지급한다.

19 체신관서의 면책(법 제43조)

체신관서는 다음의 하나에 해당하는 보험사고에 대하여는 보험금 지급의 책임을 지지 아니한다.

① 피보험자가 보험계약 또는 보험계약 부활의 효력이 발생한 후 2년 이내에 자살하거나 자해행위로 인하여 발생한 보험사고의 경우

② 보험계약자 또는 보험수익자의 고의로 인하여 발생한 생명·신체에 관한 보험사고. 다만, 보험수익자가 여러 명인 경우에는 그가 지급받을 부분만 해당된다.

20 보험금의 감액 지급 등(법 제44조)

① 체신관서는 천재지변, 전쟁, 그밖의 변란으로 인한 보험사고가 발생하여 보험금 계산의 기초에 중대한 영향을 미칠 우려가 있을 때에는 그 보험금을 감액하여 지급할 수 있다.

② 보험금의 감액지급률은 과학기술정보통신부령으로 정한다.

21 수급권의 보호(법 제45조)

① 보험금 또는 환급금을 지급받을 권리는 양도할 수 없다.

② 보험금을 지급받을 권리에 대하여는 다음의 금액은 압류할 수 없다.

　㉠ 직계존속·직계비속 또는 배우자가 사망함으로써 보험수익자가 취득하는 사망보험금청구권의 2분의 1에 해당하는 금액

　㉡ 본인, 직계존속·직계비속 또는 배우자의 장해로 인하여 보험수익자가 취득하는 장해보험금청구권의 2분의 1에 해당하는 금액

　㉢ 「국민기초생활 보장법」에 따른 급여를 받는 사람 또는 「장애인복지법」에 따라 등록한 장애인이 보험수익자로서 취득하는 보험금청구권의 2분의 1에 해당하는 금액

　㉣ 「장애인복지법」에 따라 등록한 장애인에게 보험사고가 발생하여 보험수익자가 취득하는 보험금청구권의 2분의 1에 해당하는 금액

22 부당이득의 징수(법 제46조)

① 체신관서는 거짓이나 그밖의 부정한 방법으로 보험금을 지급받은 자에게는 그 지급액을 반환할 것을 요구할 수 있다. 이 경우 보험계약자 등이 거짓 진술이나 거짓 증명으로 보험금을 지급하게 하였으면 연대하여 책임을 진다.

② 이 경우 환급금을 지급하지 아니한다.

23 재보험

① 과학기술정보통신부장관은 보험을 효율적으로 운영하고 위험을 적절하게 분산하기 위하여 필요하다고 인정하면 재보험에 가입할 수 있다(법 제46조2제1항).

② 재보험의 가입한도는 사고 보장을 위한 보험료의 100분의 80 이내로 한다(규칙 제60조의2).

③ 보험의 재보험을 계약할 수 있는 보험회사는 「보험업법」에 따른 재보험의 영업허가를 받은 보험회사 또는 외국보험회사로서 국내외 감독기관이 정하는 재무건전성에 관한 기준을 충족하거나 국제적으로 인정받는 신용평가기관에서 실시한 최근 3년 이내의 신용평가에서 평가등급이 투자적격이어야 한다(규칙 제60조의3).

24 복지시설의 설치 등(법 제47조)

① 과학기술정보통신부장관은 보험계약자 등의 복지증진을 위하여 의료·휴양 등에 필요한 시설을 설치할 수 있다.

② 시설은 보험계약자 등 외의 자에게도 이용하게 할 수 있다.

③ 시설의 설치와 운영에 필요한 비용은 우체국보험적립금에서 지출한다.

25 보상금의 지급

① 보험업무를 취급한 사람에게는 그 실적에 따라 보상금을 지급할 수 있다(법 제48조제1항).

② 보상금의 종류 및 지급대상(규칙 제63조)

　㉠ 모집자 보상금 : 직접 모집한 자

　㉡ 관서 영업지원 보상금 : 보험업무를 취급하는 체신관서

　㉢ 유지관리 보상금 : 보험료를 수납하여 보험계약을 유지·관리하는 자

　㉣ 유공자 보상금 : 보험의 모집 및 유지·관리가 우수하여 보험수입 증대에 기여한 공로가 큰 자, 그밖에 보험사업 발전에 기여한 공로가 크다고 우정사업본부장이 인정한 자(보험사업을 취급하는 체신관서를 포함)

    ⓜ 모집자 육성 보상금 : 개인 또는 법인의 육성에 기여한 공로가 크다고 우정사업본부장
     이 인정하는 자(보험업무를 취급하는 체신관서를 포함)

    ⓗ 비례보상금 : 개인 또는 법인 중 우정사업본부장이 정하는 자

③ 보상금액(규칙 제62조제2항)

    ㉠ 모집한 보험금액의 1천분의 2에 해당하는 금액

    ㉡ 수금한 보험료의 100분의 1에 해당하는 금액

26 우체국보험분쟁조정위원회(법 제48조의2) 중요 ✚

① 우체국보험 이해관계인 사이에 발생하는 보험모집 및 보험계약과 관련된 분쟁을 조정하
 기 위하여 과학기술정보통신부장관 소속으로 우체국보험분쟁조정위원회를 둔다.

② 우체국보험분쟁조정위원회는 위원장 1명을 포함한 11명 이내의 위원으로 구성한다. 분
 쟁조정위원회의 위원장은 위원 중에서 과학기술정보통신부장관이 지명하며, 위원은 다
 음의 하나에 해당하는 사람 중에서 과학기술정보통신부장관이 위촉한다.

    ㉠ 보험 관계 기관·단체 또는 보험사업체에서 심사, 분쟁조정 등의 업무에 10년 이상
     근무한 경력이 있는 사람

    ㉡ 변호사 또는 전문의의 자격이 있는 사람

    ㉢ 「소비자기본법」에 따른 소비자단체 또는 한국소비자원의 임원 또는 임원이었던 사람

    ㉣ 그밖에 보험 관련 분쟁의 조정과 관련하여 과학기술정보통신부장관이 필요하다고 인
     정하는 사람

③ 위원의 임기는 2년으로 하며, 연임할 수 있다.

④ 분쟁조정위원회의 업무 지원 및 회의의 기록 등을 위하여 분쟁조정위원회에 간사를 두
 며, 간사는 보험 분쟁 업무를 담당하는 우정사업본부 소속 4급 이상 공무원 중에서 과
 학기술정보통신부장관이 지명한다(규칙 제5조의2).

⑤ 분쟁조정위원회의 운영(영 제5조)

    ㉠ 분쟁조정위원회의 회의는 위원장이 소집하며, 위원장이 부득이한 사유로 직무를 수행
     할 수 없을 때에는 분쟁조정위원회의 의결을 거쳐 위원장이 미리 정한 위원이 그 직
     무를 대행한다.

    ㉡ 분쟁조정위원회의 회의는 재적위원 과반수의 출석으로 개의하고, 출석위원 과반수의
     찬성으로 의결한다.

    ㉢ 위원장은 분쟁조정위원회의 회의를 소집하려는 경우에는 특별한 사정이 없으면 회의
     개최 7일 전까지 회의의 일시, 장소 및 안건을 위원에게 통지하여야 한다.

    ㉣ 분쟁조정위원회의 회의는 공개하지 아니한다. 다만, 필요하다고 인정될 때에는 해당
     위원회의 의결로 분쟁당사자 또는 이해관계인이 방청하게 할 수 있다.

⑥ **분쟁조정 절차**(법 제48조의5) 중요 ✪
　　㉠ 위원장은 분쟁조정의 신청을 받으면 지체 없이 이를 분쟁조정위원회의 회의에 부치고, 그 내용을 분쟁당사자에게 통지하여야 한다. 다만, 분쟁의 내용이 다음의 어느 하나에 해당하는 경우에는 회의에 부치지 아니할 수 있다.
　　　　ⓐ 법원에 소(訴)가 제기된 경우
　　　　ⓑ 분쟁의 내용이 관계 법령·판례 또는 증거 등에 의하여 심의·조정의 실익이 없다고 판단되는 경우
　　　　ⓒ 그밖에 분쟁의 내용이 분쟁조정 대상으로 적합하지 아니하다고 인정되는 경우
　　㉡ 분쟁조정위원회는 회의에 부쳐진 분쟁에 대하여 관련 자료 등의 보완이 필요하다고 인정되면 적절한 기간을 정하여 분쟁당사자에게 그 보완을 요구하거나 관련 자료의 제출을 요청할 수 있다.
　　㉢ 분쟁조정위원회는 해당 분쟁이 회의에 부쳐진 날부터 60일 이내에 이를 심의·조정하여야 한다.

⑦ **(분쟁의 정의) 보험모집 및 보험계약과 관련된 분쟁**(규칙 제66조)
　　㉠ 우정사업본부장이 보험계약의 해지 및 보험금 지급 등 보험업무와 관련하여 처리한 사항에 대하여 보험계약자 또는 이해관계인이 재심사를 요구하거나 이의를 제기한 사항
　　㉡ 다수인에게 영향을 미칠 수 있는 보험약관의 내용 및 해석 등과 관련하여 보험계약자 등이 제기한 민원 또는 이의를 제기한 사항
　　㉢ 그밖에 우체국보험과 관련하여 우정사업본부장에게 제기된 민원 중 우정사업본부장이 우체국보험분쟁조정위원회의 회의에 부칠 필요가 있다고 인정하는 사항

⑧ **신청인 등의 의견청취**(영 제7조)
　　㉠ 분쟁조정위원회는 분쟁조정 신청인 또는 분쟁조정에 필요한 전문가 등의 의견을 들을 필요가 있다고 인정하면 이들을 회의에 출석하게 하여 의견을 들을 수 있다.
　　㉡ 분쟁조정위원회는 의견을 들으려면 일시와 장소를 정하여 의견청취 7일 전까지 분쟁조정 신청인 또는 전문가 등에게 통지하여야 한다.
　　㉢ 분쟁조정 신청인은 필요한 경우에는 위원장의 허가를 받아 분쟁조정위원회에 출석하여 의견을 진술할 수 있다.

⑨ **분쟁조정 결과의 통지**(영 제8조) : 위원장은 분쟁조정 결과 또는 분쟁조정을 하지 아니하기로 결정한 사항을 분쟁당사자에게 통지하여야 한다.

⑩ **수당 등**(영 제9조) : 회의에 참석하는 위원 및 회의에 출석하여 의견을 진술하는 전문가 등에게는 예산의 범위에서 수당·여비 등을 지급할 수 있다. 다만, 공무원이 그 소관 업무와 직접적으로 관련되어 회의에 참석하는 경우에는 그러하지 아니하다.

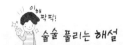

01 우체국예금·보험에 관한 설명으로 옳은 것은?　2012

① 우체국예금은 「예금자보호법」에 의하여 원리금 전액이 지급 보장된다.
② 우체국보험은 보험을 효율적으로 운영하고 위험을 적절하게 분산하기 위하여 재보험에 가입할 수 있다.
③ 우체국예금·보험은 사업에 대한 건전성을 유지할 수 있도록 금융위원회의 정기검사를 받아야 한다.
④ 우체국예금은 「한국은행법」에 따라 금융통화위원회가 정하는 기준의 범위 내 이자율을 금융위원회와 협의하여야 한다.

01
① 예금자 보호법이 아니라 우체국예금·보험에 관한 법률 제4조에 따라 국가에서 지급을 보장한다.
③ 과학기술정보통신부장관은 우체국예금·보험은 사업에 대한 건전성을 유지할 수 있도록 필요한 경우에는 금융위원회의 검사를 요청할 수 있다(법 제3조의2).
④ 이자율은 과학기술정보통신부장관이 정하여 고시한다(법 제14조).

02 우체국보험에 관한 설명으로 옳지 않은 것은?　2010

① 우체국보험은 인보험(人保險) 분야의 상품을 취급한다.
② 우체국보험은 금융감독원의 감독을 받는다.
③ 우체국보험의 계약보험금 한도액은 일정금액 이하로 제한된다.
④ 우체국보험의 보험금 지급은 국가가 책임진다.

02
우체국보험은 국가가 경영하며 과학기술정보통신부장관이 관장한다(법 제3조).

03 생명보험 계약에 관한 설명으로 옳지 않은 것은?　2010

① 보험계약자는 보험수익자를 변경할 수 있는 권리가 있다.
② 보험계약 해지 시 보험대상자의 동의가 필요하다.
③ 생존보험 계약은 만 15세 미만자를 보험대상자로 할 수 있다.
④ 타인의 사망보험 계약체결 시 보험대상자의 서면동의가 필요하다.

03
보험계약자는 보험사고가 발생하기 전에는 언제든지 보험계약을 해지할 수 있으나 해지 시 타인(보험수익자)을 위한 보험일 경우에는 그 타인의 동의가 필요하다.

01 ②　02 ②　03 ②

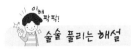

04

① 법 제18조에서는 대통령령으로 정하는 업무용 부동산을 예금자금으로 운용할 수 있도록 하였으며, 대통령령으로 정하는 업무용 부동산의 범위에는 시행령 제3조의2제1호에 따라 영업시설(연면적의 100분의 10 이상을 우정사업에 직접 사용하는 시설만 해당한다)이 포함된다. 따라서 100분의 20을 우정사업에 직접 사용하고 있는 영업시설은 100분의 10 이상의 범위에 포함된다.

② 법 제18조제1항에서 예금자금의 운용은 1. 금융기관에 예탁, 2. 재정자금에 예탁, 3. 「자본시장과 금융투자업에 관한 법률」에 따른 증권의 매매 및 대여, 4. 「자본시장과 금융투자업에 관한 법률」에 따른 자금중개회사를 통한 금융기관에 대여, 5. 「자본시장과 금융투자업에 관한 법률」에 따른 파생상품의 거래, 6. 대통령령으로 정하는 업무용 부동산의 취득 · 처분 및 임대로 정하고 있어 개인 신용대출로 운용하고 있지는 않다.

③ 우체국은 예금보험공사에 의한 예금자보호 대상 금융기관은 아니다.

④ 시행규칙 제15조의2제3항에서는 장내파생상품 거래에 대한 위탁증거금을 예금자금 총액의 100분의 1.5 이내로, 제4항에서는 장외파생상품 거래에 대한 기초자산의 취득가액 총액을 예금자금 총액의 100분의 20 이내로 규정하고 있다.

04 「우체국예금 · 보험에 관한 법률」과 동법 시행령 · 시행규칙에 관한 내용으로 옳은 것은?

2021

① 연 면적의 100분의 20을 우정사업에 직접 사용하고 나머지는 영업시설로 임대하고자 하는 업무용 부동산은 우체국 예금자금으로 취득할 수 있다.

② 우체국 예금자금은 금융기관 또는 재정자금에 예탁하거나 1인당 2천만 원 이내의 개인 신용대출 등의 방법으로도 운용한다.

③ 우체국은 예금보험공사에 의한 예금자보호 대상 금융기관의 하나이지만, 특별법인 이 법에 의해 우체국예금(이자 포함)과 우체국보험계약에 따른 보험금 등 전액에 대하여 국가가 지급 책임을 진다.

④ 우체국 예금자금으로 「자본시장과 금융투자업에 관한 법률」에 따른 파생상품 거래 시 장내파생상품 거래를 위한 위탁증거금 총액은 예금자금 총액의 100분의 20 이내로 한다.

04 ①

01 다음의 빈칸에 알맞은 말은?

> 우체국 예금사업과 우체국 보험사업은 (㉠)가 경영하며 (㉡)이 관장한다.

	㉠	㉡
①	국가	우정사업본부
②	국가	과학기술정보통신부장관
③	우정사업본부	과학기술정보통신부장관
④	과학기술정보통신부	우정사업본부

02 우체국예금과 보험금의 지급을 책임하는 기관은?

① 우정사업본부
② 과학기술정보통신부장관
③ 예금보험공사
④ 국가

03 우정사업본부장이 업무취급의 제한 등의 공고 시 포함되는 내용으로 볼 수 없는 것은?

① 업무취급이 제한 또는 정지되는 체신관서
② 제한 또는 정지되는 업무의 내용
③ 제한 또는 정지되는 체신관서의 부서명
④ 제한 또는 정지되는 기간

04 다음 중 예입가능한 유가증권 및 증서가 아닌 것은?

① 자기앞 수표
② 당좌수표
③ 우편 대체증서
④ 우편환 증서

05 우체국 예금에 대한 다음 설명 중 옳지 않은 것은?

① 예금은 요구불 예금과 저축성 예금으로 구분한다.
② 예금의 종류 및 가입대상은 우정사업본부장이 정한다.
③ 예금자의 인감 및 서명에는 공인전자서명도 포함된다.
④ 이자의 계산은 산출된 누계액이 10원 미만일 경우에는 계산하지 않는다.

06 예금에 대한 다음 설명 중 옳지 않은 것은?

① 예금원부는 우정사업센터장이 관리한다.
② 유가증권 또는 증서가 결제되거나 지급되지 아니하면 예금이 예입되지 아니한 것으로 본다.
③ 체신관서나 금융기관을 지급인으로 한 자기앞수표로는 예금의 예입을 할 수 없다.
④ 예금의 종류별 이자의 계산방법은 우정사업본부장이 정한다.

한눈에 보는 정답과 해설

01 국가와 과학기술정보통신부장관이 각각 들어간다(우체국예금·보험에 관한 법률 제3조).
02 국가가 우체국 예금과 보험금의 지급을 책임진다(법 제4조).
03 ①, ②, ④ 및 우정사업본부장이 필요하다고 인정하는 사항이 공고된다(법 제6조).
04 당좌수표는 예입가능한 증권이 아니다(규칙 제14조).

05 우정사업본부장이 아니라 과학기술정보통신부장관이 정한다(법 제11조).
06 체신관서나 금융기관을 지급인으로 한 자기앞수표는 예금의 예입이 가능하다(규칙 제14조).

01 ② 02 ④ 03 ③ 04 ② 05 ② 06 ③

07 예금에 대한 다음 설명 중 옳지 않은 것은?

① 유가증권 또는 증서가 결제되거나 지급되지 않으면 예금이 예입되지 않은 것으로 본다.
② 과학기술정보통신부장관은 예금의 종류별로 최고 입금한도액을 정할 수 있다.
③ 예입된 증권 등이 결제 또는 지급되지 아니한 경우에는 그 사실을 예금자에게 알려야 한다.
④ 예입된 증권 등이 결제되거나 지급한 후가 아니더라도 부득이 한 경우 예입금의 지급을 할 수 있다.

08 다음 중 예금된 자금의 운용방법이 아닌 것은?

① 금융기관이나 재정자금에 예탁
② 업무용 부동산의 취득, 처분, 임대
③ 증권이나 파생상품의 거래
④ 자금중개회사를 통한 대기업에 대여

09 예금된 자금의 운용에 대한 다음 설명 중 옳지 않은 것은?

① 법률에 따른 증권을 매입하는 때에는 지분증권의 취득가액 총액을 예금자금 총액의 100분의 30 이내로 한다.
② 업무용 부동산의 보유한도는 자기자본의 100분의 60 이내로 한다.
③ 금융기관에 대한 대여금액 총액은 100분의 5 이내로 한다.
④ 장내파생상품의 거래를 위한 위탁증거금 총액은 예금자금 총액의 100분의 1.5 이내로 한다.

10 예금통장의 재발급에 대한 다음 사항 중 옳지 않은 것은?

① 통장의 기재사항이 불분명한 경우 재발급한다.
② 통장에 빈자리가 없는 경우 재발급한다.
③ 분실통장의 재발급 시에는 수수료를 납부하지 아니한다.
④ 통장의 기재사항이 불분명한 경우 재발급 시 기존통장을 제출해야 한다.

 한눈에 보는 정답과 해설

07 예입된 증권 등이 결제되거나 지급한 후가 아니면 예금의 지급이 될 수 없다(법 제15조제2항).
08 자금중개회사를 통한 금융기관에 대여가 가능하다(법 제18조).
09 100분의 30이 아니라 100분의 20 이내로 한다(규칙 제15의2).

10 분실통장의 재발급 때에는 수수료를 납부해야 한다(규칙 제16조제1항).

07 ④ 08 ④ 09 ① 10 ③

11 예금주의 확인 등에 대한 다음 설명 중 옳지 않은 것은?

① 예금주가 정당한 관리자인지를 확인할 수 없을 때에는 보증인의 선정을 요구할 수 있다.
② 예금주가 현재잔액을 확인하려면 확인신청서를 체신관서에 제출해야 한다.
③ 잔액이 5만 원 미만으로서 1년 이상 계속거래가 없을 때에는 거래중지계좌에 편입할 수 있다.
④ 거래중지계좌에 편입된 예금은 이자의 정기계산을 하지 않는다.

12 예금지급청구권에 대한 다음 설명 중 옳지 않은 것은?

① 체신관서는 예금자가 10년 간 예금하지 않거나 예금의 지급, 이자의 기입 등이 없는 경우 지급청구를 최고하여야 한다.
② 최고는 우편 또는 전자우편으로도 가능하고 잔액이 10만 원 이상일 경우 등기우편으로 하여야 한다.
③ 최고를 한 후 2개월이 지나도록 청구가 없는 경우 지급청구권이 소멸된다.
④ 지급증서의 경우 발행 후 3년 간 지급청구가 없는 경우 지급청구권이 소멸된다.

13 예금의 지급에 대한 다음 설명 중 옳지 않은 것은?

① 저축성 예금의 만기가 되거나 마지막 회분의 월부금을 납입한 경우에는 만기지급을 한다.
② 저축성 예금의 만기지급 시 지연일수가 선납일수보다 많은 경우 만기일에 지급한다.
③ 만기 전에 지급을 받은 경우에는 지급일로부터는 그 지급을 받은 금액에 대하여 이자를 계산하지 않는다.
④ 만기 전에 지급을 받은 예금자는 수수료를 납부하여야 한다.

14 보험의 청약과 승낙 등에 대한 다음 설명 중 옳지 않은 것은?

① 보험계약을 체결하려는 자는 제1회 보험료와 함께 보험계약청약서를 제출하여야 한다.
② 보험계약자는 주계약 및 특약을 반드시 설정하여야 한다.
③ 보험증서에는 보험금액, 보험료 등이 기재되어야 한다.
④ 보험계약자는 보험료를 1개월, 3개월, 6개월, 1년 단위로 납입하거나 한꺼번에 납부할 수 있다.

한눈에 보는 정답과 해설

11 거래중지계좌는 잔액이 1만 원 미만으로서 1년 이상 계속거래가 없는 경우와 5만 원 미만으로서 2년 이상 계속거래가 없는 경우에 편입한다(규칙 제20조).
12 최고는 우편 또는 전자우편으로도 가능하고 등기우편은 잔액이 1만 원 이상인 경우이다(규칙 제22조).

13 선납일수가 지연일수보다 많은 경우 만기일에 지급하고, 지연일수가 선납일수보다 많은 경우에는 우정사업본부장이 정하는 바에 따라 지급일을 산정하여 지급한다(규칙 제27조).
14 보험계약자는 주계약에 부가하여 특약을 설정할 수 있다(규칙 제42조).

11 ③ 12 ② 13 ② 14 ②

15 우체국 보험료에 대한 다음 설명 중 옳지 않은 것은?

① 보험료는 방문한 체신관서의 수급원에게 납부할 수 있다.
② 보험계약자가 한꺼번에 6개월분 이상의 보험료를 선납하는 경우만 보험료를 할인할 수 있다.
③ 보험료의 자동이체 시에는 2% 정도의 범위 내에서 보험료의 할인이 가능하다.
④ 보험계약자는 5명 이상의 단체를 구성하여 보험료의 단체납입을 청구할 수 있다.

16 다음 중 보험약관으로 정할 수 있는 사항으로 볼 수 없는 것은?

① 보험계약자 또는 피보험자가 그 의무를 이행하지 아니한 경우에 받는 손실
② 보험계약의 무효사유
③ 보험계약자의 면책사유
④ 보험계약의 전부 또는 일부의 해지사유와 해지한 경우의 당사자의 권리의무

17 다음 보험의 종류는 무엇인가?

생존급부금과 사망급부금이 동시에 존재하는 보험

① 연금보험　　　② 보장성보험
③ 생사혼합보험　④ 저축성보험

18 분쟁조정위원회의 운영 및 회의 절차에 대한 다음 설명 중 옳지 않은 것은?

① 위원장은 분쟁조정의 신청을 받으면 지체없이 분쟁조정위원회에 회부한다.
② 법원에 소가 제기된 경우에도 분쟁조정 절차는 진행된다.
③ 분쟁조정 위원회는 회부된 날로부터 60일 이내에 심의 조정하여야 한다.
④ 분쟁조정신청인은 필요한 경우에 위원회에 출석하여 의견을 진술할 수 있다.

19 피보험자를 면접할 수 있는 자가 아닌 자는?

① 체신관서의 개인
② 과학기술정보통신부의 직원
③ 우정사업본부장이 지정한 개인
④ 우정사업본부장이 지정한 법인

20 신체검사를 해야 하는 경우로 옳지 않은 것은?

① 중증의 병력이 있거나 현재 증세가 있다고 판단되는 사람
② 신체적인 결함이 있어서 보험회사로부터 보험계약의 청약이 거절된 사실이 있는 사람
③ 면접결과 신체검사를 해야할 필요가 있다고 인정되는 사람
④ 과거 중증의 병으로 수술경험이 있는 사람

 한눈에 보는 정답과 해설

15 6개월분이 아니라 3개월 이상을 선납할 경우 할인이 가능하다(규칙 제48조).
16 보험계약자의 면책사유가 아니라 보험자의 면책사유를 보험약관에 정할 수 있다(규칙 제43조).
18 법원에 소가 제기된 경우에는 분쟁조정 절차는 철회된다(법 제48조의5).

19 ①, ③, ④의 경우 면접권한이 있다(규칙 제44조).
20 현재 중증의 병력이 있거나 증세가 있는 사람이 대상이다(규칙 제44조).

15 ② 　16 ③ 　17 ③ 　18 ② 　19 ② 　20 ④

21 보험계약에 관한 다음 설명 중 옳지 않은 것은?

① 보험계약자가 수익자를 지정하지 않은 경우 보험계약자를 수익자로 본다.

② 보험계약자는 피보험자의 동의를 받아 보험계약의 권리 및 의무를 제3자에게 승계하게 할 수 있다.

③ 보험약관의 개정은 이미 체결한 보험계약에 소급적용된다.

④ 보험계약자는 보험사고가 발생하기 전에 언제든지 보험계약을 해지할 수 있다.

23 보험계약에 대한 다음 설명 중 옳지 않은 것은?

① 보험계약자가 보험료를 내지 않고 유예기간이 지난 때에는 계약의 효력이 상실된다.

② 보험료 납입 유예기간은 해당 월분 보험료의 납입기일로부터 납입기일이 속하는 달의 다음다음 달의 말일까지로 한다.

③ 보험계약자가 유예기간이 지난후 1개월 이내에 보험료를 납입한 경우 계약 상실의 규정을 적용하지 않는다.

④ 보험계약이 부활한 경우에는 부활된 시점부터 계약의 효력이 발생한다.

22 보험계약에 대한 다음 설명 중 옳은 것은?

① 고지위반에 대한 해지는 그 사실을 알게 된 날로부터 3개월 이내에 하여야 한다.

② 고지위반에 대한 해지는 보험계약을 체결한 날로부터 3년 이내에 하여야 한다.

③ 보험계약자 또는 피보험자의 사기로 인한 보험계약은 취소의 사유가 된다.

④ 보험계약이 해지가 된 경우 보험료는 반환하지 아니한다.

24 다음은 보험금 및 환급금 등에 관한 설명이다. 옳은 것은?

① 보험계약자의 고의로 인하여 발생한 생명·신체에 관한 보험사고의 경우에 보험금을 지급한다.

② 보험료를 내지 않아 보험계약이 효력을 상실한 후 1년이 초과하지 않는 범위에서 보험약관에서 정하는 기간 이내에 미납보험료의 납입과 함께 실효된 보험계약의 부활을 청구할 수 있다.

③ 우정사업본부장은 필요하다고 인정하면 재보험에 가입할 수 있다.

④ 보험금 또는 환급금을 지급받을 권리는 양도할 수 없다.

 한눈에 보는 정답과 해설

MEMO

PART 부록

최신 기출문제

(2022.5.14 시행)

2023.1.17 개정내용반영 해설

01 금융시장의 기능에 대한 설명으로 옳지 않은 것은?

① 소비 주체인 가계 부문에 적절한 자산운용 및 차입 기회를 제공하여 자신의 시간선호에 맞게 소비 시기를 선택할 수 있게 함으로써 소비자 효용을 증진시킨다.

② 유동성이 높은 금융자산일수록 현금 전환 과정에서의 예상 손실보상액에 해당하는 유동성 프리미엄도 높다.

③ 차입자의 재무 건전성을 제고하기 위해 시장참가자는 당해 차입자가 발행한 주식 또는 채권 가격 등의 시장선호를 활용하여 감시 기능을 수행한다.

④ 금융시장이 발달할수록 금융자산 가격에 반영되는 정보의 범위가 확대되고 정보의 전파속도도 빨라지는 것이 일반적이다

02 〈보기〉에서 장내 파생상품에 대한 설명으로 옳은 것을 모두 고른 것은?

> **보기**
>
> ㄱ. 주가지수옵션 매수자의 이익은 옵션 프리미엄에 한정되고 손실은 무한정인 반면, 매도자의 손실은 옵션 프리미엄에 한정되고 이익은 무한정이다.
> ㄴ. 풋옵션의 매도자는 장래의 일정 시점 또는 일정 기간 내에 특정기초자산을 정해진 가격으로 매도할 수 있는 권리를 가진다.
> ㄷ. 옵션 계약에서는 계약이행의 선택권을 갖는 계약자가 의무만을 지는 상대방에게 자신이 유리한 조건을 갖는 데 대한 대가를 지불하고 계약을 체결하게 된다.
> ㄹ. 계약 내용이 표준화되어 있고 공식적인 거래소를 통해 매매되는 선물거래에는 헤징(hedging) 기능, 현물시장의 유동성 확대기여, 장래의 가격정보 제공 기능 등이 있다.

① ㄱ, ㄴ ② ㄱ, ㄷ
③ ㄴ, ㄹ ④ ㄷ, ㄹ

한눈에 보는 정답과 해설

01 유동성, 또는 환금성이 떨어지는 금융자산을 매입하는 경우 이 자산을 현금으로 전환하는 데 발생할 손실을 예상하여 일정한 보상을 요구하게 되는데 이를 유동성 프리미엄이라고 한다.
따라서 유동성, 환금성이 높은 금융자산은 현금 전환과정의 예상 손실이 낮으므로 유동성 프리미엄도 낮아진다.

02 ㄱ. 주가지수옵션 매수자의 손실은 프리미엄에 한정되고 이익은 무한정이며 매도자의 이익은 프리미엄에 한정되나 손실은 무한정이다.
ㄴ. 풋옵션은 기초자산을 매도하기로 한 측이 옵션보유자가 되는 경우로, 풋옵션의 '매입자'는 장래의 일정시점 또는 일정기간 내에 특정 기초자산을 정해진 가격으로 매도할 수 있는 권리를 가진다.

01 ② 02 ④

03 〈보기〉에서 증권투자 또는 증권분석에 대한 설명으로 옳은 것을 모두 고른 것은?

> 보기
>
> ㄱ. 무상증자와 주식배당은 주주들의 보유 주식 수가 늘어나고, 주주의 실질 재산에는 변동이 없다는 점에서 유사하다.
> ㄴ. 전환사채(CB)나 신주인수권부사채(BW)는 보유자에게 유리한 선택권이 주어지기 때문에 다른 조건이 동일하다면 일반사채에 비해 높은 금리로 발행된다.
> ㄷ. 우선주와 채권은 회사경영에 대한 의결권이 없고, 법인이 우선주배당금 또는 채권 이자 지급 시 비용처리를 할 수 없다는 공통점이 있다.
> ㄹ. 이자보상배율이 높으면 이자 비용을 충당하기에 충분한 영업이익이 있다는 뜻이고 이자보상배율이 1보다 작다면 기업이 심각한 재무적 곤경에 처해 있다고 볼 수 있다.

① ㄱ, ㄷ
② ㄱ, ㄹ
③ ㄴ, ㄷ
④ ㄴ, ㄹ

04 현행 상속제도에 대한 설명으로 옳은 것은?

① 상속은 사망한 시점이 아니라 사망한 사실이 가족관계등록부에기재된 시점에서 개시된다.
② 피상속인에게 어머니, 배우자, 2명의 자녀, 2명의 손자녀가 있을경우 배우자의 상속분은 1.5/3.5이다.
③ 친양자입양제도에 따라 2008년 1월 1일 이후에 입양된 친양자는친생부모 및 양부모의 재산을 모두 상속받을 수 있다.
④ 유언의 방식 중 공정증서 또는 자필증서에 의한 경우에는 가정법원의 유언검인심판서를 징구하여 유언의 적법성 여부를 확인하여야 한다.

한눈에 보는 정답과 해설

03 ㄱ. 무상증자는 주금 납입 없이 이사회 결의로 준비금이나 자산재평가적립금 등을 자본에 전입하고 전입액 만큼 발행한 신주를 기존주주에게 보유 주식 수에 비례하여 무상으로 교부하는 것으로, 회사와 주주의 실질재산에는 변동이 없다. 주식배당은 실행 시 주주들의 보유 주식 수는 늘어나지만 실제 주주의 부(富)에는 변동이 없다. 기업의 전체 시장가치가 변하지 않은 상태에서 배당지급일에 주식의 시장가치는 낮아지고 주식의 수만 늘어났기 때문이다.

ㄴ. 전환사채는 보유자가 자신에게 유리할 때만 전환권을 행사하여 추가적인 수익을 꾀할 수 있는 선택권이 주어지기 때문에 다른 조건이 동일하다면 일반사채에 비해 낮은 금리로 발행된다.
신주인수권부사채 또한 전환사채와 마찬가지로 보유자에게 유리한 선택권이 주어지기 때문에 다른 조건이 같다면 일반사채에 비해 낮은 금리로 발행된다.

ㄷ. 우선주와 채권은 회사경영에 대한 의결권을 미부여하고 회사 순이익을 공유하지 않는 등의 공통점이 있지만 우선주만이 배당금 지급시 법인 비용처리가 불가하다는 차이점이 있다.

ㄹ. 이자보상배율이 높으면 이자비용을 커버하기에 충분한 영업이익이 있다는 뜻이고 이자보상배율이 1보다 작다면 영업이익으로 이자비용도 감당하지 못한다는 의미로 기업이 심각한 재무적 곤경에 처해 있다고 볼 수 있다. 따라서 옳은 내용은 ㄱ, ㄹ이다.

04 ② 배우자와 직계비속은 1순위 상속자이다. 이때, 직계비속 중 자녀들이 손자녀에 비해 최근친이므로 직계비속은 자녀만 고려한다. 이때의 공동상속인 간 상속분은 배우자가 1.5, 자녀가 1인당 1로 계산되므로 배우자의 상속분은 1.5/3.5이다.

① 상속은 사망한 시점에서 개시되며 사망한 사실이 가족관계등록부에 기재된 시점에서 개시되는 것은 아니다.

③ 만 2008.1.1.부터 시행된 친양자입양제도에 따라 입양된 친양자는 친생부모와의 친족관계 및 상속관계가 모두 종료되므로 생가부모의 예금을 상속하지는 못한다.

④ 유언의 방식 중 공증증서 또는 구수증서에 의한 것이 아닌 경우에는 가정법원의 유언검인심판서를 징구하여 유언의 적법성 여부를 확인하여야 한다.

03 ② 04 ②

05 〈보기〉에서 체크카드에 대한 설명으로 옳은 것을 모두 고른 것은?

보기

ㄱ. 우체국 법인용 체크카드에는 지역화폐카드, Biz플러스 등이 있다.

ㄴ. 우체국 체크카드의 발급대상은 개인카드의 경우 우체국 수시입출식통장을 보유한 만 12세 이상의 개인이다.

ㄷ. 고객의 신용등급에 따라 소액의 신용공여가 부여된 하이브리드형 카드를 발급받아 이용할 수 있다.

ㄹ. 증권사나 종합금융회사의 MMF를 결제계좌로 하는 체크카드도발급이 가능하다.

① ㄱ, ㄴ ② ㄱ, ㄹ ③ ㄴ, ㄷ ④ ㄷ, ㄹ

06 우체국금융에 대한 설명으로 옳은 것은?

① 1905년부터 우편저금, 우편환과 우편보험을 실시하였다.

② 1982년 12월 제정된 「우체국예금·보험에 관한 법률」에 의거하여 1983년 1월부터 금융사업이 재개되었다.

③ 우체국의 금융업무에는 우체국예금, 우체국보험, 주택청약저축, 신탁, 펀드판매 등이 있다.

④ 우체국예금의 타인자본에는 예금을 통한 예수부채와 채권의 발행 등을 통한 차입부채가 있다.

 한눈에 보는 정답과 해설

05 ㄱ. 우체국 법인용 체크카드에는 성공파트너, e-나라도움(법인형), 정부구매, Biz플러스 등이 있으며 지역화폐카드는 개인용이다.

ㄴ. 우체국 체크카드 개인카드의 발급대상은 우체국 수시입출식 통장을 보유한 만 12세 이상의 개인이다.

ㄷ. 원래 의미의 체크카드는 신용공여 기능이 없어 할부서비스나 현금서비스를 이용할 수 없지만 최근에는 고객의 신용등급에 따라 소액의 신용공여(30만 원 한도)가 부여된 하이브리드형 카드를 발급받아 이용할 수 있다.

ㄹ. 체크카드는 은행 또는 카드사가 제휴한 은행에 입출금이 자유로운 통장을 결제계좌로 하여 발급 가능하며, 최근에는 증권사나 종금사의 CMA를 결제계좌로 하는 체크카드도 발급된다.

따라서 옳은 내용은 ㄴ, ㄷ이다.

06 ① 1905년 우편저금과 우편환, 1929년 우편보험을 실시하였다.

③ 우체국에서 취급하는 금융 관련 업무로는 우체국예금·보험을 비롯하여 우편환, 우편대체, 체크카드, 집합투자증권(펀드) 판매, 외국환, 전자금융 업무가 있으며 민영금융기관의 신용카드 발급, 증권계좌 개설, 결제대금 수납, 은행 입·출금서비스 제공 등을 대행하고 있다.

④ 타인자본에는 예금을 통한 예수부채만 있고, 은행채의 발행 등을 통한 차입 혹은 금융기관 등으로부터의 차입을 통한 차입부채는 없다.

05 ③ **06** ②

07 〈보기〉에서 우체국 예금상품에 대한 설명으로 옳은 것은 모두 몇 개인가?

〈보기〉

ㄱ. 우체국 희망지킴이통장: 기초생활보장, 기초(노령)연금, 장애인연금, 장애(아동)수당 등의 기초생활 수급권 보호를 위한 압류방지전용통장

ㄴ. 이웃사랑정기예금: 사회 소외계층과 사랑나눔 실천자 및 읍·면 단위 지역에 거주하는 농어촌 지역 주민의 경제생활 지원을 위한 공익형 정기예금

ㄷ. 우체국 편리한 e정기예금: 만 50세 이상 중년층 고객을 위한 우대이율 및 세무, 보험 등 부가서비스를 제공하는 정기예금

ㄹ. 우체국 다드림적금: 주거래 고객 확보 및 혜택 제공을 목적으로 각종 이체 실적 보유 고객, 우체국예금 우수고객, 장기거래 등 주거래 이용 실적이 많을수록 우대 혜택이 커지는 자유적립식 예금

① 1개　　② 2개　　③ 3개　　④ 4개

08 밑줄 친 ( )에서 제공하는 주요 서비스 내용으로 옳은 것은?

( )은/는 우체국 특화서비스인 우편환기반 경조금 송금서비스와 핀테크를 접목시킨 간편결제 및 간편송금 서비스를 제공하는 우체국예금 모바일뱅킹 서비스 앱이다.

① 수신자의 휴대전화 번호만 알면 경조금 및 경조카드를 보낼 수 있다.

② 전체 메뉴를 영어모드로 전환하는 서비스를 제공한다.

③ SWIFT, 국제환 서비스로 해외송금이 가능하다.

④ 증명서 신청 및 발급 등 전자문서지갑 기능을 제공한다.

한눈에 보는 **정답**과 해설

07 ㄱ. 산업재해 보험급여 수급권자의 보험급여에 한해 입금이 가능하며, 관련 법령에 따라 압류 대상에서 제외하는 압류방지 전용 통장
ㄱ.이 설명하는 상품은 우체국 행복지킴이통장이다.
ㄴ. 국민기초생활수급자, 장애인, 한부모가족, 소년소녀가정, 조손가정, 다문화가정 등 사회 소외계층과 장기기증희망등록자, 골수기증희망등록자, 헌혈자, 입양자 등 사랑나눔 실천자 및 농어촌 지역(읍·면 단위 지역 거주자) 주민의 경제생활 지원을 위한 공익형 정기예금
ㄷ. 보너스입금, 비상금 출금, 자동 재예치, 만기 자동해지 서비스로 편리한 목돈 활용이 가능한 디지털 정기예금
ㄷ. 이 설명하는 상품은 시니어 싱글벙글 정기예금이다.
ㄹ. 주거래 고객 확보 및 혜택 제공을 목적으로 각종 이체 실적 보유 고객, 우체국예금 우수고객, 장기거래 등 주거래 이용 실적이 많을

수록 우대 혜택이 커지는 자유적립식 예금
따라서 옳은 것은 ㄴ, ㄹ이다.

08 문제에서 설명하는 서비스는 포스트페이 서비스이다.
포스트페이 앱을 통해 현금 또는카드 없이 스마트폰만으로 지불 결제를 진행하고, 휴대전화번호만 알면 경조카드와 함께 경조금을 보낼 수 있다. 또한, 간편송금 및 우체국 체크카드와 모바일 카드 발급 등 다양한 생활 금융서비스의 이용이 가능하다

07 ②　08 ①

09 금융실명거래 시 실명확인 방법에 대한 설명으로 옳지 않은 것은?

① 금융회사 본부의 비영업부서 근무직원이라도 실명확인 관련 업무를 처리하도록 지시받은 경우에는 실명확인을 할 수 있다.

② 금융회사의 임·직원이 아닌 대출모집인이나 보험모집인 등 업무수탁자는 실명확인을 할 수 없다.

③ 대리인을 통하여 계좌개설을 할 경우 본인 및 대리인 모두의 실명확인증표와 본인의 인감증명서가 첨부된 위임장을 제시받아 실명확인을 하되 본인의 실명확인증표는 사본으로도 가능하다.

④ 재예치 계좌를 개설할 때에는 기존 계좌 개설 당시에 고객으로부터 징구하여 보관 중인 실명확인증표 사본을 재사용할 수 있다.

10 〈보기〉에서 자금세탁방지제도에 대한 설명으로 옳은 것을 모두 고른 것은?

> **보기**
>
> ㄱ. 금융감독원은 금융기관 등으로부터 자금세탁관련 의심거래를 수집·분석하여 불법거래, 자금세탁행위 또는 공중협박 자금조달행위와 관련된다고 판단되는 금융거래 자료를 법 집행기관에 제공한다.
>
> ㄴ. 고객확인제도는 금융회사가 고객과 거래 시 자금세탁행위 등의 우려가 있는 경우 실제 당사자 여부 및 금융거래 목적을 확인하는 제도로, 금융실명제가 포함하지 않고 있는 사항을 보완하는 차원에서 「금융실명거래 및 비밀보장에 관한 법률」을 개정하고 이 제도를 도입하였다.
>
> ㄷ. 고액현금거래보고제도는 1일 거래일 동안 1천만 원 이상의 현금을 입금하거나 출금한 경우 거래자의 신원과 거래일시, 거래금액 등 객관적 사실을 전산으로 자동 보고하는 것이다.
>
> ㄹ. 2010년 6월 30일부터 의심거래보고 기준금액이 2천만 원에서1천만 원으로 하향 조정되고, 2013년 8월 13일부터 의심거래보고 기준금액이 삭제됨에 따라 의심거래보고 건수는 크게 증가되고 있는 추세이다.

① ㄱ, ㄴ ② ㄱ, ㄹ
③ ㄴ, ㄷ ④ ㄷ, ㄹ

한눈에 보는 정답과 해설

09 ④ 신규 및 재예치 계좌개설시마다 실명확인증표 원본에 의하여 실명을 확인하여 거래원장, 거래신청서, 계약서 등에 "실명확인필"을 표시하고 확인자가 날인 또는 서명해야 한다. 실명확인증표를 재사용할 수 있는 경우는 동시에 다수의 계좌를 개설하는 경우이다.

10 ㄱ. 금융정보분석원은 법무부·금융위원회·국세청·관세청·경찰청·한국은행·금융감독원 등 관계기관의 전문 인력으로 구성되어 있으며, 금융기관 등으로부터 자금세탁관련 의심거래를 수집·분석하여 불법거래, 자금세탁행위 또는 공중협박자금조달행위와 관련된다고 판단되는 금융거래 자료를 법 집행기관 (검찰청·경찰청·국세청·관세청·금융위·중앙선관위 등) 제공하는 업무를 주 업무로 한다.

ㄴ. 고객확인제도는 금융회사가 고객과 거래 시 고객의 성명과 실지명의 이외에 주소, 연락처 등을 추가로 확인하고, 자금세탁행위 등의 우려가 있는 경우 실제 당사자 여부 및 금융거래 목적을 확인하는 제도로 금융실명제가 포함하지 않고 있는 사항을 보완하는 차원에서 특정금융정보법에 근거를 두고 2006년 1월 18일부터 이 제도를 도입하였다.

09 ④ **10** ④

11 〈보기〉에서 생명보험계약 관계자에 대한 설명으로 옳은 것을 모두 고른 것은?

> **보기**
>
> ㄱ. 보험계약자와 피보험자는 1인 또는 다수 모두 가능하다.
> ㄴ. 피보험자와 보험계약자가 각각 다른 사람일 경우 '타인을 위한 보험'이라고 한다.
> ㄷ. 보험계약자가 보험계약 시 보험수익자를 지정하지 않은 경우 생존보험금 발생 시 보험수익자는 피보험자이다.
> ㄹ. 보험중개사는 독립적으로 보험계약 체결을 중개하는 자로 계약 체결권, 고지수령권, 보험료 수령권에 대한 권한이 없다.

① ㄱ, ㄴ   ② ㄱ, ㄹ
③ ㄴ, ㄷ   ④ ㄷ, ㄹ

12 우체국보험적립금에 대한 설명으로 옳지 않은 것은?

① 과학기술정보통신부장관이 운용·관리한다.
② 보험계약자를 위한 대출제도 운영에 사용된다.
③ 「우체국예금·보험에 관한 법률」에 근거를 두고 있다.
④ 순보험료, 운용수익 및 회계의 세입·세출 결산상 잉여금으로 조성한다.

13 〈보기〉에서 월적립식 저축성보험의 보험차익 비과세 요건에 대한 설명으로 옳은 것은 모두 몇 개인가?

> **보기**
>
> ㄱ. 최초 납입일로부터 납입기간이 5년 이상인 월적립식 보험계약
> ㄴ. 최초로 보험료를 납입한 날부터 만기일 또는 중도해지일까지의 기간이 10년 이상
> ㄷ. 2017년 4월 1일 이후 가입한 보험계약에 한하여 보험계약자 1명당 매월 납입하는 보험료 합계액이 250만 원 이하
> ㄹ. 최초 납입일로부터 매월 납입하는 기본보험료가 균등(최초 계약 기본보험료의 1배 이내로 기본보험료를 증액하는 경우 포함)하고 기본보험료의 선납기간이 6개월 이내

① 1개   ② 2개   ③ 3개   ④ 4개

한눈에 보는 정답과 해설

11 ㄴ. 보험수익자와 보험계약자가 각각 다른 사람일 경우 '타인을 위한 보험'이라 한다.
   ㄷ. 계약자가 보험계약 시 보험수익자를 지정하지 않은 경우 보험사고에 따라 보험수익자가 결정되며 사망보험금의 경우 피보험자의 상속인, 생존보험금의 경우 보험계약자, 장해·입원·수술·통원급부금 등은 피보험자가 보험수익자가 된다.

12 우체국보험적립금의 근거 법령은 우체국보험특별회계법 제4조(우체국보험적립금의 조성 등) 및 제5조(적립금의 운용), 제6조(적립금의 운용 방법) 등이다.

13 월적립식 저축성 보험은 최초 보험료 납입 시점부터 만기일 또는 중도해지일까지 기간이 10년 이상일 때, 다음 요건을 모두 충족하면 보험차익을 비과세한다.

• 최초 납입일로부터 납입기간이 5년 이상인 월적립식 보험계약
• 최초 납입일로부터 매월 납입 기본보험료가 균등(최초 계약 기본보험료의 1배 이내로 기본보험료를 증액하는 경우 포함)하고 기본보험료 선납기간이 6개월 이내
• 계약자 1명당 매월 납입 보험료 합계액이 150만 원 이하('17년 4월 1일부터 가입한 보험계약에 한해 적용)
• 월적립식 보험료 합계액은 만기 환급금액이 납입보험료를 초과하지 않는 보험계약(특정 조건을 충족하는 순수보장성보험 제외)따라서 옳은 내용은 ㄱ, ㄴ, ㄹ이다.

11 ②   12 ③   13 ③

14 우체국 보험상품별 보장개시일에 대한 설명으로 옳은 것은?

① 무배당 우체국당뇨안심보험 2109의 당뇨보장개시일은 계약일(부활일)부터 그날을 포함하여 180일이 지난 날의 다음 날이다.

② 무배당 우체국치매간병보험 2109의 치매보장개시일은 질병으로 인하여 치매상태가 발생한 경우, 계약일(부활일)부터 그날을 포함하여 1년이 지난 날의 다음 날이다.

③ 무배당 우리가족암보험 2109의 피보험자 나이가 10세인 경우, 암보장개시일은 계약일(부활일)부터 그날을 포함하여 90일이 지난날의 다음날이다.

④ 무배당 우체국요양보험 2109의 장기요양상태 보장개시일은 재해를 직접적인 원인으로 장기요양상태가 발생한 경우, 계약일(부활일)부터 그날을 포함하여 180일이 지난 날의 다음날이다.

15 우체국 연금보험상품에 대한 설명으로 옳은 것은?

① 무배당 우체국연금저축보험(이전형) 2109는 기본보험료가 일시납일경우에는 납입한도액이 없다.

② 어깨동무연금보험 2109는 장애인전용연금보험으로 55세부터 연금수령이 가능하다.

③ 무배당 우체국연금보험 2109는 연간 400만 원 한도 내에서 납입한 보험료에 대해 세액공제 혜택을 제공한다.

④ 우체국연금저축보험 2109는 계약일 이후 1개월이 지난 후부터 연금개시나이 계약해당일까지 보험료 추가납입이 가능하다.

한눈에 보는 정답과 해설

14 ① 무배당 우체국당뇨안심보험 2109의 당뇨보장개시일은 계약일(부활일)부터 그 날을 포함하여 1년이 지난날의 다음날로 한다.
③ 무배당 우리가족암보험 2109의 암보장개시일은 계약일(부활일)부터 그 날을 포함하여 90일이 지난 날의 다음날로 하며 피보험자 나이가 15세 미만인 경우 암보장개시일은 계약일(부활일)로 한다. 따라서 10세인 경우 계약일(부활일)이 암보장개시일이 된다.
④ 무배당 우체국요양보험 2109의 장기요양상태 보장개시일은 일반적인 경우에는 계약일(부활일)부터 그 날을 포함하여 180일이 지난날의 다음날로 하며, 재해를 직접적인 원인으로 장기요양상태가 발생한 경우에는 장기요양상태 보장개시일은 계약일(부활일)로 한다.

15 ② 어깨동무연금보험 2109는 장애인전용연금보험으로 장애인 부모의 부양능력 약화 위험 및 장애아동을 고려, 20세부터 연금수급이 가능하다.
③ 관련 세법에서 정하는 요건에 부합하는 경우 이자소득 비과세 및 금융소득종합과세에서 제외된다.
④ 우체국연금저축보험 2109의 추가납입보험료는 계약일 이후 1개월이 지난 후부터 (연금개시나이−1)세 계약해당일까지 납입이 가능하다.

14 ② 15 ①

16 무배당 우체국급여실손의료비보험(갱신형) 2109에 대한 설명으로 옳은 것은?

① 보장내용 변경주기는 3년이며, 종신까지 재가입이 가능하다.

② 최초계약 가입나이는 0세부터 60세까지이며, 임신 23주 이내의 태아도 가입이 가능하다.

③ 갱신 직전 '무사고 할인판정기간' 동안 보험금 지급 실적이 없는 경우, 갱신일부터 차기 보험기간 1년 동안 보험료의 5%를 할인해 준다.

④ 비급여실손의료비특약의 갱신보험료는 갱신 직전 '요율상대도판정기간' 동안의 비급여특약에 따른 보험금 지급 실적을 고려하여 영업보험료에 할인·할증요율을 적용한다.

17 〈보기〉에서 우체국보험 청약서비스에 대한 설명으로 옳은 것을 모두 고른 것은?

보기

ㄱ. 보험계약자가 성인인 계약에 한해서 태블릿청약 이용이 가능하다.

ㄴ. 타인계약 또는 미성년자(만 19세 미만자) 계약도 전자청약이 가능하다.

ㄷ. 전자청약과 태블릿청약을 이용하는 고객에게는 제2회 이후 보험료 자동이체 시 0.5%의 할인이 적용된다.

ㄹ. 전자청약은 가입설계서를 발행한 계약으로 전자청약 전환을 신청한 계약에 한하며, 가입설계일로부터 10일(비영업일 제외) 이내에만 가능하다.

① ㄱ, ㄷ

② ㄱ, ㄹ

③ ㄴ, ㄷ

④ ㄴ, ㄹ

한눈에 보는 정답과 해설

16 ① 보장내용 변경주기는 5년이며 재가입 종료 나이는 종신이다.
③ 갱신(또는 재가입) 직전 '무사고 할인판정기간' 동안 보험금 지급 실적(일부 비급여의료비에 대한 보험금은 제외)이 없는 계약을 대상으로 갱신일(또는 재가입일)부터 차기 보험기간 1년 동안 보험료의 10%를 할인해 준다.
④ 비급여실손의료비특약의 보험료는 갱신 직전 '요율상대도 판정기간' 동안의 비급여특약에 따른 보험금 지급 실적을 고려하여 보험료 갱신 시 순보험료(비급여특약의 순보험료 총액을 대상)에 요율 상대도(할인·할증요율)를 적용한다.

17 ㄴ. 타인계약(계약자와 피보험자가 다른 경우 또는 피보험자와 수익자가 다른 경우), 미성년자 계약 등은 전자청약이 불가하다.
ㄷ. 전자청약을 이용하는 고객에게는 제 2회 이후 보험료 자동이체시 0.5%의 할인이 적용되며, 태블릿청약서비스를 이용하는 고객에게는 제 2회 이후 보험료의 자동이체시 0.5%의 할인이 적용된다.
ㄹ. 전자청약이 가능한 계약은 가입설계서를 발행한 계약으로 전자청약 전환을 신청한 계약에 한하며, 가입설계일로부터 10일(비영업일 포함)이내에 한하여 전자청약을 할 수 있다.

따라서 옳은 내용은 ㄱ, ㄷ이다.

16 ② **17** ①

18 우체국보험 환급금 대출에 대한 설명으로 옳은 것은?

① 보험계약자는 계약상태의 유효 또는 실효 여부에 관계없이 대출받을 수 있다.

② 무배당 파워적립보험 2109는 해약환급금의 최대 80% 이내에서 1만 원 단위로 대출이 가능하다.

③ 즉시연금보험 및 우체국연금보험 1종은 해약환급금의 최대 85%이내에서 1만 원 단위로 대출이 가능하다.

④ 무배당 우체국하나로OK보험 2109는 해약환급금의 최대 95%이내에서 1천 원 단위로 대출이 가능하다.

19 〈보기〉에서 우체국보험 보험료 납입에 대한 설명으로 옳은 것은 모두 몇 개인가?

> **보기**
>
> ㄱ. 보험료의 납입기간에 따라 전기납, 단기납, 일시납으로 분류된다.
> ㄴ. 보험료 자동이체 약정은 유지 중인 계약에 한해서 처리가 가능하며, 보험계약자 본인에게만 신청·변경 권한이 있다.
> ㄷ. 계속보험료 실시간이체는 자동이체 약정 여부에 관계없이 처리가 가능하며, 계약상태가 정상인 계약만 가능하다.
> ㄹ. 보험료의 자동대출납입기간은 최초 자동대출납입일부터 1년을 한도로 하며, 그 이후의 기간은 보험계약자의 별도 의사표시가 없으면 자동 연장된다.

① 1개   ② 2개   ③ 3개   ④ 4개

한눈에 보는 **정답**과 해설

18 ① 환급금 대출의 대출자격은 유효한 보험계약을 보유하고 있는 우체국보험 계약자로 한다.
② 계약해지가 가능한 연금보험 및 저축성 보험은 대출을 허용할 수 있으며 환급금대출의 대출금액은 해약환급금의 95% 이내에서 1만원 단위로 한다. 이 중에서도 즉시연금보험 및 우체국연금보험 1종은 최대 85% 이내로 한다.
보장성 보험은 해약환급금의 최대 85% 이내에서 대출이 가능하고 이 중에서도 실손보험 및 교육보험은 최대 80% 이내로 가능하다. 무배당 파워적립보험 2109는 중도인출이 가능한 저축성 보험이므로 최대 95% 이내에서 대출이 가능하다.
④ 무배당 우체국하나로OK보험 2109는 보장성 보험이므로 해약환급금의 최대 85% 이내에서 대출이 가능하다.

19 ㄱ. 보험료 납입을 보장기간 전 기간에 걸쳐서 납부하는 보험을 전기납, 납입기간이 보험기간보다 짧은 기간 내에 종료되는 보험을 단기납이라 한다. 일시납은 단기납에 포함된다.
ㄴ. 자동이체 약정은 유지중인 계약에 한해서 처리가 가능하며, 예금주 본인에게만 신청·변경 권한이 있다.
ㄷ. 실시간이체는 자동이체 약정여부에 관계없이 처리가 가능하며, 계약상태가 정상인 계약만 가능하다.
ㄹ. 보험료의 자동대출납입기간은 최초 자동대출납입일부터 1년을 한도로 하며 그 이후의 기간에 대한 보험료의 자동대출 납입을 위해서는 재신청을 하여야 한다.
따라서 ㄷ의 내용만이 옳은 내용이다.

18 ③   **19** ①

20 보험계약에 대한 설명으로 옳은 것은?

① 고지의무자는 보험계약자, 피보험자 및 보험수익자이다.

② 보험계약자는 보험가입증서(보험증권)를 받은 날부터 30일 이내에 청약을 철회할 수 있다.

③ 보험자는 계약을 체결한 날부터 2년이 지난 경우에는 고지의무위반으로 인한 계약해지를 할 수 없다.

④ 보험자는 보험계약이 성립하고 보험계약자가 보험료의 전부 또는 최초의 보험료를 지급한 때에는 지체없이 보험가입증서(보험증권)를 작성하여 보험계약자에게 교부하여야 한다.

한눈에 보는 정답과 해설

20 ① 고지의무자란 보험계약법상 고지할 의무를 부담하는 보험계약자, 피보험자 및 이들의 대리인이다.
② 보험계약자는 보험가입증서(보험증권)를 받은 날부터 15일 이내에 청약을 철회할 수 있다.
③ 보험계약당시에 보험계약자 또는 피보험자가 고의 또는 중대한 과실로 인하여 중요한 사항을 고지하지 아니하거나 부실의 고지를 한 때에는 보험자는 그 사실을 안 날로부터 1월내에, 계약을 체결한 날로부터 3년 내에 한하여 계약을 해지할 수 있다.

20 ④

MEMO